BIBLIO 17

Collection fondée en 1981
Directeur Wolfgang Leiner

117   **BIBLIO 17**

Ralph Heyndels et Barbara Woshinsky (éd.)

L'autre au XVIIème siècle
(Actes du 4e colloque du *Centre International de Rencontres sur le XVIIe siècle*

Ralph Heyndels et Barbara Woshinsky (éd.)

L'autre au XVIIème siècle

Actes du 4e colloque du *Centre International
de Rencontres sur le XVIIe siècle*
University of Miami 23 au 25 avril 1998

Biblio 17 – 117

 Gunter Narr Verlag Tübingen
1999

Die Deutsche Bibliothek – CIP-Einheitsaufnahme

Heyndels, Ralph / Woshinsky, Barbara (éd.):
L'Autre au dix-septième siècle / Ralph Heyndels et Barbara Woshinsky (éd.)
– Tübingen : Narr, 1999
    (Biblio 17 ; 117)
    ISBN 3-8233-5529-5

Biblio 17

Suppléments aux *Papers on French Seventeenth Century Literature*
Directeur de la publication: Wolfgang Leiner
Secrétaire de rédaction: Isabell' Kopp
Romanisches Seminar – Wilhelmstraße 50 – D-72074 Tübingen

© 1999 · Gunter Narr Verlag Tübingen
P.O. Box 2567 · D-72015 Tübingen

ISSN 1434-6397
ISBN 3-8233-5529-5

Table des matières

Ouverture du Colloque

Session I
Voyages et cartographie
Président: Jean-François Lejeune, University of Miami

Séance plénière I
Président: Pierre Ronzeaud, Université de Provence

Session II
Droit et théâtre
Présidente: Michelle Warren, University of Miami

4

Session VI
Genre et sexualité
Présidente: Joan DeJean, University of Pennsylvania

Conférence magistrale
Présidente: Barbara Woshinsky, University of Miami

Session VII
Philosophie
Président: Jean-Pol Madou, University of Miami

Session VIII
Religion et mysticisme
Président: Philippe Sellier, Université de Paris IV-Sorbonne

6

Session IX
Littérature

Présidente: Felicita Robello, Université de Gênes

Introduction

BARBARA WOSHINSKY

Mesdames, Messieurs, bonjour. C'est avec grand plaisir que je vous accueille à Coral Gables au colloque du Centre International de Rencontres sur le XVIIᵉ siècle. Avant de présenter le Professeur Leiner, président du CIR17, qui ouvrira officiellement le Colloque, je tiens à remercier ceux qui ont rendu possible cette initiative: d'abord le Consulat de France et l'attaché culturel à Miami, M. Claude Lorcin, la Faculté des Arts et Sciences de l'Université de Miami, *represented this morning by Daniel Pals, Associate Dean*; le Département de Langues et de Littératures Etrangères; la Bibliothèque Richter; le Lowe Museum; et *last but not least*, après tout et avant tout, nos collaboratrices Greta West, Gylla Boodram et tout le personnel du Département.

Ouverture et dialogue: titre du volume offert à Wolfgang Leiner à l'occasion de son soixantième anniversaire – c'est une phrase qui résume bien une carrière. *Ouverture* à l'Amérique – professeur pendant 20 ans à l'Université du Washington; présence fidèle et rassurante à des vingtaines de colloques internationaux; ouverture critique à l'Autre francophone (féminin aussi) comme éditeur de deux receuils d'études sur l'image de la femme au dix-septième siècle.

Dialogue dans ses recherches: entre culture française et allemande, entre baroque et classicisme. Et – don précieux pour nous, créateur d'espaces à dialogues: les sociétés internationales, revues, receuils, séries que nous connaissons bien: PFSCL, Biblio 17, Œuvres et critiques; des espaces à dialogues qui ont donné à toute une génération la possibilité de connaître et de se faire connaître de ses collègues des deux côtés de l'Atlantique. Le temps me manque pour rendre justice aux contributions de Wolgang Leiner; bref, à nul autre il n'incombe mieux d'*ouvrir* ce nouveau chapitre du *dialogue*, intarissable et passionnant, sur le dix-septième siècle français.

Adresse d'Ouverture

WOLFGANG LEINER

Président
du Centre International de Rencontres sur le XVIIe siècle

Barbara Woshinsky vient de donner le coup d'envoi au Colloque de Miami que nous avons attendu avec impatience. Le thème, les organisateurs, le site de cette rencontre ont également contribué à faire d'elle un événement.

Le thème d'abord: L'autre! Ce sujet à facettes multiples avait tout pour éveiller l'intérêt, et dès le moment qu'il fut annoncé, il s'est imposé avec la même force suggestive que les thèmes des trois colloques précédents. Il est dans l'air depuis longtemps et nous ne sommes pas les premiers à nous y intéresser. Interrogé il y a plus de trente ans, en 1965, sur Simone de Beauvoir, Jean-Paul Sartre remarquait:

«*Il y a chez elle (Simone de Beauvoir) une manière de mettre en question l'autre (personne) tout de suite, mais en amitié*» et il y ajoute un peu plus loin: «*...La façon dont elle parle d'elle(-même), c'est une façon de parler des autres.*»

Voilà tout un programme, notre programme.

En nous interrogeant pendant trois jours sur le problème de l'autre au dix-septième siècle, nous tâcherons de rattraper un retard assez étonnant. Et puisque la compréhension que - par le biais de l'autre - nous cherchons d'un siècle si différent du nôtre, ne peut résulter que de notre propre compréhension ouverte à l'identité des contraires. l'attention que nous portons à cet «autre» nous aidera peut-être aussi à découvrir le plus profond de nous mêmes.

Si Narcisse a été puni parce que trop centré sur lui et pour ne pas être assez attentif à autrui, nos amis de Coral Gables n'auront aucune punition à craindre: ils dirigent nos regards sur l'autre. Nous leurs sommes redevables de leur immense effort d'organisation qui nous permet aujourd'hui d'ouvrir le quatrième Colloque du *Centre International de Rencontres sur le 17e siècle*. Au nom de notre Centre, je dis à Barbara Woshinsky, présidente du Colloque, et à Ralph Heyndels, chairman du comité scientifique, notre admiration et reconnaissance pour le travail accompli. La façon dont ils ont préparé cette rencontre restera un modèle pour nos futures réunions.

Il me tient à cœur d'exprimer notre reconnaissance au professeur David Ellison, chairman du Department of Languages and Literatures. Il a accompagné de façon très discrète, mais extrèmement efficace, les efforts de nos deux amis Barbara et Ralph. Son appui moral et la généreuse aide financière qu'il leur a accordé, ont permis de mener à bien une tâche très difficile.

It is with great pleasure that I welcome among us professor Daniel Pals, Associate Dean of Arts and Sciences. His presence gives me the opportunity to extend our greetings to the University of Miami, the host of our meeting, and to express publicly our deep appeciation for all the generous help this University has offered us.

Il me reste à dire un mot sur le site de notre séjour. Là encore nous avons attendu avec impatience de découvrir la réalité du mythe. Je suis sûr que le cadre de ce lieu, digne décor pour un colloque sur le Grand siècle, inspirera nos débats.

Je termine en souhaitant que le succès des journées devant nous soit à la hauteur des efforts et des espoirs de ceux qui avec enthousiasme, passion et compétence les ont préparées, et que tous ceux venus de loin pour participer à la découverte de l'autre, repartiront contents et comblés, la tête pleine d'idées neuves et d'une vision plus large du XVIIe siècle.

L'*autre* est la porte à côté

RALPH HEYNDELS

En tant que président du Comité Scientifique de notre colloque, je voudrais tout d'abord exprimer ma sincère gratitude à David Ellison, directeur du Département de Langues et Littératures Etrangères de notre université. Du premier jour où Pierre Ronzeaud et moi-même lui avons parlé de ce projet, David a tout mis en œuvre pour nous aider à le réaliser. Je tiens aussi à remercier les membres de notre Comité Scientifique international[1] pour avoir contribué à la préparation intellectuelle de cette réunion, à la sélection des présentations et à leur organisation thématique, mais aussi à l'effort d'équilibrer les perspectives, les générations, les cultures académiques, les objets de recherche, les méthodologies.

Evidemment, comme je le disais dans une correspondance à Philippe Sellier, en tant que francisants nous réunissant à Miami, nous nous sommes trompés de siècle. Il aurait fallu trahir un peu notre bien aimé CIR 17, opter pour le XVIᵉ siècle, et nous embarquer pour la Floride à la suite de Théodore de Bry, pour l'un de ses *Grands Voyages*. Ou alors, franchement choisir le XXIᵉ siècle, à l'horizon de cette ville de Miami tout juste centenaire, tellement adolescente (fascinante, et parfois irritante comme l'adolescence...), et nous situer dans le point de visée *toujours en avant* de ce lieu où émerge le Hong Kong des Caraïbes...

Mais avec *l'autre*, nous ne nous sommes assurément pas trompés de *topique* en choisissant de vous inviter et de nous rencontrer à Miami. *Tout ici est autre*. D'une certaine façon, il n'y a pas ici de *même* - ni repère, ni référence, ni norme, ni modèle. Miami toute entière flotte (littéralement...) dans une *altérité absolue*, c'est-à-dire, une différence un peu folle, puisque infondée, sans cadre, *une différance* derridienne si vous voulez.

Au cas où vous ne l'auriez par remarqué, nous sommes ici aux Etats-Unis. Mais le *moins* (possible) seulement l'indique, et le *plus* (de plus en plus) nous disperse quelque part au milieu de Port-au-Prince, Maracaibo, Barranquilla, Rio ou Panama, sans parler de La Havane..., et du reste du monde, en cette ville catholique et vaudoue, hispanique, juive, créole et *gaye*, épicée et banquière. Atypique, tout, ici, et sans rémission ni point de comparaison: tous les *autres* arrivés ici (y compris quelques Belges...) ne veulent devenir personne. Ils s'associent dans l'identité des contraires et l'immense narcissisme collectif de l'altérité appelé Miami - un signifiant multiculturel dont le signifié pourrait se traduire par «ça n'a rien à voir» (avec rien). Bienvenue donc chez l'autre, ici toujours la porte à côté, tellement mon prochain que personne n'y prête attention. Tout cela, bien sûr, ne va pas sans problèmes - nous sommes, malgré tout aux Etats-Unis... Mais le plus souvent la *rumba* généralisée d'une socialité acentrée l'emporte sur ceux-ci.

Nous savons cependant que Théodore de Bry n'est jamais venu en Amérique, et que *l'autre*, aidé par l'iconographie existante, comme toujours, il l'invente. Il hérite d'un imaginaire déjà constitué; légende, jouissance, jouvence, et beaux sauvages - magnifique la luxure de la Floride. Bienvenue donc chez les beaux sauvages, chers collègues! Les fleuves y eurent des noms français vers 1560 - Seine, Somme, Loire, Garonne, appellations données par Jean Ribaut (mais en latin). Et puis, dans l'attente, on ne sait jamais, un jour, de Philippe Sellier, les Français parviendront aussi en un lieu qu'ils nommeront *Port-Royal*. Et les Indiens? On les inventa aussi, comme dans l'image reproduite sur la belle affiche de notre colloque. Aujourd'hui les Indiens (du moins ceux qui ont survécu les massacres et le général Dade qui a donné son nom au comté métropolitain de Miami) travaillent dans les casinos des réserves situées sur le rebord extrême de la ville, vers la jungle, et d'où l'on peut voir dans le lointain les tours de verre et d'acier du *downtown*. Tant d'*autres* ici nous incitent à l'invention quotidienne d'un espace social sans passé ni présent, et où le futur même devient une espèce d'*étalement anomique*. Mais, surtout, il n'y a plus de *même*. Seulement des autres qui, du *même*, n'en ont rien à faire. Et aucune leçon à recevoir. Comme ils n'existent que dans leur fable, il faut, pour les rencontrer, précisément: les inventer.

Mais c'est à cela que nous travaillons toujours après tout. A fabuler, à réinventer cet autre qui nous est si cher, le XVIIe siècle. Et, ici et maintenant, à y placer, comme une mine ou une bombe à retardement: de l'autre - reflet ou projection de nos propres identités brisées et de nos errances de «chercheurs», problématique qui nous exprime. Dans ce pays, vous l'aurez peut-être noté, on vous demande parfois *how many I.D.'s do you have* (combien de pièces d'identification possédez-vous?). Belge, dix-septièmiste - entre autres-, Colombien d'adoption, Français d'allégeance, tropical par hédonisme, je vous les donne en mille, les *ID's*, et d'être au pays des autres je me réjouis. C'est bon, ça fait du bien. C'est cette joie que je voudrais partager, le temps de ce colloque, avec vous. Nous allons donc déambuler dans l'altérité ensemble. Laissons le *même* aux bien (ou mal...) nantis de l'identité. Ils vont d'ailleurs en avoir de plus en plus besoin pour survivre en cette fin de siècle métissée, diasporique, fabuleuse. Voilà donc, si j'ose dire, l'autre qui se pointe au détour d'un de nos mythes fondateurs - «notre» XVIIᵉ siècle: les Indiens, les travestis, les Précieuses, les fous, les femmes savantes, les mystiques, les Turcs, les voleurs, les personnes et les personnages, les meurtriers, les libertins, les métamorphoses et les métaphores, qui envahissent la scène du droit, du théâtre, de la rhétorique, de la philosophie, de la morale, et bien sûr, de la littérature... L'autre est donc la porte à côté: du *closet* de notre siècle XVII sortent les hors-la-loi, les femmes, les innocents, les *drag queens*, et quelques *autres* encore. Quel bonheur!

University of Miami

---

[1] Christian Biet (Université de Paris X), Tom Conley (Harvard University), Patrick Dandrey (Université de Paris IV), Rosa Galli Pellegrini (Université de Gênes), Pierre Force (Columbia University), Sylvie Romanowski (Northwestern University), Pierre Saint-Amand (Brown University), Philippe-Joseph Salazar (University of Cape Town; Collège International de Philosophie, Paris), Volker Schröder (Université de Salzbourg; Princeton University), Catherine Spencer (Connecticut College), Domna Stanton (University of Michigan), Barbara Woshinsky (University of Miami).

Nous tenons à remercier

Monsieur de Consul Général de France à Miami, Philippe CHATI-GNOUX, sous le haut patronage duquel le colloque fut placé. Les Services Culturels de l'Ambassade de France, New York, et plus particulièrement M. Pierre Buhler; les Services Culturels du Consulat Général de France, Miami, et plus particulièrement M. Claude Lorcin; le Président, le Secrétaire Général et le Trésorier pour les U.S.A. du CIR 17; Le Cabinet du Doyen de la Faculté des Arts et Sciences de l'Université de Miami et plus particulièrement le Doyen K. R. Subbaswamy; le Directeur du Département des Collections Spéciales de la Bibliothèque Otto Richter, M. William Brown, et la Coordinatrice des Evénéments Spéciaux du Musée d'Art Lowe de l'Université de Miami, Mme Allison Turk, le Département de Langues et Littératures Etrangères de l'Université de Miami; le Centre International d'Etudes de la Rhétorique de l'Université de Cape Town, l'Ecole des Hautes Etudes du Droit (Paris), toutes les Universités et Fondations qui ont rendu ce colloque possible; ainsi que Greta West, Gylla Boodram, Lilly Leyva, Roselyne Pirson, Jean-François Lejeune, Juan-Carlos Perez, Ruben Roncallo, Thierry Jacquemain, Sergio Perez, Diego Valencia et Dora Romero pour leur précieux concours.

La publication de ce livre a bénéficié du généreux soutien de la Faculté des Arts et Sciences et du Département de Langues et Littératures Etrangères de l'Université de Miami.

Pour arriver à l'autre:
Les voyages dans les dictionnaires du XVIIe siècle

SERGIO POLI

Université de Gênes

1. Pourquoi le voyage

«Heureux qui comme Ulysse a fait un beau voyage...»: ce vers célèbre en dit beaucoup sur l'imaginaire d'une société et sur ses catégories mentales. La déception réelle de Du Bellay lors de son voyage à Rome ne l'empêche pas de camper au seuil de son sonnet le symbole traditionnel de l'errance et du retour, cet Ulysse dont le voyage ne fut pas «bon», marqué comme il fut de dangers et de morts, mais fut «beau», car les épreuves que le héros dut affronter forgèrent son humanité, lui conférant, avec l'«usage» et la «raison», poids et plénitude. «Beau», appliqué à «voyage», et à ce voyage, nous parle de l'optimisme d'une époque curieuse qui donne au savoir et au courage une dimension esthétique; et d'une époque conquérante, parce qu'elle glorifie le succès de celui qui revient sans trop s'attarder sur les coûts et sur les pertes. Il n'est pas malaisé de voir, grâce à cet adjectif, des aventuriers pleins d'audace traverser des terres inconnues, ruser avec des peuples hostiles, en revenir enrichis d'images fabuleuses et de produits interdits; mais aussi, d'y apercevoir des voiles qui essaiment vers les terres d'Occident ou des bandes de cosaques lancées dans les steppes d'Asie. Ce «beau voyage», en somme, tout imprégné qu'il est de nostalgie individuelle, reflète le mouvement de toute une civilisation qui trouve, dans les ailleurs d'un cadre géopolitique s'élargissant peu à peu aux limites du globe, le double élan pour changer les rapports de force intra-européens et pour déferler sur les autres. Voyage et «autre» sont alors étroitement liés, et renforcent leur connotation collective: jamais comme à cette époque les images de l'autre ne se multiplient et ne se précisent.

«O jour affreux! hélas!tout fut englouti...»: l'amère constatation du narrateur de *Paul et Virginie* prend, vue d'une pareille perspective, un sens universel. Il semble que «la montagne d'eau d'une effroyable grandeur» s'engouffrant «entre l'île d'Ambre et la côte» anéantisse, avec le corps délicat de Virginie et la sombre masse du Saint-Géran, non seulement l'innocence et l'amour des personnages, mais aussi les espoirs et les rêves d'un monde. La fin de l'Ancien Régime coïncide avec la fin des grands voyages, et le naufrage contraste de façon dramatique avec le beau retour du début.

Que s'est-il passé depuis lors? Le monde mystérieux a été parcouru et contourné, n'invitant désormais qu'à des exploitations méthodiques; mais, surtout, de tous côtés, les visages étranges qui à chaque découverte s'adressaient vers le nôtre, intégrés dans nos luttes, exploités dans nos économies, n'ont cessé de nous questionner et de nous définir. Cannibales et Persans, Péruviens et Chinois, peuples raffinés et sauvages primitifs, chacun raisonnable dans sa nature humaine, quelques-uns réduits cruellement en esclavage, se sont étonnés de nos mœurs et ont jugé nos actions. Si bien qu'à la fin d'un vaste déplacement dans l'espace, au terme d'un parcours temporel, un autre voyage a eu lieu à l'intérieur de l'imaginaire européen: c'était, au début, un voyage vers l'ailleurs et vers l'autre; mais, à la fin, avec surprise, ce que l'on découvre dans l'autre, ce sont des rêves brisés et un méconnaissable soi-même. Un renversement de perspective a eu lieu: le retour, alors, n'est que perte, l'Europe, d'où vient le Saint-Géran, devient excentrique et méchante, et le bonheur, impossible.

Inutile donc de souligner davantage la relation étroite entre la conception de l'altérité et celle du voyage: non seulement la présence, l'idée même de l'autre exigent toujours un déplacement, ne fut-ce que dans le temps ou dans notre espace intérieur; mais, aussi, quand le rapport à l'autre se transforme, c'est l'idée de voyage elle-même qui change de nature et de valeur. Il serait donc intéressant, pour mieux connaître la variation des mentalités, d'en étudier l'évolution sur des périodes très étendues et dans différents milieux, comme on l'a fait quelquefois, avec d'importants résultats[1]. Force est pourtant de nous borner ici à quelques observations générales et circonscrites à la fois. On s'est donc arrêté sur une période assez courte, celle du deuxième quart du XVIIe siècle, à mi-chemin entre le «beau voyage» d'Ulysse et le naufrage de Virginie: on y croise encore Télémaque, qui, tout en faisant voile dans le sillage de son père, infléchit le voyage vers des destinations ouvertement didactiques, et parfois bien critiques; mais on vient d'y rencontrer aussi des marins perdus dans les dernières terres inconnues, à la découverte de sociétés utopiques qui par comparaison ternissent la nôtre. Et pour ce bref exposé, on a choisi les textes les plus universels qui soient, ces grands dictionnaires qui - et ce n'est pas un hasard, de notre point de vue - ont vu le jour justement dans ce laps de temps, comme pour dresser, face à l'autre du dehors, mais aussi du dedans, les remparts inviolables du moi.

Les articles «voyage», «voyager» et «voyageur» de Richelet, de Furetière et du dictionnaire de l'Académie de 1694 nous ont donc servi de point de

---

[1] Voir p. ex. Doiron, N., *L'art de voyager. Le déplacement à l'époque classique*, Paris, Klincksieck, 1995.

départ pour une enquête sur les mots et les expressions qu'ils contiennent [2]. Ces derniers nous ont guidés ensuite vers d'autres articles, dans une sorte de petit cabotage excluant, pour filer la métaphore, le grand large à travers l'océan de toutes les entrées, de toutes les définitions et de tous les exemples. Car ce qu'il nous importait surtout de savoir, c'était d'un côté quelles idées le mot lui même de «voyage» évoquait, et de l'autre jusqu'à quel point les dictionnaires tenaient compte, à ce sujet, aussi bien du progrès continuel des connaissances géographiques et anthropologiques que des transformations sociopolitiques contemporaines. Quant à une perspective strictement lexicographique, elle ne nous aiderait pas ici, les différences de génèse et de structure entre ces œuvres étant bien connues, et la partition entre définition, exemple, citation nous semblant ici peu productive. Notre optique n'est que lexicale et sémantique: nous nous bornons aux mots à sens plein, et surtout aux substantifs, dans l'espoir qu'ils nous conduiront plus vite sur les routes qui mènent à l'autre.

2. Noms propres: les voyageurs

Et voici donc la première surprise: à l'adresse «voyageur» nos dictionnaires, dans une époque si féconde en relations de voyage et si proche, sinon contemporaine, des grandes découvertes, gardent une étonnante réserve. L'Académie, toujours aussi circonstanciée dans ses analyses syntaxiques et formelles que pauvre en exemples liés à la vie contemporaine, se borne à une définition morpho-sémantique accompagnée de deux exemples très génériques, et ne mentionne ni noms propres d'hommes, ni noms de lieux, ni noms communs se référant à des moyens ou à des buts. La définition, pourtant, est accompagnée d'un définisseur intéressant, évoquant, justement, le voyage par excellence: voyageur, en effet, est celui «qui voyage en pays lointain». L'idée est soulignée par le premier exemple: «c'est un grand voyage», mais elle est tout de suite déviée vers des horizons plus familiers par le second: «pour la commodité des voyageurs», qui nous parle de carrosses ou de confortables cabines plutôt que de redoutables traversées d'eaux tumultueuses ou d'arides déserts. Quatorze ans auparavant, Richelet avait été plus dramatique: celui qui voyage s'expose à «de grands dangers», et la commodité n'est probablement que le dernier de ses soucis. En plus, il insère le nom d'un «fameux voyageur», Pietro della Valle. Ici, il est copié par Furetière, qui se fait un point d'honneur de dépasser son modèle: à côté

---

[2] Comme on le sait, le *Dictionnaire français* de Richelet est de 1680, le *Dictionnaire universel* de Furetière de 1690 et celui de l'Académie de 1694. Nous les indiquerons ici par leurs initiales R ,F et A.

de Pietro della Valle, «illustre voyageur», il cite ce «fameux voyageur» qu'est Thévénot; et rappelle, finalement, que le voyageur «fait des relations» de son voyage.[3]

A l'entrée «voyage», Furetière fait encore mieux: avec les précédents, il cite Colomb, Drake, Hébert et Tavernier. Surtout des Français, si l'on exclut le cas éclatant de Colomb et celui, fascinant par son mélange d'aventure, de noblesse et de guerre, de Drake; et, encore, des Français ayant visité l'Orient et célèbres pour leurs relations. Dans les articles correspondants de ses collègues, aucune citation. On ne trouve encore qu'un seul personnage sous «voyager»: cette fois, c'est Richelet qui nous rappelle «Loüis de Marmol», qui «a voiagé long tems par toute l'Afrique».

A une époque où Colbert vient de donner une impulsion extraordinaire au peuplement de la Nouvelle France, rattachée au domaine royal en 1663, où la Louisiane est déclarée française (1684) à la suite des explorations de La Salle (1682-84), rien ou presque rien de tout cela ne passe, dans les noms cités par les dictionnaires du temps. L'honneur d'entrer dans un article, plutôt que lié à l'importance du voyage sur le plan géographique, ou historico-politique, semble dû à d'autres éléments. Prenons par exemple Pietro della Valle, le seul qui ait droit à deux citations: après avoir participé à une expédition espagnole contre les Barbaresques, il était parti pour un pélerinage en Terre Sainte, et puis il avait visité la Perse et l'Inde. De retour à Rome, il avait été nommé en 1626 camérier du Pape. En 1650 il avait publié la relation de ses voyages, dont la traduction française avait paru, en 4 volumes, à Paris entre 1661 et 1663. Il avait donc voyagé en Orient, il avait écrit une relation, et cette relation avait été traduite en France. Mais, surtout, il avait été en rapport avec des intellectuels français, comme le montre sa correspondance avec Peiresc[4]. Le cas de Luís de Marmol ne diffère qu'en partie: une expédition à la suite de Charles V au siège de Tunis de 1536; une captivité de huit ans chez les Maures, et des voyages dans le Nord de l'Afrique et en Egypte; en outre, une curieuse relation de ses voyages traduite en français par Perrot d'Ablancourt en 1667[5]. Un seul autre exemple, celui, célèbre, de Jean de Thévénot: voyages en Orient jusqu'à l'Inde; de nombreuses relations très détaillées publiées pour la plu-

---

[3] Parmi les marques d'usage, les lexicographes utilisent souvent les relations pour les termes - en particulier des emprunts - propres aux civilisations différentes.

[4] Voir, à ce propos, Rizza, C: *Peiresc e l'Italia*, Torino, Giappichelli, 1965, p. 102-104.

[5] Perrot D'Ablancourt, N.: *L'Afrique de Marmól,* Paris, 1667. Le volume, revu par Patru, fut publié par Frémont d'Ablancourt après la mort de Nicolas Perrot, avec une *Histoire des chérifs* traduite de l'espagnol par le duc d'Angoulême, revue et retouchée…par Richelet lui-même!

part après sa mort[6], à partir des années soixante jusqu'en 1689, et un lien étroit avec les milieux cultivés de son époque. Son oncle, Melchissédech Thévénot, voyageur lui aussi, recevait chez lui les savants qui s'étaient d'abord réunis chez Montmaur, préludant ainsi à la fondation de l'Académie des Sciences[7]. En outre, il avait lui aussi publié, de 1663 à 1672, et successivement, à partir de 1681, des collections précieuses de recueils de voyages[8]. C'est probablement à ces collections que Furetière faisait allusion avant de citer ses noms de voyageurs: car ces derniers sont nommés seulement en tant que héros de textes imprimés: «on a imprimé les grands voyages en six volumes, comme aussi les voyages de Cristophe Colomb, de François Drac...», etc. A l'origine de ces mentions lexicographiques de noms de personne on pourrait alors entrevoir la mode mi-littéraire mi-scientifique des relations, l'attrait de l'Orient et, surtout, l'appartenance de l'écrivain ou du traducteur à la «république des lettres» plus ou moins contemporaine. Des éléments, donc, susceptibles de limiter, et de marquer, l'horizon citationnel de nos auteurs, pris dans le jeu de leurs amitiés et de leurs lectures personnelles. C'est à un domaine plus vaste, celui des noms de lieux, que l'on doit avoir recours pour en savoir davantage sur les ailleurs et les autres de leur imaginaire.

2. Noms propres: les lieux

La première lecture est, encore une fois, assez décevante, et les articles très courts, surtout dans le cas de Richelet et de l'Académie. Chez le premier, trois noms de lieux sous «Voyage» et un sous «voyager». Pour l'Académie respectivement sept et quatre. Avec une différence, pourtant: malgré la définition prudente («chemin qu'on fait pour aller en quelque lieu plus ou moins éloigné») le «voyage» ne suggère à Richelet que des pays que l'on ne pourrait que définir «éloignés» (la Terre Sainte, et, sous «voyager», l'Afrique) ou «fort éloignés» (l'Amérique, les Indes Orientales); tandis que le dictionnaire de l'Académie est beaucoup plus nuancé, moins

---

[6] Jean de Thévenot mourut en Arménie en 1633, âgé de 34 ans. En 1664 il publia sa *Relation d'un voyage fait au Levant.* La *Suite du même voyage où il est traité de la Perse,* sa *Relation de l'Indostan,* etc. parurent après sa mort. En 1689 tous ses voyages furent réunis sous le titre de *Voyages de M. Thévenot, tant en Europe qu'en Asie et en Afrique.*

[7] L'Académie des Sciences (68 membres) fut fondée en 1666 par Colbert.

[8] *Relation de divers voyages curieux qui n'ont pas été publiés* (1663-72), *Recueil de voyages* (1681), etc.

«exotique»[9] et, pour ainsi dire, plus «géométrique». «Voyager» nous porte
en effet, avec une progression très ordonnée, en Europe, en Italie, en Grèce
et en Asie; «voyage» nous fait parcourir presque le même itinéraire, nous
conduisant d'abord en Italie, puis en Perse et en Inde, et nous ramenant,
après un intermède où il est question de «revenir de voyage», au Levant, à
Jérusalem et, une fois pris le chemin du pélerinage, à Saint-Jacques en
Galice. Une autre occurrence, pourtant, après l'explication «il se dit aussi,
de toute allée et venue d'un lieu à un autre, quoy qu'il ne soit pas éloigné»,
nous transporte à Versailles, en donnant à cet endroit, le seul cité qui soit
français et si proche d'un point de vue géographique, tout l'attrait d'un
éloignement fabuleux, où le prestige culturel de l'Italie et de la Grèce se
mêle à l'or et au raffinement asiatiques.

Chez Furetière on trouve un peu plus d'abondance, mais, surtout, des
causes explicites et un ordre différent. Sous «voyage», au premier rang,
voilà justement la France, ou pour mieux dire, Paris, où l'on se rend pour
des raisons bien particulières: «Ce Provincial a fait un voyage à Paris pour
instruire son procès». Il ne s'agit donc pas d'un déplacement vers l'extérieur, mais d'un mouvement vers le centre; et malgré l'énonciation de ses
causes - des querelles judiciaires - une autre affirmation, immédiatement
précédente et sans exemple propre, lui donne un halo de stupéfaction et de
surprise: l'on voyage, en effet, «par curiosité, pour voir des choses rares».
Ces deux phrases, ensemble, nous suggèrent aussi bien la distance, non
seulement topographique, de Paris par rapport au reste du pays que la curiosité étonnée de la province devant une capitale splendide le jour par ses
activités et ses monuments, scintillante la nuit grâce à sa vie, à ses loisirs et
à son récent - et rare - éclairage public. Si la merveille et la centralisation
administrative commandent les «transports» à l'intérieur de la France, le
commerce règne sur les plus importants parmi les voyages à l'étranger.
Tavernier, en effet, plus que par curiosité, «a fait six fois le voyage des
Indes pour faire commerce». Le Nord et le Levant, nommés tout de suite
après, constituent les destinations marchandes par excellence depuis des
siècles. Au troisième rang, dans la liste des mobiles, nous trouvons «pélerinage», indiqué comme l'un des synonymes possible de «voyage».
L'exemple qui suit cite, en ordre d'importance, trois de ses destination traditionnelles: Jérusalem, Saint-Jacques en Galice, et Lorette. C'est seulement après l'évocation des «voyages de long cours» qu'apparaissent deux
lieux d'où l'on «met long temps à revenir», les Indes et l'Amérique. Le
reste, ce sont des déplacements familiers dans «les endroits circonvoisins»,
«à la maison des champs», «chez son advocat» - encore une fois - et même

---

[9] L'emploi de cet adjectif est évidemment anachronique, l'exotisme étant un phénomène lié au colonialisme.

à la cuisine ou au grenier. Le verbe «voyager», en revanche, ne nous donne pas d'occurrences de lieu.

La lecture de l'article «aller» - le voyage n'étant qu'une «Allée et venue» (F) et entrant dans l'expression «aller en voyage» (R) - n'ajoute presque rien à ces données: chez Richelet nous trouvons, dans cet ordre, Paris, Lyon (aller de P. à L.) et l'Espagne; chez Furetière il n'est question que de Rome, mais seulement parce que «tous les chemins vont à Rome»... Quant à l'Académie, cette fois elle nous donne dans un long article plusieurs occurrences: en tête on rencontre de nouveau Versailles, suivi cette fois de Fontainebleau et Chambord; à distance, dans une longue série d'exemples grammaticaux, voilà Rome et Constantinople (qui veulent la préposition «à»), et puis encore l'Italie avec l'Espagne (préposition «en»); suivent les Indes («aux», pluriel), le Japon («au», singulier); l'Amérique («à l'») et finalement la Chine («à la»). Seulement après bien des exemples parisiens (au Cabaret, au cours, aux Tuileries, à l'Opéra, à la Comédie) ou campagnards (en vendange) et quotidiens (au vin, au pain), après soldats, planètes et rivières, on retrouve, en position isolée, Gênes. A quoi doit-on ce souvenir imprévu? L'explication, quoiqu'implicite, se trouve dans le contexte: «les galères sont allées à Gênes». Le soupçon est fort de prendre l'exemple pour une allusion à un événement récent, le fameux bombardement de Gênes par la flotte de guerre française, en 1684. D'autant plus que tout l'article fourmille de nationalisme monarchique et guerrier: «Les soldats français vont au feu et ne craignent rien» nous est dit sous l'expression «aller au feu», et le tableau se présente à nos yeux des armées engagées tout autour des frontières louisquatorziennes; «allez au Roy, il vous fera rendre justice», est-il recommandé à tous les Orgons de l'intérieur; «nos vaisseaux vont dans toutes les mers du monde», affirme-t-on avec l'orgueil d'un peuple qui contrecarrait avec quelques succès les progrès anglais et hollandais dans les comptoirs d'Asie et dans les colonies américaines[10]. Ces comptoirs et ces colonies, pourtant, ne sont pas nommées. Leur importance n'est perçue, semble-t-il, qu'en tant que moyen pour affirmer une prééminence française.

3. La France avant tout

Cette prééminence n'est pas encore visible chez Richelet, dans les années quatre-vingts; elle s'affirme, au contraire, dans les années quatre-vingt-dix, dans les deux dictionnaires suivants. Avec une différence, pourtant, car le

---

[10] La fondation de la Compagnie des Indes Orientales est de 1664; en 1692 la bataille navale de La Hougue marquait une défaite décisive de la flotte française dans la guerre de la Ligue d'Augsbourg.

centre de l'imaginaire français, qui pour Furetière, procureur fiscal et ecclésiastique, est occupé par Paris et par son rayonnement administratif,
dans les pages des académiciens, subventionnés par le Roi, arbore les en-
seignes et les symboles de la monarchie: d'abord, comme on l'a vu, Versailles, le nouveau foyer d'où émane la splendeur du pouvoir; ensuite, dans
une sorte de voyage à rebours vers ses sources historiques, Fontainebleau et
Chambord. L'ordre hiérarchique, ici, ne règne donc pas seulement au niveau de la macrostructure, organisée notamment par familles de mots, mais
dans la succession des exemples, des lieux et des temps de la microstructure, preuve supplémentaire, celle-ci, d'un certain type de regard sur le
monde. Et, comme il arrive chez Furetière, le déplacement intra-français
est un déplacement centripète: on ne part pas «de», on ne passe pas «par»
ces demeures solaires; on ne peut que s'y diriger. La contre-épreuve nous
est donnée par Richelet: le seul exemple «centrifuge» est de lui. Chez lui,
en effet on peut aller, comme on l'a vu, «de Paris à Lyon».

L'existence d'une telle force de gravité hiérarchisante, qui montre peut-
être une sorte de raidissement dans l'idée que la culture de la dernière décennie du siècle se faisait de la société, peut expliquer en partie, aux entrées
principales «voyage», «voyageur» et «voyager», qui sont sûrement parmi
les plus représentatives, l'importance relative de la France par rapport à
l'«autre» du dehors. L'analyse d'articles «dérivés» ne fait que confirmer
cette donnée. Le voyage étant un déplacement «en pays éloignez, ou
étrangers», nous sommes allés voir ce que disent nos lexicographes aux
adresses respectives.

«Pays» étale devant nos yeux un panorama varié, où pourtant l'étranger,
tel que nous l'entendons, prend bien peu de place. Chez Richelet, presque
aucune: en outre, le seul «autre» qu'il cite, tout en méritant le premier rang
après la définition, est connoté de façon négative. Il s'agit, hélas, de cette
Italie qui se trouve bien dans la direction de Lyon pour les Parisiens, mais
qui, baroquisante et espagnole, est désormais tombée au plus bas dans l'estime des Français. «On dit», en effet, «que c'est un bon pays, mais que les
gens qui l'habitent ne valent guère». L'Académie est à ce sujet encore
moins éloquente: l'Italie a été définitivement effacée, et remplacée par une
seule allusion aux Pays-Bas, dont la citation pourtant, vu leur nom, est
presque obligatoire. Les choses vont un peu mieux chez Furetière, mais son
article dépasse de beaucoup les deux autres, même unis: l'exemple de
«pays montagneux» est offert par la Suisse; la Hollande nous donne celui
d'un «pays maritime»; le «pays sec» par antonomase est l'Afrique. Les
Pays-Bas ont encore l'honneur d'une citation, mais c'est la dernière, exception faite pour le cas à part de la Lorraine. Tout le reste est France, et se
manifeste dans la complexité de l'Ancien Régime: voilà les Ardennes, pays
de bois et de chasse; voilà la Beauce, pays plein et uni; voilà le Boulonnais,

pays reconquis; et puis, les «pays de droit escrit» comme le Languedoc ou
la Provence; les «pays coustumiers», tels la Normandie et la Bretagne, les
«pays d'estats», parmi lesquels la Bretagne et la Bourgogne. Toutes les
pièces de la mosaïque qui compose la nation sont nommées tôt ou tard.
Elles se distinguent par leur lois, par leurs structures administratives, par
leurs règlements ecclésiastiques; et ces différences sont citées et décrites
soigneusement dans les trois ouvrages. L'ailleurs qui intéresse davantage,
on l'a chez soi. Et la connotation qui domine, dans tous les articles, est
celle de l'affectivité. Au mot «pays» reste en effet liée l'idée originaire de
«village», de «province» natale, où fument les cheminées et où Ulysse est
si heureux de retourner: «lieu de naissance», dit Richelet; «pays natal», fait
écho l'Académie; «ce mot vient de pagus, qui signifie Province» glose Furetière. Et l'amour pour chacun des pays, soigneusement nommés, qui com-
posent la France ne fait que se réverbérer, multiplié, sur elle. Si pour Richelet, qui d'ailleurs fait plusieurs fois allusion à la «patrie», «le sage n'a
point de pays particulier», déjà Furetière prend soin de remarquer que hors
de France il n'y a qu'«estrange pays», et de souligner dans ses exemples les
étroits et multiples liens entre le «pays» et l'homme qui l'habite: «mourir
pour la défense de son pays» rappelle au lecteur ses devoirs; «l'air du pays
natal le remettra en santé» souligne une relation plus profonde. Mais c'est
pour l'Académie que, dans ce domaine, le «pays» s'identifie presque seulement à la France. «La France est mon pays», s'exclame le dictionnaire,
ajoutant non seulement l'expression «mourir pour le salut de son pays»,
mais aussi toute une série de syntagmes exemplaires: «la gloire de son
pays», «défendre son pays», «l'amour de son pays», etc.

En face de cette explosion de «francité», les attributs «éloigné»,
«étranger», forment avec un tel substantif, une sorte d'oxymore, lui juxta-
posant la froideur de l'absence et l'idée de l'altérité. Malgré la violence de
cette opposition, toutefois, les articles respectifs se montrent étonnamment
pauvres en références concrètes; du moins, en références à l'autre. L'Académie met, certes, l'exemple «pays éloigné» à la première place, mais cet
exemple reste générique, et n'évoque aucun horizon exotique. Chez Furetière il faut chercher sous «lointain», pour trouver quelque chose de semblable: «voyager en des pays lointains» et «les peuples lointains ont des
mœurs et des croyances bien differentes de nostres». Pour Richelet, en l'absence du participe, les verbes «éloigner» et «s'éloigner» n'évoquent qu'un
abandon forcé...de la Cour. C'est l'idée qui domine partout. «Il s'est éloigné et banni volontairement de la Cour pour vivre en retraite», écrit Furetière à l'article «éloigner»; et encore «on dit proverbialement des Juges de
Province, qu'ils sont esloignez du soleil, c'est-à-dire loin de la Cour et des
Parlements, qui peuvent avoir connaissance de leurs malversations, et les
punir»: et c'est son seul exemple sous l'adjectif «éloigné». On voit bien

que la distance ne sert qu'à définir un centre, que ce soit la Cour et le roi, ou le pouvoir judiciaire siégeant à Paris.

D'autres exemples confirment cette obsession de la centralité, qui se révèle une véritable structure de l'imaginaire. Des exemples qui font appel à la vérité de laquelle on s'éloigne[11], ou à la lune et au soleil[12] en conférant une dimension philosophique et scientifique à la hiérarchie sociale; qui parlent d'éloignement par rapport aux possibilités d'être secourus[13], en introduisant implicitement l'idée de perte et d'abandon; ou qui, enfin, tout en indiquant apparemment les gens du dehors ne le font que pour mieux définir ceux du dedans. A quoi songe, par exemple, Furetière, quand il doit parler d'«estrangers»? D'abord, au fait que «les estrangers ne peuvent tenir offices, benefices, ni fermes en France»; ensuite, en bon robin, que «les estrangers mourans en France donnent lieu au droit d'aubeine (*sic*); enfin, que les Français traitent fort humainement les estrangers». Aucun estranger n'est nommé de manière spécifique, son altérité ne sert que de révélateur pour le Français, lui permettant de se définir, malgré les pièces disparates dont il se compose, de façon unitaire.

4. Conclusions

Au terme de notre petit voyage lexicographique à la recherche des routes vers l'autre, ce que l'on retrouve, donc, c'est un recentrage sur le moi. Certes, les dictionnaires sont si épais, et leur matière est si variée, qu'une lecture exhaustive ferait sûrement émerger un panorama bien plus complexe et contradictoire. Mais que l'on trouve les tendances que nous nous sommes efforcés d'illustrer exactement là où on les a trouvées, autour du voyage et de son champ sémantique, me paraît avoir une valeur emblématique qui appelle quelques considérations.

a. La première considération est d'ordre pour ainsi dire «mythique», et concerne l'imaginaire qu'une génération a légué aux suivantes. C'est dans la période qui nous intéresse que se cristallise en France, comme on le sait, le mythe moderne et français du «roi soleil», centre du pouvoir, source de légitimité, pôle d'attraction - et donc facteur unitaire - pour toute la nation. Bien que forgé par des d'écrivains et des artistes, il répond aux nouvelles théories scientifiques, qu'il utilise à des fins hiérarchiques sur les plans politique et social. Ce qui compte, en effet, dans ce mythe, ce n'est pas l'idée

---

[11] «on dit, qu'un chemin est fort eloigné de la verité...» (A: *éloigné*)

[12] «la Lune commence à paroistre quand elle s'esloigne du Soleil» (F: *esloigner*)

[13] «ceste ville est esloignee de secours» (F: *esloigné*)

- ouverte vers l'extérieur - de la pluralité des mondes, mais celle de l'attraction et de la prédominance du soleil - centre «extérieur» et supérieur - par rapport aux planètes, qui dépendent de lui.

Nos dictionnaires montrent bien qu'il ne s'agit pas là d'une simple invention de poètes en quête de pensions ou d'honneurs, mais qu'il répond à des exigences profondes de l'ensemble de la société française, ou du moins de groupes sociaux représentatifs[14]. Partant, la splendeur de ce soleil, installé à Versailles, et rayonnant sur toute la France ne constitue que la forme la plus éblouissante de l'altérité positive, celle qui désigne l'idéal inaccessible vers lequel converger. Faut-il donc s'étonner si le voyage vers Paris ou vers Versailles fait prime sur les autres?

b. Quant à ces autres voyages, ils revêtent, dans l'imaginaire de nos lexicographes, un caractère souvent archaïque et littéraire. Les pélerinages vers Saint-Jacques-de-Compostelle, vers Lorette, vers Jérusalem gardent un goût moyenageux que le nouvel exotisme oriental ne parvient pas à effacer, et que l'Occident éloigné ne contrecarre pas. L'Amérique, quand elle est citée, reste l'Amérique, indifférenciée. Pas de Nouvelle France, de comptoirs antillais, de territoires anglais ou espagnols. L'Afrique n'est encore que l'Afrique mauresque, en retrait devant l'Espagne; seule l'Asie de Thévénot, avec l'Inde, la Perse la Chine et les Indes Orientales, trouve dans nos dictionnaires une place, encore quelque peu générique, mais au moins perceptible. Mais l'Asie, c'est la grande mode, c'est Molière, c'est Racine. Ce sont les célèbres descriptions du harem et de ses mystères[15]. A bien regarder, les noms orientaux cités, un chez Richelet pour toute la famille de «voyage», deux dans Furetière, quatre par l'Académie, toujours sans précisions, sans commentaires, nous offrent de cette mode de bien piètres échos. La tentation serait forte d'attribuer cette réserve à des situations particulières ou à des goûts personnels, si ce n'était que tout dictionnaire est toujours le résultat d'un travail collectif et, en plus, que d'autres silences très éloquents s'ajoutent aux précédents pour illustrer, mieux que tant de citations, la mentalité et la culture des auteurs.

c. Le premier silence, pour ces membres de la république des lettres, concerne justement la littérature. A l'heure où venaient de voir le jour les voyages utopiques de Foigny et de Veiras, aucune allusion au sujet. Et

---

14 Il ne faut pas oublier que Richelet était le fils d'un avocat du Parlement, et que Furetière était procureur fiscal et abbé.

15 Les descriptions du harem étaient assez communes dans les relations de voyage, et très appréciées par le public de l'époque. Le harem constituait en effet l'un des éléments les plus importants de l'«exotisme» oriental, comme le montrent les nombreuses pièces de théâtre du XVIIe s., du *Soliman* de Mairet au *Bajazet* de Racine, aussi bien que bien des textes du premier XVIIIe s., dont les *Lettres persanes* constituent l'exemple le plus célèbre.

pourtant il y avait eu le soleil et la lune de Cyrano, ou du moins celle de l'Arioste[16], et tous les lieux imaginaires et les voyages de l'Antiquité, sans parler de ceux de la Renaissance, y compris les îles bizarres de Rabelais. Et pourtant, ce même Perrot d'Ablancourt qui avait probablement suggéré à Richelet le nom de Luis de Marmol en traduisant son œuvre pour le public français, avait traduit aussi, L'Histoire Véritable de Lucien[17]. Il s'agit de textes trop audacieux, peut-être? trop critiques et libertins, trop absurdes pour des Français célébrant la France et leur roi? Cet «autre» parfait renvoyant à un même défectueux ne leur convenait peut-être pas. Mais l' Ulysse célébré par du Bellay, héros archétypal de tout voyage aventureux a lui aussi disparu d'un univers tout à coup sans mystère et, semble-t-il, sans intérêt.

d. Un autre silence, pourtant, scientifique et historique, cette fois, retentit dans les articles que nous avons examinés. Pas de tour du monde, ici, pas de Magellan. A bien considérer, pas de mots «circulaires». Non seulement «tour», qui prendra un peu plus tard son sens actuel, mais pas de «périple» (trop «grécisant»? trop technique?), qui toutefois existait, pas d'allusions à la rotondité terrestre. Les explications nocturnes de Fontenelle à la dame, la fondation de l'Académie des sciences relèvent d'un esprit tout à fait étranger à ces pages. Ces «classiques» restent, somme toute, assez étriqués, assez fermés à l'effervescence qui prépare l'avenir. Ils sont comme les dictionnaires, toujours en retard sur l'état présent, de la langue comme de la culture.

e. Mais, malgré tout, ils nous montrent dans leur petite sphère de cristal si particulière l'évolution de cet avenir qu'ils ne préparent pas. Dans le domaine de la langue, d'abord: en passant de Richelet à Furetière et à l'Académie, ce «voyage» qui d'abord n'était presque exclusivement qu'un «grand voyage», et qui ensuite devient surtout domestique et intérieur, commence à perdre la matière dangereuse, mystérieuse et aventureuse qui lui était consubstantielle. Le monde presque entièrement connu, les continents côtoyés, sauf l'austral à peine entrevu, les routes ouvertes, l'ancien pouvoir enchanteur se réduit. Le mot prend progressivement le sens d'un déplacement - peut-être incommode, peut-être dangereux -, et se trouvera progressivement exclu de ces pays fabuleux qui le connotaient. Toute une

---

[16] On connaît bien, d'autre part, le mépris affiché par les Classiques, et par Furetière en particulier, envers les écrivains italiens, et l'Arioste en particulier. Voir, sur les «coyonneries» de l'Arioste, H. Giaufret: L'Italie dans le «Dictionnaire Universel» d'A Furetière, in AA.VV., La guirlande de Cecilia, Fasano, Schena, 1996, p. 577.

[17] En 1654. Les traductions de Perrot d'Ablancourt eurent un grand succès auprès de ses contemporains, qui pourtant soulignèrent leur liberté en les appelant «les belles infidèles». Vaugelas lui-même en fait l'éloge, en avouant d'avoir suivi dans son Quinte-Curce le modèle de d'Ablancourt (v. Moreri, Ablancourt).

famille de mots, en réalité, est en mouvement dans la mer du sens vers des rivages nouveaux: «colonie», qui garde son sens primitif de «transport de peuple en un lieu desert et esloigné» ou, au maximum, de lieu «où les peuples se sont établis» (F), sans avoir encore acquis celui qu'elle aura dans quelque temps, «descouverte», dont le sens géographique se perd dans quelque petit exemple à la fin de son article (F), «tour» qui parmi ses significations a acquis récemment celle de «tour du monde» et de petit voyage que l'on fait dans quelque lieu, ville ou jardin (F) et qui est peut-être en train de faire plus de place à des distances moyennes et à des buts culturels (F: tour des Flandres). C'est que la conception, les buts et la hiérarchie du déplacement est en train de se modifier globalement. Dans quelque temps, quand il sera question de pénétrer dans des régions inaccessibles et inconnues, on ne voyagera plus: on explorera.

Ensuite, ce que ces articles nous montrent, c'est, dans les milieux intellectuels français de l'époque, l'insensibilité vers ces ailleurs qui faisaient - et qui allaient faire - la fortune de l'Europe. Une insensibilité qui se maintiendra malgré les efforts volontaristes - et épisodiques - des gouvernements, et qui pèsera lourd dans la perte définitive du premier empire colonial français, à la fin de la guerre de Sept Ans. On n'en est pas, naturellement, encore là. Mais le mépris de d'Argenson qui aurait donné toutes les colonies pour une «tête d'épingle» ou l'étonnement de Voltaire envers une guerre disputée pour «quelques arpents de neige» au Canada[18] ne constituent que la manifestation d'une idée désormais enracinée dans les mentalités, idée dont on ne reviendra que trop tard: prise dans la contemplation d'elle-même, même dans l'autre, la France perdra bien l'Amérique après avoir perdu le goût des grands voyages.

Le naufrage de Virginie prend alors, au bout de ce chemin et sur cette toile de fond, une portée qui dépasse les frontières du texte et celles de la littérature elle-même: si différent du naufrage de Robinson, il met en relief la fragilité de l'individu et l'impossibilité de bâtir un monde véritablement nouveau; si péremptoire dans son pessimisme, il se fait l'écho d'un autre naufrage, celui qui avait emporté le père de l'héroïne, nous montrant, en

---

[18] A. Mallet: *Nouvelle hist. de France illustrée,* Hachette, 1922, p. 259. Les exemples de ce type pourraient être multipliés: il suffit de penser aux *Deux pigeons* de La Fontaine (IX, 2): «Amans, heureux amans, voulez-vous voyager? que ce soit aux rives prochaînes»; ou à la lettre d'Usbek à Rhédi (Montesquieu, *Lettres persanes,* CXXI): «L'effet ordinaire des colonies est d'affaiblir les pays d'où on les tire, sans peupler ceux où on les envoie». Et pourtant Montesquieu, comme du reste Voltaire, était un admirateur de l'Angleterre! On est bien loin de la dimension certes individuelle, mais curieuse et ouverte, de Montaigne: «Voyager me semble un exercice profitable. L'âme y a une continuelle excitation à remarquer les choses incongruës et nouvelles» *Essais,* III, 9 (*De la vérité*).

abîme, l'impossibilité de tout lien entre voyage et bonheur; si critique sur la structure de la société coloniale réelle, il en arrive jusqu'à condamner sans appel non seulement la France, mais l'Europe entière en train d'imposer partout un ordre cruel. Au milieu de salves de canon et de matelots criant «Vive le Roi», la carcasse du Saint-Géran, réincarnation négative de tant de navires qui parcoururent le monde, ne fait que sceller tragiquement, dans le sombre crépuscule de tout un âge, la décadence sémantique d'un mot et l'échec politique de l'Ancien Régime.

L'Algonquin par abjection:
Une mystique aborde le Nouveau Monde

REBECCA WILKIN

University of Michigan

En août 1639, Marie Guyart de l'Incarnation, alors âgée de quarante ans, débarque au Canada. Depuis 6 ans, ce pays d'épouvante - où ses compatriotes menacent d'envoyer enfants insoumis et femmes rebelles - l'attire comme un «Paradis terrestre» (*Rel.* 322 n. 11). Froid, feu, maladies, indigence, et guerres ne l'en détourneront point, et jusqu'à sa mort en 1672, l'Ursuline transplantée travaille à la conversion et à la francisation de plus d'un millier de femmes et de filles algonquines, montagnaises, huronnes, et iroquoises[1]. Parmi les rares témoignages féminins de l'époque coloniale, les généreuses traces laissées par Marie de l'Incarnation dans sa correspondance et dans sa *Relation* (1654) appellent une question aussi alléchante qu'épineuse: à savoir, comment cette Autre par excellence, la Femme, vitelle l'altérité géographique, linguistique, et culturelle? Si cette question n'a été, jusqu'à présent, posée que de façon fragmentaire, c'est certainement parce qu'elle entraîne le problème sous-jacent de «qu'est-ce qu'une femme?», problème que Simone de Beauvoir poursuivit dans toutes ses péripéties il y a déjà un demi siècle et qui à l'heure actuelle demeure loin d'être résolu (I, 11-15). En effet, alors qu'il est possible de dégager les manières dont les représentants de différentes puissances européennes conçurent leurs activités au Nouveau Monde par rapport aux coutumes quotidiennes, à la langue, et aux lois pratiquées dans chaque nation,[2] distinguer l'expérience coloniale des femmes - voire, *d'une femme* - et des hommes d'une même culture risque d'aboutir à des généralités réductrices. Seule Natalie Zemon Davis, à ma connaissance, a osé systématiser les différences d'attitudes de Marie de l'Incarnation et des Jésuites (implantés au Québec dès 1632) quant aux Amérindiens. Tandis que les Jésuites selon Davis, insistent sur la différence des autochtones du Canada, l'Ursuline considère ses néophytes en termes de ressemblance. La particularité de la perspective de Marie, dans l'analyse de Davis, doit moins à son *manque* de savoir[3]

---

[1] Déjà en 1641, elle estime avoir accueilli 48 «Séminaristes», c'est-à-dire, pensionnaires, et plus de 800 Amérindiens de passage (*Corr.* p. 144).

[2] C'est le projet de Patricia Seed (p. 4-10).

[3] N'ayant pas eu d'instruction formelle, Marie est moins saturée de préjugés pro-

qu'au «caractère de l'alliance entre le sujet et l'objet du savoir» (119).[4] Alors que Davis explique «l'alliance» étroite que tisse Marie entre elle-même et les Amérindiens en fonction de sa façon de vivre quotidienne,[5] je montrerai ici que Marie de l'Incarnation aborde l'altérité du Nouveau Monde tout d'abord en tant que *mystique*.

Le mysticisme de Marie de l'Incarnation constitue une épistémologie cohérente, une épistémologie où ses expériences individuelles se nouent et se confrontent à son statut de Femme. Prisonnière de la double opposition patriarcale «qui veut que l'homme soit à la femme, ce que l'âme est à la chair,» la femme mystique déploie le seul outil qui lui est accordé - le corps - afin même de le dépasser (Lochrie 18). A l'encontre de l'élève cartésien (Descartes, je le rappelle, fut formé chez les Jésuites) qui entreprend d'isoler et ensuite de dominer l'objet de son savoir par un *cogito* (miraculeusement?) affranchi du corps, la mystique acquiert son savoir à travers sa chair abjecte qui, en fissurant les frontières du sujet, le fusionne à l'objet de sa contemplation. Pour une mystique qui est, de plus, missionnaire, l'abjection s'avère primordiale en ce qu'elle est un système de signification qui donne accès à d'autres. Dans son analyse de la montée du mysticisme au XVIe et XVIIe siècles, Michel de Certeau maintient que les mystiques hommes et femmes ont été reconnus (négativement d'abord) et se sont reconnus à partir d'une langue commune: «La science nouvelle se découpe comme un langage. Elle est d'abord une pratique de la langue» (156). De Certeau suggère - avec plus de mystère, peut-être, qu'il n'est besoin - qu'il s'agit toutefois d'une communauté langagière hétérogène: «Sans doute, pour des raisons à élucider, l'expérience féminine a mieux résisté à la ruine des symboliques, théologiennes et masculines, qui tenaient la présence pour une venue du Logos» (15). Si le mysticisme féminin se présente moins comme une *crise* que sa contrepartie masculine, c'est dû au fait, qu'exclues d'un ordre symbolique dominé par la Loi du Père, les femmes ont toujours déjà eu à médiatiser le Logos. Tandis que les contemporains masculins de l'Ursuline supposent une adéquation parfaite entre les mots et les choses que ceux-ci représentent, dans les métaphores de Marie de l'Incarnation, la chose affiche sa présence par son débordement d'un corps - mot vivant - qu'elle incise. En assujettissant le vocabulaire, la grammaire, et la rhétorique des langues amérindiennes, les Jésuites comptaient «ré-

---

mulgués contre les «barbares» dans la littérature scolastique que les Jésuites (Davis p. 119).

[4] Toutes les traductions d'anglais en français sont les miennes.

[5] Marie vit dans le monde constamment hybride du couvent alors que les Jésuites font des aller-retours entre les communautés amérindiennes et françaises (Davis p. 119-20).

duire» ceux qui les parlaient à une volonté qu'ils croyaient être celle de Dieu (Wilkin 57). En revanche, Marie de l'Incarnation s'inflige les verbes algonquins, montagnais, hurons, et iroquois de la même manière qu'elle accède au Sacré Verbe - par l'avilissement de sa nature; elle intègre *les autres* tout comme elle absorbe *l'Autre* - par la porosité de sa chair.

Admise au couvent Ursuline de Tours en 1631, Marie Guyart demande le nom «de l'Incarnation» (Davis 75). Cette requête en dit long sur la place que tenait le mystère de l'Incarnation dans sa spiritualité, comme dans celle d'autres femmes mystiques de l'époque. En se réduisant dans un corps palpable d'homme, Dieu s'abaissa au niveau de ceux - et surtout de celles - dont les corps recelaient la capacité de le contrefaire. Marie de l'Incarnation écrit, «Notre divin Sauveur et Maître s'est fait notre cause exemplaire, et afin que nous le puissions plus facilement imiter, il a pris un corps et une nature comme les notres» (*Corr.* 373). Se reconnaissant dans la vulnérabilité, passivité, et victimisation du Christ, depuis le crépuscule du Moyen Age, les femmes font de ses supplices les outils de leur salut (Beauvoir II, 590-91). A l'instar d'Angèle de Foligno (1238-1309), de Catherine de Sienne (1347-1380), de Margery Kempe, entre autres, la jeune veuve Marie Guyart se flagelle avec des orties, porte des chemises de crin, renifle le pus des malades, s'abstient de manger, ou bien avale des crachats ou des croûtes de lépreux. La critique féministe reste divisée quant à la valeur de l'*imitatio christi* pour la femme mystique. Luce Irigaray affirme que «la mystérique» se réalise dans la jouissance procurée par l'abjection (199). De même, Julia Kristeva suggère que la mystique applique son abjection à une communication divine qui la projette hors la loi (du père) (149). Toril Moi, en revanche, accuse Irigaray de réduire la femme à sa constitution biologique (138), et Simone de Beauvoir, à l'encontre de Kristeva, maintient que la mystique souffre au nom d'une transcendance illusoire (II, 593). Les conclusions opposées des deux camps prennent comme point de départ un mysticisme féminin chrétien immuable, universel. Afin de déterminer «si la femme mystique découvre dans son imitation de la souffrance du Christ un endroit public d'où *se dire*, ... ou si elle embrasse et renforce sa propre sujétion de façon masochiste» (Lochrie 118), il incombe d'historiser l'expérience de «la» femme mystique dans toute sa contingence.[6] J'analyserai la

---

6 C'est dans cette optique que Sarah Beckwith et Karma Lochrie se penchent sur l'*imitatio christi* ainsi qu'elle est pratiquée par deux grandes mystiques du Moyen Age. Se penchant sur *The Book of Margery Kempe* (1438), Beckwith montre que l'*imitatio christi* prônée pour les femmes du Moyen Age finissant sanctifiait la domestication de la femme nécessaire à l'émergence de la famille bourgeoise (p. 205-6). Lochrie, au contraire, révèle dans son analyse des traces laissées par Angèle de Foligno que l'abjection mystique constitue une transgression de l'idéal médiéval du corps féminin scellé et de ce fait, permet à la mystique de passer outre au savoir divin (p. 137-38). Voir plus

valeur de l'abjection de Marie de l'Incarnation par rapport à deux contextes. Dans un premier temps, je montrerai que face à la place prescrite pour les femmes dans le discours moraliste français du XVIIe siècle, l'*imitatio christi* offre à Marie de quoi réaliser des ambitions tout à fait humaines, mais aussi, tout à fait *individuelles*. Je me pencherai ensuite sur la transplantation de l'abjection au Nouveau Monde, où en effet celle-ci révèle les limitations qu'elle impose aux femmes en tant que *collectivité*.

Que les pratiques lugubres de l' *imitatio christi* - et les extases qu'elles produisirent - ne fussent que tièdement approuvées par les directeurs de conscience du XVIIe siècle, permet d'affirmer que l'abjection mystique pratiquée par Marie de l'Incarnation lui permet au moins d'esquiver (à la Irigaray) le destin qui lui est réservé par la société dans laquelle elle évolue. Dans son *Introduction à la vie dévote* (1609) - que Marie de l'Incarnation a lue sur les bons conseils de Dom François de Saint Bernard (Davis 67) - François de Sales, lui-même mystique, décourage les pratiques excessives de l'humilité féminine: «Si quelques grands serviteurs de Dieu ont fait semblant d'être fols pour se rendre plus abjects devant le monde, il les faut admirer et non pas les imiter» (152). Or, nul n'est plus fou, ni plus abject que le Christ; François de Sales cherche moins à priver la femme de l'expression de sa spiritualité que de canaliser celle-ci au profit de la société patriarcale en accord avec «la loi économique de l'échange» qui, selon Mino Bergamo, sert au XVIIe siècle de «principe d'évaluation de toutes les conduites humaines» (164). Aussi François de Sales loue-t-il la «sapience», les ravissements, les élévations d'esprit, et la prédication de Catherine de Sienne du bout des lèvres: «Je n'ai point douté qu'avec cet œil de contemplation elle n'eût ravi le cœur de son époux céleste, mais,» il ajoute, «j'ai été également consolé, quand je l'ai vue en la cuisine de son père tourner humblement la broche» (258). Plus emballée par ses ravissements célestes que par la broche paternelle, la mystique du XVIIe siècle transgresse doublement «le circuit économique de l'échange» (Bergamo 164). Tout d'abord, en s'extrayant du marché conjugal, elle renonce au rôle féminin d'argent comptant dans les transactions patriarcales (Lévi-Strauss 71-79). Dans la période transitoire entre la mort de son mari et sa profession d'Ursuline (1618-1631), Marie affiche son reniement du statut féminin d'objet d'échange de façon dramatique: elle se pare de façon ridicule afin de détourner de potentiels prétendants (Davis 66). Qui plus est, du point de vue de la société dans laquelle elle évolue, la mystique se dépense gratuitement, en fendant son corps qui, scellé, fait toute sa valeur.[7] En s'avilis-

---

loin mon résumé de sa définition de «chair».

[7] Lochrie insiste qu'outre la sexualité, l'idéal du corps scellé vise la bouche indiscrète qui parle, et les yeux impertinents qui voient. (p. 126).

sant, Marie «se donne» - ou plutôt, donne son corps - en pure perte. Dom Raymond exige effectivement qu'elle modère ses pénitences, car elle frôle la mort (Davis 71).

Qui esquive un destin détestable (répliquerait Simone de Beauvoir) ne dispose pas forcément des moyens de se façonner un sort meilleur; la mort n'est pas une alternative viable à une vie de servitude. Or, si la prostitution de la chair au nom de ravissements, d'élévations d'esprit, et surtout, d'une «sapience» dont la femme n'est pas capable constitue un gaspillage de ressources naturelles selon une Eglise menacée, militante, et soucieuse de rentabiliser les sacrifices de ses élus ici bas, pour la mystique, en revanche, le *potlatch* par lequel elle pourrit sa nature est sans prix. Barrée de la transcendance par la voie de son esprit, Marie de l'Incarnation y accède par le biais de sa chair baillante. L'Ursuline puise dans l'abjection même de quoi contrecarrer l'argument commun des défenseurs et des ennemis des femmes qui réduit celles-ci à leurs corps jusque dans les plus hauts essors de leurs esprits. Un galant parisien, Monsieur de Saint-Gabriel, compte la chair des Dames parmi leurs mérites intellectuels, étant donné que «ceux qui ont la chair plus déliée sont plus capables des operations de l'ame» (42). Ce qui rend les femmes susceptibles d'un châtiment est cela même qui, selon lui, leur confère «l'esprit vif»: «comme les femmes sont d'une substance plus délicate que les hommes, à cause de la tenuité de leur cuir & la délicatesse de leur chair, elles sont plus sensibles aux blesseures & plus faciles d'en estre offencees ès moindre occasions» (42). Selon Saint-Gabriel, le savoir pénètre le corps féminin avec violence; il s'accumule par blessures successives. «L'esprit [écorché à] vif» de la femme est intelligent au détriment de celle-ci. En effet, une chose «délicate» - et rien, au XVIIe siècle, n'est plus délicat que la femme[8] - comprend tout «ce qui est foible ou fragile, *qui ne peut résister* aux attaques, aux impressions des corps étrangères» (Furetière, article «délicat», je souligne). Les impressions sensuelles de la femme délicate «attaquent» et nuisent à sa subjectivité plus qu'elles n'y contribuent. Dans le climat intellectuel dualiste qui règne au XVIIe siècle, toute intelligence redevable au corps - tout délicat qu'il soit - n'en est pas une. Alors que la délicatesse des cerveaux des femmes leur donne, précise le prêtre cartésien Nicolas Malebranche (1638-1715), une «grande intelligence, pour tout ce qui frappe les sens,» elle les rend «incapables de pénétrer les vérités un peu difficiles à découvrir» (200, 203). Car être savant selon un cartésien, ce n'est pas subir l'impression des «corps étrangers», mais les maîtriser. Simples réceptacles des sensations, les femmes n'ont aucun accès au concept: «Tout ce qui est abstrait leur est incompréhensible,» dit Malebranche (203). Ainsi, la mystique qui «exalte

---

[8] Voir l'article de Philippe Sellier dans le présent volume.

[sa chair] comme l'instrument de son salut» reproduit un lieu commun du XVIIe siècle qui cantonne la subjectivité féminine dans les confins du corps (Beauvoir 589). Elle le reproduit, cependant, afin de le dépasser. A la différence de l'épistémologie purement sensuelle décrite par Saint-Gabriel et par Malebranche, selon laquelle un «corps étranger» anéantit le sujet au profit des sens, selon l'épistémologie mystique, l'altérité sublime les sens au profit du concept.

Grâce à la guerre qu'elle mène contre sa propre délicatesse, la mystique renverse l'idéal ecclésiastique de la femme comme surface scellée aux orifices plombés. Pour la mystique, affirme Karma Lochrie, «la porosité de la chair, qui est la marque de sa perversion, offre également la possibilité du rachat spirituel» (123). Chez Paul, et encore plus chez son commentateur Augustin, la chair - ou ce que Marie de l'Incarnation appelle «nature» - est le lieu où la volonté humaine qui s'oppose à la volonté divine se réifie en substance. L'inclination de «faire sa propre volonté,» prévient Marie, «se tourne bientôt en nature» (*Corr.* 216). A la différence du corps, en soi neutre, la chair est par définition rebelle: «je parle,» précise Marie, «de la nature corrompue qui n'entend point les loix de l'esprit» (*Corr.* 920). Etant donné que les pères de l'Eglise revêtent cette nature intransigeante d'une forme féminine, celle de la femme est doublement corrompue. «Ta chair est comme ta femme», dit Saint Augustin, «elle se révolte contre toi, comme ta femme» (cité dans Lochrie 121). Aussi est-ce en ouvrant sa chair que la femme mystique comble la crevasse qui depuis la chute écarte la volonté humaine de la divine. En lézardant les lisières entre dedans et dehors, les cadavres, les plaies suppurantes, et l'odeur de la décomposition fondent le sujet dans l'objet de sa contemplation. La femme mystique fend la chair délicate qui lui donne cette «grande intelligence pour tout ce qui frappe les sens» afin d'inviter l'approche d'un concept dont les mots mêmes ne peuvent rendre compte.

La revendication et sublimation mystique de la chair fonctionne de façon la plus éclatante au niveau de la représentation. Créature mitoyenne entre l'homme et la bête, on prétend au XVIIe siècle que la femme est tributaire de son corps jusque dans ce qui, habituellement, distingue l'homme de l'animal: le langage. Puisqu'une image concrète soulage l'esprit foncièrement matériel de la femme, François de Sales préconise l'utilisation féminine des métaphores. «Il est vrai, dit-il, que l'on peut bien employer quelque similitude et comparaison pour aider à la considération [des mystères]», à condition que la femme ne piétine pas dans la province périlleuse de l'invention (80). Par la production d'une image métaphorique, l'imagination, la plus corporelles des facultés princesses (et par conséquent, celle dont se servent les femmes d'après Malebranche), ligote l'esprit féminin à une méditation matérielle: «par le moyen de cette imagination», explique

François de Sales, «nous enfermons notre esprit dans le mystère que nous voulons méditer, afin qu'il n'aille pas courant ça et là, ni plus ni moins qu'on enferme un oiseau dans une cage, ou bien comme l'on attache l'épervier à ses longes, afin qu'il demeure sur le poing» (80). Pour attacher l'esprit volage de ses lectrices à son poing, François de Sales gave son *Introduction* d'images qui leur seraient familières, dont l'oiseau captif, qu'une grande variété d'artefacts culturels du XVIIᵉ siècle apparentaient à la femme. Dans des tableaux hollandais, des mères de famille occupées à des tâches domestiques côtoient des cages d'oiseaux ouvertes; la femme, comme l'oiseau, choisit volontairement de rester dans sa cage (Dixon 137-38). De même, par le biais de l'oiseau en captivité, William Harvey illustre les maladies qui peuvent surprendre les femmes célibataires.[9] En somme, les métaphores par lesquelles François de Sales appelle l'intelligence sensuelle des femmes offrent à celles-ci de quoi se couper les ailes de l'esprit. De prime abord, semblable à la métaphore envisagée par François de Sales, celle de la mystique transfère un savoir par la médiation des sens. La mystique acquiert son savoir dans le plein sens du terme «sapere»; elle le «goûte» (Bynum 150); à l'image du Christ incarné, la métaphore mystique ramène le Verbe indicible à la délectation de la chair. Aussi Madame Guyon (1648-1717) admire-t-elle la condescendance du Seigneur qui, dans son corps d'homme, balise le chemin discursif aux cieux: «pour nous élever à l'expérience de son divin amour, [Dieu] s'est abaissé jusqu'à se servir des termes et des expressions de notre amour charnel et impur» (200).[10] A la différence de la cage d'oiseau ou l'épervier en longes de François de Sales, ces termes et expressions ne représentent point des imaginations concrètes. «[U]ne chose imaginaire [a] un corps, afin qu'elle produise une espèce qui puisse tomber sous le sens», atteste Marie de l'Incarnation en reniant la faculté mentale qu'un Malebranche aurait voulu lui attribuer, «et lorsque j'ai eu des espèces de cette sorte, elles ont été aussitôt anéanties par une abstraction d'esprit … infiniment plus noble et plus pure et entièrement dégagée de l'imagination» (*Rel.* 495). Dans les métaphores mystiques, ce n'est pas par sa *concrétisation* de l'abstrait que le corps signifie; les «espèces» recueillies par le corps ne se posent que pour être éclatées par le concept auquel elles ont servi momentanément de médiation. Le corps ab-

---

[9] Le perroquet de sa femme est mort en raison de l'œuf qui pourrissait dedans elle: «Which many times befalleth those *Birds*, that are immured in *Cages*, when they covet the society of the *Cock*.» (p. 24-25). A la différence de son perroquet, évidemment, Madame Harvey, qui évolue elle aussi entre les quatre murs de sa maison, est comblée grâce aux prestations de Monsieur son mari.

[10] Sachant intimement que des hommes instruits seraient aussi impuissants qu'elle à représenter le mariage mystique, Thérèse d'Avila dit avoir recours à des métaphores par défaut d'un langage savant (p. 185).

ject, dont l'intérieur engouffre l'extérieur, est le passage obligé du signifié
ultime. «Nous ne devons donc chercher dans ces figures corporelles que ce
qu'il y a d'intérieur», cautionne Madame Guyon, «et il faut ici parler du
corps, comme si l'on était hors du corps même» (200). Mais est-ce que l'on
- surtout quand le «on» en question est une femme - peut prétendre faire
abstraction de son corps? C'est plutôt ce corps, à laquelle la femme mystique ne peut se soustraire, qui dégouline hors de lui-même pour s'unir,
pour l'unir, au Sacré Verbe. Marie de l'Incarnation représente ses colloques
divins par la réversibilité de sa chair: «cette ouverture que vous avez faite à
mon cœur», déclare-t-elle à son divin Epoux, «est une bouche qui vous
tient un langage qui tueroit le corps, s'il falloit qu'il passât par les sens»
(*Corr.* 319). La bouche, seuil de la langue profane,[11] s'efface au profit du
cœur amoureux qui baille à la surface de l'être; la chair incisée et mise à
l'envers est le témoin muet d'une trajectoire indicible qu'elle a elle-même
catalysée.

Loin de se borner au cercle fermé du mariage mystique, l'épistémologie
de Marie de l'Incarnation s'avère capable d'intégrer l'altérité géographique
et linguistique du Nouveau Monde. Pour l'Ursuline, être transportée aux
cieux et voyager au Canada partagent un même point de départ - l'abjection
-,[12] de même que parler une langue des anges et converser en Algonquin,
en Montagnais ou en Huron aboutissent à une seule destination - l'union
mystique. De la source inépuisable d'abjection qu'est le Nouveau Monde,[13]
l'opacité des langues amérindiennes fait jaillir un fond insondable de ravissements. Tant que les idiomes autochtones demeurent étrangers à Marie,
une frontière persiste entre elle-même et les femmes et filles à sa charge.
Lorsque ces langues lui deviennent familières, en revanche, cette frontière
se brouille, devient métisse. Occuper la limite floue entre une culture et une
autre, comme habiter la fente entre le Je et l'Autre, favorise l'union mystique avec Dieu. Ce qui rend abject, explique Kristeva, c'est «ce qui perturbe une identité, un système, un ordre. Ce qui ne respecte pas les limites,

---

[11] Au dire de l'Apôtre Mathieu, «ce n'est pas ce qui entre dans la bouche qui profane l'homme; mais ce qui sort de la bouche» (cité dans Kristeva p. 135).

[12] Je n'ai pas la place ici d'analyser le déplacement géographique au Nouveau
Monde en termes du couple abjection / ravissement. L'argument se résume ainsi: Marie
de l'Incarnation, comme Maria de Agreda (1602-1665), voyage partout dans le monde
lors de visions qui font pâtir son corps. Ces visions ne servent de preuve de la volonté
divine auprès des hommes qui dirige son sort que parce qu'elles sont accompagnées de
douleur physique. Conclusion: l'abjection qui accompagne ses transmigrations oni-
riques catalyse également son départ réel au Canada.

[13] «Il est vray,» songe Marie depuis le sol canadien, «les sens ne soustiennent point
en Canada; l'esprit laisse la nature dans les pures croix qui s'i retrouvent» (*Corr.* p.
151).

les places, les règles. L'entre-deux, l'ambigu, le mixte» (12). Marie de
l'Incarnation invente ses métaphores à partir de la dissonance de deux
langues: la céleste et la terrestre, pourquoi pas à partir du Français et de
l'Algonquin?

Lorsqu'elle rejoint enfin son «Paradis terrestre» en 1639, Marie de
l'Incarnation se plaît à témoigner d'un Babel embrasé par des louanges de
Dieu; elle est ravie, écrit-elle à son frère, d'«entendre louer sa Majesté divine en quatre langues différentes» (*Corr.* 88). Le Jésuite Paul Le Jeune lui
enseigne d'abord l'Algonquin et le Montagnais «par préceptes et par méthodes» (*Corr.* 112). En 1650, les Iroquois et la petite vérole pulvérisent la
nation huronne, et le couvent en récupère les miettes: des orphelines ou des
filles dont les parents fuient. Le Père italien Francesco Gioseppe Bressani
lui apprend alors la langue huronne (Gourdeau 86). Quand, enfin, les Iroquois capitulent vers la fin des années 1660, Marie se forme à leur langue
pour mieux accueillir les nouvelles pensionnaires iroquoises (Davis 92-95).
Bien qu'elle s'instruise «comme font ces jeunes enfants qui vont au collège
pour apprendre le latin,» l'épistémologie qui informe l'apprentissage linguistique de Marie diffère entièrement de celle de ces «jeunes collégiens»
qu'étaient dans le temps ses collègues jésuites (*Corr.*108). Les missionnaires jésuites et récollets[14] considérèrent leur apprentissage des langues
amérindiennes comme des détours provisoires à une trajectoire menant vers
une langue unique (Wilkin 57). Après avoir appris les idiomes amérindiennes - après avoir maîtrisé les Amérindiens -, les missionnaires comptaient «abâtardir» et «biffer» les langues amérindiennes en y substituant le
Français (Sagard 339-40). Dans la mesure où la langue ne fut pour eux
qu'un moyen d'arriver au but, son apprentissage ne fut qu'une bévue dans
leur chemin de conquête. «*Apprendre* une langue peut être un pas vers la
maîtrise [de ceux qui la parlent],» remarque Stephen Greenblatt, «mais
étudier une langue entraîne une situation de dépendance, voire, de soumission» (104). Alors que les missionnaires masculins se sentaient impuissants
et infantilisés dans un idiome étranger, une mystique - pour qui la dépendance et la soumission furent des données -, considérait l'impuissance verbale comme la condition universelle des langues humaines.

La difficulté des langues amérindiennes supplée aux instruments de torture qui avait apprêté Marie à apprendre le latin en France.[15] Elle lui

---

[14] Arrivés en 1615, les Récollets devancèrent les Jésuites au Canada. Leur impact
sur l'histoire coloniale du Québec fut beaucoup moindre cependant, car ils repartirent
en 1629 et ne revinrent qu'à la fin du siècle.

[15] A l'exemple d'Angèle Merici (1511-1540), fondatrice des Ursulines (Davis p.
77), et de Thérèse d'Avila (1515-1582) dont elle avait lu l'autobiographie, Marie apprît
le latin par connaissance infuse. Selon Jean-Joseph Surin (1600-1665), celle-ci s'impri-

procure des douleurs physiques: «cette étude ... me fit bien mal à la tête, et
me semblait, qu'apprenant des mots par cœur et les verbes ... que des
pierres me roulaient dans la tête» (*Rel.* 368). Une technique d'abjection
comme une autre, l'auto-lapidation linguistique fournit «le point de bascule
dans la spiritualité» (Kristeva 149). Car du passage périlleux d'une langue
humaine à une autre surgit la langue des anges. «Quand j'etudie la langue,»
écrit Marie à son fils, «et que je voy que cette étude est rude à la nature,
particulièrement dans les personnes de mon sexe et de ma condition, j'y
trouve des douceurs si divines ensuite de ces pensées, qu'elle enlève mon
esprit plus que ne font les plus sublimes lectures» (*Corr.* 140). Tout comme
les orties et les clous qui ponctuèrent les étapes de son mariage avec le
Christ, les langues amérindiennes sont «rude(s) à la nature,» c'est-à-dire, à
la chair. En précisant que la nature des «personnes de son sexe» est
particulièrement vulnérable aux exigences de l'étude, Marie reproduit le
discours patriarcal de l'époque qui dessine l'esprit valétudinaire de la
femme à l'image de sa chair «délicate». Mais cette sensibilité «aux
blesseures» ne la rend pas victime de la tyrannie des sens; le défi
intellectuel qui fêle la «ténuité de son cuir» l'enlève justement vers le
sublime (Saint-Gabriel 42). Dans une lettre précisant le profil d'une recrue
ursuline idéale, Marie situe la capacité d'apprendre une nouvelle langue
dans le corps:

> Pour le corps, il est nécessaire qu'elle soit jeune, pour pouvoir facile-
> ment apprendre les Langues; qu'elle soit forte, pour supporter les fa-
> tigues de la Mission; qu'elle soit saine et nullement délicate, afin de
> s'accommoder au vivre qui est fort grossier en ce païs. Et quant à
> l'esprit, pourveu qu'elle soit docile, soumise, et de bonne volonté pour
> s'accommoder à notre union, ça suffit. (*Corr.* 239)

Docile, soumise et de bonne volonté, prête à sacrifier son bonheur personnel au profit du groupe, l'Ursuline idéale ressemble à la dévote idéale
de François de Sales ... à une différence près: la malléabilité du corps féminin supplée à l'intelligence dont elle est jugée incapable et à l'instruction
formelle dont elle est exclue. «Saine et nullement délicate», la chair de
l'Ursuline doit être forte non pas pour dominer ou résister à l'altérité cana-
dienne, mais pour s'y «accommoder».

Malgré son approche épistémologique aux antipodes de la volonté do-
minatrice des Jésuites, il serait naïf de conclure qu'un Nouveau Monde
colonisé par des sosies de Marie de l'Incarnation aurait été plus salutaire

---

me sans peine de l'esprit, à condition que le Seigneur estime son élève suffisamment
humble (Bergamo 101, 105). Etant donné que l'humilité féminine se mesure en proportion directe à l'avilissement de son corps, si l'infusion divine du latin chez la femme
mystique n'est pas pénible pour l'esprit, elle l'est pour le corps.

pour ses habitants originels que celui qui a vu le jour. Les antipodes, après tout, dessinent deux bouts d'un même monde. Le verbe par laquelle Marie exprime son approche au Canada - «s'accommoder» - illumine le problème inhérent à l'épistémologie mystique. Au XVIIᵉ siècle, «s'accommoder [à]» veut dire «Se conformer [à]» (Richelet, article «s'acommoder»). «S'accommoder [de]», au contraire, signifie «se servir de quelque chose en se l'appropriant. S'en servir comme sien». Marie s'accommode-t-elle *à* ses séminaristes ou bien s'accommode-t-elle *de* ses séminaristes? Se conforme-t-elle à des individus qu'elle nomme volontiers «Sauvages» ou s'en sert-elle? L'altérité amérindienne, inutile pour les Jésuites, est récupérable dans une économie mystique. Les Amérindiens offrent «l'entre-deux, l'ambigu, [et] le mixte» qui invite l'approche du Verbe tant dans leurs langues «rude[s] à la nature», que dans leurs corps reluisants de graisse d'ours et pullulants de vermine (Kristeva 12).[16] De la même manière qu'elle puise des ravissements dans ses épines linguistiques, Marie de l'Incarnation recycle la répugnance qu'elle ressent envers les pratiques hygiéniques autochtones en délice indicible. «Ne croïez pas que la saleté ou la pauvreté des nos Néophites m'en donne du dégoût,» elle écrit à la Supérieure des Ursulines tourangelles, «au contraire, j'y sens un attrait qui n'est point dans les sens, mais bien dans une certaine région de l'esprit que je ne vous puis bien expliquer» (*Corr.* 140). Que les corps de ses néophytes remplissent la même fonction chez Marie qu'une croûte de lépreux (catalyser le ravissement divin) n'est guère flatteur pour ces premiers.

Tandis que Marie se sert (s'accommode) de la différence amérindienne pour «s'abjecter» en vue d'un ravissement, elle trouve normal que les femmes et filles autochtones se conforment (s'accommodent) à elle: «elles se forment sur nous autant que leur âge et leur condition le peut permettre» (*Corr.* 96). Elle trouve normal, en outre, que cette imitation, comme la sienne du Christ pâtissant, prenne la forme d'une violence contre soi. A l'encontre de ses compatriotes masculins,[17] Marie affirme sans hésitation que les amérindiennes «peuvent parvenir à ce que font les filles françoise [sic], tant au chemain du salut que pour les siances d'où il sembloit que leur misérable condition d'estre née dans la barbarie les vouloit exclure» (*Corr.* 132). Comme Marie, elle-même née dans un corps bestial de femme et exclue ainsi des sciences, les filles amérindiennes peuvent vaincre leur «misérable condition» par le biais de leur chair malléable. «Il ne se peut

---

[16] Les Amérindiens s'oignaient de graisse d'ours afin de se protéger contre les moustiques qui faisaient le supplice, d'ailleurs, de plus d'un missionnaire. Marie reconnaîtra plus tard que la graisse leur tient lieu de sous-vêtements (*Corr.* p. 852)

[17] Selon le Récollet Chrestien LeClercq, «[leur] raison est absolument ensevelie dans la matiere» (p. 515).

voir une humeur plus douce et plus flexible,» dit Marie à propos de Magde-
leine Amiskoveian, agée de 17 ans (*Corr.* 91). La femme amérindienne
n'est pas une table rase, mais elle peut le devenir. En s'avilissant, elle
s'apprête volontairement à recevoir l'impression du «corps étranger» qu'est
le savoir divin. La «promptitude et ... facilité» que démontrent les Amérindiennes à apprendre proviennent non pas de leurs esprits, selon l'Ursuline,
mais de leur nature humiliée (*Corr.* 200). Marie raconte qu'«une femme
[Attikamek] qui avoit l'esprit un peu plus dur que les autres, se fâchant
contre elle-même, dit en se prosternant: je ne me lèverai d'aujourd'hui que
je ne sçache mes prières. Elle eut tout le jour la bouche contre la terre, et
Dieu bénit tellement sa ferveur qu'en se levant elle sçeut tout ce qu'elle
vouloit apprendre» (*Corr.* 200). A la manière d'une Angèle de Foligno,
d'une Catherine de Sienne, voire d'une Marie de l'Incarnation, la femme
Attikamek s'apprête à recevoir l'impression de la connaissance infuse en
faisant corps avec la fange. Les «Séminaristes» de Marie attribuent également leur savoir à leur chair avilie. Elles «demandent quelquefois qu'on les
châtie», requête que les Ursulines manifestement honorèrent, car une jeune
Amérindienne estime que «l'on m'aime de ce que l'on me châtie pour me
faire venir l'esprit, car je n'en ay point» (*Corr.* 202).

La facilité avec laquelle les Amérindiennes christianisées acceptèrent le
châtiment comme moyen «de se faire venir l'esprit» signale le succès dont
jouissait alors l'offensive de francisation menées par les Jésuites. A la réduction de St.-Joseph-de-Sillery, ceux-ci avaient instauré un «Conseil des
Sauvages», corps judiciaire à la française composé d'Amérindiens
chrétiens et doublé d'un organe coercitif. Comme en témoignent avec
horreur de nombreux Européens, les Amérindiens réservaient des supplices
qui rivalisaient avec les pratiques d'abjection mystique en ingéniosité à
leurs prisonniers de guerre. Mais parmi les nations amérindiennes avec
lesquelles les français eurent des contacts, lever la main contre un des siens
semble avoir été - avant la présence européenne - une anomalie. Les
Jésuites remarquèrent à plusieurs reprises (non sans exaspération) que les
parents amérindiens ne disciplinaient jamais leurs enfants. Or, à Sillery, ce
ne furent pas les prisonniers de guerre qui subirent le courroux du
«Conseil» (les Amérindiens de la réduction étant eux-mêmes réfugiés de
guerre), mais les femmes de Sillery même. Dénués de leurs repères par la
décimation de leurs communautés, par l'effondrement de leurs économies,
et par la guerre menée contre leurs croyances, les hommes amérindiens
s'accrochèrent au seul vestige d'autorité qu'on leur proposait: la nouvelle
prérogative accordée par la moralité chrétienne et la justice française de
prescrire et de proscrire les mouvements des corps féminins et d'en punir
toute infraction de façon corporelle.

En 1642, les membres du «Conseil des Sauvages» interdirent à une jeune amérindienne chrétienne de voir son amant païen. Celle-ci se rerouvant dans une situation apparamment compromettante, un chrétien amérindien particulièrement zélé se porte volontaire pour la fouetter.[18] Les autres hommes approuvent l'initiative afin de faire peser le poids de leur autorité sur la collectivité féminine. «Voilà toutes les femmes et les filles bien honteuses,» raconte Marie, «car par la Sentence elles devoient toutes assister à l'exécution qui devoit se faire à la porte de l'Eglise» (*Corr*. 164). Les femmes, cependant, ne sont pas les premières interpellées. La démonstration de force se fait tout d'abord au profit des mécènes qui la leur léguèrent. Fouet à la main, raconte Marie, «le fervent Sauvage élève sa voix disant: Ecoutez, écoutez François, sçachez que nous aimons l'obéissance: Voici une de nos filles qui a désobéi, c'est pour cela que nous l'allons punir ainsi que vous punissez vos enfans. Et vous filles et femmes Sauvages, autant vous en arrivera si vous désobéissez. Disant cela il décharge un grand coup de fouet...» (*Corr*. 164). En obéissant aux Français, en acceptant d'être, pour ainsi dire, leurs enfants, les hommes autochtones gagnent le droit de faire la loi aux seules êtres qui leur sont inférieurs sur le totem phallique de pouvoir: les «filles et femmes Sauvages». Lorsque, le lendemain, il s'avère que la jeune femme est finalement innocente du crime dont on l'accuse (la désobéissance), Marie de l'Incarnation lui demande ce qu'elle a pensé de son châtiment. La jeune femme répond avec résignation: «j'ay voulu souffrir cet affront pour me disposer au baptême, et j'ay enduré en paix puisque Jésus a enduré et payé pour moy» (*Corr*. 164). La jeune amérindienne transforme une violence non méritée - comme celle qui cloua le Christ à la croix, comme celle que Marie de l'Incarnation s'infligea - en voie de salut.

Marie de l'Incarnation se dit «ravie de ...voir de si belles dispositions à la grâce» (164). Elle ne pouvait voir les choses autrement. De par son épistémologie mystique, Marie a su échapper à un destin qui aurait sombré dans les annales de l'oubli. En effet, grâce à sa chair abjecte, Marie a pu usurper le concept, accaparer le privilège masculin de s'instruire, et s'emparer légitimement de l'ordre symbolique. Alors que l'abjection permet à Marie de contourner l'équivalence scolastique de la femme à la chair, la transplantation de l'*imitatio christi* dans une société qui ne connaît pas cette association finit par l'étayer. En vivant «une vie qui est en soi *mimésis*... de la Passion,» dit Sarah Beckwith, «la femme mystique peut accéder

---

[18] Il faut reconnaître une différence essentielle entre la violence misogyne française et amérindienne: elle est une donnée privée en France où chaque père de famille est souverain absolu du foyer; à Sillery, elle est événement publie, organisé par une collectivité qui en vise une autre.

au Verbe [the Word], ou à ces expédients plus humains, les mots [words] … Mais comme un serf qui devient roi, c'est une usurpation qui change les termes mais jamais la structure» (212). En se voulant exception à la règle qui décrète que la femme est et sera ni plus ni moins que la somme de ses organes, Marie se forge un destin passionnant. Les exceptions, cependant, renforcent les règles. Marie introduit au Nouveau Monde la notion que le savoir de la femme s'acquiert à travers sa chair meurtrie. Par conséquent, elle inculque aux femmes et aux filles amérindiennes l'idée que le corps est une limite propre à la femme, et elle leur apprend par son exemple même que ce plafond à la subjectivité féminine est une entité détestable. Enfermée dans la cage d'oiseau que fut pour la femme l'espace familial au XVIIᵉ siècle ou clôturée dans un cellule de couvent, Marie n'avait rien à perdre en revendiquant sa chair comme outil épistémologique. Mais lorsque des femmes amérindiennes préalablement libres de leurs corps[19] transforment une punition de ce monde en préparation à l'autre, force est de reconnaître que l'épistémologie mystique de Marie de l'Incarnation appuie la Loi du Père, du fils, et du Saint Esprit qui tient la femme pour un être essentiellement abject. Autoriser l'équivalence de la victimisation, de la passivité, et de la sujétion à la féminité «par le biais d'un garant céleste», affirme Beckwith, «valide et perpétue cette même sujétion sur terre» (212). Sous la domination française et chrétienne, deux avenirs se présentaient à la jeune fille amérindienne. Anne Marie Uthirdchich et Agnès Chabvekveche - qui, dans l'élocution de Marie, «appartiennent» au chef chrétien de Sillery, Noël Négamabat - voudraient se modeler sur l'Ursuline: «c'est une conclusion prise que je veux être Vierge… j'instruiray les filles de ma Nation, et leur enseigneray le droit chemin du Ciel» (Corr. 162). L'Ursuline, en revanche, entretient un autre rêve pour ses «Séminaristes», un rêve auquel elle a elle-même renoncé: le mariage chrétien (Davis 115). Si la femme amérindienne accepte un mariage chrétien, son lot dans la vie se résumera à l'obéissance qu'elle devra à son mari; si au contraire, elle s'extrait de l'économie de l'échange au profit d'une économie mystique, elle se réalisera … tout en promulguant la sujétion des membres de son sexe. Autour des femmes et des filles du Canada se dresse un cercle vicieux qui fait du corps de la femme la mesure de sa moralité et le site de son absolution. Il ne leur restait plus qu'à lever les yeux au ciel.

---

[19] Réussir à garder les pensionnaires était très difficile pour les Ursulines, car les filles amérindiennes ne supportaient pas la clôture du couvent. Malgré leur affection pour Marie de l'Incarnation et ses collègues, «elles ne peuvent être contraintes», dit Marie, «si elles le sont, elles deviennent mélancholiques, et la mélancholie les fait malades» (*Corr.* p. 809). Elles durent également sacrifier une liberté sexuelle importante (Davis p. 115).

Ouvrages Cités

Beauvoir, Simone de. *Le deuxième sexe*. 2 vols. Paris: Gallimard, 1949.

Beckwith, Sarah. «A Very Material Mysticism: The Medieval Mysticism of Margery Kempe.» In *Gender and Text in the Later Middle Ages*. Ed. Jane Chance. Gainesville: U.P. of Florida, 1996. 195-215.

Bergamo, Mino. *La Science des Saints: le discours mystique au 17e siècle en France*. Grenoble: Jérôme Millon, 1992.

Bynum, Caroline Walker. *Holy Feast and Holy Fast: The Religious Significance of Food to Medieval Women*. Berkeley: U. of California P., 1987.

Choquette, Leslie. «'Ces Amazones du Grand Dieu': Women and Mission in Seventeenth-Century Canada.», in *French Historical Studies*. 17: 3, 627-55.

Colahan, Clark. *The Visions of Sor Maria de Agreda: Writing Knowledge and Power*. Tucson: U. of Arizona P., 1994.

Davis, Natalic Zemon. *Women on the Margins: Three Seventeenth-Century Lives*. Cambridge: Harvard U.P., 1995.

De Certeau, Michel. *La fable mystique, 16e - 17e siècle*. Paris: Gallimard, 1992.

Dixon, Laurinda. *Perilous Chastity: Women and Illness in Pre-Enlightenment Art and Medicine*. Ithaca: Cornell U.P., 1995.

François de Sales. *Introduction à la vie dévote*. 1609. Paris: Nelson, 1935.

Furetière, Antoine. *Dictionaire universel*. La Haye: Arnout & Reinier Leers, 1690.

Gourdeau, Claire. *Les Délices de nos cœurs: Marie de l'Incarnation et ses pensionnaires amérindiennes*. Québec: Septentrion, 1994.

Greenblatt, Stephen. *Marvelous Possessions: The Wonder of the New World*. Chicago: U. of Chicago P., 1991.

Guyon, Jeanne Bouvier de la Mothe. *Les torrents et commentaire au cantique des cantiques de Salomon*. Grenoble: Jérôme Millon, 1982.

Harvey, William. *Anatomical Exercitations, concerning the Generation of Living Creatures*. London: James Yong, 1653.

Irigaray, Luce. *Speculum of the Other Woman*. 1974. Trans. Gillian C. Gill. Ithaca: Cornell U.P.,1985.

Kristeva, Julia. *Pouvoirs de l'horreur: Essai sur l'abjection*. Paris: Seuil, 1980.

LeClercq, Chrestien. *Etablissement de la Foy dans la Nouvelle France*. Paris: Amable Auroy, 1691.

Lévi-Strauss, Claude. *Les structures élémentaires de la parenté*. Paris: Mouton, 1967.

Lochrie, Karma. «The Language of Transgression: Body, Flesh, and Word in Mystical Discourse», in *Speaking Two Languages: Traditional Disciplines and Contemporary Theory in Medieval Studies*. Ed. Allen J. Frantzen. Binghampton: S.U.N.Y. Press, 1991.

Malebranche, Nicolas. *Traité de l'imagination*. 1674. Paris: Garnier Frères, 1886.

Marie Guyart de l'Incarnation. *Marie de l'Incarnation, 1599-1672: Correspondance*. Ed. Dom Guy Oury. Solesmes: Abbaye Saint-Pierre, 1969.

—— *Relation de 1654*. Vol 2. *Marie de l'Incarnation: Ecrits spirituels et historiques*. Ed. Dom Albert Jamet. 4 vols. Paris: Desclée de Brower, 1929.

Martin, Claude. *Vie de la venerable Mère Marie de l'Incarnation, Premiere superieure des Ursulines de la Nouvelle France: Tirée de ses Lettres et de ses Ecrits*. 1677. Solesmes: Abbaye de Saint-Pierre, 1981.

Moi, Toril. *Sexual/Textual Politics: Feminist Literary Theory*. New York: Routledge, 1985.

Richelet, César-Pierre. *Dictionaire Français*. 1693. Nimes: La Cour, 1995.

Sagard, Gabriel. *Histoire du Canada et voyages que les frères mineurs recollects y ont faicts pour la conversion des infidèles*. 1636. 4 vols. Paris: Librairie Tross, 1866.

Saint-Gabriel, M. de. *Le Mérite des Dames*. Paris, 1655.

Seed, Patricia. *Ceremonies of Possession in Europe's Conquest of the New World, 1492-1640*. Cambridge: Cambridge U.P., 1995.

Thérèse d'Avila. *Autobiographie*, in *Œuvres complètes*. 1588. Trad. Marcelle Auclair. Paris: Desclée de Brouwer, 1964. 13-319.

Thwaites, Reuben Gold, Ed. *The Jesuit Relations and Allied Documents, 1610-1791*. 73 vols. Cleveland: Burrows Brothers, 1897.

Wilkin, Rebecca. «Les mots et les choses 'aux Hurons': l'archéologie d'une rencontre», in *French Literature Series*. 25 (1998): 55-75.

Itinéraire géographique, itinéraire métaphorique dans l'*Ibrahim* de Georges de Scudéry

ANTONELLA ARRIGONI

Université de Gênes

Roman héroïque, roman historique, *Ibrahim ou l'Illustre Bassa*[1] est aussi le récit de l'amour contrarié de deux amants parfaits, Justinian et Isabelle Grimaldi.

Au cours des histoires d'Ibrahim l'on peut suivre la chronique d'un voyage qui nous permet de reconstituer d'une façon assez détaillée le parcours de notre héros et de créer ainsi une carte topographique de ses voyages. Il s'agit d'une cartographie qui se développe sur plusieurs niveaux et qui n'intéresse pas seulement le héros du roman. En effet, toutes les histoires secondaires qui enrichissent l'histoire principale et en compliquent le dénouement nous proposent des déplacements, de sorte que nous pouvons aussi reconstruire une cartographie de tous ces voyages de second niveau. De toute façon, nous analyserons ici seulement les déplacements d'Ibrahim/Justinian, car son histoire nous offre la possibilité d'établir une cartographie très riche et intéressante - une cartographie «réelle» d'un voyage imaginaire de l'Europe au pays du Levant.

*
* *

Le roman s'ouvre sur la description de la scène grandiose du triomphe de Soliman le Magnifique dans la ville impériale de Constantinople, où l'on fête les victoires que, grâce à l'héroïsme d'Ibrahim, Soliman avait pu remporter en Anatolie et en Perse. Comblé d'honneur, le grand Vizir n'est pourtant pas heureux et l'empereur, voyant la mélancolie qui pèse sur le cœur de son Ibrahim, l'oblige à avouer la raison de sa tristesse. Le Bassa lui confesse la cause de son chagrin: il est amoureux d'Isabelle Grimaldi, Princesse de Monaco.

C'est ainsi que commence le récit de la jeunesse d'Ibrahim. Né dans la ville de Gênes, son vrai nom est Justinian et il appartient à une noble famille descendant des Paléologues, derniers empereurs chrétiens de By-

---

[1] Georges de Scudéry: *Ibrahim ou l'illustre Bassa*, Paris et Rouen, Pour la Compagnie des Libraires du Palais à Paris, 1665. Toutes les citations seront tirées de cette édition et les pages seront signalées entre parenthèse.

zance. Justinian nous dit qu' «aussitost que j'eus atteint l'âge où la force commença de me permettre de voyager, j'obtins de mon pere les moyens de contenter l'extreme envie que j'avois toûjours euë, d'aller admirer les pompeuses ruïnes de l'ancienne Rome, et les grandeurs de la nouvelle» (1°P., L. II, p. 76). Après avoir visité Rome notre héros se rend à Lucques à l'occasion de la rencontre du Pape et de Charles-Quint. Voulant apprendre le métier des armes et voulant aussi connaître la mesure de sa valeur, Justinian entre au service de l'Empereur et s'embarque pour la Guerre d'Alger, mais une tempête contraint la flotte impériale à se réfugier près de Bugie[2]; puis il reprend la mer vers Majorque et il arrive enfin à Carthagène[3]. Il reste au service de l'Empereur pendant trois ans et il le suit en Navarre, en Allemagne, au Luxembourg et aux Gueldres[4], mais il est enfin obligé par son père à revenir à Gênes où il rencontre la très belle Isabelle Grimaldi. C'est le coup de foudre, mais aussi un amour impossible, car leurs familles se haïssent à cause d'une vieille histoire. Les deux amoureux se voient en secret, tout en respectant les bienséances, mais le père d'Isabelle découvre leur secret et cherche à faire assassiner Justinian. Rodolphe (ainsi s'appelle le père de la Princesse) est à son tour attaqué par des ennemis et il est sauvé par Justinian. Par conséquent, les deux familles retrouvent la paix et le mariage est accordé, mais pour sauver le père d'Isabelle, Justinian a dû tuer un homme et il est donc banni de Gênes.

Il s'embarque pour Sestre Levant[5], de là il arrive à Livourne où il poursuit pour le Cap d'Istrie[6], il traverse le «Pays des Grifons»[7] et il arrive en Allemagne. Ayant su qu'Isabelle aurait épousé le Prince de Masseran, Justinian, désespéré, décide «d'aller mourir en homme de courage […] Je pris donc la resolution de passer en Suède, dont le Roy faisoit guerre contre celuy de Danemarc […] de m'aller confiner dans les affreux deserts de la Finlandie […] Je m'embarqué sur la Mer Baltique» (1° P., L. II, p. 154). Le vaisseau sur lequel Justinian est embarqué est attaqué par la flotte du Roi d'Alger, Charadin Barberousse. Après un combat héroïque, Justinian est fait prisonnier et emmené à Alger où il est vendu comme esclave au Bassa Sinan et destiné a l'empereur Soliman. C'est ainsi que Justinian arrive à Constantinople.

---

[2] Ville d'Algérie, aujourd'hui Bougia.

[3] Ville du S.E. de l'Espagne, aujourd'hui Cartagène.

[4] Prov. des Pays-Bas.

[5] Sestri Levante, petite ville sur la Riviera à l'est de Gênes.

[6] Sur la presqu'île de l'Adriatique, à l'extrémité N.O. de la Slovénie.

[7] Autriche.

Après avoir écouté l'histoire d'Ibrahim, Soliman accorde à son Vizir la permission d'aller rendre visite à la belle Princesse - car entretemps Ibrahim avait appris qu'Isabelle n'avait pas épousé le Prince de Masseran et qu'elle lui était toujours fidèle - mais à condition qu'il revienne dans six mois. Ibrahim fait serment au Grand Turc de revenir et s'embarque dans le port de Constatinople.

De Gênes, Justinian rejoint Monaco avec un vaisseau: il retrouve finalement Isabelle et il lui raconte une partie de ses aventures. C'est ainsi que nous apprenons que Justinian, devenu esclave de Soliman, avait été bien accueilli par l'empereur qui, touché par l'allure et l'esprit de cet esclave italien, l'avait pris sous sa protection et amené avec lui en Anatolie où il devait se rendre pour réprimer une émeute. Justinian, dans un moment de très grand danger pour l'empereur, démontre toute sa valeur en conduisant l'armée de Soliman à la victoire et après avoir apaisé les révoltés il peut, enfin, retourner à Constantinople.

Une nouvelle insurrection éclate, Justinian devenu désormais Ibrahim retourne en Anatolie à la tête de l'armée de Soliman, il va à Chientaya[8] et aux environs de cette ville il bat les rebelles et rentre victorieux à Constantinople. A cause d'une autre révolte, fomentée cette fois par les Persans, Ibrahim est obligé de repartir, il bat l'armée du Sophi près de la ville de Diarbech[9] et il conquiert Tauris[10] et «une partie de l'Assirie[11] et de la Mesopotamie[12] [...] l'Empor de Balzer[13], qui est à l'embouchure de l'Euphrate, [...] les villes de Caramide[14], Medinum[15], Orfa[16] [...] A Bagaded[17] Soliman fut couronné Roy des Perses» (1oP., L. IV, p. 461-462). Enfin, après cette expédition si heureuse, Soliman et Ibrahim retournent à Constantinople, où ils reçoivent ce grand triomphe sur lequel s'ouvre le

---

[8] Peut-être Kütahya, ville de la Turquie sur le plateau d'Anatolie.

[9] Diyarbakir, ville de Turquie en Anatolie orientale.

[10] Aujourd'hui Tabriz, ville du N.-O. de l'Iran, capitale de la Perse sous les Séférides.

[11] Assyrie, royaume antique d'Asie, dont le noyau occupait la partie moyenne du bassin du Tigre.

[12] Région de l'Asie occidentale, entre le Tigre et l'Euphrate.

[13] Aujourd'hui Basra ou Bassora, ville d'Iraq.

[14] Peut-être Carrae, Haran ou Charan, ville de Mésopotamie.

[15] Médine, ville d'Arabie Saoudite, où Mahomet se réfugia en 622.

[16] Urfa ou Ourfa, anc. Edesse, ville de la Turquie d'Asie près de la frontière syrienne.

[17] Bagdad, capitale de l'Iraq.

roman. Dans la structure du roman, le voyage en Asie s'insère ainsi dans le voyage européen.

Ibrahim, fidèle à la parole donnée au grand Soliman, quitte Isabelle le cœur accablé de douleur et s'embarque pour son retour dans le port de Monaco. Arrivé à Venise, «il ne fut pas long-temps sans trouver une caravane preste à faire voile pour l'isle de Chio[18]» [2oP., L. IV, p. 359] où il trouva «un vaisseau qui partoit pour Pera[19], et s'y estant embarqué, il laissa l'isle de Metelin[20] à main droite, plus avant, et à gauche, celle de Lemnos[21], aujourd'huy Stalimene. De là il entra dans le destroit de Gallipoli[22] où sont les chasteaux de Seste et d'Abide[23] que les Turcs nomment Dardanelli[24]: et en suite, il arriva au Propontide, qu'on appelle Marmora, d'où il entra dans le Bosphore de Thrace[25], et aborda Pera» (2oP., L. IV, p. 360).

Arrivé à Constantinople, Ibrahim est accablé par une tristesse mortelle et Soliman comprend que c'est Isabelle qui est la cause de la maladie du grand Vizir. Il ordonne alors de faire enlever la Princesse de Monaco et de la conduire à Constantinople, mais lorsque Soliman rencontre Isabelle il est touché par le charme de la belle Princesse et il en tombe amoureux. Fou de passion et incapable de contrôler ses sentiments, il décide d'éloigner Ibrahim pour mieux conquérir le cœur de la Princesse. C'est ainsi qu'Ibrahim repart cette fois-ci pour une guerre contre les Persans: «la flotte prist la route de la Mingrelie[26]» (3oP., L. IV, p. 425) et «Ibrahim sortit de Constantinople avec son train, pour aller joindre les troupes, qui filoient du costé de Perse» (3oP., L. IV, p. 427). Les deux armées se rangent en bataille vers la plaine de Niphates[27] et Ibrahim conduit l'armée de Soliman à la victoire. Dès qu'il le peut, le Grand Vizir revient à Constantinople en passant par Pera, mais le comportement blâmable de Soliman lui révèle ses pensées cachées et ses intentions secrètes. Ibrahim affligé se voit forcé de s'enfuir

---

[18] Ile grecque dans la partie E. de la mer Egée, à quelques Km in de la côte d'Asie.

[19] Quartier d'Istanbul bâti par les Génois et qui supplanta la ville de Galata au XVIe siècle.

[20] Mytilène, île de Lesbos.

[21] Aujourd'hui Limnos, île grecque de la mer Egée.

[22] Ville de Turquie sur la rive européenne du détroit des Dardanelles, Gelibolu.

[23] Villes sur l'Hellespont (ancien nom de Dardanelle).

[24] Dardanelles, détroit reliant la mer Egée et la mer de Marmara (Propontides).

[25] Détroit de l'Asie qui fait communiquer la mer Noire avec la mer de Marmara.

[26] Région de la Géorgie, près du Caucase, partie méridionale de l'ancienne Colchide.

[27] Nifate, région de l'Arménie.

avec Isabelle, mais arrivés au détroit des Dardanelles, juste devant les châteaux de Seste et d'Abide, ils sont capturés et reconduits à Constantinople. Soliman, fou de rage et de passion, veut faire tuer le Grand Vizir, mais une affreuse crise de conscience trouble son âme et l'empêche de s'y résoudre. A la fin la raison surmonte la passion et l'empereur accorde à Ibrahim et à Isabelle la liberté: «Ils s'embarquerent une nuit et prirent la route de Gennes. Le vent leur ayant esté extrémement favorable, ils arriverent en peu de jours à Monaco» (4º P.,L. V, p. 451-453). Et de Monaco, ils partirent pour un dernier voyage rejoindre Gênes où se célébra enfin leur mariage.

*
* *

Nous venons de reconstruire le voyage d'Ibrahim au niveau géographique en traçant la cartographie vraie d'un voyage romanesque et imaginaire.

L'intrigue du roman paraît ainsi axée sur un voyage qui conduit notre héros de Gênes à l'Europe du nord, de la Mer Baltique à la Mer Méditerranée, pour arriver enfin en Turquie et se prolonguer jusqu'en Perse. Il est donc évident que l'ultime destination de Justinian/Ibrahim est le Pays de l'Autre. L'Autre, ici, est l'empire ottoman, un lieu quasi mythique où l'on retrouve des richesses indescriptibles, des cérémonies fastueuses et des façons de vivre tout à fait différentes des lois codifiées par la société du monde occidental. Le monde musulman est en un mot une métaphore de l'altérité, un monde qui est autre par rapport à celui que l'on connaît, et ce sentiment de la diversité donne au roman son charme exotique.

La réflexion autour de la vision de l'Autre n'était pas tout à fait nouvelle; déjà Montaigne dans ses *Essais* avait concentré son attention sur le thème de l'altérité, en particulier par rapport au Nouveau Monde qui venait d'être découvert et, avec beaucoup de modernité, il avait souligné la nécessité de respecter les mœurs d'autrui sans condamner ceux qui sont différents de nous[28].

Scudéry est plus modéré: il s'est d'abord très bien documenté au niveau historique, d'après les ouvrages de Chalcondyle, de Vigenère, de Baudier et de Paolo Giovio, pour reconstruire les cérémonies et les mœurs du monde musulman, mais il a modifié et surtout atténué certains aspects violents du pays Ottoman et de Soliman en particulier. Il a changé certaines situa-

---

[28] cf. Giuliana Toso Rodinis: «La visione dell'altro di Montaigne», dans: *Parcours et rencontres*, Mélanges de langue, d'histoire et de littérature française offert à Enea Balmas, T.I, Paris, Klincksieck, 1993, p. 603-626.

tions, d'abord pour ne pas violer les lois des bienséances, mais surtout pour ne pas jeter une ombre négative sur le personnage de l'Empereur qui est décrit comme un roi généreux et comblé de toutes les vertus. Les causes de ce choix scriptural peuvent être cherchées, comme l'a montré Mme Rosa Galli Pellegrini, dans la nécessité qu'avait Scudéry, homme de Richelieu, de soutenir la politique du Cardinal qui visait à maintenir de bonnes relations avec l'Empire ottoman «au moment où, en 1636, Richelieu s'engage officiellement dans la Guerre de Trente Ans, l'amitié franco-turque paraissait plus indispensable que jamais»[29]. Scudéry ne remet pas en question son monde, mais au contraire, il nuance la diversité, adoucit certaines situations pour occidentaliser l'Autre; il réalise un procédé d'assimilation pour rendre le Grand Turc politiquement agréable.

Le thème de l'Autre, dans le roman, est aussi abordé par Scudéry à un autre niveau, c'est-à-dire sur un plan totalement romanesque. Le personnage de Justinian/Ibrahim joue un rôle double. Justinian est le noble jeune homme courtois et héroïque qui devient le grand Vizir de Soliman, mais cette dualité ne se montre qu'en surface, car Scudéry veut ignorer tout problème que la double identité d'Ibrahim pourrait faire surgir. Justinian ne se modifie pas pour devenir Ibrahim: c'est toujours la même personne - l'habit ne change ni le cœur ni l'esprit. La grande difficulté réside ici pour l'auteur dans le problème religieux. Comment le chrétien Justinian peut-t-il devenir le grand Vizir de l'empereur turc? Scudéry résout ce problème très simplement: Soliman autorise Justinian à ne point changer de religion: «Il estoit encor Justinian sous le nom d'Ibrahim: et [...] bien qu'il fust serviteur de Soliman, il estoit pourtant ennemy de Mahomet» (1º P., L. III, p. 182-183).

Même si ce voyage dans le Pays de l'Autre pourrait nuire à la personnalité de notre héros en le tenant dans une condition «schizophrénique», Ibrahim réussit à jouer les deux personnages en funambule, sans jamais sacrifier les caractéristiques de son être original en faveur de son double - il est unique dans le fait qu'il est un Autre. Le voyage d'Ibrahim nous offre l'opportunité d'analyser cette expérience du dédoublement dans une structure centrée sur le thème du voyage. Le voyage est une forte métaphore de la condition humaine et de ses transformations. Chaque fois que l'on entreprend un voyage, il se réalise une séparation, un éloignement d'un lieu connu vers un autre lieu inconnu où l'on perd tout repère socio-culturel. Justinian décide de vivre cette aventure de «marginalité» pour la première fois quand il part pour connaître Rome et pour suivre ensuite l'Empereur Charles-Quint:

---

[29] Rosa Galli Pellegrini, «Politique et écriture romanesque dans Ibrahim», dans: *Les trois Scudéry*, Actes du Colloque du Havre (1-5 octobre), Paris, Klincksieck, 1993, p. 325.

c'est son voyage de formation à la vie adulte. Par contre, ce sont des situations politiques et sentimentales qui l'obligent à partir les fois suivantes: c'est alors le voyage/transformation où il met en jeu tout son honneur. A travers des épreuves de douleur, de solitude, de désespoir et de valeur, il se transforme, il devient un héros en poursuivant sa quête: il retrouve de cette façon et soi-même et la femme aimée. Ibrahim, tout au long du roman, reste toujours fidèle à Isabelle, son amour est inépuisable, malgré l'éloignement, la séparation et les dangers; son amour reste un sentiment beau et vital. Quand il retrouve Isabelle et qu'il voudrait rester près de sa bien-aimée, en homme de grande dignité, Ibrahim respecte la parole donnée à Soliman et retourne à Constantinople; il sacrifie peut-être son amour, mais il devient ainsi encore plus digne d'Isabelle, car, autrement, en même temps que l'honneur, il perdrait sûrement son amour.

Le voyage est un thème qui a eu un grand succès dans la littérature du siècle. Jacques Chupeau a bien souligné comment, dans la deuxième partie du XVII siècle, naît ce grand intérêt autour du récit de voyage qui «coïncide avec le recul du roman héroïque, dont les fictions poétiques et le style soutenu ne répondent plus aux aspirations nouvelles d'une génération éprise de vérité et de naturel»[30]. Il est vrai qu' *Ibrahim ou l'illustre Bassa* est un roman typique de son époque où les déplacements du héros étaient un élément nécessaire au dénouement du récit, mais il est aussi vrai que le récit de Scudéry se structure autour de voyages dont nous avons pu reconstruire la cartographie réelle. Ce fait nous permet de suggérer, avec toutes les précautions nécessaires, que Scudéry en donnant une place si significative au voyage, aussi bien sous l'aspect historique que géographique, avait pressenti les intéressants développements futurs d'un genre, le roman, qui désormais avait atteint son statut littéraire.

Nous voilà arrivés au deuxième volet de notre exposition qui se propose de présenter le voyage d'Ibrahim dans l'histoire de la cartographie galante, véritable phénomène littéraire qui s'est produit en France après l'apparition de la Carte du Tendre, en 1654.[31] Cette allégorie galante dans le voyage

---

[30] Jacques Chupeau: «Les récits de voyages aux lisières du roman», dans: *Le roman au XVII siècle*, *RHLF*, mai/août 1977, 77e année, n°3-4, p. 539.

[31] Sur la fortune de la cartographie galante cf.:

Zumthor Paul, «La Carte de Tendre et les précieux», dans: *Trivium*, VI, 1948, p. 263-273.

E.P. Mayberry Senter, «Les cartes allégoriques romanesques du XVIIe siècle», dans: *Gazette des Beaux Arts*, avril 1977, p. 133-144.

Filteau Claude: «Le Pays de Tendre: l'enjeu d'une carte», dans: *Littérature*, décembre 1979, p. 37-60.

Bassy Alain-Marie: «Supplément au voyage de Tendre», dans: *Bulletin du biblio-*

d'Ibrahim anticiperait, bien-sûr, le goût pour ce genre mondain une quinzaine d'années avant la parution de la *Clélie*.

Madeleine de Scudéry, avec la publication de sa fameuse Carte, présente une nouvelle dimension dans la conception de l'amour: elle introduit dans le domaine du sentiment la typologie de l'Amitié Tendre, un état d'âme plus nuancé où l'amour est purifié et où il est goûté d'une façon plus abstraite. Pourtant l'idée de la quête amoureuse, d'après le code de l'amour courtois, demeure encore valable, suivant le vieil itinéraire de la courtoisie; toutefois au bout du voyage vers le Pays de Tendre le sentiment reste en état de puissance sans passer à l'acte. La typologie d'amant incarnée par Ibrahim rentre dans l'image typique de l'amour des grands romans héroïques, une image qui remonte elle aussi à un modèle courtois, où l'amant, pour être digne de la femme aimée, devait entreprendre un long chemin plein d'obstacles afin de démontrer, à la fin de cette quête, la noblesse et la grandeur de son sentiment et d'être ainsi adéquat à l'amour de sa dame.[32]

Dans le Pays de Tendre aussi, les épreuves et les persécutions qui donnent leur juste valeur aux qualités de l'amant fidèle sont encore un élément prioritaire et Ibrahim pourrait donc être considéré comme un exemple de l'amoureux tendre et vertueux: il aime par inclination, mais au contraire des amoureux tendres, qui considèrent leur amour comme un crime[33], Ibrahim est capable d'avouer sa passion à la femme qu'il aime sans craindre de commettre une faute terrible. Il faut toutefois observer que les bornes entre l'amour parfait de la tradition courtoise et l'honnête amitié sont très faibles et que «amour tendre devient à peu près synonyme d'amour honnête»[34].

---

phile, 1982, p. 13-30.

Guènoun Solange: «Clélie: terres inconnues et imaginaires. Pour une épistémologie du transport», dans: Voyages, récits et imaginaires. Actes de Montréal, dans: *PFSCL*, 1984, p. 81-100.

Rouben C.: «Histoire et géographie galantes au Grand Siècle: L'histoire amoureuse des Gaules et la Carte du Pays de Braquerie de Bussy-Rabutin», dans: *XVIIᵉ Siècle*, 93, année 1971, p. 55-73.

Biancardi Elisa,:«La carte de tendre: eros prezioso e ottica della restrizione», dans: Eros in francia nel Seicento, dans: *Quaderni del Seicento francese*, Baris/Paris, Adriatica/Nizet, 1987, p. 245-264.

[32] cf. Jean-Michel Pelous: *Amour précieux, amour galant (1654-1675) Essai sur la représentation de l'amour dans la littérature et la société mondaines*, Paris, Klincksieck, 1980, p. 21-32.

[33] cf. idem, p. 51.

[34] Chantal Morlet-Chantalat: *La Clélie de Mlle de Scudéry. De l'épopée à la gazette: un discours féminin de la gloire*, Paris, Champion, 1994, p. 328.

Le Pays de Tendre est partagé par le fleuve d'Inclination qui se jette dans la Mer Dangereuse au-delà de laquelle se trouvent les Terres Inconnues. Selon Mlle de Scudéry s'approcher de ces Terres est déconseillé surtout aux femmes:

> Cette sage fille voulant faire connoître sur cette carte qu'elle n'avait jamais eu d'amour et qu'elle n'avait jamais dans le cœur que de la tendresse, fait que la rivière d'Inclination se jette dans une mer qu'on appelle la Mer Dangereuse, parce qu'il est assez dangereux à une femme d'aller un peu au-dela des dernières bornes de l'amitié, et elle fait ensuite qu'au dela de cette mer, c'est ce que nous appelons Terres Inconnues parce qu'en effet nous ne savons point ce qu'il y a et que nous ne croyons pas que personne ait été plus loin qu'Hercule.[35]

Justinian et Isabelle, suivant la navigation fluviale, vont de Nouvelle Amitié à Tendre sur Inclination, mais leurs forts sentiments, ainsi que des forces externes à leur volonté, les amènent vers la Mer Dangereuse et d'ici aux Terres Inconnues, où le désir et les passions ne sont plus sous le contrôle de la raison: ils ne demeurent plus dans le domaine de Tendre sur Inclination, de Tendre sur Estime et de Tendre sur Reconnaissance, «les trois climats favorables qui permettent aux cœurs tendres de se reconnaître»[36].

Dans la cartographie amoureuse du roman les Terres Inconnues ont un nom et s'appellent Constantinople et Serrail, où l'honnêteté des deux amants court le risque d'être mise en danger par la folle passion que Soliman éprouve pour la Princesse de Monaco. Il est vrai que Scudéry nous dit que «le vieux Serrail estoit le lieu de tout l'Orient, où il y avoit plus de vertus et le moins de vices. Comme en effet, il n'est habité, que de la Mere, des Tantes, des Filles et des Sœurs de l'Empereur, qui n'ont jamais aucun commerce avec les Sultanes de l'autre Serrail» (3o P., L. IV, p. 419). Mais il est aussi vrai que la passion et le transport que Soliman a pour la Princesse transfigurent ce lieu. Isabelle et Justinian sont toujours parfaits dans leur sentiment, mais ils sont maintenant dans le royaume des Terres Inconnues et leur honnêteté est en danger.

L'Empereur entoure la Princesse de témoignages d'attention, mais les soupçons d'Isabelle augmentent encore plus lorsque les mots de Soliman deviennent trop explicites. La situation est désormais insoutenable: elle aime Justinian, son cœur est à lui et elle ne veut absolument pas céder aux avances du Grand Turc - plutôt que de le trahir, elle préfère se sacrifier.

---

[35] Madeleine de Scudéry: *Clélie*, Paris, Courbé, 1654,t. I, p. 405.

[36] Roger Duchêne: «Mlle de Scudéry reine de tendre», dans: *Les trois Scudéry*, Actes du Colloque du Havre, (1-5 octobre 1991), Paris, Klincksieck, 1993, p. 629.

La vie d'Ibrahim, aussi bien que celle d'Isabelle, deviennent alors une navigation très dangereuse à cause des pièges que leur tend l'empereur. Celui-ci, obnubilé par la passion, est prêt à tout. Il ne veut pas renoncer à Isabelle, il oublie la fidélité et l'amitié d'Ibrahim qui est désormais devenu l'ennemi, l'ingrat qu'il faut détruire. Enfin, Soliman décide de faire tuer son Grand Vizir, pour avoir la belle Princesse, mais après maints perils et maints débats, la raison redevient maître de l'âme du sultan. Sa générosité de cœur ne peut pas être totalement annulée par la passion et à la fin l'amitié et la raison l'emportent sur la haine et la jalousie. Soliman, digne de sa grandeur d'âme, permet enfin aux deux amants de quitter les Terres Inconnues. Après avoir traversé la Mer Dangereuse, grâce à leur force intérieure et malgré tant de périls, Justinian et Isabelle arrivent, enfin, à leur Pays de Tendre.

Justinian, après ce long voyage, trouve finalement sur sa carte géographique le Pays du Véritable Amour qui se nomme Monaco; bien loin en cela des idées de Mlle de Scudéry qui refusait, elle, l'amour total en lui préférant l'honnête amitié - aussi bien dans ses doctrines que dans sa vie privée. Car nos amants parfaits suivant toujours leur carte amoureuse trouveront un autre Pays de Tendre, c'est-à-dire Tendre sur Mariage que Madeleine de Scudéry, comme nous le suggère M. Roger Duchêne, «n'avait pas pensé à placer sur sa carte».[37]

Ainsi s'achève le voyage d'Ibrahim: une quête où le héros engage son honneur et sa fidélité envers Isabelle et Soliman dans une lutte entre l'amour, la dignité et l'estime de soi; une lutte très violente qui toutefois construit la personnalité d'un homme de grande dignité qui recompose son double, fortifie sa personnalité, retrouve et soi-même et sa bien-aimée.

---

[37] Roger Duchêne: *op. cit.*, p. 632.

Voyage réel, voyage imaginaire, voyage initiatique dans le pays de l'Autre: l'itinéraire du héros dans *Alaric, ou Rome vaincue*.

CRISTINA BERNAZZOLI

Université de Gênes

> Je parts, dit-il, je parts, d'autant qu'on me l'ordonne;
> Je parts pour conquester une illustre Couronne;
> Je parts pour meriter d'estre veu vostre amant;
> parce que mon cœur ne peut faire autrement.   (vv. 2173-76)[1]

Ce sont là les mots qu'Alaric, roi des Goths et protagoniste de l'épopée homonyme, adresse à Amalasonthe, la femme qu'il aime et qu'il s'apprête pourtant à quitter. Les quatre vers cités résument la cause première qui a déterminé le départ du héros, de même que le but de son entreprise, la conquête de Rome, et les heureuses conséquences que cette action insigne aura sur la formation de son caractère et de sa personnalité.

Désigné par Dieu pour réaliser le projet de vengeance du Tout-Puissant contre la «Reyne des Citez» (v. 103), que la décadence et la corruption morales avaient précipitée dans le désordre le plus extrême, Alaric accepte sans hésiter la mission proposée par l'Ange, le messager céleste. Mais bientôt quelques incertitudes s'emparent de son cœur: il songe que pour aller à Rome il doit laisser sa bien-aimée; déchiré alors entre l'amour et le devoir, il fait enfin son choix: il suivra l'ordonnance divine, il partira!

C'est donc la nécessité intime de répondre affirmativement à l'appel de Dieu, c'est la forte contrainte morale qui caractérise l'âme d'un héros doué de Libre Arbitre, et non la soumission plus simpliste et passive à une volonté imposée d'en haut, qui sont à l'origine du *grand voyage* d'Alaric,

> [...] ce Guerrier héroïque;
> Qui s'esloignant du Nort, et de la Mer Balthique,
> Fit trembler l'Apennin au bruit de ses exploits;
> Fit gemir sous ses fers la Maistresse des Rois;   (vv. 5-8)

---

[1] G. De Scudéry: *Alaric, ou Rome vaincue*, Paris, A. Courbé, 1654. Les citations et les références prises en compte sont tirées de la plus récente édition critique prés. par Rosa Galli Pellegrini, ét., rés. et ann. par Cristina Bernazzoli, Bari/Paris, Schena/Didier Erudition, 1998.

Le voyage - un long et périlleux voyage de la Scandinavie aux bords du Tibre, où des aventures extraordinaires et des combats serrés se succèdent sans cesse et sur mer et sur terre - constitue en effet l'élément central du poème épique, qui occupe le plus de place dans l'action, le protagoniste n'arrivant en vue de Rome qu'aux vers 7617-36 du livre VIII.

Quoique la description de la «déscente» d'Alaric dans la péninsule italienne ne puisse pas être considérée comme un «récit de voyage» - au sens où celui-ci allait se codifier pendant le XVIIe siècle, époque où il commence à s'affirmer en tant que genre littéraire[2] -, on peut pourtant analyser les différentes étapes d'un parcours géographique qui, satisfaisant l'éternel souci de vraisemblance qui hante la doctrine poétique de Georges de Scudéry, tente de se faire passer pour la transcription véridique d'une expérience vécue. S'il est vrai que les Goths étaient originaires de l'Europe du Nord, Alaric, par contre, «n'a probablement jamais mis les pieds»[3] en Suède: cet expédient ne servait à l'auteur - soutenu par un objectif politique précis[4] - que pour célébrer la dédicataire de ce poème, la Reine Christine de Suède, comme la digne descendante du vainqueur de Rome.

Revenant au thème principal du voyage, nous avons observé que la représentation généralement précise des itinéraires suivis par la flotte d'Alaric (ou par sa cavalerie, dont il est question dans la deuxième partie du voyage par voie de terre, c'est-à-dire de l'Espagne jusqu'à la destination finale), l'exposition régulière des pays, villes et villages côtoyés ou traversés par les gens en armes, les noms des lieux que le poète transcrit en se servant assez fréquemment d'une phonétique approximative et d'une graphie francisante, les très nombreux commentaires techniques, tout cela témoigne

---

[2] Cf. J. Chupeau: «Les récits de voyage aux lisières du roman dans Les Romans au XVIIe siècle», dans: *RHLF*, mai-août 1977, 77e année, n. 3/4, p. 536-53. S'il est vrai que le succès du récit de voyage coïncide, dans la seconde moitié du XVIIe siècle, «avec le recul du roman héroïque, dont les fictions poétiques et le style soutenu ne répondent plus aux aspirations nouvelles d'une génération éprise de vérité et de naturel» (p. 539), il est pourtant tout aussi vrai qu'«à une époque où le voyage est toujours une aventure lourde de risques et riche de surprises, la relation participe nécessairement du récit d'aventures et du conte merveilleux» (p. 540): ouvrage de documentation donc, où se manifeste la volonté d'exactitude du poète, *Alaric, ou Rome vaincue* est aussi - ou, pour mieux dire, avant tout - une œuvre de divertissement qui se propose de délecter le lecteur tout en lui étant utile.

[3] A. Blanc: «Alaric, épopée modèle?», dans: *Les Trois Scudéry*, Actes du Colloque du Havre, 1-5 oct. 1991, recueillis par Alain Niderst, Paris, Klincksieck, 1993, p. 82.

[4] Cf. R. Galli Pellegrini: «Politique, romanesque et préciosité dans le poème épique de Georges de Scudéry dans Parcours et rencontres», dans: *Mélanges de langue, d'histoire et de littérature françaises offerts à Enea Balmas*, Paris, Klincksieck, 1993, t. I, p. 931-46.

d'une certaine authenticité documentaire et nous permet de retracer une véritable carte géographique reproduisant les divers déplacements du héros.

Le lieu du départ est Birca, antique ville et port fort riche de Suède sur le lac de Mæler, où se trouve le palais d'Alaric (livre I). C'est dans cette contrée que se rassemblent autour de leur Chef les milices alliées (livre II); elles viennent de toutes parts: de la «fiere Gothie»[5], du «froid Golphe Bothnique», de la «fertile Finlande», ... de mille autres lieux (vv. 1357-1460). Scudéry se plaît à répéter plusieurs fois et tout le long de l'épopée les noms de ces endroits lointains, cherchant ainsi à donner, par le support des adjectifs qualificatifs qui les accompagnent, l'atmosphère glaciale et pourtant féconde du paysage nordique. Cette forte note de couleur locale se manifeste aussi par la description très riche et détaillée de l'aspect physique et de l'armure des guerriers barbares qui habitent ces provinces, sur laquelle l'espace limité que nous avons à notre disposition nous empêche de nous arrêter.

Lorsque la flotte s'éloigne du port, elle traverse la mer Baltique et le Kattégat, longe «sur la main gauche» (v. 2381) le littoral danois (livre III, vv. 2369-84) et, après avoir franchi la mer du Nord, va se jeter dans «la vaste Mer que la Terre environne» (v. 4186), c'est-à-dire dans l'Océan Atlantique (livre V, vv. 4181-86). «Albion»[6] doublée, les vaisseaux des Goths font voile vers l'Espagne (livre VI, vv. 6021-36): ils passent la pointe de Brest, l'île d'Ouessant, dont les environs - nous dit le poète - sont très dangereux pour la navigation et, enfin, l'île d'Oléron, au sud de l'embouchure de la Charente.

C'est à ce point du parcours qu'une flotte ennemie s'avance contre celle d'Alaric: le combat naval s'engage et le roi de Suède en sort vainqueur. Cet épisode, apparemment banal puisqu'il s'agit d'une épopée, nous fournit l'occasion de faire une observation importante. Occasion spatiale et temporelle d'élection pour la formation et la transformation de l'homme en mouvement, le voyage est avant tout une expérience authentique et directe qui met à l'épreuve le caractère du voyageur en le perfectionnant au fur et à mesure. Mais c'est surtout «le rapport du moi au monde, du moi à l'Autre»[7] qui constitue la donnée fondamentale du voyage: le héros, pour mériter d'être tel, doit s'exposer hardiment aux fatigues et aux périls qu'il rencontre sur son trajet; mais il doit, plus que toute autre chose, se mesurer avec l'Autre, c'est-à-dire, en ce cas spécifique, avec son adversaire de ba-

---

[5] Nom donné à la partie sud de la Suède, la plus fertile et la plus peuplée.

[6] L'Angleterre, qui doit son nom à ses blanches falaises.

[7] P. Renard: «Voyage, culture, imaginaire», dans: *Viaggiatori stranieri in Liguria*, a cura di Emanuele Kanceff, Genève, Slatkine, 1992 (*Bibliothèque du voyage en Italie*, 34), p. 423.

taille, avec l'ennemi qu'il va affronter et défaire. C'est donc uniquement en se distinguant par ses exploits remarquables, par son courage extraordinaire et par sa capacité d'endurer la douleur, physique et morale, qu'il peut atteindre son identité la plus essentielle et irréductible.

Débarqué sur le sol ibérique (livre VII), où il est accueilli par des gens en armes, Alaric se prépare à une nouvelle guerre, qu'il gagne au prix de la perte de valeureux soldats. Cadix occupée, il se dirige vers la France en traversant «la fertile et belle Andalousie» (v. 6677), il franchit «les affreux sommets des hauts monts Pirenées» (v. 6682), soumet la Gaule Narbonnaise[8] à ses lois; puis, sans s'arrêter, il «s'avance, / Vers les beaux orangers de l'aimable Provence: / Et traversant le Varc après quelques combats, / Sur les Alpes enfin il fait les premiers pas» (vv. 6689-92). Puissant symbole de la conversion ascensionnelle de l'individu, le franchissement spatial de la montagne, de même que des obstacles cachés parmi ses «antres tenebreux» (v. 6708), favorise à la fois la purification de l'homme et sa connaissance du monde. Les forces élémentaires de la nature qui s'y manifestent - les torrents impétueux qui se précipitent dans le creux des vallons, les neiges éternelles transparentes et glacées, les hautes cimes des rochers qui se perdent dans les nues, les «chemins escarpez bordez de precipices», les vents froids et tranchants qui soufflent «un air mortel» (cf. vv. 6693-6720) -, obligent le héros à user de son audace et de sa fermeté exceptionnelles, à se mettre à l'épreuve et, par conséquent, à «grandir» de plus en plus.

Après avoir franchi les «affreux» sommets des Alpes et écrasé les soldats romains qui leur avaient tendu une embuscade, les Goths se déversent enfin sur la plaine italienne, «la merveille du monde, et le plaisir des yeux» (v. 6968): c'est la récompense de Dieu à tant de difficultés et de valeur! La dernière partie du long voyage d'Alaric va commencer (livre VIII).

Une disposition souvent incorrecte et fautive des lieux qui se succèdent dans l'itinéraire ligurien révèle peut-être une certaine méconnaissance de cette région ou, du moins, le fait que Scudéry les avait mal empruntés à quelque source plus ancienne. L'armée des envahisseurs passe Gênes «aux grand[s] Palais»[9], «Cirne fameuse en vins» (v. 7603) - c'est-à-dire la Corse[10], que l'auteur imagine invraisemblablement sur le continent - et,

---

[8] L'ancienne *Provincia* des Romains, l'une des quatre provinces selon la division d'Auguste, qui fixa en 27 av. J.-C. les bases administratives de la Gaule romaine.

[9] L'Auteur fait allusion à l'époque où Gênes était une puissante république maritime: il s'agit d'un anachronisme par rapport à l'histoire racontée dans le poème épique.

[10] D'après la légende qui accompagne la première carte géographique imprimée représentant la seule Corse (antécédente à l'an 1562), l'île était fameuse pour ses animaux féroces, ses hommes forts et ses vins! (Cf. *Cartografia rara*, Antiche carte geografiche,

plus avant, Nole et l'«agreable Nicée», qui, venant des Alpes, précèdent en réalité Gênes, le chef-lieu d'aujourd'hui. La Ligurie laissée derrière elles, les troupes nordiques traversent alors la Toscane et, en passant par l'Ombrie, entrent enfin dans «le fameux terroir appellé Latium» (v. 7616), où elles marchent jusqu'à arriver en vue de Rome, dont la «vaste grandeur, / Ne fait que redoubler leur genereuse ardeur» (vv. 7635-36). Lorsque Alaric touche au terme de son voyage, il met le siège à la ville et fait bâtir deux grands ponts sur les eaux du Tibre: ce détail ne doit pas être négligé, car le fleuve, ainsi que la mer et la montagne, constitue un autre élément du paysage ayant une forte valeur symbolique: son franchissement n'implique pas seulement celui d'une frontière naturelle, l'obstacle géographique appartenant à un territoire donné, mais il évoque plutôt le passage allégorique - inévitable pour le héros - vers une réalité «autre», vers un «au-delà» mystérieux, voire métaphysique[11], les deux bords du fleuve représentant clairement les antithèses connu/inconnu, familier/étranger, ami/ennemi, identique/différent. Pour résoudre le contraste et atteindre son but, le héros doit donc nécessairement connaître aussi, et maîtriser, le deuxième terme de ces oppositions: pour triompher de Rome et être acclamé Vainqueur, Alaric doit forcément traverser le Tibre!

Après avoir été informé que la flotte grecque, appelée au secours par les Romains, est en train de s'approcher du Latium (elle a débarqué à proximité de Baies, en Campanie)[12], le roi des Goths laisse une partie de ses troupes à la garde du camp et décide d'aller à sa rencontre: les deux armées s'entrechoquent, mais à la fin les Byzantins doivent battre en retraite. Alaric profite d'une trêve pour visiter Naples et ses alentours (livre X, vv. 9361-456), dont il apprécie la beauté des lieux ainsi que leur grand intérêt historique et culturel. Avant de terminer son agréable séjour «touristique», il s'enthousiasme à la vue du lac d'Anian[13], admire les deux temples érigés à la gloire de Neptune et des Néréides et arrive enfin à Cumes, où se trouve l'antre de la Sybille, à qui il va rendre visite: la devineresse lui prédit la victoire sur les Romains et la haute renommée de ses descendants jusqu'à Gustave-Adolphe et à sa fille Christine. Alaric, sorti de la grotte, «visite en

---

topografiche e storiche della collezione Franco Novacco, a cura di Valeria e Piero Bella, Pero (MI), Ed. Cromorama, 1986, p. 42).

[11] Au livre IX, Jameric, chef des Lapons, et sa fille - deux personnages secondaires du poème, qui accompagnent Alaric au cours de son expédition italienne - se convertissent à la religion chrétienne et reçoivent le baptême (symbole du passage à une nouvelle vie) dans les mêmes eaux du Tibre (vv. 8145-88).

[12] Cf. v. 8513.

[13] Lac d'Italie en Campanie, non loin de Cumes, appelé auj. Agnano.

passant le fameux lac d'Averne»[14] (v. 9862) et regagne son camp situé hors
les murs de Rome; il le découvre en flammes, mais il ne s'avoue pas vaincu. A ce moment de l'histoire, les événements se précipitent. Le héros as-
siège la ville et l'accule à la famine; il organise par la suite l'ouverture
d'une brêche: il fait creuser la terre sous une porte et il y fait poser une
mine. La porte Flamine va céder. Rome est prise: c'est le triomphe de Dieu
et d'Alaric!

> Tout brusle, tout perit, la Ville cesse d'estre:
> Le Romain est esclave, et le Goth est son Maistre:
> Enfin ROME est VAINCUE, et son superbe front
> Depose sa Couronne, et rougit de l'affront:
> ALARIC en triomphe, et son Enseigne volle,
> Et sur le Vatican, et sur le Capitole:
> Et l'immortel Heros, après mille hazards,
> Monte sur les debris du trosne des Cesars.   (vv. 10.561-68)

Toujours soutenu par sa confiance en Dieu qui le protège et l'assiste
tout le long de son voyage, Alaric a finalement réussi à surmonter les
forces hostiles de la nature[15], à vaincre la Rome païenne dépravée et disso-
lue, à l'emporter aussi sur le Malin, qui, représentant l'«Autre» en tant
qu'antagoniste infernal, cherche, dès le début du poème, à contrecarrer les
plans du héros. Le voyage «réel» d'Alaric avance en effet d'une manière
parallèle et continuelle avec son voyage «fantastique», la vérité historique
et la fiction poétique - surnaturelle, mais vraisemblable - s'entremêlant à
tout moment dans la narration épique. J'ai voulu insister sur le caractère de
vraisemblance possédé par la fable, car les écrivains du XVIIe siècle,
s'efforçant de satisfaire un public de plus en plus exigeant et doué d'esprit
critique, «doivent surtout faire bien attention à rendre l'élément merveilleux naturel et acceptable, justement en vue de ne pas déprécier la crédibi-
lité du message principal qu'il véhicule, c'est-à-dire la part du divin dans la

---

[14] Lac d'Italie en Campanie, près de Naples. Les Anciens y plaçaient l'entrée des
Enfers à cause des marais aux exhalaisons sulfureuses qui l'entouraient. Virgile l'a décrit dans l'*Enéide*, ainsi que l'antre de la sybille de Cumes, situé dans les environs.

[15] Au discours de l'Amiral, qui lui déconseillait de partir à cause de la distance des
lieux et des très nombreux obstacles naturels semés sur son chemin:

> Il vous faut traverser des terres et des mers;
> Des fleuves et des bois, des monts et des deserts; [...]   (vv. 475-76)

Alaric partage entièrement l'avis de Radagaise - l'un de ses chefs militaires - qui, par
contre, soutient l'entreprise et réplique avec audace et fermeté:

> Qu'il n'est ny monts, ny mers, ny campagnes, ny fleuves,
> Qui de nostre valeur doive empescher les preuves:
> Et pour de vrays Soldats, à qui l'honneur est cher,
> Plus le peril est grand, plus on le doit chercher.   (vv. 545-48)

destinée de la France»[16]: roi des Goths et aïeul de la reine Christine, alliée de Louis XIV, Alaric est avant tout le défenseur de la foi chrétienne!

Le voyage d'Alaric dans l'univers fabuleux des divinités malfaisantes va commencer au moment où Amalasonthe - se sentant blessée dans son amour-propre pour avoir été abandonnée par son amoureux, et désireuse de se venger de l'affront essuyé - fait appel aux artifices de Rigilde, «le plus grand des grands Sorciers d'Islande» (v. 866). Celui-ci n'hésite pas à lui promettre son appui:

> Je mettray tant d'obstacle[s], au dessein qu'il *[Alaric]* rumine;
> Je le traverseray d'une adresse si fine;
> Que Rome n'aura rien à craindre de ses coups,
> Pourveu que le Destin ne soit pas contre nous.   (vv. 893-96)

Le dernier vers cité semble déjà anticiper le combat surnaturel entre les forces du Mal et celles du Bien, dont Alaric est l'instrument, qui se produit sans cesse d'un bout à l'autre de l'action. Comme le protagoniste de l'*Odyssée* homérique, le héros de Scudéry doit lui aussi passer par de dures épreuves et résister à de fortes tentations (qu'on va examiner en les résumant) afin d'être initié à la connaissance de choses secrètes et afin de compléter ainsi sa formation.

Aidé par les puissances infernales qu'il évoque constamment, Rigilde cherche, par tous les moyens, à s'opposer à l'entreprise du prince vandale: il lui envoie un ours possédé d'un démon qui s'élance dans la forêt contre sa personne et ses gens (II, vv. 1081-1164: 1ère épreuve); il fait apparaître des spectres semant la terreur parmi les chevaux, qui, effrayés, brisent les chars et rompent les essieux (II, vv. 1185-1228: 2ème épreuve); il met le feu aux vaisseaux qu'on vient de bâtir (II, vv. 1273-1340: 3ème épreuve); il introduit des démons déguisés en soldats parmi les troupes alliées pour y soulever le doute et susciter de la confusion (II, vv. 1861-2044: 4ème épreuve). Chaque fois Alaric invoque le secours de Dieu, défait le maléfice et en remercie le Ciel.

Les livres III et IV sont presque entièrement consacrés à la représentation de la 5ème épreuve à laquelle le roi est soumis. Profitant de la tombée de la nuit, Rigilde jette un charme sur son navire: tout l'équipage s'endort, tandis que les démons enlèvent Alaric et le déposent sur un îlot sauvage, que le magicien avait entretemps transformé en un lieu de délices. Dans le bois idyllique entourant le palais enchanté, que Scudéry se plaît à décrire dans

---

16 R. Galli Pellegrini: «Pour une Interprétation du merveilleux chrétien», dans: *Correspondances*, Mélanges offerts à Roger Duchêne, Etudes réunies par Wolfgang Leiner et Pierre Ronzeaud, Tübingen/Aix-en-Provence, Gunter Narr Verlag/Publications de l'Univ. de Provence, 1992 (*Etudes littéraires françaises*, 51), p. 241.

toute sa splendeur pendant plus de 400 vers[17], Alaric fait la rencontre d'une
femme ayant l'aspect illusoire d'Amalasonthe. Symbole efficace du désir
amoureux et de la passion ardente, elle cherche à le séduire; mais - par bonheur pour la suite de l'histoire - le Prélat d'Upsale, qu'un ange avait
conduit jusqu'à l'île merveilleuse, s'approche du héros et rompt l'enchantement en lui enlevant du doigt la «bague de l'oubli»: Alaric recouvre à
l'instant la mémoire, pendant que la feinte beauté et le «paradis» artificiel
disparaissent.

Dès qu'il se réembarque, un nouveau sortilège s'empare de lui (IV, vv.
3969-4044: 6ème épreuve): le fantôme de son «aimable Princesse», menacé
par quatre affreux soldats, l'appelle à son secours. Il voudrait se lancer dans
la mer pour la sauver, mais on le retient avec peine. Le sentiment pénible et
douloureux de la séparation, qu'il n'a pas tout à fait acceptée, concourt lui
aussi à fortifier le héros, à durcir sa volonté en vue de l'objectif final: la
réalisation de soi et du dessein de Dieu.

Comme «il n'est pas d'épopée sans tempête»[18], l'auteur décide donc de
mettre à l'épreuve (la 7ème) son protagoniste au livre suivant (vv. 4187-
4284). «Ami» du diable et personnification des forces négatives qui
s'opposent au voyageur, Rigilde soulève les vents contre Alaric et sa flotte,
en route vers l'Océan Atlantique. C'est alors que va se déclencher une horrible tempête, obstacle ordinaire de la nature aussi bien qu'obstacle allégorique au parcours formatif du héros. Après bien des péripéties frisant le
drame, Alaric arrive enfin à s'emparer du timon de son vaisseau, que le
pilote effrayé avait abandonné: ce geste courageux, métaphore de la grande
capacité qu'a l'homme de se maîtriser face aux difficultés de la vie, lui vaut
la récompense de Dieu, et le bouleversement cosmique s'achève à l'instant.
Arrivé dans une baie tranquille, où il espère apercevoir d'en haut les autres
vaisseaux entraînés dans le naufrage, il fait la rencontre d'un Ermite qui lui
apprend l'importance de l'art et du savoir: ce personnage positif, qui
contribue à la «croissance» morale et spirituelle du héros - lui enseignant
les préceptes à suivre pour améliorer son existence et, par conséquent, ses
rapports avec ses semblables -, cette présence bienfaisante s'insère bien
dans le schéma du voyage/initiation, où elle s'oppose aux figures destruc-
tives qui essaient, par contre, d'entraver le héros. Alaric écoute attentive-
ment le Vieillard, apprend la signification profonde de ses paroles et il peut
finalement *voir*, presque par miracle, la vérité restée jusqu'alors cachée au

---

[17] Ce palais magnifique nous rappelle celui, aussi superbe qu'irréel, construit par
Armide pour Renaud dans la *Jérusalem délivrée* du Tasse (chant XVI).

[18] N. Doiron: «Les rituels de la tempête en mer. Histoire et voyage au seuil de l'âge
classique», dans: *Revue des Sciences Humaines*, 214 (1989-2), p. 45.

fond de son cœur; entretemps la flotte que l'on croyait naufragée réapparaît sur le rivage!

Se sentant de nouveau vaincu, Lucifer conçoit alors d'autres obstacles aux projets du roi. Il rassemble les démons autour de lui et il leur demande conseil pour vaincre Alaric et, à travers lui, son Ennemi céleste (VI, vv. 5243-632). Comme tous les avis des démons sont bons, il décide de les mettre tous en œuvre, chaque exécution de ses ordres constituant ainsi, pour le héros, une nouvelle épreuve à surmonter. Belzébuth rejoint Rigilde en Espagne où les deux, déguisés en faux naufragés, excitent les Espagnols au combat contre les Goths (VI, vv. 6037-6260; VII, vv. 6321-6520: 8ème et 9ème épreuve). De même, Astharot se rend à Ravenne chez Honorius et prend les apparences du général grec Eutrope; comme l'Empereur ne veut pas s'engager, le démon vole à Rome pour exciter l'âme des sénateurs contre l'avis d'Honorius: aussitôt le commandant en chef Stilicon rassemble douze cohortes afin qu'elles dressent une embuscade aux Vandales sur les Alpes (VII, vv. 6741-6932: 10ème épreuve). Ici le héros doit combattre le leurre et la fausse apparence, puisque les démons bouleversent l'ordre et la raison là où ils passent. Nous glissons sur les autres épreuves liées aux faits d'armes pour arriver au cœur du combat, où Alaric doit encore vaincre un obstacle vraiment imprévisible: il a la surprise de découvrir, au premier rang de l'armée byzantine, Amalasonthe, sa bien-aimée, qu'il croyait en Suède (IX, vv. 8835-88: 13ème épreuve). En proie à la jalousie suscitée par la noire malice d'un démon - qui, ayant pris l'aspect de sa mère défunte, lui avait confié que son amoureux s'était épris d'une jeune Anglaise -, elle s'était déplacée «des froids Climats du Nord jusqu'à celuy de Thrace» (v. 7478)[19] et puis du Bosphore jusqu'en Italie[20] pour se venger de la trahison dont elle se croyait la victime. Son amante la défie, mais elle n'a pourtant pas le courage de tuer Alaric, bien que celui-ci offre sa poitrine à l'arme de la femme aimée: encore une épreuve qui, celle-ci, découle du code galant et précieux.

Les Grecs enfin définitivement battus, il ne reste à Alaric qu'à affronter une dernière épreuve infernale, les manigances du Sorcier dans Rome. On connaît déjà le reste de l'histoire, les événements qui s'ensuivent depuis ce

---

[19] C'est la seule information que Scudéry nous donne à propos du long voyage effectué par Amalasonthe de Birca aux «murs de Constantin» (v. 7421), comme si elle s'était transférée auprès d'Arcadius par enchantement!

[20] Quoique l'auteur ait dédié une description détaillée à l'itinéraire suivi par la flotte grecque de Constantinople jusqu'aux rivages de Baies et Pouzzoles, près de Naples (IX, vv. 8337-52), nous avons préféré la sacrifier afin que le lecteur puisse concentrer son attention sur le voyage du protagoniste.

moment-là jusqu'à la conquête de la ville ayant déjà été résumés dans la
reconstruction du parcours géographique du héros.

Rome vaincue, le double itinéraire - historique et romanesque - d'Alaric
dans le «pays de l'Autre» s'achève, tandis qu'une existence nouvelle va
commencer pour lui. Métaphore puissante du processus éducatif de l'individu et de sa transformation en homme adulte, le trope archétypal du
voyage est étroitement lié à celui plus ample et complexe de la condition
humaine: le thème du voyage décrit, en effet, l'homme en marche, son chemin et la métamorphose qu'il subit, son mouvement volontaire vers une
destination qui est pré-définie seulement en apparence[21]. L'on comprend
alors, à la lumière de ces réflexions, que le vrai but d'Alaric n'est pas la
prise de Rome, mais plutôt ce que cette conquête représente pour lui: en
triomphant de «l'orgueil des Cezars» (v. 4416), il accomplit sa destinée -
qu'une «vocation», au sens biblique du mot, a déterminée dès le commencement de l'histoire - et il devient un autre lui-même! A travers l'*expérience* du voyage, et la *catharsis* morale qu'elle implique, le héros n'ajoute pas
d'éléments nouveaux à sa personnalité; il n'acquiert ni richesses matérielles, ni un autre amour, ni un status social meilleur que celui qu'il possédait auparavant. La conquête de Rome n'est que la révélation de ce qu'il
était déjà, la découverte qu'il fait de ses vertus latentes, la consolidation et
l'affermissement des qualités qu'il détenait, sans le savoir, au moment de
son départ[22]: le sentiment de la royauté, la responsabilité envers son
peuple, la dévotion amoureuse, la foi chrétienne, le courage et la vaillance
d'un héros. Par le franchissement des obstacles naturels et surnaturels qui
s'interposent à chaque instant sur son trajet et dont il est fortement
conscient dès le début de son aventure (Le chemin de la gloire, où je suis
animé, / Est toujours difficile, et d'espines semé, vv. 4463-64), le Chef des
Goths peut enfin fortifier son esprit et son intellect et arriver ainsi à dévoiler les vertus qui étaient déjà en lui depuis longtemps. A travers le voyage
il doit sortir de sa chrysalide pour devenir un véritable Roi et un parfait
Amant, un Homme de Dieu, un Héros. Les ennemis battus, il vainc définitivement l'opposition d'Amalasonthe et il édifie sa renommée, mais surtout
il recouvre son intériorité: quête de l'Amour et de l'Honneur, le voyage
d'Alaric est donc avant tout une quête de Soi.

Le parcours géographique tortueux suivi par le protagoniste, qui n'est
que le reflet d'une évolution intérieure, peut alors être considéré comme la
clef qui donne libre accès au héros pour rejoindre son essence la plus in-

---

[21] Cf. M.T. Moscato: *Il viaggio come metafora pedagogica*. Introduzione alla peda-
gogia interculturale, Brescia, La Scuola, 1994, p. 102-104.

[22] Cf. E.J. Leed: *La mente del viaggiatore. Dall'Odissea al turismo globale*, Bologna, Soc. ed. Il Mulino, 1992, p. 18-21.

time; c'est la voie difficile qui le mène enfin à la connaissance sûre de son identité. Dans cet itinéraire, quasi religieux, de transformation personnelle ou, pour mieux dire, de renaissance et de régénération de l'être humain, la présence de l'Autre joue un rôle fondamental. Ennemis de guerre ou puissances infernales, créature divine ou guide spirituel, l'Autre représente pour le héros un élément extérieur à lui, avec lequel il doit forcément se mesurer à tout moment de son voyage. C'est à travers le contact - positif ou négatif - que l'individu établit avec cette entité «étrangère», qu'il parvient à former une plus haute conscience de soi. Entravé par l'Enfer, aidé par le Ciel, Alaric résout le contraste et atteint la certitude de son Moi.

L'autre, le droit et la fiction

CHRISTIAN BIET

Université de Paris

Je est un autre. Ne vous laissez pas épater par ça, ne vous mettez pas à répandre dans les rues que *je est un autre* – ça ne fait aucun effet, croyez-moi. Et de plus, ça ne veut rien dire, parce qu'il faut d'abord savoir ce que ça veut dire, un autre. L'autre, ne vous gargarisez pas de ce terme.

C'est ainsi que s'exprime Jacques Lacan, dans son *Séminaire II*[1], à partir de la formule de Rimbaud, «Je est un autre»[2]. Je voudrais ici, pour ne pas céder au gargarisme et voir de *l'autre* partout, montrer précisément comment *l'autre* est un concept diffus, mais révélateur, aussi bien que le *je*, en particulier à la fin du XVIIe siècle.

Les nouveaux héros, des individus «à la limite»

Le XVIIe siècle, dans la comédie, la tragédie et le roman, a vu naître de nouveaux héros, les personnages que j'appelle «en défaut de loi commune», c'est-à-dire des personnages qui ne sont ni en rupture avec les lois essentielles qui régissent le social et l'intrigue, ni en accord parfait avec elles. Je ne fais ici que rappeler les points que j'ai déjà développés souvent. Ces personnages ont à conquérir leur statut, à exercer difficilement leur droit individuel dans une société qui privilégie les pères, les aînés, les personnes «capables» à l'origine. Les veuves, les cadets, les bâtards, les filles non-mariées de plus de vingt-cinq ans, envahissent la scène et les pages de roman pour véritablement mener la fiction, l'entraîner dans une dynamique dramaturgique et narrative qui renouvelle les cadres de pensée du siècle. Nous partons donc d'un premier résultat déjà exposé, que des personnages qui ne sont pas absolument dans la norme sociale et esthétique, mais qui ne rompent pas avec elle, occupent le devant de la scène précisément pour

---

[1] «Psychologie et métapsychologie», *Séminaire II*, p. 16-17, texte publié au Seuil en 1978 et prononcé en 1954.

[2] Formule dont il aurait d'ailleurs pu dire qu'elle n'était jamais que le commentaire de celle de Nerval, «Je suis l'autre», griffonnée sur une gravure de Gervais qui le représentait.

cela. Ils établissent un jeu sur la norme, sont l'autre de la norme en tant qu'elle permet la négociation et n'oblige pas à la fixité. Ce faisant, ils transforment la norme en s'appropriant ses mécanismes, en négociant avec elle, en partant du principe que la norme a des lacunes qu'ils doivent combler par leur industrie, et ainsi ils ont, à proprement parler, de l'intérêt.

- Ils intéressent les lecteurs et les spectateurs parce qu'ils sont présentés comme des entités nouvelles et autonomes, en cela ils surprennent, donnent du plaisir et permettent la réflexion.

- Ils agissent dans leur intérêt, et en son nom seulement, et triomphent de l'intrigue. Voilà bien de quoi prouver que, dans cette extériorité matérielle, soulignée par la théâtralité, l'identité et l'altérité ne sont pas radicales et unies, mais complexes, contradictoires et relatives. L'*autre* est donc bien une entité indistincte.

Dans la comédie «fin de règne» dont on dit un peu vite qu'elle est seulement cynique alors qu'elle pose des questions que le droit et la société ne résolvent pas, ce sont ces «autres» qui sont mis en scène, ces personnages qui, par leur statut juridique, échappent à la loi ou la mettent en cause sans la bouleverser. L'autre, c'est donc d'abord ces «autres», ces personnages particuliers qui font que la société décrite est poreuse, qu'elle entame la hiérarchie et renonce à la valeur absolue.

Cependant on voit immédiatement que ce qui permet que ces personnages soient *autres* c'est, en principe, la présence d'une norme. A ceci près que cette norme n'est pas une *doxa*; c'est une règle évolutive, relative, et souvent fondée sur des fictions juridiques. Le système de référence est en effet défini par un droit qui souhaite préciser la norme qui régit les rapports entre les hommes sans totalement y parvenir, qui veut limiter l'action de ceux qui lui échappent, mais qui comporte en lui-même les failles qui empêchent une définition absolue de la norme et donne finalement au «sujet»[3] les moyens d'échapper à son emprise. L'autre de l'autre et l'autre de la loi, enfin, ce sera donc la fiction littéraire, sorte de jeu contractuel qui détourne le fonctionnement social fondé sur la notion de valeur absolue.

A une époque où l'individu conquiert ses droits, où il est possible de vivre de la fiction en inventant une vie sociale nouvelle, le roman et la comédie se servent des «autres» pour corroder une norme fragile, pour déterminer un «jeu» littéraire et social qui rend les places sociales relatives et soumises à une somme de circonstances probables: les valets peuvent devenir maîtres, les maîtres agioteurs, les veuves endossent le changement social et le maîtrisent, la société tout entière vacille sans pourtant s'effon-

---

[3] Il est encore trop tôt pour parler de «sujet de droit», nous entendrons ainsi le mot sujet, non au sens de «sujet de droit» ou de «sujet» kantien, mais de «sujet soumis, assujetti à la loi».

drer. L'époque est ainsi à la transaction, au contractualisme en tous sens qui remplace le code prédéterminé des valeurs par un système évolutif, mercantile, dans lequel l'argent a évidemment une place centrale.

Le théâtre, lieu de l'affrontement entre l'un et l'autre?

Je voudrais ainsi analyser comment, dans la comédie de la fin du règne de Louis XIV et plus largement dans la littérature de cette époque, la notion de *l'autre* est devenue une notion grise et piégée, fonctionnant dans un entre-deux: ni opposée aux dogmes, ni à la conscience, ni à l'*ego*, ni au droit, mais dans leurs interstices.

Voilà une déclaration bien surprenante lorsqu'on sait que, dans un dialogue, il y a toujours l'un et l'autre, l'un affrontant l'autre, engageant une lutte pour le pouvoir des mots ou la domination des idées, pour la possession de l'autre et son aliénation, ou pour la séduction de l'autre. De même, dans un monologue, l'un et l'autre, réunis dans le même personnage, débattent à partir de notions contradictoires pour aboutir, ou non, à une décision excluant la position opposée. En principe, le théâtre, art de la contradiction, de l'opposition, de l'*agôn*, suppose un affrontement entre des personnages, entre des valeurs qu'ils représentent, ou bien, à l'intérieur des personnages, une lutte entre des options et des morales contradictoires. Il y a bien, en l'occurrence, «de l'autre», c'est-à-dire du différent, du contraire, de l'opposé, un système binaire sur lequel l'intrigue et le fonctionnement des personnages reposent. Les choses peuvent se compliquer lorsque, de la simple opposition terme à terme, les textes combinent les contradictions. Cependant, il est toujours possible de penser qu'à chaque scène, le jeu dramaturgique et idéologique évolue dans la binarité: tel ou tel héros ou personnage, en quête de son objet, a des adjuvants et des opposants, hésite entre telle ou telle conduite au nom de telle ou telle valeur.

Mais à y regarder de plus près les choses sont plus complexes lorsque les valeurs ne sont plus unies et n'ont plus le caractère absolu qu'elles étaient censées posséder. Dès lors les personnages ne sont plus dans l'affrontement ou dans l'acceptation et ne sont plus immédiatement distingables sur l'échelle des valeurs, parce que les références ne sont plus certaines. On peut même dire que les luttes et les *agôns* spécifiques au théâtre ont montré que les valeurs les plus sûres étaient vaines parce que non fondées, ou critiquables, ou toujours discutables, parce qu'elles n'introduisaient pas une vérité mais des questions sur la vérité. Le théâtre, par son fonctionnement même, rend possible l'hésitation, le grisé, le jugement intermédiaire, divers et autonome à partir de la contradiction. C'est ainsi qu'il n'y aurait finalement plus d'autre, ou plus que de l'autre, ce qui revient au même, et une difficulté nécessaire afin de rendre tout jugement possible et toutes les questions possibles. En d'autres termes, le théâtre, lieu d'affrontements divers, détermine une crise des valeurs par sa construction même et, même s'il peut décider de refermer les crises qu'il représente pour unifier la pensée et la démonstration, garde toujours la trace des questions et leur impact. En laissant ses personnages hésiter, mettre en débat et en doute les valeurs, le théâtre a permis qu'il n'y ait plus d'absolue frontière entre la loi, les valeurs fondatrices, la vertu et leurs contraires: le lieu de l'affrontement entre l'un et l'autre est donc le lieu du *jeu*, du lien entre l'un et/ou l'autre, et figure un brouillage des identités claires.

La difficulté des années 1680-1720 à nommer les valeurs

De surcroît, en ces années de fin de règne, la littérature s'interroge sur la notion de sujet. Le sujet ne peut plus être un simple sujet royal, obéissant aux valeurs sacrées: le Père, le Roi, Dieu, sont depuis longtemps des notions analysables, sinon contestables; mais maintenant, la Loi a une histoire, des fictions, des applications relatives; et surtout l'individu, capable de raison et de distance, devient le centre du jugement. En cela, il échappe à l'assujettissement aux lois les plus certaines et se met en état, par sa volonté propre, de créer son propre parcours intellectuel et social. Dieu, le Roi, le Père, la Loi, ne sont plus des données pures qu'il faut admettre ou affronter, ce sont des notions évolutives, fictives et soumises à l'appréciation, à l'évaluation d'un seul. Mais cet individu, cet homme seul jugeant le monde ou élaborant son propre parcours dans le monde, n'a pas encore trouvé de système universel de référence pour fonder son jugement et son parcours. Si, à cette époque, l'individu est en mesure de contredire les lois du monde qui le rendaient précédemment sujet assujetti, il n'est pas encore habilité à prendre conscience de l'universalité de son identité, ni par conséquent à se fonder en sujet moderne. Ni sujet du roi, du père, de Dieu, ni sujet du droit naturel, l'individu fait encore simplement partie de la somme des individualités qui adaptent les lois à leur propre profit. Dès lors, comment peut-il penser l'autre, sinon dans le relatif, ou au coup par coup? L'*agôn* des comédies ne s'élabore plus à partir d'un combat entre la loi et l'autre, mais entre des personnages soupçonnables qui défendent des lois relatives, et d'autres personnages, qui cherchent à les manipuler en créant d'autres lois.

Comme le *je*, et comme niché à l'intérieur du *je*, l'*autre* est alors fiction indistincte, manière d'être en défaut, d'échapper, et surtout de mettre de côté, faute de pouvoir la théoriser, la conscience morale et philosophique du sujet pour entrevoir les premiers pas de l'individu. Les différents *je* dont il est question dans les romans et surtout dans les comédies des années 1680-1720, sont des *je* inlassablement confrontés à l'intérêt qu'ils ont d'être au monde. Leur problème n'est pas vraiment de savoir s'ils sont une conscience et si cette conscience est unie, mais de trouver les moyens d'exister de manière autonome, en négociant leur place. S'ils affichent leur *altérité* par rapport aux autres personnages, c'est pour faire exister leur liberté, leur volonté, et les négocier au mieux. Parallèlement, s'ils se donnent comme des autres sans rupture ni radicalité intempestive et agressive, c'est pour mieux y gagner, pour conquérir leur bonheur. Un bonheur pratique, fondé sur la possession, la propriété, le mariage et l'argent, qui ne les distingue pas absolument de ceux auxquels ils s'opposent, ou avec lesquels ils jouent, mais qui les installe comme des individus profondément sociaux.

C'est pourquoi il faut distinguer clairement la conscience et l'ego, du principe de l'individu. Dans les années «fin-de-règne», le théâtre ne s'intéresse que fort rarement aux questions de conscience, néglige ou ridiculise la morale, mais prend la peine de représenter des personnages qui «font leur chemin dans le monde». En cela, ils deviennent des individus, pris dans une extériorité, conscients non de leur conscience mais de leur place à conquérir. Ainsi, ils ne sont pas sur scène pour représenter des valeurs mais des parcours qu'ils doivent emprunter pour arriver à leurs fins pratiques. Etre un individu, c'est savoir négocier, emporter le gain final en s'emparant des règles du jeu social, c'est se servir des autres et des normes évolutives de la société pour se les approprier et, en conséquence, s'approcher d'une victoire évaluée en termes de gain financier et d'apparence sociale. Etre soi, c'est posséder les «autres» concrets et abstraits en construisant des machines et des stratagèmes efficaces.

C'est la raison pour laquelle, au moment où certains regrettent que la valeur absolue ait disparu (Saint-Simon), au moment où d'autres veulent interdire qu'on représente au théâtre des personnages en quête de ce bonheur si matériel (Bossuet), au moment où d'autres encore entrent dans la conscience pour en saisir les escamotages, les camouflages, les tromperies et conclure au plaisir d'inauthenticité qu'il y a dans l'ego (La Rochefoucauld), les dramaturges représentent l'aspect extérieur et matériel de la question de *l'autre* et du *je*.

Ce que disent les auteurs de romans et de comédies de la fin du XVIIᵉ siècle et du début du XVIIIᵉ, c'est que le *je* est un leurre en tant qu'il pourrait être une conscience pure, ou morale, parfaitement intégrée au monde ou s'y opposant radicalement, parce que le *je* ne peut fonctionner sans *autres* (au pluriel), sans jouer avec tous les *autres* qu'il rencontre – qu'ils soient les autres personnages, ou les valeurs autres que la simple valeur individuelle qu'est l'intérêt propre –, et ainsi passer de curieux contrats. Ce qui implique que les *je*, tels qu'ils apparaissent dans la littérature de cette époque, ne sont pas des consciences unies, mais des individus nourris de règles relatives, de compromis multiples, de jeu avec autrui, de leurres qui empêchent de conclure au bien ou au mal de n'importe quelle catégorie de pensée.

Les personnages et les intrigues ont en eux-mêmes du «jeu» et produisent des individus que ce «jeu» intéresse à plus d'un titre, ne serait-ce que pour le plaisir de jouer. Le jeu est l'autre du je, et le jeu attire parce qu'il permet que l'individu existe, se réalise à l'intérieur d'une fiction, mette en question le monde et détermine le triomphe du relatif.

C'est pourquoi je rappellerai, seulement maintenant, une fois ces premières réflexions posées, ce qu'on entend par *autre* en cette fin de siècle: «Autre» est ce qui est «différent, contraire, opposé», mais c'est aussi «deux choses qui vont ensemble. [...] Dans les défilés, on marche l'un après l'autre» (Furetière). La différence supposerait donc parfois la similitude, non la répétition exacte de l'identité, mais la similitude, le remplacement de l'un par l'autre parce qu'ils se ressemblent: «Il parle comme un autre Elie / Devant cette autre Jézabel» (Racine, *Athalie*, II, 9). L'autre, c'est encore ce qui est «différent, mais supérieur d'une façon quelconque» (Littré): «c'est bien un autre homme, pour dire, c'est un homme qui est bien plus considérable» (Furetière). Si la définition de l'autre suppose une comparaison, elle n'implique donc pas *nécessairement* l'exclusion de l'un des deux termes et permet aussi que le premier terme fonde l'existence du second, pour que le second soit donné, à un moment de la relation, comme différent, égal, inférieur ou supérieur au premier. L'autre peut ainsi se nourrir du premier terme de référence pour se l'approprier, le posséder, ou se nourrir d'une multiplicité de données de référence pour s'élaborer et triompher. Or c'est précisément ce mécanisme qui se met en place dans les comédies «fin-de-siècle» (comme d'ailleurs souvent dans les romans), pour les personnages, pour les formes esthétiques et pour les notions.

*
*   *

Le Légataire universel, le monde du doute et de la transaction

Je ne prendrai ici qu'un exemple, choisi parmi tant d'autres, pour illustrer ce propos. J'aurais pu m'arrêter sur *Les Agioteurs* de Dancourt (1710), ou sur *Turcaret* de Lesage (1708), qui imposent de penser la transaction et la relativité dans les valeurs. J'aurais pu analyser *Le Bal d'Auteuil*, de Nicolas

Boindin (1702), particulièrement intéressant en matière d'ambiguïté, ou *L'Irrésolu* de Destouches (1713), dont le titre suffit seul à montrer combien il est difficile de se résoudre à une vérité et de trouver une seule solution aux questions que pose la comédie au monde et au droit. Il y aurait tant et tant de textes à commenter en ce sens, en particulier depuis que John Dunkley, d'une part, et André Blanc et Jacques Truchet, de l'autre, respectivement en STFM et dans la Pléiade, les ont rendus aisément disponibles.

Je ne m'arrêterai donc que sur l'un des textes les plus connus, *Le Légataire universel* de Regnard (1708), véritable machine à introduire le doute sur les notions les plus certaines. Ce texte en effet présente clairement ces «autres» dont il était question à l'instant (un jeune homme qui n'est ni légitime comme un aîné, ni vertueux et qui doit s'assurer d'une somme suffisante pour être heureux et fonder un foyer; une veuve calculatrice négociant le mariage de sa fille; un valet décidé à sortir de son rang en obtenant une somme suffisante pour le faire; une servante intéressée au point qu'elle veut échanger les faveurs qu'elle a prodiguées à son maître contre une rente; entre autres roués). De plus, cette comédie joue sur toutes les valeurs, des plus clairement juridiques (la paternité, la succession, l'héritage, la mort, la naissance…) aux plus morales (l'affection, la fidélité, la vertu, l'honneur) pour les rendre relatives, autrement dit pour mettre en doute l'altérité de la norme, la fictionnaliser, puis s'approprier cette norme par le jeu. Au point qu'aucune valeur n'est plus certaine parce qu'il n'y a plus de référence absolue. L'autre a triomphé de la norme, et s'est dispersé: il n'y a plus que des individus qui n'existent que dans leur rapport à tous les autres, sans qu'aucun ne soit plus légitime qu'un autre. La distinction entre les individus ne se fait plus en relation avec leur légitimité ou en fonction de leur vertu, et n'existe finalement plus que dans le gain qu'ils perçoivent. L'homme n'est distinct de tous les autres hommes que dans sa manière d'obtenir de l'argent mieux ou moins bien que les autres, et surtout plus ou moins que les autres. L'individu n'est plus différent des autres que par la quantité de propriété qu'il a acquise.

Dès lors, l'altérité traditionnelle, marquée par la hiérarchie sociale et par les vertus morales, vole en éclats, sans qu'il y ait, à cette époque précisément, d'autre repère que l'argent. Le sujet n'est plus déterminé par les possessions qu'il a, avant le processus dramaturgique et par son statut de naissance, et devient un individu maintenant défini par la somme des possessions qu'il obtient au cours de l'intrigue.

Une comédie du désordre mineur

Qu'est-ce donc que *Le Légataire universel*? Une farce, une comédie banale, une pièce cynique? Un scandale selon J.-J. Rousseau?

On connaît surtout *Le Légataire universel*, de Regnard (9 janvier 1708), et peut-être encore *La Critique du Légataire universel* (17 janvier 1708), grâce au (ou à cause du) jugement sans mélange de J.-J. Rousseau dans la *Lettre à d'Alembert sur les spectacles*.[4]

> C'est une chose incroyable qu'avec l'agrément de la police, on joue publiquement au milieu de Paris une comédie, où, dans l'appartement d'un oncle qu'on vient de voir expirer, son neveu, l'honnête homme de la pièce, s'occupe avec son digne cortège, de soins que les lois paient de la corde; et qu'au lieu des larmes que la seule humanité fait verser en pareil cas aux indifférents eux-mêmes, on égaie, à l'envi, de plaisanteries barbares le triste appareil de la mort. Les droits les plus sacrés, les plus touchants sentiments de la nature, sont joués dans cette odieuse scène. Les tours les plus punissables y sont rassemblés comme à plaisir, avec un enjouement qui fait passer tout cela pour des gentillesses. Faux acte, supposition, vol, fourberie, mensonge, inhumanité, tout y est et tout y est applaudi. Le mort s'étant avisé de renaître, au grand déplaisir de son cher neveu, et ne voulant point ratifier ce qui s'était fait en son nom, on trouve le moyen d'arracher son consentement de force, et tout se termine au gré des acteurs et des spectateurs qui, s'intéressant malgré eux à ces misérables, sortent de la pièce avec cet édifiant souvenir, d'avoir été dans le fond de leur cœur, complices des crimes qu'ils ont vu commettre.

Ces deux dernières pièces représentées de Regnard, qui meurt l'année suivante, seraient donc bien scandaleuses pour le philosophe avide de trouver dans la littérature quelque sentiment d'humanité. C'est que, justement, le concept d'humanité, universel dans son principe, n'existe plus dans sa forme précédente, fondée sur le droit divin, et pas encore dans sa forme moderne, fondée sur le droit naturel. *Le Légataire universel*, qui appartient au groupe des comédies que l'auteur écrivit pour la Comédie-Française – et qui prend explicitement appui sur la référence moliéresque (en particulier *L'Ecole des femmes*, *La Critique de l'Ecole des femmes*, *L'Avare*, *Les Fourberies de Scapin*, *Le Malade imaginaire*)[5] – est en effet utile à Rous-

---

[4] *Lettre à d'Alembert sur les spectacles* ou *J.-J. Rousseau, citoyen de Genève, à M. d'Alembert,... sur son article Genève...*, 1758.

[5] On a longtemps pensé et écrit, surtout au moment de la campagne anti-jésuite des années 1770-1780 (cf. Fenouillot de Falbaire, *Notes historiques sur la tragédie des Jammabos*, 1779) que Regnard s'était inspiré, pour écrire sa comédie, d'un fait divers mettant en cause les jésuites dans une histoire de manipulation d'héritage. Il est vrai

seau pour démontrer que tout théâtre est amoral, donc condamnable, parce qu'il va à l'encontre de la cohésion sociale et doute qu'il existe en ce monde des valeurs humaines universelles, librement consenties et partagées par tous.

Ce qui me semble intéressant, dans le texte de Rousseau, c'est la manière dont le philosophe entend présenter cette comédie, et donc toute comédie, et partant le théâtre, comme un objet inhumain, en rupture avec ce que devrait être l'art au sein de la société, un «autre» radical et dangereux. Mais pourquoi? Parce que cette comédie met à jour ce qu'il y a de faux dans les conduites humaines et surtout parce qu'elle rend les spectateurs complices des crimes qu'ils ont vu commettre. Autrement dit, ce que Rousseau condamne, ce sont les «tours» joués par le théâtre, la façon dont le théâtre s'inscrit dans le système social pour faire aimer les stratagèmes qui minent les valeurs et rendre ainsi les valeurs de référence ridicules, plaisantes et discutables. Ce que Rousseau dénonce, c'est avant tout que le théâtre n'est ni la loi ni la transgression absolue de la loi, mais une représentation qui s'insinue, séduit, et rend le spectateur complice du détournement du droit.

Plutôt que d'emboîter le pas de l'auteur de la diatribe et de me lancer dans une lecture du texte de Regnard par-dessus l'épaule d'un écrivain du XVIIIᵉ siècle, fût-il pénétrant, j'aimerais d'abord faire le point sur ce que met en question Regnard dans sa comédie, et sur la façon dont il représente cette mise en débat des valeurs réputées les plus certaines. Certes, il est patent qu'on arrive, avec *Le Légataire universel*, à une radicalisation de l'amoralisme et à une économie presque absolue du sentiment, plus radicale encore que dans le *Turcaret* de Lesage. Mais il me semble qu'il faut aller plus loin, et que Regnard, à travers une comédie farcesque apparemment sans prétention, par les ressorts du théâtre et par le comique, révèle quelques-uns des mécanismes fictionnels sur lesquels la société et la loi prennent appui. Car, par le traitement théâtral du formalisme juridique, de

---

qu'en 1626, le seigneur Gothiot d'Ancier, célibataire sans enfants, et riche, mourait *ab intestat* à Rome, en qualité d'hôte du Général des Jésuites. On raconta que les Jésuites avaient fait venir de Champagne un de ses métayers, Denis Euvard, pour dicter, déguisé en son seigneur et maître, un testament en lieu et place du défunt. Grâce à cette supercherie, les Jésuites récupéraient les biens de Gothiot. Mais à cette occasion, le métayer s'octroya une ferme, une vigne et une somme de mille écus sans que les Jésuites puissent s'y opposer. Au moment de mourir, Denis Euvard révéla sa supercherie, ce qui engagea les héritiers dans une succession de procès. Mais, comme le prouvent Jacques Truchet et André Blanc dans leur édition (*Théâtre du XVIIᵉ siècle*, Gallimard, Pléiade, tome III, p. 1368), non seulement cette anecdote est controuvée, mais il n'est pas certain que Regnard en ait eu connaissance. Il est plus vraisemblable que Regnard ait eu vent d'affaires de faux testament réelles ou racontées par des conteurs italiens ou même par Dante (chant XXX de *L'Enfer*), ou, plus simplement encore, ait vu la représentation de *La Maladie de Scaramouche*, de Biancolelli, portant sur le même sujet.

la question de l'héritage et du testament, des questions de la mort, de la paternité, voire du crime de vol, Regnard problématise l'artificialité, la «fictionnalisation» de la loi et du droit. Et puisque l'auteur fait l'économie du sentiment, de l'humanité universelle et des valeurs morales, il devient possible de montrer que le droit peut être réduit à une sorte de croyance nécessaire, mais évolutive, plastique en un mot, fondée sur l'intérêt de ceux qui se l'approprient.

Le légataire universel, simple comédie?

L'intrigue est double: elle noue la question de l'héritage d'un oncle mourant à celle d'un mariage entre jeunes gens. Géronte est l'oncle malade, un véritable malade – à la différence d'Argan –, et un malade de 68 ans qui se soigne en ayant recours à de grotesques apothicaires. Eraste est le neveu de cet oncle. Amoureux d'Isabelle, il entend bien l'épouser après avoir hérité de son oncle. Madame Argante, veuve compréhensive mais avisée est la mère d'Isabelle. Cette veuve, naturellement calculatrice, comme toutes les veuves de comédie, consentirait au mariage à la condition que le jeune homme soit déclaré légataire universel de son oncle. Cependant, le vieil oncle sans descendance, souhaitant ignorer son âge et sa maladie, se donne en prétendant d'Isabelle, puis renonce, puis confirme qu'Eraste sera bien son légataire, mais propose que son héritage soit partagé entre lui et ses deux cousins de Normandie et du Mans qu'il fait venir pour les connaître.

Il faut donc agir vite, et par conséquent recourir aux stratagèmes du valet d'Eraste, le rusé Crispin. Crispin se déguise alors successivement en jeune cousin vulgaire et agressif, hobereau normand violent, puis en veuve intéressée, procédurière et querelleuse, plaideuse s'il en est. Ces deux rencontres, typiques du théâtre de foire de l'époque, mènent Géronte à vouloir convoquer ses notaires pour leur dicter un testament en faveur d'Eraste et le tour semble joué, à ceci près que Géronte s'évanouit, tombe en léthargie et qu'on le croit mort.

Il faut encore agir, et Crispin doit cette fois se travestir en mourant pour dicter aux notaires, en lieu et place de Géronte, le testament envisagé. S'il s'acquitte correctement de sa tâche vis-à-vis d'Eraste, Crispin n'oublie pas non plus de prévoir une clause qui lui permet de payer ses dettes à un marchand de vin, et une autre disposition, en faveur de Lisette, la servante de Géronte, qui héritera d'une somme rondelette à la condition expresse qu'elle épouse le fourbe Crispin.

Tout pourrait encore bien se terminer, mais un nouveau coup de théâtre rend la vie à Géronte, au grand dam des autres personnages. Et lorsque le notaire vient apporter la copie du testament, le vieil homme s'étonne de ne se souvenir de rien. «C'est votre léthargie» répètent les autres personnages, comme un leitmotiv, dans un effet semblable au «Qu'allait-il faire dans cette galère!» des *Fourberies*. Finalement, Géronte convient de tout, cède devant le chantage de son neveu – qui lui avait volé quarante mille écus, les avait confiés à Isabelle et à sa mère et ne veut lui rendre que si le vieillard avalise le faux testament – et rend donc véritable le faux acte dicté par Crispin. Et, comme dans toute bonne comédie, le détenteur du patrimoine récupère la somme volée, s'attendrit et consacre l'union des jeunes gens.

Là est le résumé apparent; et l'on peut fort bien lire ce texte comme une simple farce, ou une comédie de mœurs légère, gaie et cynique. On peut aussi noter que cette comédie, loin d'être originale, procède, comme il est d'usage à l'époque, par emprunts: l'intertextualité joue en effet à plein puisque Regnard ne cesse de citer ou de se citer lui-même pour la plus grande joie des spectateurs plus ou moins avertis[6]. L'idée du faux mort, qu'elle vienne de France ou d'Italie, n'est donc pas nouvelle. Les contes et les nouvelles italiens en parlent depuis bien longtemps, et l'on a même vu que les faits divers résonnaient de cette pratique.

Cependant, l'esthétique employée dénote d'emblée un ensemble d'irrégularités formelles (licences de vraisemblance, de bienséances, de composition). Parfois incohérente, en particulier dans l'observation des caractères, cette pièce semble collectionner des cas de figure, des virtualités et des aléas propres à réjouir le spectateur. Enfin, il y a, ce me semble, bien plus à dire, en particulier sur cette impitoyable chasse à l'héritage, et sur les mécanismes de l'héritage tels que les représente Regnard en s'insinuant dans les nuances et les vides du droit, voire en pervertissant le droit, pour confirmer la carrière du roué. Il se trouve en effet que les stratagèmes comiques de cette comédie sont fondés sur des détournements du droit, ou plutôt des détournements que le droit permet du fait de ses insuffisances: dès lors, le stratagème dramaturgique, devient à la fois juridique et économique, déterminé par l'intérêt et la négociation.

---

[6] Outre les pièces déjà citées on pourra donc convoquer comme «sources» possibles, *Les Ménechmes* du même Regnard [où un faux héritier feint l'émotion, s'habille en deuil, et prend le nom d'un véritable héritier], *L'Etourdi* de Molière [où Mascarille convainc son maître Lélie de faire passer mort son père Pandolphe afin de soutirer de l'argent à Anselme, débiteur et ami de Pandolphe], ou encore *Le Deuil* de Hauteroche [1672, où un jeune homme avide de plaisirs et désargenté s'accorde avec Crispin, fait passer son père pour mort afin de toucher une grosse somme due par un fermier].

Le jeu sur l'héritage

Reprenons donc:

Le pire dans l'héritage, c'est l'attente. D'autant que, comme dans toute bonne comédie, l'amour est contrarié par la nécessité de posséder du bien au point que l'amour et l'intérêt s'enchevêtrent dans tous les esprits.

Géronte, tuteur et oncle d'Eraste, chargé de fluxions et d'années, est vraiment malade. C'est même à partir de cette attente, convertie en maladie que la pièce se met en place, tout entière tendue vers la mort du vieil homme: «Il faut qu'il meure» (III, 8) et donc que sa succession soit répartie.

Le salut social et dramaturgique des autres personnages dépend de la mort de Géronte: pas de mort, pas de salut, ni d'argent. Géronte, «Christ de la paternité» bien avant Goriot, ce vieillard bourgeois est celui dont la mort est nécessaire, celui qui doit être trahi dans *l'intérêt* de tous les autres. Quant au salut des autres personnages, force est de constater qu'il est éminemment laïcisé, matériel, et évaluable en termes pécuniaires. L'autre est ainsi un moyen d'accéder à soi, parce qu'on s'approprie la mort de l'autre et la personne de l'autre en tant qu'elle est utile pour son propre intérêt matériel, pour se constituer soi-même en personne. On s'approprie donc la personne de l'autre par sa propre action.

La fable porte sur la mort de Géronte et les manières de l'aborder pour qu'elle ait un intérêt, pour les personnages comme pour le public. A partir de cette situation, les personnages sont d'abord définis par leur statut juridique par rapport à la succession: héritiers, légataires (universels ou particuliers), ou en position de s'allier aux légataires. Dès lors le testament fait naturellement le nœud et le dénouement de la pièce. Le problème posé est avant tout un cas juridique: un neveu doit hériter d'un oncle, quelles sont les solutions possibles? qu'est-ce que le droit propose, en matière de procédures et de contenu? La scène est ainsi un *laboratoire* dramatique, juridique et économique.

La situation est à la fois classique (le neveu doit hériter de l'oncle en l'absence d'héritiers plus directs), mais problématique: le neveu n'est pas seul. En effet, d'autres neveux-héritiers, aussi légitimes qu'Eraste, ont des droits à la succession: en l'espèce, un neveu habitant la Normandie et une nièce Mancelle sont à même de réclamer ces droits. Et l'enjeu est énorme: 40 000 écus, qui «ne font pas le quart du bien» (IV, 1) revenant à Eraste, «des maisons à Paris, des terres, des contrats» de rente (*ibidem*), de la vaisselle d'argent, de l'argent comptant, des billets (IV, 6), donc des propres (les biens venus de la succession des parents de Géronte), des meubles et des acquêts (les biens acquis par Géronte, qui ne sont pas soumis à la même répartition successorale). C'est donc pour une succession considérable qu'Eraste se bat contre ses collatéraux, avec comme adjuvants Madame Argante et sa fille qui n'y sont point insensibles, et Lisette et Crispin, qui comptent sérieusement en détourner quelques miettes.

Regnard, par la voie de la comédie, met ainsi en cause et en débat rien moins que le système successoral français, fondé sur l'héritage de sang. D'abord parce qu'il montre comment, par les voies du droit, il est possible de privilégier tel ou tel candidat à la succession plutôt qu'un autre, pour des raisons éminemment subjectives et erronées, donc manipulables. Comme il n'y a pas, en l'espèce, d'héritiers de premier ordre, Géronte, vieillard sans enfants, veut choisir ceux à qui ira sa fortune. Il a le choix entre trois personnes *a priori*, Eraste et deux autres neveux. Pour cela, il utilise la voie du testament, qui permet d'échapper à la loi de l'égalité en matière successorale. C'est un premier pas vers l'arbitraire et la désignation d'un premier écart du droit par rapport à ses principes. La question sera donc de savoir si l'héritage est automatiquement reversé de manière égale à chacun des héritiers potentiels, ou si Géronte a le droit de répartir comme il le souhaite son bien en fonction de son «affection». C'est là qu'intervient le principe du testament dont bien des intrigues de roman et de comédies s'emparent afin d'en décrire les ambiguïtés, les contradictions et les problèmes.

Dès lors, le travail du jeune roué, aidé par les autres personnages de la pièce, à l'exception de Géronte, sera de détourner l'affection de l'oncle à son profit par les voies du droit. Autrement dit, de jouer avec le droit et les procédures juridiques.

L'exclusion des autres héritiers

Dans un premier temps le texte joue avec la procédure – qui sert de cadre à la dramaturgie.

On voit ainsi qu'un testament «authentique», c'est son nom, peut être rendu absolument faux tout en ayant les apparences du droit: il y a bien un testateur (Crispin déguisé en Géronte), mais un faux testateur rendu vrai par la procédure. Deux notaires assistent à l'acte, le testateur est sain de corps et d'esprit, et deux témoins seront là pour authentifier le testament: rien de plus «vrai», donc que cet acte solennel.

Après les procédures, dont on a vu qu'elles pouvaient être contradictoires et relatives, enfin susceptibles d'être truquées, vient maintenant le contenu du testament, encore plus propice aux jeux les plus dangereux et à l'intrusion de la littérature comme manière de dire les lacunes et les incertitudes du droit.

Eraste est le neveu de Géronte, mais a des cousins qui sont apparemment au même degré que lui. Il doit (c'est en tout cas ce que la mère d'Isabelle lui demande) et veut hériter de tous les biens de son oncle, et donc barrer la route à ses deux cousins du Mans et de Normandie.

Le premier stratagème est alors de priver ces héritiers putatifs de l'*officium pietate*, de l'affection de Géronte, ressort moral et juridique de l'héritage patrimonial. Crispin est alors convié à jouer leurs simulacres agressifs et ridicules afin que Géronte rejette les neveux de province et considère son neveu Eraste comme seul héritier. La conséquence des manquements des simulacres à l'affection qu'ils doivent à leur oncle sera leur exhérédation pour cause d'ingratitude, clairement énoncée dans le testament.

A partir de là, Eraste a la voie libre pour être légataire. Et le testament proposé par Crispin-Géronte prévoira de déshériter

> en tant que besoins pourroit être,
> Parents, nièces, neveux, nés aussi bien qu'à naître,
> Et même tous bâtards, à qui Dieu fasse paix,
> S'il s'en trouvoit aucuns au jour de mon décès   (V. 7).

Notons en passant qu'il est impossible en droit d'exhéréder tout ce monde-là, mais que le travestissement de Crispin a néanmoins permis d'exclure le Normand et la Mancelle de leurs droits[7]. La littérature doit aussi prendre quelques distances avec les règles juridiques et transformer les prétentions en acquis hyperboliques afin de mieux insister sur l'appétit d'Eraste et son aptitude à triompher des obstacles de la loi.

La mort comme fiction juridique et littéraire

Mais le jeu va encore un pas plus loin lorsqu'on examine précisément la question de la mort sous un angle trop généralement ignoré, celui du droit, et plus particulièrement du droit à l'héritage. Rappelons en effet que cette pièce s'appuie, pour jouer et divertir, sur deux des fictions juridiques essentielles au bon fonctionnement du droit. Des fictions juridiques qui sont des techniques, des procédés, des instruments intérieurs à la loi, qui permettent d'appliquer une norme à un fait qui n'a pas été prévu initialement pour traiter cette norme, et qui comblent, de fait, les lacunes du droit. Autrement dit, la fiction juridique part du fait que la loi ne dit pas tout, qu'elle

---

[7] Eraste aurait, en droit, certainement les quatre cinquièmes des propres de la réserve à lâcher, mais il aurait le principal: un cinquième des propres et tous les meubles et acquêts. Cependant, Regnard joue sur deux choses: premièrement que, si les neveux de l'Ouest sont deshérités, on ne sait à qui ira la réserve (et pourquoi pas à Ertaste ?), et surtout sur le fait que Géronte possède, pour la très grande partie de son bien, des meubles et des acquêts puisqu'il représente une bourgeoisie qui a construit elle-même son patrimoine à partir de peu de choses et en économisant.

contient en elle-même des failles qu'il s'agit de combler en supposant des éléments et des notions capables d'appuyer un jugement; elle est une extension de la norme à ce qui n'a pas été prévu par la loi, à l'origine. Il s'agit donc, comme le dit le droit romain et à sa suite les droits canoniques et royaux, de faire «comme si», de supposer des fictions qui prennent leur origine dans une falsification pour la bonne cause et surtout pour la bonne marche des jugements. Parallèle aux notions de simulation et de présomption, la fiction juridique tient compte du fait que pour dire la loi, il faut l'adapter au réel par l'entremise du faux, mais dans un projet déterminé par les règles de droit. La fiction juridique est le triomphe du faux, dans la mesure où l'on sait bien qu'elle est fausse mais qu'elle est tenue, parce qu'elle fonctionne, définitivement pour vraie: c'est une illusion voulue, cohérente et efficace, un artifice de la pensée, qui vient colmater les brèches du droit, puis elle-même créer du droit et, par extension établir les règles juridiques qui en dérivent. Normée par le cadre de la loi, elle entre en jeu pour venir à la rescousse de l'autorité publique (ce sont les fictions légales) ou pour convenir qu'il peut y avoir, entre les individus, des règles conventionnelles dont ils conviennent en privé (ce sont les fictions conventionnelles). C'est ainsi que ces hypothèses et ces suppositions se constituent en normes fausses, mais devenues véritables parce que fondatrices (des sortes d'axiomes juridiques), et fondent expressément l'exercice du droit public, domestique, privé (civil en termes modernes) et privé (au sens des conventions entre les individus). Ce qui est passionnant pour nous, littéraires, est que ces fictions concernent les éléments les plus essentiels de la vie humaine et sur lesquels reposent généralement les fictions littéraires.

La première fiction juridique est celle de la continuation de la personne du défunt par ses héritiers (ou, selon l'adage juridique: «le mort saisit le vif»). Elle permet de considérer qu'une personne se poursuit, quel que soit le corps qui l'enveloppe: un fils légitime poursuit la vie juridique de son défunt père sans interruption, sans que le processus de la personnalité juridique ne s'arrête. S'il existe bien deux individus réels, il n'existe juridiquement qu'une seule personne. Cette règle intéresse aussi bien les successions privées (père/fils ou héritier) que les successions publiques[8]. C'est là qu'Eraste se saisit d'une des règles fondamentales du droit de succession en la pervertissant[9].

---

[8] C'est la question du double corps du roi, d'où la phrase cérémonielle depuis la mort de Louis XIII: «le roi est mort vive le roi!»

[9] Puisqu'Eraste entend tout posséder, il doit aussi prendre pour son profit la règle qui veut que les héritages soient immédiatement transmis aux héritiers, autrement dit être immédiatement investi, à la mort du défunt, de la personne du défunt. La distinction entre le légataire et l'héritier est alors pervertie par la comédie et par le personnage,

Et c'est bien là l'une des clefs du spectacle: Eraste est simultanément celui qui obtient l'héritage par la voie du legs, et celui qui est le vif auquel tout échoit automatiquement, grâce à son aptitude à manipuler les choses et surtout grâce aux rôles que sait jouer son valet. Crispin, prolongement et machine de son maître, met Eraste en position d'excéder la loi, d'avoir tout tout de suite, en dépassant les règles de la procédure, en les adaptant à son profit et en modifiant le sens de l'adage juridique.

Toute la pièce n'est plus alors qu'un énorme jeu de mots à partir de l'adage juridique, qui est aussi l'une des fictions les plus essentielles du droit. Le jeu de Regnard consiste ainsi à rendre patent, à représenter par les voies du théâtre, *le fait que le mort saisisse en effet le vif, et que les vifs se saisissent du mort pour le rendre mort.*

Dans cette comédie qu'on aurait pu juger banale, légère et sans intérêt, les critères les plus certains semblent vaciller, et les fondements du droit se déliter. Si, en principe, la loi qui conditionne les successions est que «le mort saisisse le vif», il se trouve ici que les vifs se saisissent du mort, que le vif n'est pas héritier mais légataire et pourtant prend la place du mort, ou plutôt se sert d'un simulacre pour la prendre, que le simulacre commet un crime et un délit, que le mort ressuscite, qu'il transforme les crimes et les délits en actes juridiques véritables pour qu'enfin tout le monde soit riche et heureux!

On voit donc ici que le principe de continuation donne lieu à une fiction littéraire, c'est-à-dire à la construction d'un cas capable de mettre en doute l'ensemble de l'édifice, et en place une réflexion sur la fiction juridique d'origine. En effet, Eraste n'est pas la continuation de la personne de son oncle puisqu'il en est le légataire et non l'héritier, et pourtant, il y prétend, puisqu'il s'institue, par effet de manipulation, comme héritier total de l'oncle malgré la présence virtuelle de ses deux cousins et bien que son oncle ne soit pas décédé. Il recueille ainsi tous les fruits d'un droit qui ne lui est pas dû, grâce à ses stratagèmes et à ceux de son valet. A fiction juridique, fiction littéraire et demie. A fausseté du droit, fausseté supérieure de l'invention dramaturgique.

C'est donc dans l'intérêt des légataires, en l'espèce du jeune homme, du valet, de la servante et, par procuration, de la jeune fille et de sa mère, que cette fiction juridique de continuation, pourtant déstabilisée, fonctionne tout en donnant tous les signes de sa relativité. L'institution domestique et familiale sera donc pérenne, mais sans raison légitime autre que l'intérêt particulier de chacun. Naturellement, la littérature s'appuie sur le flou, la

---

dans la mesure où Eraste veut être les deux en même temps: la règle de l'héritage s'applique au légataire dans la fiction littéraire afin que «le mort saisisse le vif», adage de référence en droit coutumier.

résolution problématique des cas pour édifier sa propre fiction littéraire et permettre au spectateur et au lecteur de réfléchir sur le cas exposé et représenté, sur ses ambiguïtés et, au besoin, de s'en moquer.

Si bien que la comédie s'appuie sur une autre fiction juridique, la mort, pour poursuivre son jeu avec le réel, le social et le droit. Car la mort est, elle aussi, une fiction juridique: en effet, le droit prévoit qu'il est possible de considérer les morts comme vivants, ou les vivants comme morts. Car pour le droit, la mort civile est une fiction, une supposition de mort effective, alors que parfois rien ne permet réellement d'en convenir, mais qui s'exerce dans l'intérêt de la veuve et/ou des héritiers et dans l'intérêt de l'institution, qu'elle soit Etat ou famille[10]. Dans *Le Légataire universel*, il est d'abord extrêmement urgent que Géronte meure en ayant fait son testament, puis que le disposant soit donné comme vivant alors qu'on le croit mort, pour qu'il puisse tester. Inversement, lorsqu'il est vivant, il agit comme le mort qu'il était. En d'autres termes, la comédie joue concurremment sur le vrai et le faux, la mort et la vie, en se fondant, pour le faire, sur l'observation que le droit, lui, se le permet bien.

C'est ainsi à partir de ces fictions juridiques que la littérature construit des fictions capables d'inventer des cas où la fiction juridique elle-même s'enraye, au besoin en se fondant sur des exemples réels de dysfonctionnement; ici, les questions complexes d'héritage. La mort devient ainsi un objet virtuel, une fiction qui n'existe que lorsqu'il est dans l'intérêt de quelqu'un qu'elle soit, dans l'intérêt d'un vif de la considérer comme réelle, parce qu'il est pour lui nécessaire qu'elle advienne.

Le vif, Eraste, est ainsi investi par la succession, mis par le droit en lieu et place du chef de famille, et en mesure de disposer des biens et de se marier. Et même lorsque le mort ressuscite, la situation ne change guère puisque le ressuscité admet qu'il en est ainsi: Géronte confirme qu'Eraste est bien son seul légataire (exceptée Lisette qui n'est que légataire particulière), qu'il peut épouser Isabelle, et que lui-même ne fait ainsi que survivre un moment. Le patrimoine est ainsi passé virtuellement dans l'escarcelle d'Eraste, devenu le nouveau chef de famille en état de fonder un foyer et d'avoir une descendance – ce que Géronte n'a jamais pu obtenir.

---

[10] On peut donc ainsi supposer que des héritiers existent bel et bien, même s'ils sont décédés afin que la fiction de continuation perdure et qu'ils puissent transmettre leurs droits à leur descendance. Inversement, il est possible de supposer que telle ou telle personne est morte alors qu'elle est depuis trop longtemps absente, ou lorsque tel ou tel crime qu'elle a commis la prive de ses droits. C'est la mort civile qui exclut du statut de personne les condamnés à des peines lourdes ou les moines et les religieuses qui ont choisi d'être hors du monde, c'est aussi la mort supposée en cas d'absence prolongée qui permet à la veuve virtuelle de se remarier et aux héritiers d'hériter.

On voit qu'il est ici question de bien autre chose que d'un simple comique macabre. La réalité, dans le droit comme dans le théâtre, n'existe
qu'en fonction de l'intérêt de celui qui la domine et se constitue à travers
celui qui détient le pouvoir de l'instituer. Et le théâtre ne fait finalement
que rendre plus nette et plus visible la relativité des notions apparemment
les plus solides. Il y ajoute des signes, des modes de représentation qui renforcent l'observation qu'on pourrait faire du droit: la mort n'est après tout
qu'une sorte de léthargie, une absence, une supposition durant laquelle les
vivants se répartissent les biens de l'absent selon des règles apparemment
fixes et intangibles mais en fait relatives et fluctuantes, soumises au calculs
et aux manipulations les plus diverses, à l'intérêt, à la ruse, à la force du
stratagème, ou à la force tout court.

La question n'est pas de montrer que tout est faux, mais que le faux
peut être vrai, et inversement, et que les critères du vrai et du faux sont
avant tout soumis à leur efficacité par rapport à l'intérêt qu'y trouve tel ou
tel personnage. En un mot, ils sont contradictoires en eux-mêmes, ne révèlent durant l'intrigue aucune valeur absolue, mais une valeur relative à
l'intérêt de chacun. Il est dans l'intérêt du plus grand nombre que Géronte
soit mort, donc il est mort, même s'il revit.

La vie, la naissance, le mariage, le vol: des fictions

La mort, mais aussi la naissance et le mariage offrent la matière à construire des fictions pour le droit et des occasions de produire des fictions littéraires subséquentes qui actualisent les questions et les mettent à l'épreuve
au long des intrigues et des récits. On apprendra donc, dans cette pièce, que
la naissance est tout aussi relative que la mort et que la filiation est reconnue par la pratique, mais qu'elle est virtuelle. Ainsi, lorsqu'il joue le rôle
du gentilhomme campagnard, Crispin dévoile à la fois, sur le mode de
l'humour grivois, que la paternité est une fiction et que la naissance peut
être légitime, même si elle ne semble pas naturelle. Jouant le rôle du neveu
de Géronte, il affirme en effet que feu son père, Alexandre Choupille, avait
pris pour femme la sœur de Géronte,

> et qui [le] mit au jour au bout de quatre mois.
> [Le] père se fâcha de cette diligence;
> Mais un ami sensé lui dit en confidence
> Qu'il est vrai que [sa] mère, en faisant ses enfants,
> N'observait pas encore assez l'ordre des temps;
> Mais qu'aux femmes l'erreur n'étoit pas inouïe,
> Et qu'elles ne manquoient à la chronologie.

> […] Une femme en effet,
> Ne peut pas calculer comme un homme auroit fait   (III, 2).

Evidemment cette déclaration fait rire, mais de quoi rit-on? De la possibilité, voire de la nécessité juridique de reconnaître l'enfant lorsqu'il naît au sein du mariage (*Pater is quem nuptiae demonstrant*), et de l'opportunité qu'il y a à admettre parfois que la situation biologique n'est pas en phase avec l'institution juridique, et qu'il faut bien que le principe de la filiation juridique triomphe au détriment de la vérité des corps.

> «Chacun ainsi que vous n'est pas fils de son père», lit-on dans la scène 8 du *Deuil* de Hauteroche, en 1672.

Cela dit, le simulacre de neveu n'en est pas moins à même d'exiger ses droits à hériter de son oncle, à partir du moment où le prétendu Alexandre Choupille a admis le fait qu'il était né de lui…

> Quoi qu'il en soit enfin, légitime ou bâtard,
> Soit qu'on m'ait mis au monde ou trop tôt ou trop tard,
> Je suis votre neveu, quoi qu'en dise l'envie,
> De plus votre héritier, venant de Normandie
> Exprès pour recueillir votre succession (*Le Légataire universel*, III, 2).

Décidément les choses les plus tangibles et les plus certaines vacillent et semblent touchées par la virtualité. Et les fictions juridiques, sur lesquelles le droit fonde ses règles, sont érodées par la représentation des cas et ridiculisées par les valets et les maîtres. La mort, la vie, la naissance, la paternité, tout cela est finalement affaire de point de vue, de négociation et d'acceptation ou de refus. En aucun cas ce ne sont des vérités absolues…

Si la naissance et la vie peuvent être des fictions, le mariage est une transaction, ce qui ne surprend personne. En particulier Lisette qui affirme nettement et sans beaucoup d'originalité que le mariage permet de lier amour et intérêt («L'amour et l'intérêt seront contents tous deux», I, 2), secondée en cela par Eraste, Madame Argante, la veuve qui s'y entend en ces matières, et même Géronte qui en fait un argument pour son propre mariage. Transaction pour les maîtres, le mariage en est aussi une pour les valets, toujours susceptible de négociation, voire de chantage: Crispin ne sera sûr d'épouser Lisette que s'il sait faire pression sur elle, à travers l'engagement qu'il lui fera prendre *via* le testament de Géronte. Mais en plus d'une transaction, l'union matrimoniale est encore transformable et contradictoire puisqu'elle peut, apparemment symbole de fécondité et de vie future, se muer en torche funèbre («Eraste à Géronte: C'étoit témérité […] de prendre femme, et faire, en un jour si célèbre, / Du flambeau de l'hymen une torche funèbre», II, 6).

Alors que reste-t-il après ce jeu de massacre notionnel? L'argent, la négociation, l'empire du relatif. «Votre bien seul m'est cher», dit Eraste à son oncle (I, 6). Là est la leçon. Enfin, comme le dit J.-J. Rousseau, le vol lui-même n'a bientôt plus d'importance puisqu'il est effacé grâce au chantage. Les valets, les jeunes gens et la veuve, liés par leur forfait comme ils étaient liés par leur forfaiture en matière de loi et par leur volonté de voir mourir le vieil oncle, dérobent, et ne rendent qu'à leurs deux conditions: que le vieillard testera en faveur de son neveu et de la servante (et du fourbe Crispin qui a usurpé son identité), et que le mariage d'Eraste et d'Isabelle aura lieu avec l'assentiment de l'oncle. Là sont, comme le dit Eraste, et le mot a toute son importance, les nouvelles «lois» auxquelles les nouveaux maîtres osent prétendre (V, 8). Ainsi, le vol des 40 000 écus (somme énorme) par Eraste n'est plus un vol mais un simple moyen de pression face à l'avarice d'un vieil homme. Le recel de ces billets (du papier écrit, qui est écrit «en lettres d'or») par Isabelle et Mme Argante devient un don ou une manière d'aller vers le bien des deux tourtereaux, et n'est plus passible de la prison ou de la corde. Plus rien n'a de valeur absolue, même pas la virginité de Lisette et la nécessité de fidélité qu'elle devrait avoir pour Crispin. Tout n'est plus que négoce, négociation, convention privée, chantage ou pression.

Les dangers de l'autonomie

Un régime de négociation et d'approximation généralisée se met ainsi en place, privilégiant la capacité à reconnaître les fictions, quelles qu'elles soient, à en déterminer les failles, à les détourner à son profit, ou à en produire d'autres, plus crédibles et plus efficaces. L'essentiel est de convaincre qu'une fiction n'est pas nécessairement plus vraie qu'une autre, mais qu'elle offre plus d'intérêt qu'une autre pour les parties qui négocient. Plus rien n'est absolument vrai, ni juste, mais incertain, falsifiable et par conséquent négociable.

> Crispin:
> «On ne peut pas vous dire
> Qu'on vous l'ait vu tantôt absolument écrire;
> Mais je suis très certain qu'aux lieux où vous voilà
> Un homme, à peu près mis comme vous êtes là,
> Assis dans un fauteuil auprès de deux notaires,
> A dicté mot pour mot ses volontés dernières.
> Je n'assurerai pas que ce fût vous. Pourquoi?
> C'est qu'on peut se tromper. Mais c'était vous, ou moi.»
>
> A quoi répond le notaire, Monsieur Scrupule:
> «Rien n'est plus véritable, et vous pouvez m'en croire» (V, 6).

La vérité dépend donc non de son caractère intrinsèque, mais de son mode de présentation et de l'accord de la majorité des individus qui l'attestent. La vérité n'existe que par une sorte de contrat de son acceptation par les parties qui en débattent, avec tous les pièges qu'introduit la question du contrat. Dès lors, elle ne peut qu'être crue, puisqu'elle est justement le résultat d'un accord paraphé par ceux qui dominent le discours. L'intérêt personnel et l'intérêt commun deviennent alors conciliables et complémentaires et leur validité dépend de la convergence des opinions déterminée par la virtuosité de l'artifice et par la maîtrise de la fiction.

L'argent, flux nécessaire et valeur relative

Il est maintenant notoire que la seule valeur qui reste, après tout ce parcours, est la valeur pécuniaire, et l'intérêt comme seul critère de valeur et non de vérité. Il faut que «ça» circule, et vite, dans tous les sens du terme[11]. L'argent ne doit point être enfoui, et ceux qui l'enfouissent doivent être enterrés. Seuls comptent le flux, l'échange, la négociation qui déterminent du plaisir parce qu'ils circulent et qu'ils ont un impact tangible et observable sur la situation matérielle des personnes. «*Argent mort*», disait encore Furetière à l'article «Mort» de son *Dictionnaire universel*, «est du bien qui ne porte ni profit, ni interest. Des pierreries dans un coffre, c'est de l'argent *mort*. Des deniers oysifs, c'est de l'argent *mort*.» La société s'ouvre[12] et vacille, puisque les individus se dégagent des contraintes institutionnelles, des obligations sociales convenues, et même des lois qu'ils détournent à leur profit. Elle se transforme, reconnaît comme valeur principale «l'activité» quelle qu'elle soit, et renonce peu à peu à l'oisiveté improductive (sans encore découvrir le travail). L'essentiel est d'agir pour soi, de s'inscrire dans le grand jeu du flux monétaire et social, de ne plus être une ombre, un mort en sursis, un improductif en un mot, et d'éliminer ainsi tous ceux qui, par leur statisme stérile, s'opposent de fait aux jeux complexes des intérêts du plus grand nombre. La porosité des classes s'installe et gangrène les liens sociaux: les clercs de procureur deviennent des valets, les servantes sont en passe d'avoir le pouvoir d'épouser *in extremis* leur maître grâce à leurs charmes concédés, les bourgeoises épousent des barons, les veuves négocient leurs filles avec âpreté, les jeunes gens roués

---

[11] Et Regnard est orfèvre en matière de mouvement et de changements d'état, lui, le cadet qui est passé par tant d'états avant d'avoir revendiqué, apparemment sans diplôme, la qualité d'avocat, puis d'avoir acheté la charge de lieutenant des chasses (donc siégeant aux audiences) pour enfin embrasser la profession d'auteur dramatique.

[12] Cf. Karl Popper, *La Société ouverte et ses ennemis*.

font leur carrière d'aventuriers en détournant la loi par chantage, tout cela pour leur bonheur individuel dont l'argent est le principal garant. Dès lors, les valeurs fixes ne font plus référence absolue, les comportements personnels, voire marginaux, sont à la disposition de chacun, les combinaisons d'intérêts peuvent se former, les transactions et les associations entre personnages se mettent en place et la société des hommes ne repose plus que sur des valeurs relatives.

Ce n'est donc pas que les valeurs morales aient disparu, ou n'aient plus cours, au contraire. Elles ont, à proprement parler, *cours*, au sens où elles sont évaluées au sein d'une négociation entre la morale et l'intérêt qu'il y a à tenir compte de la morale. Ces valeurs existent, mais elles sont maintenant jugées en fonction de différents critères, et en particulier de leur degré d'efficacité. Elles peuvent être bonnes ou mauvaises dans la mesure où elles permettent ou non à celui qui les pratique d'entrer dans son intérêt propre. Si bien que, selon les individus qui les pratiquent ou non, et qui ont intérêt ou non à les pratiquer, les jugements seront différents. Nous ne sommes donc plus à la période où il fallait prendre position sur les valeurs absolues, les avaliser, ou bien les affronter et les ruiner. Nous sommes cette fois dans l'empire du relatif et du contrat entre soi et soi, entre l'éthique et l'intérêt, et entre soi et tous les autres, donc entre des intérêts différents.

Et pour réussir tout cela dans un monde où les frontières de tous ordres se dissolvent, une logique existe, c'est celle du droit. C'est à partir de ses règles et de ses contraintes que les jeux se font, c'est autour de cette référence irréparable que les parties se jouent. Car, si l'univers se brouille, il est néanmoins clair que toute action dramaturgique est formalisée à coups d'arguments juridiques.

Les contrats interpersonnels, privés, viennent détourner les règles successorales, elles-mêmes contradictoirement interprétables. Et l'on arrive au point que l'ensemble des contrats privés tisse un réseau de liens entre les personnages qui sont «obligés» contractuellement les uns envers les autres. Si bien que c'est la coalition de ces intérêts privés qui met les personnages en état d'inventer un testament, puisqu'il est impossible, compte tenu de tous les liens précédemment tissés, que Géronte meure *ab intestat*. C'est pourquoi l'ensemble des personnages – sauf évidemment Géronte, qui n'est plus qu'une ombre léthargique – est si apte à accepter la supercherie, parce qu'il est dans l'intérêt de tous qu'elle ait lieu.

Tous sont finalement solidaires pour construire de toutes pièces une fausse preuve produisant, de fait, une association de malfaiteurs par une transgression nette et précise des règles du droit grâce à un artifice de théâtre (l'obscurité et le déguisement). Dès lors, tout devient possible et les contrats privés s'actualisent sans difficulté puisque tout le monde est d'accord sur le principal: que le forfait inventé doit servir les intérêts de tous, quitte à ce que les associés se jouent les uns les autres et se reprochent ensuite leurs trahisons tout en restant solidaires.

Ainsi, lorsque le mort réapparaît et saisit les vivants, l'ensemble des contrats privés est à nouveau menacé. Enfin, c'est le chantage et la machine théâtrale qui vont permettre la résolution finale, et l'on passera à de nouvelles «lois» qui n'ont plus rien de légal. Ces lois sont celles qui ont été créées par les personnages eux-mêmes au cours du déroulement de la comédie, qui tiennent compte de la structure des vraies lois ainsi que de leurs failles et qui sont assez fortes pour s'opposer à toutes les autres: l'individu devient son propre législateur, comme le dira plus tard Rousseau - il est vrai dans un tout autre point de vue. Et la fiction engendrée à partir des failles de la loi, devient supérieure à la loi véritable, de même que les contrats privés triomphent des contraintes institutionnelles.

Le droit n'a pas pour but la vérité, mais contribue en principe, et malgré ses lacunes et ses «fictions», à la cohésion sociale. Il s'est agi en définitive, par la négociation de contrats privés portant sur des questions civiles, de parvenir à un consensus, à une communauté de jugement d'individus. Cette communauté s'établit entre les personnages et entre les spectateurs, et cette série d'accords impose une opinion générale contractuelle, de fait, et mettra de côté les opinions particulières, peut-être tout aussi légitimes, ou même mieux fondées en morale, mais inférieures en nombre et en force.

Dès lors, ce sera au public de trancher, de juger, de déterminer les valeurs qui lui conviennent et qu'il entend soutenir tant sur le plan esthétique qu'éthique, après qu'il aura examiné les cas sous tous leurs angles et éclairci lui-même les affaires. Mais là sera aussi son plaisir, un plaisir pris à apprécier la capacité de l'auteur à produire des fictions sur le monde tout en lui laissant le plaisir du jugement, et c'est pour cela qu'il paie. Le public, comme il est dit dans *La Critique du Légataire universel*, est ainsi une sorte de «tribunal» dont on attend les arrêts, qui prend du plaisir à la difficulté de les donner, et qui finance l'opération. Le théâtre est donc décrit (on le voit dans le même texte) comme un espace de délibération publique dans lequel le public est une instance autonome de jugement, elle-même morcelée en individualités responsables, et parallèlement comme un lieu économique où divers spectateurs achètent du plaisir aux comédiens qui le lui vendent (scène 2). Les mots, à proprement parler, ont une valeur marchande, qu'ils soient pris dans un testament ou dans une comédie, et les auteurs les y couchent «en riche caractère» et «en lettres d'or» (I, 1).

La représentation théâtrale est donc un espace économique qui représente, pour de l'argent[13], les débats contradictoires d'identités autonomes

---

[13] Sur la page de titre de l'édition de 1708, on peut lire, outre le nom de l'auteur: «*Le Légataire universel, Comédie, Le prix est de vingt sols...*». Il n'y a rien de tout à

fictionnelles (des personnages) sur des sujets réels et fictifs à la fois (la vie, la mort, la paternité, le mariage, l'héritage, l'argent), évaluables cependant selon des normes et des points de vue variables. La structure dramaturgique se constitue donc en argumentations croisées, plus ou moins efficaces, que chaque spectateur a pour charge de juger en proposant ses propres critères. Tout, dans l'espace de la représentation comme dans le fait de représenter, devient donc transaction privée, y compris le théâtre.

Y aura-t-il enfin consensus, après l'expérience de cette diversité? Pourra-t-on déterminer un «autre» commun, un intérêt commun et un jugement de valeur qui aurait valeur, sinon de loi, du moins d'accord sur les leçons éthiques ou esthétiques?

C'est, nous dit Regnard, la loi du marché qui tranchera: le succès et l'argent, le profit qu'en trieront les comédiens et l'auteur. Si la pièce a du succès et rapporte aux acteurs, c'est qu'elle est bonne, sinon... Le plaisir esthétique est lui aussi compris dans la négociation financière, sans valeur éthique de référence. Et même si l'on sent bien, à la fin de la comédie, que l'auteur plaide pour une certaine remise en place des valeurs familiales, on voit aussi que le plaisir de tous a consisté à jouir des jeux, des failles et des fictions auxquelles les valeurs familiales sont aux prises. Et comme s'en afflige Rousseau, le consensus devient enfin véritable complicité.

Sous l'égide de l'intérêt pécuniaire, on le sait depuis longtemps, la comédie s'est donc divertie à proposer des fictions capables de représenter que le droit, la vertu, et les choses les plus certaines, ne sont après tout qu'elles-mêmes des fictions que tout spectateur et tout individu peut, en connaissance de cause, par son jugement autonome, retenir ou invalider. Le reste n'est que flux, négoce, échange, négociation et jeu. Et ceux qui se sont illustrés au sein du processus de négociation de tous avec tous, sont les nouveaux héros modernes: les roués triomphants, les valets qui trompent finement et deviennent riches quitte à changer d'état, les servantes qui échangent leur corps contre des espèces, ce qui leur permet de devenir des épouses respectables, les veuves aptes au calcul, et les jeunes filles capables d'être un moment d'excellentes receleuses avant d'embrasser leur carrière de partenaire en rouerie. Devant tout ce changement à vue, devant ce flux fondé sur la valeur d'échange, le père de famille amoindri, stérilisé, effacé au point d'être un *presque* mort, doit s'adapter ou rompre, ou rester en marge, comme une survivance du passé. Géronte récupère son bien, l'enfouit dans ses poches et dans ses tiroirs avant que le rideau ne tombe. Mais tous les autres personnages, et le public aussi, savent bien qu'il dispa-

---

fait surprenant à ce que le prix figure sur la première page du livre, mais force est de constater que cette proximité est, en l'espèce, tout à fait intéressante pour qui entend montrer que la littérature est maintenant comprise au sein des échanges économiques...

raît pour de bon et que le nouveau consensus repose sur la circulation des biens monétaires et la relativité des notions juridiques et des valeurs familiales et éthiques. «Qu'est-ce que le savoir?» demande encore Regnard dans une épître (*Epître* IV): «l'art de douter de tout».

On sait que peu de temps après, Mandeville, dans *La Fable des abeilles*, aura à cœur de se pencher sur ces concepts en économie, mais il est clair que la littérature de l'époque met déjà en scène et en fiction des règles de fonctionnement qui inaugurent les modes de pensée du XVIIIe siècle.

$$*$$
$$*\quad *$$

Si bien que l'autre, autour duquel on a beaucoup tourné dans ce texte, nouvelle valeur mais valeur relative, devient, à travers la personne de tous les autres qu'on cherche à s'approprier pour son intérêt propre, l'argent, la monnaie, les biens, dont il s'agit de définir la circulation. Autrement dit des choses, ou des personnes conçues comme des choses, sans valeur absolue, ou autre référence que l'argent, valeur d'échange et valeur relative.

> L'impératif pratique sera donc celui-ci: Agis de telle sorte que tu traites l'humanité aussi bien dans ta personne que dans la personne de tout autre toujours en même temps comme une fin, et jamais simplement comme un moyen.
> [...] L'homme n'est pas une chose; il n'est pas par conséquent un objet qui puisse être traité simplement comme une fin en soi. [...]
> Pour ce qui est du devoir nécessaire ou devoir strict envers les autres, celui qui a l'intention de faire à autrui une fausse promesse apercevra aussitôt qu'il veut se servir d'un autre homme simplement comme d'un moyen, sans que ce dernier contienne en même temps la fin de lui-même. Car celui que je veux par cette promesse faire servir à mes desseins ne peut absolument pas adhérer à ma façon d'en user envers lui et contenir ainsi lui-même la fin de cette action. Cette violation du principe de l'humanité dans d'autres hommes tombe plus évidemment sous les yeux quand on tire des exemples d'atteintes portées à la liberté ou à la propriété d'autrui. Car là il apparaît clairement que celui qui viole les droits des hommes a l'intention de se servir de la personne des autres simplement comme d'un moyen, sans considérer que les autres, en qualité d'êtres raisonnables, doivent pouvoir contenir aussi en eux la fin de cette même action.[14]

Alors, pour que l'autre existe en soi, comme personne essentielle et respectable – c'est-à-dire non évaluable par l'intérêt qu'on a de le considérer – et

---

[14] Kant, *Fondements de la métaphysique des mœurs*, 2e section, 1785, trad. Victor Delbos, Delagrave, 1969, p. 150-152.

que l'individu se fonde sur autre chose que sur l'intérêt et le relatif, il faudra supposer une loi universelle de la nature capable de fonder à la fois l'individu comme personne morale et déterminer, par cette loi, son rapport à autrui.

Ce sera l'affaire du XVIIIᵉ siècle, qui pourra dès lors, comme le fait Rousseau, s'indigner de cette comédie.

«Enfants de la mort»
L'altérité criminelle dans les Histoires tragiques
du premier XVIIe siècle

THIERRY PECH

Université de Paris

Dans l'ancien droit, l'incrimination stigmatise une altérité que le processus pénal a pour charge de poursuivre d'abord et d'expulser ensuite. Mais cette altérité est paradoxale à plus d'un titre. Eu égard au sujet criminel, la norme pénale est à la fois inclusive dans sa construction juridique, et exclusive dans son application judiciaire. Inclusive car en qualifiant l'infraction, elle l'inscrit parmi les possibles d'une volonté libre et d'un sujet doué de raison. Exclusive car, au terme du processus pénal, le crime est dénoncé comme étranger au «pensable» d'une communauté réordonnée par le châtiment. Les magistrats le qualifient alors de «barbare» ou d' «atroce», et feignent de tenir les faits incriminés dans l'angle mort des capacités analytiques de la raison.

De fait, le pénal qui qualifie, puis rejette en dehors du qualifiable, se dessine en trompe-l'œil: après l'avoir compté parmi les sujets doués de raison, il montre finalement le criminel comme une exception radicale. De sujet sous le regard du droit, il devient objet sous l'emprise de la justice. Il ne s'appartient plus. Ce faisant le pénal fabrique aussi un modèle d'identité normative, car sa préoccupation n'est pas seulement d'appliquer au coupable la rigueur de ses lois, mais d'obtenir obéissance, de produire de loyaux sujets. En ce sens, le jugement revendique toujours une valeur exemplaire dans une culture judiciaire construite autour de la souveraineté: il entend à la fois réparer le mal et tenir tête au réel; il est à la fois rétrospectif *et* prospectif.

Toutefois la réception de ces mécanismes ne va pas de soi. L'examen de quelques nouvelles largement diffusées dans la première moitié du XVIIe siècle permet de mettre à jour certaines résistances à cette double conception de l'altérité criminelle. Ces nouvelles ressortissent au genre de l'histoire tragique[1]. Elles cherchent à se démarquer du roman sentimental et du

---

[1] On songe notamment aux recueils de François de Belleforest (*Histoires tragiques, extraites des œuvres italiennes de Bandel et mises en langue françoise [...]*, Rouen, P.

conte divertissant par une affectation de sévérité qui fait écho au projet de réarmement moral de la Contre-Réforme. Il s'agit pour elles d'ennoblir le récit bref, de l'adapter, au moins dans ses déclarations d'intentions, au durcissement du climat théologique et moral. Ce souci de donner des gages d'intransigeance et de gravité, associé à un goût prononcé pour l'esthétique sénéquienne qui envahit au même moment la tragédie, explique qu'à un tragique reposant sur le *kratos* brutal et aveugle du destin, ces narrations préfèrent souvent des histoires où l'infraction criminelle marginalise le rôle de la fortune et du hasard.

Reste qu'aucune narration n'est neutre: il y aurait même du scandale à demeurer dans une pure description du crime, à enfermer le récit dans un improbable regard clinique. Elle doit instruire les cas qu'elle se propose de relater, c'est-à-dire les mettre en situation d'être jugés, non par un tribunal, mais par un lecteur érigé en juge du for privé. En cela, elle constitue un exercice judiciaire civil, une sorte de jugement hors-les-murs où se fixent les termes d'un nouveau rapport à l'altérité criminelle: volonté de relativiser la norme séculière et son caractère de référence dominante (par la confrontation avec d'autres systèmes normatifs); volonté de réfléchir sur les causes de l'action coupable, de visiter cette altérité de l'intérieur (on ne craint pas de compléter le point de vue du for externe par une enquête au for interne qui en sécularise les instruments); volonté enfin de valoriser les aspects rédempteurs et individuels de la sanction aux dépens de ses aspects politiques et démonstratifs.

Avant d'examiner quelques exemples, nous tâcherons de modéliser cette approche du texte de fiction à partir du droit pénal.

De l'altérité à l'aliénation

Dans l'ancien droit pénal, de nombreuses épithètes décrivent *a priori* le criminel comme étranger à la communauté des hommes. Ses actes sont qualifiés d'«infames» ou d'«atroces». «Impie», «abominable», il incarne le dehors de la communauté, son «monstrueux», dira Nietzsche[2]. Prétendu

---

L'Oyselet, 1603-1604, 7 vol.), de François de Rosset, (*Histoires memorables et tragiques de nosre temps*, Paris, P. Chevalier, 1619; rééd. A. de Vaucher Gravili, Paris, Le Livre de Poche, 1994) et de Jean-Pierre Camus (*Les Evenemens singuliers*, Lyon, Caffin et Pleignard, 1628; *Les Occurences remarquables*, Paris, J. Moreau, 1628; *Les Spectacles d'horreur*, Paris, A. Soubron, 1630). Pour plus d'informations, qu'on nous permette de renvoyer à la bibliographie de notre thèse, Thierry Pech, *Conter le crime. Droit et littérature sous la Contre-Réforme: les Histoires tragiques (1559-1644)*, à paraître chez Slatkine-Champion, coll. Lumières classiques.

[2] F. Nietzsche, *Le gai savoir*, I, 43.

otage de la culpabilité qui le ronge, le criminel est également réputé «enfant de la mort» et «serf de la peine». Enfant, car il est désormais privé de cette parole engageante qui caractérise la capacité juridique du sujet de droit. L'*infans* est bien celui qui ne sait pas parler; par opposition, le sujet de droit est celui qui peut se prendre pour objet de sa parole, se réfléchir et par là-même s'engager, contracter, promettre. Le sujet de droit est solidaire de l'estime de soi, c'est-à-dire du respect dû à sa propre parole. Au contraire, le criminel a, pour ainsi dire, régressé vers un-deçà de la parole.

Mais il est aussi «serf de la peine», car il se voit privé des libertés les plus élémentaires[3]. En effet, son état se rapproche de celui de l'esclave: placé «sous la main de Justice», le criminel est bien dans une situation telle que s'exercent sur lui certains des attributs du droit de propriété. Il est alors plus proche de la chose que de la personne. L'expression qui qualifie le mieux cet état est sans doute la «prise de corps» ordonnée par le juge criminel: elle remet en perspective le vieux débat juridique sur l'indisponibilité du corps. En effet, dans l'ancien droit, le corps est réputé indisponible à soi (c'est pourquoi on condamne pénalement le suicide). Mais, si la «prise de corps», au même titre que l'emprise carcérale aujourd'hui, ouvre une vacance dans l'histoire du sujet de droit, c'est bien parce que cette indisponibilité du corps doit être graduée et non validée ou condamnée comme principe absolu. Elle a notamment pour limite l'exercice de la violence légitime.

Mais cette représentation de l'altérité criminelle ne se dessine pas seulement par défaut. L'institution judiciaire ne se contente pas de radier le sujet de droit. Du reste, elle ne se résout pas immédiatement à l'inqualifiable du «barbare». Au contraire, elle cherche une légitimité à frapper le criminel et, par là même, une prise rationnelle sur son altérité. La force publique veut aussi la raison pour elle.

Ainsi le processus pénal institue provisoirement un autre type de sujet avant de s'en prendre directement et publiquement aux corps. Ce sont ces «effets de subjectivation» qui nous importent ici. Quel est le modèle du sujet qui informe cette première représentation de l'altérité criminelle? Autrement dit, quel est le sujet du mal quand le mal n'est plus uniquement le fait de puissances surnaturelles, mais le produit d'une volonté mauvaise immanente, celle-là même que les anciens criminalistes qualifient de *dol*, qui rompt radicalement avec la logique d'une responsabilité substantielle et pré-éthique? Le paradoxe qui consiste à qualifier rationnellement ce qui

---

[3] Pendant longtemps, les condamnés n'eurent pas le droit de tester. Ainsi leur était retirée jusqu'à la possibilité de préparer leur mort.

sera déclaré inqualifiable par la suite, se retrouve clairement au cœur du processus pénal, entre la logique de responsabilité qui sous-tend le jugement, et le temps de la peine où la fête punitive excède largement l'exercice d'une violence bornée à la rétribution. On voit se combiner, au cœur d'un même processus institutionnel, la rationalité du juridique et l'irrationalité du châtiment.

Il convient donc de distinguer, à l'intérieur du processus pénal, deux phases essentielles qui correspondent à deux conceptions de l'altérité criminelle: la poursuite, d'une part, et la répression, d'autre part. La première repose entièrement sur un syllogisme d'imputation de forme déductive: 1) la majeure: la loi défend de commettre certains actes décrits par l'énoncé juridique; 2) la mineure: certains de ces actes défendus ont été commis par certaines personnes dans certaines circonstances; 3) la conclusion: en vertu de la loi (majeure), ces personnes (mineure) doivent être soumises aux peines prévues par le droit. L'incrimination procède donc d'abord de la qualification d'actes singuliers à partir des catégories communes établies par le droit, puis de l'imputation de ces actes à des auteurs jugés responsables. Le syllogisme vise donc à établir l'imputabilité du crime pour justifier ensuite sa répression. En somme, le processus pénal consiste dans les opérations successives de qualification, d'imputation et de répression.

Les deux premières étapes - la qualification et l'imputation - supposent un sujet responsable, titulaire d'une volonté efficiente. Son altérité criminelle est donc toute relative: l'autre du crime n'est pas l'autre de la folie (laquelle constitue une circonstance disqualifiante au regard du droit), mais un autre «moral». Mais ce sujet de l'enquête criminelle ne correspond pour autant ni au sujet narratif des nouvelles criminelles, ni au sujet biographique de la commission effective du crime. Le syllogisme d'imputation fonctionne comme un lit de Procuste. Il est entièrement tendu vers la rétribution et laisse fort peu de place aux singularités et aux causes de l'action coupable. Le travail de la qualification judiciaire n'est donc pas non plus celui de la description narrative: il se sert des catégories du droit («l'homicide pourpensé», le «rapt de séduction», etc.) pour isoler de courts segments juridiquement pertinents (les «faits») dans la trame d'un parcours narratif et biographique à la fois plus long et plus complexe. Dans ce sens, comme le dit saint Paul, c'est bien la loi qui «fait» le crime, parce que c'est elle qui le nomme et l'institue comme tel. L'imputation judiciaire repose bien sur une logique légicentrique où la majeure qualifie la mineure et, du même coup, l'encadre, la simplifie, la formalise, bref, la dispose au jugement rationnel du magistrat. En ce sens, «accuser» consiste d'abord à mettre en catégories. Ce légicentrisme peut-être tempéré par le souci d'équité du juge, notamment dans les pays de *Common Law*. Mais le système inquisitoire laisse peu de place à cette modulation.

Le procédé de qualification légicentrique est analogue à celui de l'introduction morale dans les récits criminels à vocation didactique et exemplaire (c'est le cas de nombreux canards et de la plupart des nouvelles de Jean-Pierre Camus): l'introduction informe le lecteur sur la signification morale de la narration qui va suivre, elle détermine un angle d'interprétation et prédispose le récepteur à sélectionner les éléments pertinents dans le substrat événementiel du conte. C'est un récit sous escorte, où la voix narrative se confond avec celle du moraliste et des massifs discursifs qui encadrent l'histoire. D'où une homologie certaine entre le syllogisme d'imputation et ce que la narratologie nomme «l'histoire de loi»: un récit structuré par le trinome «Loi-Transgression-Punition»[4].

Mais pour peu que la narration cherche à développer les circonstances singulières et l'archéologie du crime, pour peu qu'elle élargisse le spectre de l'examen criminel et du seul for externe, le sujet ne se présente plus de la même manière: il n'est plus réductible à une volonté mauvaise. Ainsi le criminel de fiction tel que le représentent de nombreuses histoires tragiques déborde le sujet rationnel de la procédure pénale. Car il n'est plus uniquement saisi dans l'instantané des «faits pertinents» comme un acteur isolé, mais dans une longue durée et dans un milieu où causes et motifs ne se distinguent pas toujours clairement. La mise en récit fonctionnera ici comme une mise en intrigue (P. Ricoeur), c'est-à-dire comme une structure hybride où se combinent la volonté, le hasard et la nécessité. Si l'on raconte le crime, c'est peut-être bien parce qu'on ne sait plus se l'expliquer suivant les modèles traditionnels (l'intervention du démon, la tentation du diable...), de la théologie morale ou du droit séculier (la volonté mauvaise, le mal pour le mal...).

En passant du jugement à la sanction, le sujet criminel change d'ordre ou, plus exactement, s'éteint. Si le syllogisme d'imputation légitime la rétribution du crime, il reste qu'il prépare et motive un décrochage éthique dans la conception de l'altérité criminelle. La volonté du sujet rationnel sur laquelle on vient de fonder toute la logique d'imputation est ici définitivement congédiée. Le criminel est désormais «serf de la peine»: il n'a pas plus de droit qu'un esclave. La mesure rationnelle de la peine (choix de peines infamantes et/ou afflictives, quantification approximative de la douleur) établie par le jugement et l'interprétation des lois masque mal la pen-

---

[4] Sur ce sujet, on pourra se reporter aux travaux de Lionello Sozzi, Sergio Poli, Anne de Vaucher Gravili.

sée magique de l'exécution. La peine est en effet fondée sur l'idée que le mal subi effacera le mal agi[5]. La démarche rétributive renvoie à l'utopie d'un monde où le mal serait réparable par l'identique ou l'analogue au terme d'un jeu de conversion négligée sur un principe d'équivalence.

Dans ce contexte, le sujet criminel devient proprement objet de la peine. Il n'est plus situé sur l'horizon d'une justice corrective, d'une transformation intérieure ou d'un quelconque amendement: il devient patient. On veut le détruire, l'expulser: son corps est souillé, disséminé (voir les supplices de Ravaillac et de Concini), jeté à la voierie, voire confié aux facultés de médecine pour y servir de support à des cours d'anatomie. On veut aussi s'en prendre à sa mémoire: comme celui d'Erostrate, le nom de Ravaillac est interdit par tout le royaume; on ordonne que sa maison soit détruite et qu'il soit à jamais défendu de rien reconstruire à cet emplacement.

C'est ce sujet disloqué que le récitatif de la peine (moment où le processus pénal inquisitoire sort du huis clos) décrit comme «barbare» et «monstrueux». Ce décrochage est en partie motivé par le fait que le châtiment ne veut plus seulement agir sur le sujet, mais sur l'ensemble du corps social; c'est-à-dire, par le spectacle public des souffrances infligées au condamné, produire de l'obéissance sur la dépouille du criminel. Dans un tel contexte, celui-ci est assigné à une altérité sans partage. Dans la répression, crime et criminel deviennent des repères moraux négatifs, des repoussoirs de l'identité collective. Le mal n'y est plus ni décrit ni qualifié: il devient une catégorie de l'action publique au nom de l'ordre et de l'intérêt général.

Néanmoins, ce rituel ne va pas de soi dans un monde chrétien. Y a-t-il encore le moindre espace pour le rachat des âmes pécheresses dans la scénographie des supplices publics? On pourra répondre: l'au-delà. Mais comme le rappelle Montaigne, on devrait s'assurer de présenter les âmes en bon état au jugement divin[6]. Or, un excès de douleur porte plutôt au désespoir qu'à la pénitence. Entre l'intention dissuasive et la recherche de la rédemption, la contradiction éclate. Et cette contradiction n'est jamais vraiment résolue. Elle est plutôt gérée par la répartition des fonctions et des compétences: au prêtre le bréviaire, au bourreau la hache, au magistrat le

---

[5] Paul Ricoeur, «Interprétation du mythe de la peine», in *Le mythe de la peine*, Paris, Aubier, 1967, p. 26.

[6] Montaigne, *Essais*, II, XI, p. 431 (éd. Villey): «Quant à moy, en la justice mesme, tout ce qui est au-delà de la mort simple, me semble pure cruauté, et notamment à nous qui devrions avoir respect d'en envoyer les ames en bon estat; ce qui ne se peut, les ayant agitées et desesperées par tourmens insupportables».

récitatif de la peine. En outre, la pratique voulait que ces acteurs n'eussent aucun contact physique entre eux. Il y a donc juxtaposition de fonctions, plutôt qu'agrégation. Le système de la peine dessine ainsi plusieurs horizons utopiques où l'institution judiciaire n'a pas toujours le dernier mot et entre lesquels la représentation littéraire pourra introduire une nouvelle hiérarchie. Du reste, à chacun de ces horizons correspond encore un effet de subjectivation particulier: 1) l'utopie d'une cité où il ne serait plus possible de désobéir, tenue par la dissuasion et la symbolique du pouvoir qui nie le sujet criminel (c'est ce que l'on pourrait appeler le sujet 0); 2) l'utopie d'un monde sain qui expulse la souillure du crime pour se réconcilier avec la Providence afin que «le sang ne retombe pas» sur lui (c'est le sujet sacrificiel, monnaie d'échange avec le divin); 3) l'utopie du salut personnel où la justice humaine table sur des effets différés et corrige l'âme plutôt qu'elle ne l'agresse, les peines subies ici-bas entrant en déduction des peines à venir dans l'au-delà (c'est le sujet spirituel).

On voit ici que l'institution judiciaire ne contient pas entièrement les représentations de l'altérité criminelle, qu'elle est même largement débordée par le système public de la punition qui cumule différentes fonctions et différents modèles de subjectivité. La fiction littéraire aura donc tout loisir d'introduire une nouvelle hiérarchie dans sa représentation de la peine et, partant, de l'altérité criminelle.

La responsabilité pénale au crible des histoires tragiques

Avant de revenir sur l'altérité criminelle dans la punition, il faut dire quelques mots au sujet de la responsabilité pénale telle que la décrivent les histoires tragiques du premier XVIIe siècle. On peut repartir de l'apparente homologie entre le syllogisme d'imputation et l'histoire de loi, d'une part, et, d'autre part, entre l'histoire de loi et l'histoire tragique. Celle-ci serait structurée, comme l'ont montré Lionello Sozzi et Sergio Poli, par le trinome «Loi/Transgression/Punition», suivant la logique d'imputation déductive décrite précédemment. Ce schéma est en réalité très insuffisant pour rendre compte de la complexité de certains récits.

L'histoire tragique telle que la pratique Rosset, par exemple, modifie considérablement la logique rétributive du syllogisme d'imputation. Premier outil de cette opération: l'excédent de la mineure, c'est-à-dire l'inflation des massifs narratifs relatant la transgression. Pour le voir, on peut s'attacher à un cas particulier: il s'agit du récit d'inceste des *Histoires tragiques de nostre temps* (1619, Histoire VII). Cette nouvelle a déjà fait l'objet de différents commentaires. Mais on n'a peut-être pas assez souligné qu'elle permet de pointer tous les dysfonctionnements de l'histoire de loi appliquée à l'histoire tragique. Elle permet en outre de mettre à jour les bases d'une pensée tragique de l'altérité criminelle. Enfin - et ce n'est pas son moindre intérêt - on en connaît la source: un «canard» récemment ré-édité par Maurice Lever[7]. Ainsi, en comparant la version de Rosset avec celle du canardier, on peut analyser tout le travail de composition du conteur.

L'application stricte du syllogisme d'imputation et de sa grille légicentrique conduirait à ne retenir de cette histoire que l'inceste entre le frère et la sœur, et l'adultère qui en découle (la sœur est mariée au moment des faits). Du reste, le canard ne fait pas beaucoup plus. La version de Rosset s'attarde, en revanche, sur l'enfance et l'éducation des amants incestueux: elle explique que, par la négligence du père, le frère et la sœur ont été tenus, enfants, dans «une trop longue accointance». Les faits sont amenés de plus loin et le sujet coupable peut ainsi réintégrer son enveloppe et sa cohérence narratives. La fiction ne fonctionne pas comme un lit de Procuste: au contraire, elle se situe dans une démarche étiologique longue. Ce faisant, elle quitte le champ strict du for externe (celui de l'examen judiciaire) pour se placer au for interne: elle sonde les causes du crime. L'altérité criminelle - l'une des plus scandaleuses en l'occurrence puisqu'elle blesse un interdit anthropologique fondamental - n'est pas un cas isolé, surgi *ex nihilo* de la volonté mauvaise de quelques-uns: elle est, au contraire, le produit d'une histoire où tout un milieu se trouve impliqué, à commencer par l' environnement familial. C'est le premier élément d'une pensée tragique de la faute: celle-ci n'est pas étrangère. Elle vient de l'intérieur même de la communauté. Le narratif ne travaille plus *sur* le mal, mais *dans* le mal, et celui-ci semble avoir toujours déjà commencé avant l'histoire que l'on raconte.

La volonté coupable change elle-même de statut. Elle n'est plus le fait d'une nature mauvaise, un donné caractérologique inné, comme c'est le cas dans le canard-source. Dans cette dernière version, le sujet rationnel est, pour ainsi dire, otage d'une nature viciée: l'histoire de loi ne s'intéresse à sa biographie que pour y trouver des précédents ou des prémisses, et non des causes. Rosset, lui, ne mentionne nullement les frasques et les débauches du jeune garçon durant ses années d'études à Paris. Il ne «charge pas la barque»: ses choix traduisent d'abord un souci de complexité et une recherche de conflictualité dans la construction du récit. En somme, le tra-

---

[7] *Canards sanglants*, Paris, Fayard, 1993: «Supplice d'un frère et d'une sœur décapité en Grève pour adultère et inceste», p. 103 et sq.

vail de la fiction littéraire crée un excédent sur la qualification judiciaire et légicentrique. Elle ne veut pas seulement «décrier», mais «décrire», pour inverser les termes d'un jeu de mots cher à Jean-Pierre Camus[8].

Le criminel tel que le représente l'histoire tragique est réinscrit dans le champ d'une altérité relative: celle du sujet tragique. Or, le tragique a vocation à situer une expérience du mal à l'intérieur de la communauté, et non à l'exiler dans les terres étrangères du «monstrueux», du «barbare». Ce qui ne revient pas à dire que la pensée tragique nie l'existence du mal. Au contraire, sa tension propre est suscitée par la reconnaissance d'un sujet à la fois rationnel et vulnérable: l'homme faillible, le *metaxu* de la *Poétique*. Tout à la fois étranger dans la *philia* et semblable dans le mal.

C'est bien la vertu du récit que de reconstituer des liens que la qualification judiciaire tendait à dissoudre. Si l'histoire tragique singe parfois le discours judiciaire, ce n'est là qu'une partie de son travail, souvent la plus protocolaire. En réalité, la recherche des passions tragiques - la terreur et la pitié - complique la représentation du sujet criminel et permet de le saisir en tension, c'est-à-dire de manière dialectique.

L'altérité criminelle dans le théâtre des supplices

L'histoire tragique ne s'aligne pas toujours non plus sur la logique d'élimination de la répression pénale. Le cas des amants incestueux le montre encore clairement. Doralice et Lizaran, les héros de l'histoire VII de Rosset, ne sont pas à proprement parler les patients de la peine, mais ses acteurs. Ils tiennent la parole sur l'échafaud et dirigent les affects publics. Par leur voix, le sujet réapparaît sur la scène du châtiment. Il s'agit du sujet pénitentiel, celui de la contrition. L'exemplarité de ce supplice ne consiste plus dans la démonstration de force, mais bien dans la constance du condamné. Et l'on en pleure: les discours prononcés par les condamnés suscitent le *pathos*. La formule du double supplice recèle en effet une puissance dramatique que le conteur exploite avec une certaine complaisance. Ainsi Doralice s'adresse successivement à son frère, à la foule et au «chœur» des juges:

> Mourons patiemment. Il est temps que nous soyons punis de ce que nous méritons. Ne craignons plus de confesser notre péché devant les hommes: aussi bien faut-il que nous en rendions compte à Dieu. Sa

---

[8] Jean-Pierre Camus, *Les Spectacles d'horreur*, op. cit., p. 115-116.

miséricorde est grande, mon cher frère, il nous pardonnera pourvu que nous ayons une vraie contrition de nos fautes.[9]

La portée expressive de la scène est enregistrée par la description du public: «Tous les assistants ne pouvaient défendre à leurs yeux de pleurer...»[10]. La communion entre le public et la scène ne se fait plus à la faveur d'une justice rigoureuse et implacable: cet unisson est même conforté par un relatif effacement des instances judiciaires. Le narrateur en convient implicitement. Le «théâtre» passe du statut de métaphore à celui de déterminant générique. La force d'attraction du modèle tragique est telle qu'elle transfigure totalement la scène:

> L'on eût dit, quand elle monta sur l'échafaud, qu'elle allait jouer une feinte tragédie et non pas une véritable.[11]

La comparaison avec le texte-source est édifiante. Au moment où lecture est donnée de la sentence qui attend Marguerite et Julien Ravalet, le canardier note que «l'un et l'autre s'écrièrent qu'on les faisait mourir à tort». Il faut qu'un prêtre les sermonne pour qu'ils acceptent la faute. Alors, la sœur déclare: «Mourons, mon frère, nous l'avons bien desservi, et prions Dieu qu'il nous fasse merci». La version de Rosset, quant à elle, n'est pas loin de réintroduire des motifs hagiographiques dans la scénographie judiciaire. L'histoire tragique centre les effets rédempteurs de la peine sur le criminel lui-même. La scène n'est plus essentiellement tournée vers la production de l'obéissance: elle se réorganise autour du criminel. On rouvre ainsi la voie à un héroïsme de l'échafaud. Il se pourrait bien dès lors que ce funeste théâtre, comme disent les conteurs, se transforme en lieu de reconstitution d'un sujet qui se purifie et se transforme lui-même.

Une telle représentation a pu tout à la fois séduire et inquiéter. La littérature du temps entretient volontiers cet héroïsme de l'échafaud. Le canard-source rapporte ainsi que le comte d'Egmont, au moment d'être exécuté, se serait félicité que la Providence lui ait offert cette chance de se confesser avant que de mourir, qu'elle ait épargné à cet homme d'armes les périls d'une mort subite au champ d'honneur[12]. Mais, en même temps, les chroniqueurs se méfient des honneurs ambigus qu'une telle mise en scène réserve au condamné. C'est le cas de Lope de Aguirre qui, dans ses *Chro-*

---

[9] *Op. cit.*, éd. Vaucher Gravili, p. 218.

[10] *Ibid.*, p. 219.

[11] *Ibid.*, p. 219.

[12] Montaigne évoque également la constance d'Egmont, *Essais*, I, 7.

niques, craint que la gestuelle du supplice assure une trop longue postérité à celui qu'il faudrait oublier. Après que la dépouille d'un «tyran pervers» a été traînée par la foule à même le sol, le gouverneur espagnol, Pablo Collado, demande aux hommes:

> que l'on mît le tyran en quartiers et que l'on en dispersât les morceaux par les chemins autour de Barchicimeto […]; sa tête fut portée à Tocuyo dans une cage en fer à la point d'une broche, et la main droite fut portée à Merida et la gauche à Valence; *comme si c'étaient les reliques de quelque saint*, car, non seulement il advint ce que lui seul avait prophétisé à son propre sujet, mais encore ce qu'il prétendait et désirait pour que tous se souvinssent de lui, et que sa mémoire perverse ne pérît pas. Mais en vérité, il me semble qu'il aurait mieux valu le jeter aux chiens pour qu'ils le mangeassent entièrement afin que sa mauvaise renommée pérît et qu'il quittât plus vite la mémoire des hommes, comme un être pervers qui désirait gagner la postérité par l'infâmie.[13]

Les craintes du narrateur sont riches d'enseignement: les supplices publics ne font-ils pas le jeu de ces Erostrates modernes qui, par la double infâmie du crime et de l'hystérie punitive, inscrivent durablement leur nom dans la mémoire des hommes? La postérité que l'on gagne si difficilement par des actes de vertu, ils se l'attachent facilement par le crime avec la complicité de la vindicte populaire! Paradoxe d'une publicité exemplaire qui voudrait à la fois graver l'interdit dans la mémoire du peuple et en bannir le criminel. On distingue ici une part décisive de la technologie politique des supplices: la mnémotechnique. Il s'agit de rendre mémorable un oubli volontaire: un paradoxe dont le texte littéraire déploie toutes les potentientalités dramatiques. Le corps du supplicié doit être à la fois *monumentum* et *damnatio memoriae*. «Souvenez-vous que cet homme-là fut banni de votre mémoire», pourrait-on dire pour paraphraser la pratique rituelle des «suppliciants».

On le voit, il reste toujours un espace de jeu dans l'interprétation de ces mises en scène et, quelles que soient les intentions de l'institution judiciaire, rien n'empêche la foule d'en investir les interstices pour s'approprier la signification du supplice. A cet égard, les analyses de Michel Foucault, obnubilées qu'elles étaient par l'expression de la puissance d'Etat, n'ont pu appréhender toute la dimension politique des supplices et problématiser correctement leur réception. Or, la douleur infligée au condamné n'est pas un absolu d'évidence: elle engage un réseau complexe de relations entre les

---

[13] Lope de Aguirre, *Cronicas (1559-1561)*, Ed. Elena Mampel Gonzalez, Barcelona, Ediciones Universidad de Barcelona, 1981, p. 269 (col. 1). Nous soulignons.

sujets et les instances institutionnelles. Il s'y loge des processus contradictoires de différenciation et d'identification que seule la mise en récit semble capable d'articuler. Une complexité que ces mêmes conteurs eussent qualifiée de tragique et qui signale clairement l'hiatus toujours possible entre la foule et le prince, ou, pour la fiction littéraire, entre la représentation, l'ordre politique du discours et le lecteur.

Conclusion

En somme, tout le travail de mise en intrigue consiste à problématiser les deux conceptions de l'altérité criminelle qui structurent le processus pénal. C'est sans doute tout le bénéfice d'une pensée tragique de la faute qui, en réintroduisant du récit et de la continuité où l'on voulait voir triompher les catégories verticales du droit et la puissance du prince, redonne la mesure de l'agir humain: un précipité singulier de volonté, de hasard et de nécessité, une solution hétérogène de différence et d'identité. Les grandes passions tragiques - la terreur et la pitié - retrouvent ici leur mouvement propre et mettent l'histoire en tension entre le «monstrueux» et le «malheureux», entre le semblable chez qui je découvre un autre capable du pire, et l'étranger en qui je retrouve les accents du semblable. Tandis que la terreur traduit la peur panique d'une rupture du pacte moral, la pitié exprime le risque d'une fusion avec l'autre criminel en qui je reconnais un autre moi-même. La représentation des passions tragiques dessine, dans la conflictualité des points de vue, les contours d'un homme faillible[14].

---

[14] Voir M. Revault d'Allonnes, *Ce que l'homme fait à l'homme. Essai sur le mal politique*, Paris, Le Seuil, 1993, p. 88 et sq.

La Finance et la fiction:
Turcaret d'Alain-René Lesage

MECHELE LEON

Cornell University

La critique de *Turcaret* d'Alain-René Lesage (1709) conçoit traditionnellement le rôle-titre du *traitant* comme le miroir des financiers réels du moment. Ecrite pendant une période marquée par «une inépuisable rancune
contre les gens de finance»[1], *Turcaret* est considéré comme «l'écho fidèle
de la haine générale du public contre les hommes d'argent»[2]. On met la
pièce au sein d'un corpus d'attaques littéraires, qui est apparu à la fin du
dix-septième et au début du dix-huitième siècles, contre les financiers. Ce
corpus dramatique est bien documenté par Stoyan Tzoneff dans son livre
de 1934: *L'Homme d'argent au théâtre français jusqu'à la Révolution
française*. Le discours contre les financiers se trouve non seulement dans la
littérature dramatique mais également dans une avalanche de pamphlets au
vitriol, datés du début du dix-huitième siècle[3], qui «vomissent à longueur
de page maltôtiers et partisans»[4] – ainsi que dans «Les biens de fortune»
dans *Les Caractères* de La Bruyère. Bref, on comprend *Turcaret* comme
l'apothéose de son genre: «La plus terrible satire qu'on ait jamais écrite
contre les gens de finance»[5].

Analyser *Turcaret* en termes de la représentation fidèle au théâtre d'un
groupe social existant est une entreprise valable, mais il nous faut aussi
considérer la question de la légitimité de cette «réalité» dont *Turcaret* est
ostensiblement le miroir. En d'autres termes, de quoi exactement la pièce
est-elle «l'écho fidèle»? Cet essai va examiner la pièce, ainsi que les circonstances autour de sa première production, à la lumière des études ré-

---

[1] Stoyan Tzoneff: *L'Homme d'argent au théâtre français jusqu'à la Révolution* (Paris: Imprimérie Louis Jean, 1934), p. 151.

[2] Eugène Lintilhac: *Lesage* (Paris: Hachette, 1893), p. 60.

[3] «La Nouvelle école publique des finances ou l'art de voler sans ailes» (Cologne,
1708); «Le Pluton maltôtier» (Cologne, 1708); «Les Partisans démasqués ou suite de
l'art de voler sans ailes» (Cologne, 1709); «Tours industriels subtils et gaillards de la
maltôte» (London, 1710).

[4] Daniel Dessert: «Le 'Laquais-Financier' au grand siècle: mythe ou realité?», dans:
Dix-Huitième Siècle 122 (1979), p. 22.

[5] Edouard Fournier, 11 août 1852.

centes sur le monde de la finance pendant l'Ancien Régime. J'espère montrer que, tandis que le personnage fictif de Turcaret reflète bien la conception populaire du financier, cette conception elle-même est une fiction. La pièce de Lesage est en fait la mise en scène de ce que cet être fictif veut cacher.

Furetière définit les *traitants* comme «les gens d'affaires qui prennent les Fermes du Roy, et se chargent du recouvrement des deniers et impositions». Les fonctions des fermiers généraux pendant l'Ancien Régime sont bien connues: l'Etat, parce qu'il était incapable administrativement de collecter lui-même les impôts, et d'assurer un flux soutenu d'argent, donnait aux traitants des baux pour sa collecte. Ils avançaient à l'Etat les impôts prévus et ils se remboursaient en encaissant auprès du peuple plus qu'ils ne donnaient au Roi. Dans le système fiscal décrit par les contemporains comme les «affaires ordinaires», ces individus étaient chargés de collecter les revenus sous forme d'impôts indirects. Bien que la collecte des impôts ne fût qu'une seule partie de leurs activités, elle était la plus visible et celle qui valait aux financiers la «haine générale du public»[6]. Parce que les financiers étaient les troupes du front d'un système de taxation accablant, ils pouvaient en incarner toutes les injustices.

Voilà comment, dans une cacophonie de parutions culturelles – le théâtre, les romans, mémoires, et pamphlets – l'image qui saute aux yeux est celle du financier: homme au physique grotesque, à l'esprit médiocre, à l'âme vicieuse; il est avare, dépourvu de conscience, corrompu, et débauché. Les financiers sont tous sortis de la «lie du peuple». Dans l'imagination populaire, ces parvenus sont des serpents ou des sangsues, une «poignée de canailles qui cause le malheur de millions d'âmes»[7]. La Bruyère les peint comme une mauvaise herbe qui s'insinue invisiblement dans la société; ils ressemblent à

> ces arbres déjà forts et avancés que l'on transplante dans les jardins, où ils surprennent les yeux de ceux qui les voient placés dans de beaux endroits où ils ne les ont point vus croître, et qui ne connaissent ni leur commencement ni leur progrès! [8]

Le pamphlet *Le Pluton maltôtier* (1708) nous offre cette description monstreuse du financier:

> Une grosse masse de chair presque ronde, un gros nez camard et épaté, des jambes extrêmement courtes, un ventre de son et des épaules

---

[6] Eugène Lintilhac, p. 60.

[7] «Nouvelle école publique ...»

[8] Jean de La Bruyère: *Les Caractères*, éd. Robert Garapon (Paris: Bordas, 1990), p. 186.

larges, une mine revêche, le sourcil froncée, les yeux égarés, les bras agités de manière à rendre les mains prêtes à faire le coup de poing...[9]

On peut multiplier à l'infini ces exemples, ils se ressemblent tous.

On distingue une concordance de tous les témoignages et leur synthèse donne une vision unanime des contemporains. A leurs yeux, qu'ils soient gens de théâtre, moralistes, mémorialistes, ou simple témoins anonymes, les financiers sont des individus peu reluisants, et similaires[10].

Le rôle-titre de Turcaret s'accorde bien à ce stéréotype du financier. Nous apprendrons que Turcaret est de basse extraction. D'abord laquais pour un marquis, il a commencé sa carrière dans les affaires comme concierge d'une porte d'une quelconque ville provinciale où il pouvait piller ceux qui voulaient entrer et sortir. Pendant des années, Turcaret n'a renoncé à aucune escroquerie jusqu'à devenir un financier redoutable. Il est absolument sans scrupules, ainsi qu'en témoignent les divers marchés louches grâce auxquels il fait et maintient sa fortune – marchés qui sont révélés dans le troisième acte quand Monsieur Rafle, l'un de ses intermédiaires, arrive pour parler à Turcaret des affaires urgentes. Nouveau riche, Turcaret fait étalage de ses biens. Il se vante de l'hôtel démesuré qu'il va faire construire. Il couvre La Baronne, la veuve dont il est amoureux, de cadeaux. Il se targue d'être astucieux et homme de génie: «hors moi et deux ou trois autres», dit Turcaret, «il n'y a parmi nous que des génies assez communs» (II, iv: 114)[11].

Au contraire de l'image exagérément positive que Turcaret a de lui-même, nous sommes, en tant que spectateurs, au courant d'un Turcaret sot, amant ridicule, d'un Turcaret bête et fruste; facilement délesté de son argent et objet de risée à son insu. Il est un homme «fait pour les coquettes» (I, iv: 102), dit Marine, la suivante de La Baronne. Sa faiblesse pour La Baronne, nous le découvrons par la sœur de Turcaret, n'est que la plus récente de ses passions déraisonnables: «C'est un vieux fou», dit Madame Jacob, «qui a toujours aimé toutes les femmes, hors la sienne. Il jette tout par les fenêtres dès qu'il est amoureux: c'est un panier percé» (IV, x: 145).

---

[9] «Le Pluton maltôtier»

[10] Daniel Dessert, p. 24.

[11] J'indiquerai, pour les citations de *Turcaret*, l'acte et la scène avant le numéro de page; celui-ci renvoie à l'édition *Théâtre du XVIIIe siècle*, t I, éd. Jacques Truchet (Paris: Gallimard, 1972).

Quand Turcaret offre à La Baronne quelques vers de sa poésie atroce[12], c'est nous, et non pas Turcaret, qui comprenons que La Baronne le flatte avec des compliments équivoques: «Je n'ai pas voulu emprunter le secours de quelque auteur comme cela se pratique», dit Turcaret. «On le voit bien», repond La Baronne, «les auteurs de profession ne pensent et ne s'expriment pas ainsi; on ne saurait les soupçonner de les avoir faits» (I, v: 100).

Turcaret se croit bien perspicace, mais quand on lui présente Frontin, le laquais que La Baronne complote de mettre à son service pour pouvoir mieux l'écorcher, Turcaret trouve son visage «un peu innocent». «Que vous vous connaissez bien en physionomies!» (II, iv: 113), remarque La Baronne ironiquement.

Turcaret veut singer la noblesse, mais ses manières roturières se manifestent partout malgré lui. Ecoutez la maladresse avec laquelle il répond à l'introduction cérémonieuse du Chevalier:

> Le Chevalier
>
> Monsieur Turcaret veut bien permettre qu'on l'embrasse, et qu'on lui témoigne la vivacité du plaisir qu'on aura tantôt à se trouver avec lui le verre à la main?
>
> M. Turcaret
>
> Le plaisir de cette vivacité-là ... Monsieur, sera ... bien réciproque: l'honneur que je reçois d'une part ... joint à ... la satisfaction que ... l'on trouve de l'autre ... avec madame, fait en vérité que ... je vous assure ... que ... je suis fort aise de cette partie-là (IV, v: 137).

Lesage a créé un personnage si facilement dupé par tout le monde qu'on a du mal à croire que Turcaret ait eu la capacité de réussir si bien dans le monde financier. Mais, en tout cas, Turcaret ne va pas rester longtemps au sommet: à la fin de la pièce il sera ruiné.

En somme, la bassesse, la sottise, l'orgueil, la grossièreté, la duplicité, et la faiblesse pour les femmes sont, chez Turcaret, toutes caractéristiques conformes à l'idée largement répandue du financier inculte, mesquin; vautour ou sangsue du peuple qui pille les autres pour sont propre gain financier. Muni de ces bénéfices odieux, il cherche à s'insinuer dans la noblesse et à satisfaire ses passions puériles. Les études récentes sur la finance pendant l'Ancien Régime révèlent, cependant, combien ce stéréotype du financier est éloigné de la réalité, et comment cette image du financier, comme n'importe quelle construction de «l'autre», n'est pas politiquement neutre.

---

[12] «Recevez ce billet, charmante Philis / Et soyez assurée que mon âme / Conservera toujours une éternelle flamme / Comme il est certain que trois et trois font six» (I, iv: 99).

Avec sa recherche sur le monde de la finance et des financiers au dix-septième siècle, Françoise Bayard fait ressortir le point crucial que les financiers étaient «loin d'être tous de la lie du peuple, de posséder tous une fortune considérable, de s'adonner tous à la luxure et d'être tous horribles et malfaisants»[13]. Ce qui émerge à travers plusieurs études récentes est l'image des financiers comme un groupe légitime et influent dans la société de leur temps; des hommes cultivés qui mènent un style de vie contribuant à l'économie culturelle. Leurs activités financières sont indispensables au système fiscal, et souvent très loin d'être limitées à celles vues par le public dans son ensemble. En ce qui concerne la naissance d'un financier, par exemple, Daniel Dessert prouve que le lieu-commun d'un laquais devenant financier était bien un mythe: parmi les financiers pendant la période 1653-1715, aucun n'est de basse extraction. La majorité était d'origine bourgeoise, anoblie par les charges vénales. Il y en avait même quelques-uns (12.5%) issus de familles nobles depuis trois générations ou plus[14]. Quant au monde de la culture, les financiers y ont exercé une influence importante. Ils ont décoré leurs maisons des meilleures peintures et sculptures, rangé sur leurs bibliothèques une vaste collection de livres qui les a mis «au premier rang dans les innovations intellectuelles»[15].

Bayard affirme que l'image pervertie du financier qu'on trouve dans la littérature n'a existé avec une telle intensité que grâce à la propagande de l'Etat, qui était «pieds et poings lié au milieu financier»[16]. Au delà du rôle que des financiers ont joué dans le système fiscal des affaires ordinaires, ils étaient au centre des affaires extraordinaires, c'est à dire de toutes sortes de combines hors des impôts réguliers par lesquels l'Etat remplissaient ses caisses. En fait, ce sont ces affaires extraordinaires – la bourse des rentes, postes, prêts, etc. – qui ont joué un rôle essentiel dans l'économie de l'Ancien Régime. C'est là que les financiers ont exercé le plus d'influence.

Enfin, on n'a pas besoin d'insister sur les liens indissolubles entre l'Etat et les financiers. Etant donné que la monarchie ne pouvait pas se passer des services des fermiers, elle mettait un frein à leur puissance en souillant leur image. La justice était l'un des mécanismes de cette campagne de diffama-

---

[13] Françoise Bayard: «L'Image littéraire du financier dans la première moitié du XVIIe siècle», dans: *Revue d'histoire moderne et contemporaine* XXXIII (janvier-mars 1986), p. 20.

[14] Daniel Dessert, p. 31.

[15] Joël Cornette: «Le 'Point d'Archimède': Le Renouveau de la recherche sur L'Etat de finances.» dans: *Revue d'histoire moderne et contemporaine* 35 (Oct-Dec 1988), 627.

[16] Françoise Bayard: *Le Monde des financiers au XVIIe siècle* (Paris: Flammarion, 1988), p. 454.

tion. On sévissait contre les financiers. Par des chasses aux sorcières judiciaires, l'Etat se distanciait du système fiscal exploiteur et chaotique qu'il
avait mis en place lui-même. La monarchie offrait au peuple une figure qui
incarnait tous les troubles du royaume. «Tous les désignent comme les responsables d'une situation de catastrophe. On les livre en pâture aux peuples
qui 'estimeroient être soulagés par la saignée de tels gens'»[17]. «Le public
aime à rire aux dépens de ceux qui le font pleurer» dit Lesage dans sa préface en justifiant le sujet de sa pièce. La littérature était une arène où l'on
pouvait facilement exploiter cette image fictive afin de jouer un drame de
la vengeance. Comme Bayard l'explique: «On fait rire en présentant des
personnages balourds, rustres, vulgaires, voleurs et débauchés qu'on dupe,
bat et écrase»[18]. Livrer au peuple une incarnation du mal était plus facile et
bien sûr plus politique que de leur offrir une compréhension juste et nuancée du système fiscal:

> On constate que les financiers sont riches; on proclame que cette for
> tune démesurée provient des vols qu'ils ont commis dans les fonctions
> qu'ils exercent puisqu'ils sont «sortis de rien»; on en déduit que de là
> naissent tous les malheurs de l'Etat ... et qu'il faut éliminer les fau
> teurs de troubles. Tout un chacun comprend cette logique. ...
> [C]omprendre les activités et les méthodes de travail exactes des fi
> nanciers, l'effet réel de leur rôle dans l'Etat et la société n'est pas à la
> portée de tous et, surtout, n'est pas politiquement utile[19].

En somme, le financier qu'on trouve dans la littérature était une distorsion,
un bouc émissaire. Il servait comme une toile à obscurcir les machinations
réelles de l'économie de l'Ancien Régime. «Ce personnage artificiel», écrit
Daniel Dessert, «joue le rôle d'une espèce de *paratonnerre social* qui canalise l'ire des populations sur un être fictif»[20]. Mais cette description juste
du rôle du financier ne dit pas tout sur ce qui se passe dans *Turcaret*. La
pièce, ainsi que les circonstances autour de sa première production, suggèrent que même un paratonnerre ne peut pas toujours canaliser la violence
électrique qu'était ce monde de la finance. A la suite de la réussite impressionnante de *Crispin, Rival de Son Maître* à la Comédie-Française en 1707,
Lesage offrait aux comédiens deux pièces d'un acte: *Les Etrennes* et *La
Tontine*. Les deux traitent de la finance et les deux ont été refusées par les
comédiens, prétextant qu'ils avaient déjà trop de pièces d'un acte en attente

---

[17] Françoise Bayard: *L'Image littéraire*, 20. (Citation de Richelieu, «Mémoires sous
le règne de Louis XIII depuis 1610 jusqu'à 1638», p. 305).

[18] Ibid.

[19] Ibid.

[20] Daniel Dessert, p. 34.

d'une mise en scène. Lesage à donc réécrit *Les Etrennes* en cinq actes et l'a présentée aux comédiens sous le titre *Turcaret ou le Financier*. Ils l'ont lue le 15 mai 1708 et ils l'ont refusée de nouveau.

Selon les frères Parfaict dans *l'Histoire du théâtre françois*, le refus de la part de la Comédie-Française de mettre cette pièce en scène était dû à une cabale des financiers, qui ont milité contre la pièce en exerçant leur influence sur les comédiens – surtout sur les actrices. A ce qu'on dit, les financiers ont offert à Lesage 100 000 livres s'il la retirait[21]. Lesage a refusé et a commencé à lire sa pièce dans les salons. Quoi qu'il se soit passé entre les financiers, Lesage, et les comédiens, cette pièce redoutable pour les financiers a vu finalement le jour grâce à l'intervention de la Cour. Le *Registre de la Comédie* documente l'ordre du 13 octobre 1708:

> Monseigneur, étant informé que les Comédiens du Roi font difficulté de jouer une pièce intitulée *Turcaret ou le Financier*, ordonne auxdits comédiens de l'apprendre et de la jouer incessamment[22].

«Incessamment» était en fait plusieurs mois. *Turcaret*, privé de son soustitre, et encadré par un dialogue de Lesage intitulé *La Critique de la comédie de Turcaret*, sortit le 14 février 1709. Après la septième représentation, la pièce a été retirée «mystérieusement». Elle ne verra plus la scène avant 1730. Les frères Parfaict affirment que la pièce n'était pas un succès. Les chercheurs du dix-neuvième siècle, pourtant, en examinant les recettes de la Comédie-Française, ont trouvé que la pièce n'a pas manqué de spectateurs. On peut donc supposer que la pièce a été supprimée par le sabotage des financiers, qui «intriguèrent dans le parterre et dans les coulisses» contre la pièce[23].

D'un côté, l'histoire racontée ici est celle d'un discours littéraire qui a si bien propagé une image négative d'un groupe, que ce groupe s'est uni contre lui et a réussi – sinon à le bloquer – du moins à raccourcir sa vie. D'un autre côté, que la Cour se soit interposée en faveur de la pièce, confirme le propos de Bayard qui prétend que l'Etat était très content de vilipender le financier quand il en avait l'occasion. Finalement, le refus des comédiens de monter la pièce suggère que les financiers ont eu une influence sur le monde de la culture. Cette lutte autour de la première production de *Turcaret* donne des indices sur le rapport complexe entre la Cour, le théâtre et

---

[21] Parfaict: *Histoire du théâtre françois depuis son origine jusqu'à présent* (Genève: Slatkine Reprint, 1967), t 3, p. 546-547.

[22] Ibid.

[23] Eugène Lintilhac, p. 73.

le monde de la finance. On trouve ainsi dans la pièce les indices de cette complexité.

Dans *La Critique sur la comédie de Turcaret*, Lesage prédit que les spectateurs seront choqués de trouver que dans cette pièce «tous les personnages [en] sont vicieux» (158). En effet, il n'y pas un seul d'entre eux qui soit honnête. Motivé par l'avidité, la convoitise, la vengeance, ou l'ambition, les personnages trichent par tous les moyens qu'ils ont à leur disposition. La Baronne veut l'amour du Chevalier et pille Turcaret de son argent afin de le gagner; Le Chevalier veut ruiner Turcaret et profite des sentiments de La Baronne pour arriver à ses fins; Frontin veut épouser Lisette et vole le butin du Chevalier pour pouvoir assurer leur avenir. La servante Marine a pris congé de La Baronne avec indignation – non pas pour éviter d'être associée au pillage débridé de Turcaret, mais pour qu'elle ne puisse pas être accusée d'avoir assisté aux escroqueries sans en avoir profité. Elle dit: «Je ne veux pas qu'on dise dans le monde que je suis infructueusement complice de la ruine d'un financier» (I, viii: 103). Même les petits rôles sont des personnages corrompus: Le Marquis poursuit une femme qu'il croit être une riche comtesse; Flamand, le laquais de Turcaret, est content de prendre une place de concierge en province, en anticipant avec joie les frais démesurés qu'il pourra extorquer aux gens, et le pot-de-vin qu'il aura. Pour la meilleure explication de cette «feeding frenzy» écoutez les paroles de Frontin:

> J'admire le train de la vie humaine! Nous plumons une coquette; la coquette mange un homme d'affaires; l'homme d'affaires en pille d'autres: cela fait un ricochet de fourberies le plus plaisant du monde (I, x: 106).

Au début de la pièce, le «nous» au sommet de cette chaîne est Le Chevalier. A la fin, le laquais Frontin et sa petite Lisette triomphent. Seuls ces deux personnages n'ont été victimes ni de la tromperie ni de la trahison. Le Chevalier est escroqué par son laquais de ses gains mal acquis; La Baronne est dupée, et par Le Chevalier et par les fausses promesses de mariage de Turcaret. Le Marquis découvre que sa riche comtesse n'est que la pauvre et rustre femme abandonnée de Turcaret; et finalement, sans l'appui de Turcaret, il semble bien que les jours de Flamand comme concierge soient comptés.

Donc, ce que nous avons ici n'est pas simplement l'histoire d'un financier qui reçoit ce qu'il mérite, mais une constellation de rapacité, un cercle de trahison, auquel nul personnage ne peut échapper. En lisant le texte de cette façon, Turcaret apparaît moins comme un vilain solitaire que comme un naïf parmi un troupeau de gens malhonnêtes, vicieux, ambitieux, et sans scrupules. Ils sont tous séduits par l'espoir de profit. Ils se voient tous comme les gagnants, mais ils sont tous destinés à perdre. Le même Frontin, qui semble victorieux à la fin de la pièce après avoir extorqué ses gains au Chevalier, et déclaré «voilà le règne de M. Turcaret fini; le mien va commencer» (V, xiv: 157), va perdre – lui aussi. La pièce implique clairement que Frontin finira comme Turcaret: ruiné par ses affaires. Dans le dialogue *Critique* qui suit la pièce, Lesage met cet aspect au point:

Asmodée

… ce qui me console, c'est que Lisette et Frontin sont bien récompensés

Don Clèofas

La belle récompense! Les bonnes dispositions de Frontin ne font-elles pas assez prévoir que son règne finira comme celui de Turcaret? (158)

Ce qui attend Frontin, c'est ce qui était la fin de Turcaret: la banqueroute et la prison.

Nous avons vu l'image populaire du financier désigné comme homme détestable et responsable de tous les malheurs de la société. Cette image était répandue dans le discours dramatique et non dramatique, et le financier dans *Turcaret* est bien conforme à ce stéréotype. En même temps, la recherche nous montre que cette image était plus une fiction qu'une réalité.

Dans *Turcaret*, Lesage exploite cette fiction avec tant d'habileté que la pièce est l'archétype d'attaques dramatiques contre le financier. Mais, tout en exploitant cette image, Lesage n'évite pas de nous donner un portrait de l'hypocrisie inhérente à cette fiction. La Baronne, Le Chevalier, Frontin, Lisette, même Marine, sont tous séduits par la promesse de profit. *Turcaret* est la mise en scène de l'avarice, de l'opportunisme, et de la dégénérescence morale qui ont étayé le système économique de l'Ancien Régime. Elle ne représente pas la corruption comme le domaine exclusif du financier, mais comme le modus operandi de toutes les différentes classes sociales – du laquais au chevalier. Si le but de la construction imaginaire du financier était d'obscurcir les mécanismes réels de la finance en créant un signifiant universel pour la corruption fiscale, la pièce de Lesage, tout en montrant ce financier fictif, révèle précisément les vérités que cette fiction veut obscurcir.

Acteur, personnage, *persona*:
modes de l'individualité et de l'altérité
dans la comédie classique

GUY SPIELMANN

Georgetown University

Sans doute n'est-il pas de domaine plus approprié à l'interrogation sur l'altérité que celui du théâtre, tant il se définit irréductiblement par le rapport entre le spectateur et son autre dédoublé que forme le couple acteur-personnage. Si en effet on peut envisager, même dans les limites étroites d'une pratique expérimentale, un théâtre sans intrigue, sans actes ni scène, sans décors, sans costumes, voire sans scène ni salle, on ne saurait en revanche que difficilement concevoir de théâtre sans personnage – personnage *incarné* par l'acteur au sens le plus littéral, et donc ontologiquement distinct de celui que représentent le cinéma, la littérature ou la peinture.

La relation *in presentia* qui s'établit ainsi entre spectacteur et personnage, mais aussi et surtout le rapport entre acteur et personnage, ont soulevé de tout temps des problèmes non seulement esthétiques, mais aussi éthiques, moraux, ou bien encore religieux, politiques ou juridiques. C'est en effet la caractéristique – et l'attrait – du théâtre (contrairement à la littérature, et même au cinéma) de s'inscrire de façon concrète au sein de la vie sociale et d'en constituer ainsi une sorte de baromètre: chaque époque, chaque société, en répondant à sa manière aux questions que pose la présence vivante de l'acteur-personnage, révèle certains traits fondamentaux de l'éthique, de l'idéologie, de l'épistémologie et de l'ontologie qui lui sont propres, ainsi que les contradictions ou les déchirements qui, presque inévitablement, les accompagnent.

Ce que nous nommons aujourd'hui la constitution du sujet au XVIIe
siècle met directement en cause la représentation dramatique: comment le
personnage, qui jusque là figurait des types ou des «caractères», c'est-à-
dire des abstractions renvoyant tout au plus à des classes d'humanité, peut-
il désormais figurer un individu bien défini et rigoureusement distinct
d'autres individus? En passant d'un jeu fondé sur l'exemplaire à un simulacre du cas particulier, l'action dramatique ne risque-t-elle pas de se con-
fondre tout à fait avec l'acte réel, entraînant ainsi toutes sortes d'épineuses
questions morales et juridiques? Dans ces conditions, qu'advient-il des
rapports entre acteur, spectacteur et personnage, et à leur délicate alchimie
d'ipséité et d'altérité?

A première vue, nos classiques semblent avoir abordé de front la question
du personnage et, au terme de quelques tatonnements, y avoir apporté dans
le dernier tiers du XVIIe siècle une solution qui n'allait plus être sérieusement remise en cause jusqu'à la grande rupture du début du XXe siècle
dont Nietzche, Craig et Jarry furent les précurseurs, et Artaud le fer de
lance. La mise en place de l'idéologie classique, en effet, cristallise «l'évolution du théâtre occidental», écrit Pavis, «marquée par un retournement
complet de cette perspective» initiale qui faisait du personnage une construction narrative et discursive, fiction matérialisée par le masque et bien
distincte du comédien qui le portait. L'esthétique du vraisemblable, qui dès
la fin du XVIIe siècle s'infléchit vers un certain réalisme, favorise d'une
part la symbiose entre personnage et acteur, et d'autre part l'identification
entre spectacteur et personnage: «le théâtre devient donc un miroir, où le
spectateur est invité à reconnaître son semblable»[1].

Ce revirement est particulièrement remarquable dans la comédie, où le
rapport spectateur-personnage, d'abord structuré par la tension entre reconnaissance et distance (ménagée par le ridicule) se modifie profondément au
tournant du siècle. Le problème se pose différemment dans la tragédie à la
fois parce que le personnage y est historiquement déterminé – héros,
prince, ou grand général dont le nom et la biographie sont tirés de l'histoire
ou de la fable – et qu'il doit, par définition, y prendre une dimension surhu-
maine qui minimise l'identification chez le spectacteur moyen (d'où certains débats sur l'efficacité de la catharsis). Cela se traduit par un distinguo
formel, manifeste chez Sainte-Albine, par exemple, entre jeu tragique et jeu
comique, non seulement dans le ton, mais dans le degré de congruence
physique entre l'acteur et le personnage[2].

---

[1] Robert Abirached: «La Crise du personnage dans le théâtre moderne» (1978), Paris, Gallimard, dans: *Tel*, 1994, p. 107.

[2] Rémond de Sainte-Albine: «Le Comédien» (1747), dans: Alain Ménil, *Diderot et
le théâtre (II): L'Acteur*, Paris, Pocket, 1995. p. 161-308.

En fait, cette opposition binaire est déjà partiellement caduque en pratique dès lors que le comique proprement dit cesse de déterminer le genre, et que s'affirme la comédie sérieuse et moralisante à la fin du XVIIᵉ siècle, chez Dufresny ou Boursault, puis «larmoyante» chez Destouches ou Nivelle de la Chaussée. Diderot ne fait que théoriser ce découpage a posteriori dans *De la poésie dramatique* (1758), où il multiplie les nuances pour arriver à une division quadripartite (Tragédie / Drame / Comédie sérieuse / Comédie gaie).[3]

Je voudrais néanmoins montrer ici que la question, loin d'être tranchée à la fin du XVIIᵉ siècle, sera de plus en plus activement débattue, non pas dans des traités, mais à travers la pratique théâtrale qui se divise alors en deux mouvances dont l'opposition diamétrale ira s'accentuant avant de disparaître presque totalement (en attendant de renaître): le jeu «classique» qui gomme les signes de la fiction chez l'acteur afin de neutraliser au mieux l'altérité du personnage par rapport au spectateur, et le jeu «masqué», qui au contraire accentue les signes d'altérité. La deuxième option appartient à la Comédie-Italienne et, en partie, aux théâtres forains; son existence et sa popularité, qui souvent éclipsera celle de sa rivale «officielle» défendue à la Comédie-Française, doivent nous pousser à lui accorder sur le plan dramaturgique un statut au moins égal que lui refusent trop souvent une histoire et une critique littéraires axées sur les vertus du texte plutôt que sur les phénomènes afférents à la représentation.

Une telle opposition ne recouvre pas simplement des choix esthétiques divergents, mais soulève une question éthique, morale, légale même: le comédien est-il encore lui-même, sous un déguisement, ou devient-il un autre? Question rien moins qu'anodine dans la perspective, toujours présente dans les esprits de l'époque, du «grand théâtre du monde» et de l'homologie entre le jeu de l'acteur et la mesure d'hypocrisie que l'on juge plus ou moins nécessaire à toute interaction sociale (qu'il s'agisse de la cultiver ou de la réprouver), le réalisme, bientôt conjugé à la sensibilité, poussant toujours plus vers la mise en parallèle de la scène et de la vie qui s'imposera dans le *Paradoxe sur le comédien* de Diderot.

En réponse à ces interrogations parfois inquiètes, la Comédie-Italienne, dans la tradition de la *commedia dell'arte*, ne se contente pas d'affubler l'acteur d'un masque et d'un costume qui signalent ostensiblement la dimention ludique et fictionnelle du personnage: elle crée une entité interlope entre le personnage et l'acteur qu'on peut nommer *persona*. Ce phénomène est bien connu dans la mesure où l'on associe généralement la Comédie-Italienne à ces «types fixes» (*tipi fissi*), dont le masque, le costume et la ca-

---

[3] Diderot: «De la poésie dramatique » (1758), dans:*Œuvres esthétiques*, éd. Paul Vernière, Paris, Garnier, 1968, p. 190-197.

ractérologie varient peu d'une pièce à l'autre: Arlequin, mis en vedette à la fin du XVIIe siècle grâce au talent de Domenico Biancolelli, Scaramouche (immortalisé par Tiberio Fiorilli), Le Docteur, Pantalone, Colombine, et *tutti quanti.*

Deux caractéristiques du type fixe, plus rarement signalées, méritent notre attention: son aspect synthétique, qui permet de l'opposer au simple «type», et le fait qu'il se substitue totalement à l'acteur dans le système dramatique. Dans l'échelle du particulier au général selon laquelle Patrice Pavis propose de classifier en fonction de leur degré de réalité les notions que recouvre le terme de «personnage», le type se place à égale distance entre l'individu et l'actant[4]; mais on ne saurait réduire une *persona* comme Arlequin à un type comme celui du «soldat» indiqué par Pavis à titre d'exemple, à la fois parce qu'il renvoie à un complexe très spécifique de traits physiques et moraux (gloutonnerie, couardise, souplesse[5]), mais aussi parce que la fonction de valet originellement dévolue à Arlequin fait place à une immense variété de rôles: Phaéton, Protée, un procureur, une lingère, empereur dans la lune, Mercure, Esope, roi de Sérendib, Thétis, Mahomet, sultane favorite...[6]

Dominique Biancolelli, par le truchement d'un masque de cuir et d'un costume distinctif, se transforme sur scène en Arlequin plutôt qu'il ne le joue; la trichotomie proposée par Robert Abirached entre «incarner», «jouer» et «interpréter» devient dans ce cas pleinement opérante[7], car dans le système dramatique de la Comédie-Italienne, c'est bien la *persona* Arlequin (et non le comédien Biancolelli) qui est réputé jouer dans chaque pièce un personnage particulier, que ce soit celui de Mercure, d'un procureur, voire même... celui d'Arlequin. Quand le texte de la pièce est édité, le patronyme du comédien au civil n'y figure jamais, la liste des «acteurs» (au sens qu'a ce terme au XVIIe siècle) faisant apparaître seulement la *persona,*

---

4 Patrice Pavis: *Dictionnaire du théâtre*, 3e éd., Paris, Dunod, 1996, article «Personnage».

5 Traits qui d'ailleurs évoluent avec le temps: à l'origine valet balourd, Arlequin gagne en intelligence et en roublardise à la fin du XVIIe siècle, alors qu'il joue de moins en moins les valets.

6 Les sept premiers exemples sont tirés des pièces jouées à la Comédie-Italienne dont les textes ont été rassemblés par Evaristo Gherardi dans *Le Théâtre Italien,* Paris, J.-B. Cusson et P. Witte, 1700, 6 vols.: *Arlequin Mercure Galant, Arlequin Grapignan, Arlequin lingère du Palais, Arlequin Protée, Arlequin empereur dans la lune* (Fatouville), *Arlequin Phaëton* (Palaprat), *Arlequin Esope* (Lenoble). Les suivants renvoient à l'anthologie de Lesage et d'Orneval, *Le Théâtre de la foire, ou l'opéra comique,* Paris, Gandoin, 1721-1737: *Arlequin roi de Sérendib, Arlequin Thétis, Arlequin Mahomet, Arlequin sultane favorite.*

7 Abirached, p. 68.

qu'il faut donc distinguer à la fois de la personne biologique et psychique propre au comédien, et du personnage en tant que construction discursive.

Prenons pour exemple la distribution de *L'Opéra de campagne* (Dufresny, 1692), reproduite ici avec l'exacte typographie d'origine[8].

JEANNOT bailli. CINTHIO
Madame PRENELLE femme de Jeannot. MEZZETIN
THERESE fille de Jeannot. COLOMBINE
OCTAVE amant de Therese
LE DOCTEUR, COLOMBINE, PASQUARIEL, acteurs de l'opera de campagne.
ARLEQUIN valet d'Octave.
PIERROT valet de Jeannot.
UN MAITRE à danser. ARLEQUIN.
UN AFFICHEUR, PASQUARIEL.

Alors que, de prime abord, le personnage semblerait se distinguer clairement de la *persona* par l'usage des grandes et des petites majuscules, il appert que les deux se confondent dans certains cas (OCTAVE et PIERROT sont joués par OCTAVE et PIERROT, sans que cela soit explicitement mentionné) et ailleurs se dédoublent. Personnage et *persona* ne sauraient donc s'identifier l'un à l'autre, ce qu'on pourrait exprimer typographiquement par la formule «ARLEQUIN joue ARLEQUIN». Même les femmes et les jeunes premiers – qui paraissent en scène à visage découvert[9] – ne jouent pas forcément sous leur propre nom: ici, par exemple, COLOMBINE prend le rôle de THERESE. N'y voyons aucune concession au réalisme, puisque dans la distribution d'une pièce fantasmagorique comme *Ulisse et Circé* on trouve une COLOMBINE définie comme «confidente de Circé» (et qu'on imagine être jouée par COLOMBINE).

La confusion – volontaire – provoquée par l'usage de la *persona* à la Comédie-Italienne jette la lumière sur une autre dimension du principe d'altérité inhérent à la représentation dramatique, mais qui tendrait à s'effacer si l'on considère le seul Théâtre-Français, où a fini par s'imposer la recherche d'une illusion faisant oublier les marques de son existence. Précisons que cette évolution ne peut se résumer à un perfectionnement, ainsi qu'on le dit souvent à propos de la «réforme» de Goldoni, ou du travail de Molière à partir des types italiens[10]: le retour au jeu masqué prôné par diverses avant-gardes du XXe siècle le montrerait assez.

---

[8] *Le Théâtre Italien*, vol. 4.

[9] Ce qui prouve que le masque n'est pas une condition absolue pour créer une *persona*, même si à l'époque on a l'habitude de parler de «masques» pour désigner les *tipi fissi*.

[10] Voir par exemple l'étude récente de Marco Baschera: *Du masque au caractère. Molière et la théâtralité*, Tübingen, Narr, coll. *Biblio 17*, 1998.

L'idéal de jeu «naturel», formulé par Molière dans *L'Impromptu de Versailles*, fournit l'essentiel de la matière des débats théoriques à venir qui culminent vers 1770 lorsque Diderot élude dans le *Paradoxe sur le comédien* le problème du jeu masqué pour n'examiner que les rapports entre spectacteur, acteur et personnage. La thèse principale du *Paradoxe* prône un jeu «froid» où l'approche de l'acteur est fortement intellectualisée, par opposition au jeu «sensible» qui privilégie l'affect: «à la figure de l'enthousiaste dont le processus créatif s'apparente à l'inspiration démonique», écrit Alain Ménil, «succède (..) la figure de l'acteur qui compose de tête, et ne crée qu'en proportion d'une attitude réfléchie»[11].

Le paradoxe, c'est que plus le comédien prend ses distances d'avec le personnage, plus son jeu pourra sembler «naturel» – en tous cas si l'on entend par là une symbiose apparente entre l'acteur et le rôle. Le spectateur avisé peut certes se rendre compte que l'acteur «sort» de son rôle à l'occasion (pour remetre à sa place un accessoire mal placé, pour reprendre l'exemple de Diderot), mais il n'en admire que plus la virtuosité de celui-ci à ne pas briser l'illusion dramatique qui, c'est le second point essentiel du *Paradoxe*, impose une nette coupure entre la salle et la scène. Du point de vue de la représentation, tout conspire à faire triompher les principes que défend Diderot: les progrès de l'éclairage (qui permettront de mieux illuminer la scène tout en assombrissant la salle, contrairemement à ce qui était possible au XVIIe siècle), l'agencement «à l'italienne» (par opposition aux jeux de paume aménagés), la suppression des sièges placés sur la scène (1759), mais aussi l'écriture dramaturgique qui confine le personnage dans le domaine de la fiction, totalement hétérogène au domaine de la réalité où se trouve le spectateur, et renforce la «coupure sémiotique, cette division spectaculaire, matérialisée au théâtre par la rampe» selon l'expression de Daniel Bougnoux[12].

Résumons la question de l'altérité, qui se pose de façon double et véritablement paradoxale: alors que le spectateur est hermétiquement isolé de ce qu'il voit sur la scène, et qu'il ne peut méprendre pour sa réalité, on lui propose un spectacle toujours plus réaliste, toujours plus parfait dans l'illusion, et donc propice à l'identification[13]: le personnage tend à devenir une

---

[11] Ménil, p. 7.

[12] Daniel Bougnoux: «Bis! ou l'action spectrale», *Cahiers de Médiologie* n°1, «La Querelle du spectacle», (avril 96), http://www.mediologie.com/numero1/art2.htm, 4 mars 1998.

[13] Ainsi que le fait remarquer Ménil (p. 317), l'absence de toute mise en cause de l'identification entre spectateur et personnage distingue la distance exigée par Diderot entre le comédien et le personnage, et la fameuse distanciation brechtienne (*Verfremdungseffekt*) qui, elle, s'applique à la relation entre le public et ce qu'il voit sur scène.

projection du spectateur à travers le prisme que constitue la rampe – le «point d'optique» dit Hugo –, l'image réfractée étant d'autant plus fidèle à l'original qu'elle en est ontologiquement séparée. Il en résulte, à tous les niveaux, une interaction minimale entre les deux plans, qui se traduira dans sa forme la plus achevée par le fameux principe du «quatrième mur», déjà esquissé par Molière (dans *L'Impromptu de Versailles*, encore) et théorisé explicitement par Diderot: «ne pensez non plus au spectateur que s'il n'existait pas. Imaginez, sur le bord du théâtre, un grand mur qui vous sépare du parterre; jouez comme si la toile ne se levait pas»[14].

L'approche des Italiens, par bien des endroits, semble tout à fait antithétique à cette dramaturgie du quatrième mur, puisque le spectateur s'y voit assez fréquemment apostrophé par les comédiens, et que de nombreux *a parte* sont très directement adressés au public. C'est notamment le cas lors du prologue, qui permet d'évoquer les affaires de la troupe, de se moquer de ses rivaux ou de s'en plaindre, de faire la réclame, s'apparentant ainsi à la *captatio benevolentiae* du théâtre antique qui, après une longue éclipse, se généralisait à nouveau dans les années 1690. Il est par excellence le lieu d'une métathéâtralité à distinguer soigneusement du «théâtre dans le théâtre» (c'est-à-dire d'une pièce qui contient la représentation d'une pièce), dans la mesure ou le discours des personnages a pour narrataire non pas d'autres personnages, mais le public lui-même, *sans pour autant que les acteurs «sortent de leur rôle»*.

Prenons par exemple le prologue de *L'Opera de campagne*, où Colombine et Arlequin se disputent à propos de la nature de l'homme et prennent le public pour juge:

ARLEQUIN

Vous prétendez donc être plus obstinée que moi, à cause que vous êtes femme?

COLOMBINE

Hé bien, je renonce à mes privilèges, et je veux bien me soumettre à la raison. *Au Parterre*. Messieurs, en attendant que nos camarades se disposent à vous donner l'opéra de campagne, je vous prie de juger d'un petit différent entre Arlequin et moi. Il ne s'agit que de la définition de l'homme. *A Arlequin*. Tu veux bien t'en rapporter à ces messieurs?

ARLEQUIN

Volontiers. Le parterre est notre juge naturel, et je n'oserais pas le récuser, quoi qu'il nous ait souvent condamné aux dépens.

---

[14] Diderot: *De la poésie dramatique*, XI, «De l'intérêt», p. 231.

Le véritable sujet de cette scène, ce sont les sifflements du public, dont la mode s'était alors répandue: «je soutiens que l'homme est un animal sifflant» pontifie Arlequin, alors que Colombine exhorte le public: «Sifflez, messieurs, sifflez, mais ne sifflez pas comme des linottes; et si vous voulez que vos sifflets soient salutaires au public et aux comédiens, gouvernez vos sifflements avec la prudence des serpents» – «et n'en ayez pas le venin», rajoute Arlequin.

La scène se termine par un pari, où chacun met sa part d'acteur en jeu: Colombine, qui soutient que le propre de l'homme est de rire, doit empêcher le public de siffler, et Arlequin, qui soutient que le propre de l'homme est de siffler, doit l'empêcher de rire:

> COLOMBINE au parterre
> Messieurs, songez que ma part est au jeu, n'allez pas vous aviser de me faire perdre. Elle s'en va.
>
> ARLEQUIN au parterre
> Messieurs, songez qu'il s'agit de deux parts pour moi, et qu'on ne gagne pas beaucoup en été.

Métathéâtralité et dédoublement *persona* /personnage se combinent ici en un jeu de miroirs ou la relation entre acteur et personnage se diffracte dans une étourdissante mise en abyme.

Dans ce prologue, en effet l'acteur ARLEQUIN est bel et bien un personnage, comme l'indiquent les majuscules, si bien que l'intégrité de l'illusion dramatique est sauve, contrairement aux apparences. Plus loin dans la pièce intervient un autre personnage nommé ARLEQUIN, valet d'Octave, putativement joué par l'acteur ARLEQUIN apparaissant dans le prologue, qui a son tour joue un rôle en se faisant passer pour un maître de danse (II, 11). Le fait que les répliques prononcées par le maître de danse soient attribuées à ARLEQUIN indiquent une distance fictionnelle perceptible à l'intérieur même de l'espace diégétique, c'est-à-dire de la «fable» de *L'Opera de campagne*[15].

Il faudra donc postuler deux systèmes, l'un pour le jeu «classique» (Fig. 1), qu'on peut visualiser en fonction de la «relation triangulaire (...) entre le personnage, l'acteur et le spectateur» fondamentale à tout le théâtre oc-

---

[15] On résumera ceci par la formule suivante, où le niveau diégétique figure entre crochets:

ARLEQUIN joue [ARLEQUIN (acteur italien) qui joue [ARLEQUIN (valet d'Octave) qui joue [Un MAITRE à danser]]]

Le prologue fournit ici un encadrement diégétique pour la pièce qui se situerait alors à un niveau métadiégétique; l'astuce consiste à donner le même titre aux deux niveaux pour provoquer une effet de paradoxe.

cidental selon Abirached[16], et l'autre pour le jeu «masqué», qui comporte un niveau dramatique et diégétique distincts, le premier étant celui de la *persona*, et le second celui du personnage, où peuvent se multiplier les emboîtements (Fig. 2). Cela explique par exemple que les répliques soient attribuées aux personnages et non aux *personae*, même lorsqu'une disjonction évidente – Mad. PRENELLE jouée par MEZZETIN – pourrait nous induire à croire que c'est la *persona* qui apparaît comme telle au niveau diégétique, alors qu'en fait elle s'efface complètement derrière le personnage, mais sans s'identifier à lui.

Contrairement à la pratique de la distribution qui nous est la plus familière, où à un état-civil correspond un personnage, le comédien – l'individu réel – est absent de ce système: dans *Ulisse et Circé*, par exemple, le fait qu'on annonce «ULISSE prince d'Itaque» sans autre précision laisse à supposer que ce rôle était joué par l'un des acteurs de la troupe (sans doute un gagiste) n'ayant pas de *persona*[17]. Il y a donc refus systématique de tout ce qui pourrait faire entrer la personnalité civile du comédien dans l'univers dramatique, et ainsi laisser planer une quelconque ambiguïté quant à la relation entre acteur et personnage.

Au delà du jeu purement dramatique sur l'illusion et l'identification, de telles mises en abyme posent indirectement les problèmes de la légitimité de la représentation et du statut moral, éthique et juridique de ce qui se passe sur scène. On s'en rend compte à la lecture des anathèmes lancés par d'Aubignac, dont les théories, si elles ne semblent pas toujours des plus pertinentes quant aux pratiques des auteurs et des acteurs ou aux goûts du public, nous rapportent au moins la teneur d'un discours représentatif de la dimension politique et idéologique du classicisme:

> Je dis donc qu'il ne faut jamais mêler ensemble ce qui concerne la représentation d'un poème avec l'action véritable de l'action représentée. On n'approuverait pas que Floridor, en représentant Cinna, s'avisât de parler de ses affaires domestiques, ni de la perte ou du gain que les comédiens auraient faits en d'autres pièces; qu'en parlant des Romains soumis à la domination d'Auguste, il mêlât les barricades de Paris avec les proscriptions du Triumvirat; qu'en récitant la harangue de Cinna aux conjurés, il adressât la parole aux Parisiens qui écoutent (...); en un mot, on ne souffrirait pas qu'il confondît (...) des actions si éloignées avec nos aventures présentes (...), car c'est pécher, non seulement contre des règles introduites par quelques considérations de bienséance, mais encore contre le sens

---

[16] Abirached, p. 8.

[17] L.A.D.S.M., *Ulisse et Circé* (1691), *Le Théâtre Italien* vol. 3.

commun[18].

Ce que d'Aubignac appelle «la vérité de l'action théâtrale» correspond au niveau diégétique, qui est pour lui un univers sémiotique clos (sans quoi le vraisemblable tel qu'on le conçoit à l'époque serait impossible). Les acteurs doivent donc incarner les personnages en faisant abstraction de tout ce qui rappelle qu'il s'agit d'une représentation, «comme s'[ils] cessaient d'être en nature, et se trouvaient transformés en ces hommes dont ils portent les noms et les intérêts», car «ce sont eux que l'on suppose agir et parler, et non pas ceux qui les représentent».

L'exemple particulier choisi pour la démonstration n'est pas innocent, puisque ces «barricades de Paris», ces «aventures présentes» font évidemment allusion à la Fronde. Or, si la tragédie vise à mettre en scène des délibérations politiques sur la légitimité du pouvoir, on imagine sans peine que la conjuration de Cinna pouvait sembler trop évocatrice des événements contemporains pour que les spectateurs ne fissent pas le rapprochement. D'Aubignac glisse subrepticement de la violation des bienséances par Floridor qui, tel un Arlequin, mettrait sur le tapis les finances de la troupe – le blâme allant alors clairement à l'acteur – à une violation des «bienséances» imputables au seul public (l'auteur semblant mystérieusement innocenté a priori).

On imagine mal d'ailleurs un acteur de l'époque intercalant dans *Cinna* des considérations sur les recettes de sa troupe, sauf dans le cadre d'une parodie burlesque: exemple bien maladroit d'un idéologue qui peine à amener sa démonstration. On imagine mieux en revanche comment les acteurs pourraient, en jouant sur le ton, donner à la conjuration de Cinna une résonnance contemporaine, et l'on imagine fort bien qu'un public puisse interpréter la pièce ainsi, justement en vertu de ce «sens commun» que d'Aubignac prétend enrôler pour soutenir la thèse inverse. Ce passage, écrit Ménil, montre «en quels termes le classicisme rencontre (et résout) le paradoxe du comédien. (...) la réflexion de d'Aubignac vise précisément à conjurer les risques d'une représentation qui serait représentative»[19].

La solution «classique» consisterait donc, dans un premier temps, à nier l'existence même du paradoxe, puisque l'acteur, sur scène, cesse d'exister pour se fondre entièrement dans le personnage incarné: il s'agit alors d'un mode *absolu* de l'altérité où le personnage devient ontologiquement autre, plutôt qu'un même déguisé du comédien. Il est intéressant de situer une telle conception sur l'échelle des rapports d'identité dans la représentation

---

[18] Abbé d'Aubignac: *La Pratique du théâtre* (1657), Livre premier, VII, «Du mélange de la représentation avec la vérité de l'action théâtrale».

[19] Ménil, p. 314.

proposée par John Emigh dans son étude du jeu masqué qui rapproche le théâtre occidental de pratiques rituelles dans les îles du Pacifique: selon lui,

> on peut différencier les modes de la représentation [*performance*] sur la base de diverses sortes de jeu qui impliquent le «moi» jusqu'au «non-moi». Je suggère comme notion opératoire (…) qu'il existe un continuum d'expérience, ou de modes de la représentation (…) qui se distinguent par leur rapport au «moi» et au «non-moi». Ce continuum prendrait son origine dans la représentation au sein de la vie quotidienne [*performance in everyday life*], se poursuivrait dans le faire-semblant [*pretending*] et l'incarnation d'un personnage [*acting in character*], pour se conclure dans l'expérience d'une possession par une entité spirituelle autre que la sienne propre (visitation) dans une situation de représentation:

représentation dans	faire-semblant	incarnation d'un	visitation
la vie quotidienne		personnage	

«moi»------|--------------------|-----------------|-------------|-------«non-moi»[20]

L'abnégation de l'acteur postulée par d'Aubignac se situe clairement du côté du «non-moi», mais sans poser le problème moderne de la distinction entre le Moi et l'Autre que les techniques modernes de jeu, à partir de Stanislavski, ont cherché à «court-circuiter»[21]; en effet, la coupure sémiotique précédemment évoquée exclut formellement l'individu de la scène ou, en d'autre mots, transforme en personnage tout individu mis en situation de représentation[22].

Cette perte totale du moi dans le personnage apparente l'altérité à une véritable aliénation que Diderot, en recommandant le contrôle de soi, cherche à éviter, alors que l'«enthousiasme» de l'acteur «sensible» le «transportait hors de lui-même», selon une formule de Garrick[23]. Ce n'est pas un hasard si Diderot semble attaché à ce terme d'*enthousiasme* qui, on le sait, désigne un «transport divin», c'est-à-dire un «délire sacré qui saisit l'interprète de la divinité» (Robert), et donc assimilable à la catégorie de la «visitation» proposée par Emigh.

Or – autre paradoxe –, le jeu classique, tout en exigeant l'aliénation

---

[20] John Emigh: *Masked Performance: The Play of Self and Other in Ritual and Theatre*, Philadelphia, University of Pennsylvania Press, 1996, p. 22. C'est moi qui traduit.

[21] Ibid., p. 25.

[22] On rejoindra par là le concept de «mise en scène de la vie quotidienne» popularisé par Erving Goffman dans *The Presentation of Self in Everyday Life* (New York, Doubleday, 1959), mais déjà présent chez les moralistes du XVIIe siècle et chez Diderot, qui explore longuement le parallèle entre représentation théâtrale et comédie sociale dans le *Paradoxe*.

[23] Cité par Emigh, p. 25.

complète de l'acteur, lui refuse le masque qui d'ordinaire accompagne le mode du non-moi. C'est le masque, dans le théâtre grec des origines, qui matérialise le personnage, l'acteur n'étant là que pour le porter (ainsi que l'indique son nom); aussi lui recouvre-t-il entièrement le visage, comme ces masques rituels (Afrique, Asie, Pacifique) prolongés par un costume qui éclipse totalement l'identité du porteur. Le masque a une fonction double, «janusienne» (Bensky[24]): «Il cache et il révèle, (…) il dépossède et il enrichit»[25]. Interface (inter-face) entre le monde de la réalité et celui de la fiction, il n'en devient pas moins, dans la logique du «jeu naturel», obstacle à l'identification, et doit donc disparaître.

Le masque de *commedia dell'arte*, qui ne couvre qu'à moitié le visage du comédien, permet à celui-ci d'opérer une synthèse entre son moi et la *persona*, «afin de créer une illusion inquiétante et/ou agréable que la dualité du masque et de l'acteur à la fois affirmé et nié»[26]. Car la *persona* peut précisément se définir comme ce qui est *à la fois* moi et non-moi, résolvant du coup la contradiction classique entre acteur et personnage, ainsi que le paradoxe posé par Diderot: non seulement la partie inférieure du visage de Domenico Biancolelli se laisse voir sous le masque d'Arlequin, mais Arlequin se laisse voir sous le costume des personnages qu'il joue dans chaque pièce, comme le montrent fréquemment les frontispices du *Théâtre-Italien*.

Tout en réduisant l'effet d'identification, le «masque» – au sens large de l'ensemble des signifiants du fictionnel chez l'acteur – aide à déconstruire la coupure sémiotique entre la scène et la salle. Il pose également, de manière contradictoire au modèle «classique», la question de l'individuation du personnage, et par là celle du statut éthique, moral et légal de la représentation. Question dont les termes évoluent considérablement du XVIIe au XVIIIe siècle avec les progrès de la notion d'individu à la fois sur les plans psychologique, politique et juridique.

L'identification du spectateur au personnage, qui deviendra plus tard une condition obligée de la «bonne» pièce de théâtre, n'est en effet guère possible à l'aube de l'Age Classique: la tragédie, la tragi-comédie et la pastorale l'interdisent dans leurs principes mêmes; quant à la comédie, on peut citer cette remarque quelque peu tautologique de Serge Doubrovsky:

> Si l'on donne au terme «réalisme» l'acception qu'il a prise au XIXe siècle, les comédies de Corneille ne sauraient être rangées sous cette rubrique. La description des êtres et des choses, loin de porter l'es-

[24] Roger Bensky: *Le Masque foudroyé*, Paris, Nizet, 1997.

[25] Michèle Clavilier et Danielle Duchefdelaville: *Commedia dell'arte. Le Jeu masqué*, Grenoble, Presses Universitaires, coll. «Theatrum mundi», 1994, p. 68.

[26] Emigh, p. 28.

tampille de l'individuel et du concret, aboutit à créer un espace imaginaire, peuplé d'ombres interchangeables [...] On peut mettre au défi qui lirait d'affilée ces six pièces de pouvoir reconnaitre les Lysandre des Alcidons, les Chrysantes des Gérastes, de pouvoir dire à quelle pièce appartiennent les Doris et les Philis [...]. Jusqu'à l'avènement d'Alidor, dans *La Place royale*, aucun personnage qui soit une personne[27].

Le personnage n'étant par définition jamais une personne, il peut toutefois en offrir l'illusion de façon plus ou moins convaincante; *mais encore faut-il que le spectateur lui-même dispose d'une individualité qui puisse se refléter sur la scène*, ce qui n'est pas vraiment le cas à l'époque des comédies de Corneille.

C'est en effet le *cogito* cartésien qui inaugure et rend possible le développement de la personnalité psychologique moderne, condition essentielle de l'émergence d'une individuation sociale puis juridique, selon un ordre qui ne peut être bouleversé. En droit surtout, la notion de personne ne se superpose pas à celle d'individu: aussi parle-t-on aujourd'hui encore de «personne morale» (qui s'oppose à la personne physique) en référence à un groupe titulaire d'un patrimoine ou doté d'une certaine capacité juridique. De surcroît, le concept de personnalité psychologique implique non seulement l'individuation biologique, mais surtout la *conscience de soi* comme sujet unique et permanent qu'un Leibnitz réinvente à partir de la notion aristotélicienne d'entéléchie (*Monadologie*, 1714). C'est alors que peut se poser le problème juridique des droits de l'individu dont on sait la fortune au XVIIIe siècle, mais déjà bien amorcé dès les *Deux Traités du gouvernement civil* de Locke (1690).

Or, le problème du statut de l'acteur, corollaire inévitable du problème juridique de l'individu, est notablement absent des premières réflexions théoriques classiques sur le théâtre qui, ainsi que le soulignait Alain Mesnil, tranchent sommairement en excluant en principe du débat la personne physique et sociale. Il est vrai que la plupart de ces manifestes s'apparentent avant tout au genre de l'art poétique, c'est-à-dire au point de vue de l'auteur, et s'intéressent au texte beaucoup plus qu'à la représentation; mais c'est en vain qu'on cherchera, même chez un Molière, une mise au point théorique poussée sur la relation acteur-personnage avant le milieu du XVIIIe siècle et *Le Comédien* de Rémond de Sainte-Albine (1747) ou *L'Art du Comédien* de F. Riccoboni (1750). Si l'on se préoccupe de savoir comment le personnage d'une part ou le jeu de l'acteur d'autre part pourront être vraisemblables ou bienséants, c'est souvent en faisant abstraction du

---

[27] Serge Doubrovsky: *Corneille et la dialectique du héros*, Paris, Gallimard, 1963, p. 35.

rapport entre l'un et l'autre; comme s'en offusque l'abbé d'Aubignac, on aurait trouvé du dernier inconvenant – du moins sur les scènes «réglées» – que le comédien apportât sur les planches une personnalité qui détonnait par rapport à la fable. En réalité, il est difficilement concevable que le personnage ait pu représenter tout à fait clairement cet individu non encore conceptualisé.

A l'époque du *Paradoxe*, en revanche, la question de l'individu psychologique se place au centre de l'interrogation sur la validité de l'expérience théâtrale dans son rapport analogique avec la vie sociale. L'acteur ne pouvant plus se fondre dans le personnage, il faut à présent envisager les rapports possibles entre ces deux entités, amalgame dans le jeu d'enthousiasme ou «de diaphragme», ou dissociation dans le jeu «froid» ou «de tête». Dans l'un ou l'autre cas, répétons-le, le principe d'identification est tenu pour acquis, même si, du point de vue du spectateur, deux attitudes restent possibles, adhésion totale ou regard analytique.

Cette reconnaissance de la personne physique de l'acteur crée une situation juridique inédite, puisqu'on admet qu'il existe sur scène un individu en action (et non plus un personnage dont la substance est purement discursive), c'est-à-dire responsable de ses actes, ce qui rend possible la confusion entre le réel contemporain et la fable dramatique formellement exclue par d'Aubignac – confusion savamment entretenue à l'âge baroque, qui faisait ses délices du changement à vue de l'acteur Genest en véritable martyr après que celui-ci eut déclaré qu'«Il s'agit d'imiter, et non de devenir»[28]. On relance ainsi un débat aussi vieux que le théâtre lui-même: puisque jouer c'est feindre, donc mentir, l'acteur qui en fait métier est infâme et la représentation doit être mise en quarantaine légale; c'est pourquoi les acteurs furent longtemps privés de tous droits civiques, puis excommuniés.

Si l'interdit religieux (et le stigmate social) perdurent encore au XVIIe siècle, mais non plus la privation des droits, c'est justement qu'on considère l'acteur en scène comme manifestation du personnage, c'est-à-dire comme être de fiction, et non pas personne physique, ni donc juridique, ce qui autorise certains simulacres sans conséquence (le contrat de mariage étant de loin le plus fréquent dans la comédie). Cette relative impunité permet d'utiliser le théâtre comme banc d'essai des formes de l'individualité encore mal dégrossies, mais qui souvent s'inscrivent dans le mouvement de critique du pouvoir monarchique et patriarcal à l'ordre du jour: Christian Biet a exploré à propos des «personnages en défaut de loi commune» (les cadets et les veuves en particulier[29]) les rapports d'influence

---

[28] Rotrou: *Le Véritable Saint Genest*, II, 2.

[29] Christian Biet: «Le Cadet, point de départ des destins romanesques et révélateur des mutations familiales», dans: *Les Cadets*, Paris, Presses du CNRS, 1990, et «De la

mutuelle entre droit et littérature vers la constitution de l'individu social et juridique; j'ai moi-même étudié, à travers le personnage de la veuve, comment la comédie sert à juger si la femme peut assumer la capacité juridique dont elle est normalement dépourvue[30].

Si les rapports sociaux ne sont finalement qu'une comédie, la comédie est-elle vraiment hétérogène au réel? Dans une dynamique complémentaire, les factums s'efforcent de théâtraliser la procédure légale, comme le montre fort bien Maryvonne Génaux-Vonach (dans ce volume), alors que la comédie fin-de-règne se passionne pour ces fictions juridiques qu'elle met en scène comme autant d'études de cas, parfois dissimulées dans des intrigues en apparence banales: Que se passe-t-il lorsqu'un roturier assume le rôle d'un noble, et vice-versa? (*Crispin rival de son maître* de Lesage, 1707) Une femme mal mariée a-t-elle le droit de se faire «démarier»? (*Le Divorce* de Regnard, 1688) Un enfant en danger d'être mal marié peut-il exercer à l'encontre de ses parents un droit de légitime désobéissance? (*La Désolation des joueuses* de Dancourt, 1687) Une personne dont l'époux a disparu peut-elle se remarier? (*Le Mari retrouvé* de Dancourt, 1698) Un contrat signé sous le coup d'une fourberie est-il valide? (*La Noce interrompue* de Dufresny, 1699)

L'aspect indéniablement expérimental de ces fictions n'était possible qu'au prix d'une coupure ontologique, sans laquelle les autorités se seraient émues de voir ainsi mis en cause l'ordre établi. Une telle coupure a d'abord pour contrepartie la distance et, d'une certaine manière, l'impossibilité de mettre sur la scène un véritable individu qui puisse renvoyer au spectateur l'image exacte de lui-même; c'est pourquoi Rousseau, dans sa critique du théâtre, lui reproche des personnages où nul ne peut vraiment se reconnaître. On voit néanmoins que le système dramatique «classique» s'oriente inévitablement – et en dépit des théories – vers une problématisation de l'individu.

Revenons pour conclure au jeu masqué, qui apparemment prend un chemin inverse en niant l'individu par le type fixe. Si en effet l'identification entre spectateur et personnage y reste très faible, le masque permet en revanche une autre problématique, non moins productive, qui est celle de la réflexivité. La personnalité, je l'ai dit, implique une conscience de soi proscrite du jeu classique, mais encouragée par la métathéâtralité consubstantielle au jeu masqué, puisque la *persona*, à la fois distincte de l'acteur et indépendante du niveau diégétique, peut jouer de son rapport au person-

---

veuve joyeuse à l'individu autonome», dans: *Dix-Septième siècle* Avril-Juin 1995, vol. 2, p. 307-330.

[30] Guy Spielmann: «Viduité et pouvoir dans le discours comique, 1683-1715», dans: *Dix-Septième siècle* Avril-Juin 1995, vol. 2, p. 331-344.

nage et au public. Ces deux formes sont finalement moins contradictoires que complémentaires, puisque l'une permet au spectateur d'éprouver une individualité en cours de formation, et l'autre le fait bénéficier d'une mise en abyme critique qui compense l'exigence d'illusion inhérente à la première; c'est pourquoi il me paraît important de les mettre en regard au sein d'un classicisme élargi et dialogique qui puisse véritablement s'assimiler à la première modernité.

Le procès de la corruption:
l'image des juges dans les factums du Grand Siècle.

MARYVONNE GÉNAUX-VONACH

Université de Strasbourg

Cette communication repose sur le dépouillement d'affaires de malversations judiciaires de l'époque du règne de Louis XIV, repérées parmi les factums de la Bibliothèque Nationale. Il s'agit donc d'une étroite sélection de ces documents réunis à partir des indications sommaires des catalogues et du dépouillement systématique de la collection Morel de Thoisy[1].

Qu'entend-on par «factum» sous l'Ancien Régime[2]? Il n'y a point, à dire vrai, de définition aisée de l'objet car les articles succincts qu'offrent les dictionnaires de langue et les répertoires de droit ne correspondent guère à la variété des fonds de la Bibliothèque Nationale. A la brièveté d'un Furetière, pourtant spécialiste de la question, qui nous apprend qu'un «factum» est un «mémoire imprimé qu'on donne aux juges, qui contient le fait du procès raconté sommairement, où on adjouste quelquefois les moyens de droit»,[3] s'oppose en effet la masse d'arrêts, de requêtes, de suppliques, de remontrances, d'extraits publiés de correspondances ou de témoignages qui se mêlent à des pièces plus proches de la définition de Furetière mais dont les développements combinent à leur tour plusieurs de ces genres judiciaires.

Les factums sont par conséquent fort hybrides et ce trait découle en partie de la nature du procès d'Ancien Régime. Inquisitoire depuis le XIIe siècle en France, la procédure au pénal, réglée ensuite par l'ordonnance de

---

[1] Les classements de A. Corda: *Catalogue des factums et d'autres documents judiciaires antérieurs à 1790*, Paris, 1890-1905, 7 vol. et de M. Prévost, Inventaire sommaire des pièces manuscrites contenues dans la collection Morel de Thoisy au département des imprimés de la Bibliothèque Nationale, Paris, 1924, permettent de trouver la plupart des affaires. Les factums du fonds Morel de Thoisy sont signalés dans les notes par des cotes débutant par «Thoisy». Je souhaiterais remercier Jean-Claude Waquet et Olivier Cayla dont la lecture critique et les conseils ont été déterminants dans l'élaboration de cet article que je voudrais dédier à Patrick Génaux.

[2] Sur la question des factums, que l'on appelle également «mémoires judiciaires» à partir du XVIIIe siècle, cf. principalement S. Maza: *Private Lives and Public Affairs: The Causes Célèbres of Prerevolutionary France*, Berkeley, London, 1993.

[3] A. Furetière: *Dictionnaire universel contenant généralement tous les mots françois tant vieux que modernes et les termes des sciences et arts*, Rotterdam, Leers, 1690, s. v. factum.

Blois puis celle de Villers-Cotterêts, est menée par un juge unique et se déroule à huis clos où l'accusé «se défend par sa bouche». Autrement dit, nul avocat n'est autorisé à plaider à l'audience: toute la défense se concentre au moment du jugement où l'homme de loi est enfin autorisé à déposer, sous forme de feuillets imprimés, les éléments qu'il juge utiles à sa cause. Les factums relèvent souvent plus du mémoire que du plaidoyer à proprement parler.

Les pièces retenues pour analyser l'image des juges dans les affaires de déviance judiciaire répondent cependant à quelques critères communs. Elles se présentent toutes comme des résumés imprimés, sous forme de plaidoyers, des faits et parfois des moyens de leur cause contentieuse portée en appel. Elles ont été données à l'audience au moment de la délibération et distribuées, à frais d'auteur, dans les cercles concernés par le procès.

Il faut ici s'arrêter sur le contexte judiciaire très particulier dans lequel intervient la production de ces factums ayant trait à la déviance judiciaire. En effet, jugées au pénal, les affaires traitées mettent en cause des juges accusés de concussion, de corruption, d'exaction ou d'abus, en un mot des officiers qui ont trahi le devoir de leur charge et qui sont jugés sur ce point par leurs pairs. Au cœur du problème se trouve donc la justice, élément essentiel et de la société d'Ancien Régime et de la vision même que nos ancêtres s'en faisaient. La justice est, en effet pour eux, non seulement une vertu cardinale mais elle se comprend aussi comme justice commutative assurant la concorde et justice distributive chargée de répartir les honneurs et dès lors de façonner la hiérarchie des dignités. Ces cas de malversations touchent par conséquent à certains des mécanismes vitaux de l'époque moderne.

A cette situation cruciale s'ajoute le fait que le plaideur s'adresse à un juge afin d'obtenir la condamnation d'un autre juge qui a failli par sa corruption. D'où la difficulté logique d'un début de régression à l'infini: «qui est le juge du juge?»[4] Comment un juge pourrait-il arrêter le soupçon qui pèse sur l'un de ses pairs puisque ce soupçon peut désormais aussi bien porter sur lui? D'où l'hypothèse de la nécessité pour les avocats de mettre

---

[4] On pourrait se demander si cette question se manifeste aussi dans la difficulté que peut avoir le juge pour critiquer le tribunal inférieur. Cette complication est envisageable dans le cas où l'on passe d'une justice seigneuriale à un tribunal royal et, si l'on suit Malesherbes, au XVIIIe siècle lorsqu'il présidait la Cour des Aides, elle l'est aussi pour une affaire instruite dans le seul cadre de la justice royale. Il écrit en effet, au sujet des factums, dans sa remontrance du 6 Mai 1775: «celui qui se pourvoit en Cour souveraine a le droit de faire imprimer ses mémoires et de les faire publier; et quand il est appellant de la sentence d'un tribunal inférieur, le mémoire imprimé est nécessairement la critique d'un jugement de ce tribunal», cité par J.-B. Denisart: *Collection des décisions nouvelles et de notions relatives à la jurisprudence*, Paris, 1757, (réimp de 1754-6), *s.v.* avocat, VII, 14.

en œuvre une stratégie argumentative de nature à contraindre le juge à reconnaître la culpabilité d'un autre magistrat.

Tout un système complexe d'altérités, qui se définissent par rapport au juge chargé de l'affaire et destinataire du factum, est alors mis en place. Ces altérités s'organisent en deux pôles: d'une part celui qui confronte le juge adressataire au magistrat déviant; d'autre part celui du sens commun visiblement destiné à guider son jugement. Aussi, par leur examen successif, pourra-t-on s'interroger précisément sur les fonctions argumentatives de ces altérités qui tendent à mettre les juges coupables en représentation, moins devant leurs pairs, que devant un public dont la configuration rappelle souvent, mais pas seulement, celle du public de théâtre.

*
* *

D'emblée, à la lecture du factum, le juge destinataire rencontre la figure du magistrat déviant toujours envisagée selon deux versions symétriquement opposées. Il s'agit de deux modèles généraux, deux archétypes des officiers de justice censés être reconnaissables par tous. A y regarder de plus près, on se rend compte qu'ils sont bâtis en des termes et selon une logique qui appartiennent avant tout au monde du Palais.

Au sein du jeu des identifications, l'image du mauvais juge l'emporte en fréquence sur celle du magistrat parfait. Jamais cependant, ces deux modèles ne sont présentés séparément: tôt ou tard l'un répond à l'autre. Car ils s'opposent point par point: aux crimes du premier correspondent l'éclat et la vertu du second; face au déshonneur, au démérite du mauvais juge se dressent l'honneur, le mérite et la dignité de magistrat idéal. Que disent les factums? Que ces deux images ne peuvent se comprendre l'une sans l'autre: le juge corrompu trouve son pendant, sa norme et sa mesure dans la figure de l'officier idéal.

Ces images fonctionnent selon un schéma similaire. Jamais ces représentations du magistrat ne s'élaborent indépendamment d'un portrait de la personne privée de l'officier dont les qualités humaines sont toujours considérées. Prenons le cas d'un mauvais juge, François Mestivier, lieutenant criminel de la prévôté du Mans en 1665. L'illégalité de son comportement éclate rapidement puisque tout un vocabulaire pénal courant, que l'on rencontre dans la totalité des dictionnaires de langue de l'époque[5], dénonce la nature criminelle de ses pratiques: «Le défendeur a esté accusé, et il se peut dire qu'il est convaincu d'exaction, de concussion, de fausseté,

---

[5] Cette enquête a fait l'objet d'un article à paraître dans la *Revue d'Histoire Moderne et Contemporaine*.

d'avoir procuré l'impunité des coupables pour de l'argent, d'attentat et de violence sur l'honneur des femmes et des filles qui sont venues dans sa maison, soit pour luy demander justice, soit pour rendre témoignage»[6].

Mais l'accusation ne s'arrête pas à ces délits; s'ajoute ensuite toute une série de marques négatives qui non seulement renforcent le caractère néfaste et dépravé de cette criminalité mais encore nous fait comprendre que la déviance publique est l'effet des passions et qu'elle est l'une des manifestations de la corruption générale inhérente au genre humain depuis la Chute. Ainsi de l'action de François Mestivier on nous dit qu'«elle enferme tout ce que peut faire le plus mauvais et le plus ignorant Juge dans la fureur et l'aveuglement de la vengeance.»[7] Et tous les mémoires judiciaires usent d'un engrenage descriptif de ce genre. L'intérêt «particulier», auquel les moralistes du Grand Siècle s'intéressent pourtant, n'apparaît guère comme le moteur de la déviance: Antoine Furetière, poursuivi dans les années 1656-7 pour l'affaire du bailliage de Saint-Germain-des-Près, est l'un des rares à faire concession aux théories du moment.[8]

Ce qui l'emporte relève apparemment de la sensibilité augustinienne, voire janséniste dont on sait, par ailleurs, qu'elle caractérise grandement la vie intellectuelle des gens de robe[9]. Saint Augustin a précisément fait du tribunal le lieu du péché humain[10]. L'étude des occurrences du mot

---

[6] Thoisy 176, *fol.* 56-56v°.

[7] Thoisy 176, *fol.* 58v°.

[8] Poursuivi dans les années 1657-8 pour concussion et démis de la charge de bailli de Saint-Germain-des-Près au profit de Melchior du Fresse, sieur de Beausoleil, Furetière se défend de la sorte: «un autre de ces temoins a déposé que le défendeur avoit apliqué à son profit particulier trois escus dans la cassette d'un Allemand lors de la levée d'un scellé, qui avoit esté apposé», dans Thoisy 176, *fol.* 133v°. Pour cette affaire Furetière, cf. J. Nagle, «Furetière entre la magistrature et les bénéfices. Autour du Livre Second du Roman bourgeois», XVIIᵉ siècle, 1980, 32, p. 293-305.

[9] Cf. notamment W. J. Bouwsma «Gallicanism and the Nature of Christendom», dans: *Renaissance Studies in Honour of Hans Baron*, éd. A. Molho et J. A. Tedeschi, Florence, 1971, p. 809-830; M. Fumaroli: *L'âge de l'éloquence. Rhétorique et «res literaria» de la Renaissance au seuil de l'époque classique*, Genève, 1980, p. 623 sq; L. Goldman: *Le Dieu caché. Etudes sur la vision tragique dans les Pensées de Pascal et dans le théâtre de Racine*, Paris, 1959, p. 115-156 ainsi que C. Maire: *De la cause de Dieu à la cause de la Nation. Le jansénisme au XVIIIᵉ siècle*, 1998, p. 369 sq.

[10] «Au milieu de ces ténèbres de la vie sociale, un juge qui est sage va-t-il monter ou non sur le tribunal? Il y montera sans doute, c'est un devoir que lui impose, auquel l'entraîne la société humaine qu'il croit ne pouvoir abandonner sans crime; car ce n'est pas un crime à ses yeux que des témoins innocents soient pour le fait d'autrui livrés à la torture; que des accusés vaincus par la violence de la douleur soient punis innocents après avoir été torturés innocents... Ces maux sans nombre, ces maux inouïs, le juge qui les cause ne se croit pas coupable; car on ne saurait les imputer à la malice de sa volonté, mais à la fatalité de son ignorance, et puis au besoin impérieux de la société civile

«corruption» est, sur ce point, révélatrice car si le mot ne renvoie guère à un comportement criminel précis, il évoque régulièrement cette altération générale des mœurs de l'homme[11].

L'exemple de François Mestivier montre cependant que l'influence de la culture juridique va plus loin. Ce juge est un homme atteint de compulsion criminelle. Son «abandonnement» est «si opiniastré» et sa «recheute» est «si continuée qu'elle n'a peut-être jamais eu un moment d'intervale». Outre ses concussions, il est accusé «de vol et de larcin, non seulement des meubles qu'il a fait dans les maisons de différentes personnes contre lesquelles il a décrété, mais encor d'une vache à un marchand un jour de foire, et de linge à des lavandières; il est même tombé dans cet abandonnement plein d'ignominie, et qui effraye l'imagination, d'avoir partagé avec l'exécuteur de la haute justice le salaire des exécutions qu'il a faites en conséquence des sentences qu'il a rendues.» Ce juge en vient à voler les voleurs[12] après avoir violé les femmes des prévenus ce qui est, nous précise le factum, «le crime le plus sordide et le plus infâme dont se puisse rendre coupable, non pas un premier iuge, mais la plus vile personne de la terre.» Dans l'esprit du droit d'Ancien Régime, le raisonnement du factum Mestivier est parfait. Tout officier du roi, nous dit le droit, l'est par mérite personnel; un homme dévoyé, sans plus une seule qualité estimable, doit perdre sa charge honorifique. Et un même raisonnement se retrouve, cette fois inversé, dans le cas du juge parfait puisque sa définition est inséparable de la notion d'honneur, elle-même indexée sur le comportement privé, sur la vertu de l'individu[13]. Ainsi dans l'affaire Grimaudet, plaidée en 1664 devant le Conseil, peut-on lire: «en matière de dignitez et d'offices, il n'est

---

qui le lie à son tribunal. C'est donc ici misère de l'homme, et non malignité du juge», dans *La cité de Dieu*, éd. L. Moreau, Paris, *s.d.* XIX, 6, p. 212-3.

[11] On trouve par exemple dans une affaire de la fin des années 1680 à Bar-le-Duc, l'expression «corruption des mœurs», Thoisy 176, *fol.* 153v°. En 1699, un avocat qui défend la mémoire d'un gentilhomme injustement accusé par des juges iniques parle aussi de «la corruption où est le siècle», affaire Ferrières de Goubert, 4° Fm 34 408, p. 14.

[12] Thoisy 176, *fol.* 57v° et 58. «Il a de même retenu trente livres, qui estoit le reste de l'argent que Yve Tenasy avoit volé à Pierre Pelot et dont il fut trouvé saisi lors qu'il fut constitué prisonnier.» Toutes les autres citations concernant François Mestivier sont tirées de la cote Thoisy 176, *fol.* 56-58v°.

[13] Charles Loyseau distingue ainsi entre «l'honneur interne» et «l'honneur externe» rendus à un magistrat. Cette distinction est signalée par Arlette Jouanna dans «Recherches sur la notion d'honneur au XVIe siècle», *Revue d'histoire moderne et contemporaine*, 1968, p. 617. Les développements qui suivent sur l'honneur reposent en grande partie sur cet article ainsi que sur les pages qu'elle a consacrées aux «gens d'honneur» dans *l'Histoire des élites en France du XVIe au XXe siècles. L'honneur, le mérite, l'argent,* Paris, 1991, p. 17-144.

pas juste qu'il reste aucun vestige de la plus petite cicatrice qui en puisse flétrir l'honneur» et plus loin, «quel estat peut-on faire, dans un procez aussi important que celui-cy, où il s'agit de l'honneur et de la fortune d'un premier officier... de toutes ces dépositions vagues?» [14]. Les altérités recyclent donc la définition commune en droit public de la charge d'officier.

D'autres indices dénotent encore des traits propres à la culture juridique. Ce ne sont pas des exemples littéraires que l'on associe à ces juges mais des modèles familiers au monde judiciaire. Pour le mauvais juge, les factums oscillent ainsi entre l'allusion à Cambyse et celle plus générale au tyran.

Le premier exemple se rencontre dans l'affaire Ferrières, «le public demande donc à la cour qu'elle renouvelle contre ces juges le jugement de Cambyse: si ce mauvais Prince fit cette seule bonne action, que ne doit-on pas espérer de la justice du Roy bon, si juste et si religieux» ou encore dans l'affaire Perrin: «L'on rapporte que Cambises roy... pour rendre ce chastiment plus exemplaire à la postérité qu'il fit attacher la peau de ce mauvais iuge sur le siège, où se rendoit la justice, et voulust que son fils en occupast la place»[15]. Ces citations renvoient au jugement, rapporté par Hérodote et Valère-Maxime, qui met en scène la justice retournée contre le juge parjure et qui est repris par bien des tableaux de tribunaux[16].

Le mot «tyran» apparaît, quant à lui, régulièrement dans ces factums et quand il n'est pas là, le comportement exagérément déréglé de ces juges ramène à la figure du tyran entièrement gouverné par ses passions et dépassant les lois positives et divines. Or si le modèle du tyran est un lieu commun de la culture politique, il l'est aussi d'une tradition plus strictement juridique depuis le *De tyranno* de Bartole[17]. On peut ainsi citer l'affaire Theis où tout le développement s'articule selon une gradation qui démonte le mécanisme de la tyrannie politique. Ce juge «fait rendre la justice à son gré», il administre la seigneurie au mépris des lois et de la justice. Son âme est tout aussi déréglée: il ne va plus à l'église, il méprise les traditions de la

---

[14] Thoisy 176, *fol*. 110, *fol*. 111 et *fol*. 116.

[15] Pour l'affaire Ferrières cf. 4º Fm 34 408, p. 6. Pour l'affaire Perrin, cf. Thoisy 176, *fol*. 181.

[16] Valère Maxime: *Faits et dits Mémorables*, éd. R. Combès, Paris, 1997, livre VI, ch. 3, 12 («Voici Cambyse... Ce roi, qui était un barbare, utilisait cette façon horrible et originale de punir un juge, pour empêcher que par la suite un juge pût se laisser corrompre») reprend Hérodote: *Histoire*, éd. P. Legrand, Paris, 1968, livre V, ch. 25. Plus généralement sur ces points cf. R. Jacob: *Images de la Justice. Essai sur l'iconographie judiciaire du Moyen Age à l'âge classique*, Paris, 1994.

[17] Sur Bartole, cf. *Politica e diritto nel Trecento italiano. Il «de Tyranno» di Bartolo de Sassoferrato (1314-1357)*, éd. D. Quaglioni, Florence, 1977, p. 155.

Saint Jean et maltraite son entourage domestique. Il empiète, nous dit le factum, sur «la liberté» et le mémoire s'achève ainsi: «la mauvaise vie dudit de Theis est tellement reconnue dans tout le pays, que si elle vouloit bien comme dans les grands jours, recevoir les plaintes publiques contre ledit Theis, elle connoistroit qu'un simple bourgeois de Noyon, pour estre receveur de Vic-sur-Aisne, est un tirand publique (sic), craint et redouté dans tout le pays, non point tant pour ses armes que par les chicanes et les vexations qu'il fait par des procédures toutes extraordinaires»[18].

Quant au bon juge, la parfaite incarnation peut en être Caton: «il n'y eust iamais personne qui ait soustenu la magistrature avecque plus de vertu que Caton le Censeur dans la république Romaine»[19]. Mais le juge parfait est plus sûrement encore le plus haut magistrat du royaume, à savoir le chancelier à la fois grand dignitaire et agent du roi, «premier homme du monde» et «magistrat universel» lit-on dans l'affaire d'Argences[20].

Ces propos semblent donc aller bien au-delà de ce que véhiculent alors la littérature et les dictionnaires du temps, ce «jugement convenu de la justice injuste» repéré par Christian Biet dans les sources littéraires. Ce sont essentiellement des notions et des raisonnements juridiques qui sont au travail dans la définition du modèle du magistrat. Ces altérités paraissent dès lors s'adresser en priorité au juge chargé de l'affaire, tout en restant sans doute reconnaissable par une majorité de lecteurs.

*

*   *

Les mots «cour», «tribunal», «juges», «magistrat», «procès» dans le sens qui nous intéresse ici, apparaissent le plus souvent seuls et peu de mots viennent les qualifier. La phrase suivante, «la cour qui tient l'autho-

---

[18] Thoisy 176, *fol.* 36-39v°.

[19] Il s'agit de l'affaire Cousin, Thoisy 176, *fol.* 223v°.

[20] Cf. Thoisy 176, *fol.* 195. Sans être exhaustif, on peut citer depuis le juge Bridoys et ses officiers de justice «sugsants bien fort et continuellement les bourses des parties» chez Rabelais, *Tiers livre*, XLII, dans *Œuvres complèts*, éd. P. Jourda, Paris, 1991, p. 578, toute une série d'images négatives de la justice. La justice mange l'huître nous disent Nicolas Boileau-Despéraux dans son épitre à l'abbée des Roches dans *Œuvres Complèts*, éd. C.-H. Boudhors, Paris, 1939, vol 22, p. 16-17 et La Fontaine, *Fable IX*, livre 9: «Perrin fort gravement ouvre l'huître et la gruge... Vous verrez que Perrin tire l'argent à lui, et ne laisse aux plaideurs que le sac et les quilles» dans *Fables*, éd. A. Adam, Paris, 1966, p. 250-1. Molière, enfin, dans le *Misanthrope*, acte IV, scène 4, tourne Alceste en ridicule parce qu'il refuse de solliciter ses juges, dans *Théâtre Complet*, éd P. Malandain, Paris, 1997, vol 3, p. 217-220 et dans les *Fombenés de Scapin*, acte II, scène 5, critique par la voix du personnage principal les abus du monde judiciaire, dans *Œuvres complèts*, éd. G. Mongrédien, Paris 1965, p. 245.

rité, non pas d'un roy de Perse, ny d'un roy payen, mais d'un roy très-chrestien, tout brillant de justice, ne sçait que c'est d'user de clémence à l'endroit des meschans iuges et les chastie exemplairement quand elle a la connoissance de leurs crimes», est une exception[21]. Rarement, dans ces affaires, un avocat s'aventure à rappeler au parlement son rôle ou à en dresser un portrait flatteur.

Une construction tout aussi lâche entoure le procès dans le procès. Dans la plupart des factums la condamnation du tribunal inférieur n'est pas explicite: elle semble aller de soi. Les cas où elle est plus élaborée correspondent logiquement à des affaires où le tribunal vilipendé est précisément la partie adverse du plaideur. La Veuve Turquantin se plaint en ces termes du juge de police de sa ville: «mais la cour a déjà donné du soulagement à ses chagrains, l'ayant tirée des mains d'un juge qui avoit juré sa perte, pour la mettre dans un tribunal dont les magistrats ont fait connoître leur intégrité dans l'Etat, et qui seront les protecteurs de son innocence»[22]. Le schéma, au-delà du mécanisme de dénonciation des malversations, est alors toujours le même: soit l'on se plaint du jeu des parentés qui empêche le cours normal de la justice[23]; soit, comme Furetière, l'on dénonce les témoins achetés, subornés, apostés[24].

Le public extérieur au Palais est toujours éminemment visible dans les factums mais à la façon dont il est présenté on comprend que les avocats n'en recherchent pas tant la réalité virtuelle que le potentiel argumentatif. Sa composition ne préoccupe en effet guère les rédacteurs puisqu'ils le désignent le plus souvent en termes vagues comme «public», «particuliers»,

---

[21] Affaire Perrin, Thoisy 176, *fol.* 181. L'exemple de l'affaire Turquantin, qui suit dans le développement, fait partie de ces exceptions. Ce portrait louangeux de la Cour se comprend bien dans le cadre d'une procédure en appel.

[22] Thoisy 176, *fol.* 136v°.

[23] C'est le cas dans l'affaire Brasley, Thoisy 176, *fol.* 162: «Maistre André de Vienne, lieutenant général de Bar-sur-Seine, cousin de maistre Louys de Vienne, lieutenant particulier de Troyes, les ennemis de du Rud et ses parties secretes au proces, sous le nom dudit Braslé....». Ou dans l'affaire d'Argences, Thoisy 176, *fol.* 192 «Ces criminels ...honorez de la faveur et de la protection de ce parlement, ayant le Sieur Marc de la Ferté président pour parent et quantité d'autres présidens et conseillers....».

[24] La chose est fort visible dans les affaires Grimaudet, Thoisy 176, *fol.* 110-117 v°. et Querard, Thoisy 176, *fol.* 1, où «Les témoins sont suffisemment reprochez comme intéressez au procès»; Furetière, Thoisy 176, *fol.* 133, dénonce pour sa part ses parties artificieuses et écrit plus loin: «Ce d'Hirson prenant avantage de cette générale permission d'informer, fournit des mémoires à Monsieur le procureur général, & luy produisit des tesmoins par luy recherchez, apostez et subornez de toutes parts; ce qu'il fit d'autant plus facilement, que le champ estoit ouvert par ce moyen à la calomnie, et qu'il n'y avoit personne qui fust responsable de la vérité ou fausseté du dire des tesmoins».

«province», «ville» ou plus rarement «rumeur», «esprits»[25]. Ce flou résulte peut-être de la faible circulation de ces pièces, circulation dont on ne sait pas grand-chose pour le Grand Siècle si ce n'est, précisément, qu'elle était sans doute réduite aux cercles les plus proches du procès[26].

Ce public qui ne correspond pas à des lecteurs réels, fonctionne plutôt dans les factums comme un public de théâtre, semblable à celui qu'ont rencontré dans leurs recherches Christian Jouhaud et Hélène Merlin, un public, qui pour reprendre une définition de Roger Chartier est «hétérogène, hiérarchisé, constitué seulement par le spectacle qui lui est donné à voir et à croire»[27]. Ce public apparaît alors comme un espace symbolique où se déroule la représentation de l'officier de justice face à son tribunal. Certains des factums expriment d'ailleurs clairement cette dimension théâtrale. Le lieutenant général de Sarre-Louis attaque, dans les années 1680, le factum de sa partie adverse de la façon suivante: «l'absence du lieutenant général pendant que l'information a esté faite, l'ont donné beau à Charel, qui se fait honneur d'estre le héros de la pièce qui paroit aujourd'huy en public»[28]; François Cousin, lieutenant du duché de Montpensier, dénonçait déjà les mêmes méthodes dans les années 1650: «là dessus on fait une déclamation, on employe toute la rhétorique du théâtre pour rendre ledit Cousin non seu

---

[25] Les premiers mots se rencontrent tour à tour dans les factums; les deux derniers figurent dans l'affaire d'Alençon, Thoisy 176, *fol.* 143-153v°.

[26] Certes, les correspondances de Peiresc, *Lettres*, éd. P. Tamizey de Larroque, Paris, 1890, t. 2, p. 39, 69, 94, 137, de Madame de Sévigné, *Correspondance*, P. Duchêne, Paris, 1978, tome 3, p. 191, ainsi que celle de Guy Patin, *Lettres*, éd. P. Triaire, Paris, 1907, p. 388, 402, nous apprennent que certains factums étaient recherchés par les bibliophiles, comme des pièces de collection. Mais c'est précisément leur rareté qui aiguisait les convoitises et jamais les factums n'atteignirent au Grand Siècle les tirages spectaculaires signalés par Sarah Maza pour le second XVIIIe siècle. Il faut attendre la fin du règne de Louis XIV pour que certains de ces mémoires judiciaires connaissent une diffusion plus importante lorsque paraît un *Recueil de factums et mémoires sur plusieurs questions importantes*, à Lyon en 1710. Son auteur, l'avocat Lyonnais Pierre Aubert, insiste d'ailleurs sur le caractère discret et éphémère des factums: il faut, dit-il, «apprendre à messieurs les avocats qu'il ne tiendra qu'à eux de sauver de l'oubli leurs ouvrages» et il ajoute «On sçait par expérience que la destinée des factums est de disparoître presqu'au moment de leur naissance et de n'être connus que de peu de personnes», vol. 1, ij-ijv.

[27] Cf. C. Jouhaud: *Mazarinades: la Fronde des mots*, Paris, 1985; H. Merlin: *Public et littérature en France au XVIIe siècle*, Paris, 1994 ainsi que la réflexion menée dans le présent volume par Guy Spielmann. La citation est tirée de R. Chartier: *Les origines culturelles de la Révolution Française*, Paris, 1990, p. 48.

[28] Mss Dossiers Bleus 86 Bergeron, *fol.* 2, p. 2.

lement criminel, mais en exécration et abomination à vostre Altesse et à tous ceux qui pourroient avoir connoissance de luy.»[29]

Ce public de théâtre fait office de miroir sans lequel ne peuvent se comprendre ni s'amorcer les principes de la société de rang et de dignité. Le public sert ainsi de tribunal abstrait de jugement où s'évalue l'honneur des sujets du royaume dans leur ensemble, qu'ils soient ou non officiers. L'affaire Ferrières des Goubert l'illustre: «Le sieur Mannoury lieutenant criminel de robe courte en la maréchaussée de Mantes, paroist le dernier en public pour y rendre compte de sa conduite et des faits qui servent à sa justification...»; «[les juges] s'efforcent encore aujourd'huy de noircir dans le public la mémoire du deffunt sieur des Ferrières par des discours et des libelles remplis de calomnies»[30].

Ce public en vient à tenir un rôle d'instance judiciaire, à la fois témoin et tribunal reconnu. Ces deux dimensions se voient par exemple dans l'affaire d'Argences où l'on apprend d'une part que «ce juge a toute la province pour témoin»[31] et d'autre part, «que ceux qui font des fautes si éclatantes et si publiques, doivent estre repris publiquement...»[32]. Ces fonctions sont légitimées par le double rôle de ce public, à la fois victime de la déviance des juges[33] et destinataire principal de l'activité de la justice, que

---

[29] Thoisy 176, *fol.* 229v°.

[30] 4° Fm 34 406, p. 1 et 4° Fm 34 404, p.2. On pourrait encore citer l'affaire Mestivier, Thoisy, *fol.* 56v., «l'interest de leur honneur les a contrains de se desculper envers le public», ou l'affaire Furetière-Beausoleil, Ms Fr 17 562, *fol.* 142v°. «par des qualitez dont il a receu les éloges au public et aux particuliers».

[31] Affaire d'Argences, Thoisy 176, *fol.* 191.

[32] Thoisy 176, *fol.* 194. Dans l'affaire Ferrières des Goubert, 4° Fm 34 412 p. 2, on lit, «il ne peut se dispenser de se justifier, non seulement devant des juges des plus éclairez, mais dans le public qui a été irrité de ce jugement; mais envers la noblesse qui en a été blessée; mais envers tous les tribunaux du Royaume, qui sont attentifs pour leurs propres intérêts à l'événement de l'affaire du monde la plus importante».

[33] On pourrait sur ce point multiplier les citations. Toujours dans l'affaire d'Argences, Thoisy 176, *fol.* 215, sont décrites «quantité de paroisses, de villages quoyque désolez...». Le public est également une victime dans l'affaire Mestivier, Thoisy 176, *fol.* 56v°, «Mais le Public a beaucoup plus souffert par les concussions du défendeur et par l'impunité que l'argent des coupables leur a fait trouver auprès de luy», et dans l'affaire Brasley-du Rud, Thoisy 176, *fol.* 104v°, «ce vol est très-considérable et ne concerne pas seulement ledit Brasley mais il intéresse le public».

cela soit dit en termes généraux[34] ou à travers la description des devoirs des juges[35].

En définitive, si l'on détaille les caractères que les avocats accordent au public, on comprend alors qu'il sert à prendre la cour en tenaille, à faire pression sur sa délibération. Pour cela les factums délivrent des messages a priori contradictoires. D'un côté, ce public, nous disent-ils, est émotif. Il «crie»[36]. Il «pleure» aussi. Le factum qui défend Joseph Gauvin, sieur d'Argences, lieutenant criminel de Pont-Audemer retrace ces moments «où l'on voit, lit et relit cet imprimé, ce mémoire avec larmes, douleurs, et des ressentimens cruels contre tant de persécutions aussi-bien qu'à Paris, où quantité de personnes demeurent immobiles, attendris, touchez, consternez et pénétrez de douleur la plus cuisante sur tous les suplices que ce parlement a exercez sur ce magistrat»[37]. Et pour faire bonne mesure, on nous dit que ce public peut également être «crédule»[38].

Mais d'un autre côté, ce public est fort raisonnable: le public peut avoir «quelque soupçon» et des «justes préventions»; tout comme le juge, «le public (est) instruit par les divers factums»[39]. D'Argences lui fait confiance: «qu'on laisse le public à en penser ce qu'il jugera à propos...». Au

---

[34] Voici ce que l'on trouve dans l'affaire Naudin, f. Fm 11 852 p. 9: «Si le sieur Naudin a lieu d'espérer cette double satisfaction par rapport à son honneur et au dommage qu'il a souffert dans ses biens au sujet de ce procès, le public n'a pas moins d'interest au jugement qui va le suivre: il servira d'exemple aux ministres de la justice et la tranquillité des familles sera moins exposée».

[35] Dans l'affaire Ferrières des Goubert, 4º Fm 9573, p. 1, on trouve «un corps d'officiers qui n'ont eu autre interest dans sa condamnation que l'acquittement de leur devoir, la satisfaction deue au public». L'affaire Vernhes, Thoisy 110, *fol*. 417v°, quant à elle, délivre à deux reprises l'expression «service du roy et du public» et signale, plus loin, un juge «si fortement animé du bien public»; l'affaire Brasley s'aligne sur ces idées lorsqu'elle exprime, Thoisy 176, *fol*. 289v°, l'«attachement au service de son prince et du public» du juge; quant à Furetière, il affirme, Thoisy 176, *fol*. 135, «depuis plusieurs mois exercer par commission et en vertu d'Arrest de la Cour, la charge de bailly de S. Germain, et il peut dire avec satisfaction du publicq, sans qu'il y ait eu de plainte faite contre luy».

[36] La chose est par exemple visible dans l'affaire Ferrières des Goubert, 4º Fm 34 412, p. 10: «Quant au public qui crie contre le jugement des officiers de Mantes, si les libels qui l'ont prévenu contre ces officiers...» et 4º Fm 34 407, p. 8, «Toutes les familles crient contre ces iniquitez».

[37] Thoisy 176, *fol*. 214.

[38] Toujours l'affaire Ferrières, 4º FM 9573, p. 1: «Le sieur des Ferrières est dépeint au public comme un homme de bien, de bonnes mœurs et d'une conduite irréprochable, ayant des biens considérables, qui ont fait son crime et la cause de sa mort, pour tromper le public et surprendre sa crédulité».

[39] Affaire Ferrières des Goubert, 4º Fm 34 406 p. 1.

fond ce public est le bon sens incarné; ses réactions sont simples, droites, prévisibles et s'il est émotif, ses émotions sont si primaires qu'elles en deviennent normatives.

Le public s'exprime alors à la place de l'avocat; il est le vecteur par lequel passe l'essentiel du plaidoyer. En jouant tour à tour de son émotivité, de sa sagesse, de sa position face à la justice, l'homme de loi l'a chargé d'une stature sans commune mesure avec la sienne propre; indiscutable, universel, ce public est là pour guider la cour. Sa voix est impérative. Je citerai une dernière fois l'affaire Ferrières des Goubert: «ce genre de juges en dernier ressort est si odieux et si dangereux dans les provinces, que le public espère qu'on restraindra le pouvoir dont ils abusent»[40].

*

*   *

De ce corpus restreint de factums, on retiendra que les altérités sont avant tout destinées à construire avec plus de force la plaidoirie de l'avocat et cela au profit premier, non pas d'un public réel, ou d'une opinion publique, mais du juge en passe de trancher l'affaire. D'abord confronté à des représentations symétriques, stylisées et aisément reconnaissables, ce dernier est poussé à rejeter vivement la noire figure du magistrat corrompu, conforté en cela par l'idéal que lui renvoie l'édifiante image du juge parfait. L'essentiel de la pression qui s'exerce sur lui est cependant produite par le public, objet rhétorique et plus encore logique puisqu'il transcende toute subjectivité et, par conséquent, toute partialité corporatiste.

Dans cette mesure, le sens commun incarné par le public devient l'altérité par excellence du juge saisi de l'affaire. Le factum incite au fond le juge à se tourner vers une souveraineté encore supérieure à celle qu'il détient par l'effet de la seule volonté royale. Il tente ainsi de définir l'autre de la souveraineté du roi et de ses cours souveraines[41] en suggérant un dépassement de l'instance institutionnelle par la «souveraineté» du jugement moral pour évaluer la dignité des hommes dans l'exercice de l'office du juge.

---

[40] Ferrières, 4º fm 34 408, p. 6.

[41] Cf. sur ce point les travaux de Pierre Legendre.

La Métamorphose, métaphore de la mimésis théâtrale

PERRY GETHNER

Oklahoma State University

Pendant la deuxième moitié du dix-septième siècle la métamorphose connaît une grande vogue dans les tragédies à machines et dans les tragédies lyriques comme prétexte à des effets spectaculaires, mais aussi pour des raisons thématiques. Même s'il s'agit de transformer un être humain en une forme inhumaine, l'idée de se libérer des grandes misères de la condition humaine, c'est-à-dire d'éluder le déclin physique, la mort et l'oubli, s'insère tout naturellement dans une optique valorisant la permanence littéraire et l'héroïsme extraordinaire. Que ce prolongement de l'esthétique baroque embrasse en même temps la glorification du théâtre, lieu de l'artifice scénique mais aussi véhicule de la branche la plus estimée de la littérature française, il n'y a là rien d'étonnant.[1]

Sur le plan de l'intrigue il y a au moins trois justifications pour la métamorphose d'un personnage. La transformation peut servir de punition (méritée ou pas), ou bien de protection contre la persécution (le plus souvent amoureuse), ou bien de consécration posthume (l'amant/e changé en fleur ou en étoile). La métamorphose prend une forme qui correspond, soit à la personnalité ou au talent principal de la personne, soit au jugement que le dieu ou le magicien fait d'elle. La transformation, à moins d'être renversée, décerne une forme d'immortalité à la victime humaine.

Je me propose plutôt d'examiner une autre manière de classer les scènes de métamorphoses qui tiendrait compte de la manière dont elles sont représentées. Si le dramaturge montre la transformation sur scène, on trouve deux schémas: ou bien c'est un épisode très court qui éblouit les yeux pour un instant mais s'oublie bientôt après, ou bien c'est la justification d'une grande scène d'apothéose qui terminera la pièce. Il y a aussi une troisième possibilité, où les spectateurs ne voient pas la métamorphose; celle-ci se raconte dans un récit, s'annonce comme une prédiction pour l'avenir, ou bien a déjà eu lieu.[2]

---

[1] Sur le lien entre métamorphose et baroque, voir, par exemple, Jean Rousset, *La Littérature de l'âge baroque en France: Circé et le paon* (Paris: José Corti, 1985); *La Métamorphose dans la poésie baroque, française et anglaise*, éd. Gisèle Mathieu-Castellani (Tübingen et Paris: Gunter Narr et Jean-Michel Place, 1980).

[2] Catherine Kintzler, dans son ouvrage indispensable sur les débuts de l'opéra en France, ne considère la métamorphose que sous l'optique de la violence, plus directement montrée mais aussi plus esthétisée que dans la tragédie parlée. Voir *Poétique de*

Le premier schéma, dans lequel la métamorphose n'est pas suivie d'un divertissement choral et chorégraphique et l'action reprend tout de suite après, se justifie quand la métamorphose sert à relancer l'intrigue, au lieu de la conclure. Non seulement la métamorphose sert de punition, mais le dieu ou magicien n'utilise ce procédé que pour accomplir un but plus important. C'est ici que le rapport entre transformation et réflexion sur la théâtralité reçoit le moins d'attention. Par exemple, dans *Proserpine* de Quinault (1680, musique de Lully) la nymphe Cyané raconte à Cérès comment Proserpine, fille de cette déesse, a été enlevée, mais sur le point de nommer le ravisseur, c'est-à-dire Pluton, elle est subitement changée en ruisseau (III,6). Le public comprend qu'il s'agit d'une punition infligée par Pluton, qui dans l'acte précédent avait interdit aux nymphes de parler de son crime, sous peine de perdre la voix (II,9). Cérès, comprenant que le coupable doit être l'un des dieux, mais incapable de découvrir lequel, manifeste sa frustration et sa colère en dévastant la terre. La transformation de Cyané, dont on ne parlera plus dans l'opéra, est donc nécessaire à l'intrigue, mais son rôle est trop mineur pour mériter une scène de lamentation. On peut mettre dans la même catégorie la scène où Persée dans l'opéra du même nom de Quinault (1682, musique de Lully), harcelé par des ennemis trop nombreux pour les combattre tous, se sert de la tête de Méduse pour les pétrifier. Les métamorphoses sont indispensables à l'intrigue, car il faut bien que Persée triomphe, mais on ne s'y arrête guère, car Vénus descend pour annoncer la métamorphose suivante, c'est-à-dire celle du couple et des parents de l'épouse en étoiles. Il aurait été facile de signaler la ressemblance entre un personnage doué de pouvoirs magiques et un dramaturge ou un metteur en scène, comme dans *L'Illusion comique* de Corneille, mais cela ne se fait pas dans les cas de métamorphoses épisodiques.

A l'intérieur de cette première catégorie la présence des enchanteurs professionnels se prête mieux à l'autoréflexivité théâtrale. Protée, dieu qui ne peut exercer son pouvoir que sur lui-même, peut symboliser la versatilité des acteurs. Dans *Phaëton* de Quinault (1683, musique de Lully) Protée est un acteur qui refuse son rôle, mais se trouve obligé de le jouer malgré lui. Si ce dieu «se transforme successivement en Lion, en Arbre, en Monstre Marin, en Fontaine, & en Flame» (I,7), ce qui constitue un tour de force technique, c'est qu'il aimerait mieux s'esquiver à l'ordre de lire dans l'avenir. Surmonté par Triton et ses suivants, et forcé de prédire le sort catastrophique de Phaëton, Protée crée une ambiance de terreur et prépare le public pour le dénouement tragique, désormais inévitable. Triton se sert du mot «oracle» en décrivant cette prophétie (I,8), et effectivement cet épisode

---

se rattache à la tradition des oracles qui, quoique sans influence sur l'intrigue, fonctionnent surtout comme indice du genre tragique.

C'est le deuxième schéma qui se prête le plus souvent à des fins métathéâtrales. L'apothéose étant par définition une cérémonie solennelle, le dieu qui opère la transformation désire que tout le cosmos participe à la consécration de l'être immortalisé. Si le personnage métamorphosé a dû mourir d'abord, il peut s'agir d'une scène qui combine lamentation et célébration, comme c'est le cas dans *Atys* de Quinault (1676, musique de Lully). Cybèle, en convoquant les troupes de nymphes des eaux, de divinités des bois, et de corybantes, leur ordonne de chanter une mort et une résurrection qui sont presque simultanées: «Célébrez son nouveau destin,/ Pleurez sa funeste aventure» (V,7). Mais c'est l'aspect tragique qui prédomine dans cette cérémonie, et l'opéra s'achève avec les paroles suivantes: «Que tout sente, ici-bas,/ L'horreur d'un si cruel trépas». Une situation limite serait la mort d'Actéon, qui résulte directement de sa métamorphose en cerf. Dans l'opéra de Charpentier (c. 1684-87, livret anonyme) le sort du héros est d'autant plus touchant qu'il est complètement innocent. Junon annonce dans la dernière scène que c'est elle qui a manipulé toutes les actions précédentes pour se venger d'Europe, aïeule d'Actéon, à cause de la liaison, très ancienne, entre celle-ci et Jupiter. L'apparition de Junon est indispensable pour la scène finale, car autrement les chasseurs n'apprendraient jamais ni les mobiles de la déesse ni l'identité véritable de l'animal qu'ils viennent de tuer. Même si le procédé d'utiliser un dieu qui convoque une troupe de chanteurs et de danseurs et leur commande de fêter un événement quelconque est courant dans les prologues et épilogues de spectacles destinés à la cour, que cet événement comporte une métamorphose ou pas, il force le spectateur à prendre conscience du phénomène du théâtre dans le théâtre, auquel la métamorphose ajoute un degré supplémentaire de glorification.

Si le personnage humain ne meurt pas avant de subir la transformation, nous avons un dénouement heureux où le mariage comporte la métamorphose comme ornement et consécration. La manière la plus commode de combiner les deux procédés sans les mélanger tout à fait est de promouvoir la personne en dieu olympien, comme cela se fait dans *Psyché* dans les deux versions mises en musique par Lully (la tragédie-ballet de Molière et Pierre Corneille, 1671; l'opéra de Thomas Corneille, 1678). L'héroïne ne subit pas de transformation visible, mais avec le don de l'immortalité elle change de statut. Une autre solution, moins commune, est une métamorphose métonymique, pour ainsi dire: ce n'est plus la personne, mais un objet qui lui appartient qui est transformé pour lui faire honneur. Donneau de Visé utilise ce procédé dans *Le Mariage de Bacchus et d'Ariane* (1672), où une couronne, donnée autrefois à Bacchus par Vénus, devient un cadeau de noces pour Ariane, mais Jupiter décide de renchérir sur ce don en le changeant en étoiles, aux yeux du couple et du public.[3]

Le troisième schéma, où la métamorphose ne se fait pas devant le public, semble surprenant à premier abord, car les pièces à machines et les tragédies lyriques privilégient les merveilles scéniques. On ne doit pas croire que ce soit par insuffisance technologique que la métamorphose ne se montre pas. Par exemple, si à la fin d'*Andromède* de Pierre Corneille (1650) l'héroïne et ses parents ne sont pas changés tout de suite en constellations, c'est probablement parce que le dramaturge veut conclure sa pièce avec le mariage des jeunes premiers, ce qui est plus facile à faire pendant qu'ils gardent leur forme humaine; de plus, Corneille et ses collaborateurs ont dû penser que le vol final de la pièce, où Jupiter et Junon font monter le couple et les parents de l'épouse au ciel, constituerait un spectacle plus impressionnant. En outre, Corneille fait preuve d'une grande habileté en accordant le mariage et la métamorphose: Jupiter annonce que la terre n'est pas digne de porter les noces de son fils, mais il ne suffira pas que la cérémonie ait lieu au ciel; les quatre mortels habiteront avec les dieux pendant la journée et deviendront étoiles pendant la nuit (V,8,1746-57). La dernière scène, combinant plusieurs descentes et remontées de machines, trois nuages qui paraissent simultanément au ciel, et les chants du chœur, comporte aussi un élément métathéâtral. Autrement dit, nous voyons, non les deux spectacles qui devront suivre l'action de la pièce (le mariage et les métamorphoses), mais plutôt les préparatifs faits par les dieux metteurs en scène.

Le refus de montrer directement la métamorphose peut avoir toutes sortes de justifications esthétiques. Si Boyer dans *Les Amours de Jupiter et de Sémélé* (1666) garde dans la coulisse la transformation de l'héroïne en déesse, c'est probablement pour ménager un effet de surprise: après que la mort de Sémélé est racontée et lamentée, Jupiter paraît dans son palais céleste et laisse voir la princesse ressuscitée et transformée; puis il expédie Mercure et la Renommée pour publier par le monde entier la gloire de la nouvelle déesse. Encore une fois, le dramaturge présente les dieux comme des metteurs en scène.

Par contre, les tragédies à machines de Donneau de Visé ne montrent pas les métamorphoses précisément pour éviter l'apothéose finale et pour laisser le sentiment tragique l'emporter sur la célébration. Même si Jupiter promet à Vénus, dans *Les Amours de Vénus et d'Adonis* (1670) que le bien-aimé mort sera immortalisé sous forme d'une fleur, la pièce se termine par le désespoir de la déesse qui dénonce et fuit encore une fois son amant mé-

---

[3] La meilleure étude globale des pièces à machines est celle de Christian Delmas, *Mythologie et mythe dans le théâtre français (1650-1676)* (Genève: Droz, 1985).

prisé, le dieu Mars. Dans *Les Amours du Soleil* (1671) Apollon annonce aux mortels la métamorphose imminente de ses deux amantes, mais avant qu'il puisse songer à arranger une scène d'apothéose, il se fait humilier publiquement par Cupidon, qui proclame sa victoire absolue sur le dieu du soleil. Le dénouement de *Circé* (1675) de Thomas Corneille est particulièrement compliqué à représenter, car Sylla subit en effet trois métamorphoses coup sur coup: elle devient monstre, puis rocher, puis néréide. Il est probable que le dramaturge a voulu minimiser l'horreur des deux premières transformations, d'autant plus que Sylla est un personnage vertueux et injustement persécuté, pour mettre l'accent sur l'apothéose finale, accompagnée de chants et de danses.

Un exemple rarissime de ce procédé dans un opéra se trouve dans la scène finale de l'*Endimion* de Fontenelle (1731, musique de Blamont; livret composé en 1692). Diane, ayant finalement consenti à consommer son amour pour Endimion, convoque sa cour, composée de «tous ceux qui ont été changés en Etoiles, Castor et Pollux, Persée, Andromède, Orion, Erigone, etc.» (V,4). Alors que dans les scènes d'apothéose, les dieux essaient de publier partout leurs amours, ici la déesse demande à ses compagnons d'utiliser leurs «voiles épais» pour cacher «un important mystère». Cet épisode visuellement éblouissant célèbre en même temps une série de métamorphoses passées et la gloire du royaume de la nuit dont Diane est reine; notons en passant qu'Endimion, le héros qui a occasionné cette fête, ne reçoit aucun changement de statut.

Le lien entre transformation et autoréflexivité théâtrale ne se limite pas à l'intrigue de la pièce. Quand nous assistons aux délibérations du magicien ou du dieu en train de préparer une métamorphose, le processus équivaut à celui de la mise au théâtre, et la métamorphose sert de spectacle aux personnages, aussi bien qu'au public dans la salle. Dans certains cas, surtout dans les prologues d'opéras, nous avons un type de théâtre dans le théâtre où les personnages choisissent le sujet et le justifient en tant que divertissement convenable pour le roi. L'intercalation d'un spectacle comportant une métamorphose devient une allégorie pour la mimésis dramatique, qui adapte la vie réelle pour le théâtre.[4]

Dans certains cas le dramaturge fait un clin d'œil au spectateur, en lui signalant qu'il s'agit d'une transformation à plusieurs niveaux. Non seulement les divinités du prologue en train d'organiser la pièce principale parlent de transformer leur monde allégorique en salle de théâtre, mais aussi elles suggèrent que les acteurs ou chanteurs de la troupe, ayant déjà incarné

---

[4] Georges Forestier donne une classification très nuancée des possibilités de dédoublement et d'autoreprésentation dans son ouvrage magistral, *Le Théâtre dans le théâtre* (Genève: Droz, 1996).

les personnages dans le prologue, vont bientôt incarner ceux de la pièce principale. Autrement dit, le théâtre s'exalte comme le lieu par excellence des transformations, ce qui lui permet en même temps de servir de miroir magique au roi, que le prologue glorifie explicitement, alors que la pièce principale suggère, elle aussi, des ressemblances directes avec l'actualité.

Il est très révélateur que la toute première comédie-ballet, *Les Fâcheux* de Molière (1661) fasse au début une référence explicite à l'union entre théâtralité et métamorphose. Dans le prologue, dont les vers furent écrits par Pellisson mais qui reflète l'optique de tous les collaborateurs, la naïade, après être sortie d'une énorme coquille, commande à un groupe de dryades, de faunes et de satyres de sortir pareillement de leurs arbres et termes. La naïade commence par rapprocher ces changements de forme aux exploits de Louis XIV: «Lui-même n'est-il pas un miracle visible?» (v. 6). Mais bientôt elle ordonne à ses camarades une deuxième métamorphose, celle de quitter Arcadie pour Paris où ils deviendront les personnages de la pièce qui va suivre: «Quittez pour quelque temps votre forme ordinaire,/ Et paraissons ensemble aux yeux des spectateurs/ Pour ce nouveau théâtre, autant de vrais acteurs» (vv. 22-24). Molière et Pellisson préparent de la sorte une comédie-miroir où la cour verra son propre reflet, quoiqu'un peu caricaturé.

Le même procédé ne tardera pas à réapparaître dans les prologues des tragédies lyriques. Dans celui de *Bellérophon* de Thomas Corneille et Fontenelle (musique de Lully, 1679) Apollon propose à ses collègues Bacchus et Pan, ainsi qu'à leurs suites, d'honorer Louis XIV: «Transformons-nous en ce moment;/ Et dans un Spectacle charmant,/ Célébrons à ses yeux l'heureux événement/ Qui jadis au Parnasse a donné la naissance» (vv. 54-57). La métamorphose des dieux en acteurs humains, renversement thématique de la transformation des chanteurs réels en personnages de l'opéra, se prolonge en mise en abyme, car Bellérophon, le héros de l'opéra qui va suivre, fonda, avec le cheval Pégase, le Mont Parnasse où le prologue est situé et où Apollon, organisateur de l'opéra, préside normalement. Le prologue se proclame donc comme une suite de la pièce principale.

On trouve une variante du même procédé dans le prologue de *Roland* de Quinault (1685, musique de Lully), où une fée, autre spécialiste dans le domaine des métamorphoses, propose à ses camarades de devenir non seulement organisateurs, mais aussi acteurs dans l'opéra qui va suivre: «Offrons des jeux nouveaux au héros glorieux/ Qui prend soin du bonheur du monde./ Allons nous transformer pour paraître à ses yeux» (vv. 34-36). Démogorgon propose de renouveler l'histoire de Roland, et les deux personnages chantent un duo qui commence: «Allons faire entendre nos voix/ Sur les bords heureux de la Seine» (vv. 41-42). Mais la transformation théâtrale est en même temps reflet de l'actualité, car Roland est un héros français, et ses exploits surhumains annoncent ceux de Louis, qui a su le surpasser, ayant surmonté les faiblesses de l'amour et ayant enfin rendu la paix à l'Europe[5].

Etant donné la fascination de la troupe italienne avec les machines, et leur emploi réitéré de prologues où l'on discute de l'art dramatique et des contrastes entre les différentes troupes, on trouve aussi chez eux des rapprochements entre métamorphose et théâtralité. L'exemple le plus révélateur est le début d'*Arlequin Protée* de Fatouville (1683), où Protée, chassé du royaume de la mer par Neptune en personne, se voit désormais obligé de se débrouiller sur terre ferme. Adoptant le nouveau nom d'Arlequin, il propose de mettre à profit son talent de changer de forme pour gagner de l'argent, surtout par le moyen de métiers malhonnêtes: «Hé bien, je prendrai la figure d'un filou, d'un coupeur de bourse, et j'irai travailler à la presse et dans les lansquenets» (scène de Protée et de Glaucus). Son camarade Glaucus, qui prend le nouveau nom de Mezzetin, accepte de l'accompagner dans cette nouvelle carrière. Il ne sera plus question de l'origine divine des deux héros, mais le public doit comprendre que le dramaturge propose, de manière inattendue, un rapprochement entre la métamorphose classique et la multiplication de déguisements revêtus dans la *commedia dell'arte* par les vedettes de la troupe, c'est-à-dire Arlequin, Mezzetin et Colombine. Mais Fatouville redouble ce rapprochement en montrant Arlequin bientôt transformé en acteur et chef de troupe, qui en plus se fait auteur en plagiant sans vergogne les ouvrages de ses prédécesseurs ou en transformant burlesquement les tragédies les mieux connues; et en effet il nous fait assister à une parodie de la *Bérénice* de Racine.

Pour conclure, je signalerai l'existence de quelques pièces, dont toutes sont comiques, où le personnage métamorphosé a la possibilité de retrouver sa forme originale. Montfleury, dans *Les Bêtes raisonnables* (1661), présente des membres de l'équipe d'Ulysse, transformés par l'enchanteresse Circé, qui, après avoir comparé leurs deux états, choisissent de rester des animaux. Dans *Les Fées* de Dufresny (1697) Arlequin reçoit de la part d'une fée bienveillante une baguette magique qui lui permet de désenchanter tous les gens qu'il voit. L'épisode final, qui n'est pas essentiel à l'intrigue, car Arlequin a déjà reconverti en forme humaine le héros et l'héroïne, constitue un des rares passages où le dramaturge daigne nous expliquer pourquoi un personnage est transformé en une forme quelconque,

---

[5] Sur l'emploi du topos de mémoire comme renouvellement du passé et consécration de l'actualité, voir mon article «La Mémoire agent de consécration et génératrice du spectacle», in *Les Lieux de mémoire et la fabrique de l'œuvre,* éd. Volker Kapp (Paris, Seattle, Tübingen: Biblio 17, 1993), 297-305.

plutôt qu'en une autre[6]. Bien qu'Arlequin suppose que les fées ont métamorphosé cette foule de gens dans leur palais purement «pour se divertir»,
il ne néglige pas de poser la question à chacune des quatre victimes. Toutes
reconnaissent qu'il y a un rapport direct entre leur conduite et la forme inhumaine qu'elles ont dû prendre, mais ce rapport se base sur des jeux de
mots amusants. Par exemple, un jeune berger, ayant exaspéré une fée
amoureuse de lui en insistant sur les soupirs et les respects de l'amour chevaleresque, et donc coupable d'avoir «lanterné» l'amour, a été changé en
lanterne. Une dame qui occupait soigneusement toutes les heures de la
journée avec des divertissements galants et celles de la nuit avec une succession d'amants, a été changée en pendule. Dans la chanson qui termine la
pièce les personnages glorifient les transformations amoureuses, pour laquelle la magie des fées n'est pas nécessaire, et Arlequin proclame de nouveau la comparaison entre la métamorphose et le métier de l'acteur: «Pour
vous satisfaire,/ De toute maniere/ Nous nous déguisons,/ En faisant tac,
tac, par nos fariboles,/ Nous changeons/ En bonnes pistoles/ Nos gayes
chansons» (sc. 7).

---

[6] Leonard Barkan voit dans l'accent mis sur la continuité entre l'essence de la personnalité humaine et la nouvelle forme en laquelle la victime est transformée une des
caractéristiques principales des *Métamorphoses* d'Ovide, et donc un élément crucial de
la tradition européenne s'inspirant du poète latin. Voir *The Gods Made Flesh: Meta-
morphosis and the Pursuit of Paganism* (New Haven et Londres: Yale University Press,
1986).

Tartuffe, ou l'autre

JEAN SERROY

Université de Stendhal, Grenoble

Le propre de l'hypocrite, c'est qu'il cache son jeu. Et le propre de la difficulté qui se présente à Molière lorsqu'il entreprend de mettre un hypocrite en scène, c'est précisément de faire apparaître au grand jour du théâtre ce jeu qui se cache. Car si l'hypocrite fait voir qu'il est hypocrite, il ne l'est plus. Dès lors, il importe de le montrer autre qu'il est, tout en faisant sentir qu'il est autre qu'il se montre. Beau défi dramaturgique. Et belle ambiguïté structurelle.

C'est cette ambiguïté qui est intéressante. Elle nourrit d'emblée la querelle, et suscite toutes les exégèses sur faux dévot, vrai dévot, vrai/faux dévot. Elle explique aussi les deux grandes lignes qui, depuis la création jusqu'à aujourd'hui, se partagent l'interprétation théâtrale du personnage: un Tartuffe gros et gras, étalant la sensualité gourmande et adipeuse d'un pourceau de sacristie répugnant, ou, à l'inverse, l'allure plus secrète d'un ascète prédateur, mais dont les habits sombres et la mine sévère ne sont pas exempts d'une force de séduction qui envoûte quasiment ses victimes. Dans la diversité contradictoire des interprétations, tant critiques que scéniques, qu'il n'a jamais cessé de susciter, le personnage reste ainsi largement un mystère. Qui est Tartuffe? On aurait envie de répondre: une zone d'ombre.

Pour pénétrer cette zone d'ombre, on s'efforce le plus souvent de tenter de l'éclairer de l'intérieur. Mais si l'on remarque que Molière lui-même, en tant que comédien, a refusé cet angle-là et qu'il a choisi d'interpréter Orgon, on peut se demander si la bonne façon de circonscrire le personnage n'est pas de l'aborder de l'extérieur, à partir de ceux qui l'entourent, et sans lesquels il ne serait pas ce qu'il est. Et c'est ici que la notion d'altérité peut apparaître particulièrement opératoire. Tartuffe, ou l'autre: le personnage ne peut être en fait que cela. *Un* autre, parce que l'hypocrite est forcément double; et *l'*autre, parce que l'hypocrite a forcément besoin d'un public sur qui exercer son jeu. Pas de Tartuffe sans Orgon. L'auteur de *La Lettre sur la comédie de l'Imposteur* affirmait déjà, parlant du désabusement d'Orgon, que c'est «proprement le sujet de la pièce».

* *

*

Lorsque la comédie commence, l'hypocrite n'est pas en scène. On a beaucoup glosé sur l'importance de cette entrée repoussée jusqu'au troisième acte. Il nous semble qu'elle dit surtout, d'emblée, que Tartuffe est une figure absente, qu'il n'existe que par un vide scénique que les personnages qui se trouvent en scène vont devoir combler, chacun à sa manière. Or la première scène présente cette particularité, pratiquement unique dans les comédies moliéresques, qui font généralement exposer la situation par un, deux (c'est le cas le plus fréquent) ou plus rarement trois personnages[1], de mettre en scène toute une famille, à l'exception du père, qu'on attend et qui ne va pas tarder d'ailleurs à paraître. Cette singularité dramaturgique, outre qu'elle invite à mettre en perspective cette première scène avec la dernière, traditionnellement réservée à la réunion d'ensemble des personnages, a pour effet premier de présenter un groupe, familial en l'occurrence, confronté à un problème qui le concerne en tant que groupe. Le fait que Tartuffe soit absent permet d'aborder librement la question de sa présence potentielle dans les lieux: il est, au sens propre, l'inconnu dans la maison. Comment l'autre est-il donc perçu et reçu par la cellule dans laquelle il aspire à entrer? Ainsi posée, la question pourrait presque relever d'une problématique biologique, celle de l'agent viral; mais elle relève aussi d'une problématique idéologique et sociologique, redoutable, celle du corps étranger.

Dans l'affrontement qui oppose Madame Pernelle aux autres membres du corps familial, deux réactions exactement inverses se font jour. Madame Pernelle, du fait de son âge, de son statut - elle est la mère d'Orgon, le chef de famille, et se trouve de ce fait chargée d'une autorité morale à laquelle tous, belle-fille, petits enfants, beau-frère de son fils, servante, doivent le respect - énonce une opinion qui pourrait, qui devrait représenter celle de la sagesse et de l'expérience. Or son côté pétaradant, son allure emportée, ses coups de semonce à répétition ont tôt fait de lui ôter toute image de mesure: les avis qu'elle porte se trouvent, du coup, vite dévalorisés. Or que dit-elle? Elle demande aux membres de la famille, qui le repoussent violemment, d'accueillir Tartuffe parmi eux. Elle veut introduire l'étranger dans la maison, là où Dorine, résumant de façon abrupte l'avis général, décrète au contraire que

> Certes, c'est une chose aussi qui scandalise
> De voir qu'un inconnu céans s'impatronise   (v. 61-62)

Faisant cause commune avec son fils

> Je vous dis que mon fils n'a rien fait de plus sage
> Qu'en recueillant chez soi ce dévot personnage   (v. 145-146)

---

[1] Les exceptions sont très rares et touchent à des comédies très particulières, qui ne relèvent pas de la grande comédie: *L'Impromptu de Versailles*, *L'Amour médecin* et *Mélicerte*.

Madame Pernelle pourrait de ce fait paraître l'image même de la tolérance si, dans le même temps, elle ne voulait exclure de la même maison où elle veut voir installer Tartuffe tous les amis qui la fréquentent et qui en font, selon elle, «la cour du roi Pétaut» (v. 12). L'idée ainsi développée lie la présence de Tartuffe à la notion d'ordre: lui seul lui apparaît capable de faire régner dans la maison un ordre que le désordre du train de vie, indice lui-même d'un désordre des mœurs, a fait disparaître.

C'est le contraire que disent tous les autres: pour eux, l'ordre moral qu'entend faire peser Tartuffe est en fait le vrai désordre. Ordre totalitaire, «pouvoir tyrannique» (v. 45) selon les termes de Damis, volonté «de faire le maître» (v. 66) comme le dit Dorine: tout ce que Tartuffe représente vient bouleverser l'économie familiale et morale de la maison. Si le corps familial rejette donc l'élément étranger, c'est précisément parce qu'il est ressenti comme élément nocif. Et la preuve de cette nocivité est faite dès cette première altercation, qui voit Madame Pernelle menacer, en quittant la maison, de quitter le groupe: «Allons, Flipote, allons, que d'eux je me délivre»: le vers initial est un vers de rupture et de dissension. L'effet premier de la présence-absence de Tartuffe est de déchirer l'unité familiale, de mettre en péril sa cohésion et, partant, son existence. En ce sens, le groupe ainsi menacé doit se défendre. On peut lire l'action du *Tartuffe* comme la réaction d'auto-défense et de rejet d'un organisme attaqué par un élément extérieur qui vient le contaminer. Avec Tartuffe, le mal rôde. Ce que les membres de la famille redoutent, c'est moins l'étranger en tant qu'étranger - et ils en donnent la preuve en tenant largement maison ouverte aux autres, ce que leur reproche précisément Madame Pernelle - que la capacité de nuisance de celui-ci, laquelle réside dans un dessein proprement totalitaire: Tartuffe entend non seulement s'immiscer dans les lieux, mais il veut «s'impatroniser», devenir le seigneur et maître, exclure tout autre intervenant - et Dorine l'a bien senti:

> Oui; mais pourquoi, surtout depuis un certain temps,
> Ne saurait-il souffrir qu'aucun hante céans? (v. 79-80)

Et le fait même que lui absent occupe déjà tout l'espace de la conversation, qu'il ne soit question que de lui et que tous les problèmes familiaux doivent désormais en tenir compte prouve assez l'omnipotence qu'il est en train d'acquérir, et dont toute l'action de la pièce ne fera que montrer l'extension.

Orgon entièrement subjugué et soumis, jusqu'à vouloir donner sa fille à Tartuffe, lequel entend aussi lui prendre sa femme, et, pour faire bonne mesure, sa maison et ses biens: c'est l'indice d'une prolifération quasi bactérienne qui attaque tout, qui se rend maître du terrain, et qui gangrène la cellule familiale jusqu'à la faire se déliter. Déchirements familiaux, fils banni, mariage de la fille rompu, famille jetée dehors, et l'étranger qui reste seul maître des lieux: on a bien là la structure classique d'une offensive venue de l'extérieur, dont la structure dramatique de la pièce traduit précisément la progression implacable. L'élément étranger au groupe dépossède ainsi le groupe de sa propre identité: le père ne reconnaît plus son fils, le mari n'a plus confiance en sa femme, et la famille est proprement expulsée du lieu auquel elle s'identifie, le toit familial.

> Et que peut-on de pis que d'ordonner aux gens
> De sortir de chez eux?   (v. 1779-1780)

se lamente pour finir Orgon.

Face au danger représenté par l'autre, la seule sauvegarde du groupe réside dans son unité retrouvée. Le jeu de l'hypocrite démasqué ressoude la famille, refait d'Orgon un mari et un père, ramène Madame Pernelle elle-même dans le giron familial: tous font bloc, y compris Valère, qui représente lui aussi l'autre, mais un autre dont tout le dessein est de perdre précisément son altérité et qui, épousant le parti de sa future belle-famille et faisant passer les intérêts de celle-ci avant les siens propres, s'intègre de la sorte au groupe dont il partage les valeurs et le destin. Le dénouement de la comédie est ainsi à double détente: d'abord, le front commun opposé à Tartuffe rétablit l'unité menacée du groupe, et c'est cela qui compte, puisque c'est l'éclatement de cette unité qui faisait le point de départ de l'action et l'objet de la scène d'exposition. Quoi qu'il advienne, l'offensive de l'autre a échoué: le désordre moral dont il était l'agent, ce virus de dissolution qu'il portait en lui, a été repoussé. Reste à donner à cette victoire morale du groupe sa figuration pratique: c'est le second moment du dénouement, qui restitue à la famille sa maison et ses biens et qui, par le mariage annoncé aux derniers vers, lequel va

> couronner en Valère
> La flamme d'un amant généreux et sincère   (v. 1961-1962)

consacre l'union présente et assure l'unité future du groupe.

Négative, par les dangers dont elle est porteuse et les menaces qu'elle fait peser, l'action de l'étranger dans la maison aura, au bout du compte, été positive, dans la mesure même où elle aura, avec l'expulsion de Tartuffe et son contrepoint, l'intégration de Valère, permis à l'unité familiale de se reconstituer dans sa vérité retrouvée. Car, avec l'imposteur, c'est aussi la dialectique du vrai et du faux qui entre dans le débat familial, et qui est porteuse d'une autre leçon. Si l'arrivée de Tartuffe a pour premier effet de faire éclater le groupe, son action sur les individus qui le constituent n'est pas moins essentielle. La thématique de l'étranger dans la maison se double ici d'une autre thématique, qu'on pourrait appeler celle de la visite, et qu'illustrerait bien le film de Pier Paolo Pasolini, *Théorème*. Tartuffe figure bien en effet ce visiteur qui, comme le jeune homme qui s'introduit dans la famille d'un riche industriel milanais, vient semer la perturbation en révélant chacun pour ce qu'il est et en mettant à nu sa vérité cachée. Certes, il y aurait quelque anachronisme à vouloir établir une correspondance précise entre la comédie moliéresque et la parabole que développe le film du poète-cinéaste italien, relisant le christianisme à la lumière de Freud et de Gramsci. Pour autant, et Antoine Vitez dans sa mise en scène de la pièce en 1978 l'avait pressenti, il y a bien dans les deux cas variation sur un même thème. Tartuffe, comme le visiteur de Pasolini, a valeur de miroir. Sa fausseté parle en chacun avec ce que celui-ci dissimule, même inconsciemment, dans ses profondeurs secrètes, et le fait donc remonter à la surface. Elle joue, au sens chimique et photographique du terme, le rôle d'un révélateur. Dans cet univers bien lisse d'une famille bourgeoise, voici que le visiteur éclaire des fantasmes, des pulsions, toute cette zone trouble du corps et du sexe que la comédie, et Molière en particulier, bien avant Freud, se plaît à mettre au grand jour. En prêchant le faux, l'hypocrite obtient le vrai: le sein dénudé de Dorine est là, dès les premiers mots que prononce Tartuffe, pour dire toute la fausseté d'une réaction de pudeur morale que dément l'acuité révélatrice d'un regard qui a tout de suite plongé dans le décolleté de la servante. Mais cet «abus des nudités de gorge», contre laquelle s'insurge dans les mêmes années l'abbé Boileau[2] dans un opuscule qui traite doctement des périls moraux et spirituels que font courir les poitrines ainsi dénudées, démontre aussi que la servante de Mariane n'hésite pas mettre ses appas en valeur, et qu'elle donne à sa jeune maîtresse l'image d'une sexualité épanouie qui ne cherche pas à se dissimuler. Si le loup entre avec Tartuffe dans la bergerie, les brebis ne manquent pas de frémir. Elmire, en particulier, qui, épousée en secondes noces par un Orgon père déjà de deux grands enfants, témoigne d'un souci d'élégance vestimentaire que lui reproche Madame Pernelle, et qui montre qu'elle est encore à l'âge de séduire, ce que confirme d'ailleurs les nombreuses visites que suscitent «ses attraits» et dont Tartuffe lui fait grief. Les sens du dévot sont charmés, comme il le confesse, par cette «beauté tout aimable», et il apparaît, à la façon dont Elmire repousse avec une fermeté qui n'exclut pas la grâce, qu'elle a déjà dû souvent être l'objet, lors des visites galantes qu'elle reçoit, de tels empressements. Si elle entend rester fidèle à son mari, elle sait aussi ne pas déplaire à son soupirant, établissant avec lui une sorte de connivence du secret partagé quand elle l'assure qu'elle ne dira rien de tout cela à Orgon. El-

---

[2] Abbé Jacques Boileau: *De l'abus des nudités de gorge*, 1677 - rééd. Grenoble, Jérôme Millon, 1995.

mire n'est pas coquette, mais elle n'est pas pour autant une figure désincarnée. Femme dans la beauté de l'âge, délaissée par un mari qui ne pense plus qu'à Tartuffe, elle a un corps, et celui-ci n'est pas insensible. Lorsque Tartuffe tâte d'un peu trop près l'étoffe de sa robe et laisse ses doigts s'égarer: «Ah! de grâce, laissez, je suis fort chatouilleuse» (v. 918) dit-elle en se reculant, comme si précisément il y avait quelque risque, voire quelque tentation, à se laisser ainsi caresser, chatouiller... Et dans la grande scène où Tartuffe repart à l'assaut, bien décidé cette fois à emporter la citadelle, la façon dont elle joue le jeu de la séduction qu'elle a elle-même imaginé montre qu'elle en connaît parfaitement les règles et les ressorts. Cette femme qui se met en position d'être séduite et d'être prise, là, sur une table, avec son mari caché dessous, cela tient certes d'une situation de comédie, mais cela peut tenir aussi d'une sorte de fantasme, auquel d'ailleurs Tartuffe donne effectivement chair: dans une mise en scène récente à la Comédie-Française[3], Philippe Torreton donnait du séducteur une interprétation brute, animale presque, ne laissant aucun doute, par un mouvement vif et saccadé du bassin, sur ce qu'il entendait par ce «jus de réglisse» qu'il proposait à Elmire pour la calmer. Et la façon dont, une fois Tartuffe découvert, celle-ci se dédouane auprès de lui de cette comédie du sexe qu'elle vient de lui jouer - «C'est contre mon humeur que j'ai fait tout ceci» (v. 1551), lui dit-elle, et la didascalie indique qu'elle ne s'adresse qu'à lui - montre bien qu'elle garde, par-dessus Orgon, une certaine connivence avec ce partenaire d'un jeu troublant.

Dans cette scène fort chaude, en effet, c'est le désir qui a été sollicité: celui, manifeste et direct de Tartuffe; celui, plus discret mais non moins sensible, d'Elmire:

> Mon Dieu, que votre amour en vrai tyran agit,
> Et qu'en un trouble étrange il me jette l'esprit!
> Que sur les cœurs il prend un furieux empire.
> Et qu'avec violence il veut ce qu'il désire!   (v. 1467-1470).

Le «trouble étrange» passe, dans une gradation révélatrice, de l'esprit au cœur, et du cœur au désir... Mais désir aussi du troisième larron de la scène: Orgon. De tous les membres de la famille, c'est sans conteste lui qui a subi de la façon la plus forte l'emprise de Tartuffe: l'irruption du personnage dans sa vie l'a totalement bouleversée. Ce père et cet époux aimant délaisse ceux qu'il aime pour reporter toute son affection sur «le pauvre homme» de Tartuffe. Le soin avec lequel il s'inquiète de lui, la béatitude,

---

[3] Dans une mise en scène, non créditée, de Dominique Pitoiset, en mars 1997. Sur les mises en scène du *Tartuffe*, voir notre édition de la pièce dans la collection Folio-Théâtre, 1997, p. 187-202.

qui frise l'hébétude, avec laquelle il le regarde, la soumission complète
qu'il manifeste à celui qui désormais est le seul objet de sa tendre sollici-
tude: tout cela traduit aussi un fonctionnement perturbé du désir. Planchon,
on le sait, en choisissant avec Michel Auclair un Tartuffe jeune et séduisant
tournant la tête et les sens de l'Orgon sensiblement plus âgé de Jacques
Debary[4], traduisait une relation passionnelle qui, selon ses propres termes,
«porte un nom», l'homosexualité. Et, de fait, homosexuel ou pas, il y a
bien quelque désir qui passe dans la façon non seulement dont Orgon entoure Tartuffe de son affection, mais aussi dans la façon dont il réagit en
découvrant que celui-ci l'a trompé:

> Tout doux! vous suivez trop votre amoureuse envie,
> Et vous ne devez pas tant vous passionner.
> Ah! ah! l'homme de bien, vous m'en voulez donner!
> Comme aux tentations s'abandonne votre âme!
> Vous épousiez ma fille, et convoitiez ma femme! (v. 1542-1546).

A ce cri du cœur - «Vous épousiez ma fille, et convoitiez ma femme», on
voit bien ce que veut dire Orgon: «et moi? et moi?». Dans cette fête du
plaisir, que traduisent les mots qui lui viennent à la bouche - «amoureuse
envie», «passionner», «tentations» -, Orgon souffre d'être exclu. Plus que
sa fausse dévotion et son hypocisie morale, ce qu'il reproche à Tartuffe,
c'est de l'avoir trompé, au sens quasi amoureux du terme, en pensée avec
sa fille, et presque en acte avec sa femme. Vanité blessée, mortification
d'avoir été grugé: c'est un même dépit, celui du désir inabouti, inassouvi,
qui passe.
    Face à l'autre, chacun des membres de la famille se montre donc sous
son jour le plus secret: il en va de même de Damis, de Mariane, de Dorine,
de Madame Pernelle. Si la chose est, pour eux, plus discrète, c'est que les
enjeux, avec eux, sont moins importants. Mais, dans tous les cas, Tartuffe
révèle leur moi intime. L'altérité est un miroir réfléchissant, où chacun se
découvre par ses propres réactions. Faut-il aller plus loin, et, reprenant la
thématique du film de Pasolini, faire de cette visite une sorte de visitation
spirituelle? Le terrain même où s'exerce l'hypocrisie de Tartuffe - la dévotion - amène au moins à se poser la question. Y a-t-il, dans la pièce de
Molière, une dimension spirituelle de l'altérité? En d'autres termes, ne
peut-on envisager Tartuffe comme un envoyé de l'Au-delà, et dans ce cas
non du Ciel, mais de l'Enfer, une sorte d'Ange noir qui passe, et qui ne serait que la forme dévoyée de l'Autre, du transcendantal? Ainsi envisagé, le
problème revient à définir la pensée de Molière en matière spirituelle. Si

---

[4] Dans sa première mise en scène du *Tartuffe*, au Théâtre de la Cité de Villeurban-
ne, en 1962.

Tartuffe représente l'irruption du sacré dans le domaine du temporel, si même sa venue dans la maison d'Orgon figure comme l'incarnation d'une figure christique faite homme - «le pauvre homme» -, de deux choses l'une: ou il est lui-même la face frauduleuse d'une Vérité qu'il bafoue par son imposture, ou c'est cette Vérité qui est elle-même frauduleuse par le fait qu'elle puisse ainsi se révéler par l'imposture. Molière athée et libertin? Ce n'est pas le lieu de reprendre le débat et de rouvrir la querelle. Mais peut-être peut-on relever que, au-delà de la question du vrai et du faux, c'est le principe même de l'altérité transcendentale qui se trouve portée sur la lumière de la scène. *Le Tartuffe* est une comédie, et Molière n'entend certainement pas résoudre sur la scène du théâtre ce qui relève du secret des consciences et de la conviction intime. Mais ce qu'il met en scène, c'est précisément la part de doute, d'incertitude, de mystère qui fait le fond de la question. C'est peut-être moins ce que Tartuffe est, au fond de lui-même, qui inquiète, que ce qu'il suscite d'interrogations. Peut-on, après son passage, garder la foi du charbonnier? Orgon pourra-t-il plus jamais croire les yeux fermés? La crédulité n'est-elle pas la grande coupable de tout ce qui s'est passé? Et l'on sait que certains, poussant à bout le raisonnement, n'ont pas craint de penser que c'était Tartuffe le vrai croyant, et Orgon le faux: «Tartuffe est un mystique. Tartuffe croit», affirmait Coquelin aîné en l'interprétant, de fait, comme un saint homme. Et Roger Hanin, dans sa toute récente mise en scène, en fait une sorte de fou de Dieu venant réveiller les tièdeurs de croyants assoupis dans leurs certitudes et leurs accommodements confortables[5]. Ce qui, dans la mise en scène d'Ariane Mnouchkine en Avignon[6] se traduisait sous une forme très différente, mais relevant d'un même type de lecture: un Tartuffe accompagné d'une bande de barbus à chemises blanches et longues redingotes noires, représentant un fondamentalisme aussi bien musulman que juif face à un Orgon qui, dans son catholicisme occidental, s'en fait le complice par sa démission.

L'incursion de l'Autre, qu'elle soit ainsi authentique ou frelatée, qu'elle incite à penser, selon la façon dont on reçoit la comédie, que Molière croyait au ciel ou qu'il n'y croyait pas, apparaît de toutes les manières perturbante. Le dénouement, qui voit l'arrestation de Tartuffe, conjure seul l'inquiétude et apporte l'apaisement. Mais reste la question que Tartuffe, et ce sont ses derniers mots, pose lui-même: «Pourquoi donc la prison?» (v. 1903). On pourrait avoir l'impression en effet que Molière s'empresse d'enfermer cet inconnu si mystérieux, comme s'il y avait trop grand risque à laisser en liberté ce qu'il représente. Mais fait-on taire Tartuffe? Et enfer-

---

[5] Dans sa mise en scène, où il interprétait lui-même le rôle de Tartuffe, en 1997.

[6] Au Festival d'Avignon, à l'été 1995.

mer l'Autre à double tour, cela suffit-il à le faire disparaître? La réponse de Molière ne fait guère de doute, et cette réponse, c'est la liberté de la scène, liberté constamment menacée et sans cesse revendiquée, qui l'amène, en cinq ans et en trois versions successives, à vouloir à toutes forces faire sortir son *Tartuffe* de la prison où la censure entend, en l'interdisant, nier jusqu'à son existence. Et la réponse posthume, ce sont ces quelque 3500 représentations que la pièce a connues depuis à la Comédie-Française, et les quelques dizaines de milliers d'autres sur d'autres scènes, un peu partout dans le monde.

Il y a bien une dimension spirituelle de la comédie, mais elle réside moins dans un message que voudrait délivrer Molière - il n'est pas théologien, ni même philosophe, mais homme de théâtre - que dans la mise en scène du mystère, et dans cette ambiguïté même qui fait le fond du personnage et de la pièce. Mettre l'Autre en scène, voilà qui suffit à faire vaciller les certitudes, à troubler les consciences, à mettre en émoi, et à faire naître ce sentiment mêlé que continue de laisser à tout spectateur la représentation de la pièce: l'attrait et la répulsion, le rejet et l'impression pourtant d'une fraternité.

Le côté abrupt du dénouement et l'artifice longtemps souligné de l'intervention royale par l'Exempt interposé - un *Rex ex machina* en quelque sorte - peuvent pourtant se comprendre si l'on relève que le monarque, par cet ultime coup de théâtre, rétablit l'unité perdue. Garant de l'ordre familial, le roi remet Orgon dans son statut et ses droits de *paterfamilias*, lesquels ne sont, au plan domestique et privé, que la traduction du pouvoir qu'exerce le roi au plan politique et public. Car, en menaçant l'unité du noyau familial, Tartuffe a aussi menacé l'unité de la cellule globale: celle de l'Etat. Tartuffe, par

> un long détail d'actions toutes noires
> Dont on pourrait former des volumes d'histoires (v. 1925-1926)

se révèle comme un criminel d'état, porteur du désordre politique, et dangereux du même coup pour le principe de la monarchie absolue. Face à l'unicité du pouvoir royal, il est l'autre, l'ennemi intérieur, qui a tenté même d'utiliser la force de l'état pour mener ses propres affaires et d'en détourner ainsi l'action à son propre compte. Là où Orgon, loyal sous la Fronde, a contribué à maintenir l'unité du pouvoir, lui a voulu utiliser la justice royale comme un simple instrument dans ses visées de pouvoir personnel. Dans un monarchie absolue, où règne l'Un, Tartuffe, c'est toute la force dissidente et subversive de l'Autre. Et le choix est simple en la matière: c'est l'Un, ou l'Autre…!

*   *

*

Le Tartuffe est une pièce complexe, et la grande réussite de Molière est assurément que, face à ceux qui mettraient en doute les talents d'hypocrite du personnage, la réception constamment renouvelée de l'œuvre et les interprétations les plus contradictoires qu'elle a suscitées apportent un démenti évident: trois siècles après son apparition, Tartuffe n'en finit pas de tromper son monde. Qui est-il vraiment? Au terme de cette étude, on serait tenté de répondre simplement: il est l'autre, c'est-à-dire celui dont la différence même suscite le trouble, perturbe l'ordre établi, fait naître questions et inquiétudes. Il est l'autre, qui séduit ou qui révulse, et par rapport auquel en tout cas on se révèle. Les quatre dimensions de cette altérité, telles que nous les avons ici dégagées - domestique, personnelle, spirituelle, politique -, illustrent la diversité profonde et multiforme de ce qui est bien une «grande comédie», capable d'aborder tous les sujets. Et capable de donner, sous ses habits de théâtre, forme et chair à l'altérité. Inquiétante, attirante. Comme Tartuffe.

Emulation et insuffisance:
La quête de l'autre dans la tragédie classique

CHRIS GOSSIP

University of New England, Australie

Le rôle du passé dans la tragédie française classique a fait couler beaucoup d'encre. Le thème de la guerre de Troie dans *Andromaque*, par exemple, et l'influence que cette guerre continue à exercer sur le présent des personnages ont suscité de nombreuses interprétations.[1] Les récits et leurs descriptions physiques - la violence, le carnage, le contraste entre le jour et la nuit - se joignent aux paroles et aux passions des combattants et constituent pour les survivants toute une série de souvenirs, glorieux ou néfastes. Ainsi est dessiné un arrière-plan géographique et historique, un monde extérieur qui tranche avec le huis clos du décor unique du palais à volonté et avec la vie actuelle plus routinière, voire même ingrate. Mon propos aujourd'hui est d'examiner des tableaux de ce genre à travers l'autre lentille du téléscope, de prendre certains individus et de tracer les tentatives qu'ils font pour être l'émule de leurs prédécesseurs, ancêtres ou autres, connus ou inconnus.

La relation principale est celle du fils, luttant pour rivaliser avec un père à succès, célèbre, parfois même divinisé. Un enfant comme Astyanax, «d'Hector jeune et malheureux fils» (*Andromaque*, v. 71),[2] reproduit l'image du père défunt (v. 1016): «Voilà ses yeux, sa bouche, et déjà son audace», dit Andromaque, «C'est lui-même, c'est toi, cher époux, que j'embrasse» (v. 653-654). Peinture idéalisée peut-être du point de vue géopolitique, mais réaliste dans ce sens que ce fils prisonnier donc invisible peut prétendre à hériter sinon l'influence et la gloire de son père, du moins son courage et son caractère. Cette influence sera exercée par la médiation d'Andromaque, veuve d'Hector (v. 108, 662, 860, 1320) mais elle-même détachée de tout lien parental, et par le souvenir des «héros de sa race» (v. 1113), transmis par la mère avant et après son «innocent stratagème» (v. 1097).

---

[1] Voir C. McGarry: «The role of the past in Racine's *Andromaque*», in: *The Seventeenth Century. Directions Old and New*, éd. E. Moles et N. Peacock (Glasgow: University of Glasgow French and German Publications, 1992), p. 88-97.

[2] Les citations raciniennes sont tirées des textes définitifs. Celles de Corneille proviennent des *Œuvres complètes*, éd. G. Couton, t. I (Paris: Gallimard, Bibliothèque de la Pléiade, 1980).

Le cas d'Astyanax est unique: face à un modèle quasi surhumain, Racine nous présente un très jeune absent innocent, une page vierge sur laquelle sera inscrite l'histoire des rescapés de Troie. Or, selon Roland Barthes, dans le théâtre racinien il y a un conflit entre le passé et le présent, l'antériorité et l'actualité: «Le seul mouvement qui soit permis au fils est de rompre, non de se détacher ... Ou le fils tue le Père, ou le Père détruit le fils»[3]. Oreste et surtout Pyrrhus répondent mieux à cette description. Le fils d'Agamemnon (v. 178, 274, 1159-1160) joue un rôle représentatif, comme porte-parole des Grecs et de Ménélas (v. 622), comme le tueur sans gages attitré d'Hermione. Mais l'assassinat bâclé mène au suicide de son amante. Ainsi les ordres du père Ménélas, oncle d'Oreste, qui ont tant gouverné la conduite d'Hermione (v. 406-408, 522-523, 583-584, 881-883, 1194, 1284-1286) et le devoir de la fille dont on a promis la foi (v. 819) sont éliminés par cet ambassadeur en même temps que le roi et Hermione et, à travers eux, les ancêtres qui ont mis en branle la chaîne d'événements. En tant que fils (v. 146, 150, 310, 662) et rival (v. 630) d'Achille, Pyrrhus cherche à égaler sinon surpasser son père. Selon Hermione, les exploits d'Achille sont effacés par ceux de Pyrrhus (v. 467), le fils imitant la mort d'Hector (v. 360-362, 1019) en massacrant Troie (v. 148): «Et vous avez montré, par une heureuse audace, / Que le fils seul d'Achille a pu remplir sa place», lui dit Oreste (v. 149-150). Mais la protection qu'il accorde aux deux Troyens fait qu'il devient contraire «à la Grèce, à mon père, / A moi-même» (v. 609-610), au point de tromper la confidente Céphise, rassurée que Pyrrhus «ne se souvient plus qu'Achille était son père» et qu'il «dément ses exploits et les rend superflus» (v. 990-991). Le point de vue le plus réaliste est celui d'Hermione, qui rappelle sans pitié l'égorgement du vieux Priam et de la jeune Polyxène (v. 1333-1340). Pyrrhus a donc atteint le père et la sœur d'Hector, renchérissant sur l'action d'Achille, mais par un acte de vengeance qui finit par le diminuer (v. 1341-1343).

L'insuffisance du fils vis-à-vis de son parent ou de ses proches se prête à être reconnue ou méconnue. Ainsi Pyrrhus admet volontiers son «excès de rage» (v. 1341), son emportement (v. 1342), mais il les consigne au passé, à l'oubli (v. 1344). La chose est moins aisée pour d'autres personnages raciniens. Néron a beau être père de la patrie s'il oublie qu'Agrippine est sa mère (*Britannicus*, v. 47-48) et que pour se conduire il a un choix d'aïeux - Auguste, Tibère, Germanicus -, des héros parmi lesquels la mère n'ose guère se placer. Selon Burrhus, Néron suffit pour se conduire; il n'a qu'à se ressembler (v. 218). Mais en voulant se dégager de l'influence de sa mère, le monstre naissant doit se défaire aussi de son gouverneur Burrhus et du poids de la tradition et de l'ordre public représenté par ces deux

---

[3] R. Barthes: *Sur Racine* (Paris: Seuil, 1963), p. 49.

personnages. Les attaches qui le lient à Octavie, sœur de Britannicus, par
«un hymen que le ciel ne veut point avouer» (v. 598), doivent être dé-
nouées aussi:

> Quoi donc! Qui vous arrête,
> Seigneur?
> Tout: Octavie, Agrippine, Burrhus,
> Sénèque, Rome entière, et trois ans de vertus.
>
> (v. 459-461).

Cette série de libérations lui permettra de s'emparer de Junie, destinée à
son demi-frère, de s'empiéter en tyran sur le terrain de l'autre. Mais il n'a
pas compté avec l'hérédité, avec l'influence sur Agrippine de «l'humeur
triste et sauvage» des «fiers Domitius» (v. 36), de la famille de Claude et
de sa fierté (v. 38). Néron a hérité de la personnalité de sa mère et en reste
la victime, malgré les actes sanglants qui marquent le dénouement de la
pièce.

Dans *Bérénice*, Titus va jusqu'à dire «J'ai même souhaité la place de
mon père» (v. 431). Vespasien avait restauré la paix après les règnes sanglants de Galba, d'Othon et de Vitellius, mais Titus désire l'empire uniquement pour faire de Bérénice une impératrice. Autrement il aurait donné
ses jours pour prolonger ceux de son père (v. 434). L'ironie dicte que son
ambition, une fois réalisée, est frustrée par la dignité impériale. Au lien
père-fils et à l'obstacle que constitue la succession de Vespasien, il faut
ajouter les relations entre Antoine et Cléopâtre, précurseurs du couple Ti-
tus-Bérénice. Selon Paulin, Antoine a oublié dans le sein de la reine «sa
gloire et sa patrie / Sans oser toutefois se nommer son époux» (v. 392-393).
Mais c'est Rome, jumelée si souvent dans le texte avec le nom de Vespasien, qui rappelle à Titus sinon sa médiocrité, du moins son insouciance in-
opportune: «Et c'est moi seul aussi qui pouvais me détruire ,.. / Je
n'examinais rien, je pensais l'impossible» (v. 1087, 1092). La séduction de
l'amour effaçait la réalité d'un monde dont il allait assumer la responsabilité, le fardeau de cette personne autre - l'Empire, le peuple romain - qui est
pour lui comme une première épouse, avec des «yeux jaloux» (v. 293).
L'exemple de Vespasien devient donc moins important pour Titus: le père
et le fils se confondent, tout comme l'apothéose de l'empereur défunt décrite par Bérénice («De cette nuit, Phénice, as-tu vu la splendeur ...», v.
301) est plutôt une cérémonie de déification de son successeur. L'obstacle
est constitué par la femme rivale, «le peuple, le sénat, tout l'empire romain,
/ Tout l'univers» (v. 1077-1078), à la fois mère et épouse, dont la haine
voudrait provoquer chez Titus une rupture, un divorce qu'il finit par esquiver.

Mithridate et Thésée offrent l'exemple de pères absents qui exercent une influence sur leurs fils mais qui en subissent une aussi. Le quiproquo provoqué par une mort présumée est de courte durée - Racine n'est pas Quinault ou Thomas Corneille - mais le dramaturge en profite pour souligner à la fois les différences et les ressemblances qui existent entre parents et enfants. Dans la tragédie de 1673, la confrontation entre les deux fils de Mithridate et leur père est double, car le roi de l'histoire avait épousé Monime et l'avait fait mettre à mort. Or Racine a ressucité Monime, rendu Pharnace et Xipharès amoureux d'elle, tandis qu'il la suppose amoureuse de Xipharès. La lutte entre l'aîné, «tout Romain dans le cœur» (v. 25), «l'esclave des Romains» (v. 110), et le cadet, «le fils de ton roi» (v. 110), «plus que jamais à mon père fidèle» (v. 27), est rehaussée par leur statut de demi-frères. Elle s'ajoute au combat qui engage Xipharès, avec son amour légitime (v. 11) qui a devancé celui des autres, et Mithridate, avec sa passion de vieillard qui échappe au ridicule. Mais si Pharnace, le fils traître, peut être neutralisé par un mariage avec la fille du roi parthe (v. 853), Xipharès, le fils soumis (v. 465) et préféré, porte le fardeau de la trahison de sa mère Stratonice (v. 61-66). C'est ce crime qui lui a fait un moment abandonner Monime (v. 69) au profit de son père. Une fois de plus, l'émulation n'est pas simple mais complexe: à Mithridate et sa tendresse Racine oppose un fils dominé par la peur et un autre, Xipharès, cet «autre moi-même» (v. 1067, cf. v. 1107), dont le respect empêche toute véritable dispute. Il en résulte une espèce de paralysie qui ne sert qu'à souligner l'activité du vieux roi, acculé à la défaite. Si le suicide *in extremis* de Mithridate fournit un dénouement heureux à l'intrigue amoureuse, son âme politique, qu'il essaie d'insuffler à Xipharès (v. 1696), aura du mal à prendre greffe: la fidélité du fils pourra bien rejeter ce corps étranger. Le crime de sa mère ne sera jamais effacé (v. 940), Xipharès continuera de sentir la honte de ne pas être l'égal d'un parent plus grand que nature (v. 942), il ne sera pas à même de soutenir, tel son père, la cause de tous les rois de l'Asie, de monter une résistance contre les Romains (v. 773). Mithridate est donc «ce roi que l'Orient tout plein de ses exploits / Peut nommer justement le dernier de ses rois» (v. 301-302). Le poids de l'exemple est enlevé, mais Xipahrès ne dira-t-il pas, comme Monime, qu'il cherche désespérément à disposer de son sort (v. 1521-1522)?

Sanguinaire et jaloux, Mithridate reste quand même un modèle à émuler, de par son énergie et son autorité. Le fils de Thésée doit affronter un parent tout aussi ambivalent, une double personnalité qui a du mal à s'accepter. Comme Xipharès, Hippolyte est le fils parfait et voudrait devenir le parfait amant. La rivalité en amour fait place à l'amour interdit, mais Hippolyte, atteint maintenant d'une «faiblesse qui le rendrait un peu coupable envers son père» (*Phèdre, Préface*), n'hésite pas à condamner les aventures sentimentales de Thésée, «sa foi partout offerte et reçue en cent lieux» (v. 84). Par contraste, les nobles exploits militaires du père redressent l'équilibre: «un long amas d'honneurs rend Thésée excusable», affirme Hippolyte, «... aucuns monstres par moi domptés jusqu'aujourd'hui / Ne m'ont acquis le droit de faillir comme lui» (v. 98-100). Ce sentiment d'infériorité deviendra bientôt reproche: fils inconnu d'un si glorieux père (v. 945), Hippolyte exige la dignité d'être exposé aux mêmes dangers, aux mêmes tâches que Thésée quand ce dernier avait son âge (v. 933-952). L'ancien dompteur de monstres, qui vient de s'offrir un cours de recyclage en donnant à manger aux animaux familiers du tyran de l'Epire (v. 970), servira d'aiguillon à son fils condamné. Comme pour prouver à tout l'avenir qu'il est bien fils de Thésée (v. 952), Hippolyte lutte contre le seul monstre qui ait échappé à son père (v. 948) et «apporte à [ses] pieds sa dépouille honorable» (v. 949). Car «d'un dard lancé d'une main sûre» (v. 1529) il réussit à faire une large blessure dans le flanc du monstre marin envoyé par Neptune. La mort affreuse que le fils subit ensuite ne diminue en rien l'importance de cet exploit.

On voit donc, à travers ces quelques exemples, que Racine profite du contraste entre les générations, de la rivalité entre parents et enfants, et même de l'existence d'enfants de lits différents, pour mettre en relief des sentiments d'insuffisance, des complexes d'infériorité qui contribuent au tragique de ses pièces. Qu'en est-il de Corneille, avec ses intrigues plus robustes et ses personnages qui sont censés être plus optimistes, plus confiants? Chez lui, on voit la même quête fiévreuse de l'autre, le même désir de se mesurer à un parent, de définir par là son héroïsme. Dans *Le Cid*, les générations se succèdent: «Vous êtes aujourd'hui ce qu'autrefois je fus», dit Don Diègue au Comte (*Le Cid*, v. 206), «Votre rare valeur a bien rempli ma place» (v. 204). Ensuite c'est à la jeunesse inexpérimentée de prendre la relève. Rodrigue «sort d'une maison si féconde en guerriers» (v. 17) que Chimène peut se promettre des performances à la hauteur du père (v. 23), et cela malgré le fait que Rodrigue et Don Sanche combattent pour la toute première fois (v. 410, 1629-1630). La défense de Séville et de l'honneur de Diègue commence donc au degré zéro, et Corneille rend la tâche plus ardue lorsqu'en 1660 il améliore le CV du Comte: celui qui, «tout sanglant au milieu des batailles», s'était fait «un beau rempart de mille funérailles» (1637: v. 279-280) réussit maintenant à «porter partout l'effroi dans une armée entière» et par sa valeur rompre cent escadrons (1660: v. 278-279). Dans son premier combat, Rodrigue n'est que l'outil; Don Diègue se réclame la contribution intellectuelle (v. 734). Mais plus tard le père le félicite d'avoir imité sa valeur (v. 1039), d'avoir égalé tous ses coups d'épée (v. 1042). Ce succès lui ouvre des perspectives: lorsqu'avec 3.000 amis (v. 1270) et au bout de trois heures de lutte (v.

1117) Rodrigue a mis en déroute trente vaisseaux ennemis (v. 1284), la défaite des Maures lui permet, comme dans une partie de saute-mouton, non seulement de dépasser d'un seul bond son père et feu le Comte mais d'être reconnu et récompensé par les deux rois captifs (v. 1232-1234). Suprême consécration. Ce faisant, il a oublié cependant de respecter les bienséances: il n'a pas sollicité l'autorisation du roi (v. 1257-1258) et, dit-il à Don Fernand, «je feins hardiment d'avoir reçu de vous / L'ordre qu'on me voit suivre et que je donne à tous» (v. 1281-1282). Cette chaleur, ce premier mouvement, cette preuve d'initiative sont pardonnés cependant, bien plus facilement que le crime d'Horace, le premier roi de Castille n'étant guère à la hauteur du jeune conquérant.

Rodrigue arrive donc à se démarquer des autres, de Don Diègue, de Don Gomès, des deux rois ennemis, de Don Sanche qui endosse le harnois pour la première fois, et de Chimène, avec sa soif de justice. En «tirant [sa] raison» (v. 333), le fils crée un écart qui lui permettra de devenir non pas un simple bras mais un être à part entière. «Etant sorti de vous», dit-il à Don Diègue, «je ne pouvais pas moins» (v. 1050). Dans la pièce suivante, Corneille nous présente un jeune guerrier déjà éprouvé qui affirme que Curiace, son beau-frère, est «un autre [moi]-même» (*Horace*, v. 444) mais qui, quelques instants plus tard, l'ensevelit dans l'oubli de l'altérité: «Albe vous a nommé, je ne vous connais plus» (v. 502). Comme sa femme Sabine (v. 903), il s'identifie à d'autres membres des deux familles étroitement imbriquées, sauf à son père, le Vieil Horace, qu'il consulte à peine avant le meurtre de Camille. Ce n'est qu'au dernier acte que l'intervention du père, redoutée plus tôt par Sabine (v. 1054), exerce une influence sur le sort du fils criminel. L'indépendance d'Horace, affirmée par cette séparation d'avec le Vieil Horace et par les plaintes continuelles de Sabine, est mise en relief par le jugement de Tulle. Le crime n'est pas pardonné mais tout simplement aboli, et Horace, invité à se réconcilier avec Valère, reste à la tombée du rideau un personnage isolé, exclus, étranger à lui-même.

Un dernier exemple doit suffire, et non le moindre: celui de *Cinna*. Ici la quête de l'autre est plus extensive. Emilie, fille d'un proscrit (v. 72), s'adonne à venger le «souvenir d'un père» (v. 894), à faire valoir «le sang des grands Héros» dont elle est née (v. 1314), à rayer l'influence de son parent adoptif, Auguste. Cinna se mesure à son grand-père maternel, au «sang du grand Pompée» (v. 238, 1030, 1546); il dira à l'empereur que son projet est de venger la mort de Pompée, attribuable à César, ainsi que celle de ses deux oncles, victimes d'Auguste. En même temps il doit éviter le sort de Brutus et de Cassius, poursuivis par Auguste et Antoine comme meurtriers de Jules César (v. 265); il se démarque de ces conspirateurs actifs mais finalement malheureux.[4] A un certain moment aussi, Maxime se voit comme «un autre Cinna» (v. 1347). Mais tous ces prétendus émules pâlissent auprès de l'empereur, qui se voudrait le concurrent de prédécesseurs comme Sylla, vainqueur de Marius, l'heureux Sylla qui, après une dictature impitoyable, s'est démis et a trouvé une mort tranquille, ou comme César, grand-oncle et père adoptif d'Auguste à l'époque où ce dernier se nommait encore Octave (v. 377-390). Tenté par la cruauté et la possibilité d'une retraite paisible, mais craignant un assassinat,[5] Auguste hésite, cherchant à reproduire une délibération qui, bien des années auparavant, l'avait éclairé sur le pour et le contre du pouvoir monarchique. Dans une reprise des plus ironiques, Cinna et Maxime remplacent les anciens conseillers Agrippa et Mécène (v. 394), tout comme Emilie a pris la place de Julie, exilée à cause de ses débordements (v. 638, 1589). C'est pourtant l'alter ego de l'empereur, sa première incarnation, qui instaure le dialogue qui finira par l'annonce de la clémence. L'Octave des proscriptions est devenu Auguste, mais le souvenir des cruautés, des mises à mort, dure encore, chez lui comme chez les autres. Ce n'est qu'en pardonnant aux conspirateurs et en entendant leur consentement que l'empereur arrive à extirper les influences néfastes qui l'ont poursuivi et à se délivrer ainsi de son passé.

Tous ces rapports de filiation, dont la plupart sont historiques, toutes ces contaminations de sujets plus ou moins connexes contribuent à un phénomène essentiel pour notre compréhension de la tragédie classique. Le dédoublement des personnages ou, dans certain cas, celui d'une seule personnalité traduit chez le protagoniste un état de mécontentement, d'inadaptation qui le tourmente. La solution prévue est donc de chercher un point de référence, de se comparer à ses précurseurs, de se mesurer avec leurs exploits publics, de se hisser à leur niveau ou, mieux, de les dépasser. Il en résulte un modèle à émuler, un obstacle à enlever ou un souvenir à rayer de sa mémoire. La fresque historique qui sert de toile de fond aux intrigues de Corneille, de Racine et de leurs contemporains est à la fois vaste et restreinte. A l'Orient désert, à l'immensité de l'Empire romain ou des légendes grecques les dramaturges opposent des besoins plus précis, plus personnels: la quête de l'autre ou parfois la fuite devant l'autre, la recherche d'une identité qui s'apparente à celle du clan tout en laissant au hé-

---

[4] Sur les parallèles entre *Cinna* et la mort de César, voir J. Mesnard: «Le thème de la mort de César dans *Cinna*», in: *Mélanges Jeanne Lods* (Paris: ENS de Jeunes Filles, 1978), p. 707-726 (p. 711-712).

[5] L'interprétation du v. 387 que donne Couton (p. 1606) me paraît trop subtile. Cf. F. Lasserre: *Corneille de 1638 à 1642. La crise technique d'«Horace», «Cinna» et «Polyeucte»* (Paris-Seattle-Tübingen, PFSCL, 1990), p. 149.

ros en puissance de la génération actuelle une grande marge de manœuvre pour imposer une personnalité en conformité avec son hérédité, un personnage donc forcément composé. Si l'histoire ne se répète jamais, ce n'est pas faute d'avoir essayé.

L'autre du moraliste

GIOVANNI DOTOLI

Université de Bari

1. Encore la même question: «qu'est-ce qu'un moraliste?»

J'ose poser encore la même question: «qu'est-ce qu'un moraliste?». P. Soler parle d'«une espèce incertaine»[1], K. Waterson souligne que son «genre aussi singulier qu'insaisissable résiste à toute tentative de définition»[2], C. Rosso admet que le panorama du moraliste est confus, et qu'au fond tout écrivain pourrait être un moraliste[3], enfin, L. Van Delft, le grand spécialiste de la littérature du moraliste, constate l'«abus» de ce terme[4]. De toute façon, il serait toujours lié aux «mœurs»[5], selon la définition qui apparaît dans le *Dictionnaire de l'Académie* de 1762. Premier constat important: le mot moraliste est enregistré pour la première fois en 1690, par Furetière. La conclusion est évidente: «ainsi, la notion même de *moraliste* n'a pas pris forme à l'époque classique»[6]. L. Van Delft nous propose cette définition très large[7]:

> Nous appellerons moraliste *l'écrivain qui traite des mœurs et (ou) s'adonne à l'analyse, en ne s'interdisant pas de rappeler des normes; qui adopte très généralement pour forme soit le traité, soit le fragment; dont l'attitude consiste à se maintenir avant tout à hauteur d'homme, du fait du vif intérêt qu'il porte au vécu.*

---

[1] P. Soler, *J. de La Bruyère. «Les Caractères»*, Paris, PUF, 1994, p. 8.

[2] K. Waterson, *Avant-propos* à *Réflexions sur le genre moraliste au dix-septième siècle,* ét. réun. par K. W., «Dalhousie French Studies» (Halifax), summer 1994, p. 3.

[3] C. Rosso, *Saggezza in salotto. Moralisti francesi ed espressione aforistica*, Napoli, ESI, 1991, p. 209-10.

[4] L. Van Delft, *Le moraliste classique. Essai de définition et de typologie*, Genève, Droz, 1982, p. 4.

[5] *Ibid.*, p. 17-37.

[6] *Ibid.*, p. 35.

[7] *Ibid.*, p. 108.

Ce même critique précise justement que «le genre de la réflexion morale est fluide et simple, et que le domaine du moraliste n'a rien d'un espace clos. Il donne, il ouvre sur d'autres genres»[8]. Nous devons admettre que nous sommes en face d'un type dont la connotation principale est «la diversité»[9].

Je voudrais contribuer à une définition plus claire. Ce qui me frappe, c'est la situation de La Bruyère en face de la critique à la fin du XVIIe siècle: elle insiste sur le rapport entre *Les Caractères* et les «yeux» de l'auteur[10]. Le moraliste serait-il avant tout celui qui *voit* l'autre? Son «livre du monde» est-il un immense champ ouvert à la vue? Le moraliste part de «la pratique» de la vie. Pour lui, «il s'agit de connaître 'l'autre', source de tout bonheur ou malheur possible. Il s'agit de le connaître pour l'attirer ou le vaincre, le séduire ou le punir»[11].

La connotation principale du moraliste est l'observation. Il connaît l'art d'observer les hommes[12]. Ses trois «attitudes», dont parle L. Van Delft, le «législateur», l'«observateur» et le «contemplateur»[13], se réduisent à une seule, celle du regard. «L'observateur et l'homme ne font qu'un»[14]. C'est pourquoi, le moraliste se fait «naturaliste» et «démasqueur»[15]. Il classe et inventorie le réel, grâce à la garantie de ses yeux enquêteurs. Il lit la nature en profondeur, il en déchiffre les signes secrets, parce qu'il se confie surtout au sens de la vue. J. Benda et P. Valéry se trompent: le moraliste n'est absolument pas un observateur poétique[16]. Il est un homme en chair et en os, qui a un rapport physique avec le réel, dans l'acception propre (scientifique) de ce mot. D'où la certitude que le moraliste a une méthode expérimentale, qu'il améliore au fur et à mesure, de Montaigne à Vauvenargues.

---

[8] *Ibid.*

[9] *Ibid.*, p. 170.

[10] *Célébration de La Bruyère. L'auteur des «Caractères» vu par vingt-six écrivains français des XVIIe, XVIIIe et XIXe siècles,* préf. de M. Mourlet, Paris, Valmonde-Trédaniel, 1996, p. 19-45.

[11] H. Vianu, «Qu'est-ce qu'un moraliste?», *Beitrage zur Romanischen Philologie*, II, 2, 1963, p. 65 et 66.

[12] M. Elias, *Die höfische Gesellschaft*, 1975, trad. en ital., Bologna, Il Mulino, 1980, p 127.

[13] L. Van Delft, *Le moraliste classique* […], cit., p. 299-336.

[14] Id., «Les «Caractères» et l'autobiographie à l'âge classique», dans *Actes de Davis*, Paris-Tübingen-Seattle, PFSCL, 1988, p. 92.

[15] Id., *Le moraliste classique* […], cit., p. 315-23.

[16] Id., «La réflexion sur le moraliste», *Romanische Zeitschrift für Literatur Geschichte*, 1980, 4, p. 85-89.

Ses analyses sont des «essais», des expérimentations à la Descartes. Son *Art de connaître les hommes* (c'est le titre d'un livre de M. Cureau de La Chambre - 1659 et 1666) est le résultat de l'emploi précis de la vue. Le moraliste s'en sert avec exactitude, parce qu'il a un véritable projet sur l'autre.

2. Le regard du moraliste

Le moraliste subit-il l'influence de la science de l'optique, qui fait, à partir de Galilée, d'immenses progrès? Est-il alors lui aussi un homme de science? Propose-t-il que, pour analyser l'autre, il faille suivre la leçon de la longue-vue, et de la série de miroirs à l'infini, qui nous permet de *regarder* l'univers pour la première fois? Il est certain que, selon lui, «l'*auctoritas* du regard concurrence celle de la parole»[17].

L. Van Delft souligne que La Bruyère considère son acte d'écrivain et de philosophe comme une conséquence directe de sa *vue*[18]: «Le philosophe consume sa vie à observer les hommes, et il use ses esprits à en démêler les vices et le ridicule»; «la raison tient de la vérité, elle est une; l'on n'y arrive que par un chemin», celui «des yeux», qui portent à «d'étranges découvertes», à «des choses [...] nouvelles», à «des expériences continuelles». Mais que l'on ne se trompe pas: «une seule et première vue» ne suffit pas[19]. Le processus du regard est le même que celui de la science: il comporte une série d'expérimentations.

Rien n'échappe à cette méthode du regard. L'autre se dévoile, s'ostente, «se fait voir»[20], avec un plaisir extraordinaire.

Et le moraliste de concevoir toute «une esthétique de l'acuité», selon B. Roukhomosky[21]. Son rapport avec le réel s'insère dans le domaine de la perspective. L'autre, les autres, se rapetissent; ils deviennent des points à l'infini, sur l'axe de l'œil, avec un jeu de «réflexion»[22], qui comporte une connaissance physique de soi-même.

---

[17] Id., *Le moraliste classique* [...], cit., p. 314.

[18] *Ibid.,* p. 314.

[19] J. de La Bruyère, *Œuvres complètes*, éd. ét. et ann. par J. Benda, Paris, Gallimard, 1993, *Les Caractères*, «De l'homme», 156, p. 341-42; «Des jugements», 27, p. 353.

[20] M. Guggenheim, «L'homme sous le regard d'autrui ou le monde de La Bruyère», *PMLA*, 81, 1966, p. 535.

[21] B. Roukhomosky, «L'esthétique de La Bruyère», Paris, *SEDES*, 1997, p. 24-28.

[22] L. Van Delft, *Littérature et anthropologie. Nature humaine et caractère à l'âge classique,* Paris, PUF, 1993, p. 155-61.

«Oisif, libre, utile»[23], le moraliste passe son temps «à ouvrir les yeux et à voir»[24]. Sa découverte du monde vient de l'optique, comme pour Galilée, d'où son «constat critique»[25], sur la base d'expérimentations concrètes. L'*homo viator,* le spectateur du théâtre du monde et le théoricien du moi dont parle L. Van Delft[26], est constamment «au balcon pour tout voir», selon l'expression de Sainte-Beuve[27]. Il est «spectateur de profession», «dans le balcon de la comédie», «à une fenêtre», «sur son échafaud», «sur l'amphithéâtre». Après avoir tout vu, «il n'aura point regret de mourir»[28]. Le monde s'ouvre[29]; il devient une série d'images enchaînées, comme dans un film.

L'autre suscite la *curiosité* de l'œil du moraliste. Les signes du réel s'organisent sur la ligne droite du rapport mathématique entre œil et objet/être humain/lieu, que le moraliste perçoit et analyse. Le moraliste *découvre* l'autre, en se plaçant à une distance juste du foyer de l'objet.

P. Soler attire notre attention sur la technique du pointillisme chez La Bruyère[30]. On peut dire la même chose de tout moraliste. Le moraliste discerne et juge, radiographie et expose l'autre: «regarder lui apparaît comme le devoir essentiel d'un homme qui ne veut pas tomber dans le divertissement»[31], ce qui l'oblige à «l'expression cohérente de la vie concrète» de l'autre, plutôt qu'à «celle du type abstrait»[32].

Et l'écriture de procéder par «jeux d'optique»[33]. Chez le moraliste, tout dépend de l'acte de la vue.

Pour dépasser la difficulté du «tout est dit», que souligne La Bruyère[34],

---

[23] M. Guggenheim, «Le philosophe de La Bruyère homme oisif, libre, utile», *Studi francesi*, XXV, 1981, p. 9-23.

[24] La Bruyère, *Les Caractères*, cit., «Des jugements», 104, p. 376.

[25] P. Ronzeaud, «De la politique dans «Les Caractères» de La Bruyère», *L'Information littéraire*, XLIII, 2, mars-avril 1991, p. 19.

[26] L. Van Delft, «Qu'est-ce qu'un moraliste?», *CAIEF*, 30, 1978, p. 107-14.

[27] Id., *La Bruyère ou du spectateur*, Paris-Seattle-Tübingen, PFSCL, 1997, p. 7.

[28] La Bruyère, *Les Caractères*, cit., «De la ville», 13, p. 208-09.

[29] L. Van Delft, *Littérature et anthropologie* […], cit., p. 159-66.

[30] P. Soler, *J. de La Bruyère* […], cit., p. 105-07.

[31] J. Mouton, *Les intermittences du regard chez l'écrivain*, Paris, Desclée de Brouwer, 1973, p. 35.

[32] E. Auerbach, *Mimésis. La représentation de la réalité dans la littérature occidentale*, Paris, Gallimard, 1968, p. 367.

[33] B. Roukhomosky, *L'esthétique de La Bruyère*, cit., p. 33.

[34] La Bruyère, *Les Caractères*, cit., «Des ouvrages de l'esprit», 1, p. 65.

il fait appel à l'objectivité du regard, impitoyable comme un instrument de laboratoire, et moyen de synthèse du théâtre de l'autre, comme tout miroir. L'œil du moraliste, comme celui de tout homme, n'est-il pas un miroir?

3. Le monde est un théâtre

Dès 1982, L. Van Delft pose avec clarté le rapport du moraliste avec le monde sur un plan de théâtralité. Il trouve des «analogies» entre le thème du *Theatrum mundi* et l'esthétique du moraliste[35]. Les petits et les grands moralistes ne font que répéter que «la vie [...] n'est qu'une comédie»[36], ou «les meilleurs acteurs sont ceux qui représentent mieux leur rôle»[37]. L'ancienne vision théâtrale de la vie se précise et s'impose dans la mentalité du XVIIᵉ siècle, et le moraliste s'insère parfaitement dans le monde baroque du double. Entre songe et voyage vers l'autre, il met en scène l'autre, acteur comme lui du théâtre du monde.

Encore une fois, c'est de l'optique qu'il faut partir. Le moraliste place l'autre sur la scène: en face de lui, à une certaine distance. Il est dans la salle, entre pénombre et obscurité, dans l'anonymat, tandis que l'autre est éclairé par les lumières de la scène, réduction au millième du théâtre de l'univers.

Récemment, L. Van Delft a étudié le rapport de La Bruyère avec le monde, en termes de «spectateur»[38]. Il me semble que ses conclusions pourraient être appliquées à n'importe quel moraliste.

La Bruyère souligne que la vie est une suite «de nouveaux acteurs»[39]. A partir de Montaigne, le réel se théâtralise. Le moraliste le voit «d'une loge»[40], d'où les hommes lui apparaissent comme des ombres anonymes et des «fantoches»[41], malgré leurs noms précis, leurs identités et leurs histoires. Parfois, c'est un véritable théâtre dans le théâtre, qui se répète sur la

---

[35] L. Van Delft, *Le moraliste classique* [...], cit., p. 191-94.

[36] P. Matthieu, *Tablettes ou quatrains de la vie et de la mort ou les Quatrains du Seigneur de Pibrac [...] augmenté des Tablettes [...] par P. Matthieu*, Paris, A. Rafflé, 1661, p. 51, n. XIV.

[37] J. De Callieres, *La fortune des gens de qualité*, Paris, Cl. Audinet, 1680, p. 231-32, 1ᵉ éd. en 1661.

[38] L. Van Delft, *La Bruyère ou du spectateur*, cit.

[39] La Bruyere, *Les Caractères*, cit., «De la Cour», 99, p. 246.

[40] L. Van Delft, *La Bruyère ou du spectateur*, cit., p. 19.

[41] *Ibid.*, p. 20.

scène de la scène[42]:

> Qui a *vu* la cour a *vu* du monde ce qui est le plus beau, le plus spécieux et le plus orné; qui méprise la cour, après l'avoir *vue*, méprise le monde.

> La ville dégoûte de la province; la cour détrompe de la ville, et guérit de la cour.
> Un esprit sain puise à la cour le goût de la solitude et de la retraite.

Le moraliste voit l'autre comme au cinéma, en mouvement (l'*homo viator* dont parle L. Van Delft[43]). La caméra du moraliste le suit et le capte, en reporter[44] avant la lettre. La science aussi, et donc l'optique, comporte un rapport de spectacle. L'illusion théâtrale aurait-elle un fondement scientifique? Les découvertes de Galilée viennent-elles de la philosophie du moraliste? Pour cueillir le spectacle impitoyable de l'autre, le moraliste transforme tout homme en un acteur. Et l'immense scène universelle de l'autre se montre. Pourrait-elle s'opposer? Nous le savons, tout œil est impitoyable. Ainsi le moraliste quitte-t-il la poussière du livre pour partir à l'aventure du regard: Descartes dit qu'il abandonne le savoir clos des livres (des «lettres»), pour «ne chercher plus d'autre science que celle qui pourrait se trouver en [lui]-même, ou bien dans le grand livre du monde»[45].

Alors, l'homme réel existerait-il, pour le moraliste? Il n'est fasciné que par la représentation de l'autre, l'autre représenté. Cour, Eglise, Ville, campagnes, villages, nobles, riches et pauvres sont des doubles. Ont-ils définitivement égaré leur identité réelle? Le moraliste regrette-t-il la perte d'un monde ancestral, un monde premier, celui de l'âge d'or des pastorales et des romans tels *L'Astrée*? Il n'assiste qu'à un «théâtre de mémoire»[46]. L'exhibition de l'autre est la trace d'un monde perdu, innocent et parfait. De ses tréteaux, le moraliste n'assiste qu'à des images anamorphosées[47].

Il ne lui reste qu'à observer et à commenter la *commedia dell'arte* du monde. De moraliste, il se fait «démasqueur», selon le néologisme de J.

---

[42] La Bruyère, *Les Caractères*, cit., «De la Cour», 100, p. 247. C'est moi qui souligne.

[43] L. Van Delft, *Le moraliste classique* […], cit., p. 176-90.

[44] Id., «Qu'est-ce qu'un moraliste?», cit., p. 109.

[45] R. Descartes, *Discours de la méthode*, 1637, dans *Œuvres philosophiques*, texte ét. et prés. par F. Alquié, Paris, Garnier, 1988-98, 2 voll., I, p. 577.

[46] L. Van Delft, *La Bruyère ou du spectateur*, cit., p. 33.

[47] B. Roukhomosky, *L'esthétique de La Bruyère*, cit., passim.

Starobinski, adopté par L. Van Delft[48]. Et l'ancien visage de l'autre, l'homme en chair et en os comme le moraliste, apparaît enfin, sous ses grimaces, ses contradictions, ses marques ajoutées.

Le moraliste, souligne L. Van Delft, se substitue à Dieu[49]. Du haut de sa tour (son œil), il voit et contrôle «l'éclat»[50] de l'autre, et condamne «la primauté du paraître sur l'être», et le monde où ne règne plus que «l'artifice»[51]. Serait-ce le plus grand péché du moraliste? Quel droit a-t-il de démasquer l'autre, et donc de remplacer Dieu?

4. La comédie humaine

«Au cœur de l'anthropologie classique, la notion de caractère», observe L. Van Delft. Et quelques pages après[52]:

> Ainsi, se précisent la fonction de l'auteur de caractères et, au-delà du cas spécifique de celui-ci, le statut du moraliste-anthropologue. Lire les *caractères* et les donner à lire; corriger les *caractères*, tout comme des épreuves d'imprimerie; déchiffrer des *caractères* qui ne sont plus clairs et reconnaissables, qui tiennent, de plus en plus, de hiéroglyphes: seuls les verbes qui décrivent la complexe opération par laquelle l'esprit interprète le signe écrit situent de façon adéquate l'attitude de ce type d'écrivain.

L'anglais Joseph Hall (1574-1656), auteur des *Characters of Vertues and vices* (1608), insiste sur la technique de la description du moraliste, qui débouche sur la *notatio* de Cicéron[53]. Pourquoi cette insistance maniaque dans la tentative d'aboutir «à une typologie des caractères»[54], entre «dissolution» et fixité de l'autre[55]?

C'est que le moraliste pose au centre de son système la situation de la condition humaine et de lui même, jusqu'à parvenir à des données d'ordre

---

[48] L. Van Delft, *Le moraliste classique* [...], cit., p. 300 et J. Starobinski, Intr. à La Rochefoucauld, *Maximes et mémoires*, Paris, Union Générale d'Ed., 1964, p. 9.

[49] Id., *La Bruyère ou du spectateur*, cit., p. 10.

[50] *Ibid.*, p. 16.

[51] M. Guggenheim, *L'homme* [...], cit., p. 539.

[52] L. Van Delft, *Littérature et anthropologie* [...], cit., p. 3 et 37.

[53] J. Lafond, *Du «caractère anglais» à Urbain Chevreau*, dans *Moralistes du XVIIe siècle*, éd. ét. sous la dir. de J. L., Patis, R. Laffont, 1992., p. 23-24.

[54] L. Van Delft, *Littérature et anthropologie*, cit., p. 129.

[55] *Ibid.*, p. 108; cf. aussi p. 137-48.

général, appliquables à n'importe quelle forme de l'autre, presque comme le fera Propper au XXe siècle. L. Goldmann a bien raison quand il se pose avec force la question de «l'homme» et de «la condition humaine», de Montaigne à Méré, à Pascal, jusqu'à voir un «système» cohérente d'analyse et de projet[56].

Le projet du moraliste est centré sur la «référence aux autres»[57]. Son enquête sociologique[58] est une étude psychologique des lignes qui gouvernent le monde. La nature de l'homme se dévoile petit à petit, scientifiquement. Le moraliste va au fond du cœur de l'autre[59], dont il déchiffre toute forme du moi[60]. L'anatomie morale devient physique; l'œil pénètre dans les entrailles du corps de l'autre. Le moraliste devient un véritable médecin. Ainsi dévoile-t-il les symptômes des comportements de l'autre, ses vices et ses quelques vertus, ses formes d'ostentation et ses aspirations. Avant Claude Bernard, le moraliste adopte une méthode expérimentale. Le monde apparaît par fragments, que le moraliste tente de recomposer, dans la définition impossible de la condition humaine. L. Van Delft parle justement d'«anatomie appliquée»[61]. Cette analyse intérieure de l'autre aboutit au premier panorama 'complet' des passions humaines. L'essai *in corpore vivo* produit ses effets. Le moraliste nous donne la carte et la table des secrets du cœur de l'autre. Il écrit les lieux du «bonheur»[62] et du malheur de l'autre (surtout le visage et le cœur), dans la tentative de lui donner des pistes comportementales de salut.

Et le texte du moraliste se transforme en réflexion du sage dont, en 1661, le P. Le Moyne publie un véritable théâtre[63], où il dit que «le Monde est un théâtre ouvert aux yeux des Sages»[64]. Qui est ce sage, sinon le moraliste, qui, nous l'avons vu, travaille scientifiquement, en suivant les décou-

---

[56] L. Goldmann, *Le Dieu caché. Etude sur la vision tragique dans les «Pensées» de Pascal et dans le théâtre de Racine*, Paris, Gallimard, 1959, p. 228-45.

[57] G. Nakam, *Les «Essais» de Montaigne. Miroir et procès de leur temps*, Paris, Nizet, 1984, p. 81.

[58] Voir mon article «Moraliste ou sociologue?», *XVIIe siècle*, n. spéc. dédié aux moralistes, par L. Van Delft, 1998, sous presse.

[59] C. Rosso, *Saggezza* [...], cit., p. 205-07.

[60] L. Van Delft, *Littérature et anthropologie* [...], cit., p. 1-15 et 144-47.

[61] *Ibid.*, p. 246.

[62] Voir «Le bonheur en littérature. Représentations de l'Autre et de l'Ailleurs», textes réun. et prés. par B. Cannone Paris, Klincksieck, 1998.

[63] P. Le Moyne, *Le théâtre du sage. Lettres morales*, Paris, Fr. Muguet - J. Guignard, 1662.

[64] *Ibid.*, p. 4.

vertes de la vue? D'où la double vocation «apostolique» et «pédagogique» du moraliste[65].

Mais, en analysant l'autre, le moraliste tente en même temps de déchiffrer l'énigme de lui-même. «Derrière tant de visages du moraliste, dit L. Van Delft, [...] il est toujours un *moi*»[66]. De la fin du XVIe siècle au début du XVIIIe, il vise à la double connaissance, de l'autre et de son propre intérieur, sinon de sa conscience par l'autre. A travers un processus de «réflexion»[67], le moraliste s''autoanalyse', se prolonge dans l'autre, sur l'axe d'un jeu de miroirs: encore une fois, l'optique régit son système de connaissance.

Et alors, d'un côté, le moraliste fait une sorte de discours de «maîtrise» et de «supériorité»[68] sur l'autre, qu'il arrive à reprocher et à dissoudre[69], de l'autre il fait l'éloge de lui[70], ou se place au même niveau que lui, sur un ton de démocratisation du réel[71]. Après chaque étape de l'analyse, le moraliste revient à son propre individu, dont il découvre l'essence mobile: c'est que, il faut l'admettre, le moraliste a les connotations principales d'un personnage baroque, dont il garde la vision pessimiste de base, avec de nouvelles ouvertures sur l'espoir d'améliorer la condition humaine.

5. La galerie de l'autre

Le texte du moraliste est une galerie de l'autre. Une série de variétés à l'infini se présente à l'œil du lecteur-spectateur. Le moraliste concurrence les auteurs de livres d'images, d'emblèmes et d'icônes. Son livre «est une sorte de théâtre codé»[72], un livre-galerie, selon la meilleure tradition jésuite. Le monde est une galerie de miroirs, de l'autre et du moraliste lui-même, où il puise tous les modèles de ses personnages. Au début de sa pré

---

[65] L. Van Delft, *Le moraliste classique* [...], cit., p. 299-314.

[66] *Ibid.*, p. 329.

[67] Id., *Littérature et anthropologie* [...], cit., p. 155-58.

[68] J. Lafond, «Mentalité et discours de maîtrise, ou le moraliste en question», *Romanistische Zeitschrift für Literaturgeschichte*, 1988, 12, p. 314.

[69] L. Van Delft, *Littérature et anthropologie* [...], cit., p. 137-48.

[70] C. Rosso, *Virtù e critica della virtù nei moralisti francesi. La Rochefoucauld, La Bruyère, Vauvenargues, Montesquieu, Chamfort,* Pisa, Goliardica, 1971, p. 24 et suiv.

[71] F. Semerari, *La fine della virtù: Gracián, La Rochefoucauld, La Bruyère,* Bari, Dedalo, 1993, p. 22-25 et C. Rosso, *Virtù* [...], cit., p. 28-37.

[72] P. Soler, *J. de La Bruyère* [...], cit., p. 26.

face, La Bruyère ne nous rappelle-t-il pas: «Je rends au public ce qu'il m'a prêté»[73]?

La galerie de l'autre devient la matière de la peinture de la société. A plusieurs reprises, tout moraliste nous dit que l'écrivain est un peintre de l'autre, enchaîné d'un individu à l'autre. De P. Nicole à La Bruyère, de La Rochefoucauld au P. Le Moyne, d'A. Rousseau à Morvan de Bellegarde, le bureau du moraliste devient «une sorte d'immense atelier où chacun de nous, regardant et vivant sous le regard d'autrui, est à la fois modèle et portrait, original et reproduction déformée»[74].

Le regard reprend toute sa force. Son rôle est celui de découvrir «les couleurs de l'âme»[75]. Le jeu de la vue est au centre du discours. L. Van Delft nous rappelle que La Fontaine écrit[76]:

> Un homme qui s'aimait sans avoir de rivaux
> Passait dans son esprit pour le plus beau du monde
> Il accusait toujours les miroirs d'être faux.
> [...]
> Notre âme, c'est cet homme amoureux de lui-même;
> Tant de miroirs, ce sont les sottises d'autrui,
> Miroirs, de nos défauts les peintres légitimes;
>   Et quant au canal, c'est celui
>   Que chacun sait, le livre des *Maximes.*

Portraitiste de premier ordre et pointilliste très précis, le moraliste fait l'anatomie de l'autre, de son visage, de son corps, de son comportement, de ses silences, de ses discours. Pour La Bruyère, F. Siguret parle d'«atelier du peintre»[77]. Les fragments du texte sont des tableaux, des compositions tirées de la galerie du réel, des prises de vue, des toiles-miroirs[78]. C'est là le réalisme du moraliste, dans sa connaissance de la culture mondaine, dans son sens de l'histoire, enfin dans sa capacité à voir une morale derrière toute peinture. En 1640, le P. Le Moyne (encore lui) ne publie-t-il pas un

---

[73] La Bruyère, *Les Caractères*, cit., «Les Caractères ou les mœurs du siècle», p. 61.

[74] L. Van Delft, *Le moraliste classique* [...], cit., p. 323.

[75] P. Le Moyne, *La gallerie des femmes fortes*, Leiden - Paris, J. Elsevier - C. Anzot, 1660, préface, 1ère éd. en 1647.

[76] L. Van Delft, *Le moraliste classique* [...], cit., p. 327, et J. de La Fontaine, *Fables*, I, 11, in *Œuvres complètes*, éd. ét., prés. et ann. par J.-P. Collinet, Paris, Gallimard, 1991-93, 2 vol., I, p. 46.

[77] F. Siguret, «Les Caractères» ou l'atelier du peintre», dans *Le tricentenaire des «Caractères»*, Colloque organisé le 4 mars 1988 par J.-L. Duquette, actes éd. par L. Van Delft, Paris-Seattle-Tübingen, PFSCL, 1989, p. 86-110.

[78] *Ibid.*, p. 110.

ouvrage intitulé *Les peintures morales où les passions sont représentées par tableaux, par caractères et par questions nouvelles et curieuses*[79]?

Cette carte morale du monde, dont parle L. Van Delft[80], n'est-elle pas une série de tableaux, comme ce livre du P. Le Moyne? Le moraliste est le peintre qui sait dire l'espace et le temps de l'autre, dont il suit les changements, les déplacements et les masques. C'est encore L. Van Delft qui, avec une expression que j'aime beaucoup, parle d'«anatomie moralisée»[81]. Le corps de l'autre, l'intérieur et l'extérieur, et toutes ses manifestations, deviennent la matière statutaire de la peinture du texte, par figures-spectacles, à l'aide d'enquêtes, questionnaires, comparaisons, jugements, reproches, exclamations et éloges.

L'autre du moraliste est celui du XVIIe siècle entier. Sa peinture se généralise, elle nous donne des «êtres vivants»[82]. Le «répertoire» dont parle R. Barthes[83] devient unitaire. Les fragments de l'autre se recomposent, en un système de correspondances[84], au-delà des «lignes flottantes»[85]. L'ordre social de l'autre se reconstruit, dans la hiérarchie générale, que le moraliste veut corriger sur la base du mérite et de la vertu, plus qu'éliminer.

6. Ecriture de l'autre

Comment écrire l'autre? Ailleurs, j'ai tenté d'indiquer comment le moraliste écrit l'enquête qu'il fait, en moraliste-sociologue[86]. Ici, je voudrais mieux préciser quelques spécificités de formes et de structures.

Quel rapport y a-t-il entre «l'éclat du verbe» et «l'éclat du monde»[87] de l'autre? Ce monde de l'autre baroque, cet apparat du paraître et de l'être, a-t-il besoin d'une écriture a lui pour être peint et déchiffré?

Je crois que le moraliste se pose sérieusement ce problème. Il brise la parole par fragments, maximes et sentences, pour souligner au maximum la

---

[79] Paris, Cottin, 4 vol.

[80] L. Van Delft, *Littérature et anthropologie* [...], cit., p. 66-106.

[81] *Ibid.*, p. 183.

[82] L. Goldmann, *Le Dieu caché* [...], cit., p. 246.

[83] R. Barthes, *Essais critiques*, Paris, Seuil, 1964, p. 233.

[84] L. Van Delft, *Littérature et anthropologie* [...], cit., p. 51-55.

[85] M. Lange, *La Bruyère critique des conditions et des institutions sociales*, Paris, Hachette, 1909, p. 213-14.

[86] G. Dotoli, *Moraliste ou sociologue?*, cit.

[87] L. Van Delft, *La Bruyère ou du spectateur,* cit., p. 21.

variété du monde, et pour affirmer en même temps que la seule solution
pour la peindre est la fragmentation à la limite du possible. La parole doit
se fuir à l'infini, produire le «change» des dramaturges baroques, pour se
retrouver, et redonner au lecteur-spectateur la vue de l'autre. Parole-spec-
tacle, parole-éclat, parole-apparat, cette écriture du moraliste procède par
rythmes scéniques.

Mais le parcours ne peut qu'être toujours encyclopédique[88]. C'est la
totalité de l'autre qui intéresse le moraliste, par cercles concentriques. Le
corps de l'autre se fragmente, se démonte pièce par pièce, comme dans une
leçon d'anatomie, dans un amphithéâtre universitaire[89].

La phrase est constamment en mouvement, comme le visage et le corps
de l'autre, selon «l'humeur bizarre» du moraliste[90]:

> J'ai simplement suivi l'humeur bizarre qui me possédait dont il n'y a
> personne qui n'ait parfois ressenti combien les saillies sont difficiles à
> modérer. Elle m'a fait souvent passer brusquement d'un sujet à un
> autre, selon que ses caprices sont violents.

Le texte du moraliste va vers le théâtre. Il se compose d'une série de
portraits de l'autre, à l'infini, varié et changeant comme la société entière.
Mais il ne peut pas oublier que le monde de l'autre est un tout unitaire,
dans sa multiforme diversité. Ainsi le classe-t-il, le répertorie-t-il, en fait-il
le cadastre[91] et le montage[92]. Le moraliste voudrait trouver les points fixes
de l'autre[93]. Son pointillisme est le résultat de son désir d'être précis, de
faire «le catalogue complet des sentiments et des passions»[94]. En ce sens, le
moraliste est «le naturaliste»[95] de la vie humaine.

Par contrastes et comparaisons, nous arrivons à entrevoir le modèle de
l'autre, selon le moraliste, qui parle parfois «en docteur»[96], à travers une

---

[88] P. Soler, *J. de La Bruyère* […], cit., p. 60-71.

[89] L. Van Delft, *Littérature et anthropologie* […], cit., p. 221.

[90] F. De La Mothe Le Vayer, *Prose chagrine*, Paris, A. Courbé, 1661, 3 parties en 3
voll., deux. partie, p. 81.

[91] L. Van Delft, *Littérature et anthropologie* […], cit., p. 42.

[92] C. Pellandra, *Seicento francese e strategie di compensazione*, pref. di C. Rosso,
Pisa, Goliardica, 1983, p. 135.

[93] L. Van Delft, *Littérature et anthropologie* […], cit., p. 40.

[94] M. Mourlet, «La Bruyère d'un siècle à l'autre», dans *Célébration de La Bruyère*
[…], cit., p. 10.

[95] L. Van Delft, *Littérature et anthropologie* […], cit., p. 14 et *Le moraliste
classique* […], cit., p. 316-18

[96] J. Lafond, «La Rochefoucauld d'une culture à l'autre», *CAIEF*, mars 1978, 30, p.

écriture exemplaire[97]. L'analyse de l'autre comporte souvent une ironie atroce, la dérision, la caricature et l'anamorphose. La curiosité de la vue devient sarcasme burlesque et satire. Encore une fois, l'autre a deux visages[98], il est double comme toute être baroque.

Mais c'est surtout l'*envers* de l'individu qui intéresse le moraliste[99]. Son style, qui imite l'allure de la conversation, dévoile l'hypocrisie de l'être humain[100]. Sans jamais utiliser les lieux communs, le moraliste approche de l'autre par une écriture presque poétique[101], en tout cas très littéraire[102], d'une littérarité qui est encore cachée dans ses secrets.

7. Réformer l'autre

Je ne voudrais pas trop solliciter le texte du moraliste sur l'autre, mais quelques considérations s'imposent. Premièrement, «le genre moraliste permet de démontrer que tant qu'il y aura des êtres humains, tout n'aura pas été dit et l'on ne viendra jamais trop tard pour réfléchir»[103]. La véritable littérature serait-elle celle de l'autre? Sans elle, le discours sur le moi existerait-il?

Le moraliste lance un «pari»[104]. Il voit le bonheur, de lui-même et de l'autre, comme une valeur irremplaçable. C'est pourquoi il se pose comme un guide. Sa peinture de l'autre vise-t-elle à une constatation amère ou à une réformation? Je pense que son but est celui de contribuer à changer l'autre. Tout son discours sur le modèle de la vertu nous le confirme. En pédagogue et en psychologue, le moraliste s'offre comme le point central de la société. L'ordre établi de l'autre peut être modifié, au long de l'histoire, par des lois opportunes. Le moraliste propose une recette du bonheur[105]. L'autre démasqué peut changer. La compensation entre le bien et le mal, si

---

164-65.

[97] Id., *Mentalité* [...], cit., p. 314-26.

[98] Voir B. Roukhomosky, *L'Esthétique de La Bruyère*, cit., passim, surtout p. 50-67.

[99] M. Guggenheim, *Le philosophe* [...], cit., p. 16-17.

[100] Id., *L'homme* [...], cit., p. 537-39.

[101] J. Lafond, *Préface à Moralistes du XVIIe siècle*, cit., p. XXXIX.

[102] C. Rosso, *Virtù* [...], cit., p. 253-54 et *Saggezza* [...], cit., p. 215.

[103] K. Waterson, *Avant-propos*, cit., p. 3.

[104] L. Goldmann, *Le Dieu caché* [...], cit., p. 315.

[105] H. Voanu, *Qu'est-ce qu'un moraliste?*, cit., p. 68-69.

chère à La Bruyère[106], ne doit jamais être disproportion. L'échelle sociale de l'autre doit se fonder sur un rapport proportionnel entre «égalité originelle» et «inégalité nécessaire»[107].

Le moraliste est convaincu qu'il est possible de réformer l'autre, selon des normes de compensation et d'équilibre, parce qu'«il y a une espèce de honte d'être heureux à la *vue* de certaines misères»[108].

---

[106] La Bruyère, *Les Caractères*, cit., «Des grands», 5, p. 249 et «Des esprits forts», 48 et 49, p. 477-78.

[107] F.-X. Cuche, *Une pensée sociale catholique. Fleury, La Bruyère, Fénelon*, préf. de J. Truchet, Paris, Cerf, 1991, p. 195-202.

[108] La Bruyère, *Les Caractères*, cit., «De l'homme», 82, p. 317.

Le «commerce des honnêtes gens»: le Moi, l'Autre et les autres chez La Rochefoucauld

RICHARD G. HODGSON

University of British Columbia

> La confiance que l'on a en soi fait naître la plus grande partie de celle que l'on a aux autres. (L248)

> On incommode souvent les autres quand on croit ne les pouvoir jamais incommoder. (M242)

Depuis des années les spécialistes de La Rochefoucauld s'interrogent sur l'importance relative des différentes «cultures» qui ont joué un rôle dans la genèse de sa pensée morale. L'augustinisme, la «culture mondaine», la littérature et la philosophie anciennes et modernes comme sa propre expérience de la vie lui ont fourni de nombreux exemples des difficultés que le Moi éprouve chaque fois qu'il cherche à cultiver des relations avec l'Autre, que ce soit dans le contexte de l'amitié et de l'amour, ou dans le contexte plus large du monde et de la société. Ses contacts avec la tradition augustinienne lui ont appris que bon nombre de ces difficultés trouvent leurs origines dans ce que Pierre Nicole appelle «la foiblesse de l'homme», dans le fait que les êtres humains «ne doivent faire aucun état de tout ce qui est appuyé sur un fondement aussi branlant et aussi fragile que leur vie»[1]. Son expérience du monde lui a montré que les «honnêtes gens» ont toujours beaucoup de mal à conserver un «commerce» harmonieux avec «les autres». Les événements historiques dont il a été témoin et qu'il raconte dans ses *Mémoires* illustrent bien les problèmes que les mondains et les courtisans en particulier peuvent avoir vis-à-vis des «gens plus puissants que nous». Dans une lettre qu'il écrit à Mlle de Sillery à l'occasion de son mariage, La Rochefoucauld énumère quelques-uns des malheurs auxquels une femme qui se marie s'expose:

> J'aurais cependant fort souhaité de pouvoir être témoin de votre conduite; je m'attends que vous m'en rendrez compte, car, sans cela, au lieu des prospérités que je vous souhaite, je vous souhaiterais les impossibilités, les jalousies réciproques, l'incompatibilité d'humeur, un

---

[1] Pierre Nicole: *Essais de morale* (Genève: Slatkine) 1971, I.

> beau-père amoureux de vous, une belle-mère acariâtre, des beaux-
> frères querelleurs, des belles-sœurs ennuyeuses, polies de campagne,
> et aimant lire de mauvais romans; ... des fermiers qui paient mal, de
> fâcheux voisins, des procès en défendant, des valets qui vous volent,
> un méchant cuisinier, un confesseur moliniste, une femme de chambre
> qui ne sait pas bien peigner, un cocher ivrogne, ... des créanciers im-
> patients, ... un curé qui prêche mal et longtemps...[2]

Très clairement, cette liste de malheurs éventuels reflète en grande partie la
vaste culture littéraire de La Rochefoucauld, et plus particulièrement sa
lecture de «mauvais romans».

Dans les *Maximes* et dans les *Réflexions diverses,* sa conception de
l'Autre se révèle de différentes façons. Parfois, il s'agit des rapports entre
deux amis, entre deux amants, entre deux ennemis. Parfois, il s'agit des
rapports entre le Moi et «autrui» ou «le prochain». Très souvent, il s'agit
plutôt des relations entre les êtres humains en général désignés par le pronom «nous» et «les autres» (ou «autrui»), comme dans la maxime 19:
«Nous avons tous assez de force pour supporter les maux d'autrui». Dans
cette maxime, il est évident que le rôle du moi est d'observer autrui. Mais
chez La Rochefoucauld, le moi ne se conforme pas longtemps au rôle d'observateur désintéressé. Selon le moraliste, «[l]a pitié est souvent un sentiment de nos propres maux dans les maux d'autrui» (M264). Eprouver de la
pitié pour autrui, c'est en fait «une habile prévoyance des malheurs où nous
pouvons tomber». Si «nous donnons du secours aux autres», c'est «pour les
engager à nous en donner dans de semblables conditions». Dans d'autres
cas, les rapports décrits sont ceux qui s'établissent entre «nous» et un certain nombre de personnes, telles que les «personnes sur qui nous avons de
la supériorité par la naissance ou par des qualités personnelles» ou les «personnes considérables par leurs emplois, par leur esprit ou par leur mérite»
(L49). Quelle que soit la nature des rapports entre le moi et l'autre, le moi a
toujours beaucoup de difficulté à s'en satisfaire. Selon La Rochefoucauld,
nous ne sommes pas plus contents des bienfaits qu'on nous fait que des
injures dont on nous accable:

> Les hommes ne sont pas seulement sujets à perdre le souvenir des
> bienfaits et des injures; ils haïssent même ceux qui les ont obligés, et
> cessent de haïr ceux qui leur ont fait des outrages. L'application à ré-
> compenser le bien, et se venger du mal, leur paraît une servitude à la-
> quelle ils ont peine de se soumettre. (M 4)

---

[2] François de La Rochefoucauld: *Œuvres complètes* (Paris: Gallimard, 1964), p.
629.

Aux yeux de La Rochefoucauld, il y a toujours une part de «servitude» dans nos relations avec autrui et c'est précisément parce que nous «avons peine de nous soumettre» que cette servitude nous fait tant de mal. Mais il y a un autre problème. Si le moi doit surmonter tant d'obstacles pour entretenir à long terme des relations avec l'autre, c'est parce qu'il est fondamentalement hétérogène et constamment «soumis aux divers déterminismes de l'amour-propre, des facteurs physiologiques et du hasard des événements»[3]. En d'autres termes, le moi tel que La Rochefoucauld le conçoit a des dimensions multiples et se trouve dans un état de mouvement perpétuel, de «discontinuité interne»[4]. Les innombrables ruses de l'amour-propre, les effets souvent inaperçus produits par les humeurs «toujours changeantes» et par les vicissitudes de la Fortune déstabilisent le moi au point où toute consistance intérieure nous est continuellement dérobée (Starobinski). Le fait qu'on «est quelquefois aussi différent de soi-même que des autres» (M135) empêche le moi de bien comprendre ses propres mobiles et de se rendre compte des effets néfastes que produisent ses «désirs obscurs et inconnus à lui-même»[5]. Dans ce désordre à la fois physiologique et psychologique, c'est l'amour-propre qui cause les plus grands problèmes, parce qu'au lieu d'être «un centre d'activité, un premier moteur, un principe d'unification»[6], il est «en réalité ce qui nous décentre». En dernière analyse, l'amour-propre est un autre moi, un moi infiniment plus puissant et d'autant plus dangereux que ses innombrables «tours et retours» s'accomplissent «à couvert des yeux les plus pénétrants» (MSI). Comme Starobinski l'a signalé depuis longtemps, l'amour-propre tel que La Rochefoucauld le conçoit «n'est pas un acte du moi, mais un être qui a pris les commandes du Moi»[7]. Au fond, c'est un être indépendant, agressif et fondamentalement inconstant: «rien n'est si impétueux que ses désirs; rien de si caché que ses desseins, rien de si habile que ses conduites...» (MSI). En même temps, «rien n'est si intime et si fort que ses attachements». Mais c'est là une illusion de plus, car l'amour-propre tel que La Rochefoucauld le conçoit est tout à fait capable de rompre tous ses attachements «en peu de temps et sans aucun effort» dès qu'une telle rupture s'avère nécessaire.

---

[3] Jean Lafond: «La Rochefoucauld moraliste» *L'Information littéraire* 28, 1976, p. 105.

[4] Jean Starobinski: «La Rochefoucauld et les morales substitutives», dans: *Nouvelle revue française*, juillet-août 1966, p. 22.

[5] Jean Lafond: *La Rochefoucauld. Augustinisme et littérature* (Paris: Klincksieck) 1977, p. 160.

[6] Starobinski, p. 19.

[7] Starobinski, p. 16.

C'est d'abord dans le cadre de l'amitié que l'on constate les dégâts que le travail déstabilisant et destructeur de l'amour-propre, des humeurs et des contingences externes produit, dès que le moi cherche à entretenir des relations stables avec l'autre. La Rochefoucauld analyse, dans un passage du manuscrit de Liancourt, la machine infernale qui se déclenche lorsque deux amis se rencontrent et que l'un demande conseil à l'autre:

> Rien n'est plus divertissant que de voir deux hommes assemblés, l'un pour demander conseil, et l'autre pour le donner; l'un paraît avec une déférence respectueuse, et dit qu'il vient recevoir des conduites et soumettre ses sentiments; et son dessein, le plus souvent, est de faire passer les siens, et de rendre celui qu'il fait maître de son avis, garant de l'affaire qu'il lui propose. Quant à celui qui conseille, il paye d'abord la sincérité de son ami d'un zèle ardent et désintéressé qu'il lui montre, et cherche en même temps dans ses propres intérêts les règles de conseiller, de sorte que son conseil lui est bien plus propre qu'à celui qui le reçoit. (L56)

Dans une telle situation, «ce qui paraît n'est presque jamais la vérité». Le même phénomène se produit chaque fois qu'une nouvelle amitié se fonde:

> Nous nous persuadons souvent d'aimer les gens plus puissants que nous; et néanmoins c'est l'intérêt seul qui produit notre amitié. Nous ne nous donnons pas à eux pour le bien que nous leur voulons faire, mais pour celui que nous en voulons recevoir.(M85)

Selon La Rochefoucauld, si la véritable amitié existe, elle est extrêmement rare.

Pour ce qui est des relations entre le moi et l'autre, les problèmes se multiplient et s'aggravent quand on passe du cadre restreint de l'amitié au cadre plus large de la vie mondaine et de la société. Ce qui était déjà une question de «mutuelle tromperie» entre deux amis se transforme en une vaste construction sociale, où même les «honnêtes gens» prennent plaisir à se mentir et à se tromper. «Les hommes ne vivraient pas longtemps en société», conclut La Rochefoucauld, «s'ils n'étaient les dupes les uns des autres» (M87). La société est un «labyrinthe de miroirs» où chacun cherche à cacher ses vrais mobiles et ses vraies intentions. Chose encore plus inquiétante, chacun se fait autant d'illusions sur ses propres mobiles que sur ceux des autres: «Nous sommes si accoutumés à nous déguiser aux autres qu'enfin nous nous déguisons à nous-mêmes» (M119). Cette «règle» s'applique à toutes nos relations avec autrui. Prenons l'exemple de l'humilité:

> L'humilité n'est souvent qu'une feinte soumission, dont on se sert pour soumettre les autres; c'est un artifice de l'orgueil qui s'abaisse pour s'élever; et bien qu'il se transforme en mille manières, il n'est

jamais mieux déguisé et plus capable de tromper que lorsqu'il se cache sous la figure de l'humilité. (M254)

Ce qu'on prend pour une vertu éminemment chrétienne n'est qu'un jeu où la *libido dominandi,* le désir de «soumettre les autres», remplit une fonction primordiale.

Chez La Rochefoucauld, cette idée que nous cherchons constamment à «soumettre les autres», à «nous élever au-dessus des autres» (M247) se manifeste un peu partout, en particulier dans la réflexion «Du rapport des hommes avec les animaux» et plus explicitement encore dans la réflexion «De la société», où La Rochefoucauld explique que la recherche du plaisir et la volonté de puissance sont des forces auxquelles il est fort difficile de résister, quels que soient les mobiles apparents des personnes en question:

> Il serait inutile de dire combien la société est nécessaire aux hommes: tous la désirent et tous la cherchent, mais peu se servent des moyens de la rendre agréable et de la faire durer. *Chacun veut trouver son plaisir et ses avantages aux dépens des autres; on se préfère toujours à ceux avec qui on se propose de vivre, et on leur fait presque toujours sentir cette préférence;* c'est ce qui trouble et qui détruit la société[8].

Entre deux amis ou dans le contexte plus large de la société, le moi trouve toujours ses avantages «aux dépens» de l'autre et c'est «ce qui trouble et qui détruit» les liens qui se sont noués entre eux. «On incommode souvent les autres quand on croit ne les pouvoir jamais incommoder» (M242). Malgré son pessimisme à cet égard, La Rochefoucauld croit quand même qu'il est possible de lutter contre les forces qui tendent à mettre en cause l'harmonie sociale:

> S'il arrive quelquefois que des gens opposés d'humeur et d'esprit paraissent unis, ils tiennent sans doute par des liaisons étrangères, qui ne durent pas longtemps. On peut être aussi en société avec des personnes sur qui nous avons de la supériorité par la naissance ou par des qualités personnelles; mais ceux qui ont cet avantage n'en doivent pas abuser; ils doivent rarement le faire sentir, et n'en servir que pour instruire les autres; ils doivent les faire apercevoir qu'ils ont besoin d'être conduits, et les mener par raison, en s'accommodant autant qu'il est possible à leurs sentiments et à leurs intérêts.

Cette idée que ceux qui sont supérieurs aux autres «par la naissance ou par des qualités personnelles» ne doivent pas abuser de leur supériorité et ne doivent que «rarement» la faire sentir annonce déjà le siècle des lumières.

---

[8] C'est nous qui soulignons.

Dans «De l'inconstance», La Rochefoucauld explique pourquoi l'amour est sujet à tant de changements:

> Dans les commencements, la figure est aimable; les sentiments ont du rapport: on cherche de la douceur et du plaisir; on veut plaire, parce qu'on nous plaît ... mais dans la suite, on ne sent plus ce qu'on croyait sentir toujours: le feu n'y est plus; le mérite de la nouveauté s'efface ... on suit encore ses engagements, par honneur, par accoutumance, et pour n'être pas assez assuré de son propre changement.

Devant ce texte, on commence à comprendre pourquoi La Rochefoucauld affirme qu'il «y a de bons mariages» mais «[qu']il n'y en a point de délicieux». Plus loin dans la même réflexion, il ajoute que «les changements qui arrivent dans l'amitié ont à peu près des causes pareilles». On pourrait dire exactement la même chose à propos de la société mondaine ou de la société tout entière. Qu'est-ce donc que l'amitié? Qu'est-ce donc que la société? Au fond, «un ménagement réciproque d'intérêts» et «un échange de bons offices».

Selon La Rochefoucauld, ce qui permet au moi de conserver des relations plus ou moins stables avec l'autre, c'est la confiance. Plus précisément, ce qui rend un «ménagement réciproque d'intérêts» possible, c'est cette «certaine sorte de confiance» qui sous-tend la politesse mondaine:

> Il y a une sorte de politesse qui est nécessaire dans le commerce des honnêtes gens; elle leur fait entendre raillerie, et elle les empêche d'être choqués et de choquer les autres par de certaines façons de parler trop sèches et trop dures, qui échappent souvent sans y penser, quand on soutient son opinion avec chaleur. *Le commerce des honnêtes gens ne peut subsister sans une certaine sorte de confiance*; elle doit être commune entre eux; il faut que chacun ait un air de sûreté et de discrétion qui ne donne jamais lieu de craindre qu'on puisse rien dire par imprudence[9].

Cette «confiance» si «nécessaire» dans «le commerce des honnêtes gens» comme dans tous les milieux sociaux est la seule vraie source d'harmonie sociale. Mais malheureusement, baser l'ordre social sur la confiance, c'est construire un édifice sur des fondements qui sont loin d'être solides. D'abord, La Rochefoucauld souligne le fait que «la confiance que l'on a en soi fait naître la plus grande partie de celle que l'on a aux autres» (L248). Ce qui fait de la confiance quelque chose d'extrêmement fragile. Deuxièmement, les êtres humains ont tendance à se servir de toutes sortes de ruses pour «attirer» la confiance des autres. Qu'est-ce que c'est que la fidélité?

---

[9] C'est nous qui soulignons.

> La fidélité qui paraît en la plupart des hommes n'est qu'une invention
> de l'amour-propre pour attirer la confiance. C'est un moyen de nous
> élever au-dessus des autres, et de nous rendre dépositaires des choses
> les plus importantes. (M247)

Ce n'est pas là la seule «invention» de l'amour-propre qui «attire» la confiance des autres sans que cette confiance soit fondée sur des bases stables.
Chaque fois que le moi établit des relations avec l'autre ou avec les autres,
l'amour-propre s'en mêle pour satisfaire ses propres désirs. Par conséquent,
ce qu'on prend pour de la confiance n'est souvent qu'une illusion.

En dernière analyse, il n'y a que deux choses très rares qui puissent
créer les conditions dans lesquelles le «ménagement réciproque d'intérêts»
se réalise sans que de graves problèmes ne soient créés: la sincérité et la
confiance. Ce qui passe pour la sincérité dans le monde «n'est qu'une fine
dissimulation pour attirer la confiance des autres» (M62). La véritable sincérité est une belle chose, mais dans le monde, on ne la trouve pas souvent:

> ... la sincérité est une ouverture de cœur, qui nous montre tels que
> nous sommes; c'est un amour de la vérité, une répugnance à se dégui-
> ser, un désir de se dédommager de ses défauts, et de les diminuer
> même par le mérite de les avouer...[10]

La véritable confiance, celle qui permet au moi de s'accommoder plus ou
moins facilement des besoins et des bizarreries de l'autre, est un phénomène complexe qui se caractérise par un équilibre difficile à établir et encore plus difficile à faire durer:

> La confiance ne nous laisse pas tant de liberté, ses règles sont plus
> étroites, elle demande plus de prudence et de retenue, et nous ne
> sommes pas toujours libres d'en disposer: il ne s'agit pas de nous uni-
> quement, et nos intérêts sont mêlés d'ordinaire avec les intérêts des
> autres. Elle a besoin d'une grande justesse pour ne livrer pas nos amis
> en nous livrant nous-mêmes, et pour ne faire pas de présents de leur
> bien dans la vue d'augmenter le prix de ce que nous donnons. La con-
> fiance plaît toujours à celui qui la reçoit: c'est un tribut que nous
> payons à son mérite; c'est un dépôt que l'on commet à sa foi; ce sont
> des gages qui lui donnent un droit sur nous, et une sorte de dépen-
> dance où nous nous assujettissons volontairement[11].

La prudence, la retenue, et la «grande justesse» dont il faut faire preuve
pour vivre avec nos amis sans avoir constamment envie de les tuer sont des
vertus privilégiées dans le système moral de La Rochefoucauld. Si de telles

---

[10] C'est nous qui soulignons.

[11] C'est nous qui soulignons.

vertus étaient beaucoup plus répandues dans tous les milieux, y compris parmi les «honnêtes gens», les êtres humains pourraient accéder plus facilement à cette «sorte de dépendance où nous nous assujettissons volontairement», c'est-à-dire au contrat social, et la vie humaine ne serait pas nécessairement telle que Thomas Hobbes la décrit: «nasty, brutish and short»[12].

Comme Henri Coulet l'a remarqué, La Rochefoucauld est profondément pessimiste quant à la possibilité que les êtres humains puissent s'entendre les uns avec les autres, que les intérêts du moi puissent se réconcilier avec les intérêts de l'autre. C'est la peur d'être dupe qui nous force à vivre «une vie de convention, de condescendance, de politesse extérieure» qui ne recouvre que «[notre] timidité et [notre] impuissance»[13]. Puisque la confiance, qui est selon La Rochefoucauld «le lien de la société et de l'amitié» est quelque chose de bien précaire, le commerce des honnêtes gens ne peut s'accomplir que selon des règles bien précises et dans des bornes très étroites. C'est pour cela que La Rochefoucauld, le chevalier de Méré et beaucoup d'autres ont cherché avec tant d'énergie à élaborer des théories de l'honnêteté. Cela explique sans doute aussi pourquoi tant d'honnêtes gens de l'époque ont si souvent songé à la retraite, au moment où ils pourraient s'affranchir «de la dépendance du monde» pour vivre une vie plus calme et plus stable.

---

[12] Thomas Hobbes: *Leviathan*, éd. C.B. Macpherson (Londres: Penguin),1968, p. 186.

[13] Henri Coulet: «La Rochefoucauld, ou la peur d'être dupe», dans: *Hommage au Doyen Etienne Gros* (Aix-en-Provence: Gap), p. 112.

Souci de l'autre et culte de soi
l'honnêteté selon le chevalier de Méré

SUZANNE GUELLOUZ

Université de Caen

Mme de Sévigné reprochait à Méré non seulement son «chien de style» mais encore «la ridicule critique» que, dans *De la Justesse*, il faisait, «en collet monté, d'un esprit libre, badin et charmant comme Voiture»[1]. Chapelaine ne l'aimait pas plus qu'il n'en était aimé et il n'en allait pas autrement des relations qui l'unissaient à La Rochefoucauld.

Plus intéressante est cependant l'attitude de Ménage qui, comme ce même Chapelain l'écrivait à Balzac, le calomniait, mais lui dédiait ses *Observations sur la langue française*. Le sort semble alors en avoir été jeté. Grâce notamment à Sainte-Beuve[2], le chevalier devint, selon l'heureuse expression d'Alexandre Cioranescu, «l'honnête homme par antonomase»: on ne cesse de l'évoquer et de le convoquer dès l'instant où il s'agit de décrire la phase essentielle - et centrale - de cet art de vivre qui caractérise le XVIIe siècle, mais son œuvre n'est guère plus lue que les *Pensées sur l'honnêteté* de Damien Mitton, son *alter ego* en la matière.

Ce destin paradoxal a pour corollaire, sinon pour origine, les apparentes contradictions qui habitent la pensée du théoricien. Au cœur du système, précisément, un problématique rapport à l'Autre dont nous nous proposons de signaler la complexité et l'impact, ce qui nous permettra de mieux situer le chevalier de Méré parmi les principaux artisans de cet idéal qu'est, au XVIIe siècle, l'honnêteté.

*

*   *

Ce qui révèle d'abord l'importance qu'aux yeux de Méré semble avoir l'Autre, ce sont les divers moules dans lesquels il coule ses écrits. Le moraliste ne recourt certes qu'une fois à cette forme brève et discontinue. Je veux parler des *Divers propos du chevalier de Méré en 1674-1675*, dont le manuscrit est à la Bibliothèque Mazarine, que Brunschvicg utilisa, ponc-

---

[1] A Mme de Grignan, vendredi 24 novembre 1679, éd. R. Duchêne, II, p. 745.

[2] «Le Chevalier de Méré ou l'honnête homme au XVIIe siècle», dans: *Revue des deux mondes,* 1848, 1, p. 5-35.

tuellement, pour son édition de Pascal et que Charles-Henri Boudhors publia, de janvier 1922 à octobre 1926, dans la *Revue d'Histoire Littéraire de la France*. Fruit d'une rêverie quotidienne de deux heures qu'au dire d'un certain Bridieu le chevalier Méré (*sic*) menait à l'instar de Voiture, les remarques qui font la substance de ces 128 pages rappellent au lecteur d'aujourd'hui la pratique de Valéry et les *Cahiers* qui en sont issus. A ceci près que Méré dicte à un «écolier» des pensées dont certaines ne sont que des réponses aux questions de cet interlocuteur privilégié et que toutes - Boudhors l'établit en constatant que toutes les modifications qui sont portées sur le manuscrit (suppressions, ajouts ou remplacements) sont faites d'une encre différente - sont relues et corrigées par leur auteur.

Sans être pour autant démultiplié, l'échange - donc l'altérité - est également l'âme de la production épistolaire de Méré, qu'il tint à publier lui-même, deux ans avant sa mort. Nommément adressées, pour la plupart du moins, à M. ou Mme de Lesdiguières, à Balzac, à M. de Mesme, à M. ou Mme de Marillac, à quelque intendant du Poitou, à Ménage, à Mitton, au comte de Sourdis, à l'abbé Bourdelot..., ces lettres ne sont jamais datées. Et c'est pourquoi on peut les considérer comme des Mémoires, mais des Mémoires qui interpellent explicitement le destinataire.

Quant au corpus de base, les textes qui forment les trois volumes des *Œuvres complètes* publiés par Boudhors en 1930, il se présente lui aussi, pour près des deux tiers du moins, sous des formes qui font partie de celles qui répondent le mieux au souhait formulé par Bouhours dans *La Manière de bien penser dans les ouvrages d'esprit:* «Un des plus sûrs moyens de plaire n'est pas tant de dire et de penser que de faire penser et de faire dire (…) Ne faisant qu'ouvrir l'esprit du lecteur, vous lui donnez lieu de le faire agir et il attribue ce qu'il pense et ce qu'il produit à un effet de son génie et de son habileté bien que ce ne soit qu'une suite de l'adresse de l'auteur»[3]. Pour près des deux tiers…, car si *Les Aventures de Renaud et d'Armide*, qui se présentent comme la libre traduction d'un récit du Tasse, se laissent lire comme un conte et se ressentent partant d'une oralité qui trahit la présence de la «dame de très bon goût» qui est censée avoir commandité le travail, les autres textes qui se trouvent dans le volume réservé aux *Œuvres posthumes,* paru en 1700, les deux Discours *De la vraie honnêteté,* celui *De l'Eloquence et de l'entretien*, celui *De la Délicatesse dans les choses et dans l'expression* et les deux qui sont consacrés au *Commerce du monde*, ont toutes les caractéristiques du traité traditionnel, d'aspect continu et de structure monologique. Tout au plus peut-on signaler une ouverture discrète sur le dialogue dans les rares passages où le locuteur feint de décou-

---

[3] Ed. S. Guellouz, Presses de l'Université de Toulouse-Le Mirail, 1988, p. 393.

vrir un argument qu'il s'offre pour ainsi dire à lui-même[4] ou, mieux, répond à l'objection que l'on pourrait, dit-il, lui faire[5].

Mais il n'en va pas de même des autres textes. Essentiel au fonctionnement des six *Conversations,* publiées en 1668-1669, qui se présentent comme la transcription d'échanges qui ont réellement eu lieu entre le chevalier et le Maréchal de Clérambault (mort trois ans plus tôt) - exceptionnellement précédées de tirets, les répliques sont presque toujours accompagnées d'incises («dit le chevalier», «dit le maréchal») -, le principe de l'altérité est également présent dans les quatre Discours qui datent respectivement de 1671, 1676 et 1677 pour les deux derniers. Lors même que nous avons affaire à un exposé en bonne et due forme, ce qui est le cas dans le Discours *De la Justesse,* où, dès la seconde page, après avoir présenté les deux sortes de justesse, celle qui «dépend (...) du goût et du sentiment» et celle qui «vient du bon sens et de la droite raison»[6] - distinction que les *Propos* de 1674 reprennent avec quelques variantes[7] -, Méré accumule et commente les passages de Voiture qui lui semblent pécher à cet égard, l'auteur tient la gageure: dédié à la Maréchale de Clérambault, veuve depuis 1665[8], ce texte lui est aussi adressé. De là non seulement les «je» qui dénoncent la présence d'autant de «tu» mais encore les «Madame» qui figurent à la première et à la dernière page et aussi de manière récurrente dans le corps du texte où le terme est parfois relayé par un «vous» qui, de façon sans doute moins ostentatoire, recentre l'exposé. Même présence du narrataire dans *Des Agréments* et dans *De la Conversation,* probablement adressés tous deux à la même Maréchale de Clérambault et dans *De l'Esprit,* adressé à une personne qui est l'antithèse de la Maréchale et en qui Boudhors se risque à voir Mme de Meugron, autrement dit une femme qui se fait remarquer moins par son esprit que par sa beauté gracieuse. Mieux, c'est précisément dans les passages où il cède le plus ostensiblement à la tentation des tractatistes, dissertant ici sur les deux sortes d'Agréments - ceux qui «plaisent par eux-mêmes et font toujours que l'on aime ceux qui les ont» et ceux qui «ne subsistent que par rapport à quelque autre chose»[9] -,

---

[4] *Suite de la vraie honnêteté, Œuvres complètes,* éd. Boudhors, Les textes français, p. 89.

[5] *De la vraie honnêteté, Ibid,* p. 83.

[6] Ed. cit., I, p. 96.

[7] *R.H.L.F.,* janvier-mars 1923, p. 82.

[8] Et depuis deux ans gouvernante de Louise d'Orléans, fille de Monsieur et de Madame, Henriette d'Angleterre.

[9] Ed. cit., II, p. 17.

expliquant là la différence qui existe entre «l'esprit» et «la raison»[10], s'appliquant ailleurs à distinguer la conversation du conseil et de la conférence, puis à examiner ce qui la rend «la meilleure et la plus belle»[11], que Méré multiplie les interpellations, la pure et simple apostrophe, qui est plus volontiers employée à l'ouverture, étant en l'occurrence relayée par la formule «je suis persuadé, Madame, et je crois que vous en jugez ainsi» ou par l'une de ses variantes auxquelles ce schéma peut donner lieu.

*
* *

Ce souci de l'autre n'apparaît pas seulement dans la façon dont Méré présente ses réflexions; il est au cœur de ses préoccupations, il structure sa pensée. C'est en effet *par* et *pour* l'autre que vit cet honnête homme dont le moraliste ne cesse, de texte en texte, de peaufiner le portrait.

Par l'autre. Etant bien entendu que cette «quintessence de toutes les vertus» qu'est la parfaite honnêteté[12] «paraît à dire et à faire»[13] - entendons: et non point à être - ou encore que «l'honnêteté se montre à se communiquer agréablement par les discours et par les actions»[14], nous sommes d'emblée placés dans une perspective existentielle et collective. De là la double caractéristique qui est présentée, à la fin de la Préface des *Conversations,* comme étant celle de l'honnête homme: le refus d'être un homme de lettres - «je ne me serais pas avisé d'écrire ces conversations car je ne m'attache presque à rien»[15] - et la modestie - «Je ne songe guère à me produire»[16] -; de là le *credo* du Maréchal: «on passe les plus doux moments de la vie à s'entretenir: on fait peu de choses sans parler»[17].
Homme de salon, disons plutôt de compagnie, l'honnête homme se forme au contact des autres. Dans les conversations, celles du moins où ne se manifeste pas trop d'esprit, qui se déroulent dans un climat «libre» et «aisé»[18] qui sont «pure(s)», «honnête(s)» et le plus souvent «enjouée(s) quand l'oc-

---

[10] *Ibid.,* p. 69-71.

[11] *Ibid.,* p. 101-104.

[12] Ed. cit., III, p. 71.

[13] Ed. cit., I, p. 5.

[14] Ed. cit., III, p. 103.

[15] Ed. cit., I, p. 6.

[16] *Ibid.*

[17] *Ibid,* p. 51.

[18] *Ibid,* p. 9.

casion et la bienséance le peuvent souffrir»[19]. «Il faut, poursuit Méré, que les mouvements de l'âme (y) soient modérés», qu'y règne «une certaine médiocrité»[20]. Et plus loin: «Il faut écrire comme on voudrait parler et parler comme on voudrait écrire»[21].

Au contact des femmes, «autres» au sens fort du terme, qui, si, du moins aux yeux de leurs partenaires, elles perdent en «habileté» ce qu'elles gagnent en «beauté», se signalent souvent, dit le chevalier, par leur «bon sens», leur «délicatesse d'esprit» qui, ajoute-t-il, «n'est pas si commune aux hommes». Et de pousuivre: «J'ai même pris garde en beaucoup de lieux et parmi toutes sortes de conditions qu'ordinairement les hommes n'ont pas tant de grâce à ce qu'ils font que les femmes et qu'elles se connaissent plus finement qu'eux à bien faire les choses»[22]. Mais, observation plus importante encore, seule la fréquentation de la femme permet à l'homme d'accéder à la galanterie. Vertu qui, dira-t-on, ne se confond pas avec l'honnêteté puisque «cette qualité de galant homme qui plaît dans les jeunes gens passe comme une fleur ou comme un songe» - alors que si l'on aime quelqu'un à cause qu'il est honnête homme on l'aime toujours»[23] - mais qui, il faut bien en convenir, s'en rapproche étrangement dès l'instant où elle est prise dans sa forme la plus élaborée, celle qui «ne dépend que fort peu des avantages du corps» mais qui exige que l'on ait «un bon cœur et bien de l'esprit»[24].

En tout état de cause, c'est le contact avec les autres êtres humains qui assure la formation: «Pour se rendre capable de dire d'excellentes choses, d'un tour agréable et galant, ce n'est pas assez que d'étudier de certains livres, quoique fort bons dans leur genre, ni d'acquérir de la science et de l'érudition (…). Quelques personnes du monde y peuvent beaucoup plus servir que la plupart des auteurs[25]». Dès la seconde *Conversation*, Méré s'était livré à une diatribe contre l'étude - au Maréchal qui affiche sa prétendue ignorance, le chevalier répond: «Les maîtres n'en savent guère davantage. On vous eût enseigné tout cela, comme on l'enseigne ordinairement, avec beaucoup de temps et de peine et vous n'en seriez ni plus intelligent ni plus habile, si ce n'est peut-être que vous en seriez désabusé» - et, sans le nommer, contre le marquis de Sourdis sans doute qui «fait tant de

---

[19] Ed. cit., II, p. 103.

[20] *Ibid.*

[21] Ed. cit., I, p. 70.

[22] *Ibid.* p. 17-18.

[23] *Ibid,* p. 18.

[24] *Ibid,* p. 18-19.

[25] Ed. cit., III, p. 121.

cas de ces sciences» que le Maréchal dit avoir «passé des jours entiers (...)
à l'(en) entendre discourir». «Plus il se mettait en peine de s'expliquer,
conclut-il, moins il se faisait entendre»[26].

S'il doit aux autres l'essentiel de sa formation, l'honnête homme ne
reste fidèle à cet idéal que parce que l'essentiel de son activité consiste à
vivre pour eux.

S'agit-il, dans la partie narrative du premier dialogue, qui met en scène
le Maréchal de Clérambault, de décrire ce personnage dont il est dès la première phrase dit qu'il est «ce qu'on appelle un galant homme qui sait parfaitement le monde»? Méré écrit: «En quelque lieu qu'il soit, il cherche à
se divertir et plus encore à donner de la joie»[27]. Et plus loin: «Vous ne
m'avez surpris, dit le chevalier, que pour me donner de la joie»[28]. Le Chevalier le lui rend bien qui, à la fin de la préface des *Conversations*, justifie
la violence qu'il s'est faite en déclarant: «Je ne me serais pas avisé d'écrire
ces conversations si je n'avais cru faire plaisir à celui dont je viens de parler»[29].

Il ne faut cependant pas croire que le Chevalier et le Maréchal sont
seuls à savoir se donner l'un à l'autre du plaisir. C'est bien là la caractéristique de toute personne digne d'intérêt. De Ninon de Lenclos par exemple,
à qui Méré écrit: «Ce n'est pas pour vous seule que vous avez acquis tant
de rares qualités et que vous êtes bien aise d'être si aimable; c'est aussi
pour plaire aux honnêtes gens et les rendre heureux»[30].

Non content d'honorer l'autre en lui faisant plaisir, l'honnête homme le
respecte en renonçant à toute «flatterie» aussi bien qu'à toute «vanité»[31], en
considérant que «l'envie» est «le défaut qui (...) choque le plus» et en mé-
prisant «les gens qui ne parlent que pour leur intérêt»[32].

Toutes ces manifestations de générosité, qui se déroulent dans un cercle
étroit, trouvent leur véritable sens, sont pour ainsi dire sublimées, dans les
passages où l'honnête homme est aussi présenté comme une espèce de «citoyen du monde». «Pour démêler la vraie honnêteté d'avec la fausse, on se
doit assurer qu'elle n'a rien que de bien réel, rien qui ne soit juste et raisonnable en tous ces endroits du monde, car elle est universelle et ses manières

---

[26] Ed. cit., I, p. 24. «A en juger de la philosophie par l'idée qu'il m'en donnait,
poursuit-il, je me la représentais comme une espèce de nuit».

[27] *Ibid*, p. 8.

[28] *Ibid*, p. 14.

[29] *Ibid*, p. 6.

[30] Lettre 88, *Lettres* 1682, II, p. 362.

[31] *Œuvres complètes*, éd. cit., I, p. 25.

[32] *Ibid*. p. 16.

sont de toutes les cours depuis un bout de la terre jusqu'à l'autre (…) Le changement des lieux, la révolution du temps ni la différence des coutumes ne leur ôtent presque rien»[33].

Un pas peut être franchi dans l'analyse des textes sous l'angle de l'altérité si l'on dépasse le niveau moral auquel nous nous sommes jusqu'ici situé. Comme l'a fort judicieusement remarqué Bernadette de Mendoza, Méré «compare le comportement de l'honnête homme à une activité artistique et, avant Diderot, insiste sur la nécessité de bannir la sensibilité»[34]. Significatif à cet égard est le rapprochement que l'on peut faire entre la fameuse phrase du *Paradoxe sur le comédien* - «il y a mille circonstances pour une où la sensibilité est aussi nuisible dans la société que sur la scène»[35] - et le passage du dernier discours de Méré où on lit: «Je suis persuadé qu'en beaucoup d'occasions il n'est pas inutile de regarder ce qu'on fait comme une comédie et de s'imaginer qu'on joue un personnage de théâtre (…). Un comédien qui, pour représenter une passion violente, serait effectivement touché ferait une aussi grande faute qu'un peintre qui mettrait des diamants ou des perles dans ses tableaux au lieu de les y peindre»[36]. Quoi qu'il en soit de la réponse que l'on donne à la question de savoir si cette phrase-ci est la source, consciente ou inconsciente, de celle-là, le fait est qu'elle peut être considérée comme la matrice de la théorie que, dans toute son œuvre, des *Conversations* aux *Lettres* en passant par les *Discours* développe le héraut de l'honnêteté. C'est en effet à toutes les étapes de sa réflexion que Méré suggère la mise à distance qui permet de considérer la vie comme un jeu, autrement dit comme un ensemble de situations régies par des règles qu'il faut maîtriser, de se voir soi-même comme un autre.

Une telle attitude, qui repose sur une éthique régie par l'esthétique, est certes autorisée par la croyance propre au XVIIe siècle selon laquelle le naturel ne s'oppose pas à l'inné mais à l'artificiel. Elle attire cependant la suspicion. Le lecteur attentif ne peut en effet rester insensible aux failles du système. La première que l'on peut détecter trouve son origine dans le fait que, bien qu'ils aient été rédigés dans un espace de temps relativement bref, ces textes sont le lieu d'une évolution. Cela est patent en ce qui concerne les jugements que Méré porte sur la Cour, dont il finit par ne plus parler après avoir émis à son sujet des réserves. Quant à la belle modestie

---

[33] Ed. cit., III, p. 93.

[34] «L'art de vivre de l'honnête homme: éthique ou esthétique», dans: *Papers on French Seventeenth Century Literature*, 1973. Voir aussi, du même auteur: «Un paradoxe sur le comédien au XVIIe siècle», dans:*Revue des Sciences Humaines,* 1973.

[35] *Œuvres esthétiques,* Garnier, p. 334.

[36] *Suite du commerce du monde,* éd. cit, III, p. 158.

dont il fait preuve lorsqu'il écrit les *Conversations,* elle s'estompe dès l'instant où la publication de cette œuvre l'engage, quoi qu'il ait antérieurement proclamé, dans une carrière d'écrivain. Perceptible dans la lettre 49, adressée à Mme Bitton, l'ambition d'écrire pour la postérité éclate dans la lettre 77, qu'il envoie, entre 1672 et 1677, à une anonyme, et, plus encore, dans celle que, vers 1679-1680, il écrit à Mitton[37].

Mais, outre que l'ouverture n'est pas toujours perdante dans l'évolution suivie par Méré - c'est par exemple dans l'un de ses écrits posthumes, le premier *Discours de la vraie honnêteté,* qu'il met le mieux en valeur, notamment par le recours à la généralisation, le rôle de «l'art», autrement dit de l'apprentissage et partant des maîtres[38] -, les décalages diachoniques ne sont jamais les plus inquiétants.

Plus gênantes sont les difficultés d'interprétation que rencontre le lecteur lors même qu'il s'en tient à tel ou tel passage de l'œuvre. Tantôt deux attitudes sont purement et simplement renvoyées dos à dos. Témoin cette remarque de la cinquième conversation: «L'étude peut nuire, ajouta le Chevalier; du moins il ne faut pas prétendre qu'elle fasse infailliblement des chef-d'œuvres (*sic*). - Ni le monde aussi, dit le Maréchal, n'en fait pas toujours»[39]. Tantôt le dosage qu'il établit entre deux attitudes ou deux réalités antithétiques ne se laisse pas facilement apprécier. Et ce, que, comme dans la première conversation, Méré joue sur le nécessaire et le suffisant - «Quand on parle, quelque but qu'on puisse avoir, il faut bien que celui de plaire l'accompagne mais il ne faut pas que ce soit la seule et dernière fin»[40], ou encore: «Le plus beau naturel du monde est peu de chose si l'on n'a soin de l'instruire et de le perfectionner»[41] - ou que, comme dans cette phrase des *Propos* - «Les agréments viennent de la nature mais le monde et l'art les augmentent et les perfectionnent»[42] - il y ait une apparente progression entre les éléments. Tantôt enfin Méré fait ingénument cohabiter le souci de l'autre et le culte de soi. Nous trouvons un bel exemple de cette éloquente maladresse à la fin de la Préface des *Conversations.* Suite à la proposition qui nous a permis de célébrer l'humilité du moraliste, celle-ci, qui porte à sourire: «Je connais assez les divers sentiments du monde pour ne pas m'y tromper»[43].

---

[37] Il s'agit de la lettre 127.

[38] Ed. cit., III, p. 70-71.

[39] Ed. cit., I, p. 67.

[40] *Ibid.* p. 16.

[41] *Ibid,* p. 68.

[42] *Op. cit.*, 1922, p. 83.

[43] *Œuvres complètes,* éd. cit., I, p. 6.

Mais il y a plus grave encore. Si autrui reste une fin dans l'affirmation selon laquelle «il se faut plaire avec les gens si l'on veut leur être agréable»[44], il devient souvent moyen: soit subrepticement - «On doit bien souhaiter d'être d'agréable conversation quand ce ne serait que pour s'entretenir soi-même»[45] -, soit de façon plus provocante: «Quel avantage peut-on tirer d'avoir de l'esprit quand on ne sait pas s'en servir à se faire aimer?»[46] ou encore: «Celui qui croit se venger en déplaisant se fait plus de mal qu'il n'en fait aux autres»[47].

De là l'émergence d'une pensée moins ouverte qu'on ne l'aurait d'abord cru. En premier lieu à l'égard des femmes, dont on nous dit certes que si leur fréquentation est indispensable à l'honnête homme c'est parce qu'elles sont pétries de qualités, mais qui sont aussitôt doublement dévalorisées: «soit que l'avantage de plaire leur soit plus naturel, ou que sentant que c'est là leur fort, elles s'en fassent dès leur enfance comme un métier»[48]. Mais aussi à l'égard de tous les êtres humains. De là la présence récurrente des bienfaits de la retraite et de la solitude qui, pour être des *topoï* hérités de l'antiquité, n'en font pas moins tache sous la plume d'un auteur en principe acharné à montrer que l'homme parfait - l'honnête homme - n'a pas de raison d'être sans le monde. La phrase la plus intéressante de ce point de vue se trouve dans les *Propos:* «J'ai aimé la retraite et je ne me suis pas communiqué à tout le monde». Le début de la phrase suivante - «Il ne faut pas se sacrifier»[49] - en dit long sur la prétendue disponibilité, sur l'altruisme de Méré. Mais d'autres passages de ces mêmes *Propos* - «Je ne puis pas vivre commodément à la Cour, je vivrai commodément dans ma cabane»[50] et des *Conversations* - «Celui qui peut tant faire que d'être honnête homme en sa cabane l'eût été dans toutes les cours du monde»[51] sont aussi éloquents.

L'attitude à l'égard des rôles sociaux eux-mêmes révèle une fermeture certaine. Ce qui compte, aux yeux de Méré, c'est en effet plus leur existence que leur contenu. De la notion de compétence, à laquelle renvoyait la maîtrise, on passe dès lors à celle de performance, terme qui met l'accent

---

[44] *Ibid,* p. 10.

[45] *Ibid,* p. 35.

[46] *Ibid,* p. 15.

[47] *Ibid,* p. 16.

[48] *Ibid,* p. 18.

[49] *R.H.L.F,* 1922, p. 86.

[50] *Ibid.* 1923, p. 520.

[51] *Œuvres complètes,* ed. cit., p. **?**

sur l'acte plutôt que sur le résultat. «Il y a des rôles plus avantageux les uns que les autres (…) mais de quelque nature que soit celui qui se présente, on est toujours bon acteur quand on sait bien jouer»[52]. Détachement qui a pour corollaire un retour sur soi pour ainsi dire absolu, que trahissent des expressions comme celle-ci: «Je vous parle de vous comme je vous parlerais de moi»[53] et dont il convient de reconnaître l'origine et de mesurer les conséquences.

L'origine, c'est sans aucun doute l'adhésion au principe de l'innéité. Non certes la croyance en l'importance de la naissance, car Méré ne participe ni de l'idéologie des nobles de son temps ni de celle dont se réclament, depuis *Il Cortegiano,* tous les théoriciens de l'honnêteté, fussent-ils, comme Faret et Grenailles, d'extraction roturière et porteurs, par ailleurs, d'idéaux qui ne sont pas sans rapport avec leur réelle origine. Mais la certitude, quelque place qu'il accorde au compromis, que la nature a le premier et le dernier mot, que tout homme a sa propre individualité. Une individualité difficile à cerner. D'où le recours, pour la définition de l'honnêteté, au «je ne sais quoi», notion ambiguë puisque si, à certains égards - le *allo ti* grec le fait mieux sentir - elle renvoie à l'altérité absolue, elle l'exclut aussi puisque, renvoyant à l'incommensurable, à l'indécidable autant qu'à l'indicible, elle met l'accent sur la spécificité.

A la suite de ces remarques, il n'est pas inutile de citer un passage qui est entièrement dominé par la figure de l'oxymore et qui partant rend parfaitement compte de la position de Méré: «Je voudrais que pour se rendre l'honnêteté naturelle on ne l'aimât pas moins dans le fond d'un désert qu'au milieu de la Cour»[54]. Comment dès lors ne pas se rappeler que la belle envolée sur l'universalité de l'honnêteté débouche sur ce même terme de Désert, au pluriel cette fois[55]?

Plus question de morale. Ni de politique. Ni de religion, même si un des *discours posthumes* tente d'opérer la jonction: «Je prends garde aussi que la dévotion et l'honnêteté vont presque les mêmes voies et qu'elles s'aident l'une à l'autre»[56]. Outre que cette prise en compte tardive de l'Altérité par excellence qu'est Dieu sent le respect humain plus que la foi véritable, la façon même dont elle s'opère consacre le repliement de l'homme sur lui-même: «Car comme Dieu ne commande que des choses justes (…) quand

---

[52] *Ibid.*, II, p. 66.

[53] *Ibid.,* I, p. 25.

[54] *Ibid.* III, p. 74.

[55] «Encore ne sont-elles pas (il s'agit des manières de l'honnêteté) plus des Cours que des Déserts», *Ibid.*, p. 93.

[56] *Ibid,* III, p. 101.

un homme ne saurait pas tous les préceptes divins, il y en a bien peu qu'il n'observât de lui-même; encore suis-je persuadé qu'un honnête homme ne tombe dans le désordre que bien rarement et que si ce malheur lui arrive il n'est pas longtemps à s'en repentir»[57].

*

* *

Une altérité revendiquée, une altérité altérée, une altérité évincée: telles sont les étapes par lesquelles nous avons cru pouvoir passer pour évoquer la pensée de Méré.

Reste à savoir quelles sont les nuances qu'il apporte à une anthropologie classique tout entière dominée, on le sait, par le problème de l'amour propre. Nous ne reviendrons pas sur le rapport qu'il entretient avec Pascal. Nous ne parlerons non plus ni de Saint-Evremond ni de La Bruyère. Nous nous contenterons d'esquisser un parallèle avec La Rochefoucauld.

La notion de rachat esthétique par laquelle on peut définir l'auteur des *Maximes* n'est pas en l'occurrence véritablement opérationnelle. Car pour qu'il y ait «sublimation», il faut qu'il y ait désespoir. Or Méré est, lui, si optimiste qu'il va jusqu'à régler l'essentiel et délicat problème de la distorsion entre être et paraître non, comme La Rochefoucauld, en en «inversant» et en en parodiant «l'idéale coïncidence», autrement dit en affirmant que «le défaut d'être en chacun de nous s'annonce indirectement mais fidèlement par l'échec du paraître» - tels sont les termes qu'emploie à son sujet Jean Starobinski[58] -, mais en faisant sereinement comme si le paraître pouvait devenir l'être.

Telle est en définitive la spécificité de Méré, grandeur et limites confondues.

---

[57] *Ibid., ibid.*

[58] «La Rochefoucauld et les morales substitutives», dans: *Nouvelle Revue Française*, n⁰ 163, juillet 1966.

La notion d'*autre* chez quelques écrivains libertins

CECILIA RIZZA

Université de Gênes

Quand on dit *autre* aujourd'hui, on pense souvent à l'étranger, à celui qui vit loin de nous du point de vue géographique, donc loin dans l'espace, tout en étant notre contemporain, ou qui appartient à une civilisation différente de la nôtre, d'où aussi parfois la coïncidence entre la notion d'étranger et d'étrange.

Selon la dialectique hégélienne l'autre serait le *non-moi*; d'un point de vue religieux autre est celui qui professe une foi différente de la mienne; mais autre est aussi bien la femme par rapport à l'homme, l'homosexuel par rapport à l'hétérosexuel, l'animal par rapport à l'homme etc.

Au dix-septième siècle par cet adjectif on désignait surtout ces pays que les découvertes géographiques et les voyages avaient fait connaître récemment à l'Europe occidentale, ces peuples que Montaigne, non sans quelque ironie de sa part, appelait les cannibales.

Mais si, d'une façon plus générale, et comme nous enseignent les Dictionnaires de l'époque, *autre* est synonyme de *différent, divers, dissemblable*, au XVIIᵉ siècle aussi il n'est pas nécessaire de courir les mers pour le trouver.

Il est évident, en effet, que la notion se définit dans un rapport dont le terme de confrontation essentiel, même s'il reste inavoué, est une conception précise, une conscience de soi qui s'accompagne souvent de la volonté de s'affirmer comme modèle exemplaire, selon des caractéristiques que l'on considère comme des valeurs absolues.

C'est le cas de ces quelques écrivains du début du XVIIᵉ siècle que l'on peut qualifier de libertins[1] et pour lesquels *autre* est celui qui manque d'esprit critique, qui adopte, sans les discuter, ni les passer au crible de la raison, les idées reçues et les croyances léguées par la tradition et acceptées par la plupart des gens.

Pour Théophile de Viau, par exemple, «l'autre» est «le vulgaire qui n'est qu'erreur, qu'illusion», qui se laisse dominer par la superstition et

---

[1] Sur la notion de libertin et de libertinage voir outre les travaux bien connus de Lachèvre, Pintard, Spink, Schneider, l'excellente étude de Louise Godard de Donville: *Le libertin des origines à 1665*, Paris-Seattle-Tübingen, 1989, la thèse de D. Bosco, *Métamorfosi del «Libertinage»* Milano, 1980 et notre *Libertinage et littérature*, Bari-Paris, 1996.

tient pour vrai tout ce qu'on lui fait croire[2]. Tout l'épisode de la possédée, au chapitre III de la *Première journée*, dénonce l'aveuglement du peuple auquel Théophile oppose l'attitude de ceux qui, comme lui, «sont d'un naturel à ne croire pas facilement les impossibilitez»[3]. Ailleurs il avait souligné la différence entre le commun des mortels et

> Des bons entendemens qui sans cesse travaillent
> Contre l'erreur du peuple, et jamais ne defaillent,
> Et qui d'un sentiment hardy, grave et profond,
> Vivent tout autrement que les autres ne font.[4]

Déjà Charron opérait une distinction entre la populace, les esprits communs et *les écartez*, c'est à dire ceux qui, comme l'écrivait Garasse, «ne vont pas le grand chemin battu»[5]. Quelques années plus tard Naudé parlait encore avec mépris de la populace, en soulignant sa crédulité ou, comme il dit,

> sa faiblesse et imbecillité... Tout ce qu'elle pense n'est que vanité, tout ce qu'elle dit est faux et absurde, ce qu'elle improuve est bon, ce qu'elle approuve est mauvais, ce qu'elle loue infame, et tout ce qu'elle fait et entreprend n'est que pure folie.[6]

C'est une conception tout à fait élitaire; il y a, d'une part, les *esprits foibles*, de l'autre les *esprits hardis* qui osent penser et vivre librement. L'élitisme, apparemment d'ordre social, et chez Naudé il a des implications politiques évidentes, se justifie en réalité, principalement, sur le plan intellectuel. Théophile s'en prend parfois aux gens de la Cour qu'il juge «hommes foibles et divers», auxquels «la raison est incogneue».[7]

Même attitude chez Sorel dans *Francion:* le protagoniste du roman se moque de ceux qui croient à l'existence des fantômes; à son avis, ils fondent

---

[2] *A . M. du Fargis*, vv. 25-29, dans:*Œuvres complètes*, Première partie, éd. crit. par G. Saba, Roma-Paris, 1984, p.388.

[3] *Première journée*, Chap. III, dans: *Œuvres complètes,* Seconde partie, éd. crit. par G. Saba, Roma, 1978, p. 27.

[4] *Elégie à une Dame*, vv. 25-28 dans: *Œuvres complètes*, Première partie, cit., p. 345-346.

[5] F. Garasse: *La Doctrine curieuse des beaux esprits de ce temps*, Paris, 1624, p. 27-29.

[6] G. Naudé:*Considérations politiques sur les coups d'Estat*, Rome, 1634, p. 154-156.

[7] *Au Lecteur*, dans: *Œuvres complètes,* Seconde partie, cit. p.7.

ces opinions là sur des accidens ordinaires et naturels dont la cause est incogneuë à leurs esprits simples et grossiers.[8]

Ce sont des «âmes basses» desquelles Francion veut se distinguer quand il décide de passer son temps à méditer «sur la raison naturelle de toutes choses... sans s'arrester aux opinions vulgaires.» (p. 218)

Autour de Francion se réunira un groupe d'amis, «personnes toutes braves, ennemies de la sottise et de l'ignorance»; là encore il s'agit d'une élite qui est telle non par la naissance mais par les qualités de l'esprit: «nous ne regardions point à la race, nous ne regardions qu'au mérite.» (p. 250). Au cours du récit Francion définit de mieux en mieux son altérité, soit par rapport aux bourgeois, comme ce fils de marchand, ignorant et presomptueux, qu'il accable de son sarcasme (p. 250-51), soit face à ceux qui de la noblesse ne gardent que l'outrecuidance et l'habit extérieur. (p. 252). Il s'éloigne de plus en plus du commerce des hommes et même de la Cour, car avouc-t-il

> je n'avois guère envie de m'asservir sous des personnes qui n'estoient pas dignes de commander. (p. 254).

La distinction qu'il poursuit naît, en effet, de la valeur qu'il donne à la connaissance de soi et du monde:

> En ce temps-là j'estudiay à toute reste, mais d'une façon nouvelle, neantmoins la plus belle de toutes, je ne faisois autre chose que philosopher et que mediter sur l'estat des humains. (p. 253).

Un exemple des plus frappants de ce qui peut être conçu comme *autre*, du point de vue que nous venons d'illustrer, on le retrouve encore chez Molière. L'*autre* c'est Sganarelle par rapport à Dom Juan. Dom Juan est celui qui déclare:

> Je crois que deux et deux sont quatre, Sganarelle, et quatre et quatre sont huit, (Acte III, sc.1)

et qui, selon les mots mêmes de son valet,

> traite de billevesées tout ce que nous croyons. (Acte I, sc.1).

Et quelles sont les convictions de Sganarelle? Il croit à Dieu et au Diable, mais aussi, et avec une foi égale et inébranlable, au Loup-garou et au Moine bourru et s'il essaie de convertir Dom Juan il est incapable d'avancer des arguments sérieux sans y mêler des considérations banales. Ainsi, à

---

[8] Ch. Sorel: *Histoire comique de Francion*, texte établi, présenté et annoté par Y. Giraud, Paris, 1979, p. 165.

la fin de son discours, quand dans un paroxysme de gestes, il tombe par
terre, Dom Juan a beau jeu de s'exclamer, en souriant:

> Bon! voilà ton raisonnement qui a le nez cassé. (Acte III; sc.1).

L'insolence de Dom Juan ne dérive pas seulement de sa condition sociale qui le porte à mépriser le vulgaire, qu'il s'agisse de Sganarelle, de
Pierrot ou de M. Dimanche, mais surtout de son attitude mentale qui lui fait
regarder comme *autre* celui qui n'a pas la liberté d'esprit dont il se vante.
Une liberté et une hardiesse dont il donne une preuve éclatante encore à la
fin de la pièce (Acte V sc.5), quand il fait face au spectre qui change de figure (la Mort peut-être?) car il veut vérifier s'il s'agit d'un fantôme, d'un
corps ou d'un esprit, la volonté de percer le mystère, de nier des bornes à la
connaissance humaine, la curiosité de savoir étant les marques de la pensée
libertine ou, si vous voulez, de la liberté de pensée dont les libertins ont fait
une vertu.

Dans ces mêmes années et dans ces mêmes milieux que par commodité
nous venons d'appeler libertins, il se développe une notion d'*autre* qui a
comme coordonnée fondamentale, non pas l'espace, ni la société ni la culture, mais le temps. Sans aucun doute, cette notion doit être mise en relation avec les découvertes scientifiques qui ont bouleversé la vision du
monde déjà dans la seconde moitié du XVIe siècle et qui exercent plus
puissamment leur influence à partir du début du XVIIe. Elle aboutit à une
conception de l'histoire humaine non pas circulaire et toujours semblable à
elle même, mais placée sous le signe du changement, sinon du progrès.
D'où la conviction, qui se fait jour de plus en plus chez les esprits les plus
éclairés, qu'il y a une différence insurmontable entre la vie, la façon de
penser, les connaissances, les croyances de ceux qui ont vécu autrefois et
de ceux qui vivent aujourd'hui. Les Anciens ne seront donc plus un modèle
exemplaire considéré comme à jamais valable. A la base de la critique
qu'exercent beaucoup de libertins contre les pédants il y a l'idée qu'un
fossé profond a été creusé par le temps et qu'aucun respect révérentiel ne
pourra le combler.

Encore une fois on peut citer Théophile et sa *Première journée* là où il
est question du personnage de Sydias; ou Sorel avec son évocation de la vie
de collège et son portrait cocasse du pédant Hortensius. Mais on aurait tort
de s'arrêter à ces critiques amusantes et amusées.Une pensée sérieuse, une
prise de conscience bien solide y est sous-entendue qui sera riche en conséquences. Dès le premier chapitre de son histoire Théophile avait exprimé
clairement son idée:

> Les larcins qu'on appelle imitation des Autheurs anciens, se doivent
> dire des ornements qui ne sont point à nostre mode. Il faut escrire à la
> moderne. Demosthene et Virgile n'ont point escri en nostre temps, et

nous ne sçaurions escrire en leur siecle. Leurs livres quand ils les firent estoient nouveaux et nous en faisons tous les jours de vieux.[9]

Ce qui vaut pour la littérature, vaut à plus forte raison pour le savoir. Théophile critique «la sotte Antiquité», ses fables, ses confus mensonges «qu'un homme de bon sens ne croit point recevables» et oppose aux savants les sages, c'est-à-dire ceux «qui sentent autrement qu'on ne faisoit jadis.»[10]

Francion à son tour se moque de ces écrivains de son temps qui

ont sottement habillé leurs noms à la Romaine afin que leurs livres ayent plus d'esclat et que les ignorants les croyent composez par des plus anciens personnages.[11]

Quant à lui, il aime mieux lire les romans modernes plutôt que les epîtres familières de Cicéron ou les comédies de Térence, (p. 172) et il critique l'enseignement qu'on donne dans les collèges qu'il juge inutile et ridicule. Francion ne se prononce pas seulement contre les pédants: il nie la valeur de la culture traditionnelle dont il dénonce les erreurs quand il se propose de chasser de son entendement tout ce savoir pour le remplir d'une meilleure doctrine. (p. 218).

Quelques années plus tard Sorel s'exprimera d'une façon encore plus claire: «Les Autheurs les plus suivis ne me font point peur. Si ie voy que leurs opinions ne s'accordent point à la Raison, ie les refuse.» Et fort des récentes découvertes de la science, il attaque Aristote et il appelle chimères ses théories.[12]

Il y a là la prise de conscience d'une altérité que rien ne saurait annuler. D'Urfé écrivait déjà:

Nous voyons que non seulement les Arts sont changez, mais les loix, voir la nature mesmo. N'est-il pas vrai que la Musique de nostre temps est tout autre que celle des anciens; que l'Architecture et l'Art de bastir est differente; que la façon que nous avons de faire la guerre n'est point celle dont ils usoient?[13]

Et Saint-Amant d'affirmer à son tour:

pourveu qu'une chose soit judicieuse et qu'elle convienne aux personnes, aux lieux et aux temps, qu'importe qu'Aristote l'ait ou ne l'ait

---

[9] Th. de Viau: *Premiere journée*, Ch.I, dans: éd.cit., p. 14.

[10] *A M. de Fargis*, vv.21-25 et 35-36, dans: éd.cit., p. 388-389.

[11] Ch. Sorel: *Histoire comique de Francion*, p. 169.

[12] Ch.Sorel: *La science humaine*, Paris, 1634, p. 400.

[13] H. d'Urfé': *La Sylvanire*, Paris, 1627, *Préface au Lecteur*.

pas approuvée? Il s'est descouvert des estoilles en ces derniers siecles qui luy auroient fait dire d'autres choses qu'il n'a dittes, s'il les avoit veues.[14]

Cette attitude envers les Anciens et leur autorité est tellement répandue qu'on a pu en retrouver le témoignage même chez des érudits dont la formation humaniste n'est pas en doute, comme Peiresc ou Chapelain ou Balzac, pour ne pas parler de Descartes[15].

Ce n'est pas encore la querelle des Anciens et des Modernes; il n'y en a là que les premisses. Car, si d'une part chez quelques uns de ces auteurs la prise de conscience de leur altérité les amènera à l'idée de progrès et à l'affirmation de la supériorité des modernes sur les anciens, chez d'autres elle sera à la base d'une conception de l'histoire humaine et de la connaissance de l'univers placées sous le signe de la relativité.

Relativité par rapport au temps, aussi bien qu'à l'espace, comme le reconnaisait Ogier:

le goût des nations est different aussi bien aux objets de l'esprit qu'en ceux du corps… Les esprits des peuples ont des inclinations bien ferentes les uns des autres.[16]

L'itinéraire que nous venons de tracer et son dernier aboutissement qui se dessine à la fin de notre discours trouve sa plus complète illustration dans *Les Estats et Empires de la lune* de Cyrano. Déjà le sous-titre *L'autre monde* est riche en suggestions pour le thème qui nous intéresse ici. Dès le début de son récit Cyrano avance l'hypothèse «que la lune est un monde comme celuy-ci auquel le nostre sert de lune et dans lequel on se mocque maintenant de quelqu'autre qui soutient que ce globe-cy est un monde.»[17] Il s'en suit la mise en question des connaissances traditionnelles sur les mouvements du soleil et de la terre, sur la centralité de la terre dans l'univers et de l'homme sur terre. A la lumière des nouvelles acquisitions de la science et de la philosophie contemporaines, les théories des Anciens et le témoignage de la Bible sont jugés périmés et deviennent inacceptables.

Mais c'est dans la rencontre avec les habitants de la lune que le message idéologique de Cyrano se manifeste encore plus nettement.

---

[14] Saint-Amant: *Moyse sauvé, Préface* in *Œuvres*, éd. crit. par J.Bailbé et J.Lagny, t. V, 1979, p. 9.

[15] Cf. notre *Aux sources de la Querelle des Anciens et des Modernes,* dans: *Ouverture et Dialogue,* Mélanges offerts à W. Leiner, Tübingen, 1988, p. 333-348.

[16] F. Ogier: *Preface au Lecteur* in J. Schelandre, *Tyr et Sidon*, Paris, 1628.

[17] *L'Autre monde ou les Estats et Empires de la lune*, éd. crit. par M. Alcover, Paris, 1977, p. 5.

Certes, en présentant son monde lunaire totalement renversé par rapport au nôtre - les maisons bougent, les pères doivent obéissance et respect à leurs enfants, les vers des poètes sont une monnaie courante, on se nourrit de fumée etc.- Cyrano se propose de porter à ses extrêmes conséquences sa critique contre la société de son temps, tout en amusant ses lecteurs.

Mais il faut relire les pages dans lesquelles Cyrano représente la condition de son protagoniste que les lunaires considèrent comme un étrange animal et sur la nature duquel prêtres, juges et savants s'interrogent et discutent, pour comprendre pleinement la valeur qu'acquiert la notion d'altérité selon une perspective foncièrement relativiste. En effet si les lunaires apparaissent *autres* à l'homme c'est bien l'habitant de la terre qui est *l'autre* pour eux. C'est ce qu'explique le démon de Socrate au pauvre fils de la terre réduit au rang d'une bête rare dans la ménagerie d'un bateleur:

> He! bien mon fils, vous portez enfin la peine des foiblesses de vostre monde. Il y a du vulgaire, icy comme là, qui ne peut souffrir la pensée des choses où il n'est point accoustumé. Mais sachez qu'on ne vous traitte qu'à la pareille, et que si quelqu'un de cette terre avoit monté dans la vostre, avec la hardiesse de se dire homme, vos docteurs le feroient estouffer comme un monstre ou comme un singe possedé du diable. (p. 63-64).

Ainsi cette même liberté d'esprit qui amenait à considérer avec mépris le vulgaire et à prendre ses distances par rapport à la culture et à la science du passé, au nom de la raison et des conquêtes du monde moderne, conduit, par un revirement paradoxal, mais logique et conséquent, à reconnaître les limites de l'homme et la relativité de ses connaissances et amoindrir la place qu'il occupe dans l'univers et le rôle qu'il est appelé à jouer dans la création.

Et du moment qu'on prend conscience du fait que chacun est censé devenir *autre* à son tour (avec toutes les implications négatives que cette notion peut comporter), on accède à ce principe de tolérance dont déjà Montaigne faisait preuve et qui trouvera son expression la plus cohérente à la fin du XVIIe siècle chez Fontenelle pour devenir un des principes fondamentaux de la pensée philosophique et de l'historiographie au Siècle des Lumières.

Des aristotéliciens de l'*autre*:
Corneille et Mme de Lafayette

PHILIPPE-JOSEPH SALAZAR

University of Cape-Town

D'entrée de jeu, laissez-moi vous avouer que je ne crois pas à cette catégorie de «l'autre». Toutefois, naguère en sociologie, on nous enseignait que parfois, faute de mieux, il faut en effet avoir recours à des «concepts vides». Je n'y crois donc pas.[*]

Et pourtant j'y crois. C'est là la distance entre l'opinion - toute l'idéologie des droits de l'homme telle qu'elle s'est constituée, aux Etats-Unis en particulier, table sur *the other* - et le savoir critique, entre doxa et episteme. En France, on le sait mais on l'oublie souvent, l'autre s'écrit, moderne, avec une majuscule ou une minuscule. Il faudrait se demander en d'autres termes si la traduction culturelle d' A/utre en O/other fait justice à la théorie qui, en France et en français, l'informe, celle de Lacan évidemment. Les transferts culturels de langue à langue ne sont jamais innocents. La question de la majuscule n'est pas une joliesse d'elocutio. Question capitale que l'usage proprement figuré de la capitale en anglais.

I. Je me propose de délimiter une aire du savoir littéraire qui, ce me semble, permettrait de mieux cerner comment *autre* - restons-en au concept vide pour le moment, sans article - a pu être littérairement pensé au dix-septième siècle. Le gain de savoir que j'espère ainsi en retirer serait de donner un peu de valeur à ce qui, par ailleurs, resterait une amphibologie. *Autre* serait simplement ce que Foucault nomme un «dispositif», une stratégie de discours éclatés mais puissants dont la congruence n'apparaît qu'à l'analyse. C'est cette stratégie et son ressort que je me propose d'esquisser ici.[1]

Je vais donc m'en tenir à l'Ecole. Il est en effet impossible de réfléchir sur le dispositif en question à l'Age classique sans méditer les pages qu'Aristote consacre à la question.[2] Mais, afin de ne pas vous infliger une

---

[*] Je remercie l'Université de Cape Town d'avoir financé ma participation au colloque du CIR17 de Miami (ainsi qu'au colloque de la NEMLA - section dix-septiémiste - qui le précédait, à Baltimore) (*Bremner Travel Grant*).

[1] Cet essai s'articule, sur les rapports que l'autre entretient avec la notion de diversité, à mon ouvrage à paraître, *La Divine Sceptique. Essais autour de La Mothe Le Vayer*, Tübingen: Gunter Narr Verlag, (coll. «Etudes littéraires françaises»).

[2] Par égard pour nos collègues américains, je me sers de l'édition suivante: *The*

praelectio du temps jadis, je vais prendre deux exemples scolaires de discours littéraire et tenter de voir comment fonctionne *autre*. J'essaierai de replier l'analyse sur des textes de l'Ecole et montrer ainsi une congruence du champ littéraire sur *autre*.

II. Premier texte, l'incident de la rencontre manquée dans la *Princesse de Clèves* - qui suit la mort du prince et le dialogue final entre les deux amants.[3]

> Après avoir traversé un petit bois, elle apperceut, au bout d'une allée, dans l'endroit le plus reculé du jardin, une manière de cabinet ouvert de tous côtez, où elle adressa ses pas. Comme elle en fut proche, elle vit un homme couché sur des bancs, qui paroissoit ensevely dans une resverie profonde, et elle reconnut que c'estoit M. de Nemours. Cette veue l'arresta tout court. Mais ses gens qui la suivoient firent quelque bruit, qui tira M. de Nemours de sa resverie. Sans regarder qui avoit causé le bruit qu'il avoit entendu, il se leva de sa place pour éviter la compagnie qui venoit vers luy et tourna dans une autre allée, en faisant une révérence fort basse qui l'empescha mesme de voir ceux qu'il saluoit.
>
> S'il eust sceu ce qu'il évitoit, avec quelle ardeur seroit-il retourné sur ses pas [...] Quel effet produisit cette veue d'un moment dans le cœur de Mme de Clèves!

Nous avons là une mise en scène d'*autre*. La princesse voit «un» homme qu'elle reconnaît ensuite pour être «le même». Lui, refuse de voir «les autres» et ce faisant ne reconnaît pas celle qui est «une» pour lui. Effet pathétique manqué qui, dans ce manque, augmente l'effet produit sur la princesse: double effet donc, effet de la reconnaissance due (l'autre est bien le même), effet de la reconnaissance d'une reconnaissance indue (l'autre n'a pas reconnu l'autre, et l'autre qui sait en ressent encore plus d'émoi). Tel est le système, au premier coup d'œil.

Comment l'analyser, non pas en termes de psychologie, ni même à l'équerre d'une structure narrative mais à l'étiage des *Topiques* et de la *Métaphysique* d'Aristote qui sont le fond du dispositif au 17e siècle. Imaginons un instant une *praelectio* de dialectique dans un collège de Jésuites.[4] C'est là que nous trouverons le système opérant dans ce court passage de la *Princesse de Clèves*.

Works of Aristotle, Encyclopædia Britannica/The University of Chicago, 1952, 2 vol (réimpression de l'édition sous la direction de W.D Ross, Oxford University Press).

[3] Madame de Lafayette: *La Princesse de Clèves*, éd. E. Magne, Genève/Lille: Droz/Giard (coll. «Textes littéraires français»), 1970, IV, p. 183.

[4] François de Dainville: *L'éducation des Jésuites (XVIe-XVIIe siècles)*, éd. M.-M. Compère, Paris: Minuit, 1978.

Aristote, les *Topiques*, c'est-à-dire, en complément du système des *Catégories* et des techniques de démonstration présentées dans les deux *Analytiques*, la méthode de discernement des définitions - en rhétorique, les *topoi*, les lieux communs. Confronté à une opinion, circonscrite dans le tour de phrase que lui donne votre interlocuteur - les *Topiques* se déroulent dans l'ambiance du dialogue platonicien - vous cherchez à la définir et, pour ce faire, une question de base se présente: est-ce que l'objet de cette opinion est semblable ou différent d'un autre? Bref, quel est le rapport du même et de l'autre.

Aristote propose de cerner le *topos* du même, et par conséquent celui de l'autre. Il existe des techniques de circonscription d'une définition. Face à une opinion, un objet de savoir, une interrogation, vous devez vous poser la série suivante de distinctions afin d'isoler le même, et, par rebond, d'isoler l'autre ou les autres de ce même.

Ces distinctions sont les suivantes - le mot «expression» veut aussi dire «opinion»: Aristote se place dans la situation d'une discussion verbale, orale, réelle:

1. deux expressions verbales ne désignent-elles pas en fait un même objet?

2. deux expressions verbales données comme différentes, autres l'une de l'autre, ont-elles un même opposé, en tel cas, l'une et l'autre ne sont-elles pas en fait le même?

3. si deux telles expressions ont la même cause d'existence ou de destruction, cela n'indique-t-il pas que l'une et l'autre sont mêmes?

4. si l'une est comparative ou superlative par rapport à l'autre, prenez garde que ce ne soit là qu'un tour de phrase destiné, chez votre interlocuteur, à faire apparaître un même comme deux autres;

5. jouez le jeu inverse et après avoir prouvé que l'un est le même que l'autre, passez de l'autre côté et voyez si l'autre est le même que l'un (bref méfiez-vous de vous-même);

6. l'un et l'autre partagent-ils ou non un ou de mêmes accidents? Si oui, il est probable qu'ils sont le même;

7. vérifiez que si l'un et l'autre semblent mêmes, ils ne sont pas en fait dans deux classes de prédicats différents, autres (comme la quantité et la qualité);

8. voyez si par une augmentation ou diminution de degré ou une addition ou soustraction d'éléments l'un et l'autre restent mêmes (exemple: l'intensité de la jouissance couplée à l'intensité de la passion ne signifie pas toujours que l'orgasme et l'amour soient mêmes);

9. enfin, la question simple mais effrayante, de savoir si l'un peut exister sans l'autre - si c'est le cas, l'un et l'autre ne sont pas le même mais autres.[5]

---

[5] Aristote, *Topiques*, VII, 1. A lire avec *Métaphysique*, V, 9 et X, 3, éd. Ross.

Voilà pour la théorie de l'autre.

III. Revenons à la sylvestre rencontre entre la princesse et le duc.
Reconstruisons d'abord, d'après les *Analytiques*, le système démonstratif de cet épisode. La rencontre fonctionne comme une démonstration, un
double syllogisme «rhétorique» (tel car il s'agit d'un roman, de poétique,
non pas de science), croisé d'une double induction rhétorique.

Le double syllogisme: Mme de Clèves choisit ce bois afin de n'y pas
être reconnue, or le duc ne la reconnaît pas, donc elle a choisi le bon lieu; il
choisit ce bois afin de n'y pas être reconnu, or personne ne le reconnaît,
donc il a choisi le bon lieu. Les deux amants sont «autres» à chacun.

La double induction: elle voit un homme, elle en induit (car elle le
connaît) que c'est le duc, elle le reconnaît; mais comme lui ne se livre pas à
la même induction (des domestiques qu'il refuse de voir à leur maîtresse),
il ne la reconnaît pas.

Elle a donc choisi le lieu qui lui permet d'être radicalement «autre» -
non reconnue - et de jouir cruellement du fait qu'il ignore qu'elle a réduit
l'inconnu (l'autre) au même. Il a choisi le mauvais lieu logique - même si,
poétiquement, ce sera l'occasion du bon lieu. Le lendemain matin elle se
fera de lui reconnaître à sa fenêtre, par mégarde, rétablissant l'égalité de reconnaissance et permettant au roman d'avancer vers sa résolution.

Passons aux *Topiques*. Ce qui est en jeu, dans le dialogue intérieur que
chacun des deux amants tient avec soi-même - qui, soit dit en passant se
donne selon la théorie aristotélicienne des passions, l'antithèse du désir et
de la fuite -, c'est la définition de ce qu'est l'autre. A savoir: juste avant
l'épisode du bois, la princesse s'entend dire par le maître soyer qu'un
homme «du monde le mieux fait» dessine depuis une chambre les jardins et
les fenêtres d'un hôtel voisin. Madame de Clèves s'aperçoit qu'il s'agit du
sien. Elle en déduit que, peut-être, cet homme est M. de Nemours. Et c'est
pour fuir ce syllogisme (l'inconnu est beau et l'observe, or M. de Nemours
est beau et vient souvent à Paris - *dixit* Madame de Martigues -, donc l'inconnu et M. de Nemours ne sont autres mais le même) qu'elle va au bois.

IV. On aperçoit maintenant le système du même et de l'autre qui actionne
la conclusion du roman. Reprenons, en dialecticien: devinant que l'autre
inconnu c'est l'un, elle cherche ailleurs - au bois - à éliminer cette réduction au même en se plaçant en quelque sorte en situation d'altérité - selon la
catégorie du lieu: le bois est l'autre de l'hôtel, de Paris, du monde, de la
Cour; en se plaçant dans un lieu radicalement autre, elle entend, jouant sur
les accidents de la définition, se persuader que l'inconnu - l'autre - est bien
un autre. Le bois anticipe le cloître et la retraite, de ce point de vue du jeu
sur l'altérité du lieu - qui s'articule en outre à la «fuite», passion inverse du
désir dans la typologie classique.

A rebours, le duc qui sait qu'il est l'autre et le même (puisqu'il ne se fait pas reconnaître du maître soyer par exemple) traite le lieu comme toujours autre - observer le jardin défendu et se rendre au bois. La princesse, en le reconnaissant, se place à son tour dans sa position: la charmille (le «cabinet») dans le bois est le duplicata de la chambre d'observation, à ceci près que l'observateur devient l'observé et l'observée l'observatrice. Le bois et le jardin (avec les fenêtres) sont des accidents d'un même lieu, autres seulement pour les bénéfices de la narration. Et quel est ce lieu sans autre lieu, sinon déjà construit logiquement par la narratrice, sinon le cabinet de la rencontre finale?

On saisit alors comment est construit le discours terrible qu'elle lui fait donner par entremise et qui manque de le faire «expirer de douleur»:

> Elle luy fit dire [...] qu'elle voulait qu'il sceust <que> [...] les autres choses du monde luy avoient paru si indifférentes qu'elle y avoit renoncé pour jamais; qu'elle ne pensoit plus qu'à celles de l'autre vie et qu'il ne luy restoit aucun sentiment que le désir de le voir dans les mesmes dispositions où elle estoit.[6]

Replions l'analyse précédente sur cet ultime discours de la princesse, son dernier acte de reconnaissance. La seule question à se poser est la raison logique du discours indirect - la princesse parle par personne interposée - et comment, dans l'économie de la résolution du roman, l'interposition de cet «autre» agit.

Il s'agit là d'une démonstration sur le passage du même à l'autre. La princesse ne parle pas elle-même, elle parle par un/une autre, et le genre offusqué du mot *persona* («une personne de mérite») indique qu'il s'agit là d'un *topos*. L'autre est le même en parole de la princesse. Et que dit cet autre, sinon que la princesse exige que le duc sache qu'il faut désormais ne plus être même mais autre, à savoir renoncer d'une part aux «autres choses du monde» et accepter, déjà ici, «l'autre vie». Elle exige que le duc fasse comme elle. On aperçoit le dispositif discursif, effarant dans sa rigidité: si elle et lui se font autres que ceux qu'ils furent, et s'ils vivent déjà comme dans l'autre radical, alors seront-ils enfin ensemble et même. C'est là le terrible sens logique de l'expression «mesmes dispositions». Mêmes, l'un et l'autre, enfin identiques, mais du même coup radicalement autres que ce qu'ils sont à eux-mêmes.

V. Pour aller plus avant et mieux saisir comment une telle manipulation de l'*Organon* aristotélicien à des fins rhétoriques ou poétiques (impossible vraiment ici de distinguer entre les deux rangs) s'articule à ce qu'il faut enfin nommer de son nom, une «conversion», je vous propose d'examiner

---

[6] Madame de Lafayette: *La Princesse de Clèves*, p. 200.

le dispositif d'*autre* dans *Polyeucte*, tragédie de la conversion précisément. *Polyeucte*, les actes IV et V.[7] Rappelons les linéaments de l'action: Polyeucte, qui s'est converti, tente de convertir à son tour Pauline qui demande à Sévère d'intercéder pour Polyeucte, de se vaincre lui-même par amour pour elle, un rival sauvant l'autre. Félix est alors face à son propre choix: être Romain ou ne pas être Romain en suppliant Polyeucte - paradoxe proposé par Albin (V, 4). Pauline se fait «hostie», Félix se convertit. Ces deux actes roulent, on l'a compris, sur la conversion et le passage du même à l'autre. Apparemment.

Car, comment saisir l'opération sans faire, par exemple, rappel de la manière dont Thomas d'Aquin aborde la question théologique du même et de l'autre? Le texte de la *Somme théologique* qui se profile derrière ce jeu de l'un (Romain) et de l'autre (Chrétien) avec le même (Polyeucte, Pauline, Félix) se rapporte à la discussion sur l'identité des corps à la Résurrection.[8] C'est dans le *Traité sur la résurrection* que se lisent en effet les pages les plus serrées sur le même et l'autre.

Plutôt que de citer ou de malencontreusement résumer ce texte complexe, je vais reprendre les deux actes de *Polyeucte* en y glissant le texte de saint Thomas. On se souviendra que la seule péripétie des deux actes est la conversion de Pauline et qu'autour des atermoiements de cette conversion se disposent les autres personnages - Sévère qui découvre *in extremis* la vertu politique du scepticisme dans les affaires du culte, Félix qui se croit contraint à ne pas exercer la clémence et rencontre ainsi la grâce, Polyeucte lui-même qui meurt en ayant fait œuvre évangélique. Tous ses personnages, et Pauline, se révèlent à eux-mêmes.

Les deux actes se déroulent, du point de vue de l'unité d'action, dans l'attente du supplice retardé de Polyeucte: lui et Néarque ont brisé les «idoles», Néarque est mort, Polyeucte attend - durant deux actes. Lorsqu'il meurt, les «corps sacrés» des deux martyrs se sont substitués aux corps «de pierre et de métal» (II, 6, v. 716), aux statues brisées. Cette substitution est la preuve poétique de la grâce à l'œuvre.

Le corps martyrisé (bientôt destiné à devenir lui-même reliques, restes du corps, reliquaire qui opérera des miracles) est ainsi l'autre du martyr ainsi que l'autre de l'idole. *Polyeucte* est aussi la tragédie des idoles et des reliques, des «uns et des autres», Romains et Chrétiens. Apparemment.

VI. La question théo-logique est en effet celle-ci: qu'est-ce qu'une statue? Qu'est-ce que ce double du modèle - non pas par rapport au modèle

---

[7] Corneille, Polyeucte, éd. P. Dandrey, Paris: Folio (coll. «Théâtre», 34), 1996.

[8] Je me sers de l'édition des Dominicains anglais: Saint Thomas Aquinas: *Treatise on the Resurrection (Supplement to Third Part)*, Q. 79 art. 2, p. 953-956 in *The Summa Theologica*, II, Chicago: Encyclopædia Britannica/The University of Chicago, 1952.

mais par rapport à elle-même? Bref, le double d'une statue est-elle la même statue? Ou: comment définir l'autre d'une statue dans l'ordre de la statuaire? Ou, pour replier cette question sur *Polyeucte*, ces corps martyrisés, destinés à être «baisés» et adorés à leur tour, sont-ils différemment produits que les idoles martyrisées, elles aussi «témoins» des œuvres de la divinité (et même à un cran supérieur puisque l'idole est l'image du dieu lui-même tel qu'il s'incarne lorsqu'il descend de l'Olympe sur terre). Imaginons d'ailleurs que ce raisonnement soit tenu par Sévère, philosophe sceptique, lecteur des *Academica* de Cicéron - un haut fonctionnaire de l'Empire «qui en a vu d'autres».

La statue et son double. Je résume l'exposé du maître en théologie du couvent de la rue Saint-Jacques:[9] (selon la 4e objection) la substance d'une statue, production technique, est sa matière - alors que la substance d'un homme, production naturelle, est sa forme; brisez une idole de bronze, fondez la matière et reproduisez l'idole, vous aurez une autre statue, pas la même; mais (réponse de saint Thomas) une statue peut-être considérée sous deux rapports: celui de sa substance matérielle ou celui de sa production technique; gardez le bronze de la fonte, la statue X sera la même matériellement que la statue A; attachez-vous aux détails de production (comme le numéro de série sur les lithographies dites originales en sont la preuve commerciale), les statues sont autres l'une de l'autre au point que si A est détruite la forme en disparaît - et vous vous retrouvez avec les copies dites d'originaux ou d'atelier dont les originaux ont disparu, ce qui fait le désespoir des musées qui n'ont pas la *Somme théologique* dans leurs «Espaces de vente». Conclusion, la statue X n'est pas identique à la statue A même si le bronze utilisé est le même puisque si la forme disparaît, la statue A disparaît aussi. L'autre est seul. Toujours.

A quelle fin ce raisonnement? Afin de comprendre le rapport entre le même et l'autre dans *Polyeucte*. A savoir: si les statues brisées par Néarque et Polyeucte ne peuvent pas être refaites à l'identique, même si ce sont des images de la divinité, qu'en est-il de cette divinité? N'est-elle, elle-même, que ce «bois pourri» contre lequel Polyeucte vitupère (II, 6, v. 714)? Briser l'idole, c'est briser l'illusion que ces statues sont identiques aux dieux et signifier qu'elles le sont bien: on les fracasse mais leur temple ne s'ébranle pas! La seule punition du sacrilège sera politique. L'idole n'est pas l'autre du dieu, elle est le dieu et ce dieu n'est qu'un bois pourri. Reprenez-en les débris, remontez-la, vous aurez un autre dieu, et ainsi de suite. C'est cela un faux dieu: toujours neuf, incessamment autre.

A rebours, le martyr témoigne par son corps martyrisé que le vrai dieu existe. La seule statue du dieu des chrétiens que Corneille nous propose en

---

9 Saint Thomas d'Aquin, *loc. cit.*

poète, ce sont les corps martyrisés. Plus exactement, les reliques de ces corps qui, on le sait, opéreront en effet dans la dévotion populaire comme des idoles - des «corps sacrés» (V, 6. v. 1813). A la différence de la statue olympienne, cette statue chrétienne (dans *Polyeucte*) n'est pas l'idole de son dieu. Le corps sacré est différent du corps christique dont il émule le martyre. Polyeucte imite le Christ, il n'est pas le Christ, il en porte témoignage.

Les reliques sont donc deux choses: elles sont une statue du corps martyrisé. Gardées dans un reliquaire, elles ne sont pas autres que le corps martyrisé puisque le corps en est leur matière. Mais reprises, refaçonnées, remontées après avoir été dispersées hors du reliquaire fracassé dans une autre tragédie qui pourrait s'appeler l'*Anti-Polyeucte*, elles ne seront jamais identiques. Principe du bois pourri. Mais, en outre, elles sont aussi des débris de cheveux, d'ongles, de chair et d'os - des restes d'un être humain, Polyeucte ou Néarque. Ces restes, ce cadavre de la statue - «cadavre», une statue «tombée» - sont-ils alors autres que les corps vivants? La réponse rapide sera de répondre par l'affirmative ou de dire que le cadavre est différent mais qu'il n'est pas autre.[10]

VII. Et ce serait passer à côté de l'essentiel. *Polyeucte* est une tragédie qui sans être nécessairement dévote ou édifiante joue cependant des ressorts de l'édification. La fable qui sert au poème de Corneille est aussi le résultat de ce martyre - ses reliques littéraires. La tragédie participe d'un «système reliquaire». Sans les *Vies de Saints*, pas de tragédie, et sans les reliques, pas d'hagiographie. Comme tout texte reposant sur l'édification, *Polyeucte* a pour perspective de faire méditer sur les fins dernières. Un martyr est bien le supplicié d'une «cause», il rappelle le premier sacrifice et marque un pas vers la résurrection. Il est *orator* qui plaide une *causa* mais dont la preuve (comme le tissu sanglant produit par un avocat) est son propre supplice. Etrange cas de probation rhétorique dans laquelle se donne la synthèse des «preuves artificielles» (celles de l'art d'argumenter, les prouesses verbales) et des «preuves non-artificielles» (le bras coupé de la victime, sa mère en pleurs): le martyr est à la fois preuve par la parole (il défend oralement sa cause, son Dieu) et preuve par le corps (son supplice est la marque de la vérité de sa cause).

Et c'est à cette articulation que le dispositif théologique de l'autre apparaît, rhizomatique, virulent, tout-puissant, au cœur du texte littéraire. Il était masqué dans l'épisode de la *Princesse de Clèves*, roman du renoncement - Mme de Clèves est une sainte femme: elle est Polyeucte tentant de convertir Nemours-Pauline -, il se dévide allégoriquement dans *Polyeucte*. Mais quel est-il? Saint Thomas réfléchit à la question de savoir si les restes du

---

[10] Sur la distinction entre «autre» et «différent», lire Aristote, *Métaphysique*, V, 9.

corps seront, à la résurrection, rendus aux mêmes parties du corps dont ils sont la dissolution, étant acquis que le corps glorieux sera identique au corps mortel[11] et que l'âme qui est la forme de l'homme est immortelle donc identique à soi-même après la mort du corps.[12] Le corps, même livré aux fers et aux feux dirait d'Aubigné,[13] doit retrouver son identité. L'identité doit être saisie sous deux rapports, identité et convenance: l'identité corporelle est soit le produit d'une homogénéité et ou d'une hétérogénéité. Ce qui est homogène (c-à-d. d'une même partie du corps, comme les os) peut souffrir un changement de position (tel morceau de chair se replaçant là plutôt qu'ici); l'espèce reste identique (de la chair). Ce qui est hétérogène (c-à-d. une partie du corps appartenant à une espèce par rapport à une partie d'une autre espèce) ne souffre pas d'un tel changement (un morceau d'os ne peut pas prendre position dans la carie d'une chair); d'espèce à espèce c'est l'identité du corps qui change. Sauf si cette «inconvenance» (un bout de tibia ne convient pas à remplacer un muscle) affecte les parties accidentelles - les ongles ou les cheveux (mais saint Thomas est prudent sur ce point ...) parce que, au terme de la thèse précédente, il faut bien pour qu'un corps soit un corps que sa structure soit respectée et elle l'est puisque l'âme est la forme du corps, une forme qui, au contraire de la forme d'une statue, périssable, est immortelle.

Ce qui importe dans cet argument, c'est l'élimination, dans le cas extrême de la reformation du même - la résurrection du même - d'une possiblité de l'autre. Argument extrême.

VIII. Replions cet argument sur *Polyeucte* et la *Princesse de Clèves* et concluons.

La leçon poétique de leurs deux conversions, le supplice de l'un et la mortification de l'autre, serait que le patrice arménien et la princesse du Saint-Empire restent identiques à eux-mêmes. Le roman et la tragédie sont des accidents de leur identité. Leur qualité «poétique», créatrice, sort de ce statut d'accidents. Pourquoi? Parce que le ressort de l'invention littéraire est de nous faire accroire - afin que nous puissions nous identifier, comme dans un exercice spirituel, aux péripéties qui affectent les héros - que du début à la fin de la tragédie comme du roman les héros hésitent à être identiques à eux-mêmes. Les péripéties sont donc des effets de persuasion, une rhétorique du *pathos*, elles ne changent ni Polyeucte ni Mme de Clèves: ce

---

[11] Saint Thomas, *op. cit.*, Q. 79, art. 2., p. 953-954.

[12] *Ibid.*, p. 955.

[13] Sur ce point, voir mon chapitre intitulé «Rhetoric and Genocide: A Renaissance Response to the Persecution of French Protestants», p. 145-157 in Yehoshuah Gitay éd., *Literary Responses to the Holocaust*, San Francisco: International Scholars Publications, 1998.

sont des accidents. Ni lui ni elle ne deviennent «autres». Le ressort du poème est de nous faire croire qu'ils peuvent changer. Dès l'envoi, Poly-eucte et la Princesse sont déjà eux-mêmes. Aucun passage à l'«autre». De ce jeu rhétorique sur le leurre des péripéties jaillissent l'effet de persuasion et le plaisir d'entendre parler.

Le lieu de l'altérité dans l'éloquence d'apparat

PIERRE ZOBERMAN

Université de Paris

Oüy sans doute, renoncer à ses droits si legitimement deûs, donner sa voix contre soy-mesme, c'est s'enrichir en donnant, c'est estre à juste titre le *Pere & l'Amour de ses Peuples*; c'est triompher noblement de la Justice, qui triomphe de tout. Choisir avec jugement parmy ses Sujets, les plus propres à remplir les charges importantes de l'Etat, c'est estre également *Puissant & Sage*. Faire fleurir les Académies, c'est estre le *Protecteur des Sciences, & des beaux Arts*. Vaincre en tous temps, en tous lieux ses Ennemis, c'est estre *Invincible*. Se vaincre soy-mesme, c'est estre *LE GRAND* par excellence. Estre toûjours tranquille, quoy que dans un mouvement continuel (comme le marque l'une des Devises gravées sur nostre superbe Obélisque*, élevé à la gloire de LOVIS XIV.) c'est estre *Incomparable*. (note*: *Quieto similis*)[1]

---

[1] *Mercure*, décembre 1681, p. 22-24. Ce texte est saturé d'allusions à des devises figurant sur l'obélisque découvert dans la ville d'Arles et consacré au Roi. Les occurrences d'affirmations contenant le terme *incomparable* en relation avec le Roi sont légion dans le corpus des éloges de Louis XIV. Je n'en donne ici que quelques exemples: Nous avons veu sous le regne incomparable de Loüis le Grand, l'accomplissement de ces éclatantes & surprenantes merveilles. Ouy, grand Roy, le premier de tous les Monarques du monde, l'amour du Ciel, les delices de la terre, l'ornement des Histoires, l'appuy de la Religion, le foudre de la guerre, & le modelle de la Justice; c'est sous vostre heureux regne que l'on voit la parfaite alliance de la Guerre & de la Justice; car aprés avoir rétabli par vos Ordonnances la justice dans son lustre, nous avons vû sortir de vostre teste Pallas la guerriere & Pallas la pacifique, plus veritablement que la Fable ne l'avoit dit de la teste de Jupiter. Nous avons veu, grand Prince, vos Ennemis vous ceder par de glorieux traitez de Paix les Pays que vous

Plus que tout autre, certainement, Louis XIV s'est vu qualifier de monarque incomparable. Sa splendide unicité résonne en échos dans tout le corpus de ses éloges. Plus ou moins encouragés à parler de ce souverain sans exemple, sans imitateur accompli, les panégyristes et autres encômiographes ont cependant constamment eu recours à la seule arme rhétorique dont ils disposassent. Tout en clamant sans relâche qu'ils chantaient un monarque *incomparable*, ils ont sans cesse dressé des comparaisons, quantitatives aussi bien que qualitatives, dont leur héros devait sortir grandi. Répétant à l'envi que celui dont ils orchestraient les louanges n'avait d'exemple, ni dans l'antiquité, ni dans l'histoire de France, ni dans celle du monde, et demeurerait sans double, les orateurs n'en ont pas moins proposé comparaison après comparaison. Ils affirmaient avoir à représenter l'autre radical de tous les autres. Exemplaire unique et parfait[2], le Roi incarne le

---

aviez conquis... Nous avons encore veu vos armes... inonder toutes les Provinces de ces Peuples ingrats & insolens... Nous avons veu sous vostre regne la verité des Oracles qui nous avoient esté annoncez par les Prophetes... *Bellabunt adversum te, & non praevalebunt, quia ego tecum sum.* Et en effet, nous avons veu, & nous voyons encore toute l'Europe animée de la fureur de la fausse Religion... nous vous voyons, grand Monarque, victorieux dans trois sanglantes Batailles & sur mer & sur terre, étendre vos conquestes, & triompher de vos Ennemis.

Puissiez-vous, ô grand Prince, par la suite continuelle de vos heroiques exploits, entretenir pour jamais en cette vigueur à l'ombre de vos Palmes & de vos Lauriers, la beauté de vos Lis! Puissiez-vous... cimenter la paix de la France dans le sang de vos Ennemis! Puissiez-vous... faire à jamais triompher la justice en vostre regne![«L'alliance de la guerre et de la justice», discours prononcé par Thiot à l'ouverture du présidial de la Flèche en 1691 (*Mercure*, décembre 1691, p. 52-56)]

L'annonce de prix proposés par l'Académie Royale d'Arles, dans le *Mercure* de mars 1682 incorpore cette vision académique du monarque incomparable:

Leur dessein est de faire faire l'histoire de notre incomparable monarque en panégyriques, mais comme cette illustre compagnie est composée de personnes d'épée, qui, dans le temps de la paix s'appliquent aux belles lettres, et qui s'assemblent principalement pour parler, d'une manière solide, des merveilles de ce règne, plusieurs de ces éloquens capitaines quittant la plume, afin d'obéir aux ordres du roy, et le nombre de l'Académie royale qui est de trente, estant diminué par la marche des troupes, ces messieurs ont jugé à propos de ne proposer ce prix d'éloquence qu'en faveur de la ville d'Arles [Cité par Rancé-Bourrey, Abbé A.-J. *L'Académie d'Arles au XVIIe siècle* (Paris: Librairie de la société bibliographique, 1886-1890, 3 vol.), t. II, p. 395]

[2] Sur ce point, voir P. Zoberman: «Généalogie d'une image: l'éloge spéculaire», dans: *XVIIe siècle* 146 (janv.-mars 1985)

concept de l'altérité, mais ce concept, qui, en rhétorique, a tout d'un *lieu*, ne peut s'exprimer que dans des comparaisons, des rapports, des oppositions, tous procédés mettant l'unique, le plus grand, l'incomparable, etc., en relation avec ce dont il est, par définition, l'autre.

On pourrait donc dire que l'éloquence d'apparat n'est pas menacée par l'entreprise de dire l'autre, ou plutôt que l'autre qu'elle dit n'introduit aucun vertige métaphysique dans l'éloge. Pour dire la *différence radicale* que le Roi incarne, les orateurs ont recours au *même*. Au contraire, lorsqu'il s'agit de dire l'autre comme reproduction (par exemple lorsque Louis le Grand est présenté comme un *autre* saint Louis, ou le Dauphin comme un *autre* Louis ce retour du même ne se fait jamais que dans la différence. Louis XIV parachève les modèles qu'on peut lui donner; le Dauphin ne peut atteindre à la grandeur où son père se situe si naturellement.

C'est à ce niveau fort simple que je m'en tiendrai, dans la pensée que, pour l'éloquence d'apparat au moins, l'altérité est une catégorie d'arguments, et qu'à ce titre, elle dépend de la reformulation d'autres arguments et d'autres lieux. Elle n'a rien à voir, dans ces conditions, avec l'inquiétante étrangeté telle qu'un Freud la formule. Pourtant, c'est dans le rapport de reproduction normalement défini par l'autre que s'inscrit le mieux la difficulté introduite par la construction d'une figure exemplaire. La réplique (l'autre) ne recouvre pas ce qu'elle reproduit, qu'il y ait déficit lorsque l'image, pour reprendre la termes du XVIIe siècle, n'atteint pas à la grandeur du modèle, comme c'est le cas lorsque Louis XIV est l'original, ou surtout, en ce que Louis XIV, image de ses illustres prédécesseurs, donne à leur image le sens qui manquait et provoque la constatation que l'image a parachevé le modèle...

La logique de l'altérité fonctionne donc de trois manières au moins. La première, que je ne ferai qu'évoquer, introduit la différence dans la répétition. Louis le Grand est un autre saint Louis, mais un saint Louis à qui est promise la perfection de son ancêtre, la perfection, c'est-à-dire le fait de porter à un degré absolu les grandeurs dont son ancêtre annonçait la possibilité. Le Dauphin est «un autre Louis» - et cette affirmation est rendue plus juste encore par la communauté des noms, Louis. Si Callières dresse un parallèle entre le Roi et le soleil, entre le Dauphin et un parhélie, c'est sous la forme d'une comparaison analogique: le Roi forme le Dauphin, qui est

un HEROS NAISSANT animé de son esprit & de son courage [et qui] prend au milieu des Hyvers les places les plus imprenables; il sousmet en moins d'un mois de grandes & riches provinces, & semblable à cette vive image que le Soleil imprime de luy-mesme dans la nuë &

qui fait paroistre a nos yeux un second Soleil, il montre à la terre un autre LOUIS.[3]

Or, si Louis XIV se définit comme celui qui parfait ses modèles, la dialectique ne se poursuit pas plus loin et l'image du Roi, le dauphin-parhélie, est dans une situation de dépendance inconnue du Roi. C'est clairement exprimé dans un discours de Réponse prononcé par Régnier-Desmarais:

> Ils sçauront en estudiant ce grand roy, ce que les Princes doivent à la majesté du maistre des Rois qui les a formez, à la dignité du rang suprême où il les a élevez, & au gouvernement des Peuples pour le bien desquels il les a fait naistre. Ils ont en luy de grands exemples de tout; d'une valeur que rien n'estonne, d'une fermeté que rien n'ébranle, d'une sagesse qui prevoit tout, qui pourvoit à tout & qui atteignant par tout en mesme temps, donne le mouvement & la regle à toutes les parties du vaste Estat qu'elle gouverne. Il n'y a qu'une chose dont ils ne trouveront point de modele pour eux dans leur Ayeul. Maistre de tout dés son plus bas âge, il n'a rien veu qui ne fust au dessous de luy, & qui ne dût estre soumis à ses volontez: Et ils ont à qui obeïr; ils ont à se former sur la sienne, & sur celle de l'auguste Prince à qui ils doivent la naissance.
>
> Mais en cela mesme ils ne manqueront pas encore d'un illustre exemple domestique: ils en ont un grand en sa personne, & d'autant plus considerable, qu'il le donne tous les jours, aprés avoir donné tant de marques éclatantes de ce qu'il est capable de faire en commandant. (p. 752-753)

Dans la chaîne dynastique, Louis le Grand est ainsi dit sur le mode de l'altérité, un mode qui, tout en faisant de lui le point focal de l'histoire dynastique, l'isole dans sa grandeur.

J'ai traité ailleurs de la présentation de Louis le Grand en exemplaire qui a parfait ses modèles sans plus pouvoir être dépassé par ses descendants. Bien qu'elle soit caractéristique du texte royal, cette subversion de la répétition est un aspect marginal de l'altérité royale.

Plus remarquable est la dépendance de l'éloge royal à l'égard de contre-modèles réels ou inventés pour les besoins du discours - deuxième et troisième aspects dans la triade que j'annonçais, et qui sont en réalité deux variantes d'une structure unique. Dans une série d'articles récents, Pascal Dabeilly montrait que le blâme, élément constitutif de la satire, renvoyait implicitement ou explicitement, aux éloges et à des genres nobles comme

---

[3] *Recueil des harangues prononcées par MM. De l'Académie françoise...* (Paris: J.-B. Coignard, 1698), p. 550. Les références à ce recueil figureront désormais dans le texte, entre parenthèses, à la suite des citations.

l'épopée (ou le panégyrique)[4]. Pour renverser l'argument, on pourrait dire que l'éloge du Roi, monarque incomparable, met en œuvre le blâme, blâme de princes ennemis réels, qui sont présentés comme le pôle négatif de qualités dont Louis le Grand est au contraire l'incarnation positive et hyperbolique, ou de créations textuelles hypothétiques qui permettent de relever encore, par opposition, la grandeur de Louis. En d'autres termes, sans même prendre en compte les cas où les orateurs peuvent avoir un intérêt à établir une relation qui mine le splendide isolement du Roi[5], le caractère unique, extrême et incomparable du plus grand monarque qui ait jamais régné pose un *problème technique* aux orateurs. Figure unique, sans véritable précédent, et qu'aucun ne pourra reproduire par la suite, Louis XIV ne peut être loué, c'est-à-dire simplement mis en texte, que par rapport aux autres, par comparaison, par mise en relation avec les personnages *du commun des grands de ce monde.*

C'est naturellement dans la guerre qu'on voit le mieux la différence qui fait de Louis le monarque d'exception qu'il est. Le Roi, à l'opposé de ses ennemis ne fait que des guerres justes.[6] La guerre n'est souvent que le ré-

---

[4] Voir en particulier P. Debailly: «*Epos* et *satura*: Calliope et le masque de Thalie», dans: *Littératures Classiques* 24, 1995; «Le Miel et le fiel: *laus* et *vituperatio* dans la satire classique en vers», dans: *Hommage à Denis Baril, Recherches et travaux* (Grenoble: Université de Grenoble, 1996).

[5] Ainsi, le lien dynastique entre Louis XIV et Henri IV, très rarement souligné, est mis en valeur dans un discours d'ouverture du Parlement du Pau, prononcé le 12 novembre 1697:

> Pour nous habitans de Bearn, et de Navarre son peuple, son heritage, et son ancien Patrimoine, ne cessons jamais d'offrir a cet incomparable petit fils de henry le grand des sacrifices de louange, et d'actions de grace, et renouvellons chaque jour nos vœux pour la conservation de ce Roy Magnanime qui pour nostre soulagement donne la Paix a ses Ennemis abbatus au milieu de sa prosperité et de ses victoires. («Pièces d'éloquence» ms, B.N., fonds français 21148, f 51v).

Outre la version traditionnelle de la paix, on notera l'influence de l'enracinement géographique du discours et l'apparition du lien à Henri IV («incomparable petit fils d'Henry le grand»).

[6] L'affirmation que le Roi ne fait que des guerres justes, ou qu'il ne fait la guerre que contraint par l'obstination d'ennemis jaloux est ubiquitaire dans le corpus encômiastique. Le «Discours sur la Guerre presente» de l'avocat du Roy au Présidial et Sénéchal du Rouergue, Delmas, en donne une variante qui met aussi en œuvre la version officielle de la paix que je viens d'évoquer:

> Qu'est-ce qui produit des dispositions si affectueuses & si extraordinaires [chez les sujets du Roi]? C'est que nous sommes convaincus que non seulement le Roy n'a point recherché la guerre, qu'il ne se l'est pas mesme attirée, mais qu'il a fait encore toutes choses pour l'eviter. Il a donné la paix à

sultat de la «jalouse Envie» qui entraîne les princes de l'Europe, provoquant d'ailleurs, à en croire un académicien comme Tallemant, des résultats paradoxaux, exprimés en termes d'opposition:

> Le croira-t-on dans toute l'Europe, MESSIEURS, qu'on ne s'occupe icy que de festes & de distributions de prix? tous les Potentats armez contre nous sont dans des agitations continuelles, ce ne sont que conseils, qu'assemblées, que marches de troupes de tous costez: & nous tranquilles, & sans inquietude, nous regardons à loisir le progrés des beaux Arts, nous disputons d'éloquence, & de Poësie, & ne connoissons la guerre que dans les Relations qu'on nous fait de l'embarras de nos ennemis, & des avantages continuels que nous remportons sur eux.[7]

L'éloge du Roi se développe alors à mesure que s'étend le blâme des autres souverains, et surtout il en sort renforcé[8]. Ainsi, lorsque Talon repré-

---

> ses Ennmis au milieu de ses victoires, & lors qu'ils estoient sans ressources… (*Mercure*, juin 1692, p. 17)

Le «Discours au sujet de la guerre 1690, prononcé à l'ouverture de saint Rémi» par Barrême de Manville, dont la seconde partie est précisément consacrée au lien entre guerre et justice, et à l'impératif de n'entreprendre la guerre que pour des causes justes, se termine sur un éloge du Roi où ce point est longuement amplifié, à partir de l'interrogation oratoire:

> … ne devons-nous pas faire reflection sur le bon-heur que nous avons de viure sous les loix d'un Prince, qui a uni si parfaitement, & auec tant d'Excellence ces vertus en sa personne qu'il a toûjours soûtenu sa justice par sa force, & n'a jamais recouru à la force sans l'accompagner de la justice. [Barrême de Manville, *Quelques discours, Plaidoyés et ouvertures de Palais de Monsieur de Barrême, Seigneur de Manville, juge en chef de la Ville d'Arles* (Avignon: chez Michel Chastel, 1698), p. 142]. Le même orateur affirme plus loin: «la justice de Dieu soûtient la Justice de nos querelles; le Dieu des Armées prend nôtre cause en main» (*Ibid.*, p. 143).

De manière caractéristique, il a opposé au Roi ses ennemis:

> Cependant tout se declare contre luy, l'on engage des Estrangers, on debauche les alliés, on reduit les amis, on encourage les enuieux, on soulene les Convertis… (*Ibid.*)

[7] Tallemant le jeune: *Panégyrique du Roy prononcé en l'année 1689* (*Les Panégyriques du Roi prononcés dans l'Académie française*, p. 243).

[8] A ce niveau encore, comme dans toute leur pratique encômiastique, les panégyristes doivent beaucoup au *Panégyrique de Trajan*. Ainsi, au ch. 53, Pline écrit:
> Alioquin nihil non parum grate sine comparatione laudatur. Praeterea hoc primum erga optimum imperatorem piorum officium est insequi dissimiles. Neque enim satis amarit bonos principes qui malos satis non oderit. Adice quod imperatoris nostri non aliud amplius ac diffusius meritum est quam quod insectari malos principes tutum est.

sente un pape qui se laisse gouverner par la flatterie et perd le sens de
l'humilité qui avait été celle de Jésus-Christ, c'est *l'exception française*,
pour reprendre une expression à la mode, qui se dessine en filigrane, c'est
l'image d'un roi que la flatterie ne saurait atteindre:

> C'est ainsy qu'on tombe en de funestes egaremens quand on est trop
> jaloux de son authorité, qu'on n'en connoit pas la ueritable etendue,
> quand on se laisse charmer par les Eloges des courtisans, par les Epi-
> thetes pompeux de Monarque et d'Evesque universel repandus dans
> les liures des Canonistes, et par les idées d'une grandeur fastueuse qui
> n'a guere de rapport a la modestie des apostres, quand on ne se
> contente pas des auantages qui appartiennent au premier siege et
> qu'on usurpe une domination despotique sur ses confreres, qu'on pre-
> tend fouler aux pieds les sceptres et les couronnes et n'avoir pour
> regle de ses actions que sa seule volonté alterée par de fausses préuen-
> tions, et corrompue par l'artifice des flateurs qui attribuent le titre
> specieux d'une fermeté intrepide aux emportemens d'une uanité pre-
> somptueuse. Est-ce la l'humilité la douceur et l'esprit de paix que le
> Sauueur du monde enseigne a ses disciples, et ces qualités diuines, et
> adorables ne doiuent-elles pas estre le partage des Ministres de
> l'Euangile, et surtout de ceux qui portent la mitre et la Thiare.[9]

Naturellement, dans la bouche d'un représentant du Parquet des Gens
du Roy, ces paroles ont une fonction de propagande, puisqu'elles justifient
le Roi par l'*hubris* de son adversaire. Mais elles ont aussi pour effet de
faire ressortir la grandeur royale comme l'autre de cette petitesse... C'est
très net encore dans une opposition que Tallemant le jeune dresse dans son
Panégyrique de 1689:

> Venez, braves Allemands, tous couverts des lauriers que vous avez
> moissonnez avec beaucoup de gloire; plus vous avez eu de force con-
> tre le formidable Ennemy du Christianisme, moins vous en aurez con-
> tre le deffenseur de la Religion; la justice de vos armes, estoit la
> source de vos victoires, l'injustice de la guerre où vous este engagez

---

Tout ce que, Pères conscrits, je dis ou ai dit sur les autres princes, tend à
montrer par quelle longue habitude ont été corrompues et gâtées les mœurs
du principat que nostre père redresse et reforme. De plus il n'y a pas de bon
éloge sans comparaison. En outre le premier devoir des citoyens reconnais-
sants envers le meilleur des princes est de poursuivre ceux qui ne lui ressemblent pas. N'aime pas assez les bons princes qui ne hait pas assez les
mauvais. Ajoutez que notre empereur n'a pas de mérite plus grand ni plus
populaire que celui de laisser attaquer les mauvais princes en toute sécurité.
[Pline le jeune, t. IV, *Lettres* (livre X) - *Panégyrique de Trajan*, éd. et trad.
M. Durry (Paris: Les Belles Lettres, 1972), p. 141-142].

Naturellement, les orateurs français n'ont pas la latitude revendiquée par Pline. Ils ne
peuvent s'en prendre aux prédécesseurs immédiats.

[9] «Pièces d'éloquence» (ms. BN. anc. fr. 21148), f 35-36 (le discours de Talon n'est
écrit qu'au recto des feuillets).

sera la source de vostre perte. Quel changement incroyable! un Empereur Chrestien devient le chef des Protestants! les Souverains favori-
sent les revoltes & l'usurpation?[10]

Implicite ou explicite, l'éloge du Roi établit ainsi une forme d'altérité
en se construisant différentiellement. Le Roi est, pour les orateurs, l'autre
de tout objet prévisible ou imaginable d'éloge, et son action se décline sur
ce mode. Naturellement, les ennemis, les princes étrangers et les grands de
ce monde en général fournissent les références négatives dont les orateurs
ont besoin pour chanter *a contrario* les louanges du monarque incomparable sous lequel ils ont le bonheur de vivre. Mais, que ces figures réelles
soient plus difficiles à manier que des constructions *ad hoc*, ou qu'ils suivent les préceptes de Pellisson[11], les panégyristes ont souvent recours, soit
à des re-créations de modèles antiques, soit à des formulations générales
qui mettent en valeur l'altérité de Louis XIV, dans tous les domaines. Le
mécanisme fonctionne indifféremment pour évoquer les qualités et les actions exceptionnelles du Monarque ou le lien qui l'unit à ses sujets, lien
créé, logiquement, par la perception de ses qualités et actions aussi bien
que de son amour tout paternel pour ses «peuples». Tel Roi, tel peuple: les
sujets eux aussi se comportent de manière atypique. C'est ainsi qu'ils
s'affranchissent de l'erreur commune de rendre les souverains responsables
des malheurs de la guerre, à en croire par exemple l'avocat du Roy au Présidial du Rouergue:

> Deux des plus extraordinaires & des plus cruelles injustices qui se
> commettent dans la vie, sont d'attribuer ce qui n'arrive que par un
> decret de la Providence, (que les Anciens appelloient un Arrest du
> Destin) uniquement à ceux qui n'en sont que les simples Executeurs
> & les Ministres, & de rendre responsables, non seulement des évene-
> mens, mais encore des incidens, de ce qui survient occasionnellement,
> & des suites, ceux mesmes qui ont pris les plus justes mesures pour le
> succés de leurs desseins, & pour empêcher ce qui n'est arrivé enfin
> que par une necessité fatale, que toute la prudence humaine ne pou-
> voit, ny prévenir, ny éviter.
>
> Les Princes, dans quelque élevation qu'ils soient, ne sont point à cou-
> vert de ces atteintes, & quelque tendresse qu'ils ayent pour leurs Su-
> jets, ils ne trouvent souvent dans leur esprit que de la douleur, dans
> leur cœur que de l'ingratitude, & dans leur bouche que du murmure,
> dés qu'une conjoncture malheureuse telle qu'est la guerre (effet fu-

---

[10] *Loc. cit.*, p. 245.

[11] Dans son «Projet de l'histoire de Louis XIV», Pellisson avait affirmé, après avoir
souligné la nécessité de faire le portrait des acteurs de l'histoire européenne: «Entre tous
ces caractères, celui de Sa Majesté doit éclater.» [texte de 1670, cité dans Louis Marin,
Le Portrait du Roi (Paris: Les Editions de Minuit, 1981), p. 50]

neste plus souvent d'une fatalité inévitable, que de leur déliberation)
les necessite d'exiger d'eux les secours qu'ils leur doivent, & qu'ils
ne demandent pour l'ordinaire, que pour la défense & le propre
interest de ces ingrats.
Les François seuls ne sont point capables d'un sentiment si injuste &
si condamnable. Leur amour pour leur Prince, non seulement les tient
dans une obeissance & dans une soumission qui fait leur plaisir & leur
joye, mais il enchaisne leurs cœurs d'un lien encore plus fort & plus
etroit; & quoy qu'ils ayent quelquefois apperceu de loin les maux que
la guerre cause, ils l'ont toujours trouvée si juste, qu'ils n'en ont pris
que plus de cœur & plus d'indignation contre les Ennemis de l'Etat,
qu'ils ont regardez comme les seuls auteurs de ce qui pouvoit alterer
le repos de leur vie.[12]

C'est certainement dans les discours les plus clichés, productions d'auteurs qui ont cherché leur inspiration dans le plagiat et le centon purs et simples, comme le P. Philippe de Sainte-Thérèse, qu'on peut vérifier le caractère quasi universel de cette manière de construire l'altérité par l'élaboration de figures *ad hoc*, faire-valoir du Roi envers qui on s'acquitte de son tribut de louanges[13]. Le bon Père pose ainsi la question:

Tout autre Prince que le nôtre, MESSIEURS, n'auroit-il pas tremblé à
la veuë de tant d'Ennemis, & succombé sous le poids d'une Ligue si
redoutable? Mais le Magnanime, l'Invincible LOUIS LE GRAND regarde d'un œil intrepide toutes ces Armées qui l'environnent; il redouble son ardeur à mesure qu'elles se multiplient, il dissipe leurs
Conseils, renverse leurs Projets, ruïne leurs Païs, affoiblit leurs
Forces, & rompant les Liens dont ils s'étoient unis, il les met dans les
Chaînes qu'ils nous avoient preparées, fait servir leur ambitieuse
jalousie à sa gloire, & toutes leurs Forces à leur confusion. (p. [4]7)

L'unicité du Roi se marque par une comparaison potentielle avec une représentation moyenne du Prince. Encore une fois, l'incomparable, qui est aussi le plus grand (et non seulement le Grand, encore que l'épithète même implique la comparaison qu'un texte comme le *Paralelle* de Vertron rend explicite), invite à la comparaison, invite donc à suivre les préceptes d'Aristote et de Quintilien[14] en matière d'éloge. Mais, si Vertron évoque de

---

[12] *Mercure*, juin 1692, p. 9-12

[13] *Panegyrique de Louis le Grand, prononcé par le R. P. Philippe de S^re Therese
Assistant du tres-Reverend Per Provincial des Carmes de la Province de France, à
l'Ouverture du Chapitre Provincial, tenu dans le Couvent des PP. Carmes de Bourges
13. de May 1688.* Bourges: 1688 [BN: Lb^37.3917]. Cet orateur pille aussi bien le Panégyrique de Louis XIV composé en 1671 par Pellisson que celui que Tallemant écrivit en
1673.

[14] Voir, en particulier, VIII, 4, où Quintilien évoque l'amplification par comparaison

«grands» modèles que le Roi a surpassés, la pratique qui consiste à «déprécier le comparant»[15] est explicitement rejetée par les théoriciens antiques qui ont formulé la théorie de la comparaison comme argument de l'éloge. Naturellement, on peut se demander si, de même que la comparaison est inévitable pour confirmer le caractère inimitable de Sa Majesté, sa supériorité n'est pas telle qu'elle rend inévitable l'abaissement de tout comparant. Des formules comme «tout autre prince» indiquent à la fois le caractère d'exception de Louis XIV et l'absolue nécessité pour les orateurs d'enfreindre les règles de la rhétorique pour être éloquents de manière appropriée à leur sujet. Les thuriféraires de l'âge classique français n'ont peut-être pas inventé le procédé, mais il correspond à une solution appropriée à un problème à la fois universel et daté.[16]

Le discours du P. Philippe de Sainte-Thérèse fait d'ailleurs alterner, dans son élaboration d'un éloge différentiel, *autres* construits et repoussoirs pseudo-historiques, c'est-à-dire des personnages historiques qu'on multiplie fictivement, ou qu'on assimile à des types par l'intermédiaire d'un article. Le même orateur explique:

> Ce n'est pas icy, MESSIEURS, un des Heros de l'antiquité, qui commandoient à leurs Armées sans sortir de leur Cour. Ce n'est pas un de ces Rois de Perse & des Indes, qui n'alloient à la Guerre que sur des Chars de Triomphe. Ce n'est pas un Xerxes, qui du haut d'une montagne regarde tranquillement les fatigues de ses Soldats. C'est un Heros qui est pour l'ornement & pour la conduite de ses Armées; il les commande par luy-même, pour vaincre par luy-même; il ne met sa sûreté que dans son courage, & si les Ennemis qu'il assiege, luy demandent par respect en quel endroit il a fait dresser ses Pavillons, il répond qu'ils sont par tout, qu'il est dans le Camp, dans les Trenchées, dans les Lignes, qu'il est present à ses Ennemis pour les

---

[*Institution oratoire*, éd. et trad. J. Cousin (Paris: Les Belles Lettres, t. V, 1979), p. 88 sqq]. Précisément, quoique Quintilien ne traite pas là, à proprement parler d'un cas comme celui que j'évoque, il montre bien le rapport entre degré suprême de force et comparaison. Sur la comparaison comme argument de l'éloge, voir L. Pernot: *La Rhétorique de l'éloge dans le monde gréco-romain*, t. II, *Les Valeurs* (Paris: Institut d'Etudes Augustiniennes, 1993), p. 689 sqq.

[15] L'expression est de L. Pernot: *op. cit.*, p. 691. Pour les références des mises en garde contre cette pratique, voir *ibid.*. Le *Panégyrique de Trajan* montre encore, s'il en était besoin, que cette pratique réprouvée par les théoriciens antiques avait néanmoins été illustrée par les plus renommés de leurs contemporains...

[16] On notera qu'à la différence de Pline, qui peut opposer Trajan à Vespasien comme le bon empereur au tyran, les exigences de la continuité et de la grandeur dynastiques, tout en permettant une interprétation téléologique de l'histoire de la monarchie française, rendent délicat le blâme des prédécesseurs, à moins de remonter jusqu'aux rois dits fainéants qui se reposent sur leur maire du Palais, à l'opposé de Louis le Grand, lequel pouvoir seul à tout.

combatre, à ses Capitaines, pour leur donner exemple, & à ses Soldats pour les commander. (p. [4]9)

Vies parallèles à la Plutarque, éloges de saint Louis qui virent au panégyrique de Louis XIV[17], les orateurs trouvent, certes, de nombreux exemples autour d'eux pour justifier leur pratique comparative. Philippe de Sainte-Thérèse, qui semble ici puiser son inspiration dans un texte de Guyonnet de Vertron[18], propose une distinction entre Louis le Grand et tous les autres titulaires du surnom «Grand». Après avoir humblement exprimé sa faiblesse au regard de «l'Eloge du plus grand des Rois», l'orateur constate, comme tant d'autres, l'impossibilité de la tâche:

> Oüy, MESSIEURS, notre monarque est trop Grand, pour pouvoir être montré tout entier à la postérité, tout ce que nous en pouvons dire, n'égalera jamais ce qu'il a sçû faire; il y a dans ce Prince une Grandeur naturelle, où l'art ne peut atteindre, & une gloire transcendante, qui l'éleve au dessus des parolles & de l'imagination même. (p. [4]2).

Affirmant que tous ceux qui se sont essayés à l'entreprise ont échoué à égaler leur sujet, il définit la grandeur qu'implique le titre de «Grand» en opposant le Roi à tous ceux qui ont reçu ce nom avant lui:

> Tous les Heros qui ont porté le nom de GRAND, ne l'ont pas tous merité: il y en a qui s'en sont parez eux-mêmes par vanité: Quelques-uns qui l'on reçu par flatterie: d'autres qui l'ont usurpé par force, & par des Actions même blâmables; mais il s'en trouve tres-peu qui s'en soient rendus dignes par leurs Vertus[19]: & je n'en suis pas surpris; comme la Grandeur est l'Assemblage de toutes les Vertus[20], & qu'il est rare de les trouver toutes réünies dans un seul Heros; il est aussi

---

[17] Sur ce point, voir P. Zoberman: «Généalogie d'une image», loc. cit., et *Les Panégyriques du Roi prononcés dans l'Académie fraçaise.*

[18] Vertron, Cl. Ch. Guyonnet de: *Paralelle de Louis le Grand avec les Princes qui ont esté surnommez Grands.* Paris: J. Le Febvre, 1685, Ce texte constitue les étrennes de l'auteur au Dauphin.

[19] Vertron propose une énumération identique, mais plus développée, puisque le parallèle constitue le corps même de son texte.
Il y en a eu qui ont usurpé ce titre…
N'y eut-il pas de la vanité à Alphonse, roi de Léon… (p. 12)
Ne fut-ce pas une flaterie de donner ce glorieux nom à Sanche III…
Je passe ici sous silence Canut roi de Dannemarc…

[20] Comparer avec Vertron:
Vous savez que pour meriter ce titre, il faut avoir comme Louis toutes les vertus au suprême degré, & que ce surnom est, pour ainsi dire, l'abrégé des qualitez héroïques et royales.

difficile d'en trouver qui soient parfaitement grands; c'est pourquoy si
j'avois à prononcer l'Eloge de quelques-uns de ces Princes que
l'Antiquité a surnommé Grands, je ne les pourrois loüer que par
quelques vertus qui leur étant propres, les feroient reconnoître. C'est
ainsi que je loüerois la Valeur, les Victoires & les Conquêtes d'un
Alexandre & d'un Cesar; la Prudence, la Justice & la Politique d'un
Justinien & d'un Theodose; mais quand il s'agit de parler de LOUIS
LE GRAND, il faut toutes les Vertus pour former son Caractere. (p.
[4]3)[21]

Louis est ce qu'il est, dans son unicité, en s'opposant à tous ceux qui
semblent pourtant pouvoir prétendre à une valorisation analogue. En fait,
dire l'unique et l'essentiellement différent pose un double problème rhétorique:

1. Parce que l'unicité du Roi est précisément conçue comme différence
radicale, le caractère absolu de la position ne peut être exprimé qu'à travers
une relation d'opposition aux autres dont il se distingue.

2. Comme les théoriciens l'ont souvent prescrit au XVIIe siècle - et plus
encore que d'autres orateurs, vu son statut de religieux - le Carme doit faire
servir l'éloge à l'amélioration de ses auditeurs[22]. Il faut pouvoir proposer
une imitation de Louis le Grand, un peu comme l'on engage les fidèles à
l'imitation de Jésus-Christ. C'est même la justification que l'orateur éperdu
donne à son discours:

> Ce sont mes Superieurs & mes Confreres; ce sont tous les Religieux
> Carmes de la Province de France, & tous ceux qui la representent dans
> cette Assemblée, qui m'ont mis dans cette necessité... ils ont jugé que
> dans une occasion où on renouvelle les Superieurs, il falloit leur don-
> ner pour Modele la plus sage Conduite qui fut jamais, & apprendre au
> public que les Vertus de notre Roy sont si saintes, si religieuses, si
> spirituelles, si celestes qu'elles peuvent être imitées jusques dans les
> Cloîtres & les Deserts. (p. [4]2)

---

[21] La comparaison avec les héros du passé, du mythe ou de la religion est un véritable lieu de l'éloge de Louis XIV. Les exemples sont innombrables. En voici un, tiré du
Panégyrique du Roy prononcé le 25 août 1673 par Tallemant le jeune:

> Riche & sage comme Salomon, vous serez l'Arbitre de tous les differens, &
> la curiosité de voir un si grand Prince amenera sur nos terres les Rois
> les plus éloignez. Genereux & bon comme Auguste, vous verrez grossir vôtre
> Cour des plus puissans Princes de l'Univers, & les Sçavans comblez de vos
> bienfaits, marqueront vôtre siecle comme le siecle de la félicité. (*Les Pané-
> gyriques du Roi...*, p. 125)

Ici encore, le *Panégyrique de Trajan* apparaît comme une référence implicite. Voir en
particulier le chapitre 2 (*loc. cit.*, p. 98)

[22] Sur ce point, voir par exemple les *Dialogues de l'éloquence* de Fénelon.

Ce qui est remarquable, c'est qu'alors que tout conspire à faire textuellement de Louis le Grand une figure d'exception, un être à part et isolé par sa grandeur[23], cette représentation a pour corollaire l'emploi de toutes les figures qui marquent, au contraire, la relation, l'opposition, la comparaison. En d'autres termes, rhétoriquement parlant, le discours de l'altérité se construit à l'aide de figures simples (antithèses, etc,). Ou, pour revenir à la caractérisation qui a contribué à lancer ma réflexion, le vocable «*incomparable*», en ce contexte, est un élément paradoxalement générateur d'un cycle infini de comparaisons, le comparé sans égal appelant un flux ininterrompu de comparants, toujours postulés comme inadéquats, et néanmoins toujours nécessaires pour accomplir l'acte performatif de la parole éloquente. Si louer, c'est dire que l'on loue, affirmer que le Roi est l'autre de tous les autres, un être incomparable, c'est faire défiler aussitôt modèles et contre-modèles, toute une galerie de noms et de portraits, dont le Roi efface les uns et annule les autres.

---

[23] Pellisson a fait de cet isolement la règle d'une écriture de l'histoire qu'il prescrivait dans son *Projet*. Le splendide isolement qui doit mettre le Roi en valeur n'est pas concevable textuellement. Etre unique, être le plus grand, être incomparable, le héros ne peut se dire, se décrire, se raconter - s'écrire donc - que par la mise en évidence d'une différence qui implique comparaison et opposition.

Quand l'autre est une plante:
les fougères d'Amérique,
le Père Charles Plumier et ses problèmes de lexique

ROSA GALLI PELLEGRINI

Université de Gênes

De retour de ses nombreux voyages aux Antilles, le Père Charles Plumier, de l'ordre des Minimes et «botaniste du Roy dans les Isles de l'Amérique», fait paraître en 1693, pour l'Imprimerie Royale, la *Description des
plantes de l'Amérique*. Le très bel ouvrage in-folio contient 108 tables de
gravures, dont les 50 premières seront reprises dans un volume successif,
publié en latin en 1703, avec le fort long titre de *Filicetum americanum,
seu filicum polypodiorum... etc. etc. in America nascentium icones*. Ce
volume sera traduit en français, avec le titre de *Traité des fougères de
l'Amérique* et paraîtra en version bilingue en 1705. Les fougères que le
Père Minime avait trouvées aux Antilles, à l'une desquelles Linnée donnera
le nom de *Plumieria* en signe d'hommage envers son découvreur, tiennent
la place d'honneur dans le volume et sont décrites dans les deux langues,
sur deux colonnes sur la même page[1]. Si c'est surtout sur le langage des
descriptions qui accompagnent les gravures que nous allons nous arrêter, -
bien moins en tant qu'historiens de la langue qu'en tant que lecteurs attentifs, prêts à goûter les tournures de style que notre auteur emploie chaque
fois que le terme propre lui fait défaut, - la préface de l'ouvrage nous intéresse tout autant. Pour ce qui est des descriptions, notre savant botaniste
arrive presque cinquante ans à l'avance par rapport à l'imposition d'un langage scientifique[2] dans le domaine de la botanique, de sorte qu'il se trouve

---

[1] Frontspice en latin: TRACTATUS/DE/FILICIBUS/AMERICANIS/*autore* R. P.
Carolo Plumier: *Ordinis Minimorum in Provinciae/Franciae, et apud Insulas
Americanas Botanico Regio*. Frontispice en français: TRAITE/ DES/ FOUGERES /DE
/L'AMERIQUE/ *par le* R.P. Charles Plumier: *Minime de la Province de France, et
Botaniste du Roy dans les Isles de l'Amerique./* A/ PARIS/DE/ L'IMPRIMERIE
ROYALE /M.DCCV.

[2] Le problème du langage scientifique se pose aux alentours des premiers vingt-cinq
ans du XVIIIe siècle (avec Réaumur dès 1716, comme il le dit lui-même dans ses *Mémoires*, et encore en 1734, dans son *Histoire naturelle des Insectes*; avec l'Abbé Nollet,
dans ses *Leçons de Physique expérimentale*, en 1743). La querelle bien connue de
Buffon et des partisans de Linnée autour de la création d'une terminologie scientifique
ne vient qu'étayer cette problématique. Quant aux botanistes, ils eurent l'avantage de
pouvoir franciser en grand nombre les termes de Linnée aux alentours de 1763 (Adam-

Biblio 17, 117 (1999)

très souvent privé, à son époque, et malgré lui, du terme scientifique qui ne paraîtra qu'à la moitié du XVIIIᵉ siècle et parfois même au siècle suivant. En ce qui concerne la préface, elle offre vraiment de savoureux mélanges de tons et de niveaux de langue à qui ne s'attendrait qu'à une sêche introduction à un ouvage scientifique. Parce que, effectivement, le Père Charles Plumier est en tout et pour tout un homme de science: il est méticuleux dans l'observation, il se préoccupe de vérifier plus d'une fois ses découvertes, il est prêt à retracter ses erreurs, il effectue lui-même des expériments pour connaître les vertus des plantes, il en note avec précision l'habitat, et, surtout, il aime ses fougères.

L'émotion que le Père Plumier doit avoir éprouvé à chacune de ses découvertes dans le cours de ses recherches paraît dès les premières lignes de cette préface, puisque le Père Minime fait de prime abord appel au psalmiste, le Roy Prophète, en paraphrasant à son usage le passage:

> venite et videte opera Domini, quae posuit Deus prodigia super terram: auferens bella usque ad finem terrae,

phrase qu'il interprète à son avantage en disant qu'Isaie ne parle pas seulement des victoires des «Israelites», mais qu'en fait l'on peut employer les mêmes termes pour inviter les fidèles à

> contempler ces rares merveilles dont Dieu a enrichi la terre: je veux dire les plantes, prodiges en effet admirables et dignes d'estre regardées pour les secours que nous en recevons, pour les plaisirs qu'elles nous donnent, et pour leur nombre presqu'infini, mais que nous négligeons bien souvent (p. I).

S'il est vrai qu'il faut élever les yeux au ciel - continue notre botaniste - il est aussi vrai que les yeux étant mobiles, l'on peut jeter les regards sur la terre pour admirer ces prodiges de Dieu, afin que «chaqu'un s'écrie en actions de grâce».

Après cette ouverture qui tend au sublime, mais qui nous touche pourtant par l'enthousiasme joint à la modestie du sentiment qu'elle contient, notre botaniste revient à lui, il fait appel à Giovan Battista Della Porta pour citer les vertus des plantes en général, et il passe aussitôt au sujet qu'il aime le plus, ses bien-aimées fougères d'Amérique, auxquelles il a dédié la plupart de sa vie et de ses recherches. D'abord leur nom, qui l'exalte au point

---

son) et dans l'Encyclopédie (1765); cf. M. Max Fucs: *La Langue des sciences* in F. Brunot, *Hist. de la Langue fr. des origines à nos jours. Le XVIIIᵉ siècle*, t. VI, Iᵉʳᵉ p., sect. IIᵉ, Paris, Colin, 1966. Les références linguistiques sont tirées de cet ouvrage ainsi que des Dictionnaires du XVIIᵉ siècle et de E. Huguet: *Dictionnaire de la langue française du XVIᵉ siècle*, Paris, Champion, 1925 (Didier, 1967).

de le mener à donner des dérivations étymologiques tout à fait personnelles: les Français auraient appelé ces plantes

> Fougères ou Feuchières, comme s'ils avaient voulu dire les plantes du feu, a cause de l'excellente vertu (*qu'elles ont*) pour toute sorte de bruslures, les Grecs: pteris ou pterion, qui signifie aisle, parce qu'elles peuvent s'eslever au dessus de toutes à cause de leurs excellentes vertus (p. III).

Les latins, enfin, les auraient nommées «Filix» ou «Foelix»,

> c'est à dire heureuse, comme s'il avoient voulu marquer par là, que les Fougères fussent véritablement des plantes heureuses (*non seulement pour leurs vertus*), mais à cause de leur fécondité surprenante (*ibidem*).

L'amour que le savant botaniste porte à ses fougères s'exprime par des déclarations explicites, là où il arrive même à défendre les fougères d'être privées de fleurs en objectant qu'elles sont dédommagées par leur structure «tout à fait merveilleuse». Aussi de toutes les plantes qu'il a découvertes dans les Iles de l'Amérique, aucune ne lui a donné autant de plaisir que les fougères:

> j'estimais mes peines assez bien payées (*avoue-t-il*) lorque je descouvrois quelque nouvelle espèce qu'eust du rapport avec les Fougères (p. IV).

Celle à laquelle il tient tout particulièrement est une espèce qu'il nomme *Fougère arbre à pinnules dentelées*, qu'il a examinée avec un soin tout particulier, car, lors de son premier voyage, il croyait avoir découvert que cette plante portait des fleurs, chose qui n'avait jamais été vue dans d'autres espèces. Mais, en homme de science sérieux tel qu'il est, dans son voyage successif il s'empresse de s'armer d'un microscope; afin de mieux vérifier ses conjectures. Quel est son désappointement lorsque cet instrument de haute technologie lui fait constater que les excroiscences qu'il croyait des fleurs n'étaient que des… vessies:

> Alors on voit assez clairement (…) cette coupe inférieure attachée sur le dos de la pinnule et toute remplie encore de quantité de petits filets attachez à un petit pivot ou placenta, et qui tiennnent eux-mêmes des vessies attachées à ce placenta ou pivot avant leur sortie de la coupe, et c'est ce que j'avais pris pour la fleurs de la plante (p. IX).

Il insiste toutefois, mais après maints «efforts superflus» (p. X) il doit se résigner à admettre son erreur, et peu lui sert d'avoir découvert, grâce à son microscope, de véritables fleurs à un lichen (*Lichen anapodocarpum*, planche 142), ni d'avoir trouvé les fruits des fougères: définitivement, sa plante bien-aimée est privée de ces parties qui en assureraient le triomphe en réjouissant la vue aussi bien que l'odorat. La préface se termine par de savantes dissertations sur les ouvrages et sur les témoignages de deux de ses collègues, Fernandes de Oliviedo[3], qui avait visité l'île de Santo Domingo au siècle précédent, et de Guillaume Pison[4], qui était allé au Mexique.

Suit une introduction aux vertus des fougères d'Amérique: ayant expérimenté lui-même les effets des cendres et des sels de certaines d'entre elles, Plumier déclare que leurs vertus sont pareilles à celles des fougères qui vivent en Europe, telles qu'elle ont été énumérées par les savants qui l'ont précédé. Toutefois notre prudent botaniste suggère à «ceux qui exercent la medécine dans l' Amérique [...] pour éviter les dangers qui peuvent arriver lorsqu'on fait les premières épreuves (p. XIX-XXI)», de procéder avec modération dans la prescription de ces remèdes.

L'on en vient enfin à la troisième partie du Traité, qui donne la description des plantes reproduites sur les planches, avec des informations géographiques précises sur les lieux où Plumier les a découvertes.

Le problème devant lequel notre botaniste se trouve ici est, maintenant, celui du langage de la description de cette plante luxuriante, qui présente plusieurs dizaines de variétés, jamais vue en France à cette époque (- acclimatée en Europe au XVIIIe siècle, on cultive aujourd'hui la Plumieria dans les serres de notre Riviera ligure du ponent comme plante ornementale pour les décorations floréales -). Comment indiquer la forme géométrique de ses excroissances et de ses feuilles, leur consisteance, leurs couleurs, la particularité des détails qui caractérisent et qui diversifient une variété de l'autre? Le vocabulaire de notre savant était limité, à l'époque, aux termes usuels de la langue quotidienne et il lui fallait tant bien que mal se servir du matériau linguistique qui était à sa disposition. Nous allons voir que, parfois, notre botaniste osera quelques néologismes, ou plutôt quelques glissements sémantiques dans l'usage de certains adjectifs, mais pour la plupart du temps, c'est à la périphrase et à l'analogie qu'il s'adressera pour être secouru dans les nombreux moments difficiles où il doit se mesurer avec l'aspect lexicologique de ses connaissances botaniques.

---

[3] Gonzalo Fernandez de Oviedo y Valdes est l'auteur de *l'Historia natural y general de la Indias* ... (1525), où il donne des informations sur la nature, le climat, les habitants etc. des Indes Occidentales; il voyagea à Santo Domingo en 1513.

[4] Wilhelm Pison est l'auteur du *De Indiae utriusque re naturali et medico libri quatuordecim* (1658) et d'autres ouvrages; le livre cité par Plumier est, très probablement, *l'Historia naturalis Brasiliae*, Lugduni Bataviorum, apud F. Hackium, 1648.

Les deux domaines perceptifs principaux qu'il se trouve à décrire sont de l'ordre visuel le premier, (la couleur et la forme), et de l'ordre tactile le deuxième: la consistance, l'épaisseur, les particularités des surfaces, surtout en ce qui concerne les feuilles des fougères. L'objet de matière organique restant en dehors des formes géométriques rationnelles, notre savant doit chercher ailleurs des analogies formelles qui puissent l'aider dans l'explication qu'il a à donner, et il les trouve dans les champs sémantiques connus par tout un chacun: ceux de l'anatomie, des instruments de travail quotidiens, dans les adjectifs usuels qu'il transformera par des suffixes ou des adverbes pour les approcher autant que possible de l'aspect de ses fougères bien-aimées.

L'analogie première qui revient très souvent concerne la forme caractéristique de la feuille de la plante: aurait-il eu l'adjectif scientifique approprié, Plumier aurait parlé d'une feuille «falciforme», mais ce néologisme ne sera créé qu'au XIXᵉ siècle, et notre savant Père Minime doit s'arranger comme il peut. L'analogie immédiate lui suggère l'image de la faulx, de la faucille, et de la serpe, mais son souci de la précision scientifique ne peut se contenter de l'approximation, aussi s'engage-t-il dans de longue explications périphrastiques. Ainsi, la «Grande espèce de Lonchite», une des variétés de fougère qu'il étudie, se présente ayant:

> … de chaque costé de plusieurs feuilles opposées presque de figure de parallelogramme, approchant pourtant de celle d'une faucille… .

tandis que la «Grande Lonchite lisse» a des stèles

> … garnies depuis le tiers d'en haut de feuilles alternes, semblables à des faux très pointues et dentelées assez légèrement tour à tour par une crenelure ronde… .

Plus petite, la «Lonchite dentelée à petites brèches» a des feuilles

> … toutes semblables à de petites serpes dont le tranchant est dentelé délicatement et comme ébréché en deux ou trois endroits… .

Toutefois, l'aspect falciforme n'est propre qu'à certaines espèces. D'autres, dirions-nous aujourd'hui, ont des feuilles ensiformes, à forme d'épée, linguiformes, ou vermiformes. Mais comment s'y prendre à l'époque de Plumier? Certains de ces termes étaient dejà dans la langue depuis le siècle précédant, et celà grâce au penchant néologistique des traducteurs des traités techniques («ensiforme» est attesté en 1541), de la Pléiade et même de Rabelais (le dictionnaire de la langue du XVIᵉ siècle d'Huguet cite le médecin montpellierois, qui parlait de «papeguay vermiforme» bien avant l'accueil de cet adjectif dans le *Dictionnaire* de Furetière). Mais le savant

Père Minime craint peut-être de paraître pédant en employant le terme propre, de façon qu'il s'évertue a inventer des tournures compliquées, franchement fort savoureuses à l'oreille du lecteur contemporain, afin d'être
aussi exact que possible. Nous pouvons toutefois l'absoudre dans le cas de
la description de la feuille de la fougère qu'il nomme «Langue de Cerf do-
rée», car l'adjectif approprié, «linguiforme», n'entrera dans l'usage qu'à
partir de 1839: aussi, écrit Plumier,

> chaque feuille a la figure d'une langue véritablement émoussée, mais
> tant soit peu pointue au bout... .

Chaque fois que la forme organique échappe à une analogie géométrique
pour se rapprocher d'une forme anatomique, comme l'oreille, par exemple,
le botaniste doit employer des termes plus efficaces afin de cerner son idée,
comme l'adjectif 'oreillé', le diminutif ou d'autres dérivés. Aussi, aux
«feuilles oreillées» de la «Lonchite poudreuse» fait pendant la feuille principale de la «Lonchite rameuse à bords poudreux», garnie

> en dedans de la base... d'une oreillette...,

ou les cinq feuilles de la «Petite Hermionite» qui sont

> aussi pointues et découpées de mesme que la première, mais les deux
> inférieures ont ceci de particulier, qu'elle ont la partie inférieure de la
> base un peu plus étendue par un oreillon plus large... .

Et que dire de ces feuilles incroyablement compliquées qui sont propres à
la «Langue de Cerf rameuse»

> ... à feuilles pointues et sinuées (*présentant dans leur partie infé-*
> *rieure*) quelques tas en matière de vermisseaux, couchez un peu plus
> obliquement et d'une poussière couleur chastaigne...?

L'on aura déjà observé, dans certaines des citations que nous venons de
donner, la tendance qu'a Plumier à employer le trope de l'atténuation: par
l'usage d'un diminutif, 'oreillette' par exemple, par l'introduction d'adverbes de grandeur, 'un peu plus', 'un peu moins'... Cette pratique langagière
provient, bien sûr, d'un souci de rigueur descriptive; toutefois sa haute fréquence, surtout dans le domaine des détails, nous porte à voir notre Père
Minime les mains jointes d'admiration devant les merveilles qu'il découvre
sur la surface de ses arbrisseaux bien-aimés. Sous les 'bandelettes' qui or-
nent le dos de la feuille de la «Lonchite rameuse», le botaniste découvre
«plusieurs 'petites vessies' noires»; les 'petites boules', les 'boulettes', les
'petits cordons', les 'petites membranes blanchâtres et longuettes' abondent
sur les surfaces de ces feuilles jamais vues jusqu'alors. Serait-ce aussi à
cause d'un souci de bienséance que notre savant abonde dans l'emploi de
l'atténuation?

Ce soupçon nous vient quand nous observons son usage de la langue, là où il s'agit de décrire les impressions tactiles, la consistance au toucher qu'offre l'élément naturel. Rarement la superficie que le botaniste observe est dépourvue de poil ou de duvet, c'est-à-dire «glabre», comme la définirait cet adjectif entré dans la langue déjà en 1545: notre savant préfère à ce terme spécifique, l'adjectif «lisse». Ce sont surtout les racines qui semblent s'amuser à mettre notre savant en difficulté, par les innombrables variétés d'excroissances qu'elles présentent. Tantôt elles sont moussues, comme celles de la «Fougère non rameuse et à pinnules émoussées»:

> La racine de cette fougère est composée de plusieurs petites fibres tortues, couvertes d'une manière de petite mousse velue…,

tantôt pubescentes, mot que notre botaniste se garde bien d'adopter, bien qu'il l'ait à sa disposition depuis 1516, et auquel il préfère substituer des périphrases compliquées. La «Grande Osmonde à feuilles de petite fougère» porte des racines

> menues, ligneuses, rameuses, toutes velues et accompagnées de quelques fibres,

de même qu'une autre fougère a des feuilles 'veloutées d'un petit poil ras'.

Vésicule, pustule, termes qui existent depuis longtemps déjà dans la langue sont tout aussi bien bannis des descriptions de Plumier, qui préfère encore une fois l'emploi du diminutif par le moyen de l'adjectif, comme si des expressions telles que 'petites verrues poudreuses' ou 'petites vessies noires' perdaient leur valence un peu dégoûtante et assez malséante à la peinture de cette merveille de la nature qui naît outre-océan.

C'est peut-être par ce même souci de la bienséance linguistique que le savant se lance quelquefois dans la création de néologismes, et surtout dans l'emploi des glissements sémantiques, comme le terme 'oreillette' pour 'petite oreille', que nous avons déjà cité et qui, à l'époque, avait le sens d'un pansement appliqué sur l'oreille, ou 'oreillons' pour grandes oreilles, qui est devenu depuis, comme on le sait, le synonyme populaire de la parotide. D'autres exemples abondent qu'il serait fastidieux de rapporter, et dont aucun n'est entré dans la langue scientifique, malgré la bonne volonté de notre lexicographe improvisé. Aussi son expérimentation linguistique, arrivée peut-être trop à l'avance par rapport à la nécessité de créer un langage scientifique précis et méthodique, a-t-elle été suffoquée par la forte empreinte de purisme propre au langage classique de la fin du XVIIe siècle, même en matière de sciences.

Arrivés à la fin de notre lecture, nulle conclusion linguistico-stylistique ne viendra clôre notre sujet: nous avons seulement voulu saisir notre botaniste au moment de ses démêlés avec l'outil langagier imparfait que l'usage et la bienséance avaient mis à sa disposition. En fait, nous avons seulement voulu faire revivre pendant quelques minutes ce personnage du monde de la botanique pour qui l'Autre est surtout un objet d'amour, ce savant scrupuleux qui se montre enthousiaste de ses découvertes dans cette nature américaine exotique et luxuriante qu'il s'efforce de décrire avec tant de précision; nous l'avons connu aussi comme un usager technique de la langue, qui se soumet pourtant docilement aux exigences des bienséances mondaines parisiennes: nous le voyons maintenant s'éloigner à pas menus, le gros in-folio de ses précieuses *Fougères d'Amérique* sous le bras.

Du regard de l'autre à l'image de soi:
mouvements intimes et lectures du corps

LUCIE DESJARDINS

Université du Québec à Montréal

Le volume I des *Characteres des passions* du médecin Marin Cureau de La Chambre s'ouvre sur un passage qui est resté célèbre. La nature, écrit-il,

> ayant destiné l'homme pour la vie Civile ne s'est pas contentée de luy avoir donné la langue pour descouvrir ses intentions; elle a encore voulu imprimer sur son front & dans ses yeux les Images de ses pensées; afin que s'il arrivoit que sa parole vint à démentir son cœur, son visage peust démentir sa parole. En effect quelques secrets que soient les mouvemens de son ame, quelque soin qu'il prenne de les cacher, ils ne sont pas plustost formez qu'ils paroissent sur son visage. [...] Et que celuy qui donnoit advis de consulter son miroir dans la cholere avoit raison de croire que les passions se devoient mieux connoistre dans les yeux que dans l'ame mesme.[1]

Aussi la lecture des signes que les passions impriment sur le corps constitue-t-elle l'une des voies que le XVIIe siècle emprunte volontiers dans sa réflexion sur l'altérité. Si les passions que l'autre ressent semblent d'abord insaisissables et immatérielles, les marques et les empreintes visibles qu'elles laissent à la surface du corps sont livrées à un regard qui, tel celui d'un Cureau de La Chambre ou d'un Descartes, va chercher à assigner un sens à la rougeur ou à la pâleur du visage, au mouvement des yeux ou à celui des sourcils, au geste ou à l'intonation de la voix. Depuis l'*Histoire du visage* de Jean-Jacques Courtine et Claudine Haroche, la critique actuelle n'a pas manqué de souligner l'importance de cette entreprise dont l'ambition a été de formuler des principes constants propres à régler une lecture du corps. C'est non seulement Cureau de La Chambre qui, par exemple, consacre plus de deux cents pages aux effets physiologiques de la colère; mais ce sont encore les rhétoriques de l'*actio*, qu'il s'agisse du *Traitté de l'action de l'orateur, ou de la prononciation et du geste* [2] de Mi-

---

[1] Marin Cureau de La Chambre: *Les characteres des passions*. Paris: Jacques D'Allin, 1642, vol. I, p. 1-2.

[2] Michel Le Faucheur: *Traitté de l'action de l'orateur, ou de la prononciation et du geste*. Paris: Augustin Courbé, 1657.

chel Le Faucheur ou de la *Methode pour bien prononcer un discours et pour le bien animer. Ouvrage trés-utile à tous ceux qui parlent en public, & particuliérement aux Prédicateurs, & aux Advocats* [3] de René Bary qui se livrent toutes deux à une codification des gestes et des voix susceptibles de représenter les passions avec éloquence. A partir d'un code minutieusement normatif, chaque passion est destinée à trouver sa représentation corporelle, si bien que l'orateur

> [...] monstrera son amour par une voix douce, gaye et attrayante, & sa haine au contraire par une voix aspre & sévére. Il fera voir sa joye par une voix pleine, gaye & coulante, & au contraire sa tristesse par une voix sourde, languissante, plaintive, & mesme souvent interrompuë par des soûpirs & par des gemissements. S'il a de la crainte, il le fera voir par une voix tremblante & hesitante. Si au contraire il a de l'asseurance, il le monstrera par une voix haute & ferme; s'il a de la colere, il la donnera à connoître par une voix aiguë, impétueuse, violente et par de fréquentes reprises d'haleine.[4]

C'est dans le but de faire croire que la passion se donne toujours à voir dans la plus parfaite transparence que l'orateur utilise son propre corps tel un immense répertoire de signes réglé sur un code non-équivoque. En ce qui concerne le corps et ses mouvements, il convient, nous disent par exemple les traités, de baisser les yeux dans la honte et de les élever pour les choses dont on se glorifie. Quand aux sourcils, ils ne doivent être ni immobiles, ni trop mobiles; on doit les froncer dans la tristesse, les dilater dans la joie, les abattre lorsqu'il faut témoigner de l'humilité et de la pudeur. Mais qu'elles soient naturelles ou mises en scène à la faveur d'un artifice oratoire qui cherche à tromper, ces marques corporelles peuvent, à chaque fois, être dénombrées et classées en des listes impressionnantes, de manière à former un code de la passion, une sorte d'aide-mémoire portatif facilement manipulable et, surtout, à même de concourir à la connaissance de l'autre, voire à sa maîtrise.

De ce point de vue, les mouvements intimes de l'âme entrent dans le champ du visible, de telle manière que la connaissance de l'autre suppose le savoir ou la maîtrise d'un code à la faveur duquel la colère, par exemple, se reconnaîtra systématiquement à la rougeur du visage, aux yeux rouges et enflammés, au front ridé, à la lèvre inférieure qui surmonte la lèvre supérieure, et à la voix aigüe. Mais ce code des passions que les traités mettent

---

[3] René Bary: *Methode pour bien prononcer un discours et pour le bien animer. Ouvrage trés-utile à tous ceux qui parlent en public, & particuliérement aux Prédicateurs, & aux Advocats*. Paris: P. Thierry, 1679.

[4] Michel Le Faucheur: *Traitté de l'action de l'orateur, ou de la prononciation et du geste*. ouv. cité, p. 114-115.

en évidence sera appelé à connaître un destin ambigu et paradoxal. D'une part, il est mis au service d'un idéal et d'un art mondains où la lecture du corps permet de retracer ce que l'autre tient à garder secret; d'autre part, l'utilisation concrète des signes engage une pratique qui excède les principes d'une épistémè fondée sur la codification et la classification.

Dès lors que l'on passe de la théorie à la pratique, on s'aperçoit que la connaissance de l'autre à partir d'une lecture des mouvements du corps n'est pas une chose si aisée et qu'elle requiert plus qu'une simple connaissance du code des signes des passions. Les *Mémoires* du cardinal de Retz constituent un bel exemple de mise en pratique d'une connaissance de l'autre qui s'élabore à partir d'une lecture de ces signes corporels. A partir d'un timbre de voix, Retz sait déceler une passion, à partir d'un changement de couleur du visage, il sait repérer une menace ou un danger, mais il peut aussi distinguer le vrai du faux, repérer les feintes et les dissimulations. Aussi quitterons-nous le cabinet du médecin et la classe de rhétorique pour évoquer l'atmosphère qui règne à la cour où quiconque veut tenir un rang ne peut le faire qu'à partir d'un examen attentif des signes laissés sur un corps appelé à s'offrir en spectacle sur la scène du monde. L'examen de quelques passages tirés des *Mémoires* permettra de mettre dans tout son jour le destin paradoxal d'une entreprise qui consiste à connaître l'autre en fonction d'un code que l'on présuppose et déjoue tout à la fois. En effet, si le code des passions permet d'enregistrer les marques extérieures de l'activité intérieure de l'âme et d'en faire un objet théorique formalisable, à partir des savoirs physiologiques et rhétoriques convoqués pour la représentation, il convient de reconnaître que, dans un même mouvement, cette représentation suppose la prise en compte d'un contexte particulier dont la singularité ne saurait être réduite en système et codifiée.

Ouvrons donc les *Mémoires* du cardinal de Retz, alors que celui-ci évoque les figures du Cardinal Mazarin et d'Anne d'Autriche. Le Cardinal, écrit de Retz,

> sourit malignement et la Reine se mit en colère, en proférant de son fausset aigri et élevé, ces propres mots: «Il y a de la révolte à s'imaginer que l'on se puisse révolter; voilà les contes ridicules de ceux qui la veulent. L'autorité du roi y donnera bon ordre.» Le Cardinal, qui s'aperçut à mon visage que j'étais un peu ému de ce discours, prit la parole, et avec un ton doux, il répondit à la Reine; Plût à Dieu, Madame, que tout le monde parlât avec la même sincérité que parle Monsieur le Coadjuteur! (…) La Reine qui entendait le jargon du Cardinal se remit tout à coup: elle me fit des honnêtetés, et j'y répondis par un profond respect, et par une mine (…) niaise.[5]

[5] Cardinal de Retz: «Mémoires», dans: *Œuvres*. Paris: Gallimard, Bibliothèque de la Pléiade, 1984, p. 217.

Le «fausset aigri et élevé» de la Reine, le «sourire» et le «ton doux» de Mazarin: toutes ces marques sont susceptibles d'être perçues, entendues et déchiffrées, de manière à devenir signes d'une passion particulière et, à ce titre, guider le comportement du cardinal de Retz. De ce point de vue, une telle description n'est pas sans rappeler un Cureau de La Chambre, pour qui, par exemple, la voix de la colère est «aiguë et vehemente[6]»; ou un Michel Le Faucheur pour qui cette même voix est «aiguë, impétueuse, violente», accompagnée de «frequentes reprises d'haleine[7]». D'autres descriptions peindront les colères d'Anne d'Autriche en représentant tantôt la rougeur qu'elles provoquent sur le visage, tantôt le geste menaçant qu'elles suscitent. Si ces descriptions supposent un regard savant sur les passions que vient soutenir la référence à un code, il ne s'agit toutefois en aucun cas d'une reprise pédante et scolaire. Le faible degré de technicité du langage en témoigne, mais aussi l'indétermination relative de certaines marques auxquelles seule une appréciation réglée sur l'évaluation de la circonstance permet d'assigner un sens. Mazarin «sourit malignement», «prit la parole avec un ton doux»: c'est à la fois la référence à un code et un je-ne-sais-quoi qui décide de la lisibilité de ces signes, comme en témoigne le cardinal de Retz à l'occasion de cette réflexion:

> et je me suis ressouvenu, mille fois peut-être en ma vie, de ce que j'observai dans cette conversation, qui fut que lorsque la frayeur est jusques à un certain point, elle produit les mêmes effets que la témérité.[8]

La valeur des différents signes du code n'est pas univoque, aussi seule une évaluation juste de la circonstance permet de distinguer des passions pourtant si distinctes en regard du code que la frayeur et la témérité. De même, doit-on prendre garde à l'ambiguïté des signes destinée à brouiller la lecture. A partir du moment où il existe un code qui permet de reproduire artificiellement les signes de la passion, celle-ci est susceptible d'échapper à l'effet de transparence en se dérobant au regard à la faveur d'une ruse, d'une feinte ou d'une dissimulation. Je puis sourire, par exemple, à une personne que je déteste, si bien que le sourire de l'autre n'est plus automatiquement signe de sa joie de son affection. Comment dès lors savoir si l'autre qui est devant soi feint ou dissimule? si les passions que son corps, sa voix et son visage révèlent ont été dominées ou non? C'est ainsi que le

---

[6] Marin Cureau de La Chambre: *Les characteres des passions.* ouv. cité, vol. II, p. 436.

[7] Michel Le Faucheur: *Traitté de l'action de l'orateur, ou de la prononciation et du geste.* ouv. cité, p. 114-115.

[8] Cardinal de Retz: *Mémoires.* ouv. cité, p. 462.

cardinal de Retz note, par exemple, que «La Reine se mit à sourire, mais d'un sourire ambigu [9]». «J'y pris garde, ajoute-t-il, mais je n'y fis pas semblant». Ici, le sourire de la Reine est un trait singulier que le cardinal de Retz arrive mal à décrire en raison même d'une ambiguïté dont aucun code ne saurait rendre compte. L'ambiguïté des signes résulterait peut-être alors d'une distorsion entre la passion que l'autre désire exprimer et les effets de cette passion en regard du code et du contexte qui en orientent la lecture. Voici un autre exemple qui illustre avec éloquence cette distorsion:

> La vérité est que tout ce qui était dans ce cabinet jouait la comédie: je faisais l'innocent et je ne l'étais pas [...]; le Cardinal faisait l'assuré et il ne l'était pas si fort qu'il le paraissait; il y eut quelques moments où la Reine contrefit la douce, et elle ne fut jamais plus aigre; M. de Longueville témoignait de la tristesse, et il était dans une joie sensible [...]; le maréchal de Villeroi faisait le gai pour faire sa cour au ministre, et il m'avouait en particulier, les larmes aux yeux, que l'Etat était au bord du précipice.[10]

A s'en tenir à la lettre, les traités de lecture du corps pourraient conduire à d'étranges méprises, dans la mesure où en accédant au champ du visible les passions peuvent déjouer le regard. Comment connaître l'autre, du moment où il est susceptible de dissimuler ce qu'il ressent véritablement et de feindre ce qu'il n'est pas?

A vrai dire, c'est précisément parce que la passion est susceptible de glisser du côté de l'artifice et de la construction que son identification par un tiers devient risquée – risque qu'illustrent à nouveau les *Mémoires* :

> Comme un troisième voyage en Anjou de Monsieur l'Archevêque m'avait remis en fonction, je pris cette occasion pour leur témoigner que je me croyais obligé à leur en rendre compte, ce qu'ils reçurent l'un et l'autre avec beaucoup de mépris; et je leur en rendis compte effectivement, ce qu'ils reçurent avec beaucoup de colère. Celle du Cardinal [Mazarin] s'adoucit au bout de quelques jours; mais ce ne fut qu'en apparence : elle ne fit que se déguiser. J'en connus l'art, et j'y remédiai.[11]

En connaître l'art et y remédier: si une telle pratique de la lecture du corps permet de retracer ce qui se dissimule chez l'autre, elle permet aussi de lui mentir sur la nature de ses propres mouvements intimes. En ce sens, si la reconnaissance des passions semble tenir, comme on l'a vu, à la capacité de

---

[9] *Ibid.*, p. 223.

[10] *Ibid.*, p. 217.

[11] *Ibid.*, p. 213.

dépassement du code, cela tiendrait peut-être au fait que toute mise en scène éloquente de soi se réalise au profit d'une représentation qui se destine au regard de l'autre en cherchant à promulguer un effacement des signes trop marqués, lesquels trahiraient l'artifice. Le regard de l'autre donne lieu de la sorte à la production d'une image favorable de soi, où les passions véritables sont dissimulées au profit d'une feinte déployant des signes de passions adaptées aux circonstances que nécessite la vie en société. D'une intimité qui se donnait à voir et à lire pour quiconque pouvait retracer une passion à travers les signes que dévoile naturellement le corps, on passe alors à une image de soi construite de toute pièce à la faveur de ce que Bernard Beugnot appelait la «régulation du corps éloquent [12]».

En appeler à une régulation du corps suppose la dissimulation des signes corporels de certaines passions à éviter en «bonne compagnie», - songeons à la colère par exemple, – de sorte qu'il ne s'agit pas tant de maîtriser ses passions que d'en maîtriser les signes. C'est suivant ce principe que le cardinal de Retz constate la nécécessité de dissimuler:

> Je me crus obligé, écrit-il, à la conduite contraire, parce que dans l'éloignement où elle [la Reine] était, la moindre apparence qu'il [Monsieur] eût donnée de son mécontentement eût été capable de l'empêcher de se rapprocher, et peut-être même de la porter à se raccomoder avec Monsieur le Prince.[13]

Au reste, des remarques de cette sorte ponctuent sans cesse les *Mémoires* comme le rappelle la vivacité de ce trait:

> La réponse m'outra; je ne répondis que par un souris et une profonde révérence.[14]

On le voit, dissimuler engage une parfaite connaissance du code régissant l'expression des passions sans toutefois que l'étude et le contrôle des mouvements corporels ne viennent à supprimer une certaine «spontanéité» étudiée, car autrement survient le risque de sombrer dans l'affectation – défaut unanimement condamné par toutes les rhétoriques et les manuels du courtisan. Aussi et, comme le soulignait déjà Bernard Tocanne dans son ouvrage sur *L'idée de nature en France dans la seconde moitié du XVIIe siècle*[15],

---

[12] Bernard Beugnot: «Le corps éloquent», dans: Le corps au XVIIe siècle (Actes du premier colloque organisé conjointement par la North American Society for Seventeenth Century French Literature et le Centre International de Rencontres sur le XVIIe siècle). Paris-Seattle-Tübingen: *Papers on French Seventeenth Century Literature*, 1995, p. 22.

[13] Cardinal de Retz: *Mémoires*. ouv. cité, p. 512.

[14] *Ibid.*, p. 138.

[15] Bernard Tocanne: *L'idée de nature en France dans la seconde moitié du XVIIe*

l'affectation entre en opposition non pas avec ce qui *est*, mais avec ce qui *paraît* naturel. «Que votre geste *paroisse* purement naturel & né des choses que vous dites, & de l'affection qui vous meut à les dire»[16], dira Michel Le Faucheur. Tout le défi consiste alors à reproduire artificiellement ce que la nature peint sur un corps dont l'âme est sous l'emprise d'une passion. Ce «naturel» est, en fait, plus que la simple authenticité, voire spontanéité de l'expression des passions: il s'oppose plutôt à tout ce qui sent l'effort. Il témoigne à la fois d'une connaissance profonde du code rhétorique des passions et de l'effacement de ce dernier à la faveur de l'extrême souplesse avec laquelle on doit en faire usage. Dissimulation de l'art ou, pour mieux dire, de la dissimulation elle-même: c'est ainsi qu'en courtisan aguerri, le cardinal de Retz règle les différents mouvements corporels de manière à ce qu'ils se donnent à voir comme s'ils étaient les effets naturels de la passion:

> J'ajoutai à la réponse un petit souris, comme s'il m'eut échappé, pour lui faire voir que je n'étais peut-être pas si mal traité de Monsieur que l'on avait cru.[17]

Dans ce passage, le «comme s'il m'eut échappé» signale la parfaite maîtrise des mouvements du corps et le naturel ne tient alors qu'à l'effet de vraisemblance qu'il crée.

D'un langage naturel, on passe donc à un art du corps éloquent qui s'appuie sur un code et qui le déjoue à la fois, cherchant à faire illusion à la faveur d'une représentation qui doit avoir l'apparence de la nature. En ce sens, l'expression peut consister tout aussi bien à ne rien montrer de ce qu'on éprouve, qu'à donner à lire une passion qu'on n'éprouve pas, bref à «se composer» pour reprendre une expression familière au cardinal de Retz:

> La Reine rougit à ce mot et elle s'écria: «Je vous entends Monsieur le Coadjuteur; vous voudriez que je donnasse la liberté à Broussel: je l'étranglerais plutôt avec mes deux mains». Et en achevant cette dernière syllabe, elle me les porta presqu'au visage, en ajoutant: «Et ceux qui...» Le Cardinal, qui ne douta point qu'elle ne m'allât dire tout haut ce que la rage peut inspirer, s'avança, lui parla à l'oreille. Elle se composa, à un point que si je ne l'eusse bien connue, elle m'eût parue bien radoucie.[18]

---

siècle. Paris: Klincksieck, 1978.

[16] Michel Le Faucheur: *Traitté de l'action de l'orateur, ou de la prononciation et du geste*, ouv. cité, p. 192-193.

[17] Cardinal de Retz: *Mémoires*. ouv. cité, p. 615.

[18] *Ibid.*, p. 220.

Mais ce visage qui se compose, mais cette production artificieuse du signe ne saurait être créée à partir de rien, surimposée de l'extérieur par la simple imitation des effets corporels qu'elle suscite généralement et que codifient les traités. Il faut encore au courtisan un mouvement de l'âme, seul capable de donner le ton juste à la voix et l'élan convenable au geste. Seulement, comment provoquer une passion afin d'en produire les effets sur son propre corps? A la suite de Quintilien[19], Michel Le Faucheur recommande à l'orateur de solliciter son imagination et de se forger des images mentales. Il donne l'exemple des comédiens qui s'attachent «dans le secret de leur imagination à des sujets réels, qu'ils auroient grandement à cœur; au lieu des fabuleux qu'ils représenteroient, & qui ne les touchoient point en effet[20]». Ici, il s'agit de se créer ou de se recréer une sorte de théâtre intérieur dans lequel on simule les causes de la passion que l'on cherche à montrer à l'autre et, surtout, les objets qui suscitent ordinairement cette passion. C'est là, du reste, un principe que fait sien le *Bréviaire des politiciens* du cardinal Mazarin:

> Si tu es craintif, écrit-il, maîtrise ta peur en pensant que tu es le seul à la connaître et agis comme si tu étais courageux. Fais de même pour les autres sentiments.[21]

---

[19] L'idée était en effet déjà chère à Quintilien qui lui avait consacré un long développement. *Institution oratoire*. Livre VI, Paris: Les Belles Lettres, «collection des universités de France», 1977, § 29-31: «Mais comment faire pour l'être? L'émotion n'est pas en effet à notre disposition. Je vais essayer de répondre sur ce point. Ce que les Grecs appellent *fantasia* (nous pourrions bien l'appeler *visio*), la faculté de nous représenter les images des choses absentes au point que nous ayons l'impression de les voir de nos propres yeux et de les tenir devant nous, quiconque aura pu bien le concevoir sera très efficace pour faire naître les émotions. [...] Je me plains qu'un homme a été tué: ne pourrai-je pas me représenter tout ce qui a dû vraisemblablement se produire dans la réalité? Voir l'assassin bondir brusquement? La personne traquée pâlir, crier, demander grâce ou fuir? Ne verrai-je pas l'assaillant frapper, la victime tomber? N'aurai-je pas présent à l'esprit le sang, et la pâleur, et les gémissements, et enfin la bouche ouverte, pour la dernière fois de l'agonisant? [*At quo modo fiet ut adficiamur? Neque enim sunt motus in nostra potestate. Temptabo etiam de hoc dicere.Quas fantasias Graeci vocant (nos sane visiones appelamus), per quas imagines rerum absentium ita representantur animo ut eas cernere oculis ac praesentes habere videamur, has quisquis bene ceperit is erit in adfectibus potentissimus [...]Hominem occisum queror: non omnia quae in re praesenti accidisse credibile est in oculis habebo? Non percussor ille subitus erumpet? Non expauescet cicumuentus, exclamabit vel rogabit vel fugiet? Non ferientem, non concidentem videbo? non animo sanguis et pallor et gemitus, extremus denique expirantis hiatus insidet?*]

[20] Michel Le Faucheur: *Traitté de l'action de l'orateur, ou de la prononciation et du geste*. ouv. cité, p. 205.

[21] Cardinal Jules Mazarin: *Breviarum Politicorum secundum Rubricas Mazarinicas*. Wesel: Jacobus, 1700; *Bréviaire des politiciens* (traduction de Florence Dupont). Paris:

S'il est impossible de modifier le mouvement du corps à partir de rien il est par contre possible et même souhaitable de créer ou de recréer un mouvement de l'âme qui, lui, modifiera le corps. Pour cela et, comme en témoigne l'extrait, il faut se forger des images mentales. Cette imagination fonctionne à la manière d'une espèce de *memoria,* puisqu'elle met en œuvre et "réactive" des objets réels. La continuité entre le mouvement de l'âme et sa manifestation par le truchement du corps se trouve maintenue, mais de telle sorte que les passions sont désormais données à voir par le relais d'une représentation intérieure, bref, d'une fiction.

En somme, cette mise en scène du corps repose à la fois sur une codification fondée sur différentes formes de savoirs (mouvement des esprits animaux, couleur du visage, mouvement des yeux et des sourcils, intonation de la voix, etc.); et quelque chose qui, bien qu'indéterminé et insaisissable, se donne à voir et à connaître. Parce que le «naturel» n'est jamais itératif, mais variable et inconstant, parce qu'il est impossible de prétendre spécifier d'avance tous les usages de toutes les représentations corporelles dans tous les contextes, parce que le corps doit, par ailleurs, émettre des signes reconnaissables et identifiables, une théorie générale des signes des passions ne saurait négliger la singularité et la complexité dans lequel s'inscrit le rapport à l'autre. Aussi la connaissance de l'autre relève-t-elle d'une pratique de la représentation dont l'existence dépend à la fois des règles, mais aussi de l'indétermination. S'il il y a bel et bien savoir sur l'autre et ses passions au XVIIe siècle, cela n'implique toutefois pas l'idée d'un savoir qui forme système: il s'agit plutôt d'un art où la tension entre savoirs et je-ne-sais-quoi permet d'intégrer la singularité à la connaissance. En effet, pour le cardinal de Retz, il ne s'agit plus simplement de posséder un savoir théorique sur les passions, mais de mettre en œuvre une pratique où il s'agit non seulement de prendre garde au sourire ambigu de la Reine, mais surtout de faire semblant de n'y pas prendre garde: bref de tout voir sans être vu, ou mieux, de tout voir sans paraître voir. D'abord soumis à une performance, le corps est là pour montrer qu'il y a bien un quelconque mouvement de l'âme toujours et déjà destiné à se livrer au regard de l'autre.

Café Clima éditeur, 1984, p. 69-70. On retrouve, par ailleurs, une édition récente de ce texte traduit par François Rosso chez Arléa, 1997.

Références

Albert, Mechthild. «L'éloquence du corps. Conversation et sémiotique corporelle à l'âge classique», *Germanisch-romanische Monatsschrift*, Band 39, heft 2 (1989): 156-179.

Le corps au XVIIe siècle (Actes du premier colloque organisé conjointement par la North American Society for Seventeenth Century French Literature et le Centre International de Rencontres sur le XVIIe siècle). Paris, Seattle,Tübingen: Papers on French Seventeenth Century Literature, 1995.

Courtine, Jean-Jacques et Claudine Haroche. *Histoire du visage. Exprimer et taire ses émotions XVIe-début XIXe siècle*. Paris: Rivages, «Rivages/Histoire», 1988.

Lamarche-Vadel, Gaëtane. *De la duplicité. Les figures du secret au XVIIe siècle*. Paris: La Différence, 1994.

Montagu, Jennifer. *The Expression of the Passions. The Origin and Influence of Charles Le Brun's Conférence sur l'expression générale et particlière*. New Haven & London: Yale University Press, 1994.

Ossola, Carlo. *Miroirs sans visage. Du courtisan à l'homme de rue*. Paris: Seuil, 1997.

Strosetski, Christoph. *Rhétorique de la conversation. Sa dimension littéraire et linguistique dans la société française du XVIIe siècle*. Paris, Seattle, Tübingen: Papers on French Seventeenth Century Literature, «Biblio 17», 1984.

Tocanne, Bernard. *L'idée de nature en France dans la seconde moitié du XVIIe siècle*. Paris: Klincksieck, 1978.

«La voix au XVIIe siècle», *Littératures classiques*, 12, janvier 1990.

Le désir et la peur:
La réaction néoclassique au tournant du siècle

FRANÇOIS LAGARDE

University of Texas

Le classicisme français est un lieu de mémoire, et aussi bien d'imagination, faisant l'objet de pratiques culturelles variées: de la révérence à la référence, de l'étude savante au cliché journalistique, de la spéculation théorique au divertissement artistique, de l'Académie à l'école, de la thésaurisation nationaliste à la récupération commerciale ou au congrès international, du film et de la scène au timbre poste, au billet de banque ou à la médaille commémorative, il est cent façons d'user des signes classiques français ou de *recevoir* les œuvres et les icones du Grand Siècle. Parmi les divers avatars culturels que prend ce ressassement, cette perpétuation ou cette itération du «classicisme» français, *la réaction néoclassique* a enflé, a excru au moins par deux fois depuis la Révolution Francaise, à l'époque du Romantisme et pendant les décennies qui précédèrent la Grande Guerre, et son examen permet de s'interroger sur ce que peut être une identité, ou une *identification*, sur une métaphysique de la littérature – est-elle universelle? est-elle la mimésis ou la médiation d'une nature française? –, sur les raisons de la croyance publique et privée ou sur les structures de la culture, et enfin sur ce que le fantasme du classicisme signifie.

La première réaction classique post-révolutionnaire est celle qui s'oppose au romantisme, alors que la critique schlégelienne du classicisme français est reprise par Mme de Staël, par Stendhal et dans la *Préface* de *Cromwell*. L'universalité du classicisme français est battue en brêche, la «haute sociabilité poétique»[1] de la culture versaillaise n'est plus qu'une rhétorique de poseurs mondains. Contre les idéologues et les *barbares* cosmopolites qui s'en prennent ainsi à la tradition, Fontanes, Joubert, Geoffroy, Saint-Marc Girardin et son successeur Nisard défendent le culte du classicisme. Nisard, pour qui «l'histoire de la poésie ne doit être qu'un commentaire des vers de Boileau»[2], définit et vénère un «esprit français» dont l'idée perdurera jusqu'à Brunetière et Maurras, et selon une méthode

---

[1] Jean-Paul, cité par Georges Gusdorf, *Fondements du savoir romantique*, Paris, Payot, 1982, p. 243.

[2] D. Nisard: *Histoire de la litérature française*, p. 384. Le paragraphe IV du 1er chapitre est intitulé: «En quoi l'esprit français diffère de l'esprit de quelques nations modernes».

de l'exclusion qui sera aussi celle des maurrassiens[3]: «Le meilleur moyen
de connaître l'esprit français, c'est de connaître tout ce qu'il n'est pas»[4].
Cet esprit français, anti-romantique et anti-allemand, est pour l'essentiel
une analyse psychologique et morale des passions dont on tire une connaissance des devoirs. L'homme de génie, plus capable de discipline qu'avide
de liberté, «n'est que l'écho intelligent de la foule» et il écrit cette nature
française et pense ses devoirs[5]. Il est compris de tous et la raison domine
sur ses sens et son imagination, contrairement au caractère des Nations du
Nord où un déséquilibre fait que la littérature y est moins générale qu'individuelle. L'Allemand goûte la pénombre et l'individualisme quand, pour
Nisard, le Français recherche la clarté, sa langue étant «parole d'affranchis-
sement et de civilisation.» «Partout où l'écrivain est en communication intime avec le public, il y a un beau spectacle pour l'esprit humain. Mais
peut-être ce spectacle est-il plus beau encore là où le public, au lieu de se
placer au point de vue de l'écrivain, force l'écrivain de se placer au point
de vue général»[6].

Cette idée d'une sociabilité publique et universelle de l'écrivain français
était au cœur de la *Préface* de 1701 de Boileau et se retrouvera chez Sainte-
Beuve et Brunetière, et aussi bien chez Lanson, pour qui la littérature est un
phénomène social[7]. C'est une conception sociale et nationale de la littérature que ces partisans du classicisme défendent: l'identité à la fois individuelle et nationale des sujets est médiatisée par une littérature analytique,
claire, globalisante.

Le néoclassicisme fin-de-siècle se fait entendre, ou du moins se publie,
alors que l'Alsace et la Lorraine sont allemandes, suite à la sanglante défaite de janvier 1871, et que la France néo-républicaine connaît l'affaire
Dreyfus, les scandales financiers, le colonialisme et l'approche de la première guerre mondiale. La haine des Juifs et des Barbares, le maurrassisme,
le nationalisme et même un racisme culturel inspirent la réaction néoclassique. Les néoclassiques sont principalement des journalistes et des

---

[3] Cf. H. Clouard: *Les Disciples. Nécessité littéraire et sociale d'une renaissance classique*, Paris, Librairie des Sciences Politiques et Sociales, 1913. Le classicisme qu'il défend «n'a rien à voir avec le néo-classicisme que raille M. Saint-Georges de Bouhé- lier... Il est distinct du traditionnalisme, tel que l'ont systématisé les théoriciens de l'Occident. Il ne se confond pas non plus avec ce 'goût du passé' que M. Jacques Bou- lenger attribue à la jeunesse littéraire de 1912», p. 136.

[4] D. Nisard, *op. cit.*, p. 11

[5] Idem, p. 14

[6] Idem, p. 31-2

[7] G. Lanson: «L'Histoire littéraire et la sociologie», dans: *Revue de Métaphysique et de Morale*, XII, 1904, p. 621-642.

hommes politiques, des professeurs et leurs étudiants, et des écrivains. Ces communicateurs, ces *langagiers*, praticiens du discours et de l'écrit, professent une admiration pour des valeurs morales ou esthétiques qui sont dites «classiques», en référence au siècle de Louis XIV et en particulier au «miracle» des années 1660-1680, valeurs qui impliqueraient un sens de l'ordre, de la raison, de l'équilibre, de la mesure, de la discipline, et par là une sorte d'authenticité française qui manquerait à telle époque, à telle œuvre où à telle personne. Etre Français serait être du sang de Corneille et de Racine. Le *Cyrano* de Rostand triomphe alors (1897), Péguy et Massis bataillent contre l'historicisme de la Sorbonne, les «patriotes» s'agitent en faveur des «bastions du classicisme» que sont l'Alsace et la Lorraine, Barrès entretient le culte de la terre et des morts, Maurras défend la monarchie et le classicisme louis-quatortzien contre «l'esprit de Genève et de Kœnigsberg»[8], Péguy idolâtre Corneille, le Racine allemand et cruel de Masson-Forestier fait scandale[9]. Brunetière attaque le Naturalisme, le Dilettantisme, l'Internationalisme, l'Individualisme, l'Intellectualisme, la Libre Pensée, Baudelaire et Flaubert, «l'erreur du dix-huitième siècle», et se convertit, comme tant d'autres. «La restauration de l'âme française»[10] occupe des esprits aussi différents que France, Sorel, Bourget, Lemaître ou Faguet, pour qui il n'y a pas de siècle plus français que le siècle classique, et Léon Daudet, qui s'écrie lors d'un banquet de littérateurs que «Boileau est le plus grand poètes de tous les temps. Pan! Pan! Pan!»[11]. Des enquêtes sont menées, Lasserre publie sa folle thèse contre le Romantisme (1907), Massis, Tarde, Clouard éditorialisent. Une «école critique» regroupe les disciples de Maurras qui s'opposent avec violence au vers libre pratiqué par ceux qu'ils appellent des *métèques*[12]. Moréas est exemplaire d'un curieux parcours qui mène du symbolisme à Malherbe et à *Iphigénie*. L'Ecole

---

[8] *Action française mensuelle,* 1er octobre 1907, dans: Maurras, *Dictionnaire politique et critique,* art. *Classicisme,* Paris, Fayard, 1932, p. 265.

[9] Masson-Forestier: *Autour d'un Racine ignoré,* Paris Mercure de France, 1910. «Etant donné que Racine eut, dans son caractère violent et vindicatif, follement passionné, dans son tempérament très porté vers les femmes, des traits qui ne semblent ni latin, ni gaulois, ni français, – le Français est un être de juste milieu, modéré en tout et sans haine –, il semble que nous pourrions nous borner à demander à l'innéité franque de Jeanne Sconin, sa mère, l'explication d'une ardeur si agressive et de si rigoureux et si terribles appétits sensuels», p. 146.

[10] P. Bourget à propos de Renan, cité in C. Digeon: *La Crise allemande de la pensée francaise (1870-1914),* Paris, PUF, 1959, p. 235.

[11] J. Renard: *Journal,* 31 mars 1895, Paris Gallimard, 1960, p. 275.

[12] Cf. E. Henriot: *A quoi rêvent les jeunes gens,* Paris, Champion, 1913, p. 51-60; Eugène Marsan, Henri Clouard, Jen-Marc Bernard et Pierre Hepp représentent cette «école critique».

Romane, défendue par Maurras, le traditionnalisme d'Adrien Mithouard, le régionalisme de Mistral et aussi bien, ne serait-ce qu'en partie et avec intelligence, la première N.R.F. de Rivière, de Schlumberger et de Gide sont visités par ce néoclassicisme.

Ces langagiers, malades du romantisme et du naturalisme, déçus des modernismes décadents, cherchent une langue impersonnelle, commune, publique, et donc claire, à la *ce-qui-se-conçoit-bien-s'énonce-clairement*. Maurras en appelle à l'Alceste de Molière pour mieux railler les sonnets du «cubain» Hérédia, ce nouvel Oronte[13]. Mais le classicisme est surtout loué pour ses vertus nationalistes, sinon universelles, globalisantes. Le classicisme a bien connu l'homme français, et le civilisé universel, qui se ressemblent fort. Pour Brunetière, les chefs-d'œuvre de la littérature d'une nation expriment «ce que son génie national à de plus intérieur et de plus universel à la fois», et la définition d'un «caractère essentiel» de la littérature française permet celle d'«une âme nationale» que les Baudelaire, les Flaubert ou les Zola ont trahie[14]. Les écrivains classiques sont les plus nationaux, et aussi bien les plus internationaux car la langue française rend possible «une vue perspective de l'histoire de l'humanité»; à Montréal et à Québec, ce sont les classiques français qui réveillent «le souvenir de leurs origines» chez les Canadiens. D'où cet historique «Messieurs, serons-nous moins Français qu'eux?» adressé par Brunetière à son auditoire français[15]. Pour Massis, la nouvelle Sorbonne de Lavis et de Seignobos est allemande alors que le génie français est fait «d'ordre, de clarté et de goût», et son utilitarisme démocratique détruit la culture classique[16]. Lasserre dénonce les «ravages exercés dans la culture francaise par l'esprit allemand» et le panthéisme révolutionnaire[17]. Clouart déblatère contre Rousseau, «Genève, la Germanie, la Judée», la Déclaration des Droits de l'homme, l'idéologie libérale, démocratique et humanitaire, les «métèques étrangers» et autres vers-libristes[18]. Bertrand renchérit sur Taine, en quelque sorte, en voyant dans la race, la souche ou la nation les conditions de possibilité d'une littérature classique et d'un art qui soit l'expression de «l'âme nationale». Le

---

[13] C. Maurras: *Barbarie et poésie*, Paris, Nouvelle Librairie Nationale, 1925, p. 30.

[14] F. Brunetière: «Discours de réception à l'Académie Francaise», dans: *Discours académiques*, Paris, Perrin, 1901.

[15] F. Brunetière: «Les Ennemis de l'âme française», dans: *Discours de combat*, Paris, Perrin, 1900, p. 188.

[16] H. Massis: *L'Esprit de la Nouvelle Sorbonne*, Paris, 1910, p. 17.

[17] H. Lasserre: *Le Romantisme français. Essai sur la révolution dans les sentiments et dans les idées au dix-neuvième siècle*, Paris, Garnier, 1919 (1908), p. 515.

[18] H. Clouard: *Les Disciples. Nécessité littéraire et sociale d'une renaissance classique*, Paris, Librairie des Sciences Politiques et Sociales, 1913, p. 19 et 157.

poète, à moins de n'être plus qu'un *métèque*, enracine son œuvre «au cœur même de sa race et de sa patrie», il fait siens «la discipline» et «l'idéal classique» de ses pères, défend la tradition nationale, puisque «notre vérité, c'est la vérité française»[19]. Maurras soutient que Bossuet est plus logique qu'Hegel, et il oppose le classicisme universel de Racine à «l'ibsénisme et autres variétés du romantisme germano-slavo-scandinave»[20]. Le royaliste vénère ceux qu'il appelle les Pères de la culture et milite pour un «heureux retour de l'esprit classique», contre «la dissolution démocratique»[21].

Au cœur de cette cour, des voix plus entendues, plus *profondes*, dirait une critique métaphysique, ont aussi professé, désiré, un «retour au pays natal». Si le Barrès antisémite et revanchard est à jamais détestable, son sens de la culture et du passé, qui peut paraître aujourd'hui aussi triste ou désuet qu'un jour de pluie en Lorraine, retient cependant l'attention. Le nationalisme culturel est chez ce cosmopolite désabusé «l'acceptation d'un déterminisme», la reconnaissance d'un poids du passé sur le présent, la soumission à la loi sacrée des filiations, l'obéissance aux grandes voix de «la terre et des morts»[22]. Brunetière faisait la thèse universitaire du nationalisme culturel et de «l'âme nationale», Barrès en veut faire l'expérience sensible. Corneille, Racine, les Lorrains Jacques Callot et Claude Gellée habitent la terre morale où s'enracine sa «vérité propre», et il croit devoir leur être fidèle s'il ne veut pas devenir ce qu'il appelle un «homme-mensonge»[23].

> Je possède mes points fixes, mes repérages dans le passé et dans la postérité. Si je les relie, j'obtiens une des grandes lignes du classicisme français. Comment ne serais-je point prêt à tous les sacrifices pour la protection de ce classicisme qui fait mon épine dorsale?[24]

Corneille et Racine sont les maîtres de la sagesse ou de l'identité françaises, ils enseignent une sage économie des forces. La discipline classique est celle des soldats de l'honneur et des délicats de l'amour tragique.

---

[19] L. Bertrand: «Préface», dans: J. Gasquet: *Les Chants Séculaires,* Paris, Société d'éditions littéraires et artistiques, 1903, p. 26.

[20] C. Maurras: *Barbarie et poésie*, p. 104 pour Bossuet; p. 10, pour Hérédia.

[21] C. Maurras: *Action Française*, 13 août 1912.

[22] M. Barrès: *Amori et Dolori Sacrum*, in *Romans et Voyages*, Paris, Laffont, 1994 p. 98.

[23] M. Barrès_ *Les Amitiés françaises. Notes sur l'acquisition par un petit Lorrain des sentiments qui donnent un prix à la vie*, 1903, in *Romans et Voyages*, p. 126.

[24] M. Barrès: *Scènes et doctrines du nationalisme*, Plon, 1902, cité par Raoul Girardet: *Le National français*, Paris, Seuil, 1994, p. 189.

A sortir des sentiments polis que nous préparèrent nos pères, nous rencontrerons les Furies plutôt que les Déesses. L'Honneur, comme dans Corneille, l'Amour, comme dans Racine, la Contemplation, telle que les campagnes françaises la proposent, voilà, selon mon jugement, la noblesse et la seule féconde discipline qu'il nous faut hardiment élire. [25]

Discipline, ce mot résume tout ce que ces traditionnalistes ont imaginé dans le classicisme. Discipline et noblesse qui seules permettraient d'être soi, les Morts sacrés ayant montré la voie. La *paideia* de l'humaniste devient ici une nourriture, au sens où Thibaudet parlera d'une critique des nourritures[26], une école de la vie française dont les règles élaborées par les maîtres classiques protègent de l'altérité et de la barbarie. Cet idéal, cet *imaginaire*, érige Corneille et Racine face au Barbare, comme des fétiches protecteurs.

Quand... les cloches de novembre, en pleurant l'année qui s'achève, commémorent mes parents, la vierge Odile s'avance, et les deux mains levées sur la plaine, dit une prière alsacienne. Une prière qui ne passe pas le Rhin, qui appelle, invoque, si je sais bien l'entendre, les héroïnes de Corneille et de Racine, formées sur le cœur de la France, plutôt que la noble jeune dame un peu lourde de la cour de Weimar. Je ne puis pas dire «ma sœur» à l'Iphigénie de Goethe. [27]

Barrès, griot des classiques et de Boulanger, hanté par la défaite et la grandeur, est un idéologue de la présence: le chef-d'œuvre national classique signifie sa nation, son cœur, son être.

Péguy offre l'encens et le sacrifice à Corneille de préférence à Racine. Racine est cruel et le blesse, le dévirilise même, et sa «pâteuse Musulmanie» annonce le piètre exotisme voltairien [28]. La grandeur, l'ordre, la sainteté sont dans l'héroïsme de race d'*Horace* et dans l'héroïsme de grâce de *Polyeucte*. Péguy retrouve dans Corneille la «formule définitive»[29] de tout ce qui est alors capital pour un nationaliste lettré et mystique des années de l'avant-guerre s'apprêtant à mourir pour Dieu et la patrie. Corneille est l'emblème de «cette race de grâce, cette race de sainteté si particulière, si chevalière, si généreuse, si libérale, si française» que les grandes pensées

[25] M. Barrès: *Les Amitiés françaises, op. cit,*. p 185.

[26] A. Thibaudet: *Physiologie de la critique*, Paris, Editions de la Nouvelle Revue Critique, 1930.

[27] M. Barrès: *Au Service de l'Allemagne, op. cit.,* p. 448.

[28] C. Péguy: *Victor-Marie, comte Hugo*, dans: *Œuvres en prose complètes*, éd. R. Burac, Paris, Gallimard, Biblio. de la Pléiade, vol. III, p. 305.

[29] C. Péguy: *Note conjointe sur M. Descartes, op. cit.*, vol III, p. 1313

platonicienne, cartésienne et bergsonienne viennent conforter face à «la critique allemande» et au trouble romantique[30]. Les Français sont «la race chevaleresque» et les Allemands «la race de domination», et «jamais l'Allemagne ne referait une France. C'est une question de race. Jamais elle ne referait de la liberté, de la grâce»[31]. C'est dire que jamais l'Allemagne ne pourraît produire un Polyeucte ou le cavalier Descartes. «…envers et contre tous les barbares», s'exclame-t-il, «comment peut-on ne pas être classique»? Il enracine son *étant* dans une filiation orgueilleuse mais aussi «commune», «anonyme», et surtout chrétienne. Le retour aux sources de Péguy, tourné vers «les siècles de la grandeur française», vers le cœur touché par la grâce de *Polyeucte* et le silence éternel des *Pensées* n'est pas celui d'un politique comme Barrès, il est plus religieux, c'est celui d'un poète et d'une «âme pensante» quand Barrès est un romancier élu député. Mais une même référence classique reste le point d'ancrage de leurs méditations mélancoliques, une même réception mimétique ou ontique des chefs-d'œuvre les *invente*, comme dirait justement notre *carte-postalier* national[32]. La race française est celle qui remonte avec fidélité à Corneille, à Racine, à Pascal et un certain goût de la pensée, ou son manque, «divise les hommes en barbares et en cultivés»[33]. Les *cultivés* pratiquent leur religion classique avec ferveur. Après le banquet internationalo-romantique, le classicisme devient une morale, seule réforme nécessaire. Dans son *Adieu à Moréas*, Barrès fait du classicisme une ascèse, une éthique de l'honnêteté: «Devenir classique, Messieurs, c'est décidément détester toute surcharge, c'est atteindre à une délicatesse d'âme qui rejetant les mensonges, si aimables qu'ils se fassent, ne peut goûter que le vrai; c'est, en un mot, devenir plus honnête»[34]. Le vrai seul est aimable, la transparence de l'être à la langue est bénie.

Massis publie le discours d'un distingué poseur qui veut mourir pour *Bérénice*, et qui ne fera sans doute que devenir professeur. A l'autre bord de l'éventail des *effets* ou des *inventions* du sujet par la littérature classique, Péguy a donné sa vie pour *Polyeucte*. La réaction classique a été une pose, pour la distinction et l'aristocratie de l'esprit; une opinion d'homme politique ou de journaliste; un discours militant de professeurs et d'auteurs; mais aussi une croyance littéraire, chez Barrès et Péguy, cette croyance qui

---

[30] *Idem*, p. 1317.

[31] *Idem*, p. 1346.

[32] J. Derrida: «This Strange Institution called Literature», dans: *Acts of Literature*, éd. by Derek Attridge, New York: Routledge, 1992, p. 381.

[33] C. Péguy: *Note conjointe sur M. Descartes, op. cit.*, p. 1307.

[34] M. Barrès: *Adieu à Moréas*, Paris, Emile-Paul, 1910, p. 11-12.

est désormais déconstruite, et qui faisait s'interfacer le chef-d'œuvre et l'identité, l'être.

Cette réaction classique fut-elle l'effet de l'école républicaine, du besoin de croire et de s'identifier, de l'*imaginaire* du grand et du beau, et de la haine de l'étranger? Pourquoi un *cultivé* en vient-il à écrire que rien n'est plus authentique ni plus représentatif que tel auteur classique? Qu'il a dit vrai, qu'il a su le mieux qui *je suis* et que lui préférer Ibsen, Swinburne ou la philologie allemande, c'est mentir et trahir? Est-ce que la langue littéraire ou monumentale, métaphysique, détermine à ce point l'identité d'un sujet, surtout s'il a le goût, si vieille France, des lettres? Et ce sujet en vient-il à projeter son idéal du moi, son désir d'être «authentique», sa croyance, sur les pères de sa culture, avec passion et même frénésie lorsqu'un danger d'altérité ou de mort semble le menacer? La culture nationaliste, en élevant quelques *stars* classiques au rang de sources sacrées, n'est-elle qu'une sorte de propagande, et quand Barrès et Péguy ont senti qu'ils étaient de la *race* de Corneille et qu'ils avaient «l'âme nationale», hallucinaient-ils? Soutenir qu'un auteur classique, éloigné dans le temps de plusieurs siècles, a le mieux représenté, ou du moins peut le mieux inspirer mon *onticité* et ce qu'est la France, est-ce du discours psychotique, est-ce du néo-romantisme? Qu'un journaliste franchouillard le soutienne, le Café du commerce oblige; mais Barrès, mais Péguy l'ont cru, l'ont vécu. C'est qu'une «âme», semble-t-il, même *raturée*, ne peut rester nue, la culture est son habit, et la mode, c'est-à-dire l'histoire, ou telle structure, est son maître-tailleur. Il faut que la nation et le sujet parlent une langue identique-identitaire; une croyance est nécessaire à l'heure des mobilisations, les Figures classiques sont menées à la parade et le discours ou la foi s'édifient selon les circonstances locales, les ressources du terroir. La culture n'est qu'un accident. La culture est un localisme. Le classicisme n'est pas un *éon*, ce n'est qu'un *site* sur l'internet. Des raisons biographiques, psychologiques, sociales, existentielles, et même aléatoires font que tel esprit se met à parler néoclassique, à prendre la pose. La naïveté des *cultivés* est de croire que leur culture est essentielle, ou supérieure, ou authentique, ou identitaire, ou nationale, ou universelle quand elle n'est que l'habit obligé de l'animal social, c'est-à-dire local ou circonstancié.

Classicisme n'est qu'un Signifiant, un accrocheur de signification. C'est un talisman qui doit protéger contre l'altérité. Face à ce qu'il ressent comme une perte de soi, de son identité ou de sa nationalité, le néoclassique invoque un ordre, une discipline, une retenue qu'il appelle *classiques* quand ces vertus sont d'abord des mécanismes de défense. Lasserre est à cet égard caricatural: ses délirants amalgames ressortent de la pensée magique. Le classicisme est pour lui «la Civilisation, l'Etat, la Patrie, la Loi, la Religion, la Tradition, la Famille», la Raison et la pudeur face à la barbarie du sauvagisme de Rousseau, face à l'anarchie, au nihilisme, à la démocratie et à la Révolution Française, face à l'individualisme, à l'obscurantisme moral, à la paresse et à la corruption féminine[35]. La règle, la volonté d'ordre garantissent au classique une pensée et une existence conformes à une vérité fondamentale et immortelle. La croyance en une conformité possible et même irréfutable du sens et de la forme, du langage et du monde, est affirmée et prend le nom de classicisme, tout le reste est erreur et n'existe même pas.

Le sentiment trop fort, la crise morale, la subjectivité en ce qu'elle peut être une subjection effraient le néoclassique. Il lui faut se contrôler sans cesse, identifier et maîtriser le monde. *Discipline*, idée maîtresse, est chez Lanson, Brunetière, Massis, Tarde, Clouard et Cie, chez Alibert, Schlumberger, Copeau, Gide, Claudel, et même Bergson. L'ordre, la hiérarchie, la discipline, les lois de la raison et de la logique, la soumission, la contrainte seraient les truchements de la force et de la victoire, et, parce que le champ de cette symbolique n'était que l'écriture, cela s'est appelé *classicisme*. Le classicisme ou la victoire.

Le Signifiant recouvre encore une aspiration à la totalité. Cette discipline, morale, intellectuelle ou esthétique, empêcherait le sujet et la nation de se disperser, de se diviser, de s'altérer. Brunetière voyait dans la tradition pérenne un triomphe sur l'accidentel, le relatif et le périssable, une manière d'échapper au temps et aux circonstances. Pour Maurras, l'ironie romantique de Heine, de Byron et de Musset est une rupture insupportable, une discontinuité qui, si elle n'est pas contrôlée, peut mener à la dégénérescence, à l'ataxie, à la mort [36]. Le néoclassicisme s'est beaucoup imaginé en réaction contre le dilettantisme, cette «disposition d'esprit très intelligente à la fois et très voluptueuse, qui nous incline tour à tour vers les formes diverses de la vie, et nous conduit à nous prêter à toutes ces formes sans nous donner à aucune»[37], ce qui, selon les *Essais* de Bourget, a engendré un «être dispersé»[38]. Barrès éprouve en Lorraine un sentiment d'éternité quand «ailleurs» il se sent fragmentaire[39]. Ces esprits qui aspirent à une authenticité, à une vérité, à une totalité de l'être, valeurs qui seraient aussi celles de tous les «vrais» Français, donnent l'impression d'être restés des romantiques, mais réformés: déçus par l'expérience et le tapage de leurs aî-

[35] P. Lasserre: *op. cit.,* p. 198.

[36] C. Maurras: *Ironie et poésie* (1901), in *Barbarie et poésie*, Paris, Nouvelle Librairie Nationale, 1925.

[37] Agathon: *Les Jeunes gens d'aujourd'hui*, p. 12.

[38] *Idem*, p. 55.

[39] M. Barrès: *Les Amitiés françaises, op. cit.,* p. 186.

nés, soucieux de leur tenue et de leur style, fortement déterminés par la situation historique, ils n'en sont pas moins des *clivés*, des *modernes* à qui manque une *sécurité* dont le mot *classicisme* n'est que le *signifiant*, l'*objet petit a* ou encore *l'illusion groupale*, il y a embarras de richesses au magasin des accessoires. Etre, c'est n'être pas comme *l'autre différent*, l'étranger, le Barbare, et c'est être le même que *l'autre semblable*, le français, le compatriote. Cette symbolisation générale du sujet par exclusion et inclusion, par altération et identité, selon une crainte du morcellement, ou de la vulnérabilité, et un désir de l'union, ou de la force, s'habille ici des phrases et des images du réformateur néoclassique des années précédant la Grande Guerre. Le classicisme ne pourrait être qu'un *Sa* (et il est bon que *Sa* et *Ça* soient homonymes), un signifiant portant la crainte et le désir. La pensée en devient le discours d'une âme, d'une nature ou d'un inconscient aspirant au repos de Thanatos, Thanatos qui allait tomber du ciel sur la tête de tous ces braves, entre la Marne et Verdun, loin, très loin du Louvre et de Versailles.

Le désir et la peur, donc; désir de l'unité, de l'identité, de la maîtrise, de la vérité, de la totalité; peur de la fragmentation, de l'altérité, de l'étranger, de la perte de soi et de sa nation. Au commencement du discours sont les émotions, le corps. Le classicisme historique, avéré, se prêtait-il à cette récupération ou le vague signifiant culturel et national était-il assez malléable pour représenter une réaction nationaliste et morale dont le vocabulaire ne pouvait être que post-romantique et français? Present-on chez Corneille, Racine ou Pascal, une peur de l'altérité et une aspiration à l'unité et à l'union qui seraient en quelque sorte aux sources, conscientes ou non, de leurs œuvres? On peut certes le penser. Ou suis-je en train d'*inventer* un classicisme de droite qui serait l'anti-fantasme d'une modernité métissée, multiculturelle, plurilocale et déconstruite?

Un gay trio:
Cyrano, Chapelle, Dassoucy

MADELEINE ALCOVER

Rice University

Nous ne sommes plus au temps où un Emile Magne écrivait un livre intitulé *Les Amours de Cyrano*, amours féminines, puisque, à ses yeux, on ne pouvait pas sérieusement faire de Cyrano un Ephestion[1]. Cyrano est resté dans les placards des critiques jusqu'à ce que Jacques Prévot, en 1976, à l'issue d'une édition et d'un commentaire de toute l'œuvre de Cyrano, conclue que celui-ci était homosexuel. A ma connaissance, sa conclusion, que je fais mienne, n'a pas été réfutée.

Dassoucy a reçu le même traitement. L'inconfort que crée généralement l'homosexualité se trouve, en 1858, chez Emile Colombey, éditeur de ses *Aventures*. Selon lui, Chapelle (qui fut le premier, dans un écrit publié, à attaquer les mœurs de son ancien ami) avait, par sa «boutade sur les pages aux chausses retroussées» et ses «calomnies», ruiné la réputation de Dassoucy (p. XXIII)[2]. Enfin Joan DeJean vint qui, dans ses stratégies libertines, n'eut peur ni des mots ni des choses: c'était en 1981. On ne peut pas en dire autant, semble-t-il, de Charles Eugène Scruggs, qui déclare un peu vite que les préférences sexuelles de l'auteur sont «irrelevant» en ce qui concerne l'évaluation de son œuvre (p. 39). Cette opinion n'est pas celle de Brigitte Porter Hamon qui, dans sa thèse de 1996 sur Tristan L'Hermite et Dassoucy, aborde de front le sujet des préférences sexuelles, convaincue

---

[1] Ses propos valent d'être reproduits *verbatim*: «Or, n'étant pas, malgré son excentricité, homme à cultiver l'Ephestionnat, nous sommes bien obligés de conjecturer qu'une robe -- au moins une, M. Rostand -- passa dans sa vie, ne fût-ce que pour cueillir ce que l'excellent M. Arouet appelle *la fleur* et le délicat Parny, *la chose* » (p. 1881-2). Ailleurs (p. 1890), il ajoute: «convaincre de la défloration de Cyrano».

[2] En fait, Chapelle et Bachaumont ont fait une remarque un peu moins lourde que le commentaire du critique. Celui-ci, d'ailleurs, cite le passage du *Voyage de Chapelle et Bachaumont*:

> Ce petit garçon qui vous suit
> Et qui derrière vous se glisse,
> Que sait-il? en quel exercice,
> En quel art l'avez-vous instruit?
> --Il sait tout, dit-il, s'il vous duit,
> Il est bien à votre service (p. 177).

que ce sujet, imprégnant toute l'œuvre autobiographique de Dassoucy, constitue, du point de vue narratif, un élément essentiel et incontournable. Je partage ses conclusions et rend ici hommage à son intéressante étude.

Chapelle n'ayant pas connu les mêmes succès que ses deux aînés n'a embarrassé aucun critique, à l'exception de Pintard qui parlait déjà du «trio» et de ses «vices dégradants» (p. 331): mais Pintard n'a pas parlé de l'homosexualité, avérée ou pas, de son protégé, car le «vice» du disciple de Gassendi aurait pu ternir la réputation du maître.

Si donc les critiques du XXᵉ siècle, jusqu'à une date récente et seulement dans des aires géographiques bien précises, n'ont pu et ne peuvent toujours pas supporter de parler de ce tabou, on imagine de quelle désapprobation nos trois auteurs auraient été l'objet et que la survie leur imposait des silences et, éventuellement, des stratégies de disculpation.

Comme il est impossible de savoir comment ils ont vécu leur différence, il faut se contenter d'analyser comment ils l'ont publiquement gérée. Dans un premier temps, je présenterai un texte inconnu dans lequel Chapelle est mis sur la sellette; puis j'analyserai la défense de Dassoucy dans ses *Aventures*, ainsi que le détour romanesque emprunté par Cyrano pour parler ouvertement de l'homosexualité; enfin je conclurai par des remarques sur la philosophie d'Epicure, devenue le chef d'accusation dans les années 70.

En 1996, j'ai découvert, à la Méjanes, ce que je vais appeler un «quasi-inédit»: j'entends par ce néologisme, un peu barbare, un texte édité qui a été censuré et qui n'a jamais refait surface parce que les éditions ultérieures n'ont transmis que le texte qui le remplaçait. C'est dire qu'à moins qu'on ne tombe sur un exemplaire non censuré, le texte incriminé reste inconnu, littéralement enseveli sous son «carton», c'est-à-dire sous le texte qui l'a rayé de l'existence.

Or le texte en question, condamné à un coma d'une durée indéterminée, n'est pas innocent: il s'agit de la réponse de Dassoucy au *Voyage de Bachaumont et de Chapelle*, dans lequel ces derniers relataient l'imminent autodafé auquel aurait été condamné Dassoucy à Montpellier, «pour un crime qui est en abomination chez les femmes» et rapportaient avoir rencontré plus tard, en Avignon, le rescapé suivi «d'un petit page assez joli»[3].

Tandis que Loret répandait la nouvelle dans sa *Gazette,* notre maître de musique et son page continuaient leur périple vers Turin[4]. La réponse de Dassoucy se fit attendre: il est difficile de savoir quand il a eu vent de

---

[3] Colombey rapporte ces passages du *Voyage* (p. 174 et 176). Le voyage à Encausse a eu lieu durant l'automne 1656, mais sa relation n'a paru qu'au début du XVIIIᵉ siècle.

[4] Colombey n'a trouvé aucune trace de cette accusation ni dans Loret ni dans Robinet et Scruggs non plus: il s'agit très probablement d'une circulation manuscrite.

l'affaire. Quoiqu'il en soit, en 1671 paraissait, sous une fausse adresse bibliographique, *Les Rimes redoublées* où, dans une lettre datée de juillet 1665, Dassoucy dénonçait chez Chapelle les mêmes pratiques, sans se contenter, comme son accusateur, d'allusions perfides. C'est ce texte, ignoré par les critiques, y compris de ceux qui le mettent dans leur bibliographie, que je vais faire sortir de son long ensevelissement.

La lettre de Dassoucy est datée de Rome, le 25 juillet 1665, et j'en reproduis le début pour contextualiser l'accusation, que je transcris en italiques:

A Monsieur Chapelle, mon très cher et très parfait ami [l'apposition disparaît dans les textes ultérieurs][5].

«Depuis le jour que vous me donnâtes à dîner à Paris au Chêne Vert, où si je ne me trompe, vous bûtes tant à ma santé que vous en altérâtes la vôtre, je ne me souviens pas de vous avoir vu dans aucun endroit de cet hémisphère. Cependant vous dîtes dans vos écrits que vous m'avez rencontré à Montpellier et depuis sur le chemin d'Avignon. Cette fiction eût été mieux reçue si vous eussiez ajouté dans un cabaret, puisque le cabaret étant votre naturel élément et le point indivisible dont vous ne sauriez jamais vous séparer, il n'y a point d'apparence que nous nous soyons vus en des lieux si éloignés de votre centre. C'est pourquoi je m'étonne bien qu'étant toujours dans le temple de Bacchus, et par conséquent dans cette aimable liqueur où l'on trouve la vérité, vous ayez été assez ennemi de cette noble fille du ciel pour emprunter tous les traits du mensonge et de la calomnie, pour me déshonorer dans un libelle qui vous déshonore bien plus que moi, puisqu' après tant de beaux vers que vous avez composés à ma gloire, témoins immortels de l'amitié que vous m'avez jurée et que l'on voit encore au commencement de mes ouvrages, vous ne sauriez aujourd'hui vous rétracter sans passer pour un flatteur ou pour un perfide. *Il est vrai que depuis les premiers poils qui, ombrageant votre menton, causèrent un si notable divorce entre vous et le sieur C.B. qui, dès vos plus tendres années, prit le soin de votre éducation, les grandes cures que ce docte enfant d'Esculape a faites sur votre illustre personne sont autant de témoins irréprochables de l'amendement de votre vie. Mais croyez-moi, mon ami Chapelle, vous travaillez en vain, et quoique les Macettes du Marais et les opérateurs de Paris puissent faire pour votre honneur, vous avez beau suer pour ce dessein*[6], *les victoires insignes qu'ici vous avez remportées en place Navone, à la barbe des quatre*

---

[5] Un long commentaire marginal accompagne la partie accusatrice: «*Chapelle écrivant contre Dassoucy, son meilleur ami, a beaucoup inventé pour divertir le lecteur malin, et Dassoucy se défendant contre son meilleur ami Chapelle a inventé ceci pour divertir le malin lecteur*».

[6] La suée, appelée le «grand remède», était le traitement le plus radical contre la syphilis.

parties du monde[7], où non sans coup férir vous avez si valeureuse-
ment fait montrer les talons à tant de légions entières d'enfants per-
dus[8], laissent trop de monuments à la mémoire, pour nous pouvoir ja-
mais persuader que vous avez quitté Cupidon pour sa mère et les
Amours pour les Grâces. C'est pourquoi je m'étonne qu'au lieu de
vous tenir clos et couvert, dans un temps si fâcheux et sous un règne si
sévère pour les gens de votre humeur, vous ayez osé m'attaquer avec
tant d'injustice pour me faire rompre un silence qui vous était si né-
cessaire» (p. 106-9).

Suivent des remarques sur l'imprudence, la perfidie, la médisance et l'imposture de Chapelle, ainsi que sur le caractère défensif de la réponse de
Dassoucy qui ajoute, «Si mon silence n'était mortel à ma réputation, j'aurais encore pardonné à la vôtre […] *je ne me serais point informé si, étant*
habillé à la française, vous vivez à la grecque ou à la turque (…)»[9].

Les chefs d'accusation sont donc explicites: préférence des mâles, pratique de la sodomie, syphilis. Le début de l'accusation n'est pas facile à dé-
coder: le mot *divorce* pourrait suggérer que l'éducation en question a été
sexuelle. Quant à l'identité de C.B. elle est très difficile à établir[10].

---

[7] Le pape Innocent X demanda à Bernini de construire une fontaine place Navone.
Celui-ci érigea une monumentale grotte artificielle sur laquelle s'appuyaient quatre
énormes statues représentant quatre fleuves (d'où son nom, la Fontaine des Quatre-
Fleuves), le Gange (Asie), le Rio de la Plata (Amérique), le Nil (Afrique) et le Danube
(Europe). Bernini y travailla de 1648 à 1651. Chapelle a pu la voir, car il a séjourné à
Rome du printemps 1651 au printemps 1652 (Pintard, p. 385-386); quant à Dassoucy, il
a été à Turin de l'été 1650 à décembre 1651(Scruggs, p. 6).

[8] Les «enfants perdus» étaient, sur les champs de bataille, les fantassins qu'on lan-
çait les premiers à l'assaut et qui étaient voués à une mort certaine. C'est dire qu'ils ne
battaient jamais en retraite et donc ne montraient pas les talons. Tout le passage est métaphorique: Dassoucy accuse Chapelle de sodomie.

[9] *A la turque* change de sens selon le contexte. Ici, où le contexte est sexuel, c'est
synonyme de «mahométiser», c'est-à-dire sodomiser (Cf. Pierre Guiraud, *Dictionnaire*
érotique, p. 75).

[10] On ne peut pas exclure Cyrano (de) Bergerac, car toutes ses œuvres imprimées,
au XVIIe siècle, portent sur leur page de titre Monsieur de Cyrano Bergerac. Mais c'est
peu probable: dans les *Aventures* et les *Pensées*, lorsque Dassoucy vise Cyrano, il
l'appelle «feu B» ou «feu D. B.». On trouvera des allusions à Cyrano (généralement ac-
couplé à Chapelle) dans les *Aventures* (p. 133, 192-195, 200-201 et 356-360). Les
«longues habitudes» du «trio» sont habilement décrites dans une de ces attaques: «Il
n'avait pas encore dix-sept ans, l'ami C., que feu B., qui mangeait déjà son pain et usait
ses draps, me donna l'honneur de sa connaissance. C'est pourquoi il ne faut pas s'étonner si j'en ai si bien profité. Comme en ce temps-là il était fort généreux, quand il
m'avait retenu à souper chez lui, et que, pour me retirer chez moi, l'heure était indue, il
me cédait fort librement la moitié de son lit. C'est pourquoi, après avoir eu de si
longues preuves de la qualité de mes désirs, et m'avoir bien daigné honorer plusieurs
fois de sa couche, il me semble que c'était plutôt à lui à me justifier qu'à Messieurs du

La deuxième version, très connue puisqu'elle est passée dans les *Aventures*, plusieurs fois rééditées, est le résultat d'une épuration, comme le déclare Dassoucy lui-même et comme en témoignent de nombreuses anomalies typographiques totalement aberrantes[11]. L'accusation de sodomie, effacée, est remplacée par une accusation absolument contraire. Lors de ses déboires à Montpellier, Dassoucy avait adressé aux précieuses de la ville un long poème, dont les vers suivants sont devenus célèbres:

> (…)Pourquoi
> Me pouvez-vous haïr sans cause,
> Moi qui ne vous fis jamais rien?
> Ha! pour mon honneur je vois bien
> Qu'il vous faut faire quelque chose (p. 135).

Le «moi qui ne vous fis jamais rien» avait été repris par Chapelle et Bachaumont (*Aventures*, p. 175). Dasssoucy à son tour reprend: «Je ne leur fis jamais rien, dites-vous: vous ne me ressemblez pas, vous ne leur en avez que trop fait». Fatal rappel, par Dassoucy, de sa retenue à l'égard de l'autre sexe, retenue qui confirme les accusations de Chapelle et explique pourquoi les femmes de Montpellier le soupçonnaient d'être hérétique en fait d'amour, comme il le rapporte lui-même. Bayle, qui a fait à Dassoucy l'honneur de lui consacrer un article, déclarait à ce sujet: «C'est principalement par le quiétisme ou par l'inaction qu'on devient coupable» et il ajoutait avec humour que «les péchés d'omission» sont «des fautes irrémissibles».

La question des mœurs de Dassoucy a été reprise et amplifiée dans ses *Aventures* et je vois dans cet ouvrage, comme Porter, une plaidoirie, ce qui mène à une lecture très différente de la lecture traditionnelle. Le discours de disculpation d'un innocent et celui d'un coupable qui plaide innocent

---

Présidial de Montpellier, avec lesquels je n'ai jamais couché» (p. 200-201).

[11] Les deux versions de la lettre à Chapelle ont été très minutieusement décrites par Mongrédien. La lettre originale occupe 12 pages et demie et la version corrigée, 23 et demie. Comme cette dernière a été insérée dans le reste du volume, sa longueur a nécessité une foliotation au lieu d'une pagination, afin que les chiffres puissent coincider! Ce qui prouve que cette version a été imposée, c'est que l'autre est matériellement normale: les cahiers I et K, c'est-à-dire 8 + 4, y sont corrects. Contrairement à Mongrédien, je pense que la version censurée n'a pas paru qu'en 1672-1673, date de la seconde édition où on l'a trouve, mais qu'elle a dû remplacer l'autre quasi immédiatement: comment imaginer que Chapelle n'ait pas aussitôt réagi? Par ailleurs il est *faux* d'affirmer que Dassoucy a remanié sa réponse «de manière à la rendre plus pertinente – et plus violente» (p. 106). Il a utilisé une autre stratégie, mais les accusations crues de la première étaient très fortes. Après Mongrédien, les critiques ont répété son jugement, mais Pintard, dans sa bibliographie, n'indique que la première version: il y a, dans ce cas précis, une occultation. La BNF a un exemplaire de chacune des deux versions; l'Arsenal n'a que la deuxième. Dans les *Aventures*, voir p. 174-186.

étant identiques, comme se dire innocent n'innocente pas, il faut, à défaut de preuves factuelles, recourir à des stratégies où sont mises en œuvre toutes les ressources de la rhétorique de persuasion et de séduction. Je me bornerai ici à mentionner les plus importantes d'entre elles: d'abord la fabrication d'un héros *grosso modo* sympathique et honnête (ce grand joueur ne triche pas au jeu, par exemple); puis celle d'un narrateur sincère qui s'engage (c'est le fameux contrat) à se présenter sans masque; et enfin la fabrication «sur mesure» d'un narrataire, le lecteur virtuel, dans le cas des *Aventures*, que l'auteur promeut au rôle de témoin-juge[12]. La dernière phrase de la Préface au lecteur est une apostrophe: «Je sais que tu me feras justice», injonction flatteuse qui cache la violence de ce discours manipulateur. Le plaideur bénéficie du monopole de la parole, puisque les accusateurs restent dans un hors-texte, ce qui exclut toute confrontation. Assuré du silence de l'opposition, le narrateur n'a donc plus qu'à nous faire son récit. C'est celui, bien entendu, d'une victime (tous les critiques ont souligné le rôle énorme de la victimisation chez Dassoucy et il faut rendre ici un hommage particulier à Joan DeJean). L'apitoiement et la conviction du lecteur sont fabriqués lentement et constamment par les récits d'agressions répétitives, plus ou moins importantes, d'où émerge une structure manichéenne assez simpliste: d'un côté les *bad guys* (entendez les sots et les méchants), de l'autre les *good guys*, c'est-à-dire le héros, mais aussi le narrataire.

Pour que cette mise en scène remporte le succès attendu, il faut que le héros et le narrateur ne puissent jamais être soupçonnés de duplicité. Malheureusement le narrateur nous raconte au moins une aventure au cours de laquelle le héros se livre à des pratiques dévotes pour plaire à sa protectrice, Madame Royale (*Aventures*, p. 260-261): masqué comme un tartuffe lorsque son intérêt l'exige, le héros reçoit comme un boumerang la condamnation, par le narrateur, du faux-dévot Triboulet. Cette faille fait se craqueler tout l'édifice de la défense: le lecteur ne peut pas, à moins de se crever les yeux, se fier à un narrateur qui lui présente, d'une manière comique de surcroît, un héros qui souffle le chaud et le froid selon les circonstances. Si trop parler peut nuire, se taire peut être désastreux: ce sont les silences du narrateur, particulièrement sur les causes de ses fuites et de ses emprisonnements, qui créent la suspicion et minent le plaidoyer de l'intérieur même de l'œuvre. Mais c'est surtout, à mes yeux, le silence sur la vie sentimentale et sexuelle du joli page Pierrotin, âgé de 14 ans, qui accable le plus Dassoucy, car il est totalement invraisemblable que son chérubin à la voix d'or n'ait été ni désiré ni convoité par qui que ce soit (dans une lettre re-

---

[12] Porter a très bien mis en valeur les caractérisques narratives des *Aventures* et les remarques ci-dessus doivent beaucoup à sa pertinente analyse (p. 131-134 et 171-178).

trouvée dans les archives de Turin, Dassoucy a écrit que le duc de Mantoue, Charles III, charmé par la voix du page, l'avait fait enlever et il a suggéré que le duc voulait le rendre «esclave de ses vices»: il faut souligner
que cette partie de la vie de Dassoucy n'est pas relatée dans les *Aventures*)[13].

Pour en finir provisoirement avec Dassoucy, il reste à souligner que le
quasi-inédit a eu, je pense, des conséquences funestes pour l'auteur. Il expliquerait le refus de Molière, très attaché à Chapelle, de lui confier la composition musicale du *Malade imaginaire*;[14] il expliquerait aussi son incarcération au Châtelet, pendant six mois, alors qu'il a presque 70 ans, car
dans l'édition où a paru la seconde version de sa réponse à Chapelle, il accusait l'évêque d'Héliopolis, c'est-à-dire Pallu, membre de la défunte Compagnie du Saint-Sacrement, d'avoir été responsable de son incarcération à
Rome; il expliquerait enfin le long délai avec lequel parurent les *Aventures*
(1676), alors que Dassoucy annonçait triomphalement, en 1671, leur imminente publication et se réjouissait à l'idée d'avoir un Barbin ou un Sercy
comme éditeur. Il était devenu une *persona non grata*[15].

L'œuvre de Cyrano est tout autant, quoique différemment, imprégnée
par son homosexualité, ce qui confirme la litote de l'éditeur des *Etats et
Empires de la lune*, Le Bret, à propos de la grande retenue de son ami à
l'égard des femmes (on retrouve le quiétisme et l'inaction dont parlait Bayle). Toutes les œuvres de Cyrano, à l'exception de *La Mort d'Agrippine*,
contiennent des allusions ou des éléments explicites à ce que Alexandre Albert-Galtier a appelé avec délicatesse «les amours masculines». Tous ceux
qui ont lu *L'Autre Monde* se souviennent que le héros est sodomisé (ce
dont il ne se plaint pas) et n'ont pas oublié le repas rituel anthropophagique

---

[13] Cf. l'article de Prunières où sont relatés l'enlèvement et la castration de Pierrotin
ainsi que les efforts désespérés de Dassoucy pour le récupérer.

[14] Dassoucy a passé trois mois à Lyon avec la troupe de Molière et ne l'a quittée
qu'à Narbonne (*Aventures*, p. 95-103). Durant son emprisonnement au Châtelet, les
Béjart lui ont envoyé des provisions (*id.*, p. 430). C'est donc bien pour des raisons personnelles que Molière a dû refuser de confier sa pièce à celui qui avait composé la musique de l'*Andromède* de Corneille.

[15] Je retrace brièvement les événements de cette période tourmentée. De retour en
France après 14 ans d'absence, Dassoucy arrive à Paris durant l'été de 1670; en octobre
1670, il obtient un privilège pour ses *Aventures*; il publie les *Rimes redoublées* en 1671
(avec l'attaque contre Chapelle), sous une adresse bibliographique apparemment fantaisiste; en 1672, Molière confie la musique du *Malade imaginaire* à Charpentier; en
1672 ou 1673, paraît la deuxième édition des *Rimes*; le 9 mars 1673, le poète-musicien
est incarcéré au Petit Châtelet, puis transféré au Grand et le 30 août il est relâché; en
1674, il fait partie de la Musique du roi et finira ses jours en 1677, toujours pensionné
par le roi (Scruggs, p. 10-11: Scruggs a fait un grand travail de recherche biographique,
mais ses annotations et ses commentaires laissent beaucoup à désirer).

où l'auteur emploie explicitement le terme *amants*. Dans le voyage au soleil, moins connu, Cyrano consacre un long développement à des amours hors du commun, ceux de Narcisse, de Pygmalion, etc., mais surtout ceux d'Oreste et Pylade et d'Iphis et Iante: le tout est raconté avec tolérance et avec une grande poésie lorsqu'il s'agit des amours masculines. Par ailleurs le thème de l'hermaphrodisme apparaît très souvent dans le deuxième roman[16].

Mais l'essentiel est l'esprit dont est marquée toute son œuvre: son témoignage en faveur de l'homosexualité s'accompagne d'une rébellion radicale. Contrairement à Jacques Prévot, je ne vois dans ces œuvres aucune marque de culpabilité: ceux qui en trouvent ne pensent-ils pas, consciemment ou non, qu'on ne peut pas être homosexuel sans se sentir coupable[17]? On peut, mais pour ce faire il faut se débarrasser de la norme, car c'est la norme qui invente la marge. La radicalité absolue de celui que Blanchot appelait «l'homme noir du XVIIe siècle» s'explique très bien si l'on se demande à partir de quel lieu Cyrano a bien pu parler. Il ne vit pas son homosexualité comme une transgression, ce qui l'eût condamné à avoir une conscience bien malheureuse. Il a renoncé à se sacrifier et à se culpabiliser en déconstruisant le système qui l'excluait. Contrairement à ce qu'a affirmé Dassoucy dans ses *Pensées*, qui datent de 1676, Cyrano n'était certainement pas un faux-athée. C'était un esprit-fort du type décrit par La Bruyère ou, avant lui, par Bernier dans une longue lettre à Chapelle. L'esprit-fort de Bernier est le jumeau du «fort esprit» de *L'Autre Monde* qui se livre à la fin du roman à un massacre de toutes les idoles. L'esprit-fort est celui qui adhère à l'épicurisme dans sa forme la plus radicale, c'est-à-dire lucrécienne.

Ce qui mérite notre attention, puisqu'il s'agit du trio, c'est que la philosophie d'Epicure constitue le point de focalisation à partir duquel ils se définissent ou sont définis par d'autres. Bernier, dans sa lettre publiée en 1671, s'applique à distinguer les atomistes de bon aloi, des autres, entendez les esprits-forts: il ne met pas Chapelle dans la seconde catégorie. Les bons atomistes, bien qu'ils soient hérétiques en physique, sont récupérables par l'orthodoxie, mais pour les mauvais, il n'y a point de salut[18]. Ce distinguo est rejeté par Dassoucy qui met Cyrano et Chapelle dans le même sac, celui des fanfarons philosophiques. Le texte de Dassoucy ayant été publié en

---

[16] Je reviendrai sur l'homosexualité dans l'œuvre de Cyrano dans mon édition critique des deux romans à paraître chez Champion-Slatkine.

[17] Cf. Prévot, p. 17-19.

[18] La lettre de Bernier est très longue et se trouve au début de la *Suite des Mémoires* (p. 1- 69). Il répond à Chapelle qui veut se remettre à l'étude: l'atomisme de Gassendi y est à l'honneur, Descartes y est explicitement critiqué et les esprits-forts condamnés (p. 67). Je reproduis ce document *in extenso* dans ma nouvelle édition.

1676, je suis convaincue, pour ma part, que la lettre de Bernier lui a servi d'hypotexte. On voit ainsi que la condamnation morale de l'homosexualité s'accompagne de la condamnation idéologique de l'épicurisme. Ultime revanche de Dassoucy contre ses deux amis qui l'avaient immortalisé dans leurs écrits (*Aventures*, p. 358)[19].

L'homosexualité de Cyrano permet de répondre à quelques interrogations des biographes. Depuis Lachèvre on a du mal à accepter qu'en 1641, à 22 ans, Cyrano se soit inscrit en classe de rhétorique au collège de Lisieux: on a trouvé cela tellement incongru, qu'on a suggéré, puis affirmé, qu'il avait probablement été répétiteur. Mais il est certain qu'il était écolier. Le voilà donc sur les bancs, avec des adolescents dont les plus jeunes pouvaient avoir jusqu'à 6 ans de moins que lui. Tous ces collégiens se retrouvaient chez les maîtres de danse et les maîtres d'armes: Cyrano paie cher pour y aller aussi. Et Lachèvre de s'exclamer: «Quelle mouche le pique?». La mouche du désir, tout simplement. Il n'y a pas que les romans de Cyrano qui soient peuplés de beaux adolescents; l'auteur savait s'entourer de jeunes gens et pratiquer avec eux des exercices physiques. Même la constatation par Jacques Prévot que Cyrano changeait souvent d'adresse pourrait s'expliquer par ses mœurs. On sait que les paroissiens de Paris étaient l'objet d'une surveillance quasi policière. On repérait sans doute en quelques mois les brebis qui ne fréquentaient pas le bercail du Seigneur et il ne restait plus à ces brebis qu'à aller brouter ailleurs. Cyrano a dû vivre ses amours sans tapage: à ce jour aucun document ne fait allusion d'une façon explicite à son homosexualité[20]. L'insistance, dans ses romans, sur les relations exclusivement masculines, sur la conversation et l'amitié, met en valeur son «homosocialité», avec «passage à l'acte éventuellement», pour reprendre des expressions de Philippe-Joseph Salazar, qui a consacré une belle étude aux «amants herculéens».

Du «trio», il ne nous reste que l'œuvre de Cyrano comme témoignage d'une homosexualité innocentée. Le fait qu'il n'y a probablement pas eu

---

[19] La première attaque est partie de Cyrano qui, en 1654, a publié une lettre féroce contre Soucidas (anagramme de Dassoucy, forgé par Le Royer de Prade probablement). Dans la version manuscrite de 1651, il le traitait de *bougre* (*Lettres*, p. 100). Mais Dassoucy lui-même, dans ses *Poésies et Lettres* de 1653, a rapporté qu'une mère s'était plainte de lui et avait interdit à son fils de continuer à voir le maître de musique (p. 180-184). Il se pourrait que Chapelle, dont un poème figure dans ce recueil, ait jugé que Dassoucy devenait compromettant. Celui-ci a affirmé qu'il avait quitté Paris à cause de D. B. (*Aventures*, p. 195).

[20] Au moment de la querelle sur *La Pucelle* de Chapelain, Montigny, dans sa *Lettre à Eraste*, fait une allusion vague au groupe: «C'est un état de vie irrégulier et inconnu à nos pères [...] et une espèce de moinerie profane, dont Cyrano a été l'instituteur» (p. 7). Rappelons que *Le Parasite mormon*, œuvre collective, est misogyne.

d'accusation contre lui, lui a permis de ne pas passer une partie de sa vie à se défendre, ce que n'a pas pu faire Dassoucy: sa disculpation l'a condamné à proclamer la norme, malgré sa rébellion, qui apparaît çà et là dans sa critique de la société et surtout qui a été la cause de son emprisonnement à Rome[21]. Les préférences sexuelles ont un impact sur les œuvres quand l'alternative se réduit au mensonge ou au bûcher.

REFERENCES

Albert-Galtier, Alexandre. «Derniers embrassements et consommation amoureuse: un aspect des amours masculines chez Cyrano», *Le Corps au XVIIe siècle*, in *PFSCL*, Biblio 17 (89), Paris-Seattle-Tübingen, 1995, p. 321-329.

Bachaumont et Chapelle. *Œuvres de Chapelle et de Bachaumont*, éd. Tenant de Latour. Paris, Jannet, 1854.

Bayle. *Dictionnaire historique et critique* [...], 5e éd., Amsterdam, 1740 (Slatkine-Reprints, 1995).

Bernier. *Suite des Mémoires du Sr. Bernier sur l'empire du Grand Mogol*. Paris, Barbin, 1671.

Colarizi, Alessio. «Dassoucy in Italia», *Micromégas*, III, 1976, p. 165-174.

Cyrano de Bergerac, Savinien. *L'Autre Monde ou les Estats et Empires de la Lune*, éd. M. Alcover. Paris, Champion, 1977.

——, *Lettres*, éd. L. Erba. Milan, Scheiwiller, 1965.

Dassoucy, Coypeau. *Aventures burlesques de Monsieur Dassoucy*, éd. Colombey. Paris, Adolphe Delahays, 1858 [le volume contient, dans cet ordre, *Les Aventures de Monsieur Dassoucy* (1677); *Les Aventures d'Italie de Monsieur Dassoucy* (1677); *Les Pensées de Monsieur Dassoucy dans le St Office de Rome* (1676) et *La Prison de Monsieur Dassoucy* (1674): Colombey a classé les œuvres selon une chronologie biographique, pour les rendre plus faciles à lire].

---

[21] Alessio Colarizi est parvenu à mettre la main sur un document des Archives du Vatican relatif à cet emprisonnement (Decreta, 1668, p. 95 v.). Dassoucy y est accusé d'avoir tenu des propos blasphématoires et hérétiques sur l'immortalité de l'âme et la consommation de viande aux jours défendus. Colarizi a reproduit le texte en latin, puis il l'a traduit en italien (p. 173-174); une traduction en anglais a été donnée par Scruggs (p. 50). Ces chefs d'accusation rappellent les propos de Cyrano contre le carême (*Lettres*, p. 144-147), ainsi que ceux du fils de l'hôte, dans *L'Autre monde*, qui soutenait que l'âme n'était ni immatérielle ni immortelle (ll. 3511-3723).

——, *Poésies et Lettres de Monsieur Dassoucy contenant diverses pièces héroïques, satiriques et burlesques*. Paris, Chamhoudry, 1653.

——, *Rimes redoublées de Monsieur Dassoucy*. Paris, Claude Nego, 1671 [BNF, Res. Ye. 3489].

——, *Rimes redoublées de Monsieur Dassoucy*. Paris, Nkgo (*sic*), sd. (1672 ou 1673) [BNF, Res. R. 1936 et Arsenal, 8º B. 9114).

DeJean, Joan. *Libertine Strategies. Freedom and the Novel in Seventeenth-Century France*. Columbus, Ohio State University Press, 1981.

Guiraud, Pierre. *Dictionnaire érotique*. Paris, Payot et Rivages, 1993.

Magne, Emile. «Les amours de Cyrano de Bergerac», dans *Revue de France*, 3, 1898, p. 1879-1892.

Mongrédien, Georges. «Bibliographie des œuvres de Dassoucy», dans *Revue d'histoire littéraire de la France*, 1932 (39), p. 100-110.

Montigny. *Lettre à Eraste pour response à son libelle contre la Pucelle*. Paris, Courbé, 1656.

Pintard, René. *Le Libertinage érudit dans la première moitié du XVIIe siècle*. Paris, Boivin, 1943.

Porter Hamon, Brigitte. *Du centre à la périphérie. Deux autobiographies de Tristan L'Hermite et Dassoucy*. Thèse de doctorat d' Indiana University, 1996, 200 p. (UMI nº 9627274).

Prévot, Jacques. *Cyrano de Bergerac romancier*. Paris, Belin, 1977.

Prunières, Henri. «Véridiques aventures de Charles Dassoucy», dans *La Revue de Paris*, 29e année, T. VI, nov.-dec. 1922, p. 105-137.

Salazar, Philippe-Joseph. «Herculean Lovers. Towards a History of Men's Friendship in the 17th Century», dans *Thamyris*, vol. 4, nº 2, Autumn 1997, p. 249-266.

Scruggs, Charles Eugene. *Charles Dassoucy: Adventures in the Age of Louis XIV. The Life and Works of Dassoucy with Selected Narratives from His Aventures*. Lanham-New York-London, University Press of America, 1984.

Altérité et rêve d'unité, ou le féminin dans l'utopie hermaprodite de Foigny

MARIE-FRANÇOISE BOSQUET

Institut Universitaire de Formation des Maîtres de la Réunion

Parler d'altérité, parler de féminin dans l'utopie hermaphrodite de Foigny peut paraître une gageure puisqu'il semble que l'auteur ait justement voulu supprimer par l'hermaphrodisme les problèmes qu'engendrent, en utopie, la sexualité et surtout l'amour avec les débordements de la passion. Une société utopique est habituellement instituée selon des principes qui se veulent rationnels et les hermaphrodites de Foigny sont des êtres de raison, Adams doubles d'avant la chute, unifiés dans leur masculin et féminin. Les hermaphrodites sont des êtres complets, à la différence des demi-hommes qui sont ou masculins ou féminins: d'hommes complets on peut donc attendre des raisonnements parfaits alors que de demi-hommes, on ne peut attendre que des raisonnements partiels; telle est la conviction des hermaphrodites. La bissexualité de l'hermaphrodisme garantirait un fonctionnement parfait de la raison qui engendrerait à son tour une société parfaite.

On peut en douter, et ce doute engage un examen, lorsque l'on considère la haine qui sévit dans cette société pour tout ce qui peut apparaître bestial: cette passion, la haine, est-elle digne d'êtres qui se disent si raisonnables? De plus, cette société est suicidaire: elle a failli s'éteindre par défaut d'enfants, ce qui est étonnant pour une société utopique qui, le plus souvent, trouve impératif d'assurer sa pérennité par une forte natalité.

Tels sont donc les indices qui nous incitent à scruter cette conception de l'hermaphrodisme pour comprendre où se situe la faille: puisque la parfaite rationalité des hermaphrodites est donnée comme le fruit de l'union des deux sexes en chacun d'eux, s'il y a défaut dans leur comportement rationnel, il est à chercher au niveau de cette synthèse sexuelle affirmée mais peut-être non réalisée. Que devient en un même hermaphrodite l'altérité primordiale du masculin et du féminin? L'histoire de ce couple intérieur est sans doute révélatrice d'un déséquilibre qui expliquerait le dysfonctionnement haineux et suicidaire que nous constatons. Nous pouvons, en outre, nous interroger sur les structures de l'imaginaire qui sous-tendent l'hermaphrodisme conçu comme le rêve d'une unité qui serait au-delà de l'altérité sexuée et deviendrait synonyme de rationalité. Dans cette perspective, nous proposerons une lecture du XXe siècle de ce mythe hermaphrodite, inspiré par la conception jungienne du couple intérieur.

I- Une altérité étouffée

Qu'est donc cette utopie, parue en 1676? Son titre, *La Terre australe connue*[1], la situe aux antipodes de l'Europe et Foigny invente, sur cette Terre australe, une société d'hermaphrodites qui sont censés représenter la perfection humaine en une sorte de paradis terrestre d'avant la chute, car l'hermaphrodisme peut correspondre à l'interprétation hétérodoxe du premier récit de la création de la Genèse: «Homme et femme, il les créa»[2].

Cette société semble vivre en une harmonie parfaite: la bissexualité de chacun permet une autarcie rassurante qui supprime la dépendance de l'autre et les difficultés potentielles qu'il représente.

Sadeur, le narrateur du récit, accueilli en Terre australe à la suite d'un périlleux voyage, parce qu'il est lui-même hermaphrodite, s'y retrouve pourtant en danger de mort: son comportement, son trouble sensuel devant la nudité des Australiens et ses questions sur un sujet qui est tabou, la procréation, l'apparentent plus aux demi-hommes que tuent systématiquement les Australiens, qu'aux hermaphrodites; Sadeur appartient à l'univers chrétien, il vit sa sexualité dans une dualité conflictuelle. Suains, un vénérable Australien, pour le sauver d'une mort certaine, entreprend son initiation à la vie australe et c'est dans ce dialogue d'élève à maître que se découvrent les spécificités de cette société hermaphrodite.

Comment Sadeur a-t-il pu provoquer par son comportement sensuel et ses questions sur la procréation une telle réaction de haine de la part d'êtres si raisonnables? La réponse nous est donnée par la définition que Suains donne de l'homme complet, c'est-à-dire de l'hermaphrodite:

> Quant à nous, nous sommes hommes entiers, et n'est personne des nôtres qui ne montre toutes les parties de nôtre nature avec toutes ses perfections: cela fait que nous vivons sans ces ardeurs animales des uns pour les autres, et nous n'en pouvons méme ouïr parler.[3]

Le maître-mot dans ce passage est sans doute «animales» car il explique le comportement haineux des hermaphrodites: leur haine est si intense qu'elle les porte à tuer tout ce qui ressemble au bestial et Suains explique longuement à Sadeur qu'on ne peut être à la fois homme et bête: on ne peut

---

[1] G. de Foigny: *La Terre australe connue*, Paris, Société des textes français modernes, édition établie, présentée et annotée par P. Ronzeaud, 1990.

[2] Bible de Jérusalem, Paris, éditions du Cerf, 1961, Genèse, I, 27: «Dieu créa l'homme à son image / à l'image de Dieu il le créa / homme et femme il les créa.»

[3] *TA*, V, p. 94-95

dire, comme le soutient Sadeur, que l'homme «en chair, en os et en sens»[4] s'apparente à l'animal tandis que l'esprit lui donne sa dignité humaine; «distinguer l'esprit de l'homme de son corps comme on sépareroit une piece d'une autre piece» est une «lourde» «erreur»[5]. L'hermaphrodisme est donc présenté comme la solution à la dichotomie entre la chair et l'esprit que connaissent les demi-hommes: la réunion des sexes en un même être éteint les «ardeurs animales» et fait de l'homme un être de raison; Suains l'affirme clairement à Sadeur:

> Tu n'accorderas jamais l'usage du raisonnement avec l'exclusion des deux sexes.[6]

Raison et bissexualité sont interdépendantes et de l'être unifié des hermaphrodites découlent trois sortes de satisfaction: ils ne savent pas ce que sont les désirs entraînés par la sensualité et ils maintiennent le silence à leur propos; en l'absence de besoins, ils se sentent autonomes, et «l'amour»[7] qu'ils éprouvent est désincarné. Ils ignorent ce qu'est la passion, génératrice de troubles. De là un bonheur également désincarné se rattachant à l'unique raison qui se transfuse dans la chair. Suains insiste sur cette différenciation capitale entre l'homme et la bête,

> soutenant que l'homme demeurant homme, êtoit toûjours homme, c'est à dire, humain, raisonnable, debonnaire, sans passion: parce c'est en ce point que consiste la nature de l'homme. [...] Ainsi l'homme ne peut être homme, qu'il ne differe des bêtes, en ce qu'elles sont pleines de passions et de deffauts: et l'homme en doit être exemt.[8]

Il est donc intolérable pour cette société que Sadeur puisse supposer une quelconque conjonction charnelle entre hermaphrodites à l'origine de la procréation. Face au silence australien, le narrateur en arrive à supposer que le mystère de la création hermaphrodite est du même ordre que celui de la sainte Trinité:

> Je ne pouvois entendre les paroles de cet homme [Suains], sans me souvenir de ce que nôtre Théologie enseigne de la production de la seconde personne de la sainte Trinité, et de tous les effets en dehors de la Divinité. Je repassois sans cesse ces grands principes de nôtre Phi-

---

[4] *TA*, V, p. 93

[5] *TA*, V, p. 92

[6] *TA*, V, p. 90

[7] *TA*, V, p. 95

[8] *TA*, V, p. 100

losophie, «que tans plus un être est parfait, tant moins a-t-il de besoin pour agir.» Qu'il se pourroit faire qu'une creature imitât en cela son Createur, que d'agir seul en ses productions.[9]

Les hermaphrodites sont donc assimilés au Créateur car leur perfection leur donne l'aptitude à produire un nouvel être sans qu'ils aient besoin d'enfeindre leur principe d'autosuffisance; ils ont intégré l'altérité en eux: principes masculin et féminin réunis produisent un «fruit»[10], selon leur expression, dont la perfection est due précisément à leur unité intérieure; Suains explique combien la nécessité d'une conjonction charnelle extérieure implique obligatoirement l'imperfection:

> Que la concurrence de deux pour agir et pour faire une même chose, ne pouvoit être sans de grands deffauts: parce qu'étant necessaire que deux actions s'unissent en un même effet, à peine peuvent elles être parfaitement ensemble, et l'une suivant l'autre, ou ayant plus de force: il faut un combat, une attente et une liaison pour produire: ce qui ne peut être sans causer plusieurs foiblesses en ce qui est produit.[11]

Semblables aux deux moitiés de l'androgyne mythique de Platon, les demi-hommes vus par les Australiens sont sans cesse à la recherche de leur complément et ne peuvent, dans cet état de désir, qu'engendrer des êtres qui portent tout autant qu'eux la marque de leur imperfection.

Pour mieux marquer tout ce qu'a de bestial à leurs yeux le désir de copulation étrangère, les hermaphrodites rapportent le mythe fondateur de la race des demi-hommes: elle est issue de l'union d'un serpent et d'un hermaphrodite pendant son sommeil[12]. L'accouplement est donc synonyme pour les Australiens d'animalité, elle-même liée à la malignité puisqu'il s'agit d'un serpent, animal maudit de la Genèse. L'accouplement est aussi synonyme de dualité donc d'imperfection selon les théories que Suains expose à Sadeur.

---

[9] *TA*, V, p. 95

[10] P. Ronzeaud: op. cit., p. 136, rappelle l'article de Bayle («Adam») où les écrits d'A. Bourignon sont cités: ils déplorent le «péché» qui «a défiguré dans les hommes l'œuvre de Dieu» et les a rendus «impuissans à produire leurs semblables seuls comme se produisent les arbres et les plantes». Le terme «fruit» connoterait cette soi-disant parfaite autosuffisance dans la génération.
Voir aussi , de P. Ronzeaud: *L'Utopie hermaphrodite* , Marseille, C.M.R. 17, 1982, p. 52 et sq où il étudie le mythe de l'Adam double et renvoie au *Nouveau Ciel et la Nouvelle Terre* d'A. Bourignon.

[11] *TA*, V, p. 95

[12] *TA*, IX, P. 167-170

Au contraire, l'hermaphrodisme, lorsqu'il suppose une naissance issue d'un même être, sans qu'il y ait nécessité d'une conjonction étrangère, est la condition sine qua non de la perfection humaine. L'unité engendre l'unité, la dualité engendre la dualité: le système de reproduction hermaphrodite consiste en une «démultiplication de l'Un à l'infini», selon l'expression de B. Lepez[13]: Foigny serait-il un précurseur du clonage où l'autre n'est plus nécessaire pour reproduire le strictement semblable? L'évidence rationnelle en laquelle communie chaque hermaphrodite permet la reproduction du même à l'infini et par là assure l'égalité au sein de la communauté; il n'est plus alors nécessaire de recourir à une organisation étatique. L'unité d'une société entière peut se réaliser dans une démarche inversée si l'on considère la norme utopique qui stipule que l'ensemble social nivelle l'individu: ici, l'unité supposée réalisée en chaque être génère l'unité sociale et gomme l'altérité d'un individu à l'autre. Toute l'organisation sociale en Terre australe découle, en définitive, de la bissexualité hermaphrodite qui garantit un remarquable usage de la raison.

Cette logique paraît sans faille et pourtant... Pourtant, les hermaphrodites, pour n'être que raison, n'ont-ils pas dû sacrifier une part d'eux-mêmes? Le pôle masculin de leur être les désigne grammaticalement[14], – alors que le terme «hermaphrodite», épicène au XVIIe siècle selon Furetière et le *Dictionnaire de l'Académie*, autorisait Foigny à choisir le féminin – et les rassemble dans une communauté de «frères». Leur enfant est nommé «fils»[15], celui-ci devient leur «lieutenant» et son éducation est organisée par des «maîtres»: ce sont donc des termes masculins qui, dans l'ensemble, recouvrent leurs différentes fonctions. Ceci ne surprend guère à une époque où le modèle humain est androcentrique. Le *Dictionnaire général et curieux* de Rochefort[16] définit l'hermaphrodite comme «un homme qui a l'un et l'autre sexe».

Le féminin, «mere», n'intervient qu'au bref moment de la maternité et, métaphoriquement, lorsque Suains décide de sauver de la mort Sadeur et donc de l'accoucher à la vie australe.

Dès leur description physique, au début du chapitre V consacré à «la constitution des Australiens et de leurs coûtumes», les caractéristiques

---

[13] B. Van der Gucht ép. Lepez, *L'enfant dans l'Utopie en France de 1675 à 1789*, Paris III, thèse nouveau régime sous la direction de R. Démoris, 1994: p. 201

[14] L. Leibacher-Ouvrard dans *Libertinage et utopies sous Louis XIV*, Genève, Paris, Droz, 1989, p. 164, souligne cette particularité grammaticale.

[15] *TA*, VII, p. 147

[16] C. de Rochefort: *Dictionnaire général et curieux*, 1ère édition, A Lyon, chez P. Cordier, rue Belle-Cordier, 1685

masculines l'emportent sur les féminines: aux «têtons ronds» typiquement féminins, s'ajoutent des «bras nerveux», des «mains larges et longues», une «poitrine fort élevée», un «ventre plat» et «qui ne paroit que peu en leur grossesse», des «jambes longues». Cependant, si les «parties» sont vouées au plus grand respect et sont même embrassées avec déférence lorsque Sadeur, lui-même hermaphrodite, est accueilli en Terre australe, elles sont décrites dans leur petitesse, comme s'il était nécessaire de supprimer tout ce qui pourrait apparaître agressif dans une sexualité trop apparente.

Le pôle féminin est donc presque passé sous silence. Certes, c'est partiellement grâce à lui qu'ils engendrent un «fruit» mais ce féminin est comme désincarné, de l'ordre du mystère, et dépouillé de toute sa réalité charnelle: la mère accouche sans douleur et «sans jetter du sang»: son fruit «tombe»[17] d'entre ses jambes. Tout est donc fait pour que ce féminin s'écarte au maximum de la femme «en chair, en os et en sens»[18], considérée comme impure, selon la Bible[19], au moment où elle accomplit, par sa souffrance, la malédiction divine lancée à la suite du péché originel. La société hermaphrodite est, ne l'oublions pas, préadamique et ce type de représentation n'a pas lieu d'être. Surtout, c'est enlever du féminin tout un aspect bestial qui ne peut coexister avec le masculin des hermaphrodites voués à la raison. Pour mieux se convaincre de ce processus, phobique chez les Australiens, il n'est que de considérer le «secret» qui entoure une autre fonction vitale, l'alimentation: ils ne se nourrissent que de fruits et surtout pas de chair, «à la dérobée [...] parce qu'ils jugent que c'est une action trop animale, de laquelle un homme devroit s'abstenir, s'il pouvoit»[20]. De la sorte, c'est à peine s'ils rendent quelques excréments. Ainsi, naissance, alimentation, «décharges» de toutes sortes, tout doit être gommé dans cette société qui se rêve identifiée à l'esprit raisonnable, dégagée de toute animalité. Le silence le plus grand pèse notamment sur la procréation, fonction typiquement féminine, car sans doute est-ce elle qui connote le plus de négativité.

Autre silence, mais celui-là expliqué plus rationnellement, qui touche indirectement la part féminine de leur être, le silence que constitue l'absence de religion pour honorer leur Dieu; Suains en décèle la cause à Sadeur: il s'agit toujours de la raison qui, ne pouvant embrasser «l'Incompréhensible», selon leur terminologie, se refuse à en discourir pour éviter les

---

[17] *TA*, VII, p. 138

[18] *TA*, V, p. 93

[19] Bible de Jérusalem, op. cit. «Le Lévitique», 12 , p. 117: chapitre consacré à la purification de la femme accouchée.

[20] *TA*, VII, p. 140

conflits idéologiques et toute dissension interne:

> C'est la raison qui nous oblige de n'en point parler, parce que nous sommes persuadez qu'on n'en sauroit parler sans faillir. Les assemblées que nous faisons au Hab sont pour le reconnoître et pour l'adorer: mais c'est avec cette circonstance inviolablement observée de ne prononcer nulle parole et de laisser un chacun dans la liberté d'en penser ce que son esprit lui en suggere.[21]

En dépit de la rationalité d'une telle explication, on ne peut s'empêcher de remarquer que pour la deuxième fois, le silence atteint la seconde et dernière fonction, en dehors de l'allaitement, que l'hermaphrodite attribue à son féminin, l'instruction religieuse:

> Il n'est que les meres qui leur donnant les premieres connoissances, leur inspirent celles du Hab, c'est à dire de l'Incompréhensible.[22]

Ce sont les mêmes expressions qui enferment ou limitent les rôles féminins: «C'est un crime inouy que d'en parler»[23], est-il écrit à propos de la religion, formule qui reprend quasiment celle utilisée pour la génération: «Ils les [les enfants] produisent d'une façon si secrete, que c'est un crime entre eux de parler de «conjonction» de l'un avec l'autre à cet effet»[24].

Le même type d'interdit frappe donc le féminin qui se trouve réduit à un espace et à un temps très limité: la maternité est, en effet, confinée à la maison d'éducation, le Heb, où sont hébergées durant deux ans les mères, le temps de leur grossesse et maternage. Il est intéressant de noter que le féminin se trouve abrité dans un lieu déterminé, comme s'il lui fallait une position de repli: lorsque les hermaphrodites deviennent femmes en étant mères, ils se retirent de la vie sociale, soumis à leur fonction biologique en dépit de sa discrétion en Terre australe car ils ont «le ventre plat et qui ne paroit que peu en leur grossesse»[25]. Cette maternité d'ailleurs, ne se renouvelle pas puisque les hermaphrodites ont déjà eu bien du mal à se résoudre à produire un enfant pour les remplacer à leur mort. Chez eux, cette fonction n'est absolument pas instinctive, ce qui les rapprocherait de l'animal; il leur a fallu le secours de leur rationalité pour susciter un tant soit peu leur désir de génération car leur pays devenait désert:

---

[21] *TA*, VI, p. 119-120

[22] *TA*, VI, p. 113

[23] *TA*, VI, p. 113

[24] *TA*, V, p. 84-85

[25] *TA*, V, p. 83

On trouva des raisons pour convaincre ceux qui restoient de
s'épargner quelque tems.[26]

Trois raisons sont alors évoquées: il ne faut pas rendre inutile une si
belle terre; ils sont un ornement de l'univers; ils doivent complaire à Dieu
en vivant. Aucune n'évoque la satisfaction de la création propre au féminin,
c'est-à-dire de la procréation, sans doute parce que ce plaisir peut être
considéré comme étant de l'ordre de l'instinct, ce qui aurait tendance à les
rapprocher des bêtes! Que penser de telles raisons sinon qu'elles sont bien
minces? Que représente «on» dans un pays où il n'existe pas d'autorité
suprême pour imposer une volonté[27]? Ces raisons semblent un déni à la
qualité de leur réflexion: ils n'ont pas de raisons véritables de vivre et s'ils
décident de perpétuer leur race, ne serait-ce pas – qui sait? – le désir
d'exercer, une fois dans leur existence, leur bissexualité et leur aptitude à
devenir «mères»! Ainsi, ils préservent en eux le principe de l'altérité, et par
là-même leur vie! L'altérité serait nécessaire à la vie mais les Australiens
ne raisonnent pas de la sorte.

Sadeur, par réflexion, avait eu l'idée d'associer cet acte procréatif au
mystère divin de la sainte Trinité mais les Australiens ne se sentent pas associés à Dieu en donnant la vie. Au contraire, ils s'estiment prisonniers de
leur condition humaine limitée par un Dieu qui a le pouvoir de ravir leur
existence:

...nous nous considerons les victimes necessaires d'une cause superieure qui se plait à nous détruire.[28]

Dans ces conditions, procréer est une obligation qu'ils s'imposent par raisonnement et le féminin maternel en eux n'est pas valorisé: bien que dépouillé de tout ce qui l'assimile à la physiologie animale, il est à l'origine
d'une œuvre de chair et non d'une œuvre de l'esprit, donc connoté négativement; lié à la chair, il correspond, comme le besoin de se nourrir et de rejeter des excréments, à des fonctions animales qu'abominent les hermaphrodites puisqu'ils se reconnaissent uniquement dans leur perfection
d'êtres de raison. Le féminin de leur couple intérieur ne peut donc prendre
aucune expansion dans leur existence en dehors des deux ans qu'ils lui ont
concédé et où il est prioritaire: peut-être faut-il voir dans cette priorité une
analogie avec l'affirmation par Suains que le principe premier dans la gé-

---

[26] *TA*, VII, p. 147

[27] Voir à ce propos le commentaire de J-M. Racault (*L'Utopie narrative, 1675-
1761*, Oxford, The Voltaire Foundation, 1991) dans son chapitre sur «L'idéologie aus-
tralienne et ses contradictions», p. 496-513.

[28] *TA*, VII, p. 144

nération des demi-hommes est la mère, si l'on suit la logique du raisonnement et non la coutume patriarcale[29]? Mais cette priorité explique aussi son exclusion tout au long de leur vie: le féminin qui tend à relier l'hermaphrodite à la bête ne peut exister librement sans un sévère contrôle, au risque de l'entraîner vers un comportement plus instinctif échappant à la raison.

C'est pourquoi on peut dire, comme le choix grammatical du masculin pour désigner l'hermaphrodite le laissait supposer, que leur être, qui est un être de raison, est masculin et que le féminin n'a d'existence qu'au moment de la procréation et du maternage; l'hermaphrodite allie certes les deux sexes physiologiques, mais non pas les deux polarités psychiques, si ce n'est durant deux ans où le féminin engage l'Australien dans une attitude d'intimité qui l'enferme dans le Heb et le tient à l'écart de toute autre vie sociale. Qu'en déduire d'autre sinon que le masculin s'est approprié le féminin pour mieux le juguler dans son expression perturbatrice? Sans cela, les Australiens seraient semblables aux demi-hommes, des «chiens en concupiscences»[30], ballotés par le désir et les passions qui s'y rattachent.

II- Structures de l'imaginaire et altérité féminine

Dans ces conditions, peut-on encore voir dans l'hermaphrodisme australien la métaphore d'un couple intérieur puisque pendant quatre-vingt-dix-huit années de son existence, l'Australien n'exprime que sa masculinité assimilée à sa rationalité? Pour mieux saisir les structures de l'imaginaire sous-tendant une telle conception de l'hermaphrodisme, il est tentant, pour le lecteur du XXᵉ siècle qui ne peut faire abstraction de ses références, de la confronter à la théorie de Jung qui voit en l'homme un composé de masculin et de féminin, donc une sorte d'hermaphrodite! D'autre part,

---

[29] *TA*, V, p. 97-98: «D'où est-ce donc que tu peux savoir que le pere agit premier que la mere? S'ils agissent ensemble, où est le premier? S'il y a primauté sur quel fondement l'attribuë-t-on au pere? Si tout se passe chez la mere, pourquoi l'exclu-t-on d'être première? Ne seroit ce pas avec plus de raison qu'on regarderoit ce pretendu pere comme une condition étrangere, et que la mere dans laquelle se fait tout, et sans laquelle tout seroit impossible, seroyt considérée comme la vraye cause?». Un tel discours se rattache à la théorie oviste qui a émergé au XVIIᵉ siècle en 1672 avec Régnier de Graaf (mais les prémices en avaient été donnés dès le XVIᵉ siècle); le chirurgien accoucheur Dionis ira même plus loin en affirmant dans sa *Dissertation sur la génération de l'homme*, en 1698 à Paris, que la femme a la prééminence dans le mécanisme génératif: elle fournit non seulement toute la semence pour former l'enfant, mais aussi le lieu de la conception et le sang dont le fœtus est nourri: voir à ce propos l'*Histoire des femmes*, Paris, Plon, 1991, t. II, sous la direction de G. Duby et M. Perrot au chap.: «Le discours de la médecine et de la science», p. 359-395, d'E. Berriot-Salvadore.

[30] *TA*, VII, p. 140

l'imaginaire biblique de *La Terre australe* suggère un rapprochement avec
Claudel afin de mieux comprendre la relation entre la quasi absence de féminité et celle de liberté; mais peut-être est-ce le mythe de Lilith en tant
qu'interprétation du premier récit de la création comme l'est l'interprétation hermaphrodite, qui permet de saisir le plus clairement le pourquoi d'un
hermaphrodisme qui rejette le féminin au nom de sa bestialité.

La distance est grande entre l'hermaphrodisme de Foigny au XVIIe
siècle et le couple intérieur constitutif de chaque individualité selon Jung;
cependant la confrontation peut être fructueuse par la différence qu'elle
permet d'établir entre deux conceptions de l'homme et même de l'hermaphrodisme, car Jung transforme l'être humain en une sorte d'hermaphrodite qui «réunit en lui le masculin et le féminin»[31]. Au XVIIe siècle
les mentalités placent tout ce qui est de l'ordre de l'intellect du côté de
l'homme et tout ce qui de l'ordre du sentiment, du futile, du côté des
femmes: Poullain de La Barre[32] dénonce clairement cette représentation du
masculin et du féminin et affirme que «l'esprit n'a pas de sexe»[33]. L'hermaphrodite de Foigny aurait pu aller à l'encontre de cet imaginaire mais
c'est à peine s'il le bouscule puisque le féminin se trouve presque absorbé
par la rationalité masculine. Le lecteur moderne ne peut s'empêcher de voir
à l'œuvre en l'hermaphrodite de Foigny les deux grands principes féminin
et masculin qui animent le couple junguien: Erôs et Logos[34] autour des-
quels se construit chaque être humain. La complétude de chacun passe par
la reconnaissance en lui de sa féminité ou de sa masculinité qui existent sur
le plan psychique aussi bien que sur le plan physiologique par les sécré-
tions hormonales. Pour Jung, chaque femme contient une part de masculin
et chaque homme une part de féminin et le sentiment d'unité suppose cette
reconnaissance, ce qui n'empêche pas la différenciation sexuelle, elle-
même correspondant à une différenciation psychologique: l'Erôs ouvre
spontanément la féminité à la dimension spirituelle tandis que le Logos
ouvre la masculinité sur le «domaine des applications de l'esprit»[35].

---

[31] Jung: *L'Ame et la vie*, textes essentiels réunis par Iolande Jacobi, Paris, Buchet-
Chastel,1965, p. 153

[32] Poullain de La Barre: *De l'Excellence des hommes, contre l'égalité des sexes*, Paris, chez A. Zazallier, 1689, p. 317 et sq

[33] Poullain de La Barre: *De l'Egalité des deux sexes*, (1673), réédité dans le *Corpus
des œuvres de philosophie de langue française*, ss la direction de M. Serres, Paris,
Fayard, 1984.

[34] Jung: *L'Ame et la vie*, op. cit., p. 149

[35] Ibid. , p. 150

Le couple intérieur de chaque être réunit ces deux ordres que l'ambition hermaphrodite pouvait, semblait-il, rêver d'unifier; mais l'hermaphrodisme, conçu par Foigny, n'intègre pratiquement aucune composante psychique féminine; il se contente de s'approprier la sexualité physiologique féminine pour éviter «les ardeurs animales» qui entraînent un sexe vers l'autre et pour permettre un ancrage principal dans la polarité masculine. Aussi, du point de vue junguien, l'hermaphrodisme australien n'est-il plus un rêve d'unité mais un rêve d'unicité! Alors, l'échec de cette utopie à mener au bonheur se comprend: l'hermaphrodite australien est un être de violence qui tue tout ce qui n'est pas identifiable à la raison ou au Logos, toutes les forces instinctives. Ce sont elles, au contraire, que d'autres sociétés veulent préserver chez la femme en lui refusant une instruction qui cultiverait son esprit, et par là, lui enlèverait une part du naturel qu'elle incarne à leurs yeux[36]. Cette idée s'épanouira au XVIIIe siècle avec Rousseau et Diderot, par exemple. D'autre part, nous l'avons vu, le silence imposé sur «l'Incompréhensible», et l'absence de religion correspond à l'étouffement du féminin dont l'expression est strictement limitée; le vocable qui, souvent, au XVIIe siècle désigne les femmes, «le sexe dévot», et qui marque combien, dans les mentalités, elles sont liées à la spiritualité, ne peut exister dans l'univers hermaphrodite de Foigny. La grande règle étant le silence dans ce domaine – «la raison [disent-ils], nous oblige à n'en point parler»[37] – la spiritualité ne peut prendre d'expansion et Dieu leur apparaît seulement comme un «Souverain [...] qui fait consister sa Toute-puissance à [les] détruire»[38]. L'extension de la rationalité en eux, c'est-à-dire de la masculinité, n'autorise aucun envol spirituel.

Tout ce qui est instinctif chez les Australiens de même que tout ce qui est spirituel étant meurtris, il en résulte deux conséquences, significatives de la quasi disparition de la féminité en eux: premièrement, leur instinct de vie ou selon Jung, mais aussi S. de Beauvoir et E. Badinter, la qualité d'immanence propre au féminin qui permet de goûter la vie dans son immédiateté ont péri. Au lieu de cela, c'est un «grand degout»[39] qui les submerge en une nausée existentialiste quasi sartrienne; deuxièmement, ils se sont fermé l'ouverture spirituelle que permet la culture du «grand Erôs» par

---

[36] L. Leibacher-Ouvrard, dans: *Libertinage et utopies sous le règne de Louis XIV*, op. cit., note à ce propos: «Sous un hermaphrodisme d'apparence neutre affleure ici une répartition des sexes en fonctions clairement valorisées. L'aboutissant est toujours l'équation du féminin au naturel et au biologique, et l'équivalence du masculin au culturel, à la sagesse et à l'esprit.» (p. 164)

[37] *TA*, VI, p. 119

[38] *TA*, VII, p. 146

[39] *TA*, VII, p. 146

le féminin, et qui conduit à dénommer la spiritualité «féminité de l'être»[40].
Leur être est donc réduit à une rationalité qui finalement les emprisonne en
supprimant en eux la possibilité d'être autre puisque la raison reproduit son
propre modèle à l'infini. L'altérité est nécessaire à la liberté; le masculin,
en s'appropriant l'altérité féminine, de façon à vivre selon une rationalité
parfaite, se voue à «l'ennuy» d'une existence dont la liberté est vidée de sa
substance[41] et dont l'espérance est absente parce qu'elle ne connaît pas de
transcendance.

Lorsque l'on considère l'imaginaire qui produit une telle perte de féminité dans la conception de l'hermaphrodisme, on peut aussi penser que
Foigny désire éviter que ne recommence l'histoire biblique de la chute par
la faute d'une femme. La Terre australe est d'abord désignée comme un
nouvel Eden mais à travers les entretiens de Sadeur et de Suains, le paradis
se métamorphose en enfer; ici, l'enfer, ce n'est pas les autres, c'est l'absence de l'autre! La négation de l'altérité féminine inhibe l'expression de la
liberté: or Claudel chante la femme comme la nécessaire création de Dieu
pour que la liberté puisse exister et c'est dans cette opposition que le rapprochement entre Foigny et Claudel semble éclairant: la femme «est l'élément de risque que délibérément Il [Dieu] a introduit au milieu de sa prodi-
gieuse construction»[42]. Muant l'image négative du féminin en image positive, Claudel place la femme à la source de la rédemption; elle est la blessure par laquelle Dieu atteint sa créature et l'ouvre à Lui: *Partage de Midi*
et surtout *Le Soulier de satin* mettent en scène cette conception de la féminité. C'est par la chair et non par l'esprit que l'homme est amené à prendre
conscience de son âme: «Et quelle chair pour parler à l'homme plus puissante que celle de la femme?»[43]. Mais l'univers hermaphrodite ignore le
péché originel et se trouve donc inaccessible au christianisme. Son Dieu
n'est d'ailleurs pas un Dieu d'amour qui offre la vie éternelle à ceux qui se
laissent sauver par Lui, mais un Dieu cruel qui se plaît à faire d'eux des
créatures mortelles et les prive ainsi de leur propre amour puisqu'il n'est

---

[40] Une grande part de la philosophie orientale dont Jung était imprégné, utilise cette
expression; les représentations de Boudha en Inde et dans une partie de l'Orient l'expriment de façon surprenante dans une statuaire que l'on peut qualifier d'hermaphrodite:
délicatesse des traits, bombé de la poitrine, finesse de la taille.

[41] J-M Racault, au chap. 15 de sa thèse, op. cit., p. 482-483, parle de «totalitarisme
de la raison» et ajoute : «C'est une liberté vide de tout contenu. L'Australien ne pouvant
vouloir que le meilleur selon la raison, sa liberté se confond entièrement avec la nécessité rationnelle.»

[42] Claudel: *Les Aventures de Sophie*, cité par S. de Beauvoir, *Le deuxième sexe,* Paris, Gallimard, t.I, 1949, renouvelé en 1976, p. 354

[43] Claudel: *Le Soulier de satin,* Paris, Gallimard, Théâtre, t. II, 1956, p. 849

pas raisonnable de s'attacher à ce qui est périssable. La Terre australe n'est pas une terre d'amour en dépit de «l'amour cordial» que se portent les «frères» car son énergie ne peut les arracher à l'idée de leur mort pour les entraîner à jouir de leur présent. C'est une terre où le visage positif de la femme ne peut émerger comme chez Claudel parce que ce n'est pas une terre chrétienne susceptible de salut; la femme ne peut être la rédemptrice incarnant un pôle positif dans la psyché masculine.

De même, dans cet univers privé des «ardeurs animales», les tentations de la chair ne peuvent plus être l'aiguillon qui réveille l'âme, ainsi que Claudel le rappelle:

> C'est un ennemi en nous qui donne à notre vie son élément drama-tique, ce sel poignant. Si notre âme n'était pas aussi brutalement atta-quée, elle dormirait, et la voilà qui bondit...C'est la lutte qui est l'apprentissage de la victoire[44].

L'ataraxie des Australiens se révèle, en effet, toute aussi dangereuse que le désir sexuel: il manque aux hermaphrodites une source d'énergie essen-tielle, en fait, «la» source d'énergie, la libido selon la terminologie freu-dienne. Pour Jung, cette énergie est activée par «l'anima» qui représente, au-delà de la raison, la féminité dans les profondeurs de l'imagination mas-culine: elle incarne la puissance qui arrache l'homme à son univers ration-nel, elle est la séductrice par excellence et donc peut jouer un rôle positif ou négatif; elle aspire l'homme vers le spirituel dont elle est alors l'ini-tiatrice, ou bien elle figure «l'ombre» de la psyché masculine et demeure purement négative et c'est bien ce qui semble se produire chez l'Australien.

En dehors de l'œuvre littéraire de Claudel, et pour nous rapprocher de l'univers biblique de la première création de l'homme dans la Genèse, il est intéressant, afin de mieux saisir l'imaginaire sous-jacent, de confronter le mythe de Lilith à celui de l'hermaphrodite d'avant la chute. Ces deux mythes constituent une interprétation différente de ce même premier récit de la création: «homme et femme il les créa»; mais la tradition hébraïque y voit, non pas la constitution d'un hermaphrodite mais celle d'un couple en deux personnes distinctes dont la femme se nomme Lilith et l'homme Adam. Or Lilith s'apparente étrangement à l'animalité: elle apparaît dans le Livre d'Isaïe[45] et dans celui de Job[46], entourée d'un bestiaire inquiétant qui incarne la vengeance divine. Le lien est donc aisé à établir entre la fi-

---

[44] Claudel: *L'Oiseau noir dans le Soleil levant, Œuvres en prose*, Paris, Gallimard 1965, p. 1199

[45] Isaïe, chap. 34-14

[46] Job, chap. 18-15

gure presque animale de Lilith et la hantise de la bestialité chez les hermaphrodites de Foigny qui effacent quasiment leur féminité: rattachée à la
chair par sa capacité à enfanter, celle-ci estiment-ils, est trop proche de
l'animal pour lui donner une quelconque expansion. D'autant plus que Lilith incarne aussi un risque d'indépendance: le féminin échapperait au
contrôle du masculin car Lilith s'enfuit pour s'unir à Satan, et l'on peut
penser que l'hermaphrodisme se construit partiellement en réaction à ce
risque. Lilith, c'est l'insoumise[47], celle qui refuse la domination d'Adam et
qui s'envole, ailée, vers le monde des anges ... sataniques! Aussi la tradition talmudique la rapproche-t-elle et du monde bestial et du monde angélique dont elle possède les ailes: cette ambivalence se retrouve en germe
dans le féminin hermaphrodite et explique le double silence sur la procréation qui rapproche l'hermaphrodite de l'animal, et le spirituel, insaisissable
rationnellement. Comme Adam souffre de son absence, Dieu crée une autre
femme, Eve, qu'Adam reconnaît comme sienne dans le second récit de la
création[48]. Lilith représente donc la femme qui refuse de se laisser asservir
par Adam tandis qu'Eve accepte la domination masculine mais provoque la
chute.

L'hermaphrodisme de Foigny, en rattachant définitivement le féminin
au masculin, ne serait-il pas une façon de conjurer cette peur masculine issue d'une féminité non maîtrisable et qui risque de perturber l'ordre rationnel? Et la conséquence de cette peur serait le déséquilibre profond que vivent les Australiens et que le lecteur du XXe siècle peut interpréter comme
un refus du féminin en eux; ce refus, certes, correspond à la crainte de voir
se transformer en une Lilith sauvage et indépendante cette part d'eux-
mêmes qui n'obéit pas aux lois de la rationalité mais qui serait la garante
de leur liberté. Car en supprimant Lilith, c'est-à-dire l'altérité féminine, et
l'indépendance qu'elle incarne, les Australiens suppriment en même temps
leur potentialité de liberté. Cette absence de liberté les révolte et les amène

---

[47] Le mythe de Lilith a été analysé par B. Couchaux dans sa thèse: *Le mythe de Lilith dans la littérature* , Paris IV, 1991.

[48] Cette interprétation justifie les deux récits de la création dans la tradition hébraïque. Cette compréhension s'appuie en particulier sur le «Celle-ci» qui désigne Eve
et qui suppose qu'il ait existé une femme précédente, Lilith:

> «Puis, de la côte qu'il avait tirée de l'homme, Yahvé Dieu façonna une femme et
> l'amena à l'homme. Alors celui-ci s'écria:
> A ce coup, c'est l'os de mes os
> et la chair de ma chair!
> Celle-ci sera appelée «femme»,
> car elle fut tirée de l'homme celle-ci!»

à cette violence suprême qu'est le suicide auquel ils renoncent pour des raisons douteuses mais qui les entraîne dans des guerres sanguinaires contre
les Fondins: ces massacres ne paraissent guère l'expression du raisonnable
mais l'exutoire de forces qui ne peuvent s'extérioriser de manière positive.
Foigny, n'a pu, en effet, imaginer la mutation positive qu'opère Claudel,
transformer le désir sexuel en Désir, c'est-à-dire en désir de Dieu mais d'un
dieu d'amour. L'univers australien obéit au despotisme d'un dieu qui est à
l'origine de sa «misère»; surtout il obéit à la raison, ennemie déclarée, chez
lui, du féminin qui incarne dans l'imaginaire masculin le risque de l'irrationnel lié à l'intuition et à l'imagination, selon Jung.

L'altérité féminine ouvrait le champ à la destinée individuelle, ce qui ne
se pouvait dans une société dont chaque membre met sa gloire à être identique à l'autre, c'est-à-dire à supprimer l'altérité qui sépare pour tenter une
unification grâce à la raison en laquelle chacun communie.

Conclusion

La Terre australe connue montre donc que l'unité ne se réalise que par
le quasi effacement de l'altérité et cet effacement commence par s'effectuer
au niveau individuel: les hermaphrodites tentent de s'unifier en captant le
féminin de leur bissexualité car ils le conçoivent seulement comme un
risque perturbateur, un éveilleur de «concupiscence» qui les transformerait
en «chiens» comme les malheureux demi-hommes! Ils lui donnent une
réalité de deux ans en un espace retiré de la société habituelle à laquelle ils
ne prennent plus part; cette maternité est d'ailleurs le fruit d'une réflexion
et non pas d'un instinct naturel qu'ils partageraient avec les bêtes, car tout
l'art de vivre hermaphrodite se contracte en une phobie du bestial opposée
à un culte de la raison considérée comme principe unificateur.

Mais cette unité, loin d'être la source d'une vie pacifée de l'intérieur,
génère de l'ennui en son sein et de l'agressivité contre tout ce qui lui apparaît étranger. C'est que l'hermaphrodisme australien, en ayant quasiment
détruit l'altérité féminine, a hypothéqué sa potentialité de liberté: le désir
n'existe plus, le risque n'existe plus; l'énergie sexuelle est si assoupie dans
l'ataraxie généralisée qu'elle ne peut plus s'élever sous forme d'énergie
spirituelle: le silence règne sur la procréation et le divin; il est supposé désamorcer le risque de l'irrationalité en admettant que ce qui n'est pas dit ne
peut avoir de la réalité. L'univers hermaphrodite se referme sur sa rationalité étouffante, incapable aussi bien d'immanence que de transcendance.

Les conséquences de l'annexion de l'altérité féminine par la masculinité
vouée à la raison sont profondes: elle permet de créer une société parfaitement homogène où l'altérité n'existe pratiquement plus mais en même

temps, la liberté disparaît puisque précisément ce qui est autre n'est plus possible. L'utopie devient tragédie avec, au bout, la mort, comme seule expression de la liberté; c'est le seul moment où l'hermaphrodite expérimente l'absence de raison, chante et danse, s'apprêtant à goûter l'absence définitive: ses frères témoignent alors «qu'ils souhaitent avec ardeur de jouïr de son bonheur»[49]. Le bonheur d'une société qui dénie son altérité se trouve dans la mort, non dans la vie.

---

[49] *TA*, VII, p.150

«Ni de ce monde ni de ce siècle»:
Michel de Pure et la science-fiction des salons

LISE LEIBACHER-OUVRARD

University of Arizona

En 1659 paraissait anonymement un ouvrage, intitulé *Epigone, Histoire du siècle futur*, qui, à maints égards, était résolument placé sous le sceau de l'Autre, et non seulement parce que l'histoire de sa réception moderne a été celle de deux mondes restés étrangers. Les dix-septiémistes ignorent encore en effet souvent que ce long roman a reçu une place – modeste mais indéniablement séminale – dans l'histoire de la science-fiction (Versins 1972; Cioranescu 1974; Trousson 1975; Clarke 1979; Alkon 1987; Racault 1991); qu'il y est reconnu comme la première véritable «uchronie» de tous les temps parce qu'il aurait, et le premier de manière soutenue, situé la représentation utopique de façon radicalement autre, non plus dans l'espace mais dans le temps. Mais il est plus gênant que les analystes de la science-fiction aient systématiquement ignoré l'identité du «premier historien de l'avenir», et qu'ils n'aient pas cherché à vérifier une attribution possible qu'ils avancent pourtant fréquemment. Le faire aurait d'abord permis de rendre à l'abbé de Pure une autorité qu'Emile Magne et surtout Ian Richmond avaient pourtant rendue difficilement contestable. Dans une tradition littéraire sur laquelle Boileau a fortement pesé, il a sans doute été aisé pour beaucoup d'accepter après lui qu'«à moins d'être au rang d'Horace ou de Voiture, On rampe dans la fange avec l'abbé de Pure», dont le nom, qui plus est, rimait si bien avec obscur (*Sat.* IX, 49; VI, 34). Il était pourtant, on le sait, l'auteur célébré de *La Prétieuse*, monument de duplicité concernant les salons du moment, et replacer *Epigone* dans ce contexte n'aurait plus conduit à se méprendre sur les enjeux singuliers de la structure et des motifs, à la fois communs mais systématiquement «autres», d'un roman sur lequel Sorel (53) proposerait qu'«un sujet si extraordinaire et si surprenant, n'a pas été choisi [...] sans que des vérités importantes y soient cachées sous les ombres des narrations fabuleuses». Un seul aspect sera analysé ici, celui précisément que les critiques de science-fiction ont ignoré, pour montrer comment, dans cet ouvrage lu trop souvent comme une uchronie limitée tournant finalement en un banal et ennuyeux roman d'amour et d'aventures[1], divers modes renvoyant tous à une altérité (exotisme du voyage ima-

---

[1] Pour Versins (398), c'est «un roman curieux, mélange d'audaces dans les idées et

ginaire, utopie, uchronie, allégorie, et parodie) sont ingénieusement combinés par de Pure pour faire de certains salons et de leurs productions l'Autre marginalisé à exclure.

Autre, l'épître dédicatoire l'est déjà en annonçant, par une double négation, un «héros inconnu» qui, «encore qu'il ne soit pas ni de ce monde ni de ce siècle [...] n'est pas si farouche ni si barbare» (*Ep.* ij) – ambiguïté syntactique que renforce la polyvalence des termes «siècle» et «monde» à une époque qui, de plus, en faisait souvent des synonymes. L'inattendu est maintenu lorsqu'en dédiant son texte à la marquise de Gouvernet dont il était l'alcoviste, de Pure flatte une femme qui faisait, dit-il, «figure au cercle et dans les ruelles»[2], alors que son avis «Au Lecteur» (s.p.) déclare qu'il ne cherchera pas à plaire à «ces messieurs les précieux». Et *Epigone* est encore autre lorsque, contrairement à *La Prétieuse* qui se laisse fréquemment entendre comme un roman à clefs sans jamais les donner (*Pr.* I:210; II:195), une longue «Clef des mots obscurs» l'offre immédiatement comme allégorique.

En 1663, Chapelain (341) constatera qu'«au lieu des romans qui sont tombés avec La Calprenède, les voyages [...] tiennent le haut bout dans la Cour et dans la Ville». De Pure, lui, aura l'originalité de faire surtout du voyage exotique une réflexion sur le roman, et alors que le vraisemblable commençait à être de mise dans la fiction, il optera pour une approche distanciée, échappant à toute vérification empirique. Procédé commun, entre autres, à deux genres différents sur lesquels *Epigone* va constamment jouer: le genre «métaphysique» qu'est le roman héroïque, et le genre «cognitif» qu'est la science-fiction (prise ici au sens large, incluant l'utopie, que lui donne Darko Suvin, à qui ces termes sont empruntés).

Débutant *in medias res*, la narration n'offrira que graduellement la description d'une réalité autre dans laquelle se manifestera la reprise nonchalante et comme obligée de nombreux motifs de l'utopie, cet «Autre du roman» selon René Démoris. Après l'épreuve initiatique d'une tempête jetant

---

les thèmes, de platitude dans l'expression et de lieux communs dans les sentiments.» Pour Cioranescu (444), c'est «un roman d'aventures aussi ennuyeux que ceux qui se fabriquaient à l'époque et qui ne se sauve, de notre point de vue de lecteurs impatients et ingrats, que par l'amorce d'une perspective utopique». Pour Clarke (16), «his vast panorama of a future France is no more than background for a tale of romantic love and knightly adventure.» Alkon, dont l'analyse méticuleuse met en relief le vague de l'uchronie, ignore le contexte social et mondain qui la motive; inversement, Richmond offre une excellente étude de la galanterie (sans distinguer entre les deux espaces précieux et coquet que de Pure sépare), mais ne s'intéresse pas à l'utopie ou à l'uchronie.

[2] (*Ep.*iij). Selon E. Magne (*Pr.* LX), cette fille et sœur des financiers Barthélémy avait épousé le marquis de Gouvernet en 1655 en présence de Mazarin et de Foucquet. Elle est Guénemonde dans le *Dictionnaire* de Somaize, Balesis dans l'*Amour eschapé* de Donneau de Visé.

un navire sur les côtes de l'Agnotie («Terre inconnue»), ce sera le premier contact d'Epigone et de la princesse Arescie avec des hommes pacifiques, la rencontre du «vénérable vieillard» incontournable en Utopie, puis la traversée d'une «étrange et déserte solitude» (*Ep*. 43) qui rappelle déjà le vide entourant l'utopie Sauromate dans l'*Artamène* de Scudéry. L'architecture de la ville découverte sera obligatoirement dominée par la symétrie, et dans un temple magnifique, un dôme de cristal transparent éliminera la nécessité d'uglossie par une machine fantastique qui a préservé la «matrice des premières langues», et offre à ceux qui l'interrogent une compréhension simultanée. Rêve de retour à une langue universelle primitive que de Pure partage avec bien d'autres à l'époque, et qui permettra surtout ici d'interroger une autre forme d'altérité, celle de naufragés se disant «Clodovistes». Mais pour les lecteurs contemporains cependant, Agnotie ne pouvait pas, comme le propose Cioranescu (444), être la simple «image réfléchie du royaume d'Utopie». «Terre inconnue», elle renvoyait aussi à ces lieux amoureux que la Carte de Tendre de la *Clélie* (1654, I:405) avait déconseillés aux femmes prudentes préférant la tendre amitié. Et c'est là que de Pure narquois esquisse déjà un milieu salonnier. Car les hommes rencontrés, emplumés et désarmés, prosternés devant la cabane – version rustique du cabinet – qui sert de retraite aux femmes divinisées, et reconnus par elles comme les desservants d'une «religion de la nuit» (*Ep*. 16), renvoient manifestement aux ruelles du moment que *La Prétieuse* avait déjà décrites comme un lieu de «mystères» et d'obscurité.

On apprendra ensuite que l'utopie était uchronique avec l'«Histoire d'Epigone», résumée pour le guide Agnotien dans un récit semblable aux tiroirs des grands romans, et qui fait pendant ici à l'«Histoire de Diduoou lie» insérée dans la *Prétieuse*. Autre, *Epigone* l'est donc encore par cette projection dans le temps, mode qui, selon Versins (50-1), aurait seulement connu jusqu'alors onze très brèves ébauches, et que de Pure développe, modestement mais le premier, sans être nécessairement conscient que son geste novateur (que j'analyserai ailleurs) dépend, tout en y contribuant, d'une conception radicalement différente de l'Histoire, de l'individu et du temps. «L'avenir ne se narre point», avait dit Aristote (III-1417b, 89), ajoutant que si on «doit faire une narration, elle devra porter sur le passé». C'est là, ironiquement, la fonction de la structure proleptique d'*Epigone*. Les personnages ne s'y déplacent pas dans l'avenir. Ils y sont déjà situés, sous le règne (non-daté – mais rien ici ne l'est jamais) d'un Clodovée XVIII dont le passé lointain remonte à un certain Errique le Grand (le Vert Galant), à Clodovée le Juste (Louis XIII) et à son fils, le Conquérant, qui n'a pas véritablement besoin d'être appelé «Clodovée quatorzième» puisque le miracle longuement attendu de sa naissance rend son référent transparent. Et comme il suffisait de maintenir la nation admirable qu'il avait fondée, le règne des monarques suivants est logiquement passé sous silence, sauf deux événements qui sont donc particulièrement distingués. Le premier est l'histoire d'une mauvaise épouse, princesse qui avait déclaré à Clodovée XVII ne pouvoir «ni lui obéir ni l'aimer» (*Ep.* 90); le ciel avait récompensé le mari en accordant une grande fécondité à sa femme qui, pour se venger, avait excité des troubles dans l'Etat tandis que l'empereur mariait ses filles pour ne pas les corrompre «parmi les exemples domestiques d'une femme qui n'en avait pas» (*Ep.* 97). Des échos de la Fronde se font entendre dans ce récit d'une rébellion armée qui ne sera écrasée qu'après plusieurs années, le monarque réussissant enfin à réduire son épouse et son second fils à lui «rendre les respects de femme et d'enfant» par une surveillance de tous les instants (*Ep.* 98-99). Ainsi schématisé, le parcours est clair: le refus, par une femme, des termes attendus du contrat de mariage, de la maternité et de la domesticité, conduit à l'attentat contre l'Etat. Lorsqu'Epigone, le troisième fils, préférera s'esquiver que d'opter entre père et mère, c'est vers Marseille qu'il se dirigera, cité sur laquelle on apprendra, entre autres, que le «Grand Clodovée» avait été «plusieurs fois presque contraint de la châtier de son orgueil» (*Ep.* 114) – ce qui allait d'ailleurs en effet se passer en 1660. Narrativement parlant, ce voyage est donc doublement issu d'une révolte et d'une enclave déjà autre, se voulant privilégiée, nourrie d'un esprit d'indépendance séditieux qui est déploré. L'existence de Marseille, seule ville réelle qui soit nommée, indique aussi une grille de lecture: entre la fiction et le réel il y aura continuité; imaginés et lointains, les mondes vers lesquels mèneront le voyage seront également vrais et temporellement rapprochés. A la fois Autres et toujours Mêmes.

C'est par la longue narration des aventures maritimes du jeune prince qu'*Epigone* s'inscrit dans le genre héroïque. Tous les critiques de science-fiction l'ont relevé, pour d'ailleurs le déplorer, sans voir qu'il s'agissait d'une immense et ingénieuse parodie structurée par divers procédés – abaissement ou surcharge héroï-comiques, intertextualité mimétique mais pastiche, pointes satiriques et métacritiques. Guerrier-machine dont la volonté de gloire sans but spécifique est toujours rabaissée dans ses effets, Epigone est le successeur simulacre et dérisoire du grand héros. Sur le navire étranger qu'il se doit de conquérir, trois hommes nécessairement «extraordinairement bien faits» (*Ep.* 136) se présenteront à lui «les cœurs et les mains liées» par la princesse Arescie qu'ils ont enlevée (et dont le nom signifie Perfection). Proposant de raconter leurs amours infortunées (comme, entre autres, dans l'*Artamène* de Scudéry), tous, dans ce navire fabuleux recouvert d'une peau de poisson qui le blinde contre les canons, feront retraite dans une chambre revêtue d'un duvet qui renvoie aux plumets des salons. Il est sans doute vrai, comme Cioranescu (444) l'a proposé, que le fait d'avoir tiré du grec le nom de ces princes rapproche ce texte de l'utopie de Thomas More; mais c'est là également le procédé courant des grands romans, et comment croire que «le rapport symbolique entre le nom et le personnage reste assez ténu et, somme toute, indifférent»[3] lorsque la clé allégorique précise que ces princes règnent respectivement sur la niaiserie, l'oisiveté, et l'amusement à des sottises. Et quelles sont-elles sinon que tous sont liés par une générosité qui les oblige d'abord à mener leur rivalité dans des règles ridiculisées – «ils se résolurent de commencer leur haine par une déclaration de leur amour» (*Ep.* 168) –, et que la femme adorée doit non seulement à sa fierté de déjouer toute illusion de réciprocité, mais aussi de se montrer affligée par tout relâchement d'intérêt. D'où des tergiversations dont l'absurdité est amplement illustrée. Il s'agit fréquemment de «reprendre l'[amant] absent et de renvoyer le présent» (*Ep.* 266), et la parodie s'étend aussi bien aux diverses étapes sentimentales du Tendre que Scudéry avait cartographiées qu'à des études de cas réglées que les amants font de leurs tourments[4], – là encore comme dans l'*Astrée* ou dans *Artamène*. Plus concis, de Pure aurait été plus cinglant. Mais à comprendre qu'il taquine systématiquement à la fois l'anesthésie du parfait amant, les longueurs bien connues des grands romans, et les débats tenus dans les salons du temps, le tout devient assez divertissant. *Epigone* n'est pas un roman comme les autres, souligne de Pure; il est l'Autre parodique des romans héroïques.

Quelques passages sont ingénieux. Dans le premier, particulièrement apprécié par Somaize (I:200), la princesse Perfection, furieuse d'avoir été enlevée, s'est rendue invisible depuis un an. Si cette histoire «est essentielle à mon discours,» insiste le narrateur (*Ep.* 185), c'est, entre autres, qu'elle renvoie à *La Prétieuse* (I:10), qui comparait déjà les ruelles aux sectes des «Invisibles et des Rosecroix». Dans un appartement suspendu, devant une chaire «un peu élevée et qui paraissait vide», Epigone viendra «consulter un trône sans roi» (*Ep.* 203-4). Illustration humoristique d'une mystique néo-platonicienne qui érigeait les femmes comme dépositaires de La Beauté – aussi bien Epigone admet à ce moment ne pas être sans «quelque sentiment de la philosophie» propre à lui faire trouver «cet événement plus rare qu'impossible». Douce raillerie, aussi, de femmes qui se rendaient précieuses en s'élevant au dessus du commun des mortels. Mais

---

[3] (Cioranescu 444). Alkon (28) propose lui aussi que «Little seems to be gained by regarding the main characters primarily as allegorical types of age, intelligence, good nature or whatever»; pour Richmond (89), au contraire, «la richesse de l'allégorie exige et récompense un examen minutieux».

[4] Ayant «assez de pente» à aimer Arescie, l'un des princes n'est pourtant pas «tout à fait déterminé». Son cœur n'a «pas encore consenti à ses yeux»; il n'en est qu'aux «premières atteintes», et bien qu'«au delà de l'indifférence», il n'a pas encore «perdu toute sa liberté» (*Ep.*170); voir aussi (258;176;178).

culte, également, d'une déesse cachée qui n'est pas sans évoquer les «jansénistes de l'amour», bon mot sur les précieuses lancé trois ans plus tôt (1656) par Ninon de Lenclos qui l'empruntait peut-être à Saint-Evremond. Et comme dans son précédent roman, de Pure avait proposé que «le mâle des Prétieuses s'appelle Janséniste» (*Pr*.II:158-9), s'explique finalement (*a posteriori* bien sûr) que le grand prêtre-guide d'Agnotie ait été fréquemment appelé «Solitaire» au début du récit.

Epigone s'engageant à tirer la «fille infortunée» (*Ep*. 206-14) des mains de ses trois rivaux, une centaine de pages (*Ep*. 246-313) sera consacrée à deux duels héroï-comiques menés en parallèle, d'ailleurs moins des combats réglés que des mêlées. Lorsque deux des princes poursuivent leur lutte dans la mer où ils sont tombés, l'emprunt est clair à l'*Artamène* (I:176-8; X:466) de Scudéry, l'hypotexte évident ici. Et pour mieux souligner que le héros est moins agent que patient, c'est par le vent – élément dominant dans ce roman – que son grand rival est frappé, pour ensuite aller s'empaler sur le poignard que portait … la femme aimée (*Ep*. 287). Cette arme fera l'objet d'un très long épisode où la fétichisation, immédiate de la part du blessé, sera amplifiée par un masochisme exacerbé, et s'il y a «du mystère dans ce poignard» (*Ep*. 309), son symbolisme est à peine plus compliqué qu'il n'y paraît. Outre qu'il contient la potion d'invisibilité, et donc de distance et de cruauté, il donne à la femme adorée un pouvoir qui conduit à l'émasculation symbolique de l'amant. Vexations, mortifications, obéissance absolue: on reconnaît ici, mais dans une parodie, bien des composantes de la «névrose précieuse» analysée par Philippe Sellier.

Le pays des «Mignones» que tous découvrent par la suite poursuit autrement le jeu du renversement. De l'espace Tendre d'Agnotie, il est l'autre versant, une des originalités de cette fiction étant de distinguer entre deux modes d'aimer et espaces salonniers que les ruelles de la *Prétieuse* amalgamaient (*Pr*.I: 61; 68-70). Il s'agit ici du Galant, terme très fréquemment répété dans cette seule partie du roman. D'une extension particulièrement large à l'époque – *Artamène* (X:524-533) l'illustre en discutant ses bons et ses mauvais côtés – ce code est réduit ici à l'acception (trop) étroite que lui a donnée Jean-Michel Pelous – qui, étonnamment, ne s'est jamais intéressé à un roman où il aurait pourtant pu puiser certains arguments. Vouant un culte à la beauté physique et à la jeunesse, ce pays est un lieu fortement sensualisé, où les femmes lestement parées sont d'un accès aisé. En témoigne une reine entourée de «jeunes gens les mieux faits» (qui sont employés à ses «divers besoins»; *Ep*. 360-1), et d'un conseil secret composé d'anciennes «dromestes», à savoir de «coureuses» certifiées. C'est un royaume, aussi, où l'inconstance est littéralement couronnée puisque tout homme dernièrement arrivé y devient souverain. D'où un roulement incessant d'amants qui resteront «sans voix» (*Ep*. 571), aussi bien politique que narrative d'ailleurs, puisqu'en un renversement évident, ils ne peuvent être que régents. Les ruelles et leur «nuit artificielle» seront de nouveau ouvertement évoquées, et ce monde aura lui aussi son idiome et ses propres créations; des vers et «chansons à danser», par exemple, dont les paroles, inoubliables et donc dûment citées, seront bien sûr d'une grande banalité. Les futilités de ce climat léger, que de Pure qualifie souvent d'«enjoué», sont manifestement celles d'une sensibilité qui s'est épanouie pendant un certain temps – entre 1650 et 1670 selon Pelous (145), sans doute trop étroitement. Mais ces nouveaux Hylas, ici, ne sont pas vraiment loués aux dépens de Céladon. Les deux codes amoureux sont en fait également critiqués, pour la façon, entre autres, dont les hommes y sont rabaissés.

A tous ces conteurs de vent, de Pure a néanmoins, à son insu ou non, donné un poids certain. Leur espace, tel qu'il le définit, n'est peut-être guère qu'un état d'esprit mais il subvertit. Ce monde à l'envers où «le second sexe [..] tient le premier rang» (*Ep.* 570) est en effet une monarchie constitutionnelle dont la reine est élue, et qui refuse la distinction des conditions – indifférenciation sociale déjà relevée dans *La Prétieuse* (I:64), et propre à certains salons, celui de Scudéry entre autres, où la distance entre nobles et bourgeois tendait à s'effacer. Mais c'est surtout une société qui remet violemment en cause l'institution du mariage. En témoignent les règles d'un long «Formulaire» prônant, outre un dévouement obligatoire à l'amour inconstant, le refus des «sacrilèges serments des maudits hyménéens» (*Ep.* 369). Manifeste renversant les lois de fidélité énoncées dans *L'Astrée*, ce formulaire est plus qu'une parodie du sacrement du mariage chrétien (Richmond 1977:94). C'est un contrat instituant des relations différentes, et dans lequel de Pure a l'ingéniosité perverse de mêler certains échos scudériens aux règles de l'infidélité enjouée.

Son jeu douteux d'allusions détournées de leur contexte premier dépasse en effet les exemples cités précédemment. Chez Scudéry, l'enclave utopique des Nouveaux Sauromates était fondée après une guerre civile renvoyant à la Fronde (*Artamène* X, 569); l'exil d'Epigone, qui a eu la même origine, aboutit, lui, au royaume de Coquetterie, espace à la fois proche et différent du pays Sauromate qui était gouverné, lui aussi, par une jeune reine et par des lois d'amour – mais qui obligeaient, elles, à la fidélité. Sapho, qui avait fait accepter dans ce pays son rejet du mariage-esclavage, admettait comme seul amant acceptable celui que le temps ne changerait pas, «comme on n'en trouve point au Monde», avait-elle ajouté – et donc semblable à Epigone tel que de Pure l'avait annoncé (*Artamène* X, 573;343;452). Enfin, parallèle au Formulaire des coquettes mais différent en intention, le jeu très sérieux de la Carte de Tendre de la *Clélie* proposait lui aussi d'autres choix relationnels, des contrats privés, individualisés, remettant en cause l'institution du mariage, comme Filteau, Bassy et DeJean

(57;89) l'ont montré. De Pure mêle donc ici volontairement beaucoup de subversions d'ordre différent, et si ces nouveaux arrangements amoureux, Tendre ou Galant, n'étaient véritablement que du vent, pourquoi en faire une aussi longue histoire?

La Prétieuse laissait entendre à plusieurs reprises qu'elle était écrite par «un esprit de vengeance» (I:65) et de «ressentiment légitime» (II:194-5). Par le courroux, essentiellement, d'être obligé d'aller «à l'école chez ces femmes» (I:60), dans des ruelles dont la fonction primordiale était, selon ce texte, de s'ériger en tribunal littéraire avant, l'«Histoire de Didascalie» l'implique, de «rétablir l'empire du Sexe» (II: 268) en fondant une autre société. Même esprit querelleur dans *Epigone*, dont l'épître «Au Lecteur» s'inscrit par un double déni dans une attitude d'indifférence prétendue mais rageuse envers «ces messieurs les précieux qui s'érigent en titre de censeurs généraux de tout ce que peuvent produire ceux qui ne sont point de leur cabale» – significative masculinisation du méfait perpétré, avant que le roman lui-même n'entraîne vers des espaces dominés par des femmes. La menace, on le note, s'adresse essentiellement à la critique langagière aux dépens de la *création littéraire*, l'importante production des salons étant en effet traitée avec une grande duplicité, mi-élogieuse, mi-critique dans *La Prétieuse*, parodiée sans le dire dans *Epigone* – de Pure y devenant néanmoins ironiquement lui-même le successeur, quoique railleur, de Scudéry. Mais plus perversement encore, il s'agit, dans ce dernier roman, d'une mise en abyme au second degré puisque ce sont des lieux et des textes eux-mêmes déjà utopiques qu'il dystopise. Comme Joan DeJean l'a amplement démontré, l'après-Fronde avait en effet vu se réorganiser des communautés salonnières d'où s'écrivait le scénario utopique différent de femmes non plus héroïquement fortes mais se distinguant par l'écriture, dans des textes qui remettaient d'ailleurs déjà en cause le roman héroïque, et qu'il n'est guère possible de prendre pour de «calmes utopies» (Pelous 22): l'«Histoire de Sapho» (1653), tout d'abord, insérée dans *Artamène* (X), et la première d'une série d'utopies féministes postérieures à la Fronde, immédiatement suivie de la *Clélie* (1654-1660), écrit collectif et peu innocent politiquement, comme l'a montré DeJean. Telle que Suvin (57) l'a définie, l'utopie est «la construction verbale d'une communauté quasi humaine particulière, où les institutions socio-politiques, les normes et les relations individuelles sont organisées selon un principe plus parfait que dans la société de l'auteur, cette construction alternative étant fondée sur la distanciation née de l'hypothèse d'une possibilité historique autre». Les doubles géographies politiques du Tendre (les salons *et* leurs créations) remplissent bon nombre de ces conditions, et les textes qui les ont raillées sous forme de sectes ou d'états dystopiques ont implicitement reconnu leur dimension subversive[5].

A son insu ou non, de Pure tente d'exorciser cette subversion de plusieurs façons, la première étant de la présenter comme une fiction. Dans *La Prétieuse*, les ruelles sont dites semblables à ces nouveaux mondes dont l'astronomie avait du mal à confirmer l'existence (I:67); certains personnages suggèrent que de Pure les «érige en communauté» (I:206), comme s'il les inventait; dans ce texte parfois proposé comme une «imagination» (I:206), le réalisme du pseudo-documentaire est souvent déjoué par des allusions à une mystification en cours, et la fiction y réfléchit souvent sur elle-même, entre autres par l'insertion d'un roman dans le roman, comme Sylvie Romanowski l'a montré. Or si cette insistance sur la fiction et cette auto-référentialité fréquente ont des effets variés, elles contribuent également à rendre fictives les propositions et la présence corrosives des salons. Non pas parce que celles-ci n'auraient existé *que* dans la fiction, comme Pelous (376) l'a proposé, mais afin précisément de le suggérer, et donc d'occulter comme imaginaire une déviance précieuse ressentie comme un danger (dont Stanton a analysé les effets à base de textes différents). Dans *Epigone*, l'imprécision calculée et le *novum* du récit uchronique, joints aux jeux d'une intertextualité lourdement parodique et à une double mise en abyme utopique ont la même finalité.

L'allégorisation (par ailleurs fréquente à l'époque, dans des objectifs variés), est une stratégie différente ici, qui tend, elle, à l'assimilation. Les précieuses, on le sait, ont souvent été présentées par de Pure (entre autres) comme étant d'une génération particulière et spontanée, «d'une espèce autant bizarre qu'inconnue» (*Pr.* I:62), analogue aux anges par son élévation et sa perfection mais aussi par son manque de «définition» (*Pr.* I:67) – «une troisième espèce de personnes», dira significativement Cotin (64-5) plus tard, en reprenant d'ailleurs une expression qui s'attachait depuis longtemps à la condamnation de comportements sexuels jugés marginaux. Or si, comme Serres l'a souligné (67), le «problème dialectique le plus profond» n'est pas la question de l'Autre – qui n'est qu'une variation du Même – mais celle du «troisième homme», «le *demon*, la prosopopée du bruit», ce Tiers état que de Pure juge efféminant et perturbant, quoi de plus approprié, pour l'assimiler, que de l'allégoriser, à savoir de le réécrire en fonction d'un code premier dont on prétend posséder la clé, réinsérant alors dans le moule du Même cet Autre dont le mystère est interprété? Moins subtilement cependant, l'ultime stratégie ici sera la tentative d'extermina-

---

[5] En témoigne le pamphlet intitulé *Avis au Public pour l'établissement de la Société Précieuse* (1er janvier 1655); à ce sujet, voir *PFSCL* XVIII, 35 (1991): 463-469; et Duchêne (339).

tion symbolique du Précieux par le Galant. Le troisième livre sera consacré à ce débat-combat où la violente aversion des Mignonnes envers «cette espèce maudite» que sont les «prudes» (*Ep.* 447) aboutira à la condamnation de la princesse Perfection. L'humour macabre du châtiment qui lui est réservé n'est pas uniquement qu'on se propose de la décerveler sans toucher à ses cheveux, jugés sacrés, mais que, logiquement dans ce pays de femmes écervelées, la mort ne soit pas censée se produire avant qu'on ne l'ait décapitée – ce qui ne se fera d'ailleurs pas, le prince masochiste s'étant (temporairement) substitué à la femme aimée. Deux cent pages décrivant d'incroyables péripéties et des retournements fréquents confondront ensuite le tendre spirituel et le coquet sensuel dans une même absurdité aux confins de la folie. Et lorsque qu'Epigone laissera enfin derrière lui à la fois ses rivaux et le pays galant, ce sera par un accident qui, dit le texte (*Ep.* 616), est probablement encore dû au vent.

Jusqu'à son terme cependant, cet ouvrage qui prétend toujours badiner, et que l'«Avis au lecteur» avait d'ailleurs tenu à présenter léger comme «un ramas de vaines vapeurs», restera d'un poids politique certain, révélateur d'anxiétés que ses longueurs ne réussissent pas à dissimuler. Il n'est pas indifférent en effet que ce voyage de plus en plus dystopique à travers divers espaces féminins et salonniers mène à une ultime étape, déclarée aussi brève que contrainte, dans une île démocratique et agitée de factions que le narrateur déclare détester. Et il importe aussi qu'après le naufrage sur les côtes d'Agnotie, le guide prophétise sombrement bien des tourments pour Arescie, au sein même de son propre pays. La suite du texte annoncée par de Pure ne viendra jamais, mais dans ce roman dont la fin renvoie au début de l'histoire d'Epigone, ce sont aussi les conditions de son exil que cet avertissement rappelle implicitement: les dangers qui menaçaient Marseille, enclave rebelle, et surtout l'écrasement prétendu justifié d'une fronde menée par une amazone sans affinité pour le mariage ou la maternité. A ce propos du moins, de Pure n'était pas sans suite dans les idées. Son premier roman s'était lui aussi suspendu sur une déclaration ambiguë mêlant la politique et le pouvoir des femmes à la fiction: «(Sauf le respect dû à qui il appartient [...] et surtout à la Loi salique) [avait-il dit] il ne faut point de conclusion à ce roman; comme les rois ne meurent point en France, la *Prétieuse* ne doit pas avoir de fin» (II:340). Permanence du régime monarchique et législation interdisant aux femmes de régner étaient associées ici à la suspension de l'histoire d'une rebelle (Didascalie) dont les prétentions subversives venaient d'être rabaissées. De Pure menaçait donc ainsi humoristiquement de maintenir cette dérision aussi longtemps que la royauté (qu'il pensait, à tort, en terme d'éternité).

«Autre», précisera le *Dictionnaire* de Furetière, «se dit aussi par exclusion.» L'*Histoire du siècle futur* l'illustre en poursuivant, quoique différemment, le jeu mi-narquois, mi-fasciné, toujours anxieux et duplice, que jouait déjà *La Prétieuse* contre le féminocentrisme, la science et les productions des salons. De Pure les déplace hors temps, hors lieu, parce qu'il les ressent déplacés et qu'il les veut hors jeu. Ironiquement, c'est lui qui s'est fait évincer pendant longtemps; c'est parce que les critiques de science-fiction ont eux-mêmes ignoré l'apport utopique des salons féminins qu'ils ont systématiquement attribué *Epigone* à un autre – à l'éditeur du texte, un certain Jacques Guttin –, et qu'ils ont réduit cet ouvrage dont Sorel avait raison de juger le sujet surprenant à un banal roman héroïque doublé d'une vague et impénétrable allégorie. Or le voyage uchronique, ici, n'était pas exotique mais topique: tout, finalement, y était bien et de son monde, et de son siècle. Loin d'être méprisable pour sa peinture d'un temps à venir qui reste en effet très floue, ce premier «roman futuriste» de la littérature française illustrait déjà la proposition de Fredric Jameson (151) que la science-fiction sert moins à représenter l'avenir de manière précise qu'à défamiliariser et à restructurer l'expérience d'un *présent* difficilement accessible autrement.

OUVRAGES CITES

Alkon, P.K. «Temporal versus Spacial Imagination: *Epigone, histoire du siècle futur*». *Origins of Futuristic Fiction*. Athens/London: The University of Georgia Press, 1987, p. 3-44.

Aristote. *Rhétorique*. III [1417b]. Paris: Les Belles Lettres, 1973.

Bassy, A.-M.. «Supplément au voyage de Tendre.» *Bulletin du bibliophile* 1 (1982), p. 13-33.

Boileau, N. «Satires VI et IX». *Œuvres complètes*. F. Escal (éd.). Paris: Pléiade, 1966.

Chapelain, J. *Lettres*. II. Paris: Imprimerie Nationale, 1880-83.

Cioranescu, A. «Epigone, le premier roman de l'avenir». *Revue des sciences humaines* 3(1974), p. 441-8.

Clarke, I.F. *The Pattern of Expectation, 1644-2001*. London: J. Cape, 1979.

Cotin, C. *Œuvres galantes*. 2e éd. Paris: E. Loyson, 1665.

DeJean, J. *Tender Geographies. Women and the Origins of the Novel in France*. New York: Columbia UP, 1991.

Démoris, R. «L'Utopie, Autre du roman…». *Revue des sciences humaines* 39 (1973-74), p. 397-409.

Duchêne, R. «A la Recherche d'une espèce rare et mêlée: les Précieuses avant Molière». *Papers on French Seventeenth-Century Literature*, XXII, 43 (1995), p. 331-357.

Filteau, C. «Le Pays de Tendre: l'enjeu d'une carte». *Littérature* 36 (Déc. 1979), p. 37-60.

Jameson, F. «Progress Versus Utopia; or, Can We Imagine the Future?» *Science Fiction Studies* 9 (July 1982), p. 147-158.

Pelous, J.-M. *Amour précieux. Amour galant (1654-1675)*. Paris: Klincksieck, 1980.

Pure, M. de. *Epigone, Histoire du siècle futur*. 1ère partie. Paris: P. Lamy, 1659. (abrégé *Ep.*).

– *La Prétieuse ou Le Mystère des ruelles*. E. Magne (éd.). Paris: Droz, 1938. (abrégé *Pr.*).

Racault, J.-M. *L'Utopie narrative en France et en Angleterre. 1675-1761*. Oxford: The Voltaire Foundation, 1991.

Richmond, I.M. «Les Répercussions morales et littéraires de la galanterie d'après *Epigone* et *La Prétieuse*». In *Héroïsme et galanterie: l'abbé de Pure, témoin d'une crise (1653-1665)*. Sherbrooke, Québec: Naaman, 1977, p. 83-128.

– «Deux Œuvres rendues à l'abbé de Pure». *Revue d'histoire littéraire de la France* 2 (1977), p. 179-186.

Romanowski, S. «Un Roman féministe du dix-septième siècle: Héroïsme et langage dans *La Prétieuse* de l'abbé de Pure». *Kentucky Romance Quarterly* 24, 4 (1977), p. 460-471.

Scudéry, M. de. *Artamène, ou le Grand Cyrus*. Genève: Slatkine Reprints, 1972.

– *Clélie*. Genève: Slatkine Reprints, 1973.

Sellier, Ph. «La Névrose précieuse». *Présences féminines*. I. Richmond et C. Venesoen (éds.) Paris/Seattle/Tübingen: Biblio 17, 1987, p. 95-124.

Serres, Michel. *Hermes*. Philadelphia: Johns Hopkins UP, 1982.

Somaize, Sieur de. *Dictionnaire des précieuses*. Vol. I. Paris: P. Jannet, 1861.

Sorel, C. *La Bibliothèque française* (2e éd., 1667). Genève: Slatkine Reprints, 1970.

Stanton, D. «The Fiction of *Préciosité* and the Fear of Women». *Yale French Studies* 62 (1981), p. 107-34.

Suvin, D. *Pour une Poétique de la science-fiction*. Montréal: Presses de l'Université du Québec, 1977.

Trousson, R. *Voyages aux pays de nulle part*. Bruxelles: Editions de l'Université, 1975, 1979.

Versins, P. «Anticipation» et «Guttin». In *Encyclopédie de l'utopie, des voyages extraordinaires et de la science-fiction*. Lausanne: L'Age d'homme, 1972, p. 50-52 et p. 398-400.

Fémininité juive et le problème de la représentation au dix-septième siècle

SUSAN MASLAN

University of California, Berkeley

C'est avec une fréquence remarquable qu'apparaissent et reparaissent des héroines juives dans le théâtre de l'époque classique. Et autant de nombreuses pièces à thème religieux ou sur l'ancien testament furent écrites pendant cette période, autant trois sujets se dégagent clairement par leur récurrence: Susannah, Judith et Esther. Un dénombrement très préliminaire révèle qu'entre 1565 et 1695, au moins 9 pièces sur Susannah, 10 sur Judith et 10 sur Esther furent écrites et représentées. Mon propos ici est de suggérer que la réapparition quai-obsessionelle du thème de la belle juive reflète le caractère hautement problématique de la représentation dramatique pour la culture de la Contre-Réforme. Car la même période qui vit fleurir le théâtre français classique vit également un mouvement très incisif de dénigrement du théâtre, non seulement de la part des Protestants et ensuite des Jansénists, mais aussi de la part de l'église de la Réforme catholique elle-même. Une telle offensive, à mon avis, participe d'une angoisse culturelle générale quant aux idoles et à l'idolâtrie, et met tout particulièment en cause le théâtre et les femmes. Les histoires concernant des héroines juives se prêtent donc idéalement à l'examen de ce problème, puisque d'une part ces histoires donnent à voir l'idolâtrie vaincue, tandis que de l'autre les héroines du peuple anti-représentationnel se voient elles-mêmes constituées en spectacles, en idoles théâtrales.

C'est pourquoi, dans l'étude présente, je me tourne vers la pièce peut-être la plus célèbre comportant une héroine juive, *Esther* de Racine. Cette œuvre de Racine offre une réponse et une résolution aux problèmes que soulève l'anti-théâtralisme des Catholiques et des Jansénistes. Je ne tiens pas du tout à suggérer ici qu' *Esther* prend place dans l'histoire religieuse du fait que les Juifs tiendraient lieu de Protestants ou de Jansénistes; d'autres commentateurs ont fait un tel rapprochement. Mon propos est bien différent, puisque je pense que la pièce de Racine s'attaque de front à la question la plus pressante de l'époque – l'idolâtrie, ou le rapport entre les représentations religieuses et l'essence qu'elles représentent – et, au-delà, au problème esthétique le plus crucial du théâtre, à savoir, comment transcender les surfaces spectaculaires qui distraient et séduisent les spectateurs afin de leur transmettre des vérités sublimes. C'est donc loin d'être une coincidence – si tant est qu'on prenne au sérieux la foi religieuse de Racine – que celui-ci se soit attaché à l'histoire d'Esther après sa longue absence du théâtre. En effet, cette pièce est une méditation sur les idoles, et donc une méditation sur la représentation dramatique sous le coup de l'anti-théâtralisme catholique. Grace à Esther, qui est elle-même spectaculairement anti-spectaculaire, Racine condamne l'idolâtrie et montre que la représentation artistique peut effectivement la transcender. Ce faisant, le dramaturge se pose en défenseur de la pureté et du potentiel rédemptif des arts dramatiques tout en offrant un modèle pour leur avenir.

I

Dans les sermons du dix-septième siècle, d'après Jean Delumeau dans son livre *Le Péché et la peur*, les péchés contre lesquels les prêtres exhortaient le plus fréquemment leur fidèles concernaient la luxure, la beauté physique, les atours féminins, les spectacles et danses, et les périls du mariage.[1] L'Eglise de la Contre-Réforme condamnait violemment le corps et les sens et, par conséquent, vivait dans un effroi constant de la nudité et des femmes. Le manuel intitulé *Bouquet de la mission* conseillait à ses lecteurs de traiter le corps comme «ennemi déclaré», tout en leur rappelant que le corps était insignifiant, «un monceau de terre»[2]. Pourtant, en dépit de la trivialité du corps, celui-ci exerçait une force tellement irrésistible qu'il fallait absolument se soustraire à sa vue.

Pas plus qu'aux célibataires ou aux personnes vouées au célibat les plaisirs corporels ou l'exercice des sens n'étaient permis aux personnes mariées. Un prédicateur rappelant à son troupeau que le mariage n'était nullement un refuge pour la lascivité, prenait à parti «quiconconque abuse de l'œil à l'occasion des rapports conjugaux»:

> Regarde-moi, vois-tu cet œil? Il n'a pas été fait pour le mariage. Qu'est-ce que l'œil a à faire avec le mariage? Chaque fois qu'il voudra voir des ribauderies, c'est un péché mortel. Pour rassasier tes yeux deshonnêtes, tu fais un très grand péché.... Femme ne consens jamais à cela. Plutôt mourir que de te laisser voir.[3]

Pour ce predicateur, toutes les femmes sont des spectacles en puissance.

---

[1] Jean Delumeau, *Le Péché et la peur: La Culpabilisation en occident XIII-XVIIIe siècles*, (Paris: Fayard, 1983) p. 476-477.

[2] Cité dans Delumeau, p. 487.

[3] Cité dans Delumeau, p. 486-487.

En effet, le pouvoir spectaculaire de la beauté féminine était considéré si irrésistible que l'anti-théâtralité catholique dirigea son attention et sa véhémence vers l'apparence des femmes sur scène. Le père Coustel affirmait que c'était une offense contre «la pudeur du sexe et l'honneur de la virginité» que à voir une chrétienne sur scène. Comment une femme pourrait-elle avoir de l'effronterie de se montrer devant 2000 personnes qui, toutes, la regardent, se demande le bon père, puisque cela va «contre la retenue si séante et si naturelle à son sexe»? Cependant, si la vertu de la femme s'évapore dès lors qu'elle se présente en scène, le vrai danger qu'elle présente, selon Bossuet, concerne les spectateurs qui la regardent et deviennent d'une certaine manière autant d'adultères. Qui plus est, selon Pierre Nicole, l'effet de la beauté spectaculaire féminine est encore plus dévastateur puisqu'en devenant l'objet de la passion des spectateurs, la beauté de la femme transforme ceux-ci en idolâtres.

Ainsi le mariage chrétien doit-il demeurer étranger à l'amour et à la passion. C'est une union «grave et sérieuse» selon Bossuet.[4] D'après une doctrine dont on imagine aisément l'impopularité, Nicole explique la logique de l'Eglise qui condamne l'amour dans ou hors du mariage, le problème découlant de la jalousie divine:

> Dieu ne demande proprement des hommes que leur amour; mais aussi il le demande tout entier, et il n'y veut point de partage. Et comme il est leur souverain bien, il ne veut pas qu'ils cherchent leur repos dans aucune créature, parce que nulle créature n'est leur fin[5].

C'est pourquoi un chrétien «doit avoir une extrême horreur d'être lui-même l'objet de l'attache et de la passion de quelque autre personne, et d'être ainsi...son idole, puisque l'amour est un culte qui n'est dû qu'à Dieu»[6]. Tout amour étant voué à la divinité, l'amour qui s'applique à tout autre objet est illégitime. Ainsi, aimer son conjoint légal est tout autant inadmissible qu'aimer un tiers, car dans les deux cas Dieu se voit spolié de ce qui lui appartient en propre. Voilà pourquoi tout amour terrestre est idolâtre. Tout amour terrestre est un culte voué à ce qui n'est, après tout qu'un «monceau de terre», un culte qui rivalise avec le culte dû à Dieu.

Cette condamnation de l'amour terrestre suit la même logique que la condamnation du corps. Se préoccuper du corps signifie qu'on préfère au

---

[4] Cité dans Pierre Nicole, *Œuvres philosophiques et morales* (Paris, 1845) p. 460 n.3.

[5] Nicole, p. 442.

[6] Nicole, p. 443.

céleste le terrestre, lequel, selon Delumeau, «est sans valeur pour Dieu»[7]. En effet, tous les péchés qu'énumère Delumeau sont en définitive des formes d'idolâtrie: tous découlent de cette hiérarchie erronée qui consiste à prendre le terrestre pour plus vrai et plus solide que le divin.

On comprend mieux alors le statut particulier du théâtre, un statut, selon Nicole, qui dépend moins du contenu des représentations (bien que celles-ci soient aussi condamnées) que du simple fait que le théâtre représente et donc fasse l'éloge du monde:

> Enfin, un des premiers effets de la lumière de la grâce étant de découvrir à l'âme le vide, le néant, et l'instabilité de toutes les choses du monde, qui s'écoulent et s'évanouissent comme des fantômes, et de lui faire voir en même temps la grandeur et la solidité des biens éternels, cette disposition doit produire d'elle-même une aversion particulière pour les comédies, parce qu'elle y voit un vide et un néant tout particulier; car si toutes les choses temporelles ne sont que des figures et des ombres, en quel rang doit-on mettre les comédies qui ne sont que les ombres des ombres[8]?

Le problème du théâtre n'est donc pas qu'il donne à voir un monde faux, ou qu'il ne montre que le péché, mais bien que dans sa qualité essentielle – la vanité même des images qui le constituent – en effet, c'est le monde lui-même. En donnant à voir le monde au public admirant, le théâtre se faisait en un sens le culte d'une fausse idole. Ainsi, même l'abbé d'Aubignac, l'éminent défenseur et théoricien du théâtre, concède que «les premiers pères de l'église ont condamné les chrétiens qui y assistaient comme participants à l'idolâtrie»[9].

La preuve dernière que le théâtre est corrompu de manière inhérente, toujours selon Nicole, c'est qu'il est incapable de représenter de vraies valeurs chrétiennes puisqu'elles sont essentiellement invisibles et, donc, antithéâtrales:

> La plupart des vertus chrétiennes sont incapables de paraître sur le théâtre. Le silence, la patience, la modération, la sagesse, la pénitence...ce serait un étrange personnage de théâtre qu'un religieux modeste[10].

Le théâtre, de par sa nature même, ne peut guère montrer ce que l'église considère être le réel, le transcendant, ce qui dans les mots de Hamlet demeure «outre spectacle».

---

[7] Delumeau, p. 487.

[8] Nicole, p. 459.

[9] Hedelin, abbé d'Aubignac, *Pratique du théâtre*, (1659; Paris, 1740) p. 347.

[10] Nicole, p. 445.

II

L'*Esther* de Racine constitue, à mon sens, une réponse à de telles imputations. Car Esther incarne tous les traits de caractère que Nicole estimait n'être pas représentables: elle fait preuve de sagesse, d'humilité et de dévotion. Elle n'a que dédain pour les choses de ce monde, et bien que Racine ne souligne pas cet élément dans la pièce, elle ne ressent aucun amour terrestre pour son mari – un bien piètre rival de son amour de Dieu. La version de l'histoire que donne Lemaistre de Sacy est à cet égard plus fidèle aux Ecritures. L'Esther de Sacy en effet rappelle à Dieu, «Vous savez que je déteste le lit des incirconcis»[11]. Malgré de telles vertus, cependant, Esther elle-même constitue un grand spectacle de beauté, voire le plus grand spectacle de toute la Perse.

Selon l'histoire biblique de laquelle Racine a tiré sa pièce, le plus grand roi de Perse, Assuérus, ayant écarté sa femme Vashti pour désobéissance, cherche une nouvelle reine consorte. Les plus belles vierges de son royaume sont amenées devant lui et d'entre toutes il choisit la juive Esther, dont il ignore tout des origines. Entretemps, le ministre du roi, Aman, a conçu une grande haine à l'égard des Juifs et il réussit à convaincre le roi de donner l'ordre de les exterminer. Esther intercède auprès du roi son époux, révèle son identité et sauve ainsi son peuple. Aman, quant à lui, est condamné à mort.

La pièce donne à lire trois rapports distincts aux idoles: celui des Juifs qui méprisent les idoles; celui d'Aman qui veut être une idole; celui d'Assuérus qui, en se présentant comme Dieu vivant, se pose en idole. Esther et le chœur de jeunes Juives qui l'accompagne ne rejettent pas les idoles par un simple bon sens qui manquerait aux Persans. Non, leur savoir en ce domaine provient d'une expérience douloureuse. Car c'est le culte que leurs aieux vouèrent à de fausses divinités qui leur couta leur terre et les mena en captivité. Le tout premier cantique du chœur, «Déplorable Sion, qu'as-tu fait de ton gloire?» rappelle justement la déchéance de Sion et les péchés du peuple[12]. Lorsque Esther prie Dieu de lui donner la force de faire face à son mari, «ce fier lion», elle reconnait les péchés de ses ancêtres, «Hélas un peuple ingrat a méprisé ta loi/ La nation chérie a violé sa foi/ Elle a répudié son époux et son père/ Pour rendre à d'autres Dieux un honneur adultère» (I.iv). Le chœur d'Esther est donc bien conscient du fait que le malheur présent vient directement de cette idolâtrie passée. Et lorsqu'Esther révèle

[11]Cité dans René Jasinski, *Autour de l'Esther racinienne*, (Paris: Nizet, 1985) p. 111.

[12] Jean Racine, *Œuvres complètes,* (Paris: Gallimard, 1964) t.1, I.iii. Les références ultérieures se trouveront dans le texte.

enfin au roi l'histoire de son peuple, elle met en relief l'idolâtrie comme cause de sa chute: «Les Juifs à d'autres Dieux osèrent s'adresser/ Rois, peuples, en un jour, tout se vit disperser» (III.iv). Mais les Juifs ont tiré la leçon des anciens péchés et ils comprennent bien que pour bénéficier de la protection de Dieu ils ne peuvent adorer que lui. Ainsi lorsqu'une voix du chœur demande, à une autre si, sur l'ordre du roi, elle serait prête à adorer une idole, elle repond: «Moi, je pourrais trahir le Dieu que j'aime/ J'adorerais un Dieu sans force et sans vertu?/ Reste d'un tronc par les vents abattus?» (II.viii).

En outre, le mépris d'Esther envers les beaux vêtements, la pompe et les ornements est présenté aussi comme continuation logique de son rejet des fausses idoles. Car de pair avec sa promesse à Dieu qu'elle n'a jamais participé à l'idolâtrie de «fêtes criminelles», Esther cite également sa haine des marques de richesse ou de distinction en ce monde: «Que même cette pompe ou je suis condamnée/ Ce bandeau dont il faut que je paraisse ornée/…je le foule à mes pieds/ Qu'à ces vains ornements je préfère le cendre» (I.iv). Esther rejette ces ornements car se réjouir dans la vanité et le monde d'ici-bas c'est faire de ce dernier une idole. Les délices terrestres sont aussi impuissants et vides que le «[re]ste d'un tronc par les vents abattus» que les Perses prennent pour un Dieu.

Tandis que les Juifs rejettent les idoles, leur ennemi juré, Aman, ne désire ardemment que d'être lui-même une idole. Son projet d'extermination des Juifs provient, après tout, de sa fureur mal contenue face au refus de Mardochée de l'adorer: «L'insolent devant moi ne se courba jamais/…/ Lorsque d'un saint respect tous les Persans touchés/ N'osent lever leurs fronts à la terre attachée» (II.i). Et lorsqu'Aman rêve au plus grand honneur qu'il puisse imaginer – pensant à tort qu'il le recevra – ce n'est ni argent ni puissance qu'il désire, mais d'être adoré comme une idole. Il voudrait être enveloppé de pourpre royal et conduit à cheval dans toute la ville: «Un seigneur éminent en richesse, en puissance/… Par la bride guidât son superbe coursier/…Criât à haute voix dans les places publics/ Mortels, prosternez-vous!» C'est, je pense, une marque du profond barbarisme d'Aman qu'il ne peut comprendre aucune autre forme de reconnaissance que celle de l'idolâtrie. Pour lui tous les rapports humains sont idolâtres.

Le rapport d'Assuérus à l'idolâtrie est le plus complexe de la pièce. Car bien qu'il soit simplement idolâtre, comme s'en plaint le chœur des Juives, il n'en partage pas pour autant la vision grossière de puissance d'Aman. Plus que d'être l'idole vivante, Assuérus cherche, en effet, à devenir le Dieu vivant. Sa stratégie principale pour parvenir à ses fins est l'invisibilité. Ainsi, comme l'explique Esther, personne, pas même la reine, ne peut s'approcher du roi sans son ordre exprès: «Ignorez-vous quelles sévères lois/ Aux timides mortels cachent ici les rois/ Au fond de leur palais leur majesté terrible/ Affecte à leurs sujets de se rendre invisible» (I.iii). La sanction à qui enfreint cette loi – la mort – aussi bien que l'universalité de cette loi – touchant tous les «mortels» – soulignent l'importance de cette prérogative. Sans croire au Dieu des Juifs, Assuérus souhaite cependant en être l'émule – l'invisibilité du Dieu des Juifs étant précisément ce qui le distingue des autres dieux – et s'ériger ainsi lui-même en divinité rivale, en faux dieu.

Il n'est pas de mon intention de suggérer ici qu'*Esther* exhorte simplement le spectateur à adopter l'anti-idolâtrie des Juifs: ce serait simplifier la pièce et, entre autres, impliquerait le dénigrement du théâtre. En outre, le rapport des Juifs aux idoles n'est pas si simple qu'il y paraît. Le plus grand danger auquel les Juifs font face n'est pas de retomber dans l'idolâtrie, ni même d'être détruits par Aman, mais c'est bien le fait qu'Esther court le risque de devenir elle-même une idole. Le problème de la religion juive (anti-représentationelle) selon Racine, et le problème de Racine en tant que dramaturge, est le même: comment créer des modèles ou des représentations servant d'objet d'admiration mais sans risquer que ces représentations se substituent à cet ultime intangible qu'elles signifient: dans ce cas, la grandeur de Dieu. Racine avait bien conscience que les Juifs avaient résolu ce dilemme, car il indique dans sa préface que les Juifs «encore aujourd'hui célèbrent par de grandes actions de grâce le jour ou leurs ancêtres furent délivrés par Esther de la cruauté d'Aman»[13].

Mais la possibilité qu'Esther puisse devenir une idole existe dès le début de la pièce. Elle-même décrit, avec autant d'humilité que possible, comment, parmi toutes les plus belles femmes de l'empire, elle fut choisie grâce à la fascination exercée par son apparence physique sur le roi: «De mes faibles attraits le roi parut frappé/ Il m'observa longemps dans un sombre silence/... Soyez reine, me dit-il» (I.i). Et Mardochée, l'oncle d'Esther, peu rassuré par la rapidité du dévolu royal, prévient Esther, «Songez-y bien: ce Dieu ne vous a pas choisie/ Pour être un vain spectacle aux peuples d'Asie,/ ni pour charmer les yeux des profanes humains» (I.iii). Le problème donc pour Esther, et pour Racine représentant Esther, c'est de la transformer de vain et vide spectacle – aussi dénué de puissance que les Dieux de bois que ses compagnons méprisent – en une représentation riche de sens et qui, loin de jeter de la poudre aux yeux des spectateurs, accomplisse la transmission en leurs âmes du dessein de Dieu.

Esther accomplit son propre dessein au cours de la scène cruciale de la pièce lorsqu'elle paraît devant le roi. Tandis que pour Andre de Rivaudeau par exemple, Esther se prépare à ce face à face en se maquillant et en s'habillant de beaux vêtements, pour Racine, au contraire, Esther se pré-

---

13 Racine, p. 814.

pare en priant pour le secours de Dieu: «Commande en me voyant que son courroux s'apaise,/ Et prête à mon discours un charme qui lui plaise» (I.iv). Dieu répond à sa prière ni en lui conférant encore plus de beauté, ni en l'armant de l'éloquence dont elle souhaiterait disposer, mais plutôt en la faisant s'évanouir à l'approche du trône. C'est à dire en lui faisant perdre connaissance d'elle-même en tant que spectacle. Car la présence d'Esther devant le roi ne peut avoir son plein sens – elle ne peut être pleinement présente – qu'en tant qu'elle n'est plus un spectacle. Paradoxalement, cette perte de connaissance permet alors à Assuérus de saisir pour la première fois l'être même d'Esther. Il ne la voit plus, il voit *en* elle, et ce qu'il perçoit est divin: «O soleil! O flambeau de lumière immortelle!/.../ Je ne trouve qu'en vous je ne sais quelle grâce» (II.vii).

La solution proposée par Racine est donc d'extirper, autant qu'il est possible, la conscience qu'a le sujet d'être un objet pour les spectateurs. Dans le cas d'Esther cela s'effectue par le moyen le plus radical – la perte de connaissance. Mais ce qui compte c'est que celle ou celui qui représente doit trouver le moyen d'oublier – de perdre veritablement connaissance du fait d'être l'objet des regards. C'est seulement en oubliant ses spectateurs ou son public que l'on rend hommage au seul regard qui importe, celui de Dieu. Et par là, la représentation atteint ce qui demeure au-delà de la gloire matérielle: le sublime.

Cette scène s'inscrit pour Racine dans une vision de rédemption de la représentation dramatique. Par son apparition salutaire devant le roi, Esther donne à voir le potentiel salutaire du théâtre comme apparition. La représentation d'elle-même qu'Esther donne au roi permet à celui-ci de transcender le spectacle et d'appréhender au roi le sublime en dépit de son immense beauté physique. Racine démontre ainsi – non sans paradoxe – que l'incarnation physique des idées au théâtre, son attrait visuel et la beauté de sa versification peuvent se constituer en mode d'accès idéal à cela même qui dépasse la représentation.

«Se tirer du commun des femmes»: La constellation précieuse

PHILIPPE SELLIER

Université de Paris IV - Sorbonne

La citation-titre de cette étude a été empruntée à l'une des nouvelles de Madeleine de Scudéry, *Mathilde d'Aguilar*, publiée en 1667, huit ans après *Les Précieuses ridicules*. La narratrice met dans la bouche de Laure, l'idole de Pétrarque, ce programme: «Il est même bon de se tirer du commun des femmes, qui sont d'ordinaire plus considérées pour les enfants qu'elles donnent dans leurs familles que pour leur propre mérite»[1]. Se tirer du commun des femmes, c'est évidemment se donner du prix, être précieuse. Cette revendication d'une réussite personnelle et d'une supériorité, cette quête d'une «gloire» féminine caractérisent un mouvement de longue durée dans la culture française, puisqu'on peut le faire partir à peu près de l'avènement d'Anne d'Autriche comme régente, en 1643, et qu'il se prolonge jusqu'à la mort de la marquise de Lambert, la protectrice de Marivaux, en 1733.

Dès 1638-1639, Chapelain écrivait à Balzac à propos de la marquise de Rambouillet et de sa fille Julie, que Tallemant salue toutes deux parmi «les véritables Précieuses»: «Je les ai tirées il y a longtemps du nombre des femmes, et quand j'ai été contraint de les comprendre sous ce genre, ç'a été en les regardant comme d'une espèce distincte des autres et d'un ordre supérieur»[2].

Le rêve d'une apothéose personnelle, intime, s'est exprimé par un essaim de qualificatifs: *admirable, incomparable, illustre, divine, merveilleuse, précieuse. Divine* aurait pu prévaloir - il est appliqué, entre autres, à la marquise de Rambouillet et à deux inséparables, Mme de Frontenac et Mlle d'Outrelaize, «les Divines»[3] - mais c'est *précieuse* qui a triomphé,

---

[1] Page 44.

[2] Tallemant des Réaux: *Historiettes*, éd.Adam, Paris, Gallimard, Pléiade, t. I, p. 448-449. La lettre de Chapelain est citée par E. Magne, *Voiture et l'hôtel de Rambouillet*, Paris, 1930 (sous les années 1638-1639).

[3] Sous l'année 1699, Saint-Simon évoque la disparition du comte de Frontenac, gouverneur de Québec de 1672 à 1684 et de 1689 à sa mort; il écrit de sa femme: «Elle et son amie Mlle d'Outrelaize, qui ont passé leur vie logées ensemble à l'Arsenal, étaient des personnes dont il fallait avoir l'approbation; on les appelait les Divines […] Un si aimable homme et une femme si merveilleuse ne duraient pas aisément ensemble:

avec la fortune littéraire que l'on sait. Mlle de Scudéry ne semble pas s'être attribué ce vocable, mais elle n'a pas tardé à apparaître à beaucoup comme «la souveraine des Précieuses»[4].

Ce même idéal anime la narratrice dans *La Princesse de Clèves*, où il suscite d'étonnantes formules. Mme de Chartres mourante conjure sa fille de ne pas «tomber comme les autres femmes». Ou, lors du bilan qui suit le manque de discrétion de Nemours: «C'est pourtant pour cet homme que j'ai cru si différent du reste des hommes, que je me trouve comme les autres femmes, étant si éloignée de leur ressembler.» Ce qui se fait entendre un peu partout dans le roman, c'est l'affirmation d'une singularité supérieure: *Un aveu qui n'eut jamais d'exemple... Il n'y a que moi de femme au monde qui... Qui est digne de moi?* et son revers morose: *Je serai toujours déçue.* Donc mieux vaut renoncer aux amours, inévitablement fallacieuses, cheminement qui fut - nous le verrons - celui de nombreuses Précieuses réelles.

Réunir, comme je viens de le faire, Mme de Rambouillet, Mlle de Scudéry, Mme de Lafayette et Mme de Lambert peut surprendre. La critique a été longtemps obnubilée par *Les Précieuses ridicules* et mettait en œuvre un syllogisme naïf: les Précieuses sont ridicules, or telle personnalité (Mme de Rambouillet, Mlle de Scudéry, Mme de Lafayette…) est manifestement supérieure, donc elle ne saurait être une Précieuse. Ce syllogisme a longtemps stérilisé la recherche, malgré les avancées d'Antoine Adam (dans la décennie 1950) et de Roger Lathuillère (1966, 1987). L'enquête historique annoncée par R.Lathuillère n'a jamais été réalisée, ce qui a rendu possible la thèse paradoxale de Jean-Michel Pelous: la préciosité ne serait qu'une fable, une invention joyeuse ou grinçante de gens de lettres[5].

Heureusement des recherches historiques rigoureuses ont enfin commencé à voir le jour au début des années 1990, grâce en particulier - pour la France - à Linda Timmermans et à Myriam Maître. Ayant animé un séminaire de recherches sur la préciosité à Paris-Sorbonne pendant l'année universitaire 1995-1996, j'ai eu le plaisir d'y accueillir régulièrement Myriam

---

ainsi le mari n'eut pas de peine à se résoudre d'aller vivre et mourir à Québec, plutôt que de mourir de faim ici en mortel auprès d'une Divine». L'appellation est attestée pour Mlle d'Outrelaize dès 1652-1653, sous la plume de Scarron et celle de Loret.

[4] Dans: *La Gazette galante*, 12 et 16 juin 1657 (publiée par Myriam Maître en annexe à sa thèse dactylographiée, *Les Précieuses*, soutenue à l'université Paris-VII le 9 février 1998).

[5] *Amour précieux, amour galant (1654-1675)*, Paris, Klincksieck, 1980. Par une démarche vraiment curieuse, l'ouvrage a déjà conclu à l'inexistence des Précieuses, au moment où il se décide à entreprendre ce que l'auteur lui-même appelle une «rapide enquête» (p. 384). - Pour les références à *La Princesse de Clèves*, voir l'éd. Mesnard, Paris, G.F., 1996, p. 108 et 190-191.

Maître et de travailler avec elle, en même temps qu'avec plusieurs autres jeunes chercheurs[6]. C'est un essai de synthèse de ces travaux que je vous soumets aujourd'hui, synthèse que je présenterai en adoptant une perspective dont j'assume seul la responsabilité, même si beaucoup des résultats sont admis par tout ce groupe.

L'étude proposera d'abord le bilan actuel de l'enquête historique. Puis, ayant identifié un grand nombre de «Précieuses», elle posera la question toute naturelle: qu'est-ce qu'être précieuse? Elle s'achèvera par une brève Ouverture sur quelques débats et enjeux.

I. L'enquête historique

Comment conduire une telle enquête? Le premier choix adopté a été d'exclure les attaques anonymes, invérifiables, souvent outrancières, donc Molière et - malgré sa qualité et ses nuances - *La Précieuse* (1656-1658) de l'abbé de Pure. Seconde exclusion: les *Dictionnaires* de Somaize, pris si souvent en flagrant délit d'inexactitude qu'on ne peut rien fonder de solide sur ce *Bottin mondain*, même s'il témoigne de la brusque ascension culturelle des femmes et du sentiment que la préciosité constituait l'avant-garde, le fer du lance du mouvement. Ces choix relèvent d'un purisme provisoire: une fois découvertes les personnalités désignées comme précieuses par des documents précis, rien n'interdit d'aller voir si Somaize ne nous apporte pas sur elles un complément de renseignements.

Sur quels documents nous sommes-nous appuyés? Sur des textes à fleur de vie, comme les correspondances, les Mémoires, les gazettes, les chansons, les Historiettes de Tallemant des Réaux, les petits écrits de la vie mondaine (Cartes, portraits, poèmes…) et - avec prudence - les nouvelles et romans à clés.

L'exploration fait apparaître une soixantaine de personnalités explicitement désignées comme précieuses, et souvent par des témoignages convergents, accompagnées d'une quinzaine d'autres pour lesquelles les désignations explicites n'ont pas encore été découvertes, mais dont l'appartenance à la constellation ne fait pas de doute: mêmes thèmes, même répu-

---

[6] L.Timmermans: *L'Accès des femmes à la culture (1598-1715)*, Paris, Champion, 1993; la thèse monumentale de M.Maître: *Les Précieuses. Naissance des femmes de lettres en France au XVIIe siècle*, paraîtra chez Champion en 1999. Deux doctorats liés à ce groupe sont en cours, l'un sur *Mme de Lafayette et la préciosité* (Sophie Gérard), l'autre sur les conteuses de la décennie 1690, constamment qualifiées de Précieuses par la critique sans démonstration véritable (Nadine Jasmin). Sophie Raynard (New York, Columbia) prolonge l'enquête sur les conteuses jusqu'à Mme Leprince de Beaumont, l'une des rédactrices de *La Belle et la Bête*.

tation de singularité parfois dédaigneuse, intimité aveuglante avec d'autres femmes connues, elles, comme précieuses. Tel est le cas de la comtesse de Maure, familière des Rambouillet, amie inséparable de Mme de Sablé: Mlle de Montpensier les évoque toutes deux, dans *La Princesse de Paphlagonie*, comme «des princesses qui n'avaient rien de mortel que la connaissance de l'être», et les *Divers portraits* (1659) écrivent de Mme de Maure qu'elle «n'a considéré son corps qu'autant qu'il a été nécessaire pour exercer les fonctions de son âme, quoiqu'il ait toujours été admiré de ceux qui l'ont vu». Elle se présente, dans une lettre à Mme de Sablé, comme «une écriveuse», intéressant néologisme, postérieur de peu à «autrice»[7].

Au sein de la relative fluidité des échanges mondains, affinités et complicités ont conduit la plupart de ces femmes à se rencontrer souvent: elles se sont constituées en réseaux, en «cabales» (selon le terme du temps) ou en couples. Jusqu'à ces toutes dernières années quatre de ces réseaux étaient connus: l'hôtel de Rambouillet, d'où presque tout est parti, le cercle de Mlle de Scudéry, l'entourage de Mlle de Montpensier, le salon de Mme de Lafayette. A ces quatre centres Myriam Maître en a ajouté un cinquième, le cercle de la régente, Anne d'Autriche: Mme de Motteville, la comtesse de Brégy, les six «Filles d'honneur» de la reine (parmi lesquelles Mlle de La Vergne, future comtesse de Lafayette), au moins trois des sept nièces de Mazarin, les Mazarinettes: Olympe, «la perle des Précieuses», Marie et Anne-Marie. Un sonnet ordurier du *Bordel des Muses* de Claude Le Petit s'en prend à ces «Courtisanes», ces femmes de la cour (mais il joue sur le double sens):

> Courtisanes d'honneur, putains spirituelles,
> De qui tous les péchés sont des péchés d'esprit,
> Qui n'avez du plaisir qu'en couchant par écrit,
> Et qui n'aimez les lits qu'à cause des ruelles.[8]

---

[7] Lettre du 3 novembre 1661, citée par E.de Barthélemy: *Madame la comtesse de Maure...*, Paris, 1863, p. 180. C'est Loret qui, dans *La Muse historique* des 29 juillet et 22 décembre 1657 mentionne *autrice*. Ces témoignages figurent dans l'ouvrage de M. Maître, «La nébuleuse des Précieuses. Répertoire bio-bibliographique». *Ecriveuse* signifie Qui aime à écrire (surtout des lettres). Ni le Littré, ni le T.L.F. ne signalent ces noms féminins au XVIIe siècle, non plus que *poétrice*, employé dès le XVIe par Hélisenne de Crenne (voir Gisèle Mathieu-Castellani, *La Quenouille et la lyre*, Paris, Corti, 1998). On mesure le retard de Jules Renard, qui consignait encore en 1905, dans son *Journal:* «Les femmes cherchent un féminin à *auteur*: il y a *bas bleu*. C'est joli, et ça dit tout».

[8] Voir Loret: *La Muse historique* (18 septembre 1655 et 8 avril 1656) et Robinet, *La Muse royale* (22 août 1656 et 24 août 1658). *Le Bordel des Muses* a conduit son auteur au bûcher, le 1er septembre 1662.

Cette découverte a permis à Myriam Maître de révéler un aspect inaperçu du phénomène précieux, son allégeance à la cour et à Mazarin, en dépit de quelques exceptions brillantes (la duchesse de Longueville) ou provisoires (la duchesse de Châtillon). Un tel constat ne fait que confirmer avec éclat l'importance symbolique du règne d'une reine à la tête de l'Etat. Il n'est pas moins significatif que les premières attaques contre les Précieuses datent de 1654, l'année même du sacre de Louis XIV: la régence prend fin. Il va falloir remettre à leur place les femmes, devenues vraiment trop remuantes, avec leurs prétentions à mettre en cause l'ancienne suprématie des «doctes».

A côté de ces réseaux influents les contemporains ont évoqué des groupes plus restreints et parfois éphémères: les «cabales» (le terme peut se prendre en bonne part pour désigner un petit groupe d'amis qui partagent leurs confidences). L'une des Précieuses les plus notoires, Suzanne d'Aumale, se verra aisément liée - ô qui dira les torts de la rime? - à une «cabale»:

> Vous prêchez dans la cabale
> Contre le dieu des amours [...]
> Mais vos attraits, très divine d'Aumale,
> Détruisent tous vos discours[9].

«La grande cabale» désigne Mlle de Scudéry et ses amies.

Enfin doit être soulignée la réalité de couples féminins: Mme de Sablé et Mme de Maure; Angélique d'Angennes et Suzanne d'Aumale; Mlle de La Vergne et Mlle de La Loupe, future comtesse d'Olonne; Mme de Lafayette et Mme de Sévigné; Mme de Fiesque et Mme de Frontenac, puis - comme nous l'avons vu - Mme de Frontenac et Mlle d'Outrelaize; Mme de Longueville et Mlle de Vertus.

Au point de vue social, la préciosité parisienne est largement aristocratique, ce qui contribue à expliquer l'anonymat prudent des attaques publiées (Pure, Molière) ou leur ambiguïté (Somaize). Il s'agissait dans bien des cas de personnalités proches de la reine, ou bien de princesses comme Mme de Longueville, une Bourbon. La duchesse de Châtillon était une Montmorency, et la comtesse de La Suze une Châtillon-Coligny. C'est surtout le cercle de Mlle de Scudéry qui oriente vers la petite noblesse et la bourgeoisie riche des milieux financiers.

Géographiquement, le phénomène a essaimé un peu partout dans les provinces: à Lyon, à Bordeaux, à Marseille, à Montpellier, à Clermont-Ferrand, à Albi...

---

[9] *La Fine Galanterie du temps*, 1661, p. 54. Voir aussi l'attaque citée par A.Adam dans son édition des *Historiettes*, I, 1108.

A-t-il existé des «Précieux»? De rarissimes témoignages nomment ainsi Ménage (Sauval), Antoine Barillon, «Précieux ami des comtesses»[10], les deux frères Testu. Il est facile de le constater, cette désignation indique seulement que ces personnages aiment fréquenter des Précieuses. Somaize est ici éclairant: de l'abbé Testu (Tiridate) il écrit qu'«il est peu de personnes qui voient plus de Précieuses que lui». Dans une lettre du 28 juillet 1680, Mme de Sévigné annonce qu'il «donne un dîner à Mmes de Schomberg [Suzanne d'Aumale], de Fontevrault et de Lafayette». En fait - il faut le souligner avec netteté - la première préciosité est un mouvement exclusivement féminin, on le lui a assez reproché.

Reste à couronner cette enquête par un autre apport, décisif, de Myriam Maître. Le sous-titre de sa thèse de doctorat est *Naissance des femmes de lettres en France au XVIIe siècle*. Pendant la soutenance (9 février 1998), Delphine Denis l'a félicitée d'avoir réalisé le pendant féminin de *La Naissance de l'écrivain* (1985) d'Alain Viala (qui siégeait au jury). Et de fait deux cents pages sont consacrées à une partie intitulée «Les Reines de Tendre dans la République des Lettres», qui intègre les apports de la critique américaine (en particulier les travaux de Joan Dejean). Jusque-là les femmes écrivains étaient demeurées des isolées (de Marie de France ou Christine de Pisan à Mlle de Gournay), mais voici qu'elles faisaient irruption, en nombre, dans le champ littéraire. On dénonçait leur «empire» ou leur «tyrannie» dans la critique des œuvres, et l'essor d'un jugement de goût qui négligeait le savoir et les règles. Elles faisaient bourgeonner la langue en néologismes remarquables, mais qui ne plaisaient pas à tous. Pour la première fois elles intervenaient nombreuses dans les querelles littéraires (ainsi lors de la controverse sur les sonnets de Job et d'Uranie, en 1649, ou dans l'agitation qui suivit la publication de *La Princesse de Clèves*, en 1678). De 1635 à 1672, les Précieuses sont «les compagnes de route» de l'Académie Française, qui envisagea d'élire Mlle de Scudéry et Mme Deshoulières, avant que Louis XIV, en 1673, instaure un rituel rhétorique de réception qui en fait réservait l'accès aux hommes, seuls formés à la prise de parole publique et solennelle. Une aussi importante transformation culturelle s'était opérée aussi doucement qu'une floraison, sans revendications véhémentes ni conflits venant des femmes auteurs, qui au contraire pratiquaient volontiers l'anonymat. M.Maître parle même d'une «stratégie de la modestie», dont l'un des exemples est Madeleine de Scudéry.

---

[10] Note sur les membres du Parlement (1661). Les comtesses désignent-elles Mmes de Fiesque et de Frontenac, comme dans les *Mémoires* de Mlle de Montpensier? L'étude des Testu reste à faire.

Voilà donc, drastiquement résumés, les premiers résultats d'une enquête qu'il aura fallu attendre trois siècles. Nous venons de nous demander: Qui étaient les Précieuses? Nous disposons désormais d'une documentation abondante, sur des femmes précises. Que disent d'elles tous ces textes? Qu'est-ce qu'être précieuse?

II. Qu'est-ce qu'être précieuse?

Avant de mettre en lumière les traits récurrents prêtés par les contemporains à celles qu'ils rangeaient parmi les Précieuses, commençons par examiner si le type forgé par Molière - qui a si longtemps mis la critique sous hypnose - trouve un grand nombre d'appuis dans la réalité. *Les Précieuses ridicules* synthétisent et grossissent des travers évoqués de façon plus fugace par divers satiristes. Ces travers se ramènent essentiellement à des affectations, et cela dans deux domaines: le langage et la gestuelle. Un tel constat nous invite d'emblée à la prudence: le théâtre, la farce trouvent là leurs ressources vitales. En forçant sur ce qui était nécessaire à son art, Molière n'a-t-il pas manqué le plus séduisant de la préciosité? Est-ce qu'il ne vérifie pas, trois siècles avant McLuhan, que «le medium, c'est le message»? Les procédés de la farce n'ont-ils pas distordu le réel à leur profit, au point de le rendre méconnaissable?

Les Précieuses étaient-elles affectées dans leur langage? L'abbé de Pure prête à sa plus séduisante héroïne, Eulalie - celle qui parle avec aisance - une attaque très vive contre les mots recherchés (*antipéristase, apocryphe...*). Mlle de Scudéry, à la fin du *Grand Cyrus*, n'a pas de termes assez durs pour fustiger la pédante Damophile, véritable annonce des caricatures de la satire. Ce qui a déplu à beaucoup d'hommes de lettres, c'est la richesse de la création néologique due aux Précieuses: elles ont inventé ou diffusé une foule de mots, souvent amples et poétiques. Sorel s'en indigne, mais quels néologismes dénonce-t-il? *Attachement, Engagement, Empressement* et *Accablement*[11]. Tous ces mots se sont intégrés avec facilité à la langue, et personne ne devinerait aujourd'hui qu'ils scandalisaient certains dans les années 1660. Le mouvement précieux, jusqu'à Marivaux, a suscité l'enrichissement le plus heureux de la langue et, plus généralement, de l'écriture. Peu de ses tentatives ont échoué: *débrutaliser* les hommes (Mme de Rambouillet), *quitterie* pour la fin d'une liaison (Mme de Sablé). Mais Mme de Maulny a lancé *s'encanailler*. Les rarissimes reproches quelque

---

[11] *La Précieuse*, éd. Magne, Paris, S.T.F.M., 1938, t. I, p. 128; *Le Grand Cyrus*, «Histoire de Sapho», t. X, livre II, p. 328 s.; Sorel: *De la connaissance des bons livres*, p. 362.

peu fondés (à l'égard d'Angélique d'Angennes) perdent de leur force quand on découvre que l'évitement de certains mots est cohérent avec une vision de la vie qui a sa grandeur: le choix d'éluder le trivial et le veule dans l'existence. Mme de Rambouillet ne supportait pas le mot *teigneux*, qui lui salissait l'imagination; Mlle de Scudéry, dans la querelle des sonnets, se détourne - à propos de Job - du trop odorant fumier, «ces vilaines choses dont il est environné» (lettre du 7 décembre 1649). L'idéalisme classique ne procèdera pas autrement[12], et la tradition française du roman d'analyse restera définitivement marquée par Mlle de Scudéry et Mme de Lafayette.

Les reproches d'affectation du ton (Mme de La Suze, selon Tallemant), de minauderies, d'air dédaigneux (Mme de Maure, selon Mlle de Montpensier) ne se révèlent pas moins forcés. C'est le jésuite Rapin, ennemi de Port-Royal à un degré pathologique, qui s'efforce de traîner dans la boue la duchesse de Longueville, protectrice du monastère persécuté. Il est curieux de le voir dénoncer les «minauderies éternelles» d'une princesse que les autres contemporains ont admirée comme la beauté du siècle et, à l'instar de son frère le Grand Condé, «un esprit de feu». D'elle Mme de Motteville écrit dans ses *Mémoires*: «Elle possédait au souverain degré ce que la langue espagnole exprime par les mots de *donayre* [grâce], *brio* [vivacité, élégance] *y bizarria* [courage]». Dans *Le Grand Cyrus*, qui lui est dédié, elle est, dans une large mesure, Mandane, dont Mlle de Scudéry, fascinée, a tracé le portrait: «...soit qu'elle marchât ou qu'elle s'arrêtât, qu'elle parlât ou qu'elle se tût, qu'elle sourît ou qu'elle rêvât, elle était toujours charmante et toujours admirable»[13]. Un tel ensemble de qualités, qui impressionnait Louis XIV, ne plaisait pas à tout le monde.

---

[12] Ainsi Boileau s'esclaffe au seul titre d'une épopée de Carel de Sainte-Garde (1666):
> O le plaisant projet d'un poète ignorant,
> Qui de tant de héros va choisir Childebrand!
A ce nom doublement disgracié (*chi* et *bran*) il oppose «les noms heureux» d'Idoménée ou d'Hélène (*Art poétique*, III, 241-242).

[13] Rapin: *Mémoires*, éd.Aubineau, 1865, III, 233 et 236; *Port-Royal insolite*, éd. Lesaulnier, Paris, Klincksieck, 1992, p. 650; Mme de Motteville: *Mémoires*, éd. d'Amsterdam, 1750, t. I, p. 44, citée par V. Cousin, dans: *La Société française au XVIIe siècle d'après «Le Grand Cyrus»*, 1870, t. I, p. 28-29; *Le Grand Cyrus*, I, livre II, p. 330.- Est-ce à elle que fait allusion *La Précieuse* (éd. citée, II, 72)? «Une Précieuse a toujours beaucoup d'esprit et pour le moins toujours un peu de beauté; il s'en trouve même, et dans le plus haut rang du royaume, qui ont l'un et l'autre de pareille force et dont la beauté le dispute à l'esprit, dont l'âme est aussi belle que le corps est beau et fait un assortiment aussi extraordinaire que digne d'admiration».
Cette supériorité inquiète Gélasire: «Elles sont trop rigoureuses quand elles sont si belles, et trop dangereuses quand elles ont tant d'esprit».

La duchesse de Longueville nous assure la plus aisée des transitions avec la première des cinq caractéristiques les plus fréquemment reconnues aux femmes désignées comme Précieuses. Ces caractéristiques vont être présentées selon un ordre décroissant, en fonction de l'insistance des témoignages.

Ce qui frappe d'emblée, à la lecture des textes, c'est l'affirmation d'une singularité, qui est une supériorité. Ainsi Rapin à propos de Mme de Longueville:

> Le fond de son esprit était un raffinement de singularité dans la conduite générale de sa vie [...] Toute la terre a su qu'il n'y avait rien de si singulier que l'esprit de la duchesse, la femme la plus extraordinaire en tout qu'on ait vue.

Voilà pour le témoin à charge. Parmi les célébrants figure à nouveau Mme de Motteville: «Elle ressemblait beaucoup plus à un ange que non pas à une femme»[14].

Il est superflu d'insister sur cette première caractéristique, d'où a surgi l'appellation même de Précieuse, qui a du prix par rapport au tout venant. Le terme attirera évidemment la comparaison aux pierres précieuses, rares et éclatantes, ou aux perles que forme la rosée du ciel. Ces comparaisons sont tantôt élogieuses, tantôt ironiques ou sarcastiques[15]: il s'agit là d'un phénomène constitutif des discours sur la préciosité, où la supériorité des Précieuses est admirée par certains parce qu'elle est réelle, et moquée par d'autres soit parce qu'elle s'accompagne parfois d'une hauteur qui rebute, soit tout simplement parce qu'il existe des esprits envieux. Il faut faire aussi la part d'une réaction misogyne devant l'irruption massive des femmes sur la scène du talent.

Second trait récurrent: la délicatesse. Nous sommes ici en présence d'une valeur fondamentale, comme l'attestent une foule de témoignages et la loquacité de Furetière, qui lui consacre une colonne entière de son *Dictionnaire*. Faut-il voir dans la délicatesse un idéal généralement mondain, et non spécifiquement précieux? La récurrence obsédante du terme à propos des Précieuses suggère que c'est cette avant-garde féminine qui a diffusé une telle quête du raffinement, du jugement subtil et immédiat (sans

---

[14] Rapin, III, 233-234; Mme de Motteville: éd. citée (sous l'année 1649). Il est aisé de voir comment l'admiration pour *l'air céleste*, le charme *angélique* de la duchesse, et de quelques autres, conduit aux plaisanteries de l'abbé de Pure: «On dit qu'elles [les Précieuses] ne se formaient que d'une vapeur spirituelle [...] La précieuse n'est point la fille de son père ni de sa mère...» (éd. Magne, I, 62-63).

[15] Lettre (admirative) de Godeau à Mlle de Scudéry du 7 février 1654; M. de Pure, I, 63 (ironique).

souci du savoir ni des «règles»). Elles ont créé le climat au sein duquel se sont développées ensuite les réflexions de Bouhours et de Méré. Ce qui confirme cette interprétation, c'est l'ambiguïté redoutable du terme *délicate*: «raffinée», «qui juge finement des choses», indique Furetière, mais aussi «difficile à contenter». On a si vivement attaqué certaines Précieuses pour leur excès de délicatesse que le terme apparaît décidément comme l'une de leurs marques. Tallemant des Réaux, qui admire Mme de Rambouillet, la trouve «un peu trop délicate». Mlle de Scudéry, Précieuse elle-même, exécute à sa manière insinuante Angélique d'Angennes, fille de la marquise:

> Il y a si peu de choses qui la satisfassent, si peu de personnes qui lui plaisent [...] qu'il n'est pas possible que les choses s'ajustent si parfaitement qu'elle puisse passer un jour tout à fait heureux en toute une année; tant elle a l'imagination délicate, le goût exquis et particulier, et l'humeur difficile à contenter.

Le délicieux père Rapin, toujours lui, martèle le mot à propos de Mme de Longueville:

> Etant jeune, sa délicatesse était de ne rien trouver de beau parmi les beautés que l'on vantait le plus à la cour [...] et, quand elle cessa d'être jeune, sa délicatesse, qui se tourna du côté de l'esprit, était de ne rien trouver à son gré parmi les beaux ouvrages; il n'y avait point à son avis de raison au monde quand elle commença d'en avoir [...] Quand elle commença à être dévote, se faisant une délicatesse de spiritualité qu'elle n'entendait pas elle-même[16].

S'il en était encore besoin, la fable de La Fontaine intitulée «La fille» (VII, 4) manifesterait qu'au cours des années 1670 encore une excessive délicatesse appelait l'allusion à la préciosité:

> car les Précieuses
> Font dessus tout les dédaigneuses.

En-deçà d'excès éventuels, la délicatesse a été cultivée par la préciosité comme la plus haute qualité du cœur et de l'esprit. Mme de Lambert - qui célèbre l'hôtel de Rambouillet, Mlle de Scudéry et Mme de Longueville - a ébauché un *Discours sur la délicatesse d'esprit et de sentiment*, cette faveur merveilleuse de la nature qui «découvre mille beautés, et rend sensible à mille douceurs qui échappent au vulgaire». La «gloire» féminine et la délicatesse constituent les leitmotive de ses remarquables *Réflexions nouvelles sur les femmes* (1727). Dans «les cœurs qui sont sensibles à la gloire et au plaisir [...] l'amour épure les plaisirs pour les faire recevoir aux âmes

---

[16] Tallemant, éd. Adam, I, 454; *Le Grand Cyrus*, VII, I, 499; Rapin, III, 233-234. Voir L.Timmermans, *L'Accès des femmes à la culture...*, p. 108-111.

fières, et il leur donne pour objet la délicatesse du cœur et des sentiments. Il a l'art de les élever et de les ennoblir. Il inspire une hauteur dans l'esprit, qui les sauve des abaissements de la volupté.» Et cette amie de Marivaux dénonce la vulgarité des désirs chez la plupart des hommes et ajoute: «Je suis toujours surprise qu'on ne veuille pas raffiner sur le plus délicieux sentiment que nous ayons», qui est l'amour tendre, en-deçà de la chute dans la sensualité. Sans illusion sur la pratique réelle de sa «métaphysique d'amour», elle la croit réservée aux caractères «absolus», «fiers», «qui sentent leur prix»[17], donc précieux.

Après ces deux premières caractéristiques, qui peuvent être largement positives, en voici une troisième, nettement négative. Nombre de Précieuses se voient reprocher un amour démesuré d'elles-mêmes. En termes modernes, elles apparaissent comme narcissiques, comme affligées d'une hypertrophie du «moi idéal»[18]. Sur ce point les témoignages externes sont confirmés par divers écrits des intéressées. Mlle de Montpensier déteste les sœurs d'Aumale, Suzanne et Jeanne: «Elles étaient fort railleuses [...] Elles avaient de la vertu, mais elles croyaient qu'il n'appartenait pas aux autres d'en avoir, et elles méprisaient toutes celles qui en avaient, leur imaginant des défauts si elles n'en avaient pas, ou les exagérant pour peu qu'elles en eussent; enfin elles critiquaient tout le monde». De Mme de Lafayette Gourville nous assure qu'elle «présumait extrêmement de son esprit». Et l'aimable cousin, Bussy-Rabutin, présente ainsi Mme de Sévigné: «La plus grande marque d'esprit qu'on lui peut donner, c'est d'avoir de l'admiration pour elle; elle aime l'encens». Quant à la brillante duchesse de Châtillon, elle termine ainsi son autoportrait: «Je suis tellement satisfaite [de ma personne et de mon humeur] que je ne porte envie à qui que ce soit, ce qui fait que je laisse à mes amis ou à mes ennemis le soin de découvrir mes défauts». On pourrait se demander s'il ne s'agit pas là d'un portrait parodique, sorti de la plume de Mlle de Montpensier. Mais rien n'indique que la duchesse ait protesté. Et même s'il s'agissait d'une parodie, elle en dirait

---

[17] Mme de Lambert: *Œuvres*, éd.Granderoute, Paris, Champion, 1990, p. 331 et 232-234, 237. - «Raffiner sur le plus délicieux sentiment que nous ayons», c'est ce que pratiquait la duchesse de Longueville, même en pleine Fronde. Sa belle-fille, la duchesse de Nemours, qui ne l'aime pas, écrit dans ses *Mémoires* qu'avec «toute la cabale» elle passait son temps à «commenter et raffiner sur la délicatesse du cœur et des sentiments [...], à faire des distinctions subtiles». (éd. Cuénin, Paris, Mercure de France, 1990, p. 78). Tout cela sur la toile de fond du *Grand Cyrus*.

[18] «Formation intrapsychique que certains auteurs, la différenciant de l'idéal du moi, définissent comme un idéal de toute-puissance narcissique forgé sur le modèle du narcissisme infantile». (J. Laplanche et J.-B. Pontalis: *Vocabulaire de la psychanalyse*, Paris, P.U.F., 1968). Le *moi idéal* sert de support aux identifications à des personnages prestigieux, à des héroïnes grecques ou romaines par exemple.

long sur l'original. Quoi qu'il en soit, parmi les textes les plus éclairants sur le narcissisme figure la célèbre «Histoire de Sapho», à la fin du *Grand Cyrus*[19]. La romancière pourrait se défendre en nous certifiant qu'elle ne parle que de la poétesse grecque. Mais qui la croirait tout à fait? Jamais Sapho n'avait fait l'objet d'un tel culte, avec le qualificatif *admirable* qui revient jusqu'à deux fois par page, «cette merveilleuse fille»... Si l'on veut découvrir quelle réaction suscitaient parfois ces nuages d'encens, il est amusant de relire la parodie que nous en a laissée l'abbé de Pure avec son portrait de Mlle de Scudéry: «l'admirable personne dont je parle a enfin laissé échapper des rayons qui nous ont ouvert les yeux [...] Un petit nombre de personnes choisies visitent cette incomparable fille [...] Toute la terre a donné après son admiration à cette illustre personne». Suivent, en une page, «cette incomparable fille... cette admirable personne... cette illustre personne». Et, pour conclure: «Si je pouvais donner de l'encens assez pur à cette incomparable fille, mais enfin [...] il faut reconnaître mon impuissance et me taire sur un sujet qui, pour être trop grand et trop beau, m'impose silence»[20].

Une telle hypertrophie du *moi idéal* explique l'intensité des rêveries idéalisantes chez les romancières, et la prédilection des Précieuses pour des modèles élevés: Pétrarque adorateur de Laure, l'*Astrée*, Corneille. Dans la vie réelle, certaines - comme Catherine de Vandy - ont attendu des Princes tellement charmants qu'elles ne les ont jamais rencontrés (c'est le thème de la fable de La Fontaine citée précédemment). D'autres, comme Catherine Descartes, se sont fait une idée tellement haute de l'amour qu'elles ont refusé la réalité humaine. Elle écrit à Mlle de Scudéry:

> Vous m'avez donné une si belle idée de l'amour dans tout ce que vous avez écrit, que je n'en ai rien voulu rabattre. J'ai cru qu'il fallait aimer ainsi, ou n'aimer pas du tout.
> Vos beaux livres m'ont fait connaître
> Un amour généreux, pur et sans intérêt,
> Et qui l'a vu tel qu'il doit être
> Ne peut le souffrir comme il est[21].

---

[19] Mlle de Montpensier: *Histoire de la princesse de Paphlagonie*, 1659, p. 97-98; *Mémoires* de Gourville, année 1652 (collection Michaud-Poujoulat, 3e série, t. 5, p. 568); Bussy-Rabutin: *Histoire amoureuse des Gaules*, éd. Duchêne, Paris, Gallimard, «Folio», 1993, p. 153; *Divers portraits*, 1659, p. 223-224; *Le Grand Cyrus*, X, livre II, p. 346-347, entre autres.

[20] *La Précieuse*, I, p. 143-145 (l'éloge est dans la bouche de la précieuse Aracie).

[21] Rathéry et Boutron: *Mlle de Scudéry. Sa vie et sa correspondance...*, Paris, 1873, p. 400. La date de cette lettre, publiée en 1690, est inconnue. Elle attire l'attention sur le

Catherine Descartes rejoint ici les rêveries diurnes d'où a surgi *La Princesse de Clèves*.

Venons-en maintenant à un autre aspect de la singularité précieuse, qu'il est aisé de formuler en reprenant une expression lancée par Voiture à propos de Mme de Rambouillet, et qui a été revendiquée par plusieurs autres Précieuses: «Il n'y a jamais eu une dame qui ait si bien entendu la galanterie ni si mal entendu les galants»[22].L'écrivain jouait de la polyvalence du mot *galanterie*, comme le fera quarante-cinq ans plus tard Mme de Lafayette.

Les Précieuses sont «galantes» en ce qu'elles brillent comme des femmes accomplies, raffinées, distinguées. Elles excellent dans toutes les séductions de la vie mondaine, en particulier dans ce sommet qu'est la conversation élégante. «Précieuse», comme dans certains poèmes, rime avec «gracieuse». C'est dire que les Précieuses se situent à l'intérieur de la sphère galante, peut-être même en son centre. Non seulement elles ont illustré cette supériorité dans l'élégance - comme Mme de Rambouillet - mais elles l'ont théorisée. Tel est le cas de Mlle de Scudéry, dont plusieurs «Conversations» gravitent autour de la galanterie. Elle y fait, elle aussi, écho à la formule de Voiture: «Moi [...] qui suis ennemie déclarée de tous les mauvais galants, et qui aime naturellement l'air galant en toutes choses...» La romancière met d'autre part en pleine lumière l'une des plus séduisantes couleurs de la galanterie, qui est l'enjouement: elle revient ainsi à l'ancien verbe *galer*, d'où dérive la famille lexicale de *galanterie*: jouer, plaisanter, se réjouir. De là l'exigence dans la conversation d'«un certain esprit de joie»[23].

Eprises de cette galanterie blanche, les Précieuses ont frappé les contemporains par leur refus de la galanterie noire, des «mauvais galants». Elles méprisent les liaisons, fuient les troubles de la passion amoureuse.

---

rôle de quasi-manifeste joué par les romans de Mlle de Scudéry. Catherine (1637-1706) est la nièce du philosophe.

[22] Lettre d'octobre 1633 à Mlle Paulet (éd. Ubicini, 1855, t. I, p. 176). L'éditeur s'appuyant sur une note de Tallemant, propose de voir dans cette «dame» Julie d'Angennes; mais le contexte suggère qu'il s'agit de la marquise. Ce minuscule débat importe d'ailleurs peu ici, puisque toutes deux sont de «véritables Précieuses».- De Catherine de Vandy Mlle de Montpensier écrit: «Pour de l'esprit, personne n'en a davantage que vous [...] et quoique vous ayez toujours été médiocrement galante, vous ne laissez pas de l'avoir galant.» (Portrait conservé dans les Recueils Conrart et cité par E. de Barthélemy, dans *La Comtesse de Maure...*, Paris, 1863, p. 230). Dans son autoportrait Mme de Maulny assure: «J'ai eu la mine galante sans l'être». (*Divers portraits*, 1659, p. 131-132).

[23] Voir *«De l'air galant» et autres Conversations (1653-1684)*, éditées par Delphine Denis, Paris, Champion, 1998, p. 50 (texte de 1653), 53 (l'enjouement), 74 (l'esprit de joie).

Elles tendent à rejeter tout ce qui pourrait les conduire à l'amour physique, qui semble laisser d'une froideur de glace même celles, peu nombreuses, qui se livrent à sa pratique de façon effrénée et compulsive, comme la comtesse de La Suze (Tallemant des Réaux). Lorsque la rumeur publique, en 1658, ironise sur deux exceptions, qui auraient découvert les charmes des voluptés sensibles la nuit de leurs noces - Mlle d'Estrées et Angélique d'Angennes - cette dernière, avertie de ces «médisances» par sa sœur Julie, lui répond avec humour que «pour remettre les Précieuses en réputation, elle ne savait plus qu'un moyen, c'était que Mlle d'Aumale [Précieuse notoire] épousât Langey [impuissant non moins notoire]»[24]. Si j'ai rappelé cette anecdote, c'est parce qu'elle illustre à merveille l'image (en termes modernes de publicité) des Précieuses dans l'opinion. Cette image était assez juste, une foule de textes l'atteste.

Cet évitement des liaisons et des contraintes du mariage a assuré aux Précieuses écrivains - selon le titre célèbre de Virginia Woolf - *Une chambre à soi*, l'indépendance et le loisir nécessaires à la création littéraire. Mlle de Scudéry refuse à trois reprises le mariage, Mme de Sévigné veuve se garde bien de rechuter, Mmes de La Suze et de Brégy divorcent (au sens du XVIIe siècle), Mme de Lafayette passe un quart de siècle à cent lieues (très réellement quatre cents kilomètres) de son mari, disparu dans les montagnes du Limousin.

Ce que les Précieuses cultivent le plus volontiers, c'est l'«amitié tendre», comme Mme de Sablé et Mme de Lafayette avec La Rochefoucauld. L'abbé de Pure, avec sa finesse habituelle, a perçu ces évitements: «Il n'y a que le tendre et le doux qui règnent dans leurs âmes, ou tout au plus quelque délicat rayon d'amitié»[25].

Galantes sans aimer les galants, nos héroïnes se sont trouvées exposées à des insinuations parfois malveillantes, assez nombreuses encore pour qu'on puisse les considérer comme le cinquième et dernier trait qui, aux yeux des contemporains, les caractérise. Résumons-les grâce à une formule du *Catéchisme des Précieuses* [26]: «Les Précieuses trouvent assez de quoi se satisfaire entre elles.»

---

[24] Tallemant, éd. citée, II, 894.

[25] *La Précieuse*, éd. citée, t. II, p. 122.

[26] Publié par Eva Avigdor dans *Coquettes et Précieuses*, Paris, Nizet, 1982. Le recours parodique à la forme du catéchisme s'inspire de certaines mazarinades: cela suggère de dater le *Catéchisme* de 1654-1656 (les Samedis de Mlle de Scudéry y sont évoqués comme en pleine activité). *La Précieuse* souligne, elle aussi, que «cette secte nouvelle […] est composée seulement de personnes du beau sexe», que les hommes en sont exclus (I, 67).

Un tel constat peut être interprété de façon anodine: les Précieuses se réunissent volontiers en réseaux féminins, en «cabales» ou par couples, comme nous l'avons vu. Ces affinités électives ont évidemment suscité chez bien des hommes de l'étonnement, voire du dépit. L'abbé Cotin ironise sur les «coutumes bizarres d'une cabale qui veut se passer d'elles seules». Les satiristes se moquent des petits termes tendres dont certaines émaillent leurs propos et leurs lettres: *ma chère, ma bonne...* Tallemant épingle la marquise de Sablé et la comtesse de Maure, qui s'accablent de *m'amour*. De Mme Deshoulières *La Galerie des portraits* révèle: «Vous êtes tigresse pour vos amants et vous avez une tendresse extrême pour vos amies.» Somaize ne publie rien d'autre à propos de Mme de Sévigné: «Sophronie n'éprouve de l'amour que pour celles de son sexe, et se contente de donner son estime aux hommes»[27].

Une pareille affirmation fait glisser aux malveillances caractérisées. Tallemant est explicite sur l'homosexualité de la duchesse d'Aiguillon, familière des Rambouillet et de Mme de Sablé, marraine de Mme de Lafayette; elle détestait son mari, et aussitôt veuve prononça un vœu de célibat. La rumeur murmurait que le mariage n'avait jamais été consommé. Ce qui avait suscité une anagramme: «Marie de Vignerot, Vierge de ton mari». Saint-Evremond, lui, n'hésite pas à généraliser:

> Nous ne vous plaignons point, ô chères Précieuses,
> Qui dans les bras aimés de quelque tendre sœur,
> Savez goûter les fruits des peines amoureuses,
> Sans intéresser votre honneur.

Les documents qui font allusion à des pratiques homosexuelles sont en fait très peu nombreux. Il est en revanche certain que l'intensité des attachements entre Précieuses a frappé les contemporains.

*
*   *

Plutôt que de conclure, je terminerai sur une Ouverture. Les premiers résultats ici présentés suscitent bien des questions. En voici cinq.

Comment désigner le phénomène précieux? J'ai adopté dans mon titre la métaphore de la constellation, Myriam Maître a recouru à celle de la né-

---

[27] Cotin: *Œuvres galantes*, 1663, p. 64-65; Tallemant, I, 521 (qui est confirmé par les lettres entre les deux amies); *La Galerie des portraits*, éd.Barthélemy, 1860, p. 250-256. Voir le portrait de Mme de Sévigné par Mme de Lafayette, qui courtise son amie en faisant semblant d'être un homme: «Vous êtes naturellement tendre et passionnée, mais à la honte de notre sexe, cette tendresse nous a été inutile, et vous l'avez renfermée dans le vôtre, en la donnant à Mme de Lafayette». (*Divers portraits*, 1659, p. 324-325).

buleuse. Ces deux images ne sont-elles pas trop statiques? Peut-on risquer, comme je l'ai fait, le terme *mouvement*? Certainement pas si l'on pense à une campagne organisée comme le mouvement d'Oxford ou le surréalisme. Mais on parle aussi d'un mouvement social qui se dessine. En ce sens la préciosité apparaît bien comme un mouvement féminin d'une grande importance, avec l'entrée massive des femmes sur la scène littéraire et la contestation de leur statut.

En second lieu, est-on fondé à dissoudre la préciosité dans l'essor de la vie mondaine? Il est en effet exact que l'apologie de l'esprit, de la conversation... n'appartient pas à un groupe, si brillant soit-il. Mais les Précieuses, à regarder les textes de près, apparaissent comme l'avant-garde, le fer de lance de ces aspirations. Elles sont en outre dotées de caractères propres.

Dans le droit fil de cette interrogation s'inscrit - troisième domaine de réflexion - la controverse actuelle entre «galanterie» et «préciosité». Alain Viala et Delphine Denis mettent en avant, avec raison, que la catégorie «galant» a été revendiquée par les contemporains, précisée par eux, ce qui la rend très maniable pour nous. «Précieuse», au contraire, n'a jamais été revendiqué, ni même clairement assumé par personne. De là les hésitations de la critique, et une approche bien plus difficile. A cela il faut d'abord répondre que la non revendication d'une catégorie ne signifie pas que la réalité ainsi visée n'a jamais existé: sinon le jansénisme, la plus longue crise qu'ait connue l'Eglise catholique latine, ne serait qu'un «fantôme», comme le soutenait le Grand Arnauld, une hallucination collective. Il est sans aucun doute intéressant de travailler sur la galanterie, mais on ne dépassera pas l'analyse d'une écriture et d'un registre des rapports sociaux (enjouement, fantaisie...). Myriam Maître a montré avec talent combien le *galant* est insuffisant pour rendre compte des idéaux de la préciosité, de son caractère exclusivement féminin, de ses revendications. Il existe une vision précieuse de l'existence. De surcroît le caractère de fer de lance du mouvement se manifeste pleinement ici aussi: pour définir la galanterie, la critique est obligée de s'adresser aux textes précieux, à Mlle de Scudéry.

En quatrième lieu, l'importance et l'influence considérables des Précieuses écrivains ne devraient-elles pas nous conduire à réorganiser l'histoire littéraire du Siècle de Louis XIV? Pourquoi ne pas regrouper, comme la Pléiade, cette Pléiade féminine si liée dans la réalité?

Il serait salubre, enfin, d'en finir avec la *doxa*, l'opinion floue, et même erronée, transmise par les dictionnaires, selon lesquels *précieux* veut dire *alambiqué*, *mièvre*, et autres gentillesses. Bien sûr, nous n'abolirons pas ces usages courants. Mais nous pouvons espérer que la critique littéraire, elle, précise ses concepts. Un tel travail conduirait à situer plus rigoureusement la préciosité par rapport au baroque et au classicisme. Si vous me permettez de dire un mot de mes conclusions sur ce point, la préciosité me semble intimement liée au classicisme. Elle en partage l'orientation morale, l'idéalisme artistique, les tendances aristocratiques, la passion pour l'éclat de la langue, le refus du style bas. Elle l'infléchit en tendant à lui imposer ses valeurs, comme le primat du sentiment amoureux (dénoncé par La Bruyère et par Fénelon) ou la préférence pour les Modernes; elle l'enrichit de sa prédilection pour l'analyse aiguë, raffinée, des sentiments et des conduites. La règle des règles est devenue, selon les formules du *Mercure galant*, de «plaire... aux femmes». Bref la préciosité littéraire apparaît comme un classicisme au féminin.

Credit, et non videt:
L'autre du visible, scepticisme et religion
(des jésuites à Port-Royal)

JEAN-VINCENT BLANCHARD

Swarthmore College

Si l'on s'en tient à l'interprétation proposée par Louis Marin dans *La Critique du Discours*, la représentation classique des logiciens de Port-Royal est fondée sur le modèle de l'Eucharistie[1]. D'une part le corps du Christ est invisible pour les yeux tout en étant actuel, comme le signifié se fait présent grâce au signifiant; d'autre part, la chose signifiante s'efface substantiellement tout en restant visible, comme le pain eucharistique dont seules subsistent les apparences visuelles. Ce modèle opère depuis la conception de l'idée jusqu'à la proposition, et dans le discours en général. Comme la représentation constitue une sorte de «degré zéro» de la communication, la rhétorique, considérée essentiellement dans son aspect ornemental d'*elocutio*, est mise à l'écart de ce système car elle brouille la transparence de la représentation[2]. L'absence du signifiant, condition de la représentation, se fait alors présence visible, occultant celle du signifié.

Quoi que la rhétorique fasse toujours discrètement retour, on peut dire que le modèle de la représentation dans la logique de Port-Royal se constitue par la désignation d'un *Autre*, en l'occurrence la rhétorique des jésuites français du premier XVIIe siècle. Plus particulièrement, il sera ici question d'un art du discours asianiste, dont le style plut à la cour d'Henri IV et de Louis XIII, et dont les fondements épistémologiques étaient enseignés dans les collèges de la Compagnie[3]. Cette opposition fondamentale des philosophes issus de l'humanisme de robe à une conception du discours considé

---

[1] Louis Marin: *La Critique du Discours*, Paris, Gallimard, 1975.

[2] Antoine Arnauld et Pierre Nicole: *La Logique, ou l'Art de Penser*, Paris, Gallimard, 1992 (1662), p. 86-87: «il arrive souvent qu'un mot, outre l'idée principale que l'on regarde comme la signification propre de ce mot, excite plusieurs autres idées qu'on peut appeler accessoires, auxquelles on ne prend pas garde, quoique l'esprit reçoive l'impression».

[3] On consultera à ce sujet l'ouvrage de Marc Fumaroli: *L'Age de l'éloquence. Rhétorique et «res literaria» de la Renaissance au seuil de l'époque classique*, Genève, Droz, 1980 (rééd. 1994), en particulier la deuxième partie. M. Fumaroli met aussi en valeur l'existence, au sein de la Compagnie de Jésus, d'un courant attique.

rée comme trop exubérante, sinon mensongère, rend pertinente dans ce contexte les propos suivants, tirés de l'*Effet sophistique* de Barbara Cassin:

> [la sophistique des anciens Grecs est] un effet de structure: la pratique réelle de ceux qui se sont appelés et qu'on a appelés «sophistes» sert à désigner en philosophie l'une des modalités possibles du non-philosopher[4].

La place centrale de l'Eucharistie dans les controverses religieuses du XVIIe siècle justifie pour Louis Marin son statut d'emblème épistémologique de Port-Royal; les jésuites ayant eux-mêmes activement participé à ces controverses, je poserai comme hypothèse que la transsubstantiation est aussi le modèle de la représentation dans la culture de la Compagnie de Jésus. Il faut alors expliquer comment deux conceptions de la signification fondamentalement différentes, l'une constituant l'*Autre* de la pratique suivante, peuvent admettre le même paradigme. Ce sont les axes principaux de cette explication que j'aimerais tracer ici. Il s'agira de suggérer que chez les jésuites de la période précédant le règne de Louis XIV, conceptions de la représentation et de l'Eucharistie coïncident parce que ce sont les points de convergence de plusieurs discours sceptiques: conception morale de la nature humaine, classification des savoirs, problèmes de méthode et théories de la vision; en dernière analyse, il s'agira de mettre en valeur les rapports entre le visible et le crédible.

Chez ces jésuites, le doute n'est pas une étape vers la certitude intellectuelle: le scepticisme est plutôt incorporé à la méthode pour constituer son assise intellectuelle[5]. C'est qu'au début du XVIIe siècle les distinctions scolastiques entre les diverses conceptions de la représentation comme la logique, la dialectique et la rhétorique s'effacent, modifiant alors ce que l'on est en droit d'accepter comme vrai; ainsi, dans l'œuvre fondamentale du jésuite Francisco Suarez, seule prétend désormais au statut de *scientia* la théologie[6]. En d'autres mots les vérités probables de la dialectique ne ten-

---

4 Barbara Cassin: *L'Effet sophistique*, Paris, Gallimard, 1995, p.9.

5 Richard Popkin: *History of Scepticism from Erasmus to Gassendi*, Berkeley, California UP, 1979; «Scepticism, Theology and the Scientific Revolution in the XVIIth Century», dans: *From Grotius to Gassendi* (éd. V. Chappell), New York, Garland, 1992, p. 1-28; «Scepticism and the Counter-Reformation in France», dans: *Archiv Für Reformationsgeschichte*, vol. LI, 1960, p. 58-87; voir aussi Jean-Pierre Dumont, *Le Scepticisme et le Phénomène*, Paris, Vrin, 1972.

6 Joseph Mariétan: *Le Problème de la classification des sciences d'Aristote à saint Thomas*, Paris, Alcan, 1901; Clare C. Riedl: «Suarez and the Organization of Knowledge», dans: *Jesuit Thinkers of the Renaissance* (ed. G. Smith), Milwaukee, Marquette University Press, 1939, p. 1-62: «The habit of sciences is conceived after the manner of moral habits. It is a faculty and readiness in judging, developed by practice and exer-

dent plus qu'à satisfaire aux exigences de la rhétorique, qui se contente du vraisemblable. Dans ce système, l'expérience scientifique consiste en une proposition ayant une valeur universelle, reçue par le plus grand nombre: son authenticité est donc aussi garantie par le critère de vraisemblance.

Cette rhétoricisation des savoirs est imprégnée du substrat sceptique de la rhétorique cicéronienne[7]: un problème se dispute *in utramquem partem*, et finalement, entre deux opinions plus ou moins vraisemblables, il est possible de choisir légitimement la moins vraie: le probabilisme moral que ridiculisait Pascal dans les cinquième et sixième *Provinciales* est un aspect de la méthode scientifique. Le P. minime Marin Mersenne, dans le texte suivant, énonce la même critique. Pour expliquer la multiplicité des opinions dans le domaine de l'optique, le P. Mersenne dit de certains mauvais esprits:

> ils pensent avoir assez bien établi une vérité prétendue, quand ils croient qu'on ne la peut convaincre de faux; comme si un menteur croyait être innocent, pource qu'on ne pourrait prouver son assassinat[8].

Il est ici question de considérer comme vraie une proposition moins vraisemblable, mais que l'on ne peut toutefois rejeter comme fausse.

Si les critères de la rhétorique déterminent ce qui peut être admis comme vrai, il s'ensuit que l'*ornatus* du discours est un élément contribuant à cette vérité; ainsi la valeur persuasive de la proposition et de l'expérience est-elle primordiale. Lors de la querelle qui l'opposa au P. Noël sur l'existence du vide, le jeune Pascal évoque les expériences de son adversaire de cette manière:

> il les propose néanmoins avec une hardiesse telle qu'elles seraient reçues pour véritables de tous ceux qui n'ont point vu le contraire; car il dit que les yeux le font voir; que tout cela ne se peut nier; qu'on le voit à l'œil, quoique les yeux nous fassent voir le contraire. Ainsi il est évident qu'il n'a vu aucune des expériences dont il parle…[9]

---

cise. Knowledge is a skill …This conception of the habits of science is understandable in view of the part played by the will in the act of judgement». Voir aussi Neal W. Gilbert: *Renaissance Concepts of Method*, New York, Columbia UP, 1960; Cesare Vasoli: *La Dialettica et la retorica dell'Umanesimo*, Milano, Feltrinelli, 1968; Peter Dear: «Jesuit Mathematical Science and the Reconstitution of Experience», dans: *Studies in History and Philosophy of Science*, vol. XVIII, no 2, 1982, p. 133-175; *Marin Mersenne and the Learning of the Schools*, Ithaca, Cornell UP, 1988.

[7] Alain Michel: *Rhétorique et Philosophie chez Cicéron*, Paris, PUF, 1960; Victoria Kahn, *Rhetoric, Prudence and Scepticism in the Renaissance*, Ithaca, Cornell UP, 1985.

[8] Marin Mersenne: *L'Optique et la Catoptrique*, Paris, Jean du Puis, 1663. L'ouvrage est posthume.

[9] Blaise Pascal: «Lettre à Le Pailleur» (fév. 1648), dans: *Œuvres complètes*, Paris,

Dans le même ordre d'idées, la *Logique* de Port-Royal dénonçait aussi:

> (Ceux) qui ne font point de différence entre parler et parler, ou qui ne jugent de la vérité des choses que par le ton de la voix: celui qui parle facilement et gravement a raison; celui qui a quelque peine à s'expliquer, ou qui fait paraître quelque chaleur, a tort. Ils n'en savent pas davantage[10].

La «hardiesse» de la représentation du visible, l'*enargia*, ou plus généralement l'expressivité du discours, c'est-à-dire l'*energeia,* l'emporte sur la vérité: une bonne ekphrasis vaut mieux que le plat récit de ce que les yeux ont véritablement constaté[11]. De ce système, nous retiendrons que le besoin de vérité est satisfait par l'aspect vraisemblable d'une proposition et par la force de l'évidence; ces deux critères peuvent constituer les deux faces d'une apparence à proportion de laquelle se mesure la vérité; cependant l'évidence, parce que c'est en elle que s'investissent les désirs, peut l'emporter sur la vraisemblance. L'exercice de la volonté est alors privilégié au détriment de la prudence. Quoi qu'il en soit, expérience et jugement existent à la surface de la représentation: l'être est un effet de discours, et donc un paraître; la vérité est toute présence visible.

Avant de situer cette conception de la représentation par rapport à l'Eucharistie, il est nécessaire de donner quelques précisions sur l'idée de miracle[12]. Ces phénomènes surnaturels peuvent être connus naturellement, c'est-à-dire que la raison peut en établir l'authenticité en les distinguant des illusions. Ce point est important parce que dans la première moitié du XVIIe siècle, au moment où la magie artificielle permet à l'invention humaine de créer toutes sortes d'effets merveilleux et illusoires grâce aux progrès de l'optique, l'influence du scepticisme s'était manifestée autour de la question des miracles. Parmi les sources possibles de ce doute, on trouve le traité de Pomponazzi *Les Causes des merveilles de la nature, ou Des Enchantements*[13]. Le philosophe y avait suggéré que certains effets prodigieux pouvaient être expliqués rationnellement grâce aux progrès de l'intel-

---

Gallimard, 1954, p. 388.

[10]*Logique*, p. 10.

[11] Considérons aussi que la description a valeur de définition: voir Marc Fumaroli: «Définition et description: scolastique et rhétorique chez les jésuites des XVIe et XVIIe siècles», dans: *Travaux de linguistique et de littérature*, vol. XVIII, no 2, 1980, p. 37-48.

[12] Benedetto Pereira: *De Magia*, Cologne, I. Gymnicum, 1598 (1591).

[13] Pietro Pomponazzi: *Les Causes des merveilles de la nature, ou Des Enchantements*, Paris, Rieder, 1930 (1556); voir: Randall J. Herman: *The School of Padua and the Emergence of Modern Science*, Padua, Antenore, 1961.

ligence; de là, il était facile de mettre en doute l'authenticité des miracles. Mais les progrès de la rationalisation du visible préviennent toute confusion avec des phénomènes prodigieux créés par l'esprit. Chez le P. Mersenne la stratégie contre les sceptiques inspirés par Pomponazzi est fondée justement sur la capacité à discerner les faux effets des véritables miracles. C'est le cas dans deux chapitres de ses *Questions sur la Genèse*[14]. Dans ce dernier texte, le P. minime détermine l'apparence des anges en se fondant sur les textes de la tradition, puis recourt aux propositions de l'optique géométrique pour montrer qu'il est impossible de les imiter, et partant de mettre en doute leur existence. Les raffinements de la «magie artificielle des effets merveilleux» étaient donc jugés inoffensifs[15]. Les prouesses de ces modernes thaumaturges, souvent des religieux, inspirent cette réflexion au P. Binet, auteur du célèbre *Essai des merveilles*:

> L'esprit de l'homme tranche du petit Dieu, et se mêle de faire des mondes de cristal, et contrefait les miracles de l'univers. Dieu a créé mille choses qui n'étonnent guère nos esprits, l'artifice fait profession de n'œuvrer que des miracles. Les mathématiciens forcent les natures, et changent les éléments, et nous font voir ce qu'on ne peut voir, ni croire quand même on le voit du bout des doigts[16].

Si le miracle est inexplicable, son existence visuelle n'en reste pas moins assurée: on peut croire en ce que l'on ne comprend pas, mais que l'on voit distinctement, et même avec force; car l'évidence du miracle (ce que l'on voit «du bout des doigts») est alors à la mesure de son caractère inouï. Le texte de l'*Essay des merveilles* met en valeur une logique persuasive des phénomènes prodigieux appropriée à l'intelligence humaine[17]. Le prodige

---

[14] Marin Mersenne: *Questiones celeberrimae in Genesim*, Paris, S. Cramoisy, 1623, en particulier les chapitres suivants: «An apparitiones Angelorum in speculo referri possint», «De effectibus speculorum, et quod apparitiones in ea minimè referri possint».

[15] En citant le P. Mersenne plus haut, nous avons sous-entendu que ses observations étaient dirigées contre la Compagnie, alors que nous rapprochons ici ses opinions des jésuites. Mais il s'agit d'une part de discriminer entre le miracle et l'illusion obtenue grâce à une pratique technique, et d'autre part d'expliquer un phénomène, ce qui suppose une méthode.

[16] Etienne Binet: *Essay des merveilles de nature et des plus nobles artifices*, Rouen, Des Opérations, 1987 (1ère éd.: 1621), p. 448.

[17] Article «Miracle», *Dictionnaire de théologie catholique* (éd. A. Vacant et al.), Paris, Letouzay et Ané, 1908-1950: le miracle est «une démonstration indirecte tirée de la certitude même du signe, démonstration qui conclut à la vérité de la doctrine, en raison des absurdités ou des impossibilités qui découleraient de l'hypothèse contraire. Cette démonstration indirecte ne fournit pas, comme la démonstration directe, la claire vue de la vérité connue en elle-même, mais elle exclut toute crainte d'erreur en raison des absurdités que comporterait cette erreur».

renvoie d'autant plus à la vérité de la divinité qu'il est invraisemblable (il est hors du cours de la nature), son évidence visuelle l'emportant sur l'incrédulité. On retient pour vrai ce qui est invraisemblable, à partir du moment où le miracle est au moins aussi évident qu'invraisemblable. Le miracle désigne la limite de la force de l'évidence, toujours capable de l'emporter sur l'apparence du vrai.

Cette relation entre la créance et le visible dans le miracle est pertinente pour comprendre le miracle de l'Eucharistie. Si la transsubstantiation est bien un miracle, ce phénomène pose néanmoins des problèmes redoutables aux apologistes parce qu'il ne peut être connu naturellement: selon la théorie des accidents eucharistiques, les espèces visibles du pain et du vin subsistent après la transformation de la substance matérielle en corps du Christ. L'Eucharistie demande une foi complète, car elle n'a pas d'apparence visuelle qui vienne à la rencontre de la foi. Un emblème du P. Bivero met admirablement bien en valeur ce problème. Il y est question de la foi de sainte Lucie, qui croyait en l'Eucharistie, sans pouvoir la voir puisqu'elle était aveugle; mais finalement, explique l'auteur, les humains ne connaissent-ils pas tous la même condition? Dans le texte du P. Bivero, une référence à la théologie négative du Pseudo-Denys rappelle alors que la vie est faite de ténèbres lumineuses, où seuls peuvent percevoir les yeux de la foi. Aucun savoir n'est possible sur ce miracle. Il ajoute encore:

> Communicat ergo cum Angelis ille, qui non videt et credit, ac per fidem percipit Eucharistiam[18].

La transsubstantiation mène à une attitude sceptique fidéiste, qui demande à l'esprit de s'en remettre à la tradition et à la foi, lorsque sa limite a été éprouvée. Les projets des apologistes n'en sont pas pour autant tous balayés; ceux-ci doivent alors recourir à des stratégies rhétoriques particulières pour essayer de persuader. Je prendrai pour exemple un texte du P. Richeome, tiré de *La Peinture spirituelle*. Cet ouvrage se présente comme une promenade dans le couvent de Saint-André-et-saint-Vital de Rome. Parvenu dans l'église, le P. Richeome s'arrête devant l'autel et se livre aux réflexions suivantes, en se souvenant des célébrations des Quarant'hore:

---

[18] Petro Bivero: *Sacrum oratorium piarum imaginum immaculatae Mariae et animae creatae...*, Anvers, Plantin, 1634, p. 578.

ces fêtes donnaient l'occasion aux fidèles de vénérer le saint sacrement dans le cadre de décors fastueux montés pour l'occasion:

> Mais souvenez-vous quand les jours passés en l'Oraison de quarante-heures[19],…vous avez vu au maître autel de notre Eglise, deux grands noms de Jésus, et de sa glorieuse Mère composés et rayonnés de plusieurs centaines de lampes brillantes, et le nombre de deux à trois mille lumières, rangées sur icelui autel et aux environs, et toutes luisantes et distinctes par même ordre dedans votre prunelle. Ne les aperceviez-vous pas toutes? Ne les comptiez-vous pas encore…? Et si nous croyons ces choses parce que nous les touchons, ferions nous difficulté de croire que le corps du Sauveur avec toute sa quantité, dimension, distinction des membres, sont en une si petite hostie? Si Dieu fait demeurer naturellement tant de choses, et si grandes ensembles, et sans confusion en un lieu si étroit, lui sera-t-il moins facile de mettre son corps en un espace moindre que ce corps?[20]

La diminution inexplicable des espèces visuelles qui voyagent depuis l'objet jusqu'à l'œil est un argument que l'on retrouve dans plusieurs textes sceptiques[21]. L'esprit doit bien y croire puisqu'on peut, pour reprendre les mots de l'auteur, y toucher. De plus, l'aspect remarquable du phénomène attire l'attention sur son origine divine. Au lieu d'un miracle, Le P. Richeome choisit ici un prodige dont la connaissance reste naturelle et donc plus facile à accepter. Si la comparaison entre la réduction des espèces et la transsubstantiation est ingénieuse, et donc investie d'une évidence persuasive, l'argument lui-même n'en reste pas moins sophistique[22]. En effet la croyance en l'Eucharistie ne peut pas se faire naturellement: elle suppose une foi complète en Dieu. Entre deux propositions, il est ici question de choisir la moins vraisemblable; mais par l'effet de la volonté, cette proposition devient plus crédible; à partir du moment où l'on y croit, le pouvoir surnaturel peut bien plus que celui, naturel, qui réduit les espèces de la vision épicurienne. Dans le cas du miracle, l'aspect visible et évident nous est apparu comme étant à la mesure de l'invraisemblance du phénomène; or

---

[19] Il s'agit ici des fameuses célébrations des Quarant'hore. Voir P. Bjurström: «Quarant'hore», dans *Baroque Art: The Jesuit Contribution* (ed. R. Wittkower), New York, Fordham UP, 1972.

[20] Louis Richeome: *La Peinture spirituelle*, Lyon, P. Rigaud, 1611, p. 146.

[21] Le P. Richeome est familier avec ces arguments sceptiques: voir *L'Académie d'honneur*. Lille, P. de Rache, 1615.

[22] Le raisonnement vise d'abord à persuader ceux qui comme Wyclif réfutent l'Eucharistie en soutenant que le corps entier du Christ ne pourrait prendre place dans une petite hostie; voir: Heather Philip: «John Wyclif and the Optics of the Eucharist», dans: *From Ockham to Wyclif*, Oxford, 1987.

dans le cas de l'Eucharistie, tout cela est nul: la créance naturelle s'arrête à la surface de l'hostie consacrée.

Il me semble alors que le rapport entre représentation et Eucharistie se définit ainsi: le système rhétorique jésuite, du moins celui contre lequel les voix de Pascal et des logiciens se sont élevées, est la conséquence du fidéisme que suppose l'Eucharistie. Motivé par l'évidence, et corollairement par la volonté, le choix que l'esprit peut faire entre deux représentations vraisemblables, par où la plus faible est toujours convertie en présence visible de l'apparence, est semblable au choix que fait l'esprit devant l'invraisemblance de la transsubstantiation. Seulement voilà: selon la logique de ce système représentatif, la radicale invisibilité de la présence du Christ désignerait alors la vanité du critère de l'évidence rhétorique, évidence qui fait de l'appel aux passions et aux désirs le ressort de la réussite du discours. Par rapport à la vérité divine, l'évidence est en elle-même une absence; derrière tous les discours vient miroiter la surface blanche de l'hostie, pour rappeler que le savoir est don gratuit de la charité divine, concession indulgente aux prétentions de la créature. En rhétorique, l'évidence se fait présence lorsque les désirs qui la motivent sont charitables: c'est là que se tient la condition du système, fondé sur un optimisme foncier envers la nature humaine.

Depuis les sophistes de l'ancienne Grèce, les phénomènes visuels ont une valeur importante dans l'attitude sceptique. Les jugements sont considérés comme étant sujets à l'erreur parce qu'ils sont fondés sur des sensations trompeuses; ou encore, l'erreur des sens signale l'invalidité des jugements, sans en être toutefois le fondement physiologique et psychologique. Cette dernière conception du rapport entre vision et raison, ne doit pas être négligée: car dans une pensée qui prolonge l'*Automne de la Renaissance*, elle se manifeste lorsque l'apparence de l'Eucharistie est considérée comme l'emblème du savoir.

Du champ de la perception à la fracture du doute: la représentation de l'autre dans Le *Véritable St-Genest*

ROSELYNE PIRSON

University of Miami

Pièce du répertoire baroque à «l'âge du classicisme en France», *Le Véritable Saint Genest* (1647) appartient-elle aux premiers balbutiements et autres sursauts dramatiques qui annoncent le triomphe de la tragédie racinienne? Loin d'entériner un lieu commun qui, on le sait, a longtemps pris ombrage d'une grandeur mythique du classicisme français, nous nous proposons de lire *Le Véritable Saint Genest* comme un texte dramatique qui suscite une interpellation plus profonde sur le langage baroque. En analysant cette problématique à la lumière du langage classique qui se met en place dès la Renaissance avec la redécouverte de la perspective, nous voudrions montrer comment la représentation théâtrale de la conversion de Genest n'est, dans le texte de Jean Rotrou, que la face cachée ou l'autre face du doute qui traverse tout le dix-septième siècle[1].

Nous rappellerons pour commencer que le texte dramatique du *Véritable Saint Genest* fait un usage édifiant de l'enchassement de la mise en scène. Invité à la cour de l'empereur Dioclétien dans le cadre très festif du mariage de sa fille Valérie avec Maximim, Genest, auteur et acteur de théâtre à succès, vient y donner une pièce qui traite d'un sujet d'actualité. Il s'agit de la persécution des premiers chrétiens par l'armée romaine, en l'occurence celle «d'Adrien un de ces obstinés» qui vient d'être condamné sur ordre de Maximim (285). Or, au cours de la répétition générale du *Martyr d'Adrien,* l'acteur Genest sera touché par la grâce divine; confessant publiquement sa foi, lors de la représentation qui s'ensuit, il sera lui aussi exécuté par la garde impériale. La révélation divine qui a lieu sur les marches du décor ne va pas sans bouleverser les conventions du genre vu qu'elle provoque un étonnant chassé-croisé entre la répétition générale et la première d'une pièce de théâtre. En effet, c'est au cours de la répétition générale du *Martyr d'Adrien* que l'acteur est pour la première fois témoin de la manifestation de Dieu, alors que la «première» représentation de la pièce donnera lieu à l'unique répétition de sa profession de foi.

---

[1] Dans son livre *Vous avez dit Baroque,* Philippe Beaussant inscrit la sensibilité baroque dans le contexte historique de la Réforme et de la Contre-Réforme. Par elle, s'exprime, selon Beaussant, la possibilité de douter de tout en réaction à une politique du retour à l'ordre qui se met en place après la Guerre de trente ans.

Est-ce à dire que *Le Martyr d'Adrien* préfigure celui que subira l'acteur qui en joue le rôle? Rien n'est moins sûr. La pièce, qui pourtant recourt à tous les artifices dramaturgiques pour brouiller la ligne de partage entre la réalité et l'illusion, ne se termine pas moins sur une interrogation comme si un doute continuait à planer sur l'authenticité de la conversion de Genest. De fait, à l'inverse d'autres pièces dites baroques de l'époque – l'on pensera plus précisément à *L'illusion Comique* de Pierre Corneille – où le doute se dissipe lorsque les différents points de vue finissent par converger, il n'en va pas de même dans *Le Véritable Saint-Genest*. Comme l'a noté Lyons, la vérité que l'acteur fait sienne reste une question de perspective jusqu'à la fin de la représentation. Ainsi, la comédienne Marcelle, qui au départ avait vu dans la conversion de son collègue une subtilité d'acteur pour pallier aux lacunes de sa mémoire, lui reprochera, lorsqu'il sera en prison, de sacrifier sa vie professionnelle et celle de toute la troupe, au nom «d'une erreur, un caprice, une légèreté» et d'un «aveuglement» (1580-1605). Quant à l'audience impériale, si au départ, elle qualifie l'improvisation de Genest comme l'adresse d'un acteur pour mieux tromper son public, elle aussi finira par l'accuser de déraison et à le condamner à mort, pour «avoir voulu faire d'une fainte une vérité» (1750). On aura reconnu les vers célèbres de Maximin qui mettent un point final au texte du *Véritable Saint-Genest*. Que Maximim soit lui-même le seul personnage dont le rôle se dédouble selon les axes de l'acteur et du spectateur du *Martyr d'Adrien* semble indiquer la difficulté, sinon l'impossibilité, de réconcilier deux points de vue qui restent pertinents comme si le point final dissimulait, en guise d'une feinte, des points de suspension….

La pièce de Jean Rotrou ne ferait-elle rien d'autre que de mettre en scène la pensée pascalienne selon laquelle «les choses sont vraies ou fausses selon la face par où on les regarde?» (B233). On pourrait le croire; toutefois il n'est pas nécessaire d'identifier la conversion de Genest – ou ce que Maximim appelle «sa déraison» – au pari pascalien pour reconnaître que cette révélation procède effectivement d'une suspension des facultés intellectuelles, ou si l'on veut d'un dépassement de l'ordre de l'esprit. Aussi le chassé-croisé que le texte instaure entre l'illusion et la réalité nous autorise à nous demander si le commentaire que Camille offre au moment où le songe de sa maîtresse vient d'être expliqué ne projette pas, dès l'acte premier, l'éclairage le plus important sur l'aveuglement de Genest? On se souvient que l'annonce du prochain mariage de Valérie avec Maximim, dont les récents exploits guerriers viennent de l'élever au rang impérial, dissipent les craintes de la princesse d'une mésalliance avec un simple berger. Camille lui fait remarquer, avec cette réserve propre aux suivantes, qu'il ne faut jamais s'arrêter sur l'apparence trompeuse d'un songe ou d'une illusion. «Ainsi souvent le Ciel conduit tout à tel point/Que ce que l'on craint arrive et qu'il n'afflige point/Et que ce qu'on redoute est enfin ce qu'on aime» (199-201). Ces propos ne peuvent-ils pas convenir à la situation de l'acteur à partir du moment où la présence de Dieu se manifeste sur la scène? Il n'est pas interdit de le penser dès lors que la substitution du verbe «douter» au verbe «craindre» du deuxième vers nous engage à considérer la conversion de Genest comme une reprise du doute ou sa répétition au compte de la certitude lors de la première et unique représentation du *Martyr d'Adrien*.

Pièce qui fait série avec les tragédies chrétiennes de l'époque, *Le Véritable Saint Genest* serait-il le lieu privilégié où s'exprime un sentiment de doute et d'incertitude? Nous voulons le croire d'autant que le texte dramatique contient en jachère une remise en question du langage sur lequel il prend ses assises. Les propos de Camille, personnage secondaire qui semble ne jouer qu'un rôle marginal dans la pièce, sont à cet égard, remarquablement féconds. Pourtant tout porte à croire que la remarque qui figure au début du troisième acte est au départ des plus anodines: «à la vue de cette confusion, l'ordre du récit semble une illusion», observe la suivante à propos du désordre qui se donne à voir sur les planches durant l'entr'acte du *Martyr d'Adrien*. Mais en s'exprimant de la sorte, elle ne fait qu'articuler en termes dramatiques, les tenants et aboutissants théoriques d'un langage qui pour se fonder sur une surenchère visuelle ne remet pas moins en cause les acquis du langage classique. Tout se passe comme si pour le personnage de Camille, l'opposition entre le désordre visuel et l'ordre textuel n'était guère plus recevable sur le plan intellectuel que celle en vertu de laquelle Heinrich Wölfflin distinguera le Classique du Baroque dans deux ouvrages angulaires, *Baroque et Classicisme* en 1888 et *Principes fondamenteaux de l'Histoire de l'art* en 1915. Pourtant Wölfflin reste encore une figure incontournable en ce qu'il a été l'un des premiers à établir de manière précise l'affinité du Baroque et du Classicisme avec l'univers mental de la Renaissance. En ancrant notre analyse dans le creux de ce geste fondateur qui, on le sait, a ouvert la voie aux travaux de Jean Rousset, Timothy Reiss et Jean Castex, nous tenterons de montrer, à la lecture du *Véritable St Genest*, que s'il est un langage baroque, il ne se définit plus à l'aune de la multiplicité, mais au contraire s'articule autour des concepts de linéarité et de multiplicité.[2]

---

[2] Historien de l'art, Wölfflin accorde une place privilégiée à la peinture en faisant de Dürer, Raphaël, et Le Titien les figures phares du style classique et de Rembrandt, Rubens, Tintoret celles du style baroque. La part d'ombre laissée à la sculpture et à l'architecture peut paraître un peu surprenante dans la mesure où ces deux disciplines ont été le réceptacle par excellence du mouvement baroque. Par contre Jean Rousset, le premier à appliquer ce concept à la littérature, fera de l'œuvre de Nicholas Bernin la pierre de touche du baroque. L'ouvrage de Jean Castex, *Renaissance, Baroque et Classicisme*

Cette connivence entre la linéarité et la multiplicité est déjà l'œuvre à la Renaissance avec la redécouverte de la perspective classique qui vient révolutionner le champ de la perception et de la représentation en rendant compte d'une vision monoculaire du monde et de la place qu'y occupe l'homme. Il ne s'agit pas seulement d'une vision cohérente mais plus encore stable car, comme l'a écrit Bruno Latour, dans son étude sur les constructions de l'esprit, «grâce à la perspective linéaire, les formes mobiles vont devenir immuables» (581). Capable de construire un espace homogène, le langage de la perspective aurait aussi l'avantage de réunir autour d'un même point de fuite la représentation d'objets réels et ceux issus d'autres horizons. Dans ses travaux sur la naissance de l'espace classique Pierre Francastel a montré, par rapport à l'œuvre d'un Masolino, d'un Ghirlandaio et d'un Uccello, comment tout en étant soumis aux règles de l'optique géométrique, les objets représentés ne manquent jamais de se déplacer vers d'autres imaginaires. Ces compositions, note Francastel, procèdent souvent d'un montage entre un petit nombre de visions nettes, «dont la cohérence est assurée par la disposition d'accessoires théâtraux aux points de suture» (68)[3].

Quant à l'espace scénique de la Renaissance, sa construction partage de nombreux points communs avec celle de l'espace pictural. Lorsqu'en 1545, Sebastiano Serlio applique les principes architecturaux de Vitruve à l'espace scénique, il semble tirer un admirable profit de tous les avantages de la perspective linéaire. Chacune des trois scènes qu'il conçoit pour le théâtre «classique» résulte en effet d'une accumulation d'accessoires qui se combinent l'un à l'autre:

> La scène tragique se compose de colonnes, de palais, de statues et d'autres objets faisant partie de l'entourage d'un roi; la scène comique présente des maisons à balcons et à nombreuses fenêtres; la scène satirique a comme décor des arbres, des cavernes, des montagnes et d'autres objets faisant partie d'un paysage (Deierkauf 48).

Si la conception serlienne de l'espace scénique va exercer une influence considérable sur les plateaux baroques au dix-septième siècle, on notera toutefois que les décorateurs de l'Hôtel de Bourgogne iront jusqu'à radica-

---

nous semble pertinent en ce qu'il vient combler cette faille en offrant une synthèse de la démarche adoptée respectivement par Wölfflin et Rousset tout en insistant sur la continuité du langage classique dans le langage baroque dans toutes les disciplines du dix-septième siècle.

[3] Dans *Peinture et société*, Pierre Francastel rattache l'invention de la perspective à un courant epistémologique bien précis. Selon lui, il est impossible de séparer cette nouvelle technique du courant de pensée et des idées qui l'a produite avant de la transmettre aux générations à venir.

liser les échanges entre les éléments de l'espace théâtral et de l'espace imaginaire en mélangeant dans un même décor des accessoires de la scène tragique et comique ou vice versa. Comme l'a écrit Lawrenson:

> If we examine those plays which are defined as comedies by their au-
> thors and which bear some resemblance to Serlio's comic scene, we
> find quite noticeably that features from the pastoral, and the tragi-co-
> medy as dictated by the exigencies of the dramatic text, are inextrica-
> bly mixed in with details which might have belonged to the comic
> setting (130).

Mais l'intérêt de la perspective linéaire ne réside-t-il pas justement en ce
que pareils emprunts soient possibles, nous demanderons-nous en accord
avec Bruno Latour, qui a rappellé que ces multiples échanges créés par
l'œil mi-démiurge, mi-mathématicien ont permis de penser le monde comme le théâtre et vice versa? Nous n'en douterons pas. Pourtant tout en garantissant une maîtrise de l'espace perçu et de sa représentation, le langage
de la perspective va entraîner le sujet pensant vers le précipice du doute. En
effet, loin d'être une réaction contre le Classicisme, le Baroque n'en est que
le prolongement. Tout en approfondissant les acquis du langage classique,
le langage baroque ne cessera jamais de vérifier et de remettre en question
ses fondements allant jusqu'à se demander si l'ordre du récit «n'est pas une
illusion,» ainsi que le laisse entendre Camille, en adoptant ce qui nous
semble être un point de vue limite, à la croisée de la perspective classique
et du trompe-l'œil baroque. Dans sa *Théorie du nuage* Hubert Damisch a
montré à quel point la ligne de partage entre l'espace classique et le trompe-l'œil baroque est fragile tout en insistant sur le fait que cette ligne de
partage agit encore comme un point de fracture entre deux systèmes. Cet
écart provient de la contradiction fondatrice par laquelle la perspective linéaire se constitue en système clos; clôture illusoire, nous le savons, étant
donné qu'elle résulte de la rencontre des lignes de fuites à l'infini. Tandis
que le langage classique s'accomodera de nombreuses artifices – en l'espèce d'un mur, d'un écran, d'une tapisserie ou de masses nuageuses – pour
masquer ou dissimuler le point de fuite, le langage baroque tentera de l'exposer en démultipliant les points de vue dans la représentation d'espaces en
trompe-l'œil qui s'ouvrent vers l'infini ou basculent vers le vide.

   Cette fracture ou cet infime écart que nous voulons considérer comme
l'autre face ou l'envers de la certitude du langage classique nous renvoie,
comme on pouvait s'y attendre, au *Véritable saint-Genest*. On se souvient
que l'acte deux rend compte d'une discussion relativement animée entre
Genest et son décorateur avant la représentation du *Martyr d'Adrien*. Mettant en doute le travail accompli, Genest déclare que l'effet trompe-l'œil du
décor eut été parfait si son décorateur en avait diversifié les couleurs et re-

haussé les tons: «Vous pouviez mettre en vos coloris plus de diversité..., reculer les paysages..., et refondrer leurs ombrages» (319 – 321-22). Toutefois celui-ci estime nécessaire de ramener son directeur à la réalité du monde théâtral et lui rappelle que l'impression donnée par un décor dépend de la distance à partir de laquelle il se regarde: «L'approche à ces dessins ôte leurs perspectives/En confond les faux jours rend les couleurs moins vives» (329-30). Seul, «l'éloignement semble apporter du fard» (331). Autant de considérations qui indiquent que l'effet de l'espace scénique repose sur l'apparence illusoire du décor.

Or c'est en répétant le rôle du martyr romain dans cet espace illusoire que Genest est pris d'un doute, «Je feins moins Adrien que je ne le deviens» (402) – au point de se rappeler lui même qu'il «s'agit d'imiter et non de devenir» (420). Alors que l'acteur est emporté par cette vague d'incertitude, la scène subit une surenchère de l'effet visuel car le ciel «s'ouvre avec des flammes» et laisse entendre une voix qui l'encourage à poursuivre son chemin: «tu n'imiteras point en vain» (422). Reste que le doute ne se dissipe pas pour autant, car l'acteur se demande par «quelle merveille son cœur a été touché» (424-25). Rejettant l'idée qu'un collègue ait voulu s'amuser de lui, Genest laisse suspendre ses facultés intellectuelles pour enjamber le gouffre qui sépare l'incertitude de la certitude: désormais l'acteur ne feindra plus, mais jouera son «rôle glorieux devant la cour des Cieux» (447-48). Professionnel du monde du théâtre, Genest va devenir acteur sur le théâtre dont Dieu est l'ultime metteur en scène. Sa conversion au Dieu des chrétiens culmine, au cœur de la représentation, avec le baptême d'Adrien. Après avoir «levé le masque», il ouvre sa pensée: «le dieu que j'ai haï m'inspire son amour/Adrien a parlé, Genest parle à son tour» (1245-46). Enfin, il «respire/la grâce du baptême et l'honneur du martyre» (1248).

Sans doute, verra-t-on dans cette interprétation, une lecture trop linéaire du *Véritable Saint Genest*, dans la mesure où jusqu'à présent elle a pris appui, principalement, sur le texte dramatique de Jean Rotrou. Pour éviter ce piège, nous porterons notre attention sur sa dimension spectaculaire, que David Maskell a défini comme une multiplicité de signes virtuels contenus en jachère sous la linéarité des mots et qui sont actualisés lors de la représentation du spectacle:

> The performance text embraces a multiplicity of signifiers which are verbal, auditory, and visual. These constitute theatrical language, a language which is latent in the written text and which is actualized in performance when the spectators see the drama on stage (1).

Il nous semble dès lors important de souligner que le point culminant de la conversion de Genest est signalé au moyen de la didascalie suivante, «Genest monte deux ou trois marches et passe derrière la tapisserie» (46).

Comme nous venons de le voir, cette tapisserie en trompe l'œil remplit une fonction décorative sur l'espace théâtral. Elle assure une cohérence visuelle à l'ensemble du spectacle. En même temps nous voudrions y voir un signe visuel qui, pour participer au système qui se met en place sur la scène, n'en indique pas moins la fragilité, le point limite. Ne sommes-nous pas en droit de nous demander si Genest eût pu proclamer sa foi en Dieu à l'endroit d'un décor qui multiplie les perspectives sans que ce pari n'ait abouti à une fracture, une remise en question de sa conversion. Pour que «le ciel conduise tout à un seul point», comme le remarque Camille dans l'acte premier, Genest doit choisir de se laisser embarquer de l'autre côté du décor. En garantissant le passage de la feinte en vérité, la tapisserie est le signe visuel qui rend possible la représentation de «l'autre Genest» à l'envers du décor.

En intégrant à notre discours herméneutique des éléments du texte dramatique et des signes visuels qui relèvent de sa dimension spectaculaire, nous avons pu approcher *Le Véritable Saint Genest* d'un point de vue critique; sans remettre en cause l'idée d'une transcendance du monde des illusions vers celui des vérités essentielles que la pièce de Rotrou voudrait représenter, il nous a toutefois été possible d'interroger les postulats qui la fondent. Le langage baroque, qui met en scène cette transcendence, ne fait que dévoiler la faille du doute, enfouie dans le champ de la perception classique.

Bibliographie

Beaussant, Philippe: *Vous avez dit Baroque?*, Paris: Actes Sud, 1994.

Castex, Jean: *Renaissance, Baroque et Classicisme 1420-1720*, Dijon: Hazan, 1990.

Damisch, Hubert: *Une théorie du nuage*, Paris: Seuil, 1972.

Deierkauf-Holsbœr, Wilma S.: *L'Histoire de la mise en scène dans le théâtre français à Paris de 1600 à 1673*, Paris: Nizet, 1960.

Francastel, Pierre: *Peinture et Société*, Paris: Denoël, 1977.

Latour, Bruno: «Les 'vues' de l'esprit», *Culture Technique*, 14 (June 1985), p. 581-595. Repris dans sciences de l'information et de la communication, édité par Daniel Bougnoux, Paris: Larousse, 1993.

Lawrenson, Thomas E.: *The French Stage and Playhouse in the XVIIth Century*, New York, AMS Press, 1986.

Lyons, John D.: «Saint Genest and the Uncertainty of Baroque Theatrical Experience», *MLN*, 109 (1994), p. 601-616.

Maskell, David: *Racine. A Theatrical Reading*, Oxford: Clarendon Press, 1991.

Pascal, Blaise: *Pensées*, Paris: Garnier, 1964.

Rotrou, Jean: *Le Véritable Saint Genest*, Genève: Droz, 1972.

Rousset, Jean: *La Littérature de l'âge baroque en France. Circé et le paon*, Paris: José Corti, 1954.

Wölfflin, Heinrich: *Renaissance and Baroque*, Ithaca: Cornell University Press, 1984, translated by Kathrin Simon.

L'*Amphitryon* de Molière ou l'autre du sujet

SELMA ZEBOUNI

Louisiana State University

L'ontologie cartésienne est censée poser la conscience-sujet comme l'absolu à quoi tout est relatif et qui, elle, ne dépend d'aucune autre conscience: «Je connus de là que j'étais une substance dont toute l'essence n'est que de penser, et qui, pour être, n'a besoin d'aucun lieu, ni ne dépend d'aucune autre chose matérielle. En sorte que ce *moi*, c'est a dire l'âme, par laquelle je suis *ce que* je suis, est entièrement distincte du corps, et même qu'*elle est plus aisée* à connaître que lui, et qu'encore qu'il ne fut point, elle ne laisserait pas d'être tout *ce qu'elle est*»[1].

Cet être métaphysique, indépendant de la conscience empirique, et tout aussi également indépendant de Dieu, trouve donc la certitude de la conscience de soi dans l'intellect même de l'homme, l'homme-sujet. Présent à soi et transparent à soi, ce sujet est également centre et origine du monde par la représentation. La pensée construit un schéma («A World Picture» comme dit Heidegger[2]), une re-présentation de la réalité qui rend le monde un simple objet présent à un sujet. L'intelligibilité du monde devient le miroir de la pensée-sujet, et «l'autre», par cette re-présentation, perd son opacité, sa différence, et est récupéré en tant que «même». D'où l'identité de la pensée/sujet et du monde/objet.

Ce schéma (nécessairement simpliste et réductionniste) du sujet dit transcendantal, est communément tenu pour avoir dominé la pensée occidentale de Descartes à Hegel sinon à Husserl, jusqu'à sa déconstruction par Nietzsche et Heidegger. En fait, une pléthore de critiques/philosophes contemporains contestent cette revendication; soit en essayant de démontrer que le «Dasein» Heideggerien est tout aussi sujet à l'autarcie que le sujet transcendantal, soit en faisant remonter la déconstruction du sujet au moins jusqu'à l'idéalisme allemand et le romantisme. En fait, à mon avis, on pourrait faire remonter cette déconstruction (en passant par Rousseau et le *Discours sur l'Origine de l'inégalité*) jusqu'au dix-septième siècle lui-même et Pascal[3].

---

[1] Descartes:*Œuvres et Lettres*, Paris: Gallimard, 1953, p. 148. (C'est nous qui soulignons)

[2] Martin Heidegger: «The age of the World Picture», dans: *The Question Concerning Technology*, New-York, Harper & Rowe, 1977.

[3] En fait Michel Henry dans son «La critique du sujet» dans: *Après le sujet qui*

Mais le projet dont il s'agit ici n'est pas de développer cet aspect de la controverse mais bien de montrer que Molière, dans son *Amphitryon*, met en question le statut/liberté du sujet dit cartésien en posant l'autre/objet comme contestation du même/sujet. Jupiter, Sosie, Amphitryon et Alcmène, forment un éventail où se jouent différentes options du rapport à l'autre, rapport par lequel, contrairement au sujet transcendantal dit cartésien, *doit* passer toute possibilité de conscience à soi. A l'indépendance du sujet Molière oppose l'intersubjectivité.

Rappelons rapidement le sujet de la pièce: Jupiter, pour jouir d'Alcmène, assume l'apparence de son mari Amphitryon, et Mercure assume celle de Sosie, le serviteur d'Amphitryon. Quand Sosie rentre, il se trouve face à son «Sosie», et Amphitryon face à son double. A la fin de la pièce Jupiter se dévoile et révèle que, comme récompense, Alcmène donnera naissance à Hercule.

Dès le prologue la notion d'un sujet transcendantal est écartée en faveur d'un sujet historique, fonction d'une expérience existentielle, d'un vécu inscrit dans le monde/objet. A Mercure qui lui demande de ralentir son cours pour donner plus de temps à Jupiter avec Alcmène, la Nuit dit son étonnement de «tous les déguisements» qui «viennent en tête» à Jupiter. Mercure répond: «il veut goûter par là toutes sortes d'états»; et plus bas:

> Jupiter, qui sans doute en plaisirs se connaît,
> Sait descendre du haut de sa gloire suprême;
> Et pour entrer dans tout ce qu'il lui plaît,
> Il sort tout à fait de lui-même,
> Et ce n'est plus alors Jupiter qui parait.   (88-92)

«Pour goûter toutes sortes d'états... il sort tout à fait de lui-même,»: Jupiter n'est plus dans Jupiter. En fait, loin d'atteindre un nouvel «état», l'expérience du projet érotique de Jupiter aboutit à une dé-possession, à la recherche d'une identité que seule Alcmène peut lui conférer. En effet, Jupiter, qui sort du lit d'Alcmène, loin d'être satisfait, rassasié, découvre qu'il est encore dans le désir, que l'expérience érotique est l'expérience d'un manque: «Je ne vois rien en vous dont mon feu ne *s'augmente*». Jupiter

---

vient, Paris: Aubier, 1989, p. 141-152, renverse les données et argue que le cogito cartésien lui-même n'est pas le sujet de la représentation: «La méprise la plus impressionnante est celle de Heidegger identifiant de façon explicite et réitérée le «je pense» à un «je me représente» (p. 146) et démontre que «chez Descartes l'anti-essence de la représentation est posée comme étant précisément l'essence du 'sujet'» (p. 145). La contestation du sujet cartésien par le moi pascalien n'est pas à démontrer. Quand Rousseau dans «Le Discours sur l'origine de l'inégalité» imagine l'être/identité de l'homme comme se constituant graduellement par ses choix et expériences existentiels, que fait-il d'autre sinon contester un moi/sujet originaire et atemporellement conscient de soi identique à soi.

tombe amoureux d'Alcmène *après* la possession physique; comme si
«entrer dans tout ce qu'il lui plaît» n'est pas seulement expérience de sa
propre jouissance, mais la découverte de sa jouissance par le moyen de
l'autre, le corps de l'autre, par lequel celui qui jouit découvre son *propre*
corps, sa *propre* subjectivité, mais en même temps sa dépendance sur
l'autre, sa vulnérabilité à l'autre. («Mourir en soi pour revivre en autrui»:
rappelons que c'est ainsi que Silvandre définit l'amour dans *l'Astrée*.)

Lacan définit le désir comme l'expérience où le sujet est le plus soi-
même et simultanément le plus dépossédé de son moi: «Le désir est ce qui
se manifeste dans l'intervalle que creuse la demande en deçà d'elle-même,
pour autant que le sujet en articulant la chaîne signifiante amène au jour le
manque à être avec l'appel d'en recevoir le complément de l'Autre, si
l'Autre, lieu de la parole, est aussi le lieu de ce manque..»[4]. Le sujet dési-
rant est par conséquent poussé par une passion pour l'impossible. D'où
l'étrange, l'impossible demande que Jupiter fait à Alcmène de distinguer
l'amant du mari, et de le reconnaître lui, uniquement en tant qu'amant. Jupiter veut être reconnu non pas comme Amphitryon-mari, ce qui se comprend, et non pas de toute évidence comme Jupiter-amant, puisqu'il
n'aurait alors qu'à se dévoiler comme Jupiter, mais en tant que quelque
chose comme un entre-deux, un nouveau moi dont la source serait le
couple érotique Jupiter-Alcmène. Le «feu» qui «s'augmente» indique un
manque que seule Alcmène pourrait combler en lui renvoyant l'image de
ce moi né de leur union:

> Mais, si je l'ose dire, un scrupule me gêne,
> Aux tendres sentiments que vous me faites voir;
> Et pour les bien goûter, mon amour, chère Alcmène,
> Voudrait n'y voir entrer rien de votre devoir:
> Qu'à votre seule ardeur, qu'à ma seule personne,
> Je dusse les faveurs que je reçois de vous,
> Et que la qualité que j'ai de votre époux
> Ne fût point ce qui me les donne.   (569-76)

En s'humanisant, en assumant un corps qui jouit, Jupiter devient fonction des conditions matérielles de son existence. La re-présentation, la
conscience de soi à soi, se perd dans l'affectivité, la co-affectivité, la jouissance mutuelle. Par l'amour, Jupiter, de spectateur absolu sur son Olympe,
se trouve maintenant engagé dans le monde, parce que ouvert au monde, à
«l'ardeur» d'Alcmène, aux caresses d'Alcmène. De sujet/conscience libre à
la recherche de «ses plaisirs» Jupiter se découvre conscience divisée, la
créature (comme celui qui est créé par) de sa relation avec Alcmène, à qui

---

[4] Jacques Lacan: *Ecrits*, Paris: Editions du Seuil, 1966, p. 627.

il demande maintenant d'être son miroir réfléchissant, pour retrouver une illusoire unité: «...le désir de l'homme trouve son sens dans le désir de l'autre, non pas tant parce que l'autre détient les clefs de l'objet désiré, que parce que son premier objet est d'être reconnu par l'autre»[5].

Mais le personnage fondamental est de toute évidence celui de Sosie qui situe la problématique du sujet et de l'identité dans son aspect le plus essentiel. Interpellé par Mercure/Sosie «Qui va là?» Sosie répond par deux fois «moi». «Moi» c'est ici pour Sosie sa différence, c'est à dire «personne d'autre», le moi que Pascal qualifie d'«injuste en soi, en ce qu'il se fait centre de tout»[6]. Mercure insiste: «Quel est ton sort?» Sosie répond, «d'être homme et de parler». Ce moi accède donc à l'Etre général, et Sosie insiste sur son absolue liberté et indépendance: au «Es-tu maître ou valet» de Mercure, Sosie répond, «Comme il me prend envie» et au «où s'adressent tes pas?», «où j'ai dessein d'aller» (309-12).

Mais immédiatement dans ce qui suit pour Sosie, la déconstruction du sujet commence, le témoignage cartésien que la conscience porte sur elle-même est ébranlé. Battu par Mercure qui conteste son identité, Sosie rend les armes: «hélas, je suis ce que tu veux» (389). Nous avons ici ce que Jean-Luc Marion décrit comme «le désastre du je»: interpellé, interloqué (comme dans l'interlocution juridique), revendiqué, Sosie doit «renoncer à l'autarcie d'une auto-affirmation»[7]. Sosie découvre sa relation à l'autre, une relation sur le mode je/tu où le moi n'est plus sujet, un affrontement de consciences qui détruit le fondement de la perception en tant qu'instrument de connaissance, la connaissance étant définie comme l'adéquation entre un objet donné et le sens de cet objet pour/par un sujet. La certitude cartésienne fondée sur l'infaillibilité d'une conscience originaire se trouve (par le truchement des deux Sosies) contestée par une conscience autre qui semble tout aussi originaire et infaillible.

Quand Mercure déclare être Sosie, celui-ci s'écrie «Ciel! me faut-il aussi renoncer à moi-même?» (400). Mais néanmoins il ne rend pas encore les armes et continue à se défendre:

> N'importe, je ne puis m'anéantir pour toi,
> Et souffrir un discours si loin de l'apparence.
> Etre ce que je suis est-il en ta puissance?
> Et puis-je cesser d'être moi?   (424-27)

Et plus bas ...

---

[5] Idem, p. 268.

[6] Pascal: *Pensées*, Ed. Brunschvig, p. 455.

[7] Jean-Luc Marion: «L'interloqué» dans: *Après le sujet qui vient*, op. cit, p. 187.

Mon maître Amphitryon ne m'a-t-il pas commis
A venir, en ces lieux, vers Alcmène sa femme
Ne lui dois-je pas faire, en lui vantant sa flamme,
Un récit de ses faits contre nos ennemis?
Ne suis-je pas du port arrivé tout à l'heure?
Ne tiens-je pas une lanterne en main?
Ne te trouvé-je pas devant notre demeure?
Ne t'y parlé-je pas d'un esprit tout humain?
Ne te tiens-tu pas fort de ma poltronnerie
Pour m'empêcher d'entrer chez nous?
N'as-tu pas sur mon dos exercé ta furie?
Ne m'as-tu pas roué de coups?   (432-45)

Par cette série désespérée d'affirmations en forme de négations Sosie se définit ici non pas par sa participation à l'Etre général transcendantal, mais par son être empirique, historique, inscrit dans l'existence, déterminé par un contexte social et affectif, par un rôle, celui de serviteur d'Amphitryon. Sosie n'a plus l'expérience de lui-même en tant que quelque chose, mais par rapport à son expérience des choses. Une altérité extérieure à lui le détermine et lui confère sa différence.

Mais quand Mercure assume cette même différence par l'évocation de faits que seul Sosie peut connaître, celui-ci doit se rendre à l'évidence qu'il ne peut même pas être sûr de cet être empirique. «Près de moi par la force il est déjà Sosie/ Il pourrait bien encore l'être par la raison» (486-87). Voilà la faille qui met en question la certitude cartésienne. La raison elle-même doit reconnaître sa propre défaite face à l'irrationnel, face à l'inadéquation de la pensée et du monde. Dépossédé de son identité qui lui a été arrachée par Mercure, Sosie doit admettre qu'il n'est pas Sosie.

Mais précisément, à l'instant même où il accepte la perte de son identité, où il accepte la dépossession, Sosie découvre son être, son ipséité: «Pourtant quand je me tâte, et que je me rappelle, il me semble que je suis moi» (488-89). Le corps, la mémoire de faits extérieurs confirment l'existence d'un «moi» indépendamment de l'identité:

Je ne saurais nier, aux preuves qu'on m'expose,
Que tu ne sois Sosie; et j'y donne ma voix.
Mais si tu l'es, dis moi qui tu veux que je sois?
Car encore faut-il bien que je sois quelque chose.   (509-12)

Ce «quelque chose» ici est une conscience pré-théorique, pré-intentionnelle, une conscience d'avant le sujet, d'avant l'identité, dont l'existence précède l'expérience empirique fondée sur la dualité sujet/objet. C'est un «quelque chose» qui n'est personne, «Non pas rien, mais nul étant humain»[8]. Il semblerait également qu'avec le «dis-moi qui tu veux que je sois» Sosie accepte sa propre disponibilité, son ouverture à l'autre, sa «résolution» par l'autre.

En ce sens l'expérience que Sosie a de sa confrontation avec son double est entièrement différente de celle d'Amphitryon. Celui-ci systématiquement refuse de mettre en question les données de la perception et leur contrôle par la raison. Face à l'irrationnel, à l'absurde, il réagit en faisant appel aux conventions, aux structures sociales et morales qui conditionnent son identité en tant que mari. Quand finalement il commence à être convaincu de la réalité de ce qui parait rationnellement impossible, (la preuve dont témoigne le bijou que possède déjà Alcmène avant qu'il ne le lui donne, et qui ne se trouve plus dans sa boite, dont le cachet n'est pourtant pas brisé), sa première réaction est de penser à son «honneur»:

> O Ciel! Quel étrange embarras!
> Je vois des incidents qui passent la nature;
> Et mon honneur redoute une aventure
> Que mon esprit ne comprend pas.   (980-83)

Amphitryon à aucun moment ne doute des droits que lui confère le système patriarcal. C'est en tant que possesseur d'Alcmène qu'Amphitryon se voit menacé dans son identité, c'est à dire sa place devant le monde et identifié par le monde. Au pathétique «Ai-je fait quelque mal de coucher avec vous?» d'Alcmène, à son désarroi, à sa colère, à sa douleur, à son évidente sincérité, Amphitryon ne pense qu'à opposer la vengeance, le recours à l'épée: «Et mon cœur ne respire, en ce fatal moment, /Et que fureur et que vengeance» (1032-33). L'amour d'Amphitryon pour Alcmène est incapable de l'aider à essayer de la comprendre, de lui faire crédit, d'entrer en dialogue avec elle: «Le déshonneur est sûr, mon malheur m'est visible,/Et mon amour en vain voudrait me l'obscurcir;» (1053-54). Plutôt que de voir cet honneur compromis Amphitryon préférerait qu'Alcmène soit folle:

> Ah! Fasse le Ciel équitable
> Que ce penser soit véritable,
> Et que, pour mon bonheur, elle ait perdu l'esprit!   (1489-91)

La folie dénie à Alcmène toute responsabilité, toute indépendance, toute existence, et en fait un simple objet. Et c'est comme objet qu'elle peut rendre à Amphitryon son «honeur». La douleur, l'angoisse, ne libèrent pas Amphitryon de son moi inauthentique, un moi incapable de toute ouverture à l'autre. Amphitryon est aux antipodes de ce que Emmanuel Levinas décrit comme constituant l'être:

---

[8] Philippe Lacoue-Labarthe: «La Réponse d'Ulysse», dans: *Après le sujet qui vient,*

Etre n'est pas conscience de soi, il est rapport
avec l'autre que soi et éveil. Et l'autre de soi
n'est-ce pas autrui? Et l'amour signifie, avant tout,
l'accueil d'autrui comme *toi*[9].

Prisonnier de sa propre subjectivité, Amphitryon ne pense qu'à l'image que le monde se fait de lui. Quand Naucrates, son propre ami, qu'il a convoqué comme témoin de son identité veut l'empêcher d'avoir recours au «fer»: «Nous ne souffrirons point cet étrange combat/D'Amphitryon contre lui-même» (1646-47), Amphitryon persiste dans le déni: «Quoi? Mon honneur de vous reçoit ce traitement?/Et mes amis d'un fourbe embrassent la défense?» (1647-48). Là où ses «amis», face à l'irrationnel, suspendent leur jugement, Amphitryon continue à clamer son désir de vengeance par le sang.

Il est significatif qu'à la fin de la pièce, au moment de l'épiphanie qui doit théoriquement faire tout rentrer dans l'ordre, quand Jupiter se dévoile et dévoile le don (Hercule dont Alcmène va enfanter) qu'il fait au couple Alcmène-Amphitryon, ce dernier ne dit mot. Rien n'indique dans le texte qu'il a compris/pardonné Alcmène, qu'il a changé de position, qu'il a accédé à une conscience autre et librement choisie ou assumée. Il reste le «mari» que Jupiter ne voulait pas être.

Mais c'est Alcmène qu'on peut soupçonner de remporter la sympathie de Molière. «L'ardeur» d'Alcmène mentionnée maintes fois atteste de la relation étroite entre son affectivité, son «sentir» comme dit Levinas, et sa sexualité. Sommée par Jupiter de reconnaître l'amant et non le mari Alcmène répond, «C'est de ce nom pourtant [celui d'époux] que l'ardeur qui me brûle/ Tient le droit de paraître au jour» (1577-78). Et quand Jupiter insiste,

il [l'**amant**] veut de pure source obtenir vos ardeurs,
Et ne veut rien tenir des nœuds de l'hyménée
Rien d'un fâcheux devoir qui fait agir les cœurs...   (597-99)

Alcmène répond:

Je ne sépare point ce qu'unissent les Dieux
Et l'époux et l'amant me sont fort précieux.   (620-21)

Il est indiscutable que «droit», «devoir», «nœuds de l'hyménée», «ce qu'unissent les dieux», représentent des impératifs que la morale sociale impose. Mais il ne s'agit pas pour Alcmène d'obéir à des maximes qui

---

opcit, p. 154.

[9] Emmanuel Levinas: *Noms propres*, Montpellier: Fata morgana, 1976, p. 12.

viennent du dehors, car elle a intériorisé son obligation envers l'autre (l'amant/mari). En ce sens nous pourrions reconnaître en elle le sujet de «la parole pleine» de Lacan, qui quoique reflétant le discours des autres dans un langage au code anonyme, parle néanmoins en son propre nom. C'est parce qu'elle est ancrée dans son affectivité, son amour, qu'Alcmène ne peut séparer ardeur et devoir. Elle obéit à une conscience (dans les deux sens du terme) constituée par les demandes que l'autre (l'amant/mari) lui adresse. Alcmène est amante (de l'autre) et femme (de l'autre). Son devoir prend racine dans son amour. Son obligation est vécue dans son corps. Alcmène n'est ni sujet ni objet mais responsabilité à l'autre, responsabilité assumée d'instinct, à chaque instant, dans la plénitude et la totalité: femme, amante, puis mère (d'Hercule dont elle est enceinte). Alcmène est dans le vécu et non dans la re-présentation. Elle refuse toute possibilité d'abstraction, car couper le mari de/et l'amant, abstraire l'un de l'autre, est essentiellement artifice théorique, jeu et nonengagement.

L'identité d'Alcmène, fondée dans son amour pour l'autre et son devoir pour l'autre, est une identité morale. Nous reconnaissons ici Levinas pour qui l'éthique n'est pas une obligation médiatisée par la raison, mais une responsabilité à l'autre, vécue dans et par la conscience affective:

> Etre Moi signifie…Ne pas pouvoir
> se dérober à la responsabilité…
> Le Moi est solidaire du non-moi comme
> si tout le sort de l'Autre était
> entre ses mains. L'unicité du Moi,
> c'est le fait que personne ne peut répondre
> à sa place[10].

Engagement, responsabilité, unicité: à l'encontre d'Amphitryon, Alcmène est dans l'authenticité.

De toute évidence un discours philosophique sur le sujet et l'identité investit le mythe d'*Amphitryon*. Or il est reconnu que la problématique du sujet est étroitement liée à celle de la connaissance, de la vérité, surtout au dix-septième siècle, où le scepticisme sous-tend, tout le long, le «jeu» déroutant de l'apparence et de la réalité. Claude Reichler, dans sa très intéressante étude sur le *Don Juan* de Molière soutient que «Tout le théâtre de Molière agite les aventures du sens, les tourments de l'interprétation»[11]. On ne peut qu'être d'accord avec cette affirmation. Mais ce que Reichler ne dit pas, c'est que ces «tourments de l'interprétation» des signes affectent les personnages existentiellement, dans leur être. Car le théâtre est existence. Il

---

[10] Idem, p. 107-108.

[11] Claude Reichler: *La Diabolie*, Paris, Ed. Minuit, 1979, p. 23.

s'agit d'agir, de choisir, d'être; d'être qui, d'être quoi, dans un monde de signes ambigus ou trompeurs. Le théâtre n'est pas philosophie, n'est pas un discours au sujet du sujet. Il est vie, expérience, amour, joie, souffrance….l'être en instance d'un devenir, par, inévitablement, l'intersubjectivité. Et c'est peut-être le théâtre de Molière, (et tous les autres théâtres, et toute la littérature), plutôt que les spéculations des philosophes, qui fournirait la preuve que le sujet métaphysique transcendantal n'a, en fait, jamais existé.

Quand l'autre ressemble au même:
le traître dissimulé[1]

SOPHIE HOUDARD

Université de Paris III

> Ils souhaitent donc, les criminels, les sacrilèges, empêcher le supplice
> du Maître et ruiner ainsi le sens, l'ampleur, la démesure de son abné-
> gation. Mais moi, j'ai compris. J'ai livré le Messie comme s'Il était un
> voleur de nuit, et toi, tu Le feras crucifier, Procurateur.

Roger Caillois, *Ponce Pilate*, 1961

L'Autre, le Traître est à l'origine du christianisme, de ce langage commun
en dehors duquel pendant des siècles aucun autre langage n'a pu se profé-
rer. Plus encore, Judas est à l'origine du récit de l'Incarnation, puisqu'avec
lui l'événement fugitif de la présence historique du Dieu fait homme a pu
se transformer en durée, donner lieu à la perpétuité du commentaire, de
l'exégèse et de l'imitation que réclamait la doctrine du salut[2]. Sans Judas,
point de rachat; sans Pierre et son reniement, point d'Eglise; sans la cruci-
fixion et la disparition du Christ, point de spiritualité. L'Autre comme
traître, l'Autre comme absent sont au cœur du récit chrétien et des aventures multiples, politiques, du christianisme. Le traître n'est pas seulement
le bras de la Providence, comme l'écrit Roger Caillois, il est ce qui permet
de penser la transcendance.

C'est à Michel de Certeau que je voudrais céder ici la parole, parce
qu'il a sans doute été le premier à faire de l'Autre, de l'altérité et de l'alté-

---

[1] Au moment où cette conférence a été prononcée, des articles parus dans le journal
français Le Monde faisaient état d'invectives lancées par des députés du RPR à l'encontre de quelques uns de leurs collègues de la région Rhône-Alpes rendue célèbre lors
des récentes élections régionales: «rebelles», factieux, c'est finalement le nom de «judas» qui sera lancé à ceux de la droite qui refusaient de faire alliance avec le Front National; au même moment le nom de «Tartuffe de gauche» était lancé par l'ancien PDG
de Peugeot à l'adresse d'un Lionel Jospin venu rappeler les valeurs de la fidélité républicaine. Vue de Miami l'affaire pouvait paraître franchement hexagonale, voire micro-
scopique. Reste que ces termes évoqués dans la sphère politique nous ramènent à l'actualité de mon sujet, le Traître, à ses avatars religieux et politiques, dont Tartuffe aux
menées invisibles à Orgon incarne l'une des dernières métamorphoses littéraires.

[2] Sur cette amplification de l'événement fugitif en une narration perpétuelle, on lira
Alain Boureau: *L'Evénement sans fin. Récit et christianisme au Moyen Age*, Les Belles
Lettres, 1993.

ration du langage dans le champ des sciences religieuses l'objet ou plutôt l'aimant de son métier d'historien. Dans un ouvrage ancien, *L'Etranger ou l'union dans la différence* (1969), de Certeau rappelait qu'en choisissant de travailler sur le discours mystique comme sur celui de la possédée il s'agissait pour lui de ne se plier à aucune «loi du lieu» et de se défaire de toute accréditation *a priori* à parler au nom de ceux qui justement n'avaient pas eu de lieu légitime pour s'exprimer.

Michel de Certeau se posait surtout une question: «Comment une société chrétienne est-elle possible?», comment expliquer que «tout chrétien est tenté de devenir un inquisiteur, tel celui de Dostoïevski, et d'éliminer l'étranger qui vient»[3]. Il soulignait ainsi le paradoxe que constituait à ses yeux le rejet de l'Autre, pourtant au cœur de l'itinéraire spirituel entendu comme rencontre de l'Autre, du Dieu comme *inconnu*, puisqu'on ne le connaît pas, mais aussi du Dieu *méconnu* puisque «nous ne voulons pas le connaître» et qu'il n'est pas, comme l'écrit saint Jean «reçu» chez lui par les siens. Ainsi tout itinéraire spirituel entrerait nécessairement en contradiction avec l'idée même d'une Eglise constituée en société qui se pense en fonction d'un dehors; le dehors étant alors non ce qu'elle rencontre et recherche, mais ce qui lui permet de penser un «entre nous» et de s'organiser en un pays intérieur, jusqu'à produire l'élimination de l'autre ou son absorption. Cette perspective qui relève de l'ecclésiologie et de la théologie va à l'encontre de toute expérience spirituelle ou mystique qui est toujours et d'abord rencontre de l'autre, attente de l'étranger qui met le spirituel dans ce désir d'anéantissement de soi, du même, pour devenir, comme l'a écrit Jean-Joseph Surin, un autre dans son pays et un autre à lui-même. Mais l'ecclésiologie est justement un corps politique et juridique qui ne cesse de rencontrer, pour les réduire, «des paroles et des gestes d'une spiritualité située hors de l'institution ecclésiale et rebelle à l'appropriation du sacré par les seuls clercs»[4].

Ce n'est pas le discours mystique qui m'intéressera dans cet article[5] mais plutôt la manière dont l'Eglise considère ces «Chrétiens sans Eglise», pour

---

[3] Michel de Certeau: *L'Etranger ou l'union dans la différence*, Desclée de Brouwer, 1969, p. 9.

[4] Luce Giard: «La passion de l'altérité», dans: *Michel de Certeau*, Cahiers pour un temps, dir. L. Giard, Centre Georges Pompidou, Paris, 1987, p. 156.

[5] Je me permets de renvoyer à d'autres recherches: Sophie Houdard: «Possession et spiritualité: deux modèles de savoir féminin», dans: *Femmes savantes, savoirs de femmes, du crépuscule de la Renaissance à l'aube des Lumières. Colloque international*, sept. 1995, org. C. Nativel (à paraître chez Droz, 1998); «Des fausses saintes aux spirituelles à la mode», *Colloque sur l'histoire des religions*, Les Treilles, juillet 1997, org. M. Serres, (XVIIᵉ siècle, n° 200, Oct/Nov. 1998, p. 417-432).

reprendre le titre célèbre de Leslek Kolakowski[6], qui affirment l'authenticité de leur vie religieuse en se soustrayant au nom de leur foi aux engagements, voire aux serments qui les lie au corps social et politique visible de l'Eglise et des Etats. Ces derniers ont en effet bénéficié des doctrines juridiques élaborées au sein de l'Eglise, et comme elle, désigné ce qui était hors d'eux, séditieux et traître. Ce qui m'intéresse c'est ce va-et-vient qui a fait de l'Eglise une société politique, un Corps politique et de l'Etat une sorte d'Eglise, un Corps mystique: à chacun il faut des frontières; à chacun, c'est la foi, la fidélité qui en sera le critère, et qui en sera le ciment.

Je souhaiterais donc évoquer rapidement comment au XIIIe siècle s'est mis en place ce lien qui a fait de la foi le critère de la fidélité, créant par là même la notion de haute trahison, de lèse-majesté divine; comment on est passé d'actes hérétiques, de menées publiques et visibles à l'intériorisation de la traîtrise; pourquoi, enfin, le traître est nécessaire à l'élaboration de la notion de souveraineté.

Il me semble qu'au sortir des guerres de Religion, quand domine l'atomisation des confessions et qu'émerge la souveraineté monarchique, ce lien invisible qui fait des individus des sujets fidèles est particulièrement nécessaire. Or, tout se passe comme si durant le premier tiers du XVIIe siècle, rien ne permettait plus de s'assurer de cette foi intérieure ou de cette fidélité commune. Les motifs du complot, de la conjuration (terme devenu alors péjoratif), du faux chrétien et du traître, ne cessent d'envahir la littérature fictionnelle, exégétique ou politique. Tout se passe comme si les apparences du même cachaient de l'altérité: entre l'intérieur et l'extérieur, entre l'être et l'apparence s'opère un régime de déphasage où règne l'équivoque, le secret, la dissimulation. Rien n'assure plus, semble-t-il, de la fiabilité des pratiques et des apparences toujours trompeuses. C'est cet épisode baroque de la traîtrise que je rappellerai brièvement.

La trahison comme crime de lèse-majesté: l'intériorisation de l'acte

Il m'est impossible de résumer ici le discours de l'Eglise sur l'hérétique et, en particulier le très lourd débat scolastique à propos du commentaire d'Augustin concernant les païens, les juifs et les hérétiques coupables d'ignorer et pécheurs donc par ignorance. La question est d'importance puisqu'autour d'elle se développe au Moyen Age la notion de responsabi-

---

[6] Leslek Kolakowski: *Chrétiens sans Eglise. La conscience religieuse et le lien confessionnel au XVIIe siècle*, tr. fr. Gallimard, 1969.

lité[7] morale et que s'ouvre, en se distinguant de l'augustinisme le plus intransigeant, l'espace de l'intention, de la négligence coupable qui isole de la faute et du péché l'enfant, l'infirme et le fou. A la responsabilité de nature on passe peu à peu à une responsabilité de personne: la voie s'ouvre pour toutes les distinctions à venir entre le for interne et le for externe, et pour la casuistique qui fera de la volonté le critère de la faute.

En marge des subtilités de la philosophie scolastique, est créée dès le XIIIe siècle la notion de trahison dans le champ religieux. C'est à Innocent III que l'on doit une décrétale de la plus grande importance pour la question de la trahison dans l'Eglise et pour sa définition ultérieure dans le champ de la souveraineté monarchique [8]: la décrétale *Vergentis* a pour objet de fixer les peines pour les hérétiques, mais ce qui m'intéresse davantage c'est qu'elle fait entrer dans le droit romain le crime d'hérésie pour en faire une catégorie du *crimen laesae majestatis*. Or, dans le droit romain l'hérésie n'était pas stigmatisée comme crime de lèse-majesté; en outre, le crime de lèse-majesté supposait le meurtre ou l'agression physique de l'empereur ou de ses proches. Innocent opère un véritable «déplacement» au sens où l'*«aberratio in fide»* n'est pas ou rarement un *acte*, car elle s'opère *dans les consciences*. Innocent réussit ce saut juridique incroyable de faire que le droit peut se saisir de quelque chose qui est *intérieur* et ne relève pas du *fait*. Il y parvient en établissant l'équivalence entre la foi (essence du corps mystique de l'Eglise) et la majesté (essence du corps mystique de l'Empire). Le pape, vicaire du Christ détient la majesté éternelle (*majestas aeterna*) tandis que l'empereur détient la majesté temporelle (*temporalis majestas*). L'hérétique est ainsi un rebelle contre la souveraineté du pape entendu comme monarque, comme représentant direct du Christ auquel personne ne peut dénier sa souveraineté. Voilà fondée l'Inquisition; voilà surtout fondée la transcendance nécessaire au respect de la fidélité et des serments, c'est-à-dire à la paix, puisque seule cette supra-fidélité est capable de mettre un terme aux liens d'homme à homme (vassalité), aux liens multiples des fidélités contradictoires qui créent les désordres de la féodalité où chaque homme est impliqué par une multiplicité d'engagements alternatifs. Pendant longtemps, l'Eglise sera le lieu de cette transcendance, c'est elle qui sera le recours et l'espace juridique et symbolique de cette supra-fidélité: du félon on passe au traître; d'un engagement, sans intériorisation et sans force parce que sans transcendance – notion juridique romaine – on passe à la fidélité, à la foi contractée, jurée qui déli-

---

[7] J'emploie ce terme par commodité, bien qu'il ne soit pas d'époque.

[8] Walter Ullmann: «The significance of Innocent III's decretal 'Vergentis'», dans: *Etudes d'histoire du droit canonique dédiées à Gabriel Le Bras*, Sirey, 1965, vol. 1, p. 729-742.

mite une zone sacrée. La monarchie anglaise sera la première à créer, dans le domaine étatique, la notion de Haute Trahison qui vient se substituer aux régimes multiples de la féodalité[9].

L'Eglise se dote ainsi d'une juridiction qui en fait un Etat politique, tandis que de leur côtés les Etats vont à leur tour devenir, par l'effort des juristes, des sortes d'Eglise. A l'une comme aux autres, il était utile de s'équiper de la rationalité du droit et d'un fondement mystique, transcendant. Les va-et-vient du droit romain et du droit canon produisent ainsi peu à peu la théologie politique et la politique de l'Eglise[10]. Ernst Kantorowicz a analysé comment c'est grâce à cette zone sacrée, cette supra-personnalité que s'élaborent la doctrine du double corps du roi et la notion de sacrifice politique: on meurt pour la patrie parce que la patrie transcende les limites de la cité, au nom du nouveau concept organologique de l'Etat.

Dans cette lente construction de la politique ecclésiale et de l'absolutisme monarchique, Judas joue un rôle central. La trahison de Judas, élaborée au début du christianisme dans les Evangiles rend compte d'un régime religieux concurrentiel (Galiléens contre Judéens, communautés juives contre communauté johannique ou matthéenne, etc.) et ce sera encore le cas – sauf exceptions – jusqu'au XIIe siècle. Dès ce moment, on passe de la concurrence à la rivalité, à l'exclusion violente, terrible, de cet Autre juif aux origines pourtant du christianisme. On oublie alors que c'est Jésus qui organise narrativement sa fin et qui donne à Judas la «bouchée» qui le soumet à l'empire du diable. Au XIIe siècle s'écrit peu à peu l'histoire – et les premières violences – du parjure. Judas rompt les serments de fidélité et figure la destruction de tout l'édifice politique et religieux (à la différence de Pierre qui renie en prêtant serment, en assumant sa faiblesse nécessaire à sa rémission, puisqu'il incarne désormais l'humanité sauvée). La trahison agresse le Corps sacré, tandis que le reniement prononce la faiblesse de l'homme[11]. Dante réunit la triade infâme dans la gueule de Lucifer (chant XXXIV de son *Enfer*) où séjournent les trois traîtres de l'histoire: Judas,

---

[9] K.J. Hollyman: *Le Développement du vocabulaire féodal en France pendant le Haut Moyen Age*, Droz, 1957, art. 28 «félon», p. 152-154. Voir également, pour les effets dans la production littéraire, Richard Marienstras: *Le Proche et le lointain. Sur Shakespeare, le drame élisabethain et l'idéologie anglaise aux XVIe et XVIIe siècles.*, ed. de Minuit, 1981, en particulier le ch. 5.

[10] Ernst Kantorowicz: *Mourir pour la patrie*, tr. fr. P.U.F, 1984, ch. 3 «Mystères de l'Etat. Un concept absolutiste et ses origines médiévales (bas Moyen Age)», p. 75 et sq.Voir aussi, Bernard Guenée: *Un Meurtre, une société. L'assassinat du duc d'Orléans, 23 novembre 1407*, Gallimard, 1992.

[11] Alain Boureau: *L'événement sans fin, op. cit.*, troisième partie, ch. 8, p. 209-230.

avec Brutus et Cassius, les assassins de César[12] qui agressent le Corps mystique de Dieu de l'Empereur.

Du parjure à la dissidence: voir l'autre?

Le foi/fidélité est au fondement de la souveraineté du pape comme des rois et devient le critère essentiel, le ciment de l'Eglise et des monarchies qui entrent en rivalité, mais qui se prêtent la main dans la chasse aux hérétiques et aux ennemis de l'Etat. Les deux liens ne vont, en effet, cesser d'entrer en rivalité et structurer l'histoire politico-religieuse de la fin du Moyen Age au XVIIe siècle inclus. Tous les hérétiques sont d'abord suspects de refuser de prêter serment[13]. Ce qu'il me paraît important de souligner, c'est l'effort constant des autorités pour éviter les pièges de l'imposture (chrétiens «rejudaïsés»; «*fictus*»; qui feint de vouloir être baptisé) et les engagements alternatifs, atomisés, qui montrent un refus plus ou moins ostensible de se fédérer au corps politique, civil ou religieux[14].

Au XVIe et au XVIIe siècles, la Réforme, l'éclatement de la chrétienté, l'atomisation des sectes réformées, et l'élaboration du concept de souveraineté monarchique sur fond de dégénérescence du politique (en particulier des Valois) sont autant de facteurs – sûrement pas les seuls – qui créent un besoin que j'appellerais volontiers baroque, de *visibilité des liens de fidélité*. La diabolisation du politique et en particulier de Henri III dans le dis-

---

[12] Voir, à propos de Dante et des commentaires politiques et religieux sur ses vers dans le contexte des luttes entre papauté et Empire, B. Guenée, *op. cit.*

[13] Cet article est toujours le premier dans les manuels des inquisiteurs: les Cathares, les Vaudois, les Béguines, et, durant la Réforme, les protestants les plus radicaux (Anabaptistes, en particulier) créent des sectes, des groupes qui s'isolent de la société politico-religieuse, s'engagent par un serment dissident, initiatique, et mettent en danger la structure non seulement de l'Eglise mais aussi de la société civile. Les Juifs sont toujours suspectés de défaire le baptême, c'est-à-dire d'enlever le caractère qui distingue le chrétien des autres: les cérémonies qu'on leur prête sont d'ailleurs exactement semblables aux rituels de dégradation ecclésiastique. La «perfidie des Juifs», comme l'écrit l'Inquisiteur Bernard Guy, consiste à détruire le caractère indélébile du baptême en opérant une espèce d'ablution à rebours, voir B. Guy: *Manuel de l'Inquisiteur*, Les Belles Lettres, 1964, Vol II, ch. 5.

[14] Je renvoie ici au très beau livre de Paolo Prodi: *Il sacramento di potere. Il giuramento politico nella storia costituzionale dell'Occidente*, Il Mulino, 1992. Dans l'une des Vies de madame Acarie, un détail m'a frappée, puisque la dévote et future Marie de l'Incarnation engagée dans un procès commence par refuser de se rendre devant le juge plaider ses affaires pour ne pas avoir à prêter serment. Une apparition de sainte Thérèse vient fort heureusement empêcher ce «parjure», par ailleurs strictement conforme à l'interdit de prêter serment de la Loi mosaïque. Voir, *La Vie admirable de sœur Marie de l'Incarnation*, par André Du Val, à Paris, chez Adrien Taupinart, 1622, p. 202.

cours Ligueur, la croisade contre les sorciers et les hérétiques me paraissent liées par la même quête d'une transcendance ou d'une foi qui *visiblement* assurerait du lien dont les Etats ont besoin pour cimenter l'assujettissement des individus et offrirait, comme le dira plus tard la *Lettre sur la Comédie de l'Imposteur*[15] des «marques» extérieures de distinction.

- L'Autre en effet, pactise avec le diable, prête des serments tacites ou exprès, fonctionne à l'intérieur de sociétés jurées, qui sont autant de modèles inversés des sociétés civiles ou religieuses. L'Autre est engagé par serment avec le diable contre le Corps mystique de l'Etat (comme l'écrit Jean Bodin, comme l'écrit aussi Jacques Ier d'Angleterre qui s'y connaissait en absolutisme monarchique).

- L'Autre, dans le processus de séparation des Etats et de la papauté, apparaît, dans la France des Parlementaires gallicans, sous les traits du jésuite qui, comme l'écrit Etienne Pasquier est un «vassal particulier au dessus les autres» qui «recognoist » le pape « pour son prince, entre les mains duquel il renouvelle le serment de fidélité à chaque mutation de pape» et, tout jésuite qui, ajoute-t-il, dirait autre chose serait «hérétique en sa secte»[16].

- L'Autre, pour Jérémie Ferrier, ministre protestant qui abjure devant le Cardinal Du Perron en 1613, ce sont les catholiques espagnols qui font passer le pape avant le service du prince:

> C'est une chose monstrueuse en la chrestienté jusques à ce jour d'huy de dire par convice et par injure à un homme qu'il est Catholique d'Estat et Politique: car quiconque ne l'est point, il est trahistre à son païs: il est un hipocrite, un ennemi de Dieu et de sa parole[...][17]

Le vrai catholique d'Etat, n'est, selon Ferrier, ni factieux, ni traître à son pays puisqu'il obéit à la loi de Dieu «sans examiner les actions des Rois»[18] et se distingue par là même des fausses apparences hypocrites des catholiques ultramontains. Ce plaidoyer pour l'absolutisme monarchique français n'est pas si étonnant de la part d'un ancien ministre protestant. Jérémie Ferrier installe le roi dans un lieu transcendant, secret, caché aux examens du peuple et protégé des «François de théâtre», comme il les appelle,

---

[15] On peut lire cette lettre dans les *Ouvres complètes* de Molière parues dans l'édition de La Pléiade, Gallimard, 1992.

[16] Estienne Pasquier: *Le Catéchisme des jésuites ou examen de leur doctrine*, Paris, 1602, p. 105-106.

[17] *Le Catholique d'Estat ou discours politique des Alliances du Roy tres-Chrestien, contre les calomnies des ennemis de son Estat*, par le sieur Du Ferrier, à Paris, 1625, p. 5

[18] *Ibid.*, p. 20.

«François de monstre seulement» qui «conjurent» contre lui[19]. La théâtralité des faux-frères se combine chez lui à la diabolisation de ceux qui mêlent une curiosité politiquement impie à l'«empoisonnement » de l'Etat: l'hypocrisie, la piperie, les diableries commandent les écrits et les menées césaro-papistes.

La théâtralité envahissante et le motif diabolique ne relèvent pas du jeu métaphorique ou de la seule invective. Ils sont ici, comme dans tant d'autres textes de controverse, l'indice de la difficulté à distinguer la vraie fidélité de la fausse, comme si la polarité orthodoxe/ hétérodoxe, fidèle/ hérétique ou fidèle/rebelle cessait de fonctionner, ou plutôt, comme si on ne cessait d'évoquer une répartition évidente justement parce qu'elle est devenue équivoque. Les auteurs ne cessent en effet d'invoquer la trahison et/ou la légitimité de leur fidélité qu'à proportion de l'équivocité qui règne alors. Quant au diable il est, je crois, l'expression en termes religieux ou transcendentaux de liens qui doivent absolument participer d'une essence transcendentale pour s'assurer de leur fondement. L'Autre diabolisé dit, par inversion, la foi sacrée que réclame la fidélité au prince absolu. C'est bien en ces termes que Louis Marin avait analysé le personnage de Médée dans la tragédie du même nom de Pierre Corneille: l'absolu du pouvoir manifesté dans le coup d'Etat est une force démoniaque que Médée invoque pour punir les manquements à la foi jurée dont Jason, Créon et Créuse se sont rendu coupables[20]. Le pouvoir est représentation, exhibition d'une force qui a besoin d'une essence secrète, transcendente, sacrée en supplément de la force.

Le traître mystique: du secret au théâtre du parjure

Comment faire voir ce que l'on ne voit pas? Comment juger en droit ce qui relève de la foi? Devant ces questions les autorités se replient le plus souvent sur les pratiques: est conforme, orthodoxe, fidèle ce qui dans la pratique *paraît* tel. La dévotion, selon le dictionnaire de Furetière, est «un culte ou une cérémonie particulière»; on distingue «la vraye dévotion» de la fausse; Furetière à l'entrée «dévot», cite un passage de Molière sur «les faux dévots» qui existent comme «il est de faux braves». Mais la foi, comme la fidélité, est ce qui fonde justement, *invisiblement*, la vérité des pratiques, dans le secret des cœurs ou de la conscience. Comment dès lors

---

[19] *Ibid.*, p. 31.

[20] Louis Marin: «Théâtralité et pouvoir. Magie, machination, machine: *Médée* de Corneille.» dans: *Le Pouvoir de la Raison d'Etat*, sous la dir. de Christian Lazzeri et Dominique Reynié, PUF, 1992, p. 231-260.

faire la différence entre le vrai et le faux, éviter l'équivoque, l'imposture, se défaire de l'autre qui ressemble apparemment au même?

Dans son *Abomination des abominations des fausses dévotions de ce temps*, que le père Archange Ripault publie en 1632 rien, écrit-il ne «ressemble mieux au vrai que le faux ni au bien que le mal»[21]: rien ne distingue les faux spirituels des vrais, rien ne différencie un mystique d'un dangereux illuminé[22]. L'affaire Tartuffe est déjà là en filigrane et bien des extraits du bon père capucin pourraient être des citations intégrales de la comédie très postérieure de Molière. Or, les faux spirituels se distinguent des autres *par ce que l'on ne voit pas*. Ce paradoxe tient à «leurs façons de faire hypocrites et réformées en apparence», et opère, à l'intérieur du texte de Ripault, un régime complexe de déphasage entre l'être et l'apparence. Le faux spirituel – en cela proche du mystique désigne au XVIIe siècle ce qui est caché – manque d'apparence, c'est un être du secret lié aux autres par des «sermens horribles et inviolables». Marqué par l'affaire des *Alumbrados* en Espagne, le père Ripault s'effraie de ces conventicules, de ces retraites où l'on pratique une dévotion justement sans «cérémonie particulière», sans extériorité, sans apparence qui permette de déceler comme à distance le traître, le faux prophète[23]. Le traître est sans signe particulier ou plutôt en manque de signes particuliers. Les Illuminés veulent la sédition et la révolte, ils attaquent l'ordre visible de la société civile et de la monarchie parce qu'ils sont «couverts et masquez, en quoy ils sont plus dangereux qui sont plus fourbes, avouant et se soumettant à toutes choses en apparence, seulement par police, pour faire bonne mine, et se donner du crédit parmy ceux qui n'en connaissent pas le fond»[24]. Le dernier mot de la citation me paraît capital puisqu'il dit explicitement le déphasage du *fond*, de la *police* et de la forme, de l'être et de l'apparence. Le nicodémisme, les faux convertis, les «rejudaïsés», font cohorte avec les spirituels qui vivent en dehors des sentiers de l'Eglise et de l'Etat leur expérience spirituelle.

---

[21] *Abomination des abominations des fausses devotions de ce temps. [...]*, composé par le R.P. Archange Ripaut, Gardien des Peres Capucins du Couvent de S. Jacques, Paris, 1632, préface non paginée.

[22] Je renvoie, pour une analyse plus détaillée de ce texte qui met en scène Tartuffe bien avant Molière, à mon article déjà cité, *supra*, n. 5 sur les fausses mystiques.

[23] La bibliographie concernant les Alumbrados est fort importante, je renvoie au bel ouvrage de Marcel Bataillon: *Erasme et l'Espagne, recherches sur l'histoire spirituelle du XVIe siècle*, librairie Droz, 1937 et à René Voeltzel: *Vraie et fausse Eglise selon les théologiens protestants du XVIIe siècle*, PUF, 1956.

[24] *Ibid.*, p. 178.

*

*   *

Mais à côté de ces mystiques du secret et du serment inviolable (qui évoquent sans doute chez Archange Ripault entre autres mystiques ceux du
groupe de Meaux), il y a encore ceux qui, à l'inverse en font trop et se prêtent à un *excès de signes*, à une théâtralité sans fin de «grimaces fallacieuses» et «portent les marques d'une sainteté et réforme apparente: et
font les illuminez dans l'excellence, tant ils jouent bien leur personnage»[25].
Tartuffes ou Panulphes avant l'heure, ceux-là sont des «Rabys de dévotion», des chrétiens judaïsant, des pratiquants excessifs qui versent trop
dans l'apparence des dévotions extraordinaires. *Trop* de signes équivaut à
un *manque* de signes; *trop d'apparaître* dévot est égal à un *manque d'apparaître* dévot. La dévotion extraordinaire avec ses pratiques jugées excessives – en particulier l'oraison mentale et les extases – se tient sur l'autre
bord du déphasage entre l'être et l'apparaître. Avec elle c'est encore une
fois toute la réflexion sur le signe et le caractère qui vacille, car le signe en
fait voir plus qu'il ne cache et l'apparaître est en excès sur le spirituel.

Absorbée ou exclue, marquée ou assimilée, l'altérité est au cœur de
l'organisation corporative de l'Eglise comme des Etats. Le traître inverse
les signes de reconnaissance parce que ceux-ci ne sont jamais que les traces
d'une fidélité invisible, d'une foi sans marque, d'une essence sans apparaître. Dans le premier tiers du XVIIᵉ siècle le faux, l'hypocrite mettent en
cause cette relation indispensable à toute société, relation de foi transcen-
dante qui assure la légitimité des pouvoirs.

Reprenons une dernière fois le paradoxe souligné par de Certeau: l'Eglise parce qu'elle se constitue en société et l'Etat parce qu'il lui emprunte sa
construction juridique ont besoin de l'Autre, du transcendant, mais d'un
Autre dont ils gardent le secret.

Molière, dans son *Tartuffe* écrira l'un des derniers chapitres de cette histoire en ne cessant de rappeler par la voix de Cléante et dans les Placets au
roi, mais sans trop y croire, peut-être qu'il faut du vrai avec le faux faire la
différence et que le Prince est doté de cette «discrétion des esprits», lui qui
sait se méfier résolument de ce que l'on ne voit pas ou de ce que l'on voit
trop et qui assume une transparence, toute politique, toute monarchique de
la fidélité.

---

[25] *Ibid.*, p. 12.

La perte de l'autre et l'autoconsolation

THOMAS M. CARR, JR.

University of Nebraska

La problématique du deuil, très actuelle en cette fin de siècle, trouve ses points de repère de nos jours dans la psychanalyse, l'histoire des mentalités, et même la déconstruction. On pense, par exemple, aux séminaires de Jacques Lacan sur Hamlet et Antigone, aux travaux sur la mort de Philippe Ariès, et aux hommages de Jacques Derrida à toute une succession de disparus: Roland Barthes, Emmanuel Levinas, ou Louis Marin. Chez les moralistes et les directeurs de conscience du dix-septième siècle, cette problématique se cristallisait autour de la notion de consolation, même si le domaine de la consolation comportait des expériences au delà du simple deuil pour un proche, comme la désolation spirituelle. Le dix-septième siècle puisait ses thérapies et ses topoï consolatoires dans deux courants rivaux et complémentaires, un courant d'inspiration stoïcienne et un courant chrétien. Malgré certaines divergences, comme l'a noté Danielle Roth, ces deux courants s'accordent sur la nécessité de modérer, voire de purger, le chagrin du deuil (29-55). Il faut attendre le dix-huitième siècle pour que ce refoulement du deuil ne soit plus la règle.

Pour penser le deuil par rapport à l'Autre, il faut tenir compte de deux relations: d'abord le rapport entre l'endeuillé et l'être qu'il a perdu, et en deuxième lieu, entre l'endeuillé et *les* autres. Ces «autres» recouvrent en fait plusieurs catégories de personnes allant des indifférents aux autres endeuillés, qui partagent avec la même intensité la perte de l'être cher. Parmi ces «autres», je mettrai l'accent sur ceux qui essaient d'apporter une consolation à l'endeuillé. Ainsi on peut se demander si nous faisons le deuil de ce que le disparu a perdu, ou plutôt de ce que nous perdons par l'absence de l'autre. Plus profondément, notre deuil pour autrui ne cache t-il pas le deuil anticipé de notre propre disparition? Peut-on vraiment partager le deuil d'autrui? Et dans quelle mesure peut-on consoler les autres?

*
*   *

La manière dont le Grand Siècle envisage les liens entre l'endeuillé et le disparu est profondément marquée par l'idée que le chagrin provoqué par le deuil est lui-même un autre. Cette attitude se manifeste de façon la plus explicite chez les stoïciens, et chez eux, davantage dans leurs écrits théo-

riques que dans les textes destinés à soulager un endeuillé dans son chagrin. Comme Raymond Baustert l'a remarqué en comparant ce qu'affirme
Sénèque dans son traité *De la Colère* à ce que le Romain écrit dans ses
lettres de consolation, les théoriciens se montrent moins sévères quand il
leur faut réconforter un proche (233). Tout en reconnaissant la difficulté de
trouver un stoïcisme à l'état «pur» au dix-septième siècle, je m'appuierai
pour illustrer mon propos sur des exemples tirés du traité de la *Sagesse* de
Pierre Charron.

Charron envisage la tristesse elle-même comme un autre, c'est-à-dire,
comme un intrus qui met en péril l'essence de l'endeuillé. Dans la *Sagesse*,
tout son chapitre consacré à la tristesse est animé par le désir de démontrer
que, loin d'être naturelle, la tristesse est le «véritable ennemi de la nature»
(195), qu'elle est «contre nature» (197).

Pourquoi ce zèle à rejeter la tristesse hors de la catégorie du naturel?
C'est que la tristesse dénature l'élément constitutif de la nature humaine
qui consiste essentiellement dans la raison. De plus, «cette langueur d'esprit» (195) nous rend inaptes à la vie active, et sape notre force morale.
«[Elle] nous ôte l'usage du discours, dit Charron, et le moyen de pourvoir à
nos affaires, et avec le temps enrouille et mollit l'âme, abatardit tout l'homme, endort et assoupit sa vertu» (195). La tristesse, dit-il, «déshonore et in-
fame l'homme» (198). Elle est d'autant plus dangereuse qu'elle prétend
être naturelle, se parant de «belles couleurs de nature, pieté, bonté» (195).
En somme, sur le plan de la morale laïque, le chagrin représente un danger
parce qu'il nous prive des fruits de la raison, c'est-à-dire, la faculté de parler et le courage moral, tout comme il empêche une personne de remplir les
charges de son état.

Au premier abord, le discours chrétien sur le deuil semble plus indul-
gent envers la tristesse parce qu'il ne nie pas son caractère naturel. Le
Christ n'a-t-il pas pleuré la mort de Lazare? Ainsi François de Sales dira à
Jeanne de Chantal en parlant de la mort d'une parente, «Il [la] fallait néanmoins bien un peu pleurer, car n'avons-nous pas un cœur humain et un naturel sensible» (185)? Les plus conciliants des consolateurs chrétiens affirment que le deuil n'est condamnable que si le chagrin est excessif, que ce
soit par son intensité, ou par sa durée. Mais pour autant le deuil n'est pas
autre chose qu'un intrus. Si les ressentiments et déplaisirs du chagrin font
partie de la nature humaine, ils sont déplacés dans la deuxième nature à laquelle le chrétien accède par le baptème. Comme l'écrit Pascal dans sa
lettre sur la mort de son père: «Il est juste que nous soyons affligés et consolés comme Chrétiens, et que la consolation de la grâce emporte par-dessus les sentiments de la nature» (499). Cette perspective repose en large
mesure sur la distinction opérée par saint Paul dans la première épître aux
Thessaloniciens entre la tristesse selon Dieu et la tristesse selon le monde.

Cette dernière n'est bonne que pour «les autres, qui n'ont pas d'espérance» (4.13). Reprenant le topos antique selon lequel il ne faut pas s'affliger comme les autres (en l'occurence, les barbares, les femmes, le peuple, etc.), Paul invite les croyants à affirmer leur identité en tant que chrétiens par rapport à ceux qui se désolent sans l'espoir de la ressurection. Après les premières larmes de la nature, le chrétien doit donc se rappeler les promesses de la vie éternelle et mettre de côté son deuil pour le défunt. Le chagrin pour autrui reste donc *un* autre dans le domaine de la grâce.

Si les stoïciens récusent ce que Charron appelle «la langueur de la tristesse» comme une entrave à la réflexion philosophique ou comme un obstacle à la vie active, les chrétiens s'y opposent parce qu'elle signifie un trop grand attachement aux choses du monde. Pire, elle signifie un trop grand attachement à soi. Charron avait noté que l'attitude raisonnable serait de reconnaître que la mort, loin d'être un mal pour le défunt, est un bien qui met fin aux misères de cette vie. L'endeuillé pleure plutôt ce qu'il va perdre personnellement--«l'absence et éloignement» (757) du défunt: «[c]'est donc, écrit Charron, à vrai dire sur notre intérêt, qu'est fondé cette plainte, cette affliction» (757). Le christianisme ne fait qu'amplifier cette attitude en indiquant sa source, la concupiscence causée par le péché originel. Comme le dira Jacques Esprit, «Comment peut-on donc prétendre que l'affliction... passe pour un sentiment louable, puisqu'elle n'est qu'une preuve de l'amour que nous avons pour les choses vaines et passagères dont nous sommes privés par la mort de nos amis et de nos bienfaiteurs» (236).

Les stratégies préconisées par l'Antiquité pour modérer ou purger cette passion et reprises par les directeurs chrétiens sont basées sur cette vue du deuil comme un autre dangereux, qui menace le calme rationnel du sage, le bien-être de la société, et le salut du croyant. Charron appelle une première stratégie «diversion et détournement» (763): «Ceux qui ont en charge les affligés, dit-il, doivent pour leur consolation prudemment et doucement fournir d'autres objets à l'esprit assailli» (764). Il s'agit en fait de substituer pour cet autre considéré comme dangereux quelque chose de plus acceptable. C'est un remède qui ne s'attaque pas directement au deuil, mais l'on essaie de faire oublier son existence en occupant l'esprit ailleurs. Toutefois cette stratégie assez peu combative présente au moins deux inconvénients: ces remèdes «obliques» ont quelque chose de peu héroïque et sont réservés au vulgaire (765); de plus, bien que Charron semble croire à leur efficacité, ce ne sont pas vraiment des guérisons à proprement parler. Comme l'avait constaté le maître à penser de Charron, Montaigne, quand celui-ci s'était servi de la diversion pour consoler «une dame vraiment affligée»: «Ceux qui me suivirent à ce même service n'y trouvèrent aucun amendement, car je n'avais pas porté la cognée aux racines» de son affliction (2. 250-251).

Plus digne est la stratégie du sage qui consiste à regarder cet autre en face, à combattre le deuil directement par des moyens que Charron appelle «droits» (763). C'est l'élément constitutif de la nature humaine, la raison, qui est appelée à vaincre cette passion intruse provenant d'un faux jugement, qui n'envisage pas la perte avec le regard clair de la raison, mais à travers les préjugés de ceux qui nous entourent, ou pire, à travers notre propre intérêt. Mais raison en l'occurence ne veut pas forcément dire logique ou syllogisme. On trouve typiquement dans les discours consolatoires une série de topoï plutôt qu'une argumentation serrée. Même Pascal, qui présente un puissant raisonnement assez inhabituel dans une lettre de consolation, organise la sienne autour de ce que Constance Cagnat appelle une «structure en échos» (74). En fait, le recours dans la plupart des lettres de consolation à ce qui ne nous semble aujourd'hui qu'une accumulation de lieux communs, convenait au fait que la lettre invite l'endeuillé à la méditation. Pierre Hadot a montré comment la philosophie des anciens, et surtout leurs préparations à la mort étaient une sorte d'exercice spirituel (37-47). Les lettres de consolation d'un Sénèque, d'un Cicéron ou d'un Plutarque ne font que prolonger ces exercices. De même, les arts de mourir de la fin du Moyen Age, en suscitant la crainte de l'enfer chez le mourant ont dû être accompagnées de consolations qui le délivraient de cette inquiétude. Ces consolations contre les frayeurs de la mort ont à leur tour engendré les manuels de consolation du dix-septième siècle à l'usage des endeuillés, comme ceux de Raoul Fornier ou du jésuite Corneille Perducius. Ce qu'on appelle aujourd'hui travail de deuil était autrefois envisagé comme un exercice spirituel. Ce discours intérieur est une autoconsolation, la seule qui soit efficace. Il se peut que les êtres humains ne doivent chercher leur consolation qu'en Dieu, comme le dit Pascal (491), mais cette consolation divine doit être assimilée par l'endeuillé dans une méditation qui intériorise l'enseignement de la foi.

Il existe une raison plus profonde qui justifie que la douleur que l'on éprouve de la mort d'un autre nécessite une sorte d'autoconsolation. C'est qu'en faisant le deuil d'un proche, nous faisons en même temps notre propre deuil. La crainte qui accompagne souvent la perte de l'autre est au fond motivée par l'angoisse de notre propre disparition. Comme Charron le suggère en analysant la compassion, la mort d'un proche nous fait penser à notre propre mort: «nous craignons en nous-mêmes, dit-il, ce qui arrive aux autres» (201). En fin de compte, en pleurant la perte d'autrui, nous faisons un deuil anticipé de notre propre mort. Après tout, comme le dit le père Perducius, «nos plus proches et meilleurs amis… sont d'autres nous-mêmes» (13).

Si Dieu seul console, quelle place doit-on laisser à la consolation qu'un être humain apporte à un autre? La réponse de Pascal est catégorique:

«nous devons chercher la consolation à nos maux, non pas dans nous-mêmes, non pas dans les hommes, non pas dans tout ce qui est créé» (491). Pour Pascal, une personne ne peut en consoler une autre que dans la mesure où le consolateur est le messager de la parole divine, et l'on est plus efficace dans ce rôle si l'on a d'abord soi-même assimilé le message consolateur: ainsi, Pascal prétend ne partager avec sa sœur que les réflexions qu'il a déjà trouvées consolantes pour lui-même (490). Et bien des auteurs de manuels de consolation expliquent dans leur préface que c'est seulement après avoir été eux-mêmes consolés qu'ils ont décidé de rédiger leur traité pour aider leurs semblables.

Est-ce que l'endeuillé reste néanmoins un autre pour le consolateur, tout comme le chagrin reste un autre que la raison doit maîtriser par la méditation? Jusqu'à quel point est-il permis de prendre au sérieux la formule consacrée des compliments de condoléances: «prendre part à l'affliction de l'endeuillé»? Il s'agit en fait de la légitimité de la pitié. Charron récuse la compassion née d'une participation dans le chagrin d'autrui qu'une telle formule implique. La seule miséricorde qu'il approuve écarte tout élément affectif. Elle est toute raison et volonté: le regard clair et objectif sur le mal de celui qui souffre et la décision de le secourir, mais sans «fléchir et compatir avec lui», dit-il (765). Raoul Fornier, dont le manuel de consolation est fortement teinté de stoïcisme, approuve cette attitude impassible en expliquant que le consolateur compatissant risque d'être infecté du mal de l'endeuillé sans pour autant que l'endeuillé ne soit soulagé (104).

Par contre, au lieu de rejeter le chagrin comme un intrus, de le garder en quarantaine chez l'endeuillé, la plupart des consolateurs recommandent une approche plus conciliante. Par exemple, le père Perducius condamne «ces stoïciens trop sévères» (12) et préconise «la vraie compassion et la sympathie» (12) pour l'endeuillé qu'il appelle «symbolisation». Il s'agit d'une sorte d'identification avec les douleurs de l'autre, qui fonctionne «comme une main forte ou bien un hameçon pour élever [les cœurs désolés] du plus profond de l'abîme de deuil» (12). Il faut, dit le jésuite, que l'endeuillé «reconna[isse] quelque chose de soi en la personne qui veut [le] consoler» (21).

On pourrait imaginer une sorte de compassion par laquelle le chagrin, au lieu de rester un autre logé dans cet autre qui est l'endeuillé, devient en quelque sorte incorporé dans le consolateur. La tendance au solipsisme que comporte le deuil serait ainsi atténuée, non par la raison, mais par l'amour du consolateur qui accepterait de partager l'affliction. François de Sales envisage une sorte de condoléance où on accueille l'affliction de celui qui souffre, ou on la tire à soi. Il la décrit comme une «affection qui nous fait participer à la passion et douleur de celui que nous aimons, tirant la misère qu'il souffre dans notre cœur» (576). A titre d'exemple, il cite toute une série de deuils bibliques: celui d'Agar pour Ismaël, de David pour Absalon, de Jacob pour Joseph, en s'arrêtant sur l'exemple suprême de la participation de la Vierge dans la passion de son fils. Mais ce beau texte sur la condoléance du *Traité de l'amour de Dieu* n'est pas une invitation à se condouloir avec un affligé pour le consoler, mais à s'unir avec le Christ par la méditation.

En effet, ce n'est pas la pitié qui constitue l'essence de la consolation chrétienne au dix-septième siècle. La compassion n'est qu'un premier mouvement de condoléances destiné à gagner la bienveillance de l'endeuillé avant de se lancer dans les consolations proprement dites, qui consistent surtout en arguments destinés à expliquer pourquoi il faut modérer son chagrin. De plus, dans la perspective de l'éternité, la consolation des hommes ne peut être que temporaire, transitoire. Cette consolation que peuvent procurer nos amis est toujours à recommencer, parce que l'ami consolateur est autant sujet à disparaître que l'ami que l'on vient de perdre. Comme le dira Jacques Derrida, dans son éloge de Louis Marin, toute amitié comporte d'une certaine manière une anticipation du deuil (188). C'est parce que le consolateur chrétien du dix-septième siècle cherche ce qui est permanent, ce qui n'est pas à perdre, qu'il essaie de récupérer le chagrin de l'endeuillé en le transformant en douleur pour ses péchés que les théologiens de l'époque appelaient componction (Carr, «Grieving», 179). De cette manière, cet autre, qui est le chagrin pour un proche devient un avertissement de la mort même de l'endeuillé. Pour reprendre les formules de Philippe Ariès, l'âge romantique sera l'époque de «la mort de toi» où la séparation avec un être chéri ne sera plus supportée (2. 320). Par contre, le dix-septième siècle est toujours dominé par ce qu'Ariès appelle «la mort de soi»: la mort de l'autre ne suscite qu'«un pathétique refoulé» de la part de l'endeuillé (2. 320), parce que l'endeuillé est préoccupé, en fin de compte, par son propre destin individuel et par son salut.

Si la sympathie humaine prend de l'importance au cours du siècle, c'est peut-être moins sous l'influence de la compassion chrétienne, qu'au nom de la civilité mondaine. Les manuels épistolaires de la fin du siècle insistent de plus en plus sur la nécessité de montrer une sympathie sincère et naturelle pour l'endeuillé (Carr, «Manuels», 225). Mais il faut attendre le dix-huitième siècle et le recul de la consolation chrétienne pour voir ce courant s'épanouir pleinement.

Références

Ariès, Philippe. *L'Homme devant la mort*. 2 vols. Paris: Seuil, 1996.

Baustert, R. «Raison et avant-passion dans les lettres de consolation de 1600 à 1650», *Studi francesi*, 36 (1992): p. 217-237.

Cagnat, Constance. *La Mort classique*. Paris: Champion, 1995.

Carr, Thomas M. Jr. «Grieving Family and Community Ties at Port-Royal: *Les Miséricordes* of Angélique de Saint-Jean», *Actes de Victoria, Biblio 17*, 111 (1998): p. 173-181.

---. «Se condouloir ou consoler? les condoléances dans les manuels épistolaires de l'ancien régime», *Studies on Voltaire and the Eighteenth Century*, 358 (1998): p. 217-35.

Charron, Pierre. *De la Sagesse*. Paris: Fayard, 1986.

Derrida, Jacques. «By Force of Mourning», Tr. Pascale-Anne Brault et M. Naas, *Critical Inquiry*, (1996): p. 171-192.

Esprit, Jacques. *La Fausseté des vertus humaines*. Paris: Aubier, 1996.

Fornier, Raoul. *De la Consolation et des remèdes contre les adversités*. Paris, 1617.

Hadot, Pierre. *Exercices spirituels et philosophie antique*. Paris: Etudes augustiniennes, 1987.

Montaigne, Michel de. *Essais*. 2 vols. Paris: Garnier, 1962.

Pascal, Blaise. *Œuvres complètes*. Paris: Gallimard, 1954.

Perducius, Corneille. *La Règle ou le bon usage du deuil*. Paris: Jean Bucher, 1655.

Roth, Danielle. *Larmes et consolations en France au XVIIe siècle*. Lyon: Editions du Cosmogone, 1997.

Sales, François de. *Lettres intimes*. Ed. André Ravier. Paris: Fayard, 1991.

---. *OEuvres*. Ed. André Ravier. Paris: Gallimard. 1969.

Médiations, figures et expériences de *l'autre vie* : Jean-Joseph Surin à la rencontre du démoniaque

KATHERINE DAUGE-ROTH

Université de Paris III

La possession des Ursulines de Loudun et, en particulier, celle de la Mère prieure du couvent, Jeanne des Anges, constitue sans aucun doute le cas de possession diabolique le plus célèbre du dix-septième siècle. Les premiers signes de la possession se manifestent chez plusieurs Ursulines en 1632. Au cours des multiples et spectaculaires séances d'exorcisme publiques, Urbain Grandier, prêtre à Loudun, se voit accusé de sorcellerie et d'être la source maléfique de la possession. Condamné, Grandier est brûlé vif le 18 août 1634. Sa mort ne marque pas pour autant l'épilogue de la possession. En décembre de la même année, une équipe de Jésuites est appelée à Loudun pour poursuivre les exorcismes en vue d'une guérison définitive des religieuses possédées. Parmi eux se trouve le Père Jean-Joseph Surin, jeune prédicateur, directeur spirituel et mystique de Bordeaux, à qui il incombe d'exorciser Jeanne des Anges[1].

Surin relate ses expériences à Loudun et sa relation durable avec Jeanne des Anges dans le *Triomphe de l'amour divin sur les puissances de l'Enfer* et la *Science expérimentale des choses de l'autre vie*, ainsi que dans une correspondance abondante[2]. Mon analyse de ces écrits examine, première-

---

[1] Parmi les nombreuses études sur la possession de Loudun, je citerai seulement: Michel de Certeau: *La Possession de Loudun* (1970), 2ᵉ éd., Paris, Gallimard/Julliard, 1990; Robert Mandrou: *Magistrats et sorciers en France au XVIIᵉ siècle. Une analyse de psychologie historique*, Paris, Seuil, 1980; Michel Carmona: *Les Diables de Loudun: Sorcellerie et politique sous Richelieu*, Paris, Fayard, 1988.

[2] Jean-Joseph Surin: *Triomphe de l'amour divin sur les puissances de l'Enfer en la possession de la Mère Supérieure des Ursulines de Loudun, exorcisée par le Père Jean-Joseph Surin, de la Compagnie de Jésus* et *Science expérimentale des choses de l'autre vie* (1653-60), Grenoble, Jérôme Millon, 1990; Michel de Certeau, éd.: *Jean-Joseph Surin, Correspondance* (ca. 1626-65), Paris, Desclée de Brouwer, 1966. Toutes les références ultérieures renvoient à ces éditions. Les références au *Triomphe de l'amour divin* et à la *Science expérimentale* seront indiquées dans le texte par *TA* et *SE* suivi du numéro de page. Pour une discussion approfondie des nombreux ouvrages de Surin et de leurs éditions, voir: Michel de Certeau, éd.: *Correspondance*, p. 67-89 et p. 467-470; Etienne Catta, éd.: «Introduction» à Surin, *Poésies spirituelles suivies des Contrats spirituels*, Paris, Librairie philosophique J. Vrin, 1957, p. 7-51; Michel de Certeau, éd.: «Introduction» à Surin, *Guide Spirituel pour la perfection*, Paris, Desclée de Brouwer, 1963, p. 7-61; Michel de Certeau: «Les Œuvres de Jean-Joseph Surin, I», dans: *Revue*

ment, la conception singulière de Surin quant à l'altérité que représentent
Jeanne des Anges – son «Autre» – et ses démons – les «Autres» de son
«Autre». Deuxièmement, j'analyse comment Surin, à travers sa méthode et
son rapport à l'altérité qui visent la découverte et l'exploration de l'Autre,
brouille si ce n'est dissout les frontières entre lui-même et ses Autres, et en
vient lui-même à devenir «autre». En dernier lieu, je suggère comment ce
brouillage des frontières – entre exorciste et possédée, entre le divin et le
diabolique, entre le masculin et le féminin – en la personne et la méthode
de Surin trouble les représentations, rites et emplois traditionnels de
l'altérité au sein du théâtre de la possession.

*
* *

S'il est prêt à se confronter à l'altérité qu'incarne la jeune Mère prieure encore possédée par quatre démons, Surin compte recourir à des procédés
différents que ceux traditionnellement employés. Dérogeant au mandat de
l'exorciste, qui veut qu'il identifie et élimine rapidement les Autres démoniaques habitant le corps de la possédée à travers un combat violent, Surin
redéfinit les paramètres de la possession diabolique tout comme les modalités et la visée de son travail d'exorciste. Comme le soulignent Michel de
Certeau et plus amplement encore Sophie Houdard dans son excellente
étude «De l'exorcisme à la communication spirituelle»[3], la redéfinition de
la possession et de l'exorcisme par Surin à Loudun est radicale. Il propose
en effet une conception de la possession diabolique où non seulement les
démons profitent des faiblesses de la personne possédée mais où ils agissent en elle en s'unissant à son âme suivant le modèle mystique de l'union
du divin avec l'âme. Il s'en suit que la guérison de la possédée ne s'opère
plus exclusivement à travers l'exorcisme tel qu'il a été conçu jusqu'alors,
mais par l'intervention divine que rend possible un travail intérieur mené
sous la direction d'un exorciste qui devient dès lors un directeur spirituel.
C'est ce statut alternatif de directeur spirituel que revendique et occupe
Surin vis-à-vis de Jeanne des Anges (*TA* p. 20).
Avant même d'arriver à Loudun en décembre 1634, Surin avait défini une
méthode reposant sur le caractère pénétrant de sa parole en vue d'accéder à
l'intériorité de la possédée et de la conquérir: «[J]e parlerai de Dieu et de

---

d'ascétique et de mystique 40 (1964), p. 443-476 et «Les Œuvres de Jean-Joseph Surin,
II», dans: *Revue d'ascétique et de mystique* 41 (1965), p. 55-78.

[3] Michel de Certeau, éd.: *Correspondance*, p. 249-51. Sophie Houdard: «De l'exorcisme à la communication spirituelle: le sujet et ses démons», dans: *Littératures
Classiques* 25 (1995), p. 187-199. Sur l'importance de l'innovation opérée par Surin,
voir surtout p. 191-192.

son amour aux oreilles de la possédée, et *si je puis faire entrer mes propos en son cœur*, je gagnerai une âme à Dieu et lui persuaderai de s'adonner à cette vie heureuse qu'on a intérieurement avec lui; sinon, je donnerai tant de peines au Diable par mes propos, qu'il sera contraint de m'écouter et qu'il aura envie *de me quitter la place*» (*TA* p. 19)[4]. Surin veut s'insinuer dans le cœur de la possédée à la place des influences démoniaques comme le signifie son langage mystique où prédominent l'union de Dieu avec l'âme ainsi que les images de l'ouverture et de l'écoulement. Le Jésuite se doit ainsi tout d'abord de chercher une «ouverture» chez Jeanne des Anges: «[I]l voulait *avoir accès* dans l'esprit de la Mère, pour reconnaître ce qui s'y passait et *pour y faire couler les sentiments qu'il s'était proposé de lui communiquer*» (*TA* p. 25)[5]. Quand la Mère prieure commence à «s'ouvrir à lui», Surin, penché à l'oreille de la possédée, y instille son discours, scène performative qui rappelle de façon poignante l'iconographie de l'Annonciation à la Vierge Marie et son insémination par le Verbe divin (*TA* p. 28). Surin sème ainsi sa parole et «s'étudi[e] de découvrir les mouvements de la grâce qui se formaient de la semence qu'il avait jetée par son discours ...» (*TA* p. 34). Bientôt la Mère prieure commence à faire des progrès dans l'oraison et ils décident de se retirer de la chapelle où se déroulent les exorcismes pour trouver «un plus grand silence et un lieu plus commode» pour cette pratique (*TA* p. 61):

> Ils trouvèrent une chambre qui avait communication du logis de dehors au-dedans du monastère, où il y avait une grille, et ils se proposèrent de faire là l'oraison, la Mère en dedans, et lui en dehors. Ce petit lieu devint bientôt un lieu de délices, les larmes coulaient en abondance dès qu'ils étaient à genoux, leur esprit étant tout appliqué à la méditation de la vie, mort et passion de Jésus-Christ. Ils prenaient un mystère ou une action du fils de Dieu, sur quoi le Père commençant un discours affectif et s'exposant au mouvement qu'il plairait à Dieu de leur donner, se mettait à la pensée l'état de la Mère qu'il connaissait parfaitement, et conformément à son besoin il lui déduisait son propos comme s'il parlait en sa personne ...; et le goût de Dieu chassait tous les autres dont son âme était imbue. (*TA* p. 62)

Si par cette démarche Surin cherche à introduire sa connaissance spirituelle dans l'esprit de Jeanne des Anges et travailler ainsi à sa délivrance en encourageant une transformation intérieure, ce processus de transfert ne saurait être à sens unique. A travers la grille, frontière matérielle et symbolique

---

[4] C'est moi qui souligne.

[5] C'est moi qui souligne. Surin se met ici en scène à la troisième personne. Dans ses œuvres autobiographiques, il alterne généralement entre la première et la troisième personne pour parler de lui-même.

entre leurs êtres qui signale la porosité et l'identification qui régissent leur rapport, transitent non seulement les paroles de Surin, divinement inspirées et imbibées dans l'âme de Jeanne des Anges, mais également l'altérité de la Mère prieure en Surin. Au lieu de violenter l'altérité qu'incarne la Mère prieure pour l'en soustraire – méthode et dessein traditionnels de l'exorcisme –, Surin cherche au contraire à établir un rapport d'identité, voire d'identification avec son Autre et ses Autres. L'intervention divine dans cette relation mimétique, voire osmotique, fait que Jeanne des Anges est non seulement une femme absorbant les paroles de son directeur spirituel, mais, à travers les instructions qu'elle reçoit pendant l'oraison, confirme ce dernier dans sa propre pensée et doctrine:

> Elle redisait le tout le lendemain au Père, qui admirait le soin que Dieu avait de cette âme à qui il communiquait des choses dont elle n'avait jamais ouï parler, avec des notions si claires, si profondément gravées et *si conformes à ce que sa divine miséricorde avait autrefois communiqué à lui-même quand il était au même terme, qu'il semblait que cela eût été puisé en son âme et dans le plus secret de son intérieur, pour être transféré en celui de la Mère.* Entre autres consolations que le Père reçut de cette découverte, une des plus signalées fut que toutes les idées de la doctrine spirituelle dont il était *imbu* et sur lesquelles on lui avait souvent formé des doutes et engendré des appréhensions, furent immédiatement de Dieu *insinuées* au cœur de la Mère qui les déduisait justement comme elle les avait connues[6]. (*TA* p. 59-60)

La circulation des connaissances spirituelles se voit donc redéfinie, ayant sa source en Dieu, passant à travers Jeanne des Anges pour enfin trouver Surin. La possédée devient ainsi la figure de médiation par excellence à travers laquelle Surin peut se reconnaître, voire connaître l'Autre, non à partir de sa différence, mais par le biais d'une forme de conformité ou d'osmose:

> Comme cela, écrit Surin, fit une certaine liaison de cœur entre le Père et cette âme, lequel, ayant dessein dans le commencement *de faire couler ces maximes dans l'esprit de la Mère*, n'attendait que de la voir disposée et capable *de les porter*, il vit que le doigt de Dieu les écrivait en elle *avec telle conformité*, qu'il semblait que *c'était une même chose*; ce qui fonda *une telle correspondance entre ces deux cœurs*, que les démons ont dit quelquefois qu'ils n'en avaient jamais vu de pareille[7]. (*TA* p. 60)

---

[6] C'est moi qui souligne.

[7] C'est moi qui souligne.

Un tel rapport d'identification semble correspondre à ce que Surin appelle-ra plus tard dans son *Guide spirituel* (1661) «l'amitié spirituelle ou surnatu-relle». Cette forme d'amitié repose sur trois principes: «la conformité de doctrine; ... l'unité de cœur dans les mêmes instincts et mouvements» et la participation «à une même viande et au même Jésus Christ avec lequel ils ont union l'un et l'autre. Ces trois choses font qu'ils se servent et que *leurs esprits ne font qu'un,* voyant que les mêmes maximes unissent leur juge-ment; les mêmes instincts font leur volonté semblable, et le même principe d'amour, qui est Jésus Christ résidant en tous deux, les fait *quasi une même substance.* ...»[8]. Cette perte de soi en l'Autre qui devient une figure du Même, si elle est rendue possible par la providence divine, sert également de modèle et de médiation pour l'union suprême de l'âme avec cet Autre par excellence qui est Dieu.

*
*   *

Surin, lors de ses années de mission passées à Marennes, avait déjà décou-vert le rôle nodal que peut jouer l'Autre dans la recherche de l'Au-delà, du divin. En octobre 1634, avant de se rendre à Loudun, il écrit: «[I]l semble que la providence divine m'... a conduit [dans ce lieu] pour en même temps perdre la vue des grandeurs du monde et entrer en connaissance des grandeurs de Dieu, lesquelles je ne trouve pas en moi mais en des per-sonnes que sa Majesté a merveilleusement enrichies de ses dons *et en qui je puis voir, comme à travers des fenêtres, la lumière de l'autre vie*»[9]. A Lou-dun, ce n'est plus en spectateur mais en expérimentateur que Surin peut exposer la lumière de l'autre vie et s'y exposer. Si, par le biais de ce qu'il représente comme «un canal dérobé ct ... une voie occulte» entre les deux, circulent les connaissances spirituelles, c'est par ce même passage qu'a créé le divin entre leurs êtres que Surin en vient à s'ouvrir à l'Au-delà, aux instances supérieures, autant diaboliques que divines (*TA* p. 44). Mais si, comme le suggère le titre de son œuvre, la *Science expérimentale des choses de l'autre vie,* Surin recherche, par le truchement de Jeanne des Anges, l'expérience et la connaissance de l'autre monde, ce n'est qu'en se laissant lui-même devenir «autre» qu'il parvient à accéder de façon plus ef-

---

[8] *Guide Spirituel pour la perfection,* éd. citée, p. 226. C'est moi qui souligne.

[9] *Correspondance,* lettre 45 (au Père Achille Doni d'Attichy, le 7 octobre 1634), p. 233. Michel de Certeau identifie les personnes auxquelles Surin fait référence ici comme étant Mme Duvergier (Marie Baron) et Madeleine Boinet, deux femmes sécu-lières de Marennes. Voir ses notes de bas de page, p. 233, ainsi que les textes et com-mentaires p. 168-186 et p. 190-197.

fective à cette connaissance. Si les manuels d'exorcisme insistent sur les dangers du contact démoniaque pour l'exorciste, sur l'importance de toujours «prévenir le démon et s'en garder» et sur le besoin de mettre fin à la possession «dès que possible», Surin, lui, au contraire, se laisse pénétrer par les démons, et fait de son corps et de son âme le nouveau théâtre où s'affrontent les instances diaboliques et divines[10].

Suivant le modèle du Christ rédempteur, le Père Jésuite offre la paix de son âme contre celle de la Mère prieure. Il désire «être chargé du mal de cette pauvre fille et participer à toutes ses tentations et misères, jusqu'à demander à être possédé de l'Esprit malin» (*TA* p. 27). Son vœu d'identification et de participation transférentielle avec l'altérité vécue par Jeanne des Anges finit par se réaliser de façon spectaculaire lors de certaines séances d'exorcisme au cours desquelles les démons habitant le corps de la Mère prieure passent soudain dans celui du Père exorciste avant de retourner dans le corps de la possédée. Traversant leurs frontières corporelles et spirituelles, les démons laissent l'exorciste en qui l'Autre, à la fois féminin et diabolique s'est introduit, dans un état presque constant d'obsession diabolique. Surin décrit ses possessions temporaires dans une lettre du 3 mai 1635 adressée au Père Achille Doni d'Attichy, un ami Jésuite:

> [D]ans l'exercice de mon ministère le diable passe du corps de la personne possédée et, venant dans le mien, m'assault, me renverse et m'agite et travaille visiblement, me possédant plusieurs heures comme un énergumène. Je ne saurais vous expliquer ce qui se passe en moi durant ce temps et comme cet esprit s'unit avec le mien sans m'ôter ni la connaissance, ni la liberté de mon âme, et se faisant néanmoins comme un autre moi-même, et comme si j'avais deux âmes dont l'une est dépossédée de son corps et de l'usage de ses organes, et se tient à quartier, regardant faire celle qui s'y est introduite. Ces deux esprits se combattent en un même champ qui est le corps; et l'âme même est comme partagée et, selon une partie de soi, est le sujet des impressions diaboliques et, selon l'autre, des mouvements qui lui sont propres ou que Dieu lui donne[11].

Cette lettre met en évidence un nouveau stade dans la dynamique qui lie Surin à Jeanne des Anges. Surin opère ici une intériorisation de la dialectique de soi et de l'Autre et parvient ainsi à accueillir l'Autre en son for intérieur. Lors de ces phases de possession, Surin fait l'expérience d'une

---

[10] Maximilien de Eynatten: *Manuel d'exorcismes, Contenant des instructions et des exorcismes pour chasser les esprits mauvais des corps possédés, repousser n'importe quel maléfice et réprimer les infestations des démons* (1626), Liguge, Aubin Imprimeur, 1995, p. 32.

[11] *Correspondance*, lettre 52, p. 263-264.

forme de schisme intérieur, se retrouvant avec deux âmes aux natures et aux élans opposés tout en faisant néanmoins parties intégrantes de lui-même. Bien que Surin prétende pouvoir distinguer les opérations diaboliques des divines en son âme, il admet qu'il règne en lui une telle confusion intérieure qu'il n'est plus en mesure de «pouvoir les attribuer à l'un plutôt qu'à l'autre»[12]. Si la ligne de démarcation entre le divin et le diabolique s'avère floue pour Surin c'est parce que dans son approche les médiations et les voies par lesquelles se manifeste l'Au-delà – qu'il relève du divin ou du diabolique – se confondent et du coup deviennent plus ambiguës quant à leur identification et interprétation. L'originalité de la relation d'identification et de miscibilité que Surin instaure avec la possédée réside dans ce brouillage pour le moins problématique des frontières entre le Même et l'Autre, l'Ici et l'Au-delà, ainsi qu'entre le Mal et le Bien.

*
* *

La chute, ou plutôt, le glissement volontaire et désiré de Surin dans l'altérité, trouble pour le moins les schémas de représentation et les systèmes d'autorité en vigueur dans le champ de bataille symbolique que représente Loudun. En construisant les religieuses possédées comme des figures exclusives de l'Autre qu'il convient d'exclure, le discours ecclésiastique cherche en effet à servir ses propres desseins d'autolégitimation, comme le souligne la dimension publique et spectaculaire des séances d'exorcisme. En s'ouvrant à l'altérité, en cherchant à l'accueillir et à l'intérioriser jusqu'à devenir possédé ou obsédé par des démons, Surin ne répond plus aux définitions ecclésiastiques traditionnelles des pouvoirs et des rôles en jeu dans les cas de possession diabolique. Sa démarche contrevient également à la typologie des genres[13] qui définit dans les rituels de l'exorcisme au dix-septième siècle la légitimité, la répartition et la visibilité des positions d'énonciation et de dénonciation. Le prêtre possédé «devenu diable» excède ainsi doublement les représentations établies – par son genre et par sa position au sein de l'Eglise[14].

Surin sous l'emprise du démoniaque apparaît, selon ses propres termes, «contre la forme que doit avoir un prêtre et religieux» (*SE* p. 173). A cette «forme» appropriée ne saurait correspondre un homme, et encore moins un

---

[12] Ibid., p. 264.

[13] Ici j'emploie le terme "genre" dans le sens du mot anglais "gender."

[14] *Correspondance*, lettre 52, p. 264. Surin écrit au Père d'Attichy: «Je ne saurais vous dire la joie que je sens de me voir ainsi devenu diable ...».

exorciste, qui se laisse posséder par les démons qu'il est sensé pouvoir dominer avec l'aide de Dieu. C'est, écrit Surin, «un dessein [des diables] qui ne s'est jamais vu, qui fût de travailler et violenter publiquement un exorciste exerçant sa fonction ... L'obsession que le Père souffrit fut la plus extraordinaire qui eût peut-être jamais été vue; et hors la possession entière il ne se pouvait guère davantage» (*TA* p. 35-36). Le paradoxe réside alors dans le fait que l'individu chargé de la localisation et du contrôle de l'Autre, en vue de le circonscrire, se retrouve lui-même «contaminé» à travers ce processus et devient à son tour, et jusqu'à un degré extrême, un lieu et une figure de l'Autre, ne symbolisant plus dès lors celui par qui le règne du Même se reproduit et se voit réaffirmer en son évidence et sa légitimité. Voilà que celui qui doit faire barrage et endiguer l'Autre devient le passeur par lequel l'Autre s'instille au cœur du Même. Même les démons, selon Surin, soulignent l'écart entre ses fonctions d'exorciste et de prêtre, de figure incarnant l'autorité ecclésiastique, et les pratiques à travers lesquelles il finit par devenir à son tour une figure de l'Autre:

> Quand le Père était bouleversé par l'opération du Diable, les démons des autres possédées faisaient des risées sur lui, et se moquaient, en disant: Ne fait-il pas beau voir cela, monter en chaire après s'être roulé en la poussière? ... [I]ls disaient mille insolences contre le Père, et triomphaient de telle manière qu'ils n'attendaient que l'heure qu'on l'ôterait de son emploi comme incapable de continuer ... (*TA* p. 44)

Si l'autorité de l'Eglise catholique se trouve manifestement menacée par l'inhabilité de Surin à signifier de façon performative qu'il représente – au double sens du terme – le symbole de son pouvoir, la conduite et la méthode de Surin troublent également les modalités et les visibilités codifiées du théâtre de la possession en ce que son identité masculine, perméable aux démons, s'avère publiquement malmenée si ce n'est malséante[15].

---

[15] Il est intéressant de noter que pour décrire les transformations physiques qui s'opèrent en lui sous les influences de son contact avec le divin, Surin, conscient des connotations liées à la visibilité de sa performance d'exorciste, n'hésite pas à recourir à l'isotopie de la «dilatation» pour décrire ses altérations: «[L]es opérations manifestes du bon esprit ... l'avait dilaté et comme changé sa complexion» (*SE* p. 173). En insistant sur l'impossibilité de cacher au public sa transformation physique Surin confesse indirectement son caractère incongru: «[C]es opérations ... étaient ... si fortes et si abondantes qu'il ne pouvait empêcher qu'elles ne parussent en l'assemblée des pères qui étaient à Loudun ... Elles firent une telle mutation en son sens et en son corps, que, dans moins de deux mois, il changea de complexion, devenant de maigre et exténué qu'il était, de grasse complexion.» (*SE* p. 171). Si le vocabulaire de la dilatation appartient au langage mystique, ses connotations féminines, ainsi que celles de «complexion grasse» et de perméabilité corporelle, s'avèrent pour le moins en porte-à-faux avec la préconception de l'image masculine de l'exorciste.

Le trouble qui entoure l'identité masculine de Surin tout comme le trouble qui en résulte au sein du théâtre codifié de la possession n'est pas sans retenir l'attention de ses contemporains comme en témoignent les commentaires échangés entre l'abbé Marin Mersenne et Nicolas Fabri de Peiresc en juillet 1635. Interrogé par Mersenne, «Je ne sçay … si vous sçavez qu'un pere Jesuite, estant allé à Loudun pour exorciser, a esté possédé ou obsedé luy mesme, comme ses propres lettres tesmoignent», Peiresc rédige une réponse qui en dit long sur la construction féminine de la personne possédée à l'époque et le rôle du genre au sein de la mise en scène de la possession et de l'exorcisme: «Si la possession ou l'obsession de ce bon Pere exhorcissant a du progres, il sera plus notable que toutes aultres choses de cette nature qui tombent communement sur des espritz de femmelettes bien foibles»[16]. Pour ces intellectuels, ainsi que d'autres qui s'intéressent au cas de Surin, ses troubles sont remarquables et dignes de curiosité non seulement à cause du retournement ironique de l'autorité qui s'opère en lui, mais aussi à cause du genre masculin de la victime du diable.

Encore plus que les inquiétudes que provoque son glissement transgressif et paradoxale dans l'altérité – Surin étant à la fois symbole du pouvoir ecclésiastique sur les démons et victime publique et consentante de leurs opérations – c'est sa nouvelle théorisation de la possession qui suscite des appréhensions chez certains confrères et supérieurs. Comme je l'ai déjà souligné, la gestion de l'altérité proposée par Surin brouille non seulement les frontières entre l'exorciste-directeur et la possédée-dirigée mais également celles qui séparent le diabolique et le divin. C'est cette fluidité entre les influences démoniaques et divines dans la spiritualité de Surin qui inquiète le plus le Père général des Jésuites à Rome, Viteleschi, comme en témoigne la lettre du 18 août 1636 qu'il écrit au supérieur provincial de Surin:

> Sur le P. Surin, . . . je reçois des nôtres des nombreux mémoires. On dit que, depuis quelque temps, il se croirait possédé par le Verbe incarné autant que par le démon; qu'en conséquence il tiendrait le Verbe pour l'origine de ses paroles et de ses gestes, comme le mauvais esprit pour celle de ses mouvements d'obsédé. On me disait que son état s'était amélioré, mais qu'il lui restait des séquelles – fredonnements, sautillements, etc. – qu'il attribuait à son amour de Dieu. On ajoutait qu'il était peu soumis aux supérieurs et peu obéissant[17].

---

[16] Lettre 453 (de Mersenne à Nicolas-Claude Fabri de Peiresc, le 1er juillet 1635) et lettre 462 (de Peiresc à Mersenne, le 17 juillet 1635) dans: *Correspondance du P. Marin Mersenne, Religieux Minime*, éd. P. Tannery et Cornélis de Waard, t. 5, Paris, Editions du Centre National de la Recherche Scientifique, 1959, p. 271 et p. 320.

[17] *Archivio Romano Soc. Iesu*, Rome, *Aquit.* 2, 458 v. Cité et traduit par Michel de Certeau, éd., *Correspondance*, p. 359.

Autant que son insubordination supposée et son manque de contrôle, la
lecture que fait Surin de ses expériences de l'Autre et du lien qu'il établit
entre l'Autre et l'Au-delà inquiète le Père général qui soupçonne Surin
d'être en proie à un élan mystique pour le moins dangereux institutionnelle-
ment. Les pratiques de Surin avec l'Autre vont en somme «au-delà» des
règles et des codifications établies par l'Eglise et Surin se voit ainsi rappelé
à l'ordre de l'«Ici» par ses supérieurs.

«Autre» inattendu, issu des propres rangs de l'Eglise, Jean-Joseph Surin
constitue une menace pour le moins vertigineuse pour l'autorité ecclésiastique, bien plus que celle que représente son homologue féminin dans la
mesure où la possédée est, d'une certaine manière, toujours déjà «possédée» par les discours, les représentations et les rituels de l'Eglise. Surin,
s'il représente un Autre dangereux, c'est bien parce qu'il excède dans ses
méthodes ainsi que dans sa personne même les discours qui mettent en
scène et codifient les rapports à l'Autre tout comme ses figures légitimes.
D'où la nécessité de son renvoi de Loudun en octobre 1636 en vue d'empêcher toute autre forme de «contamination» symbolique[18].

---

[18] Voir *Correspondance*, lettre 97 (à Madame Françoise Milon, le 3 octobre 1636),
p. 355. Surin fait aussi mention de son renvoi de Loudun dans *TA* p. 108. Malgré ses
méthodes et quoique très éprouvé, il est néanmoins rappelé à Loudun en juin 1637 pour
réussir l'expulsion du dernier démon de la Mère prieure. Voir *TA* p. 112-113. Surin,
quant à lui, n'est guéri de tous ses troubles que près de vingt ans plus tard, en 1654.

Je, l'Autre et la possession;
ou, pourquoi l'autobiographie démoniaque
n'a jamais constitué un genre.

NICHOLAS PAIGE

University of California, Berkeley

Le nombre d'écrits du XVIIᵉ siècle que l'on pourrait sans trop de mal qualifier d'autobiographies mystiques est impressionnant. On peut en dénombrer des dizaines, composées dans des situations diverses au cours du siècle. Or, chose curieuse, si l'on jette son regard vers l'autre bout de la scène religieuse du grand siècle – du côté diabolique plutôt que mystique – on n'y trouvera rien de pareil. Les nombreuses possessions s'étalant de la fin du XVIᵉ au milieu du XVIIᵉ siècles n'ont guère suscité d'enthousiasme pour l'autobiographie[1].

Pour rencontrer une «autobiographie démoniaque», il faut attendre 1644, lorsque Jeanne des Anges rédige sa version de la possession de Loudun des années 1630; Mino Bergamo, dans une très fine analyse de ce texte capital, a souligné la nouveauté d'un écrit entrepris du «point de vue de la possédée»[2]. Puis, en 1647, la possession de Louviers donne lieu à un deuxième exemple du genre – la *Confession* de Madeleine Bavent, où celle-ci récite sa vie de sorcière-possédée. A l'encontre du texte de Jeanne des Anges, qui a circulé seulement sous forme manuscrite, celui de Bavent connaît trois éditions en 1652, mais cette réussite inaugurale du genre est en même temps son chant de cygne: l'autobiographie démoniaque apparaît précisément au moment où la possession cesse d'intéresser les autorités religieuses aussi bien que civiles. Avec l'édit du 31 août 1682, Louis XIV met officiellement fin à la poursuite des sorciers[3]. Pourquoi, donc, ce genre mort-né, qui semble se constituer justement au moment où la croyance sur laquelle il se fonde s'effiloche? Quelles que soient les raisons juridiques

---

[1] Fait pourtant étrange, lorsqu'on considère qu'à bien des égards, possession et mystique constituaient deux volets complémentaires d'un même phénomène: «Sur la carte française du milieu du XVIIᵉ siècle, on trouve souvent aux mêmes lieux les cas de possession et les groupes les plus 'dévots'» (de Certeau, *Loudun*, 12). Pour de Certeau, il s'agit donc d'une commune «marginalis[ation] du sacré». La prise en compte de l'autobiographie brouille pourtant ce parallèle, même s'il reste globalement juste.

[2] Je signale en passant l'autobiographie, aujourd'hui perdue, d'Elisabeth de Ranfaing, «l'énergumène de Nancy», composée dans les années 1620.

[3] Sur la fin (juridique) des possessions, voir Mandrou et Soman.

pour l'absence d'autres autobiographies démoniaques[4], mon hypothèse ici est qu'une lecture serrée du moins connu de ces textes – celui de Bavent – laisse soupçonner que la venue de l'autobiographie y est peut-être pour quelque chose dans la disparition de la possession.

Il reste bien des blancs dans les annales de cette possession de Louviers, la dernière grande affaire diabolique du XVIIe siècle; les premiers remue-ments sont difficiles à dater avec précision, mais se situent dans le sillage direct de Loudun, vers la fin des années 1630. En mars 1643 commencent les auditions et les exorcismes de certaines sœurs du couvent – six, au dé-but, sont possédées par des démons qui dénoncent trois «auteurs» de ce sortilège: Mathurin Picard, confesseur et directeur de la maison, mort l'an-née précédente; Thomas Boullé, prêtre, vicaire de la paroisse, encore en vie (pour l'instant du moins); et une sœur du couvent, Madeleine Bavent. Ba-vent, l'obscur centre de cette histoire, reconnaîtra, lors de sa confession gé-nérale de 1644, avoir participé à plusieurs sabbats où se sont déroulés in-fanticide, profanation de l'hostie, actes de paillardise et de bestialité, et j'en passe. L'affaire n'aura jamais de vraie clôture: le jugement rendu en août 1647 condamnera Boullé et le corps exhumé de Picard au bûcher, tout en s'abstenant de prononcer sur le cas de Bavent. Les débuts de la Fronde, ainsi qu'un scepticisme généralisé, interrompirent les enquêtes; Bavent lan-guit en prison, où elle s'éteignit à une date inconnue – peut-être en 1650 ou 1652.

Qui était Madeleine Bavent? Auteur ou victime? Sorcière ou possédée? Sans doute devait-elle sa mort naturelle à l'ambiguïté de son cas. Les grands procès de sorcellerie du XVIIe siècle – Aix, Nancy, Loudun – com-prenaient surtout des mises en cause d'hommes sorciers par des femmes possédées. Le cas de Bavent fait partiellement exception à la règle, car il rappelle plutôt certaines possessions du XVIe siècle finissant où apparais-sait la figure troublante de la sorcière possédée (e.g., Rolande de Vernois ou Françoise Fontaine). Des efforts savants avaient été faits pour interroger cet amalgame étrange,[5] mais Bavent incarnait une confusion qu'aucune fi-nesse théologique n'était à même de débrouiller. Etre à la fois sorcière et possédée, c'était brouiller les catégories du champ de savoir démonolo-gique.

---

[4] Il était d'usage, par exemple, de brûler les pièces à conviction avec le sorcier – disparition, donc, de toutes les entretiens où aurait pu surgir un «je». Parmi d'autres ex-plications, on peut noter qu'il y aurait peu d'espoir de retrouver un discours autobiogra-phique pour la simple raison que tout interrogatoire transformait invariablement la pre-mière personne en troisième – pour la justice, tout discours d'accusé est forcément un discours rapporté.

[5] Est-ce qu'un sorcier peut être possédé? Voilà le titre d'un chapitre du *Discours exécrable des sorciers* de Boguet, en 1603.

L'existence même du texte publié, republié, et republié encore en 1652 sous le titre du *Récit de l'histoire de sœur Madeleine Bavent* révèle à quel point le savoir démonologique entre en crise. Car publier des comptes-rendus d'exorcisme ou des interrogatoires, c'est une chose; c'étaient des «genres» où, comme l'ont bien souligné Michel de Certeau et Sophie Houdard, on ne pourrait rien dire de *nouveau*, rien qui ne soit pas déjà compris et prévu par le discours théologique. Pour citer Houdard: «Le discours démonologique reconnaît derrière chaque cas particulier la figuration passagère d'un dessein supérieur et universel que le diable orchestre» (118)[6]. C'est-à-dire que le discours de la possession était fermé; quand la possédée ouvrait la bouche, c'étaient les démons qui parlaient, disaient «je». Etre reconnu comme possédée, c'était surtout une affaire de maîtriser le langage reçu du diable (de Certeau, *Loudun* 62).

Drôle d'idée, donc, de demander à Bavent de dire «je». Car ce témoignage supplémentaire de la part de celle qui traitait avec *et* subissait le diable doit sans doute être lu comme l'indice d'une insuffisance, d'un défaut de savoir; il faut rajouter ce «je» précisément parce que le phénomène de la possession est en train de s'opacifier. Et cette opacité n'a pas échappé aux responsables; selon Bavent, l'évêque d'Evreux lui aurait dit, après des années d'enquête, «que l'affaire de Louviers était bien embrouillée, qu'il n'y connaissait plus rien, [et] qu'il voudrait ne s'en être jamais mêlé» (66). Né de ce trouble, le récit autobiographique de Bavent, entrepris juste après l'exécution de Boullé, et à la demande de son confesseur, ne jettera pas plus de lumière sur la situation, comme nous le verrons.

Ce texte s'organise autour d'une seule problématique: comment dire «je» dans une économie discursive vouée à la parole de l'Autre, du Malin? Le dire de l'autre représente ce par quoi, ce contre quoi, le récit de Madeleine Bavent va se bâtir. L'autre, le diable, mais aussi, non moins important, *autrui* – confesseurs, juges, consœurs. Bavent commence donc par s'en prendre à l'ouï-dire, qu'elle analyse comme un processus tautologique par lequel le discours de la possession se dissémine et se ramifie pour finir par se confirmer lui-même. Bavent, par exemple, reconnaît avoir déjà *avoué* devant la Cour les méfaits dont ses consœurs l'accusent; or voici quelques années plus tard qu'elle se dédit, et pour des raisons révélatrices: «Je n'en ai aucune connaissance, et en vérité certain article que j'ai avoué à la cour là-dessus, n'était qu'un reste d'impression que j'avais de leurs discours» (6). Ses aveux, proteste-t-elle, n'ont fait que reproduire les «informations» que l'Autre faisait circuler sur son compte.

---

[6] Voir aussi de Certeau (*Ecriture*, p. 271): «La possession ne vise pas un sens caché qui serait à découvrir. Au fond, le contenu du discours est déjà bien connu».

Que la sorcière/possédée ne se rappelle rien de ses états seconds, c'est
normal, et c'est aussi une des raisons pour lesquelles l'autobiographie
d'une possédée est une contradiction dans les termes: «Ce qui rend possible
le discours de la possession, ce qui l'autorise finalement, c'est que la religieuse ne s'en souvient pas, qu'aucune immixtion personnelle ne compro-
mette le fonctionnement autonome de la grammaire diabolique» (de Certeau, *Loudun* 63)[7]. Quant aux sorciers, si la machine inquisitoriale fonctionne à coups d'aveu, ce sont des aveux brefs qui sont comme le miroir
compensateur du pacte signé avec le diable: et le sorcier s'est éloigné de la
communauté en signant son nom au pacte, et l'aveu, lui, signale un «retour
au groupe» (de Certeau, «Magistrature» 34). Tomber sous l'influence du
Malin, soit en possédé soit en sorcier, c'est obéir à ces scénarios préexis-
tants qui semblent exclure toute parole individualisée.

Bavent est claire là-dessus: ses problèmes surviennent du moment
qu'elle laisse écrire l'Autre diabolique: c'est Picard, le prêtre corrompu, qui
écrit; Madeleine ne fait qu'apposer sa signature: «[il] me le fit signer sans
aucune lecture précédente» (14). Or, pour Bavent, l'aveu devant la Cour ne
rachète nullement cette première signature, car la justice ici occupe la
même position que le diable – elle fait signer ce que Bavent n'a pas elle-
même écrit. Ainsi, parlant de son interrogateur, Pierre de Langle, elle se
défend comme suit:

> Personne ne doit s'étonner si j'ai dit ceci de cet homme, après les
> tourments qu'on me faisait, puisque j'ai avoué et signé une infinité
> d'articles contre moi-même, qui sont aussi faux comme il est vrai
> qu'il n'y a qu'un Dieu, auquel tous ceux qui m'ont sans cesse
> tourmentée pour les avouer et signer, rendront compte de leur
> procédure (56).

«Les tourments qu'on me faisait», «ceux qui m'ont sans cesse tourmenté»
(et elle dira ailleurs de de Langle: «Il me tourmenta deux heures la tête»
[56]): on reconnaîtra sans peine le terme clef («les tourments») utilisé pour
parler de l'action des diables sur les possédées, mais transposé à un contexte judiciaire – «leur procédure». Pour échapper donc à ces tourments, elle
signe sans réfléchir, sans se soucier du contenu du papier[8].

L'espace de l'autobiographie s'ouvre dès l'instant qu'il devient possible
d'opposer une parole «sincère» (21) à ces signatures arrachées, perçues
maintenant comme insignifiantes. Car qu'elle signe un pacte diabolique ou
qu'elle signe un aveu judiciaire, ce sont deux discours qui cherchent à clô-

---

[7] Bavent souligne à plusieurs reprises les blancs qui trouent sa mémoire – cf. p. 33,
34, 55.

[8] Voir aussi, pour d'autres mises en scène de signatures arrachées, p. 58, 60 et 65.

turer Madeleine Bavent dans le déjà-dit, ou, tout au plus, à ne la faire prononcer que les mots auxquels tout le monde s'attend déjà. De nécessité,
cette nouvelle écriture sera plus confuse, moins lisible que l'autre:

> Si on me juge dissimulée, artificieuse, couverte, impérieuse, à cause
> que je ne dis pas tout ce qu'on désirait savoir là-dessus, je dois avoir
> patience: On ne me force et violente pas ici [dans la prison de Rouen]
> comme à Louviers, pour me faire parler de ce que je sais, et ce que je
> ne sais pas, et m'obliger à le signer (26).

La possession, on pourrait même dire le secret de son fonctionnement, tient
à ce faire-parler codifié: si je suis possédé, le diable parle par ma bouche, et
si je suis sorcier, j'ai fait un pacte réglementaire auquel mon aveu réglementaire répond. Certes, la possession semble au premier abord se constituer à partir d'un déliement de la langue – qu'on songe à tous ces diables ô
combien loquaces, dont les dires remplissent des milliers de pages dans les
interrogatoires. Le texte de Bavent nous montre pourtant tout le contraire:
ce phénomène prend racine dans la parole bloquée. D'où la ritournelle présente d'un bout à l'autre de ce texte: ce qui manque à Bavent, c'est un bon
confesseur. Être possédée-sorcière revient à se trouver incapable d'articuler
un «je» qui ne serait pas préfabriqué par l'Autre – que celui-ci soit diabolique ou judiciaire.

Bien des historiens de la possession ont noté la règle dans les grands cas
du XVIIe siècle: le sorcier est confesseur ou directeur spirituel. Louviers se
conforme à ce modèle par la présence de Picard, qui trahit sa fonction sa-
cramentale en pervertissant le rapport qu'a Madeleine Bavent avec la parole. Picard ne veut pas qu'elle se confesse: «il n'appréhendait rien davantage
qu'une telle confession si nécessaire à mon âme» (21). Par conséquent, un
lieu privilégié du tourment qu'elle endure est la grille du parloir qui, sous
des conditions normales, sert de confessionnal et, plus généralement, faci-
lite la communication avec l'extérieur. Bavent décrit ainsi combien jalou-
sement le diable surveillait cet accès:

> J'ai vu assez souvent comme un petit cerf volant arrêté sur la petite
> grille fort noir, qui se jetait sur mon bras quand je voulais commencer
> à parler; me pesait autant qu'une maison; me frappait la tête contre les
> parois; me renversant par terre au Parloir (21-22).

La diablerie de Picard intervient donc entre la possédée et l'extérieur, la
communauté[9]. Sa prise sur elle s'exerce à travers le blocage de la relation

---

[9] Le détail concernant la fonction qu'exerçait Bavent au couvent n'est certes pas
gratuit non plus: elle était sœur tourière, ce qui voulait dire que c'était elle qui était
chargée d'entretenir les relations avec l'extérieur. La possession intervient au point de

naissante entre Bavent et son nouveau confesseur: «Il [Picard] me faisait rentrer mes péchés», dit-elle (21).

La possession est devenue, dans les mains de Bavent, ce drame de la direction spirituelle bloquée. Chaque fois que Bavent essaie d'écrire aux autorités ecclésiastiques, ses lettres sont détournées. «Je ne perdis point courage, et je m'avisai d'écrire mes peines au Père Benoît Capucin [...]. La lettre me fut emportée, et je ne doute point que ce fût par le Démon» (22)[10]. Le diable est un voleur de textes; ou, plus précisément, celui qui substitue la *cédule* et le *pacte* au texte authentique, rédigé par l'individu dans le rapport de la direction. Par conséquent, la cédule de Bavent prend explicitement le relais de la communication confessionnelle défectueuse: «Tu me presses de donner mon corps et mon âme», avait-elle écrit au démon; «prends ce que tu voudras. C'est grande pitié, Dieu ne veut point que je me découvre à personne» (34).

Procès donc d'une perversion de la communication spirituelle – d'une culture qui, pour reprendre les mots mêmes de Madeleine Bavent, «baille les brebis à garder aux loups» (54)[11] – l'autobiographie n'intervient qu'une fois que cette communication reprend son cours normal. Dans sa prison à Rouen, Bavent rencontre enfin des directeurs dignes du nom, dont le «premier travail a été de me gagner le cœur à Dieu [...]. Peu à peu je me sentis touchée, et leur fis le narré de ma misérable vie» (68-69). Une fois rétabli ce lien avec la communauté, le récit n'a qu'à prendre fin. Genre qui n'existe pas encore, l'autobiographie ne saurait à cette époque être autre chose que l'histoire de sa propre possibilité, arrachée douloureusement au dire de l'Autre.

Il reste bien des choses à dire au sujet du texte de Bavent, un texte moins abouti peut-être que celui de Jeanne des Anges, moins lisible, mais par là même peut-être plus significatif. Jeanne des Anges écrivait après une possession réussie, avec une lucidité de vainqueur. Or, traversé, travaillé, par un scepticisme croissant à l'égard de ce que *dit* la possession, le récit de Bavent porte les traces de l'effondrement d'un savoir que les démonologues croyaient acquis[12]. Ce n'est certes pas un hasard si Bavent multiplie

---

suture entre intérieur et extérieur; maladie des jointures, elle infecte le système au niveau du *maillon* social.

[10] Cf. aussi p. 36-37 pour le contenu de cette lettre, qui porte justement sur le blocage diabolique qui s'est interposé entre Bavent et son confesseur.

[11] En effet, les autorités ecclésiastiques ont reconnu cette possession comme un symptôme d'une insuffisante surveillance des couvents: le même jugement qui condamne Boulé et Picard au feu exhorte les évêques de la province «de pourvoir soigneusement à envoyer des Confesseurs extraordinaires [...] aux Supérieurs des maisons Religieuses de Filles, trois ou quatre fois l'an» (75).

[12] D'où, par exemple, un certain éclatement des symptômes ici – Bavent est tour-

les formules marquant son incompréhension: «Je ne puis dire ce qui m'attachait à [Picard]» (13); «je ne pense pas avoir été marqué [par le démon]»
(27); «je ne crois pas avoir été ni Magicienne ni Sorcière» (55). Elle plaide
l'ignorance, certes, mais Madeleine Bavent vise plus que l'esquive judiciaire. Elle y était pour quelque chose dans cette étrange histoire, mais quoi?
Jusqu'où s'étend sa responsabilité? Comment, justement, passer de la possession à la sorcellerie? Où se situe la frontière entre victime et auteur?[13]

C'est seulement lorsque le «je» de la possédée-sorcière assume une importance que de telles questions peuvent se poser. Et pourtant elles doivent
demeurer sans réponse. Si le «je ne sais pas» de Bavent ouvre une faille
dans la structure tautologique de la possession, où les démons ne parlent de
la bouche de la femme que pour confirmer ce que les autorités savent déjà
fort bien, ce «je ne sais pas» n'annonce nul retour triomphal à l'ordre divin.
Bavent n'échappe pas d'un discours pour se vouer à un autre. Si son texte
manque la lisibilité dramatique de celui de Jeanne des Anges, n'est-ce pas
parce qu'elle écrit sans scénario, ou, plutôt, parce qu'elle écrit avec les débris d'un ancien scénario dont l'ossature s'est définitivement déboîtée.

«Je ne sais pas»: Madeleine Bavent pressent peut-être un nouvel ordre
discursif où le «je» va justement être sommé de savoir, va fonder toute possibilité de savoir. Ce sera là l'ordre autobiographique, que Jeanne des
Anges, et pas mal de mystiques, maîtrisent déjà si bien. Chez Bavent, cependant, l'espace autobiographique s'ouvre dans une indécision: la structure fondamentale est là (le «je» doit porter témoignage) sans que le contenu («je sais») vienne encore remplir l'attente. Nulle surprise, par conséquent, que Bavent ne s'en soit jamais sortie vivante, qu'elle soit morte dans
la prison où elle avait écrit cette ébauche d'autobiographie: rescapée d'un
ancien ordre, affaibli et vacillant, qui avait failli la condamner au feu, elle
n'a pas su atteindre l'autre rive, marquer définitivement le triomphe de son
«je» sur la parole de l'Autre.

Son texte, pourtant, par son échec même, nous donne à lire l'incompa-
tibilité de la possession et de l'autobiographie, la façon dont l'une chasse
l'autre de la scène culturelle. Les commencements de l'autobiographie ne
peuvent qu'annoncer la fin du discours de la possession. D'abord, c'est
parce que les deux cherchent à parler par la même bouche, une bouche où il
n'y a pas place pour deux. Ensuite, et plus significatif, la rencontre entre la
possession et l'autobiographie ne pouvait donner existence à un genre, car

---

mentée de l'esprit et du corps (se trouvant, donc, entre l'obsession et la possession); elle
est exorcisée toute en étant traitée de sorcière. Rien que le fait de lui demander de coucher ce récit sur papier est indicatif d'un dispositif qui ne sait plus le statut de sa figure
centrale.

[13] C'est là tout un autre côté du texte – l'interrogation d'une femme qui cherche à
cerner les limites de la volonté individuelle – que je n'ai pas pu explorer ici.

l'autorité croissante du «je» autobiographique rendait caduque l'idée même de la possession. Que le récit de Madeleine Bavent, et celui de Jeanne des Anges, soient les seuls représentants d'un genre qui n'en est pas un; qu'ils aient vu le jour au moment même que la possession et la sorcellerie s'éteignaient dans la mentalité collective – tout cela n'est sûrement pas gratuit. Le récit autobiographique ne pouvait que s'attacher de façon parasitaire à un phénomène culturel en voie d'extinction. La brève apparition du récit de possession dans les années 1640 n'a servi qu'à illustrer l'archaïsme de la démonologie et le triomphe du «je» sur l'Autre. Le parasite a tué son hôte.

*

*   *

Ouvrages cités

Bavent, Madeleine: *Histoire de Madeleine Bavent, religieuse du monastère de Saint Louis de Louviers, avec sa Confession générale et testamentaire* […]. Rouen: Deshays, 1878.

Bergamo, Mino: «Il punto di vista dell'indemoniata». dans, J*eanne des Anges, Autobiographia*, Venise: Marsilio 1986.

Certeau, Michel de: *L'Ecriture de l'histoire*. Paris: Gallimard, 1975

Certeau, Michel de: *La Possession de Loudun*. Paris: Julliard, 1970.

Certeau, Michel de: «La Magistrature devant la sorcellerie au XVIIe siècle» dans, *L'Absent de l'histoire*. Paris: Repères-Mame, 1973, p. 13-39.

Houdard, Sophie: *Les Sciences du diable*. Paris: Editions du Cerf, 1992.

Mandrou, Robert: *Magistrats et sorciers en France au XVIIe siècle: Une Analyse de psychologie historique*. Paris: Seuil, 1980.

Soman, Alfred: *Sorcellerie et justice criminelle (XVIe-XVIIIe siècles)*. Hampshire (G.B.): Variorum, 1992.

L'altérité arcadienne

JEAN-PIERRE VAN ELSLANDE

University of Washington

L'histoire littéraire le confirme: au début du XVIIe siècle, la pastorale connaît, en France, un véritable Age d'Or. Emblématique de cet Age d'Or, *L'Astrée* d'Honoré d'Urfé, dont la première partie paraît en 1607, met durablement les bergers à la mode. A en croire Tallemant des Réaux, l'engouement du public est bientôt tel qu'il faut intimement connaître l'œuvre, si l'on veut faire quelque figure dans le monde:

> Dans la société (…), on se divertissait, entre autres choses, à s'écrire des questions sur L'Astrée, et qui ne répondait pas bien, payait pour chaque faute une paire de gants de Frangipane. On envoya sur un papier deux ou trois questions à une personne; comme, par exemple, à quelle main était Bonlieu, au sortir du pont de la Bouteresse, et autres choses semblables, soit pour l'histoire soit pour la géographie; c'était le moyen de savoir bien son Astrée [1].

Fascinés, Vauquelin des Yveteaux, le cardinal de Lyon même, désireux de s'approprier les situations fictives véhiculées par le texte, vont jusqu'à se déguiser en bergers[2].

Pareil enthousiasme nous semble étrange. Aujourd'hui, qui dit pastorale dit joyeuse troupe de bergers et de bergères insouciants, aux noms empruntés à une Grèce de convention, et dont l'unique préoccupation consiste à décorer leurs troupeaux de rubans pastels accordés aux coloris fades d'une nature éthérée. Quels enjeux les contemporains d'Henri IV et de Louis XIII ont-ils donc bien pu découvrir dans la panetière des bergers? Quelles significations ont-ils attachées à leurs houlettes?

A de telles questions, il y a bien évidemment plus d'une réponse possible. Mais l'une d'elles, au moins, peut s'énoncer comme suit: si la pastorale connaît un immense succès entre 1610 et 1640 environ, c'est parce qu'elle propose alors à l'imagination de son public la représentation d'une forme précise d'altérité qui inscrit, développe et problématise, dans la fiction, un idéal de liberté à l'ordre du jour dans le contexte toujours plus contraignant de l'absolutisme montant et de la formation de l'Etat mo-

---

[1] Tallemant des Réaux: *Historiettes*, éd. A. Adam, Paris, Gallimard, coll. «La Pléiade», vol. II, p. 305.

[2] *Ibid.*, vol. I, p. 138 et 140.

derne. C'est à cette forme précise d'altérité qu'il faut donc s'intéresser en premier lieu, si, plutôt qu'une pastorale aux accents mièvres, on veut entendre une pastorale qui a son mot à dire.

Qu'une altérité soit construite dans et par le discours de la pastorale, les *topoïs* constitutifs de ce discours le montrent assez: parce qu'il n'est pas de pastorale sans représentation d'un lieu à part scandé par une temporalité d'exception, parce qu'il n'est pas non plus de pastorale sans représentation d'une communauté distincte, il n'est pas de pastorale sans représentation de l'"autre". C'est cette altérité qui donne à la pastorale sa couleur propre en même temps qu'elle en définit l'objet.

De fait, la pastorale suppose la description plus ou moins développée d'un espace d'exception - Arcadie, Sicile, ou leurs substituts idylliques. Le Forez d'Honoré d'Urfé est défini par une ceinture de montagnes, constitue donc un lieu à part qui, s'il n'est pas coupé du monde, répond néanmoins à des lois spécifiques qui ne sont pas celles du monde, ne fût-ce que parce que *la terre y est capable de tout ce que peut désirer le laboureur*[3] et que l'on y vit affranchi des nombreux conflits qui déchirent les royaumes voisins. Sources, vallons ombragés, prairies riantes et bois accueillants tranchent, traditionnellement, avec l'espace corrompu des cours et des villes. Régénéré, le vieux motif du *locus amoenus* est mis à contribution afin de dresser, dans les textes, un lieu à part, une aire réservée.

Corrolaire de ce lieu à part, le temps, en Forez, diffère du temps ordinaire. En choisissant le Vème siècle comme cadre temporel de son roman, d'Urfé accentue encore ce qui distingue la contrée qu'il évoque du reste du monde: alors que partout ailleurs l'Histoire est scandée par des dates marquantes - batailles, sièges, mariages princiers ou décès royaux, les rives du Lignon semblent échapper au cours des événements. La durée s'y résume à l'écoulement tranquille des flots qui les bordent. Innombrables, les références à l'Age d'Or qui émaillent le discours pastoral de l'époque contribuent de leur côté à abolir tout délai contingent au profit d'une temporalité d'exception, supposée ne pas souffrir des vicissitudes du changement.

Enfin, cet espace-temps si manifestement distinct est à son tour parcouru de personnages singuliers, bergers et bergères enrubannés, qui ne sauraient être identifiés ni à de véritables bergers - cela va sans dire -, ni à des courtisans ou des citadins attirés, le temps d'une journée ou d'une saison, par la campagne. C'est que les bergers ont fait un choix radical: loin de ne passer que quelques heures à l'ombre des frondaisons, ils y évoluent définitivement. La nature exceptionnelle de leur existence ne constitue pas

---

[3] Honoré d'Urfé: *L'Astrée*, Lyon, P. Masson, 1925-1928, éd. Vaganay, I, I, p. 9. Toutes nos références à *L'Astrée* seront empruntées à cette édition, laquelle a d'ailleurs fait l'objet d'une réimpression en 1966, à Genève, chez Slatkine.

une parenthèse. Alors que Vauquelin des Yveteaux et le cardinal de Lyon ne peuvent se livrer à leur travestissement bucolique qu'à la faveur d'un jeu occasionnel, les personnages dont parlent les textes, eux, ont fait de l'habit de berger un déguisement permanent, et du jeu pastoral une seconde nature.

Car, on ne naît pas berger, on choisit de le devenir pour mieux ensuite jouer à l'être; Céladon lui-même le confirme, lorsqu'il rappelle que, pour s'affranchir de la tutelle romaine, ses ancêtres, jadis,

> s'assemblerent dans ceste grande plaine, qui est autour du Mont-Ver-dun, et là d'un mutuel consentement, jurerent de fuir à jamais toute sorte d'ambition, puisqu'elle seule estoit cause de tant de peines, et de vivre, eux et les leurs, avec le paisible habit de bergers[4].

C'est dire que l'altérité pastorale est une altérité consciemment voulue, choisie, maintenue à la faveur d'un jeu collectif présenté dans les textes comme la trouvaille d'un groupe qui s'y adonne une fois pour toutes. En somme, l'Arcadie est un théâtre total parcouru d'acteurs qui ne font plus qu'un avec leur personnage de berger. D'où le formidable développement que connaît, en particulier, la pastorale dramatique; d'où, plus généralement, les *enjeux* attachés à l'altérité arcadienne.

De fait, représenter dans un roman ou porter à la scène une société tout entière fondée sur un principe dramatique, c'est, trente ans avant qu'elle ne soit développée dans *Léviathan*[5], mettre déjà en œuvre la notion de *personne* civile, métaphore théâtrale répondant à la nécessité d'établir une *continuité du droit privé attachée aux personnes de par leur nature humaine au droit public*[6]. Autrement dit, c'est explorer librement et sur un

---

[4] I, II, p. 48.

[5] Avant d'expliciter la notion juridique de personne, Hobbes en rappelle justement l'étymologie dramatique: «The word Person is latine: instead whereof the Greeks have *Prosopon*, which signifies the Face as *Persona* in latine signifies the disguise, or outward appareance of a man, counterfeited on the Stage: And from the Stage, hath been translated to any Representer of speech and action, as well in Tribunalls, as Theaters. So that a *Person*, is the same that an *Actor* is, both on the Stage and in common Conversation; (...)». *Léviathan*, première partie, chap. XVI; éd. E. P. Dutton, New-York, 1950.

[6] L'expression se trouve dans *L'Histoire des idées politiques* de F. Châtelet, O. Duhamel, E. Pisier-Kouchner, Paris, PUF, 1982, p. 33. Elle désigne, à propos du *Traité de la guerre et de la paix* de Grotius (1625), un champ de tension, présent dans la réflexion politique dès la seconde moitié du XVIe siècle. Si Bodin insiste sur la *puissance souveraine* qui règne sans partage sur les *ménages*, eux-mêmes placés sous l'autorité paternelle, Grotius et Hobbes précisément cherchent soit à la rattacher aux intérêts des particuliers, soit à signaler l'étroite marge de liberté qu'elle laisse à ceux-ci. Sur ces diverses positions théoriques qui s'énoncent entre 1576, date de la parution des *Six Livres de la République de Bodin*, et 1651, date de la parution de *Léviathan*, cf. plus particulièrement p. 30 et suivantes. On notera que la mode littéraire de la pastorale est exactement

mode justement *enjoué*, mieux à même de retenir l'attention du public mondain qu'un traité de philosophie politique en forme, la question des rapports entre les intérêts des particuliers et ceux du groupe.

C'est d'abord qu'en optant pour l'altérité pastorale, les ancêtres de Céladon initient un mode de vie dont l'essence ludique exclut, par définition, toute pression extérieure. On ne joue pas sous la contrainte, Huizinga le rappelle[7]. Présenter leur société comme le fruit d'une décision prise en commun, d'une volonté partagée, revient par conséquent à en faire un espace de liberté consentie. Mais aussi, ce nouveau départ pris par une communauté d'individus partageant les mêmes valeurs permet de s'interroger sur les sacrifices consentis par ces mêmes individus pour que se maintiennent les structures qui les rassemblent. Le jeu ne tolère peut-être pas la contrainte, mais il impose des règles strictes. Si la *personne* ludique du Berger, c'est-à-dire son rôle librement joué, donne en effet naissance à la *personne* civile bucolique, celle-ci fonde et resserre la communauté arcadienne autour d'un principe absolu.

Une telle dialectique est alors d'autant plus d'actualité en France que la naissance juridique de l'Etat moderne s'accompagne, dans les faits, d'une montée en force de l'absolutisme. La paix civile enfin retrouvée a pour conséquence de renforcer l'autorité symbolique de la figure royale autour de laquelle se cristallise la souveraineté de la nation: Henri IV, bien avant Louis XIV, veut être lui-même son premier ministre afin de connaître l'ensemble des affaires de l'Etat; en 1610, son assassinat ne contribuera pas peu à le faire entrer dans la légende comme le *Grand Henri*, monarque idéal, principe unificateur autour duquel les diverses factions se rassemblent[8]. En l'espace de cinq ans, de 1610 à 1615, de très nombreux pamphlets exaltent la souveraineté absolue du roi, déployant, au service de la couronne de France, une rhétorique de l'éloge propre à délecter les oreilles gallicanes et à flatter l'orgueil des Officiers[9]. Dès lors, il sera possible à Louis XIII de nommer, par l'entremise de son Conseil, des Commissions capables de juger une affaire ou de suivre l'éxécution d'un édit, comme de

---

contemporaine du traité de Grotius et qu'elle occupe une période intermédiaire entre les écrits de Bodin et ceux de Hobbes.

[7] *Homo ludens. Essai sur la fonction sociale du jeu*, Paris, Gallimard, 1951, coll. «Tel», p. 25-26.

[8] Sur l'importance croissante que prend la figure royale dans le contexte de la naissance juridique de l'Etat moderne, cf. J. Cornette: «Fiction et réalité de l'Etat baroque (1610-1652)», dans: *L'Etat baroque, 1610-1652*, collectif dirigé par H. Méchoulan, Paris, Vrin, 1985, p. 9-58.

[9] Sur ces pamphlets, cf. H. Duccini: «La vision de l'Etat dans la littérature pamphlétaire au moment des Etats-Généraux de 1614», dans: *L'Etat baroque, 1610-1652*, op. cit., p. 149-156.

multiplier les intendants d'armée, de justice, de police et de finance chargés d'assurer l'inspection systématique des officiers et des sujets royaux. Faut-il alors s'étonner que des tensions toujours plus vives s'instaurent entre les intérêts de l'Etat incarnés par le roi et les intérêts individuels des Grands? Qu'entre le principe monarchique, entendu comme force unitaire de cohésion et les vieilles aspirations aristocratiques à l'indépendance l'écart semble se creuser irrémédiablement[10]?

On voit donc l'analogie: il y a, entre le Forez du Ve siècle qui veut se soustraire à l'emprise tutélaire de Rome et la France du premier dix-septième siècle qui se rassemble autour de son roi pour mieux se démarquer de l'autorité pontificale, un rapport évident[11]. En optant pour la houlette, les ancêtres de Céladon parviennent effectivement à échapper à l'impérialisme romain. Mais aussi, ce geste fondateur aboutit, dans la fiction, à créer une société qui est loin de faire le jeu de l'absolutisme. Si les bergeries littéraires entretiennent un lien manifeste avec le contexte socio-politique dans lequel elles s'inscrivent, ce lien n'instaure pas pour autant de déterminisme historique.

C'est qu'en effet, le Forez est une monarchie, mais une monarchie qui laisse aux bergers une très grande indépendance politique. La nymphe Amasis, sa fille Galathée ont beau règner; Céladon, Astrée, Diane, Silvandre et tous leurs semblables ont beau leur témoigner un profond respect, il n'en reste pas moins qu'elles demeurent à Marcilly, sur l'autre rive du Lignon qu'elles ne traversent que très occasionnellement. Dans les hameaux, leur pouvoir est plus théorique que réel. S'y substitue en fait un pouvoir collectif, celui qu'exerce, ensemble, tous ceux qui ont choisi l'altérité pastorale.

Il y a plus. Le costume de berger qui manifeste ouvertement cette altérité en même temps qu'il la rend possible est surdéterminé: ailleurs que dans le roman, il sert à asseoir symboliquement la puissance royale, en renvoyant implicitement aux rois-bergers de l'Ancien Testament, pasteurs du peuple élu, ainsi qu'au Christ Bon Berger, dont le monarque est l'image vivante. Dans le ballet de cour donné en 1615 à l'occasion du mariage de Philippe IV d'Espagne et d'Elisabeth de France, des vers composés par Malherbe évoquent précisément la *Houlette de Louis, la Houlette de Ma-*

---

[10] Sur cet écart et les tensions qu'il génère, cf. J. Cornette: *op. cit.*, notamment p. 47-52. Sur leur expression dans la presse, cf. P. Clair: «L'information au quotidien: discours politique et vision du monde dans le Mercure François et quelques autres gazettes», dans: *L'Etat baroque, 1610-1652, op. cit.*, p. 304-305.

[11] Sur le sens politique acquis par le mythe celtique dans les Belles-Lettres entre XVIe et XVIIe siècles, cf. C.G. Dubois: *Celtes et Gaulois au XVIe siècle*, Paris, Vrin, 1972.

rie[12]. Mais dans le roman, la figure du berger se voit exploitée dans un sens tout à fait différent. Plutôt que de renforcer un principe unificateur et de légitimer symboliquement l'autorité, elle permet au contraire de disperser les insignes du pouvoir entre chacun des membres de la société pastorale, mettant en évidence l'exceptionnelle franchise dont jouit chacun d'eux. L'épître dédicatoire à Henri IV qu'Honoré d'Urfé place en tête de la seconde partie de *L'Astrée* en 1610 a beau rappeler que *ces rois dont l'Antiquité se vante le plus ont été des Pasteurs qui ont porté la houlette et le sceptre d'une main*, le fait que les personnages principaux de son roman portent tous une houlette rappelle plutôt, lui, que l'auteur a jadis été ligueur.

Fonder ou rejoindre cette société autre qu'est la société pastorale, c'est donc faire l'expérience, dans les textes, d'une liberté politique que le contexte historique a rendue enviable, d'autant plus enviable que les bergers, comme on le sait, consacrent cette liberté à s'adonner aux joies et aux peines de l'Amour. L'idéal de franchise qui prévaut en Arcadie est associé à l'épanouissement de la passion et à la façon dont les êtres la vivent. Aux intérêts de l'Etat, il prétend substituer le désir personnel de l'individu, gage d'authenticité et valeur nouvelle au pays des bergers.

Reste que si s'engager sur les chemins d'Arcadie revient à prendre quelque distance vis-à-vis de l'absolutisme montant et à répondre aux aspirations les plus personnelles, c'est aussi s'exposer à des dangers nouveaux et redoutables. Une fois construit dans les textes, l'idéal de liberté s'y voit aussitôt relativisé. C'est ainsi que le geste fondateur qui instaure cette société même revêt très vite un tour contraignant: prendre l'habit de berger libère sans doute, mais engage également. Du jour où ils choisissent leur panolie, les bergers instaurent une identité collective qu'il s'agit de préserver, en évitant notamment que tout un chacun puisse remettre en cause les rôles distribués une première fois. D'où, dans *L'Astrée*, les précautions entourant les changements d'apparence et les comportements empruntés. Significativement, lorsqu'ils s'inscrivent dans le contexte d'un rituel collectif strictement réglé ou se déroulent sous l'œil attentif d'une autorité reconnue de tous, de tels changements sont autorisés. Mais lorsqu'ils échappent au contrôle symbolique de la collectivité, ils font l'objet d'une condamnation formelle, ou entraînent de fâcheuses conséquences. En témoignent, toujours dans *L'Astrée*, les épisodes de travestissement.

---

[12] Sur ce ballet et la dimension politique du climat pastoral de *L'Astrée*, cf. M. Fumaroli: «Sous le signe de Protée», dans: *Précis de littérature française du XVIIe siècle*, coll. sous la direction de J. Mesnard, Paris, PUF, 1990, p. 53 et suiv. Sur la symbolique royale véhiculée par le biais des thèmes pastoraux, cf. F. Yates: *Astrée. Le symbolisme impérial au XVIe siècle*, trad. J.Y. Pouilloux et A. Huraut, Paris, Belin, 1989.

Céladon se travestit en effet à deux reprises. La première fois, pour s'introduire dans le temple de Vénus où, à l'occasion d'une fête annuelle se rejoue le jugement de Pâris: trois bergères choisies pour leur beauté par le grand druide Adamas sont jugées, à huis clos, par une quatrième. Aux rôles ordinaires des personnages se substituent, pour un moment, de nouveaux rôles. Mais précisément, cette substitution se fait lors d'une célébration communautaire dont chaque moment est prédéterminé. Le grand druide préside au déroulement des opérations et un texte de loi a même été élaboré pour la circonstance:

> (…) Parce qu'autrefois il y a eu de l'abus, et que quelques bergers se sont meslez parmi les bergeres, il fut ordonné par edict public, que celuy qui commetroit semblable faute, seroit sans remission lapidé par les filles à la porte du temple[13].

Semblable faute, justement, est commise par Céladon. A l'insu de tous, c'est à dire au risque de sa vie, le berger se travestit pour jouer le rôle de Pâris et donner à Astrée la récompense tant convoitée. Complice, la bergère saura garder le secret de leur entrevue *illégitime*. C'est dire le prix à payer pour que les deux personnages puissent avoir un tête-à-tête intime et échapper tant soit peu à la pression du groupe.

Le berger, cependant, ne jouira pas toujours d'une telle marge de manœuvre personnelle. Si son second travestissement lui permet d'approcher Astrée et de vivre avec elle dans un espace ordinairement réservé aux femmes[14], il fait l'objet d'une étroite surveillance de la part du grand druide et finit par entraîner la séparation des amants. C'est justement que, cette fois, Astrée n'est pas mise dans la confidence et se voit en fait abusée. Céladon vit à ses côtés, déguisé en fille-druide, sans jamais révéler sa véritable identité, jusqu'à ce que la bergère, détrompée, le congédie. Or, pareille situation met en évidence un des risques que le recours individuel à un déguisement ou à un comportement emprunté fait courir à une société elle-même fondée sur un déguisement collectif et un comportement d'emprunt généralisé: le retour en force des faux-semblants que ce déguisement collectif et ce comportement d'emprunt généralisé avaient précisément pour but d'éradiquer. Connu de tous, revêtu par tous, le travestissement pastoral fonde une collectivité qui entend échapper au monde fallacieux des Cours et des villes; mais qu'un seul des membres de cette collectivité reconduise à des fins personnelles le geste fondateur du groupe, et voici l'idéal d'origine en passe d'être ruiné. L'individu et ses aspirations ne constituent pas, en Arcadie, une valeur sûre.

---

[13] I, IV, p. 114-115.

[14] L'épisode se trouve au dixième livre de la troisième partie du roman.

C'est d'ailleurs pourquoi devenir berger suppose qu'on soit prêt à faire un personnage bien défini, surtout en matière de sentiments. Ainsi, la passion amoureuse, loin de pouvoir s'épanouir en toute insouciance doit se soumettre à des principes qui pour être "autres" n'en sont pas moins contraignants. En témoignent, dans *L'Astrée*, les douze tables des Lois d'Amour sur lesquelles se trouvent gravés les devoirs de l'amant, code à ce point exigeant que le berger Hylas, féru de liberté s'il en est, cherche à en modifier à la dérobée le contenu[15]. Cependant, une fois découverte, la supercherie imaginée par le personnage n'attire que les rires et les colibets de ses compagnons, comme si la communauté devait aussitôt s'empresser de désamorcer le sens du geste accompli par l'individu pour ne pas avoir à en mesurer toute la portée. Quant au satyre, figure traditionnelle du désir le plus crû livré à lui-même, la pastorale dramatique lui réserve tout aussi traditionnellement une scène de farce au cours de laquelle il se voit systématiquement débouté.

Il y a plus grave encore. L'adoption par tous les membres de la société pastorale du costume de berger a pour conséquence de les dépersonnaliser. En prenant ce costume, princes et citadins peuvent bien chercher à s'identifier à un autre qu'ils imaginent idyllique, cette identification, euphorique dans un premier temps, devient vite problématique. Car, dans un groupe où tous revêtent la même apparence, comment l'individu peut-il se démarquer? Rien ne ressemble plus à un berger qu'un autre berger, et ce phénomène de dépersonnalisation n'est sans doute pas étranger à la difficulté qu'il y a à lire la pastorale aujourd'hui. Partout, ce sont les mêmes figures, les mêmes scénarios. Les noms mêmes des bergers travaillent finalement moins à désigner les individus qu'à inscrire ceux-ci dans une typologie impersonnelle, comme si la très forte codification du genre exprimait, dans l'ordre de l'invention rhétorique, le prix payé par les personnages pour avoir voulu être autres. D'ailleurs, ce prix, Sorel l'articule explicitement en faisant de Lysis, berger *extravagant* destiné comme on le sait à parodier le genre, un aliéné.

Que reste-t-il donc, en fin de compte, de l'idéal inscrit à l'horizon des textes? Si l'altérité tant désirée permet effectivement aux bergers de prendre leurs distances vis-à-vis de l'autorité monarchique comme de répondre à leurs aspirations les plus profondes, c'est pour faire aussitôt peser sur eux de nouvelles contraintes et les exposer à des dangers insoupçonnés. Mais précisément, à la faveur d'un tel retournement, la pastorale explore les contraintes et dangers de l'altérité qu'elle invente. Le piège qu'elle dresse permet du coup d'éclairer la part obscure d'un monde désiré. A ses contemporains, elle offre un paysage dont les contrastes, tout en nuances,

---

[15] L'épisode se trouve au cinquième livre de la deuxième partie du roman.

exercent une fonction critique de distanciation, vis-à-vis tant des limitations imposées par le monde que des aspirations engendrées par ces limitations mêmes. Et sans doute est-ce la raison pour laquelle les auteurs ne ramènent finalement pas les bergers à la Cour ou en ville: de la sorte, l'altérité que ceux-ci ont à charge d'incarner, plutôt que de constituer une échappatoire momentanée et naïve, fournit un modèle de réflexion qui permet à une société de mieux appréhender les tensions qui la parcourent.

Poète, poésie et altérité
dans l'œuvre de Saint-Amant

NATHALIE NEGRONI

Université de Provence

John Lyons, dans *The Listening Voice*[1], aborde le problème de la présence d'autrui et de l'altérité en général dans l'œuvre de Saint-Amant, tout en modifiant les implications que suggérerait l'emploi de la formule rimbaldienne «Je est un autre», comme prisme d'analyse. En effet, pour échapper à une vision solipsiste et subjective du motif «Je est un autre», il s'était proposé d'examiner les rapports du «Je» **et** de «l'autre» en transformant de manière heureuse la voie qu'ouvrait la copule «**est**». Il écrit, en outre, dans un article ultérieur, que «la situation lyrique est toujours l'affaire du «Je et un autre»[2].

Sans prendre le contrepied de sa démarche analytique, et sans envisager le Je comme subjectivité autonome, je me propose cependant de commenter la nature polymorphe de celui-ci dans le cadre d'une poésie baroque de la métamorphose, du déplacement et de la substitution, au niveau lyrique comme au niveau générique, dans la macrostructure comme dans la microstructure, de manière à élargir les facettes de l'altérité poétique.

Si l'altérité semble découler des métamorphoses, des multiples figures du Je, encore faut-il définir celui-ci dans sa spécificité. Ce que la critique allemande nomme «das lyrische Ich» tend en effet à la fois vers une exhaustivité et vers une impasse ou un leurre, puisque les figures du sujet y échappent.

Dans ma perspective, il s'agit, non de pallier artificiellement un manque ontologique, mais de rendre compte des potentialités sémantiques et structurelles du Je en examinant les figures sous lesquelles il se manifeste. Bref, en considérant qui prenait en charge la parole, en étudiant le rapport de cette parole à ses destinataires, en interrogeant les personnages mis en scène, les visages du poète exhibés par ses intrusions dans le discours, mais aussi en intégrant les manifestations énonciatives (syntaxiques, génériques) de ce Je, afin de constater quel était son pouvoir organisateur, tant dans l'en-

---

[1] John D. Lyons: *The Listening Voice: An essay on the rhetoric of Saint-Amant*, French Forum Publishers, Lexington, 1982.

[2] John D. Lyons: «De temps à autre: mélancolie et «solitude», dans: *XVIIᵉ siècle* n° 180, 1993, p. 436.

semble que dans le détail de la textualité, de l'intertextualité et de l'intra-textualité.

Une telle approche m'a conduite à poser le problème de l'altérité poé-tique, et non plus seulement celui de l'altérité du poète ou de l'embrayeur du discours, à cause de la présence des différents points de vue esthétiques et génériques revendiqués par l'auteur dans ses interventions métalinguis-tiques comme dans le paratexte, lesquels se traduisent soit par le passage d'une poésie de l'éloge à une poésie du caprice ou de l'idylle héroïque, soit par la rencontre du monde mythique païen et de l'imagerie chrétienne, soit par le croisement de la tonalité burlesque avec la tonalité élégiaque.

En conséquence, je me proposerai, dans un premier temps, de mettre en lumière la tension nécessaire entre le Je et «l'autre», dans le cadre de l'ima-gination créatrice, de manière à montrer que lorsque le Je devient «autre» («le Je et l'autre» comme le «je est autre» étant les deux versants d'un même phénomène, influencé par le «daimon» comme par sa propre créati-vité désirante), il est transfiguré par une série de métamorphoses, que l'on entrevoit notamment sur le plan de l'énonciation et des images et qui en-traînent les métamorphoses du monde et de la poésie.

Dans un deuxième temps, je mettrai en évidence la manière dont l'alté-rité du Je est dramatisée par le biais de son rapport à autrui, et comment il apparaît fragmenté par la juxtaposition apparemment immotivée des vi-sions qui l'habitent. Cette dissolution du moi est exprimée par le «ravisse-ment» de l'âme dans la mélancolie ou par les élans bachiques.

Après l'analyse de ces différents états il s'agira de voir comment la «co-pia» bachique ou la mélancolie tendent à mythifier l'image du Je, en même temps que le mythe acquiert une altérité de par sa réécriture et que le mythe de la poésie se voit remodelé.

Pour finir, après cette étude des rapports du Je et de «l'autre», je m'in-terrogerai sur l'interaction du jeu et de «l'autre» pour montrer comment le jeu est l'autre de la littérature, se manifestant sous la forme du travestisse-ment parodique et du caprice, et comment les interventions de l'auteur ten-dent à résoudre la tension entre le Je et l'autre par le motif du passage, sou-ligné sur le plan du chronotope comme sur les plans générique et ontolo-gique.

I: Le Je et l'autre: tension nécessaire au processus d'imagination créatrice

Examinons donc d'abord les rapports du Je et de l'altérité dans le cadre de l'activité qui préside à la création poétique: l'imagination. Ce thème appa-raît en effet de manière récurrente dans les quatre recueils de poèmes et dans le *Moyse Sauvé*, mais avec des connotations différentes qui semblent suggérer une évolution de sa représentation.

Dans un poème adressé à Théophile[3], le poète assimile l'imagination à

> Ce grand et divin Oracle
> Qui faict voir en tous ces propos
> Les effets de quelque miracle.

Ainsi le processus créateur est mis sous le signe de la «merveille» et d'une intervention quasi surnaturelle, soulignée par la rime «oracle/miracle». Cependant le terme «oracle» fait référence à une prise de parole médiatisée tandis que l'emploi de l'adjectif démonstratif («ces propos») ne renvoie à aucune subjectivité précise.

Dans *La Solitude*[4], le poète parle de «rêverie», donc d'un état semiconscient, partagé entre le rêve et la réalité, la prise de conscience et l'aveuglement, en plaçant ce mot en position de complément du verbe: «Philomèle au chant langoureux/ Entretient bien ma rêverie». Si le nom de Philomèle ne renvoie ni à une divinité, ni à un être humain particulier, mais, par phénomène d'intertextualité, à *La Solitude* de Théophile de Viau, on peut quand même considérer qu'il sert aussi à personnifier l'influence de l'altérité en tant qu'extériorité, phénomène que l'on retrouve avec les «sorciers» qui, au v. 75, rappellent aussi l'*Hymne des Daimons* de Ronsard.

D'ailleurs, dans *L'Elégie à Damon*[5], le Je décrit un état particulier de l'esprit, où l'illusion prend le pas sur la raison, où le processus lié à la fureur poétique est présenté de manière originale, par l'intermédiaire de deux instances: deux figures de l'altérité présentées à l'intérieur d'une structure enchâssée. Le Je lyrique s'identifie par un processus d'analogie à Damon (personnification) dans les v. 3-4:

> Quand cet œil gracieux, dont tu te sens espris
> En te brûlant le cœur éclaira mes esprits,

où leur rapport est mis en évidence par la structure chiasmique du deuxième vers où le pronom personnel et l'adjectif possessif sont dans la même situation d'objet.

Ainsi apparaît un premier état de la problématique.

John Lyons a tendance à insister sur le fait que c'est le «tu» qui détermine

---

[3] Toutes mes citations renvoient aux *Œuvres* de Saint-Amant publiées par Jean Lagny et Jacques Bailbé, en 5 volumes, Paris, S.T.F.M., de 1971 à 1979 et comportent la simple indication du volume et de la page. Ici: Tome I, p. 5.

[4] Tome I, p. 35, v. 24.

[5] Tome I, p. 154.

le Je et le constitue en tant qu'identité, mais l'on peut voir, grâce à cet exemple, que la situation est plus ambiguë et plus complexe. Il en découle un autre problème: celui de l'identité même du Je lyrique. Doit-on considérer, comme le démontre Ronsard

> (Tout ainsi les Daimons font leurs masqueures voir
> A notre fantaisie, apte à les recevoir:
> Puis notre fantaisie à l'esprit les rapporte[6])

que le Je est entièrement soumis à un pouvoir extérieur qui le dépasse et qui impose à ses propos une syntaxe et une organisation particulière qu'il ne contrôle pas? C'est ce dont semblent témoigner les vers suivants:

> Mais, ô le vain discours où s'engage ma Muse!
> Que je suis aveuglé! Que ma raison s'abuse!?[7]

Ou bien doit-on considérer que la nature du Je est par essence autre, puisqu'elle postule la présence d'une «veine» maîtrisée (v5) et d'un travail créateur ayant pour but la glorification et le contrôle de la Muse:

> Et publiant sa (=ma veine) Gloire en dépeignant ta peine
> Je mis la Muse en œuvre, et taschay par mes Vers
> De le faire briller aux bouts de l'Univers.

Cette interrogation sur la nature du sujet lyrique remet ainsi en cause l'affirmation de Dorothée Scholl qui écrit, dans son ouvrage sur *Le Moyse Sauvé*: «Si pour les poètes de la Pléiade ou pour les idéologues des Anciens, l'*ingenium* ne suffisait pas pour être poète, et s'il fallait également le *studium* pour s'inspirer, Saint-Amant se détache de cette conception»[8]. Celui-ci ne privilégie absolument pas l'idée d'une inspiration innée ou divinisée parce que prédestinée: il met à jour l'altérité du Je comme essence. C'est pourquoi, dans une perspective complémentaire de celle de John Lyons, je pense que le Je est bien l'autre, mais que l'autre n'est pas une entité extérieure. De plus, le poète accentue lui-même cette ambiguïté consitutive par un jeu destiné à troubler le lecteur, comme le montrent certains vers de *l'Epître diversifiée*[9]:

---

[6] Ronsard: *Hymne des Daimons,* dans: *Œuvres Complètes,* P., STFM, Tome VIII, 1963, p. 122, v. 125-7.

[7] Tome I, p. 156, *Elégie à Damon,* v. 45-46.

[8] Dorothée Scholl: *Le Moyse Sauvé, Poétique et originalité de l'Idylle héroïque de Saint-Amant,* Tübingen, 1995, Biblio 17 n° 90, PFSCL, p. 12.

[9] *Epître diversifiée,* tome III, p. 197, v. 257 et p. 196 v. 233-5.

> Laissons nous donc transporter à la verve,

ou bien:

> Qu'y ferait-on? Le Caprice m'emporte;
> Et quelquefois l'ardeur en est si forte,
> Que tout ainsy qu'un Coursier indonté …

L'identité du sujet lyrique semble en effet soumise à ce que le poète nomme tantôt «caprice» et souligne par la métaphore animale du cheval, tantôt «ardeur» ou bien «Démon» ou encore «Génie» (cf v 245). Ce flottement terminologique doit, à mon sens, être érigé en richesse sémantique et surtout considéré comme un moyen d'agir sur le lecteur pour piquer son sens critique et sa faculté de représentation. «Les excès et les folies» feintes de ses poésies sont même mises en évidence dans son paratexte: «je dis la raison interressée comme elle est, qui, sous espoir de quelque chose d'avantageux à ses prétentions particulières, se laissant gagner aux belles et trompeuses apparences, se trompe la plupart du temps…»[10], pour mettre en relation les écarts et la norme que la raison représente, de manière presque fusionnelle. Si l'auteur lui-même hésite à définir l'altérité du sujet comme égarement de la raison ou comme conséquence d'une influence démoniaque (au sens étymologique), l'on peut toutefois observer les métamorphoses de celle-ci qui soulignent son aspect changeant et protéiforme, selon une étiologie particulière.

Le sujet lyrique apparaît d'abord sous l'angle de l'incertitude: il s'interroge sur l'aspect instable du monde et sur les pouvoirs de la poésie comme le montrent ces vers de *La Vistule Sollicitée*:

> Mais à quoy m'engageay-je, en ouvrant ces merveilles?
> Quels travaux assidus, quelles fécondes veilles
> Pourroient venir à bout d'un si vaste Sujet,
> Où le nombre d'Objets fait suspendre l'Objet?[11].

La modalité interrogative redoublée, l'emploi polyptotique de l'adjectif interrogatif et les coupes secondaires expressives du premier vers traduisent l'inquiétude du sujet qui engage la métamorphose de son énoncé et de ses certitudes de départ, mais aussi de sa vision du monde, comme le montre la répétition sylleptique du mot «objet», oscillant entre identité et variété.

Dans *Le Contemplateur*, l'esprit du narrateur se divise entre rêve et illusion: il ne s'agit plus simplement de l'influence floue de «merveilles»,

---

[10] *Advis*, tome IV, p. 195.

[11] Tome IV, p. 78.

mais «d'illusions nocturnes» ou bien d'une «vaine erreur» [12], termes qu'il convient de distinguer. En effet les illusions nocturnes sont des élements externes émanant d'influences extérieures que l'on ne peut dominer, alors que l'erreur est un phénomène différent: il s'agit d'un égarement de la raison, d'une confusion, donc d'un phénomène intérieur au sujet. Le narrateur emploie en effet une formulation réflexive où le Je est à la fois sujet de l'énoncé et objet (COD) [13]:

«**Je me** feins mille objets funèbres». Plus loin[14], le pronom personnel est employé comme signe d'une intériorité psycho-somatique et a donc le rôle d'un symptôme physiologique:

«Le sein **me** bat (= bat en moi), le poil **me** dresse», comme si «le poil» et «le sein» répondaient à une impulsion agissant sur le corps humain, et, de ce fait, sur l'esprit.

Or, cette métamorphose du moi a le plus souvent un lien avec une métamorphose du monde, sans que l'on puisse affirmer qui en est la cause, les éléments extérieurs ou le Je, comme le suggère John Lyons, au sujet des strophes 9 et 10 du *Contemplateur*:

> «The speaker assumes the language of the Philosopher and penetrates the secrets of nature, the speaker becomes lost in the mysteries of the flux and reflux despite a desire to understand as ardent as that of the Philosopher, who drowned himself in the Euripe»[15].

C'est ce que l'on constate dans ces vers:

> «Et dans ma recherche profonde
> Je loge en moy tout l'univers»,

et, strophe suivante:

> «Là, songeant au flux et reflux,
> Je m'abîme dans cette idée;
> Son mouvement me rend perclus
> Et mon âme en est obsédée»[16].

En essayant de subsumer le monde grâce à sa perception («ma recherche profonde»), le Je lyrique agit comme un réceptacle vis-à-vis de la matière qui lui est extérieure. Or, le mouvement semble s'inverser dans la mesure

---

[12] *Le Contemplateur*, tome I, p. 52-53, v. 242 et v. 233.

[13] Ibid., v. 234.

[14] Ibid., v. 237.

[15] John Lyons, op. cit, p. 24.

[16] *Le Contemplateur,* tome I e'; p. 53-4, v. 89-95.

où l'âme devient l'objet agi («Son mouvement me rend perclus»). Ainsi le monde extérieur préside à la métamorphose de l'âme et du moi, alors même qu'il ne s'agit plus de faire «agir ses sens» [17]. Plus loin, le Je se caractérise par son «œil esmu» [18] et par une suite de visions successives scandées par la répétition alternative des pronoms indéfinis «l'un» et «l'autre» [19].

Grâce à ces tensions entre le mouvement intérieur de l'imagination (v355) et les éléments externes, une nouvelle vision du monde s'incarne sous les yeux du lecteur qui devient le témoin de métamorphoses signalées par des enchaînements discursifs spécifiques.

En effet, dans l'*Elégie* [20], le discours se caractérise par une suite d'énoncés sans enchaînements narratifs, qui expérimentent de manière mimétique la confusion du Je et les langueurs de l'amant:

> On tiendra mes soupirs pour aussi mensongers
> Qu'ils sont de leur nature ardents, pronts et légers.
> Mes langeurs mes regrets, mes plus saintes paroles
> Passeront en amour pour des contes frivoles.

Le vers 10, par exemple, par la multiplicité des coupes dans la disposition métrique suivante 6/2/1/3, exprime l'angoisse et les incertitudes du sujet, ce que rehaussent l'enjambement des v 9-10 et la répétition de l'adjectif possessif «mes», qui, par le phénomène de refrain, crée une plainte élégiaque. Mais la tonalité mélancolique est souvent relayée par une tonalité héroïcomique.

Ainsi, dans l'*Epître à monsieur le Baron de Melay* [21], ce «beau jambon, cet illustre pasté» devient l'objet d'un oracle et acquiert le statut de mythe grâce à la représentation que s'en fait le narrateur; puis, dans un deuxième temps, par le biais de l'imagination de celui-ci, le jambon prend la parole sous forme d'un discours direct rapporté pour prier le poète de l'ennoblir de sa plume. Or la démarche du Je décrite ainsi [22]:

> On aurait cru qu'en ces doux accidents
> Sa gentillesse eust dit entre ces dents.

avec l'emploi de l'irréel du passé et du verbe croire, qui impliquent un

---

[17] Ibid., v. 81.

[18] Ibid., v. 349.

[19] Strophe 2, p. 65.

[20] Tome II, p 130, v. 10-15.

[21] Tome II, p 242, v. 200.

[22] Ibid., v. 251-2.

doute sur la véracité de la vision.

Ces divers exemples nous ont permis de constater comment métamorphoses du Je lyrique et métamorphose du monde s'organisent selon un processus analogique, perceptible jusque dans l'enchaînement des énoncés produits.

II Dramatisation de l'altérité du Je: dépossession mélancolique ou possession bachique?

Il s'agira donc pour nous, dans un deuxième temps, d'étudier comment cette altérité du moi qui entraîne celle du monde est dramatisée. Tout d'abord par le biais des destinataires: qu'ils soient représentés par les grands, la femme aimée, les lecteurs, les amis, ou même par la Muse du poète, le sujet du discours est mis en scène. C'est pourquoi il faut étudier les différentes fonctions du rapport du Je à autrui.

Il peut s'agir, selon une formulation stéréotypée et régie par un code socio-culturel d'un art de la glorification, de l'éloge, qui sert aussi bien le Seigneur ou la Reine de Pologne que le poète lui-même, puisque leurs gloires respectives s'ajoutent.

Dans *L'élégie à monseigneur le Duc de Retz*, le poète accède à sa glorification propre par la médiation d'une personne illustre. Il écrit en effet [23]

> Non, je croy que son sort (=sa Solitude) toucha vos sentiments
> Que le cœur vous saigna de voir ses ornements
> Confondus en maints lieux à la honte des Muses,
> Avoir en leurs défauts besoin de vos excuses...

Mais la dextérité créatrice se manifeste aussi dans des adresses plus familières à des amis. Dans l'*Epître à Villeloin*[24], le poète revendique une écriture «sans tous ces mystères» et érige ce rapport à autrui en philosophie de l'écriture. Même chose dans l'*Advis au lecteur*[25], puisque tous deux sont soumis à une «vicissitude perpétuelle». Ceci apportant une caution à sa pratique de la poésie ludique: «C'est un jeu de la Muse»[26], écrit-il au sujet du triolet, où il y a des tours de souplesse et de passe-passe.

Or cette «franchise» revendiquée auprès de son destinataire devient bien vite un prétexte littéraire et l'humilité affichée par exemple devant Chape-

---

[23] Tome I, p. 28, v. 21-24

[24] Tome IV, p. 116, v. 181.

[25] Tome IV, p. 9, v. l 19.

[26] Tome I, p. 223.

lain[27] se transforme en topos. Le dédicataire apparaît alors surtout comme un médiateur, un interlocuteur virtuel grâce auquel des considérations esthétiques peuvent se développer, comme le montre *l'Epître à Villeloin*[28]:

> Mais cher Prélat, veux-tu que je te dise
> J'y parlerai d'une grâce hardie,
> J'y mettrai, ton, j'y dirai tes beaux yeux:
> Un homme en vers peut tutoyer les Dieux.

Or, *l'Epître à Villarnoul* donne une image partiellement originale de l'altérité du Je dans ses rapports à autrui. Le choix générique de l'épître, constituant un cadre privilégié pour ce type de discours, permet la désignation des deux amis en tant que «moitiés» (cf. «moitié féconde»[29]) qui s'unissent dans leur activité créatrice. L'apostrophe:

> Crois-tu, Cruel, que de nos deux génies
> Dont on voyait les volontés unies[30]

comporte une rime («génie/unie») édifiante et symbolique à cet égard.

Ainsi l'altérité et la subjectivité se superposent, fusionnent de manière à accéder à l'immortalité par le biais de la métaphore de l'enfantement:

> Regarde un peu si ta Moitié nouvelle
> Fait des enfants comme fait ma cervelle[31],

et la fusion intellectuelle des deux êtres dans le geste poétique est soulignée par la rotation de la terre et stigmatisée par l'adverbe «ensemble», comme le montrent ces vers:

> Mon Villarnoul en mes vers brillera
> Tant que la Terre, en le Ciel tournera,
> Ou que tous deux ils tourneront ensemble[32].

Ainsi, l'on peut voir que le recours à autrui comme destinataire permet au Je d'échapper au temps et de créer en quelque sorte un autre chronotope, favorable à l'érection de son imagination et à la production de son discours. Cependant, le sujet lyrique n'a pas forcément recours à autrui pour dresser

---

[27] Tome III, p. 319, 2ᵉ strophe.

[28] Tome IV, p. 125, v. 225-228.

[29] Tome III, p. 133 et 141.

[30] Ibid., v. 161-162.

[31] Ibid., p.143, v. 220-221.

[32] Ibid., v. 243-245.

un portrait de lui-même ou pour faire part de sa vision du monde. Le Je fait parfois irruption dans le discours sous la forme d'un individu fragmenté, aux prises avec une multiplicité de spectacles et de tableaux. Il se met alors lui-même en scène sous différentes formes.

Le narrateur peut se dédoubler en devenant le miroir de sa bien aimée: «Car tu t'es bien souvent mirée en mon visage»[33]. Le sujet lyrique subit alors une transfiguration spéculaire qui possède d'autres fonctions.

En effet, dans *L'Arion*, le Je acquiert un statut énonciatif ambigu: le narrateur qui se proposait de raconter l'histoire d'Arion au Duc de Montmorency devient le médiateur du héros puisqu'il demande au seigneur d'écouter «ces accords» qu'Arion «lui» «dédie», et puisque le «lut» n'est pas présenté comme l'instrument du poète mais comme celui d'Arion[34]. Plus loin, le sujet lyrique s'adresse à sa muse de manière à dramatiser son angoisse, et il change de statut par le biais de la compassion qu'il éprouve pour le héros: de conteur, il devient auditeur et presque spectateur homodiégétique comme le montrent ces vers:

> Bons Dieux! De quel courroux fut la mienne saisie
> Quand on me récita l'horrible frénésie[35].

Mais dans *La Solitude*, par l'intermédiaire d'une prise de conscience poétique et d'une réflexion sur l'inspiration, le Je adopte une certaine distance critique par rapport à son activité créatrice:

> Je ne cherche que les déserts
> Où rêvant tout seul, je m'amuse
> A des discours assez diserts
> De mon Génie avec ma Muse[36].

Cette tendance est d'ailleurs radicalisée lorsque le poète se livre à une mise en scène burlesque pour pratiquer l'auto-dérision, comme dans *Le Barberot*:

> Mes petits yeux,estonnez
> Par des regards contournez
> Lorgnoyent mon tondeur de laine[37].

La fragmentation des états de conscience du moi et celle de ses visions atteignent une dimension toute particulière dans *Le Moyse Sauvé* par la jux-

---

[33] Sonnet, tome I, p. 283, v. 14.

[34] Tome I, v. 13, p. 110.

[35] Ibid., v. 69-70.

[36] Tome I, p. 46, v. 175-178.

[37] Tome III, p. 267, v. 41-43.

taposition polyphonique des voix qui se relayent pour prendre en charge le discours. Ainsi apparaît un remarquable art de la superposition: des effets d'écho sont créés entre le poète (qui se distingue de son héros[38]: cf v21) et Jocabel, par exemple. Si celle-ci semble, de manière anachronique, être l'interlocutrice (illusion créée par l'intertexte) qui se plaint du poète, leurs deux voix et leurs deux rôles se confondent par l'intermédiaire de la «tapisserie» qu'elle confectionne.

> Cette pièce admirable en toutes ses parties (…)
> Devait à Jocabel sa noble invention

dit le narrateur, et cette activité sert de déclencheur à l'activité poétique du sujet lyrique, de manière abymale, puisque le songe de Jocabel se reflète dans son ouvrage, qui devient «un regard regardé»[39].

Cette triangularité originale de la vision des protagonistes donne une image de l'enchâssement des pensées et des discours à l'intérieur du texte.

Entre narration et spectacle, le Je se fragmente: il succède par exemple à Mérary dans le récit des aventures de Jacob en interrogeant les Dix Commandements et en s'adressant à sa Muse au lieu de lier les différents tableaux qu'il propose[40].

En outre, deux causes spécifiques de la dissolution, du «ravissement de l'âme» du sujet lyrique apparaissent: la dépossession de l'identité par la mélancolie, sous la forme du néant et de l'absence, ou, inversement, l'invasion hyperbolique de l'élan bachique qui le saisit.

Multiples sont les images de la rêverie mélancolique dans *Le Bel Œil Malade*: elle s'y présente sous la forme d'une consumation par laquelle le portrait du poète est «réduit en cendre», où «œil» rime avec «deuil»[41].

Le sujet subit un mouvement inverse, créé par une impulsion créatrice, un élan bachique dans les poèmes que John Lyons désigne comme «feasts». Dans *La Vigne*, le Je est investi par une communauté d'esprits étrangers grâce au vin, qui aide à pénétrer l'altérité de chacun, et une polyphonie simultanée (à la différence de la polyphonie érigée sur le mode de la succession que l'on trouve dans *Le Moyse Sauvé*) se constitue pour décupler les pouvoirs du Je:

> Fameux Buveurs, troupe fidelle,
> Tous ensemble je vous appelle,

---

[38] *Le Moyse Sauvé,* tome V, 1e partie, v. 21: «Et comme mon héros en sa nef vagabonde».

[39] Ibid., 3e partie, p. 76, v. 405-412.

[40] Ibid., p. 196.

[41] Tome I, p. 161 v. 15.

> Dans ces lieux de pampre couverts
> Pour m'aider à chanter ces vers[42].

En conséquence, ces différentes figures de l'altérité du Je posent le problème de l'altérité générique interne à la poésie, qui vogue entre l'élégie et le burlesque, l'éloge et sa parodie héroïcomique par exemple. En effet, la voix du poète oscille entre une poésie définie comme un passe-temps et une poésie qui doit mener à l'élévation de l'âme.

Dans le finale de *La Gazette du Pont-Neuf*, l'énonciateur présente la poésie comme «l'unique passetemps», comme une «boutade», car «le papier vaut mieux que le foin»[43], alors que dans *Les Visions*, le livre est présenté comme un palliatif à l'angoisse:

> Si je prens quelque livre en mon inquiétude
> Et tasche à dissiper cette morne habitude..[44],

et que, dans la Préface du *Moïse Sauvé*, la poésie est décrite comme une voix s'élevant vers le Christ.

Dans la même Préface, le poète écrit que l'on peut «se servir de tout ce que l'Antiquité a laissé de rare et de beau pour le convertir en un usage saint et légitime[45]»: aussi sa démarche poétique se place-t-elle implicitement sous le signe de l'altérité, d'autant, qu'en la circonstance, il choisit le genre de l'idylle héroïque, là où l'on aurait attendu une épopée.

En conséquence, le lecteur aboutit à l'idée d'une poésie qui dramatise tant l'altérité propre au sujet lyrique (à l'énonciateur) que l'altérité poétique (apparaissant sous la forme d'une juxtaposition de tonalités, de genres ou même d'une inclusion d'un genre dans un autre: l'idylle héroïque, par exemple).

III Le Je et le Jeu sur le mythe

Or, il semblerait que ce travail sur les figures du sujet et de la poésie conduise à les ériger en mythe de par la multiplication de leurs images.

Cette démarche met en lumière une autre facette de l'altérité poétique, puisque le narrateur accède ainsi à de nouveaux chronotopes: celui de l'atemporalité mythique ou bien celui de l'imaginaire personnel ou collectif

---

[42] Tome I, p. 252, v. 133-6.

[43] Tome I, p. 249, v. 135, 142, 144.

[44] Tome I, p. 133, v. 161-2.

[45] *Moyse Sauvé*, préface, p. 12.

qui le transfigure.

A partir du moment où le narrateur s'érige en poète mal aimé, dépossédé de sa création par l'éditeur, sa solitude et son exclusion lui confèrent une identité particulière. Celle-ci est mise en scène par la métaphore de l'enfantement dans l'*Elégie au duc de Retz* où le narrateur s'adresse à ses vers, transformés en «enfants»:

> Hélas! Quand je vous voy, mes Vers, mes chers Enfants,
> Vous que l'on a trouvez si beaux, si triomphants ...[46]

et où l'usage du présent et du verbe voir créent une hypotypose grâce à laquelle le temps de la parole et le temps de la réception sont en totale adéquation. Le voyeur est alors vu, et l'enchaînement des visions par un phénomène d'abyme confère une complexité au dire poétique qui pallie l'identité perdue du sujet lyrique.

L'utilisation du présent pour mettre en lumière l'activité poétique va encore plus loin dans *Les Visions*:

> Si pour me retirer de ces creuses pensées
> Autour de mon cerveau pesamment amassées
> Je m'exerce parfois à trouver sur mon lut
> Quelque chant qui m'apporte un espoir de salut,
> Mes doigts suivant l'humeur de mon triste génie
> Font languir les accens et plaindre l'harmonie[47].

La récurrence du geste poétique est soulignée par la nature des verbes: liés à l'action («exerce»), ils transcendent leur rôle premier pour évoluer vers l'expression d'une prière, d'une plainte («font languir», «plaindre»). Les rimes «lut/salut», «génie/harmonie» renforcent le caractère symbolique de ce déplacement sémantique par un glissement métonymique: le «triste génie» transforme la représentation qui le met en scène en icône, conférant ainsi au poète un statut quasi orphique.

Celui-ci se présente d'ailleurs selon différentes modalités: burlesque tout d'abord dans *La Gazette du Pont-Neuf* où le «fou de poète[48]» émane directement de la vision du spectateur. Saint-Amant crée cette illusion en employant le pronom personnel «vous» dans «Vous le voyez sur le Pont-Neuf», et la description acquiert ainsi le statut de «saynète» dans laquelle plusieurs détails sont énumérés.

L'analogie structure le passage (v 13-24) par le biais de la métaphore,

---

[46] Tome II, v. 1-2.

[47] Tome I, v. 173-178.

[48] Tome I, p. 242, v. 13.

d'autant plus surprenante que les rapports comparant/comparé sont moins motivés: cf. «sa barbe en feuille d'artichaut/ Et son nez en pied de ré-chaut».

Ainsi le topos du Poète crotté est transformé par le phénomène de ré-écriture et c'est une vision neuve qui surgit. *Le Cidre* lui confère une di-mension supplémentaire, spéculaire cette-fois, et le Je lyrique s'y identifie explicitement à Saint-Amant, puisqu'il se nomme au sein même de l'énoncé:

> Je le confesse, qu'on le noye
> Saint-Amant le dit, c'est assez
> mon cœur, mon poumon et mon foyer
> A son secret (=le cidre) sautent de joye[49].

Le cidre constitue la médiation par laquelle la représentation du poète et sa voix coïncident. La strophe citée débute d'ailleurs par une anacoluthe et par le ton de la confidence; l'emploi des coupes suggère l'oralité du discours: avec un schéma métrique, 4/4 puis 5/8 (v12), qui recrée une accentuation vocale. Cette présence phonique se double d'une présence physique, consti-tuant l'une des rares occurrences de ce phénomène dans les œuvres de Saint-Amant: le lecteur disposant ainsi d'un portrait complet de l'énon-ciateur, d'un dévoilement.

Le topos littéraire du poète inspiré échappe ainsi à la sclérose. La vie même de la création poétique apparaît grâce à une représentation humorale héritée d'Aristote. Le cidre est la métaphore de l'inspiration bachique qui trouble les sens extérieurement, et agit à la fois sur le cœur, le foie et les esprits. Au lieu de conférer une tonalité héroï-comique au portrait par la valorisation des organes, cette description s'en trouve ennoblie: il y a là in-version des effets attendus.

IV De la mythification du Je au jeu sur l'autre: entre travestisse-ment et déviationnisme du discours

A la suite de ces exemples, une question se pose: les autres mythes utilisés par le poète subissent-ils la même transformation?

Pour y répondre, il convient d'examiner comment se manifeste le pas-sage du mythe de l'altérité à l'altérité du mythe, lorsque le sujet est en proie à l'impulsion de l'imagination.

Tout d'abord, le topos du poète inspiré subit une altération par le biais de ce que Gisèle Mathieu-Castellani appelle une poésie de la substitution.

---

[49] Tome II, p. 224, v. 11-14.

Elle écrit en effet:

> Ainsi à partir **d'une activité de sélection qui substitue**, à la relation syntagmatique du récit originaire, des relations paradigmatiques entre différentes figures, le système des analogies qui constituent la rhétorique de l'image, structure un discours sur le mythe qui est langage symbolique[50].

Dans le *Caprice,* Bacchus est remplacé par Priape, Dieu qui possède des connotations sexuelles prégnantes, et le «tourment sans relasche» du narrateur ne désigne plus la mélancolie de l'énamouré, mais le «chancre»[51]. Le poète apparaît alors sous la forme d'un «limaçon» grâce à un glissement métonymique très judicieux: le bouleversement des humeurs habituel dans les cas de mélancolie se mue ainsi en un autre liquide: «la bave»:

> Et je bave déjà dans ce poignant frisson[52].

Mais c'est dans le poème intitulé *Le Melon,* que l'altération, au sens de restructuration du mythe, atteint son achèvement. Pour s'en rendre compte, il convient d'examiner de manière attentive les enchaînements structurels du texte.

Les vers 1 et 2 décrivent les effets d'une odeur non identifiée sur l'âme du narrateur et la source de cette émanation n'est dévoilée qu'au vers 21: «C'est un Melon où la nature...». Suit une parodie burlesque des manifestations de la fureur poétique:

> Ha! Soutenez-nous, je me pâme
> Ce morceau me chatouille l'âme[53].

Or le statut héroï-comique du Melon, érigé au rang d'inspirateur poétique, se transforme selon un processus inductif. Après avoir énuméré les divers plats qui ponctuent un repas pantagruélique, le narrateur déplace l'effet attendu de la chute burlesque mettant en valeur la supériorité du melon sur les autres plats. Un simple vers:

> Il ne se trouva rien à l'égal d'un Melon
> Que Thalie apporta pour son maître Apollon[54],

---

[50] Gisèle Mathieu-Castellani: «Actéon ou la rhétorique du mythe dans la poésie baroque», dans: *La mythologie au XVIIe siècle*, Actes du XIe colloque du C.M.R. 17, Marseille, 1981, p. 42. C'est moi qui souligne.

[51] Tome II, p. 90, v. 23, 54, 77.

[52] Ibid. v. 107.

[53] *Le Melon*, tome II, p 17, v. 61-62.

[54] Ibid, v. 254-5.

confère un statut mythique à ce fruit.

Or ce changement de nature n'est pas simplement imputable à l'insertion d'Apollon dans l'énoncé. Le processus est plus complexe et participe d'une démarche analogique, engendrée par l'emploi d'une comparative introduite par «rien d'égal à». Ce rapprochement syntaxique dote le passé simple introducteur («se trouva») d'une fonction nouvelle. Au lieu d'exprimer une succession, une rupture dans le temps en désignant un acte ponctuel, celui de la victoire du melon, il acquiert une dimension imperfective, celle déférée normalement à l'imparfait, pour exprimer la simultanéité entre deux actions (le repas et la victoire du melon). Ainsi le terme «Melon», avec la majuscule, se trouve doté d'un double pouvoir: il s'insère dans une esthétique de la rupture usant de l'hypotypose comme d'un moyen de dissonance au moment même où il lui échappe. En effet, le repas pantagruélique passe du stade du topos mythique à celui de source icônique en s'éclipsant au profit d'une présence qui le subsume. Et le terme de «gloire» qui apparaît au vers 257 synthétise ce phénomène: le Melon est plus qu'allégorie, il devient un symbole, sa mention dans le discours renvoie à sa nature divinisée.

De plus, son origine elle-même est mythifiée, non pas par la présence d'Apollon, mais par un caractère qui lui est propre: c'est la vue et le goût du melon, qui, par synesthésie, suggèrent au Dieu les potentialités sonores qu'il contient. Le terme de symbole est alors justifié, car il s'impose comme une représentation synthétique de la poésie: entre vision, chant et incarnation presque physique de ces états:

> Ainsi de cette écorce en beauté sans pareille
> Fut fabriqué là-haut ce Charmeur de l'oreille,
> D'où sortit lors un son, par accens mesuré,
> Plus doux que le manger qu'on en avoit tiré[55].

C'est dans cette mesure que l'on peut parler d'une transformation du mythe fondant la création poétique des œuvres de Saint-Amant. Ceci est particulièrement perceptible lorsque dans *La Débauche* le poète substitue Bacchus à Apollon[56].

Mais la substitution du fromage à l'ambroisie dans le poème intitulé *Le Fromage*:

> Qu'au prix de luy ma fantaisie
> Incague la Saincte-Ambroisie[57],

---

[55] *Ibid.*, v. 285-288.

[56] Tome I, p. 201-2.

[57] Tome I, v. 11-12.

oriente mon étude vers un dernier axe d'approche. En effet, synonyme d'un jeu sur le mythe, elle pose les rapports entre le jeu et l'autre. Il s'agira donc de voir comment le jeu devient l'autre de la poésie.

Il convient en premier lieu d'examiner à ce sujet le métadiscours et le paratexte des œuvres de Saint-Amant. Dans l'*Avertissement au lecteur* du premier tome, le poète place ses écrits sous le signe de l«Imagination et de l'entendement» mais aussi de la «diversité», et celle-ci devient «art de la composition»[58]. Dans la Préface du *Moyse Sauvé*, Saint-Amant écrit:

> Mon ouvrage n'est que d'un jour entier, au lieu qu'il faut que l'Epique soit d'un an ou environ. Le luth y éclate plus que la trompette; le lyrique en fait la meilleure partie: et néammoins, comme presque tous les personnages que j'y représente sont non seulement héroïques, mais saints et sacrez[59]

Dans cette entreprise, le poète se propose de construire une idylle héroïque de manière à privilégier la dimension lyrique, ce qui n'exclut pas une élévation de l'âme permise par les images bibliques et le sublime. Or, ce métadiscours va me permettre de revenir à ma problématique initiale.

En effet, dans son paratexte, Saint-Amant allie imagination et entendement, tandis qu'à l'inverse, le sujet lyrique manifeste un désordre de la raison, envahie par l'imagination et l'inspiration. Faut-il donc penser que l'écart entre la maîtrise technique revendiquée par le poète et la présence de discours incontrôlés implique une autonomie totale de ces deux instances? Ou bien faut-il penser que la confusion narrative entre le Je poète et le Je qui ne se nomme pas poète est un moyen pour Saint-Amant d'abuser le lecteur?

Sans parler de démarche ludique, on peut toutefois déduire des paratextes certains choix esthétiques, voire philosophiques de la part du poète. Celui-ci semble d'ailleurs valoriser la pratique de «l'adaptation»[60], comme le révèle l'*Epître à Villeloin*:

> De mode en mode on retourne aux premières!
> L'esprit enfin s'épuise en ses lumières
> L'Art manque à l'Art, et nostre Nation
> Des plus subtils lasse l'invention[61].

---

[58] Tome I, ligne 60, p. 33.

[59] Ibid., p. 8.

[60] Cf. Alice Rathé: «Saint-Amant, poète du Caprice»: «Par surcroît de raffinement, le caprice se manifeste sous trois formes reconnaissables à des différences infimes mais toujours respectées: le caprice proprement dit, le poème héroï-comique-parfois un caprice, parfois non-, et l'épître». *XVIIe siècle*, n°121, p. 243.

[61] Tome IV, p. 124.

Face à une instabilité de la réception, Saint-Amant prend le parti d'une «grâce hardie»[62], formule qui résume l'art du «tempérament» qu'il définit dans la Préface du *Passage de Gibraltar*.

Cependant il ne faut pas adopter un point de vue réducteur en affirmant que le genre du caprice englobe son esthétique et sa pratique. Aucun genre précis ne peut résumer ses présupposés esthétiques et sa création, dans la mesure où il juxtapose des poèmes burlesques comme la *Rome Ridicule* ou héroïcomiques comme *Le Melon* avec des *Elégies* ou avec *Le Moïse Sauvé*.

Cette diversité à l'œuvre est en fait le signe d'une esthétique permanente de l'altérité. Certains éléments de la Préface du *Passage de Gibraltar* le montrent, comme l'évocation de «deux génies différents» au sujet du Tasse chez qui «l'Héroïque brille (…) et est si admirablement confondu avec le Bourlesque». Ainsi la maîtrise suprême du poète est, selon lui, la pratique de cette juxtaposition des genres et non pas de leur mélange, qui supposerait une division nette et visible des deux. Un certain jeu sur la poésie semble alors en gestation puisqu'il faut savoir «mettre le sel, le poivre et l'ail à propos en cette sauce» de manière à chatouiller le goût des lecteurs. Ainsi, il semblerait que Saint-Amant soit, en ce sens, le précurseur de La Fontaine.

Toujours dans la même préface, Saint-Amant définit le génie en termes de maîtrise et de liberté de langage. Il faut souligner que ces deux pôles ne sont pas incompatibles dans la mesure où la liberté du langage devient pour lui la forme la plus achevée rhétoriquement parlant. Face à l'alliance de ces deux termes, on peut évoquer les genres qui mettent en scène: le Caprice, la Parodie, l'Idylle, en écartant, à la différence d'Alice Rathé, l'Epître[63].

En 1690, Furetière définira comme caprices «des œuvres qui réussissent plus par le génie que par les règles de l'art». Or, ce faisant, il ne rend pas compte d'une des règles de ce jeu sur l'altérité poétique, héritée des origines italiennes du Caprice. Dans ce genre, le poète dominé par le besoin d'écrire, prononce un discours qui lui est presque imposé par une force brute, sans en modifier le sujet ni l'expression. Il en résulte un art de la transformation qui repose sur une esthétique de la rupture et de la surprise et sur une exploitation hardie de la langue. L'héroïcomique seul tend à radicaliser tous ces éléments, tandis que l'épître ne privilégie aucun style, mais plutôt un art des enchaînements et de la digression. C'est ce que l'on trouve dans l'*Epître Héroïcomique*[64], où les deux éléments sont alors associés à une forme où le comique est tempéré par une formulation quasi axio-

---

[62] Ibid., v. 226.

[63] Alice Rathé associe en effet Caprice et Epître, qui ne relèvent pas de la même typologie textuelle.

[64] Tome IV, p. 113.

matique et morale:

> Les nobles dons d'une haute naissance
> Leur font en leur terre aisément acquérir
> Les rares biens que l'homme doit chérir,

à laquelle succède une brusque intervention du narrateur, soulignée par la valeur expressive des coupes, l'interjection initiale familière, et l'alternance entre l'exclamation et l'interrogation qui entraîne l'accélération rythmique du vers:

> Oü ay! Qu'est ce cy? La morale m'emporte
> De mon sujet il semble que je sorte.

D'autre part, le jeu sur l'altérité apparaît sous la forme du travestissement à l'intérieur de la parodie qui concerne plusieurs thèmes, comme l'amour courtois dans l'*Enamouré* où le topos semble dépossédé par une veine ludique et burlesque de la part d l'auteur («Puisque je préfère au Jambon/ Le visage d'un Donzelle..»)[65]. «Le Doux lien de l'Archerot Idalien (=l'Amour)» n'engendre pas chez lui une métamorphose des humeurs, comme dans le cas de la mélancolie érotique: l'imagerie traditionnelle des bouleversements psycho-somatiques se transforme par un glissement métonymique qui s'exprime à travers une métaphore vestimentaire: «Mon esprit a changé d'habit». La métamorphose de l'amoureux se dit au sens propre par l'hypertrophie des détails concrets qui contribuent à la métamorphose du topos littéraire. Les vapeurs liées à l'échauffement sanguin, et qui en sont la conséquence, font place à des «rots d'ambre et de pistache». Les émanations changent aussi bien sur le plan de leur composition (puisque les liquides corporels sont remplacés par des matières solides dont la coprésence est presque incongrue) que sur le plan de leur phénoménologie.

Sans évoquer d'autres thèmes parodiés, on peut conclure que cette forme de l'altérité qu'est le travestissement parodique cohabite avec un processus de «dévoilement». En effet, on peut considérer que les intrusions d'auteur rompent le discours de manière à convoquer l'attention du lecteur, à l'alerter. Ceci peut se manifester par des apostrophes à la Muse, ou encore par des dédoublements spéculaires, comme c'est le cas lorsque le sujet s'adresse à son esprit pour identifier la cause de son trouble (cf. *Le Melon*).

Les fonctions de ces interventions d'auteur sont variables: elles peuvent constituer une réflexion métapoétique sur l'inspiration (et sont nombreuses de ce type dans *Le Moïse Sauvé*); elles peuvent être des interventions de ré-

---

[65] Tome I, p. 269, v. 3-4 .

gie (le narrateur s'interrogeant sur la vraisemblance du songe de Jocabel ou sur la longueur de son récit[66]) ou bien elles peuvent encore être des réflexions du narrateur distinct du personnage qu'il met en scène (le narrateur tendant alors vers un statut homodiégétique pouvant procurer une impression de vécu). Bien souvent, enfin, elles prennent la forme de prétéritions et leur rôle se résume à créer un effet d'attente dans le discours, un effet de surprise pour le lecteur, ou encore à engager un dialogue virtuel avec celui-ci, lequel peut tendre à l'affabulation.

L'impact de tels énoncés rompant la continuité du discours me conduit à m'interroger, pour finir, sur les dimensions temporelles de ceux-ci. En effet, s'ils recréent souvent une impression de vécu de manière à tenir le lecteur en haleine et multiplient les effets de représentation visuelle (cf la série des verbes: voir, croire, apparaître), typographique et rythmique (blancs, points d'exclamation et d'interrogation, coupes expressives), ils servent surtout à réduire l'écart entre le temps de l'énonciation et le temps de la lecture. Le caractère surprenant et dissonant de telles pratiques donne une nouvelle image de l'altérité poétique, celle du passage, et devient presque un rituel initiatique.

Dans le Caprice, par exemple, pris comme représentant d'un art primesautier, ce passage se ressent en termes de réception: c'est dans le piquant de l'instant que le lecteur doit recevoir le discours. Mais cette vision temporelle de la métamorphose se double d'une dimension générique. Il suffit de considérer la fin de la Préface du *Passage de Gibraltar*, où Saint-Amant écrit:

> De moy je tiens que mon Rebec
> Vaut bien la Vielle d'Orphée[67],

pour voir comment le mythique avoisine le burlesque, et comment, en termes génériques, se fait la démystification du style héroïcomique par l'ivresse verbale.

Pourtant, il semble que l'instantanéité propre à la «grâce hardie» et à l'alliance entre l'imagination et l'entendement que revendique le poète, acquièrent une dimension supérieure, une transcendance dans l'*Epître à Villarnoul*.

La thématique de l'amitié incarnée dans la complicité de l'écriture au présent du discours, mène en effet à la fusion des âmes et à leur glorification commune:

> La Chair périt; et l'immortalité
> A l'esprit seul donne sa qualité;

---

[66] *Le Moïse Sauvé*, p. 122 et p. 110.

[67] Tome II, p. 164.

> Elle la donne à ses labeurs encore,
> Elle permet qu'aux beaux Noms qu'il honore,
> Comme sans fard Saint-Amant fait le tien,
> Il communique un si céleste bien[68].

Ainsi apparaît une représentation paradoxale et surprenante du poète.

En effet, influencé par le mythe que le poète développe à son propre sujet, lorsqu'il se présente comme le «bon gros» Saint-Amant, comme un «buveur très illustre», mû par l'inconstance généralisée en ce monde, le lecteur a bien du mal à se familiariser avec l'idée d'une poésie empreinte de ferveur -feinte ou réelle?- chrétienne, telle qu'elle est revendiquée dans le *Moïse Sauvé*.

Or l'exemple tiré de l'*Epître à Villarnoul* nous montre à quel point sujet lyrique et poésie deviennent «autres»: le premier par ses mutations, mystifications, travestissements et affabulations successives; la seconde, par ses métamorphoses génétiques, génériques et mythologiques.

Cependant, «l'esprit de caprice», cheval de bataille de la critique consacrée à Saint-Amant, ne doit pas devenir un stéréotype, une banalisation esthétique.

Au lieu d'enfermer sa poésie dans une représentation figée, rendons lui donc hommage en considérant que son identité est sans cesse alimentée par ses aspects polymorphes, que son essence provient de l'altérité, en nous souvenant de cette phrase de L'*Etre et le Néant*, qui pourrait en exprimer la fugacité constitutive:

> De toutes parts j'échappe à l'être, et pourtant je suis.

---

[68] Ibid., v. 235-240.

Etranger et aimé: l'autre dans les tragédies de Racine

FRANZISKA SICK

Université de Stuttgart

Les recherches sur l'altérité nous ont habitués à considérer le problème de ce qui est étranger dans une perspective interculturelle[1]. Un autre pays, une autre culture nous paraissent étrangers, parce qu'ils se distinguent des nôtres. Cette figure de l'altérité est enracinée dans une tradition dont les origines remontent jusqu'aux débuts de la pensée utopique. On admet l'idée de l'altérité quand on relativise ses propres normes et qu'on imagine un ailleurs régi par d'autres, meilleures que celles que l'on connaît. La relation interculturelle, dont le voyage en utopie constitue le premier paradigme, est basée sur une structure d'interaction qu'on peut appeler binaire ou plutôt dyadique: le voyageur utopique et l'homme qu'il rencontre ailleurs n'ont pas de norme commune. Bien qu'ils aient, chacun de son côté, une norme, chacun n'a la norme que pour soi. La communication se fait d'homme à homme, sans l'intervention d'un tiers. La situation du voyageur utopique est pourtant encore relativement peu compliquée: il n'est qu'un hôte en utopie, sa position se limite - sauf exception - à celle d'un observateur[2].

Il existe cependant d'autres possibilités d'abandonner les normes. Il n'est pas nécessaire de franchir les frontières du pays. On peut également avoir recours à soi, à ce que l'on a en propre, ou imaginer un autre modèle

---

[1] Voir A. Wierlacher: «Ausgangslage, Leitbegriffe und Problemfelder», dans: *Kulturthema Fremdheit. Leitbegriffe und Problemfelder kulturwissenschaftlicher Fremdheitsforschung*, éd. par Alois Wierlacher, München, Iudicium, 1993, p. 19-112.

[2] Jusqu'à nos jours, la plupart des analyses interculturelles adoptent encore ce point de vue de l'observateur, voir, notamment, D. Krusche/G. Großklaus (éd.): *Hermeneutik der Fremde*, München, Iudicium, 1990; G. Berger/S. Kohl (éd.): *Fremderfahrung in Texten des Spätmittelalters und der frühen Neuzeit*, Trier: Wissenschaftlicher Verlag, 1993; D. Harth (éd.): *Fiktion des Fremden: Erkundung kultureller Grenzen in Literatur und Publizistik*, Frankfurt/M., Fischer, 1994; E. Berriot-Salvadore (éd.): *Les représentations de l'Autre: du moyen âge au XVIIe siècle*. Mélanges en l'honneur de Kazimierz Kupisz, Saint-Etienne, Publ. de l'Univ. de Saint-Etienne, 1995; K. Hödl (éd.): *Der Umgang mit dem 'Anderen': Juden, Frauen, Fremde*, Wien, Böhlau, 1996; R. Weimann, *Ränder der Moderne: Repräsentation und Alterität im (post)kolonialen Diskurs*, Frankfurt/M., Suhrkamp, 1997. Une excellente étude critique de ce courant de recherches est fournie par H. Turk: «Alienität und Alterität als Schlüsselbegriffe einer Kultursemantik. Zum Fremdheitsbegriff der Übersetzungsforschung», dans: *Kulturthema Fremdheit*, *ouvr. cité*, p. 173-197.

d'interaction qui, à l'intérieur de la propre culture, établit un espace de l'intime. C'est cette figure de l'altérité qu'on trouve chez Racine. Racine associe dans ses tragédies l'expérience de l'étranger au sujet de l'amour-passion et à la communication intime. Chez Racine, les amants sont étrangers l'un à l'autre, ou apparaissent l'un à l'autre étranges, parce qu'ils n'ont pas de code commun. Il s'agit là d'une figure de l'altérité qui n'est pas *inter*culturelle, mais *intra*culturelle. Je vais toutefois essayer de la décrire dans les termes de l'expérience interculturelle pour souligner ce que les deux modes d'altérité ont en commun. Je vois notamment deux analogies:

1. Il y a altérité quand on abandonne l'espace de la validité des normes pour s'engager dans un ailleurs dont on ne connaît pas les normes ou qui se définit contre elles, comme c'est le cas de l'amour-passion.

2. Dans l'espace de l'ailleurs, la structure d'interaction est dyadique. On affronte directement l'autre; il n'y a pas d'instance médiatrice.

Avant d'approfondir le thème de la dimension étrangère du rapport des amants, il faut le délimiter. Car le phénomène de l'étranger ne se réfère pas chez Racine au seul sujet de l'amour intime. Il renvoie également *et* à un rapport entre étrangers ou personnes qui ne peuvent s'appartenir[3] *et* à une union des amants face à la société.

Dans le premier cas, le caractère étranger se confond avec les données historiques, politiques ou mythologiques de la tradition dans laquelle Racine puise la matière de ses pièces: Pyrrhus, le Grec, aime sa captive troyenne, Andromaque, qui n'a d'amour que pour Hector (*Andromaque*). L'empereur Titus aime Bérénice, reine de la Palestine, que la constitution romaine lui interdit d'épouser (*Bérénice*). Roxane aime Bajazet, prisonnier d'Amurat et amant d'Atalide (*Bajazet*). Phèdre, épouse de Thésée, aime Hippolyte, le fils de l'Amazone et amant d'Aricie (*Phèdre*).

Dans le second cas, ce qui est étranger ne concerne pas le rapport des amants, mais leur rapport à la société. La réciprocité de l'amour constitue ici un espace du familier par rapport auquel l'espace social paraît étranger. Le plus explicite à cet égard est *Britannicus*. Exclus de la société de cour, Junie et Britannicus s'aiment d'un amour pur, on dirait presque idyllique. Ils n'ont pas appris à dissimuler. Expressément, Junie désigne la cour comme un «séjour étranger» (v. 1526) et pour elle et pour son amant. «L'art de feindre» (v. 642) est contraire à la «sincérité» (v. 639) des amants. La sincérité veut que l'expression du sujet soit authentique, non médiatisée par

---

[3] C'est la signification ordinaire du terme, voir *Grand Larousse de la langue française*, 6 vol., Paris, Larousse, 1973, vol. 3, p. 1775/76: *«étranger*: 1. Qui appartient à une nation autre que celle dont on est ressortissant [...], 2. Qui appartient ou semble appartenir à un autre».

un tiers et dépourvue de toute possibilité de malentendus[4]. Elle garantit, en d'autres termes, la véracité de l'amour. Du point de vue de la sincérité, la communication dissimulée et les intrigues à la cour paraissent mensongères[5].

La fameuse scène 6 de l'acte II de *Britannicus*, où Néron épie l'entrevue de Junie et de Britannicus, expose de façon exemplaire l'instauration de cette norme nouvelle. Je rappelle brièvement le contexte: Néron oblige Junie à dire à son amant qu'elle ne l'aime plus; il ajoute qu'elle causerait la mort de Britannicus, si elle lui donnait des signes secrets d'amour, et que lui-même l'observera, caché à sa vue ainsi qu'à celle de Britannicus. Ce scénario est d'autant plus embarrassant que Junie affirme que même si, verbalement, elle réussirait à mentir à Britannicus, elle ne saurait jamais commander à ses yeux de se taire[6].

Les études sur *Britannicus* soulignent en général la cruauté[7], voire le

---

[4] Voir L. Trilling: *Sincerity and authenticity*, New York and London, 1971; R. Galle: *Geständnis und Subjektivität. Untersuchungen zum französischen Roman zwischen Klassik und Romantik*, München, Fink, 1986.

[5] *Britannicus*, II,3, v. 637-642: [Junie, à Néron:]:

Il [Britannicus] a su me toucher,
Seigneur, et je n'ai point prétendu m'en cacher.
Cette sincérité sans doute est peu discrète;
Mais toujours de mon cœur ma bouche est l'interprète.
Absente de la cour, je n'ai pas dû penser,
Seigneur, qu'en l'art de feindre il fallût m'exercer.

- Sauf indication contraire, je cite les œuvres de Racine d'après l'édition de Jacques Morel et Alain Viala (*Théâtre complet*, Paris, Garnier, 1980).

[6] *Britannicus*, II,3, v. 675-678:

Moi! que je lui prononce un arrêt si sévère?
Ma bouche mille fois lui jura le contraire.
Quand même jusque-là je pourrais me trahir,
Mes yeux lui défendront, Seigneur, de m'obéir.

[7] Voir E. M. Zimmermann: «La lumière et la voix. Etudes sur l'unité de *Britannicus*» (1968), dans: P. Ronzeaud: *Racine 'Britannicus'*, Paris, Klincksieck, 1995, p. 71-83, 75: «[Néron] verra Junie forcée d'exécuter ses ordres [...]. Il cherchera à éteindre le regard de Junie [...]. Ce regard qui est et qui communique la vérité sera soumis au regard du maître, et Junie sera réduite à la voix du mensonge. [...] elle-même souffre les pires tortures de devoir ainsi trahir son être le plus profond»; M. Gutwirth: «*Britannicus*, tragédie de qui?» (1976), dans: *ibid.*, p. 33-43, 36: «En deux temps Néron prend conscience de ce que c'est que d'être Néron: à la vue de Junie aux abois sa sensualité s'allume, il se sait touché dans sa chair. Caché dans la coulisse, il organise son mal [...], orchestrant le tourment de Junie qui sur son ordre se refuse à Britannicus [...]»; J. Campbell: «The Tragedy of Britannicus», dans: *French Studies*, vol. 37, 1983, p. 391-403, 396: «As is shown by his spying on Junie and Britannicus, by his forcing Junie to hide her true feelings in order to torture Britannicus [...] Néron is able to play out the

sadisme de Néron[8]: c'est lui qui empêcherait les amants de se parler à cœur
ouvert. Une lecture moins psychologique et plus structurale permet cependant de voir que la distribution des positions dans l'espace définit tout
d'abord cette intimité que Néron dispute aux amants. Néron est littéralement exclu - il est caché derrière un mur -; mieux encore: il s'exclut lui-
même en allant se cacher, ménageant aux amants l'espace intime indispensable à leur sincérité. Cette scène n'est cruelle qu'en raison de la norme
qu'elle instaure, bien qu'à l'envers: c'est l'impossibilité de se parler intimement qui fait naître l'intimité des amants.

Jusque dans le détail des structures d'interaction, cette scène expose les
conditions de la constitution de l'intimité. Il y a intimité, quand la relation à
trois se réduit à une relation à deux. L'intimité se définit par une figure d'
exclusion et de négation du social[9]. Quoique Racine ait tendance à considérer l'intime comme l'élément fondamental - Junie et Britannicus apparaissent comme des ingénus, parce qu'ils ne maîtrisent pas le langage de la
cour et ignorent ses manières -, le scénario entre Néron, Junie et Britannicus témoigne du contraire: il montre que le rapport intime est secondaire
par rapport au social et que c'est le refus du social qui fonde l'intime.

A partir d'*Andromaque*, mais à l'exception de celle-ci, toutes les tragédies de Racine jouent sur cette structure. La relation dyadique des amants
s'établit en opposition à la relation ternaire des rapports sociaux et sous la
condition que le tiers soit exclu: Junie et Britannicus face à Néron, Bajazet
et Atalide face à Roxane, Xipharès et Monime face à Mithridate, Titus et
Bérénice face à Antiochus, Iphigénie et Achille face à Eriphile, Hippolyte
et Aricie face à Phèdre.

Dans tous ces exemples, le rapport non aliéné à soi - et supposé tel à
l'autre - constitue un espace du familier qui s'oppose à l'espace social et le
qualifie d'étranger. Il s'agit là d'une figure d'altérité qui oppose amour et
devoir, intime et public dans la perspective de la personne. Cette figure

---

role he has from the beginning assumed: master of all. [...]. This spy-scene [...] is a
perfect illustration of the totalitarian nature of Néron's desire [...].»

[8] Voir J. Starobinski: *L'Œil vivant*, Paris, Gallimard, 1970, p. 85; R. W. Tobin:
«Néron et Junie: fantasme et tragédie» (1983, 1986), dans: P. Ronzeaud: *Racine 'Britannicus', ouvr. cité*, p. 177-188, 183; R. Pommier: *Etudes sur 'Britannicus'*, Paris,
SEDES, 1995, p. 12: «[...] l'incontestable sadisme du personnage de Néron n'appartient vraiment qu'à lui. Néron est le seul personnage de Racine qui éprouve vraiment du
plaisir à faire souffrir.»

[9] Bien que Richard E. Goodkin («Racine and the Excluded Third (Person): *Britannicus, Bérénice, Bajazet*, and the Tragic 'Milieu'», dans: *Continuum*, vol. 2, 1990, p.
107-149) considère également le personnage de Néron comme un «tiers exclu», il ne
définit pas le tiers dans le sens de la norme ou de la loi, mais - s'inspirant de Benvéniste
- comme une fonction grammaticale. En tant que «il», le tiers n'a pas part à la relation
du «je» et du «tu» (voir p. 123).

d'altérité peut être analysée dans les termes d'une théorie de l'aliénation de soi[10]. La construction de Racine est cependant plus complexe. Racine ne rejette pas seulement la communication sociale au profit de la communication intime. Il déconstruit aussi l'intimité des amants. L'exclusion du tiers, qui prive les amants de la norme ou d'une mesure commune, détruit en même temps les conditions de la communication. Cette figure déconstructive ne peut plus être analysée dans les termes d'une théorie de l'aliénation. Pour la comprendre, il faut changer de paradigme et étudier les rapports d'interaction.

L'amant qui, en faveur de son amour, renonce aux normes sociales, renonce par là même au code de communication. Il n'a plus de base d'entente avec l'aimé. Goldmann y fait déjà allusion, quand il constate, à propos d'*Andromaque*, que le vrai centre des tragédies de Racine est «le monde des fauves de la vie passionnelle et amoureuse»[11]. Les amants chez Racine sont des «fauves», parce qu'ils rejettent toute norme. L'exclusion du tiers qui fonde leur intimité les prive en même temps d'une instance médiatrice, d'une norme ou d'un principe régulateur.

Chez Corneille encore, le rapport des amants n'est point déréglé. Les amants des tragédies de Corneille se réfèrent tous à l'honneur et à l'héroïsme. Ils possèdent dans ces valeurs sociales la condition préalable et la valeur d'échange de leur amour. Aucun des personnages féminins de Corneille n'accepterait d'aimer ou d'épouser un homme sans honneur. Explicitement, Emilie pose comme condition au mariage que son amant Cinna assassine Auguste. L'amour de la femme est la récompense de l'action héroïque de l'homme.

Racine, en revanche, ne considère plus l'amour comme une valeur d'échange. Bien que, dans *Andromaque*, les données de départ soient les mêmes - Hermione exige d'Oreste qu'il assassine Pyrrhus avant de l'épouser -, elles n'évoluent pas de la même manière: après le meurtre de Pyrrhus, Hermione ne consent point à épouser Oreste. Elle se dédit de sa promesse, ou elle rompt le contrat conclu, parce qu'elle ne peut disposer du prix qu'elle offrait à Oreste. L'amour chez Racine est un don gratuit: il est donné sans qu'il y ait mérite, et refusé en dépit de tous les mérites. Toute tentative d'obtenir l'amour par une action, si héroïque soit-elle, échoue.

A partir d'*Andromaque*, l'œuvre de Racine est dans une large mesure déterminée par cette impossibilité de l'échange. Tous les amants de ses tra-

---

[10] Voir H. Marcuse: *The One-Dimensional Man. Studies in the Ideology of Advanced Industrial Society*, Boston, Mass. Beacon Press, 1964; N. Elias: *Über den Prozeß der Zivilisation. Soziogenetische und psychogenetische Untersuchungen*, (1969), 2 vol., Frankfurt/Main, Suhrkamp, 1979, vol. 2, p. 312-454.

[11] L. Goldmann: *Le dieu caché*, Paris, Gallimard, 1959, p. 355.

gédies réclament le prix de leurs actions, et tous ils se heurtent au refus de l'aimé. Blessés par ce refus, ils reprochent à l'aimé son ingratitude. Le reproche d'ingratitude est un leitmotiv chez Racine[12]. Il renvoie à l'échange comme principe régulateur et indique en même temps que ce principe n'a plus cours. L'amour passionnel n'a pas de prix déterminé; l'amant ne peut en disposer à son gré.

Les amants chez Racine sont étrangers l'un à l'autre, parce qu'ils essaient d'échanger des valeurs qui n'ont pas de mesure commune. Oreste entreprend tout pour gagner l'amour d'Hermione, il commet tous les crimes qu'on puisse imaginer pour obliger son amante, mais ses actions ne sont pas payées d'amour. Hermione le refuse toujours. Le meurtre de Pyrrhus, qui finalement doit sceller leur union, produit un effet contraire: Hermione renvoie Oreste pour jamais[13]. Stupéfait de s'être trompé et en lui-même et en son amante, Oreste fait le compte de ses actions pour mesurer toute l'ingratitude d'Hermione.

> Quoi? j'étouffe en mon cœur la raison qui m'éclaire,
> J'assassine à regret un roi que je révère,
> Je viole en un jour le droit des souverains,
> Ceux des ambassadeurs, et tous ceux des humains,
> Ceux même des autels où ma fureur l'assiège:
> Je deviens parricide, assassin, sacrilège.
> Pour qui? pour une ingrate [...]   (V, 4, v. 1569-1575)

La simple question «Pour qui?» résume et l'excès de son amour et l'excès de son désespoir. Après s'être dépensé sans compter, Oreste est réduit à constater que toutes ses actions étaient vaines. Il ne reconnaît plus son amante («Que vois-je? Est-ce Hermione?», v. 1565) et en perd la raison (V, 5).

Si donc, dans *Britannicus*, l'amour réunit les amants dans l'opposition à la société, dans *Andromaque*, il dérègle radicalement leur rapport. «Pour qui?» Dans la mesure où l'amour n'est plus un don qu'on reçoit en échange, l'aimé apparaît ingrat et l'amant monstrueux[14]. La monstruosité est

---

[12] Voir E. Köhler: «*Ingrat* im Theater Racines. Über den Nutzen des Schlüsselworts für eine historisch-soziologische Literaturwissenschaft», dans: E. K., *Vermittlungen*, München, Fink, 1976, p. 203-218.

[13] *Andromaque*, V,3, v. 1561-1564:

> Adieu. Tu peux partir. Je demeure en Epire:
> Je renonce à la Grèce, à Sparte, à son empire,
> A toute ma famille; et c'est assez pour moi,
> Traître, qu'elle ait produit un monstre comme toi.

[14] *Andromaque*, V,4, v. 1579-1582:

l'envers de l'ingratitude. Un amant qui, en faveur de son amour, rejette toutes les normes, n'a plus de code pour communiquer avec l'aimé. Il ne peut exprimer son amour qu'en commettant des crimes. La monstruosité n'est pas une qualité intrinsèque de l'amant (ou de son amour)[15], elle est due au fait que dans le rapport dyadique des amants l'échange n'est plus codifié. L'absence d'une instance qui en fixe les prix rend les actions de l'amant monstrueuses.

Les amants chez Racine sont monstrueux, parce qu'ils ne reculent devant aucun crime. Oreste trahit sa mission politique, méprise les lois de l'hospitalité, assassine un roi et profane un autel. Phèdre manque à ses devoirs de reine, met en jeu l'héritage de ses enfants, trompe son mari et détruit à la fin son amant, ne serait-ce que passivement, en laissant faire Œnone. Dans *Britannicus*, Racine fonde la monstruosité de Néron sur son amour inassouvi pour Junie. Il réinterprète, en d'autres termes, le personnage historique sans cesser par ailleurs de suivre Tacite[16]. Chez Racine, Néron est un «monstre naissant»; il n'a pas encore commis les crimes que l'histoire lui impute[17]. L'assassinat de Britannicus n'a lieu qu'à la fin de la pièce, il ne détermine pas son action. D'un point de vue strictement dramaturgique, c'est l'amour que Junie inspire à Néron qui amène celui-ci à se défaire de ses opposants. Néron paraît terrifiant à la fin non pas parce qu'il a commis un premier crime qui en laisse prévoir d'autres, mais parce qu'il n'a pu obtenir la personne aimée.

> Ah! Madame! ah! Seigneur! courez vers l'empereur,
> Venez sauver César de sa propre fureur:
> Il se voit pour jamais séparé de Junie.   (V, 8, v. 1717-1719)

> Elle l'aime! et je suis un monstre furieux!
> Je la vois pour jamais s'éloigner de mes yeux!
> Et l'ingrate en fuyant me laisse pour salaire
> Tous les noms odieux que j'ai pris pour lui plaire!

[15] Par rapport à Phèdre, notamment, on a tendance à l'interpréter comme telle, voir K. Czerniecki: «Déracination: Phèdre's Monstrous Pedagogy», *Modern Language Notes*, vol. 103, 1988, p. 1012-1030; R. Morel: «Phèdre: poétique de la monstruosité», *Dalhousie French Studies*, vol. 18, 1990, p. 3-18; M. Delcroix: «La poétique du monstre dans le théâtre de Racine», dans: *Racine: théâtre et poésie*, éd. par Christine M. Hill, Leeds, 1991, p. 175-190.

[16] Voir Racine: «Seconde préface» [à *Britannicus*], dans: *Théâtre complet, ouvr. cité*, p. 257-259, 257/58.

[17] Voir *ibid.*: p. 258: «[...] il faut se souvenir qu'il [Néron] est ici dans les premières années de son règne, qui ont été heureuses, comme l'on sait. [...]. Il n'a pas encore tué sa mère, sa femme, ses gouverneurs; mais il a en lui les semences de tous les crimes. Il commence à vouloir secouer le joug; il les hait les uns et les autres, et il leur cache sa haine sous de fausses caresses [...]. En un mot, c'est ici un monstre naissant, mais qui n'ose encore se déclarer [...].»

La monstruosité de l'amant, ou la réalité étrangère que le monstrueux représente, possède un autre aspect encore, plus déconcertant peut-être que
les crimes par lesquels l'amant espère gagner l'amour: c'est l'absence de
toute gradation dans l'approche de l'aimé. Chez Racine, on ne se fait pas la
cour. L'amant déclare inopinément son amour, sans préparer l'autre, sans
s'assurer aussi que le moment choisi est le bon. Antiochus, par exemple,
s'obstine d'abord dans un silence farouche, puis offre abruptement son
amour à Bérénice. Celle-ci a d'autant plus lieu de s'en étonner qu'Antiochus commence son aveu par une phrase énigmatique. Au bout de cinq ans
d'une amitié fidèle, il lui dit brusquement: «Et je viens donc vous dire un
éternel adieu» (v. 178). Bérénice, qui ne comprend pas ce propos, presse
son ami de s'expliquer. Mais quel n'est pas son étonnement, quand Antiochus lui révèle qu'il l'aime. C'est le jour même où elle compte épouser Titus! Une déclaration d'amour à un tel moment et dans de telles circonstances a, en effet, de quoi surprendre. Elle fait apparaître l'amant sous un
jour étrange.

Les déclarations d'amour chez Racine se font fréquemment à l'impro-
viste. Néron fait enlever Junie pour des raisons obscures et lui déclare vouloir l'épouser, alors que celle-ci attend des éclaircissements sur son enlèvement (*Britannicus*, II,3). Peignant devant Hippolyte son amour pour Thésée, Phèdre substitue subrepticement l'image du fils à celle du père
(*Phèdre*, II,5). Pyrrhus offre son cœur à Andromaque, quand celle-ci lui demande de sauvegarder la vie de son fils (*Andromaque*, I,4). Et ainsi de suite. Dans la mesure où l'amour se définit comme amour passionnel, l'ancienne culture de l'amour se perd[18] ou plutôt se transforme en inculture. On
ne fait plus la cour à la personne aimée, on ne prépare plus l'aveu par voie
indirecte, moyennant des dons ou des gestes ritualisés. L'amour passionnel
se déclare abruptement, il est en rupture avec tout code social ou en constitue la négation.

Le rapport entre Pyrrhus et Andromaque illustre la transition. A la différence d'Antiochus, de Néron ou de Phèdre, qui exigent crûment que leur
amour soit payé de retour, Pyrrhus donne un gage de son amour à Andromaque afin d'obtenir le sien. Il refuse de livrer le fils de sa captive aux
Grecs, lui sauvegarde la vie, se proposant même de favoriser sa vengeance[19]. Pyrrhus renonce, en d'autres termes, à se perpétuer lui-même

---

[18] Voir N. Luhmann: *Liebe als Passion. Zur Codierung von Intimität*, Frank-
furt/Main, Suhrkamp, 1994.

[19] Voir *Andromaque*, I,4, v. 325-328:

> Madame, dites-moi seulement que j'espère,
> Je vous rends votre fils, et je lui sers de père;
> Je l'instruirai moi-même à venger les Troyens;

dans un fils. En reconnaissant le fils de l'autre (celui qu'Andromaque a donné à Hector), il se déclare prêt à s'inscrire dans une généalogie étrangère. Le don du fils est le don suprême dans un système d'échange - il assure la continuation généalogique et sociale[20] -; c'est la preuve extrême que Pyrrhus puisse donner de son amour. Mais Andromaque ne l'entend pas de cette oreille. Quitte à perdre son fils, elle rappelle à Pyrrhus ses devoirs d'homme d'honneur et l'accuse de chantage.

> Non, non; d'un ennemi respecter la misère,
> Sauver des malheureux, rendre un fils à sa mère,
> De cent peuples pour lui combattre la rigueur,
> Sans me faire payer son salut de mon cœur,
> Malgré moi, s'il le faut, lui donner un asile:
> Seigneur, voilà des soins dignes du fils d'Achille.
>
> (I, 4, v. 305-310)

En rejetant le don de Pyrrhus, Andromaque refuse de fonder l'amour sur l'échange. Elle n'a d'amour que pour Hector, son mari défunt, et entend lui rester fidèle. A partir d'*Andromaque*, Racine se sert fréquemment de cette structure: Néron offre le trône à Junie et est repoussé; Roxane veut faire participer Bajazet au pouvoir et échoue. Phèdre veut léguer le pouvoir à Hippolyte qui n'y est point intéressé. A l'instar d'Andromaque, Junie, Bajazet et Hippolyte refusent de donner leur amour en échange[21].

La plupart des troubles de l'amour chez Racine résultent d'une passion non partagée. Il y a une tragédie cependant qui fait exception: dans *Bérénice*, c'est l'amour réciproque qui dérègle le rapport des amants. Je rappelle brièvement les données: Titus, empereur de Rome, aime Bérénice, reine de la Palestine, et est aimé d'elle. Quand il accède au pouvoir après la mort de son père, on lui conseille de quitter son amante. La constitution de Rome interdit à l'empereur d'épouser une reine[22]. Bérénice cependant nourrit d'autres espoirs. Elle croit que Titus, arrivé au pouvoir, va enfin l'épouser. Le conflit paraît facile à régler: Titus doit seulement dire à Bérénice que son devoir l'oblige à se séparer d'elle. Mais c'est cela justement que Titus

---

J'irai punir les Grecs de vos maux et des miens.

[20] Voir C. Lévi-Strauss: *Les structures élémentaires de la parenté*, Paris, Gallimard, 1949.

[21] Il est vrai cependant que ce refus leur revient moins cher: à la différence d'Andromaque, dont le mari est mort, ils aiment ailleurs d'un amour réciproque et inconditionnel.

[22] *Bérénice*, II,2, v. 377/78:

Rome, par une loi qui ne se peut changer,
N'admet avec son sang aucun sang étranger.

ne parvient point à dire. Chaque fois qu'il se met à parler à Bérénice avec la volonté ferme de l'instruire de sa décision, il recule avant de prononcer le mot décisif: «Sortons, Paulin; je ne lui puis rien dire» (v. 624).

La critique en a conclu que Titus est un hypocrite[23], un lâche[24], linguistiquement incapable, voire atteint d'aphasie[25]. Elle a analysé les difficultés de Titus comme s'il s'agissait d'un problème personnel. Mais l'«aphasie» n'est pas naturelle à Titus. Titus sait très bien s'exprimer et justifie éloquemment sa décision, quand il s'en explique à son ami ou à son confident. Sa prétendue «aphasie» est fondée dans la structure du langage dont il se sert, à savoir le langage de l'amour. Dans le langage de l'amour, la phrase «Je dois te quitter» est indicible, car elle est synonyme de «Je ne t'aime plus».

Chez Corneille encore, les amants peuvent à la fois dire qu'ils s'aiment et qu'ils doivent se combattre. Dans le *Cid*, Rodrigue n'a aucune difficulté de persuader Chimène et du devoir qui l'oblige à tuer son père pour venger le sien et de l'amour qu'il a pour elle, malgré cet affront. Bien que les deux propos ne soient guère compatibles entre eux, il est possible de les distinguer. La communication se fait pour ainsi dire sur deux niveaux.

> Don Rodrigue:
> […] après m'avoir chéri quand je vivais sans blâme,
> Qui m'aima généreux me haïrait infâme,   (III, 4, v. 899-900)
>
> Chimène:
> Ma générosité doit répondre à la tienne:
> Tu t'es, en m'offensant, montré digne de moi,
> Je me dois par ta mort montrer digne de toi.   (III, 4, v. 940-942)[26]

Chimène et Rodrigue sont d'accord dans le désaccord, parce que l'honneur les unit encore, quand ils desservent leur amour. Titus ne dispose plus de ces deux niveaux de langage ou de ce double code. Bérénice réduit tout ce qu'il lui dit à une expression de l'amour:

> Quoi! me quitter sitôt, et ne me dire rien?
> […]

---

[23] Voir Ch. Mauron: *L'inconscient dans l'œuvre et la vie de Jean Racine*, Paris, 1969, p. 84-85.

[24] Voir B. Weinberg: *The Art of Jean Racine*, Chicago and London, 1963, p. 130-162.

[25] Voir R. Barthes: *Sur Racine* (1960), Paris, Seuil, 1963, p. 91; R. Parish: «'Un calme si funeste': some types of silence in Racine», dans: *French Studies*, vol. 34, 1980, p. 385-400, 392-394.

[26] Je cite *Le Cid* d'après l'édition de Georges Couton (Corneille, *Œuvres complètes I*, Paris, Gallimard, 1980, Bibl. de la Pléiade).

Qu'ai-je fait? Que veut-il? et que dit ce silence?
[...]
Il craint peut-être, il craint d'épouser une reine.
Hélas! s'il était vrai... Mais non, il a cent fois
Rassuré mon amour contre leurs dures lois
[...]
Je crois de ce désordre entrevoir l'origine,
Phénice: il aura su tout ce qui s'est passé;
L'amour d'Antiochus l'a peut-être offensé.
[...]
Ne cherchons point ailleurs le sujet de ma peine.
[...]
Allons, Phénice, un mot pourra le satisfaire.
Rassurons-nous, mon cœur, je puis encor lui plaire:
Je me comptais trop tôt au rang des malheureux;
Si Titus est jaloux, Titus est amoureux.   (II, 4, v. 625-666)

Titus ne peut rien dire, ou devient «aphasique», parce qu'il n'a pas de code pour dire ce qu'il est obligé de dire. Dans une sorte d'aveuglement amoureux, Bérénice interprète tous ses propos - y compris ses silences, ses bégaiements et ses brusques départs - dans un sens expressif. L'absence des normes, de l'honneur ou de ce second niveau du langage, qui unissent Chimène et Rodrigue malgré leur querelle, rend les amants raciniens étrangers l'un à l'autre, dès que le contexte de l'amour leur fait défaut. Ils sont pour ainsi dire dépourvus des moyens linguistiques pour parler de ce 'hors contexte' ou de cet autre monde en dehors de l'univers de leur amour.

La confusion de l'amour et du devoir dans *Bérénice* ne se présente plus, comme chez Corneille, comme un *conflit* entre amour et devoir[27] - la décision de Titus d'abandonner Bérénice est prise dès le premier acte et Titus ne revient pas sur cette décision[28] -, mais comme une *crise* de l'amour ou

---

[27] Il ne s'agit pas, en d'autres termes, pour Bérénice, de devoir atteindre le haut niveau moral de Titus, voir dans ce sens R. Sussman: «*Bérénice* and the Tragic Moment», dans: *L'Esprit Créateur*, vol. 15, 1975, p. 241-251; G. Défaux: «The Case of *Bérénice*: Racine, Corneille and Mimetic Desire», dans: *Yale French Studies*, vol. 76, 1989, p. 211-239; H. Häufle: «Die schwierige Einfachheit. Aspekte der Handlungsstruktur von Racines *Bérénice*», dans: *Romanistische Zeitschrift für Literaturgeschichte*, vol. 17, 1993, p. 264-287.

[28] Voir J. A. Dainard: «The power of the spoken word in *Bérénice*», *Romanic Review*, vol. 67, 1976, p. 151-171, 163-164: «He [Titus] accepts his duty from the beginning: indeed, for him, the action of the play consists of the interval between the time a decision is made, and the time it is put into effect». Dainard réduit cependant les difficultés de Titus, une fois de plus, à un problème personnel. Il ne considère pas l'action de dire comme un rapport interpersonnel, mais comme un simple acte de parole; voir *ibid.*, p. 164: «It is by means of language that he will make the transition from one state to another».

comme une réduction du langage.

*

*   *

L'expérience de la relation étrangère des amants est étroitement liée à la construction du tragique. Les tragédies d'amour de Racine sont tragiques, parce que l'exclusion du tiers, qui est censée créer un maximum d'intimité - grâce à elle, la relation ternaire et sociale se réduit à une relation dyadique et intime -, détruit les conditions de la communication. L'intimité se transforme en altérité, l'amour se transforme en haine, allant jusqu'au meurtre de la personne aimée. Au postulat de Bérénice qu'on peut tout se dire entre amants[29] s'oppose le langage de l'amour qui, conçu à l'encontre des normes, détruit les conditions du langage.

Dans la mesure où les amants sont étrangers l'un à l'autre, où ils ne se font pas comprendre par la personne aimée, ils participent de la solitude tragique des héros classiques de tragédie. A la suite de Hegel et de Lukács, Lucien Goldmann a insisté sur la solitude constitutive du héros tragique; il en a fait le centre de son analyse des tragédies de Racine[30]. Goldmann ne considère pas cependant la solitude comme un problème de l'intimité et de l'interaction des amants; il l'applique au «Dieu caché» et à l'inauthenticité du monde. D'après Goldmann, la solitude tragique signifie «l'opposition radicale entre un monde d'êtres sans conscience authentique et sans grandeur humaine et le personnage tragique, dont la grandeur consiste précisément dans *le refus* de ce monde et de la vie»[31].

---

[29] Voir *Bérénice*, I,5, v. 321-326:

> Que tardons-nous? Allons, pour son empire heureux,
> Au ciel qui le protège, offrir aussi nos vœux.
> Aussitôt, sans l'attendre, et sans être attendue,
> Je reviens le chercher, et dans cette entrevue
> Dire tout ce qu'aux cœurs l'un de l'autre contents
> Inspirent des transports retenus si longtemps.

Voir aussi le propos de Junie dans *Britannicus*, III,7, v. 1017-1019, Junie, à Britannicus:

> Allez, encore un coup, cachez-vous à ses yeux:
> Mon cœur plus à loisir vous éclaircira mieux.
> De mille autres secrets j'aurais compte à vous rendre.

[30] Voir L. Goldmann: *Le Dieu caché*, Paris, Gallimard, 1959, p. 351: [...] les tragédies raciniennes d'*Andromaque* à *Phèdre*, se jouent *en un seul instant*: celui où *l'homme* devient réellement tragique par le *refus* du monde et de la vie. [...]. Comme le dit Lukács [!], lorsque le rideau se lève sur une tragédie, l'avenir est déjà présent depuis l'éternité. Les jeux sont faits, aucune conciliation n'est possible entre l'homme et le monde.

[31] *Ibid.*, p. 352.

En dépit de cette divergence thématique, il importe de souligner que Goldmann définit le tragique dans le sens d'une expérience de l'altérité. On sait que, dans son commentaire sur l'*Antigone* de Sophocle, Hegel oppose déjà la vie éthique de la femme à celle de l'homme et postule que les représentants actifs de ces deux ordres éthiques sont condamnés à faillir, parce qu'ils sont incapables de faire abstraction de leur ordre éthique respectif et ne reconnaissent pas la justice de l'autre[32]. Cette conception du conflit tragique, que Hegel reprend sur un niveau plus général dans son *Cours d'esthétique*[33], a été approfondie par Lukács[34] et jouit toujours d'un grand prestige parmi les théoriciens du tragique[35].

L'opposition de deux ordres éthiques ne constitue pas cependant un élément anhistorique et général du tragique. Les tragédies de Corneille, par exemple, historiquement proches de celles de Racine, ne se conforment point à ce modèle. Chez Corneille, les héros tragiques appartiennent tous au même ordre éthique et se réfèrent tous aux mêmes normes. L'expérience de la solitude leur est étrangère. Même s'ils se combattent, ils reconnaissent la justice de l'autre, et même si la situation les oppose, la norme commune les unit.

Contrairement à l'analyse hégélienne du tragique, il est donc parfaitement possible de construire un conflit tragique sur la base d'un seul et même ordre éthique. Une telle construction sera cependant toujours déficiente. L'exemple de Corneille le montre bien. Chez Corneille, les amants ne sont en conflit que si la situation les oppose. Autrement dit, leur conflit n'est pas substantiel, il ne concerne ni l'ordre éthique qu'ils représentent ni leur éthique de comportement. Même si les amants des tragédies de Corneille défendent des intérêts contraires, ils se réfèrent à la même norme dans l'action: l'honneur.

La construction tragique chez Racine, en revanche, repose sur la partialité et l'isolement du héros. Elle est en cela plus conforme à la conception hégélienne. Elle n'est pas cependant fondée sur l'opposition de deux ordres

---

[32] Voir Hegel: *La Phénoménologie de l'Esprit*. Traduction de Jean Hyppolite, 2 vol., Paris, Aubier, Ed. Montaigne, 1941, vol. 2, p. 24-38.

[33] Voir Hegel: *Cours d'esthétique III* (Edition Hotho). Traduction de Jean-Pierre Lefebvre et Veronika von Schenck, Paris, Aubier, 1997, p. 490-497.

[34] Voir G. Lukács: *Die Seele und die Formen*, Neuwied und Berlin, Luchterhand, 1971.

[35] Voir T. J. Reiss: *Tragedy and Truth. Studies in the development of an Renaissance and neoclassical discourse*, New Haven and London, Yale Univ. Press, 1980; J. Söring, *Tragödie. Notwendigkeit und Zufall im Spannungsfeld tragischer Prozesse*, Stuttgart, Klett-Cotta, 1982; H.-D. Gelfert, *Die Tragödie. Theorie und Geschichte*, Göttingen, Vandenhoeck & Ruprecht, 1995.

éthiques. Contrairement à la définition hégélienne du tragique, la tragédie chez Racine se situe au-delà de la norme. Racine construit un modèle d'interaction dans lequel les amants transgressent toutes les lois. L'échec et le désespoir ne sont pas fondés sur un ordre éthique, mais sur l'impossibilité de conquérir la personne aimée. Si, dans les préfaces d'*Andromaque* et de *Phèdre*, Racine souligne que ses personnages tragiques ne sont «ni tout à fait bons, ni tout à fait méchants»[36], il s'agit moins là d'un indice de leur ambiguïté morale que d'une concession faite à l'époque. Racine cache derrière l'autorité d'Aristote l'enjeu véritable de ses pièces. L'action de ses personnages n'est pas caractérisée par une ambiguïté d'ordre éthique; elle consiste dans un vacillement permanent entre amour et haine. C'est l'interaction des amants au-delà de la norme qui est ambigüe, et c'est cette ambiguïté-là qui détermine le tragique.

Oreste commet les pires crimes pour gagner l'amour d'Hermione, mais il ne s'afflige pas d'être criminel ou coupable devant la loi. Oreste désespère, parce que Hermione le hait après qu'il a assassiné Pyrrhus.

Dans *Britannicus*, Racine opère de la même manière. Bien qu'il ne renonce pas dans cette pièce à toute réflexion morale - après le meurtre de Britannicus, Burrhus dit à propos de Néron: «Plût aux dieux que ce fût le dernier de ses crimes!» (v. 1768) -, le sort tragique de Néron n'est pas fondé sur la morale; il tient au seul fait que Néron ne peut rejoindre Junie[37]. L'assassinat du rival se révèle être vain: au lieu de le rapprocher de Junie, il l'éloigne d'elle pour toujours. En se sauvant dans le temple des Vestales, Junie ne lui offre plus aucune prise. Une fois de plus, c'est la perte irrémédiable de la personne aimée qui cause le désespoir tragique.

> Pour accabler César d'un éternel ennui,
> Madame, sans mourir elle est morte pour lui   (V, 8, v. 1721-1722)

Raymond Picard souligne déjà que le Néron de Racine n'est pas sensible aux valeurs morales; il en conclut cependant qu'il n'est pas non plus tragique[38]. Je propose d'inverser l'argument. Si le tragique dans *Britannicus*

---

[36] «Préface» [à *Andromaque*], dans: *Théâtre complet, ouvr. cité*, p. 131; voir «Préface» [à *Phèdre*], *ibid.*, p. 577: «Phèdre n'est ni tout à fait coupable, ni tout à fait innocente».

[37] Voir *Britannicus*, V,8, v. 1755-1756:

Il rentre. Chacun fuit son silence farouche.
Le seul nom de Junie échappe de sa bouche.

[38] R. Picard: «Note sur *Britannicus*», dans: Racine, *Œuvres complètes I*. Présentation, notes et commentaires par Raymond Picard, Paris, Gallimard, 1950 (Bibl. de la Pléiade), p. 377: «Le destin de Néron n'est pas tragique à ses propres yeux: il faut connaître la différence entre le juste et l'injuste pour ressentir le malheur d'être injuste. Et

n'est pas d'ordre moral, il faut en conclure que le tragique n'est pas nécessairement fondé sur la vie éthique. Le désespoir du héros sur lequel la pièce se termine fournit un critère plus sûr du tragique[39].

Même Phèdre n'est pas désespérée moralement par ses crimes. Bien que la pièce pose ce motif au début - Phèdre veut mourir pour pouvoir taire son amour illégitime pour Hippolyte[40] -, la suite de l'action introduit un autre mobile de son suicide. Phèdre veut mourir, parce que Hippolyte refuse de répondre à son amour. L'amour de Phèdre se transforme en haine, et cette haine tourne au drame, quand Phèdre apprend qu'elle a une rivale en Aricie. L'existence de cette rivale la pousse à causer la chute d'Hippolyte. Elle tait à Thésée ce qui est advenu et ne proteste point quand celui-ci maudit son fils. Mais Phèdre est incapable de survivre à la mort d'Hippolyte. Après avoir détruit l'objet de sa passion, elle n'a plus de raison de vivre. Elle étouffe la flamme qui l'a fait brûler et après l'avoir étouffée, elle s'éteint.

> J'ai pris, j'ai fait couler dans mes brûlantes veines
> Un poison que Médée apporta dans Athènes.
> Déjà jusqu'à mon cœur le venin parvenu
> Dans ce cœur expirant jette un froid inconnu,
> Déjà je ne vois plus qu'à travers un nuage
> Et le ciel et l'époux que ma présence outrage;
> Et la mort, à mes yeux dérobant la clarté,
> Rend au jour qu'ils souillaient toute sa pureté.   (V, 7, v. 1637-1644)

Il est question ici d'un rapport interpersonnel où l'on s'enflamme et se brûle, et non pas d'un ordre éthique qu'on transgresse ou d'un crime qu'on regrette. L'expérience de la relation étrangère des amants fonde une forme nouvelle du tragique.

---

ce n'est pas la moindre des monstruosités de Néron, que d'ignorer qu'il est un monstre».

[39] Picard ne prend pas au sérieux le désespoir de Néron, voir *ibid.*, p. 380: «Quand la pièce se termine, Néron a gagné la partie. Junie peut bien se retirer chez les Vestales; après un désespoir romantique plus joué que senti, Néron aura d'autres amours: la voie est libre désormais».

[40] *Phèdre*, I,3, v. 225/26:

Je t'en ai dit assez. Epargne-moi le reste.
Je meurs, pour ne point faire un aveu si funeste.

L'altérité cyranienne:
Le jeu de cache-cache esthético-idéologique
d'un marginal fieffé

PATRICIA HARRY

University of London

«L'Autre: Distinct; différent; ce qui s'oppose au même». «L'autre indique l'opposition entre deux objets, groupes, personnes, idées, etc». «L'autre indique l'exclusion». Différence, opposition, exclusion: A elles seules ces définitions de dictionnaire nous indiquent pour quelles raisons le concept d'altérité fait partie intégrante de la pensée cyranienne. Cyrano de Bergerac, libertin fieffé, dont rien que le nom propre personnifie le concept de la marginalité. Se croire autre, se sentir autre, voilà l'état d'âme qui caractérise, voire, définit ce que c'est qu'être libertin, dans les années quarante et cinquante. Revendiquer le droit d'être contre, dans tous ses aspects, l'œuvre de Cyrano en est le témoin. Car, il *se veut* exclu de tout système de domination.

Or, s'opposer à tout ce qui est censé être autoritaire, est-ce, en fait, être libre? Comme l'avait très élegamment montré feu Michel Foucault, ce sont les autorités constituées qui en quelque sorte *créent* l'exclu: se proclamer «autre», c'est s'ériger en *victime*. Dès que ceux qui sont au pouvoir initient une doctrine quelconque, par cet acte même, ils déterminent les mécanismes de l'exclusion:

> L'hérésie et l'orthodoxie ne relèvent point d'une exagération fanatique des mécanismes doctrinaux; elles leur appartiennent fondamentalement,

nous dit Foucault[1]. L'opprimeur définit ce que c'est qu'être contre. Or, cette symbiose entre croyant et incrédule, ne met-elle pas en doute toute prétention à la liberté absolue? Dans le but éventuel de répondre à cette question, nous nous proposons d'examiner la topologie du concept d'altérité dans les romans et les *Lettres* de Cyrano[2].

---

[1] Michel Foucault: *L'Ordre du discours*, Paris, Gallimard, NRF, 1971, p. 45.

[2] Cyrano de Bergerac: *L'Autre Monde ou Les Estats et Empires de la Lune*, éd. Madeleine Alcover, Paris, Champion, 1977. Cyrano de Bergerac: *Histoire comique des Etats et Empires du Soleil*, dans: *Histoire comique des Etats et Empires de la Lune et du Soleil*, éd. «P.L. Jacob» (Paul Lacroix), Paris, Garnier, 1875. Pour abréger, nous appel-

Que le concept d'altérité s'avère le pivot de sa vision du monde, Cyrano lui-même le constate en choisissant comme titre de son premier roman, *L'Autre Monde, ou Les Estats et Empires de la lune*[3]. Parodie inspirée de *L'Histoire vraie* de Lucien; satire ironique à la manière de l'éloge sério-comique de ce même Lucien, ainsi que d'Erasme; œuvre de dialogues de toute espèce, *La Lune* incarne cette hantise de la dualité qui caractérise l'univers cyranien. Les maints jeux de contraires que l'on y trouve reposent sur le parallèle initial *terre - lune*, que nous propose le héros-voyageur:

> [...] la lune est un monde comme celuy-ci, à qui le nostre sert de lune(17-18).

Cyrano joue doublement sur ce concept chiasmique: primo, en prenant l'*autre* dans le sens latin de *alter...alter - le même...l'autre*. Si la marche de Dyrcona fait contraste avec celle des Séléniens, et que les coutumes, les mœurs, et les croyances de ceux-ci constituent un monde à l'envers, le système judiciaire, ainsi que les puissances religieuses, reflètent, eux, comme en un miroir, l'injustice et les parti-pris sur terre. Secundo, Cyrano crée un mouvement entre ces deux termes opposés qui va dans les deux sens, ce dont l'arrêt absurde prononcé contre le héros-voyageur sert d'exemple:

> Peuple, je vous déclare que cette lune icy n'est pas une lune, mais un monde; et que ce monde de là bas n'est point un monde, mais une lune. Tel est ce que les prestres trouvent bon que vous croyés.
> (2277-2280)

Bref, l'autre monde, véritable lieu de palimpseste[4], dont le récit se bâtit sur les théories, et le monde se peuple de personnes, du présent et du passé, soit que Cyrano les admire ou soit qu'il les déteste, se réalise grâce à une base schématique de similitudes et d'oppositions absolues. Tout devient

---

lerons le premier roman *La Lune*, et le deuxième *Le Soleil*. Cyrano de Bergerac, *Lettres*, éd. crit. Luciano Erba, Milan, Vanni Scheiwiller, 1965. Toutes les citations de Cyrano renvoient à ces éditions, et seront indiquées dans le texte, par la ligne pour *La Lune* et les *Lettres*; pour *Le Soleil*, par la page.

[3] C'est le titre que portent les trois manuscrits conservés. Le soi-disant «sous-titre» est celui du manuscrit de Paris; comme l'a bien remarqué Madeleine Alcover, «le manuscrit de Munich et celui de Sydney ont la même inversion: *ou Les Empires et Estats de la Lune*». Sur la signification et le statut de ce titre, ainsi que du prétendu sous-titre, voir Madeleine Alcover: «Essai de titrologie: les récits de Cyrano de Bergerac», dans: *Libertinage et Philosophie au XVIIe siècle*, 1, Publications de l'Université de Saint-Etienne, 1996, p. 75-94. Le texte de la citation se trouve à la page 76, note 3.

[4] Le terme est de Madeleine Alcover: ibid., p. 82, en parlant de la forme parodique de *L'Autre Monde*. A la page 85, note 1, ses réflexions sur les lettres «Pour les Sorciers» et «Contre les Sorciers», nous donne à penser que Cyrano crée à dessein des palimpsestes au sens propre du mot.

autre vis-à-vis de son contraire. Ainsi donc, il existe un mouvement perpétuel entre les contraires, ce qui vaut également pour les deux romans de voyages vus dans leur ensemble: la lune, monde imparfait, tout comme le nôtre; monde où le conflit abonde, monde irraisonnable qui fait cependant grand cas de la raison; le soleil, siège de la perfection et de l'harmonie, personnification de la création poétique, où règne l'imagination.

Or, ce qu'il *n'est pas*, cet «autre monde» qu'est la lune, c'est l'au-delà chrétien. Suprêmement ironique, ce titre signifie à lui seul, une présence et une absence: Royer de Prade l'avait bien compris, comme le témoigne son épigramme dédicatoire: our le paradis tant désiré par ses confrères, Cyrano substitue un monde comme le nôtre, monde où l'on est en grand danger de descendre dans les enfers, de subir «une affreuse mort»[5]. Ainsi, rien que le titre, ne constitue-t-il pas un aveu d'exclu?

*
* *

Le double renversement, schéma du paradoxe, constitue le substrat de la vision du monde de Cyrano: le «pour» et le «contre», le para - doxa[6], la pensée qui se retourne sur elle-même, informe comme une série de mises en abyme, le fond et la forme de ses œuvres en prose. L'image de la réversibilité dynamique, en perpétuel mouvement, inspire l'esthétique cyranienne. Cette optique domine dans l'univers pointu des *Lettres*[7]. Le méca-

---

[5] A L'auteur Des Estats et Empires de la Lune ou de L'Autre Monde

Epigramme

> Accepte ces six meschans vers
> Que ma main t'escrit de travers
> Tant en moy la frayeur abonde
> Et permets qu'aujourdhuy j'esvite ton abord
> Car autant qu'une affreuse mort
> Je crains les gens de l'autre monde.
> R. de P.

Nous citons la version de ce poème qui se trouve en tête du manuscrit de Paris; celle des *Œuvres poétiques* de Le Royer, publiées en 1650, nous semble édulcorée: Les rimes restent, toutefois, le poème a été repensé, de sorte que cette allusion au bûcher n'y figure plus.

[6] C'est la formule de Madeleine Alcover: «Essai de titrologie», *loc. cit.*, p. 93. Au sujet de ce qu'il intitule «La dynamique de la contradiction» dans les romans de Cyrano, voir Jacques Prévot: *Cyrano de Bergerac Romancier*, Paris, Belin, 1977, p. 106-114.

[7] Sur les jeux pointus dans les *Lettres*, voir Jeanne Goldin: *Cyrano de Bergerac et l'Art de la pointe*, Montréal, Les Presses de l'Université de Montréal, 1973; Patricia M.

nisme de la pointe conceptuelle décrit formellement ce parallélisme des extrêmes, tels la glace et le feu, l'humidité et la chaleur, la vie et la mort, le rouge et le noir. Car, plus la distance est grande entre les termes, plus étonnant s'avère le tour d'adresse qui parvient à les identifier. Le schéma de l'acuité se trace dans le processus de sa réalisation: deux concepts diamétralement opposés, mis en parallèle l'un de l'autre, sont forcés de converger sur un point, là où le poète a su découvrir une seule et même signification qui identifie les deux signifiés opposés; traçant ainsi la figure d'une flèche. La *Lettre diverse VIII*, intitulée «Le Cyprès» (p. 40-41), transpose cette figure abstraite pointue en forme physique, pour en faire un petit monde à l'envers. La figure et la couleur du cyprès, nous dit Cyrano, lui rappelle «un lézard renversé, qui pique le ciel en mordant la terre» (7-8); «une flèche que l'univers révolté darde contre le Ciel»; «un grand clou», «un obélisque»; «un arbre dragon, dont la queue est à la teste» (14-17). La lettre se termine par une double métaphore, d'une simplicité trompeuse: cet arbre, nous déclare-t-il, est «une pique allumée dont la flamme est verte» (48). Le schéma formel, en parfait équilibre, réunit par leur forme identique de flèche-triangle deux objets sans rapport aucun, la pique et la flamme. Or, le désir de l'ordre, désir au plus profond de l'homme, nous mène à vouloir donner un sens à ce non - sens manifeste, sens qui se trouve dans la couleur des objets et la symétrie rythmique de l'énoncé. La solution à cette énigme est d'une beauté toute mathématique. Conçu en figure de chiasme, l'énoncé ressemble à une équation à un degré: si la flamme (de couleur rouge) est verte, ainsi donc, la pique doit être verte, et, en tant qu'«allumée», rouge en même temps - radicale impossibilité, de forme logique. Le vert plus le rouge égalent le rouge plus le vert. L'ordre des signifiés singe le caractère ambigu de ces deux couleurs simultanément opposées et complémentaires. De cette manière, voici les quatre termes de la pointe emprisonnés dans la clôture de la réversibilité réciproque. Cette identification des contraires, née d'une perpétuelle instabilité, qui fait tout le plaisir de la pointe, nous rappelle le concept Cusain, repris par Pascal, de «la sphère infinie dont le centre est partout, la circonférence nulle part»[8]. Car, c'est le dynamisme entre les signifiés, que rend possible l'espace ou l'écart entre

---

Harry: «Towards an Aesthetic of Unreason: Ludic Strategies in the *Lettres* of Cyrano de Bergerac», dans: *Illusion esthétique I, Parabasis 3*, éd. Michel L. Bareau et Judith Spencer, Edmonton, Alberta, Alta Press, 1995, p. 171-189.

[8] Pascal: *Pensées*, éd. Lafuma, no.199, fin du premier paragraphe. Nicolas de Cusa, *De la Docte Ignorance*, traduction de L. Moulinier, Paris, Félix Alcan, 1930, p. 83-90. Pour Cyrano, c'est le *concept* de l'identité des contraires qui le fascine; il «déspiritualise» la pensée de Nicolas (si je peux m'exprimer ainsi), pour qui ce concept sert de définition de la Providence divine, ainsi que de Dieu Lui-même, Dieu qui «embrasse tout, même les contradictoires» (p. 85).

les quatre signifiants, qui permet la création de ce monde conceptuel, impossible à réaliser[9].

La *Lettre diverse VII*, intitulée «Sur l'ombre que faisoient des arbres dans l'eau»[10] (p. 37-39), répète sur le plan visuel, ce schéma de miroirs qui reflètent leur image à l'infini. Par une suite de changements abrupts de perspective, nous avançons par degrès, du stade de la réflexion, à celui de la réfraction, pour arriver enfin dans la contrée merveilleuse de l'anamorphose. Etendu à plat ventre au bord d'une rivière, l'épistolier-narrateur s'amuse à regarder dans l'eau; il y aperçoit un «autre» monde renversé (8), image du monde qui l'entoure. Axé sur le même plan horizontal que la surface de l'eau, l'observateur se situe littéralement entre deux mondes. Paradoxe miraculeux mais naturel que ces deux mondes identiques qui se rejoignent: le premier, au-dessus de l'eau, réel, matériel; le deuxième, son double, monde renversé sans substance, auquel le vent prête l'apparence de vie:

> cent peupliers precipitent dans l'onde cent autres peupliers, et ces aquatiques ont esté tellement épouventez de leur cheute, qu'ils tremblent encores tous les jours du vent qui ne les touche pas (7-11).

En fonction de l'espace, les deux mondes sont distincts, intacts; l'un, dans l'air, l'autre, dans l'eau. Par contre, de par sa fonction de «miroir fluide» (13), la surface de l'eau crée non seulement «ce petit monde renversé, qui place les chesnes au dessous de la mousse, et le Ciel plus bas que les

---

[9] Cyrano sait aussi mettre en opposition diamétrale les similitudes; par exemple, dans «Pour une dame rousse» (*Lettre diverse X*), au milieu de laquelle, il nous déclare: «Une belle teste sous une perruque rousse, n'est autre chose que le Soleil au milieu de ses rayons; ou le Soleil luy-même, n'est autre chose qu'un grand œil sous la Perruque d'une rousse» (lignes 78-81). Par un mouvement de concertina, s'avançant en zig-zag, la «belle teste» s'élargit jusqu'à ce qu'elle atteigne les dimensions du soleil; puis, éclipsé par le «grand œil» de la rousse, le soleil, lui, se rétrécit, jusqu'à ce qu'il s'identifie avec l'œil; ensuite, ce «grand œil», lui, se dilate pour atteindre les mêmes dimensions que celles du soleil, et ainsi de suite, à perpétuité. *En même temps*, les trois termes de la pointe sont en relation statique les uns envers les autres, sans quoi la pointe ne peut pas se réaliser.

[10] Deux études se consacrent à cette lettre: Voir Jacques Neefs: «Cyrano: Des Miracles de Rivière», dans: *Yale French Studies*, 49 (1973), p. 185-198; Ross Chambers: «Text and its double in a letter by Cyrano de Bergerac [...sur l'ombre que faisoient des arbres dans l'eau...]», dans *Meaning and meaningfulness. Studies in the analysis and interpretation of texts*, Lexington, Ky. French Forum Publications, 1979, p. 41-65. Voir aussi Jacques Prévot: *Cyrano de Bergerac Poète et dramaturge*, Paris, Belin, 1978, p. 73-75; Jeanne Goldin: *op. cit.*, p. 89, et le chapitre V, qui traite des jeux visuels pointus dans les *Lettres*. Nous nous bornons ici à faire ressortir les jeux de contraires visuels qui font l'âme de ce récit épistolaire fictif. Nous comptons faire publier prochainement une étude plus détaillée de cette belle lettre.

chesnes» (13-15), mais un troisième, mi-réel, mi-irréel, mélange de contraires qui se convergent:

> Aujourd'huy le poisson se promene dans les bois: et des forests entieres sont au milieu des eaux sans se mouiller (21-23).

Monde double; monde à l'envers; monde aqueuse hybride: cette succession de prises de position se répète, pour nous donner six changements d'optique en 32 lignes. Tout est en mouvement, mouvement que cet autre monde, dont les membres sont personnifiés, semble initier. Pourtant, ce «miracle», Cyrano nous avoue-t-il, «n'est qu'une imposture des sens» (38-39).

La deuxième partie de la lettre (36-74) examine la nature de cet autre monde illusoire, né de l'ombre; royaume du mimesis et de l'enargeia. La perspective se déplace; l'angle de vision devient perpendiculaire à l'eau: Un rossignol, perché sur un arbre au-dessus du narrateur, regarde «son portrait» dans l'eau (35), qui lui semble doué d'existence autonome; pour l'oiseau, «cet autre Rossignol» est «un rival à combatre»; mais pour nous, un «[...] [trompeur d'âme]», plein de «charmes» (46-49). Du coup, au milieu de la phrase, l'angle de vision passe par 180 degrés (54). Nous voilà transporté dans les profondeurs, au royaume des poissons qui regardent à travers l'eau le monde fantasmagorique au-dessus d'eux:

> la perche, la dorade, et la truite qui [...] voyent [cet autre rossignol], ne sçavent si c'est un poisson vestu de plumes, ou si c'est un oyseau dépouillé de son corps (54-56).

Les angles de vision se multiplient à mesure que les poissons nagent çà et là, à l'aventure: le brochet, hostile à ce «monstre» (57), progéniture ombreuse de deux mondes opposés,

> le cherche en le trouvant, le touche et ne le peut sentir, court après luy au milieu de luy mesme, et s'étonne de l'avoir tant de fois traversé sans le blesser (59-61).

Or, ce troisième monde hybride, monde anamorphique que nous ne voyons pas, diffère en nature du monde des reflets: Nous nous sommes éloignés, pas à pas, du monde réel pour aboutir au royaume conceptuel de l'imagination à l'état pur. Monde d'*impossibilia* sans fin, où la clôture de la réversibilité cède la place à la liberté absolue de concevoir. Car, ce troisième monde, artifice du peintre parlant, est, comme nous le révèle Cyrano, un «tableau» (63):

> un rien visible, un cameleon spirituel; une nuit, que la nuit fait mourir; [...] une privation de clarté que la clarté met au jour (69-72).

En d'autres termes, la peinture, de même que l'ombre - phénomène naturel productrice de formes sans substance - *existe et n'existe pas.*

*
* *

Exister - ne pas exister; être - ne pas être; être vrai - être faux; il n'y qu'un pas à franchir pour arriver au paradoxe de la dialectique pyrrhonienne: du fait que rien n'est certain, il s'ensuit que rien n'est certainement incertain non plus. La liberté de ne pas croire se double en affirmant, du même coup, la liberté de ne pas ne pas croire (sic) - c'est-à-dire de se douter de ses doutes; «Doutons de tout, puisque c'est le propre de notre humanité, et […] ne donnons pas même une assurance entière de nos doutes sceptiques» nous conseille La Mothe Le Vayer[11]. Le scepticisme, c'est «ne rien déterminer d'absolument certain; et ne rien établir par maxime irréfragable» nous dit-il[12]. La description de cet autre monde sous l'eau répète sur le plan visuel et structural le jeu logique de la rhétorique sceptique, qui argumente en biais, établit une thèse, la pousse aux extrêmes rien que pour retourner l'argument sur lui-même, créant ainsi un territoire instable, disloqué, en mouvement perpétuel entre les extrêmes. Tel est le territoire dialectique du fils de l'hôte, ainsi que de son mentor, le démon de Socrate. Or, nous voudrions terminer ce bref aperçu général de l'altérité cyranienne en revenant à *La Lune*, et dire quelques mots sur la forme rhétorique des débats entre ces deux personnages; on se limitera à deux épisodes où ils discutent à deux sur un thème unique avec le héros-voyageur: à savoir, celui où ils s'en prennent à la déférence des jeunes à l'égard des vieux (2317-2596), et celui où le fils de l'hôte prend position contre l'immortalité de l'âme (3502-3591).

On se le rappelle: *La Lune* est un roman à dialogues. Tout y est double. En effet, les épisodes dont il s'agit s'avèrent des dialogues à trois degrés. Premièrement, en tant que débat entre le héros-voyageur, bon chrétien, et son interlocuteur - soit le fils de l'hôte, soit le démon; deuxièmement, en tant que présentation sous forme de questions et réponses à l'intérieur du discours - stratégie rhétorique de la maïeutique socratique; troisièmement,

---

[11] Voir la conclusion à son dialogue «Sur l'opiniâtreté», dans François de La Mothe le Vayer: *Deux dialogues faits à l'imitation des anciens*, éd. Ernest Tisserand, Paris, Bossard, 1922 (Collection des chefs-d'œuvre méconnus, 27), p. 209.

[12] Il parle à propos de Socrate. Tout aussi paradoxale de formulation est l'épreuve positive, pour ainsi dire, de cette affirmation à la forme négative: «De las cosas mas seguras/La mas segura es dudar» (Des choses les plus sûres, la plus sûre est de douter). Conclusion à «Sur la divinité», dans: *Deux Dialogues*, p. 153.

comme débat implicite entre nos deux locuteurs d'autre monde et les pères
de l'Eglise, dont les articles de foi forment le substrat du débat. Cette multiplicité de perspectives formelles disloque le texte, de sorte qu'on le reçoit
à plusieurs niveaux[13].

La répartition des discours, elle aussi, complique la signification de
chaque affirmation. Ainsi, chaque épisode est-il orchestré comme varia-
tions sur un thème donné. L'épisode contre les parents se divise en trois
parties principales[14]: après avoir établi que «la jeunesse seule est propre à
l'action» (2354), le démon, lui, s'attaque au cinquième commandement du
décalogue par une série d'arguments, orchestrés en deux mouvements distincts, qui, tous, montrent que les enfants ne doivent rien à leurs parents;
qu'au contraire, les mobiles de ceux-ci dérivent, sans exception, de l'intérêt
personnel (2398-2440 et 2441-2480). Ensuite, le fils de l'hôte, lui, prouve
la même chose en s'attaquant à la doctrine orthodoxe de la chasteté (2527-
2575). Comme c'est le cas dans toutes ses diatribes contre la religion chrétienne, le jeune sélénien attaque son adversaire en retournant contre lui ses
propres arguments. Méthode *ad hominem* de Socrate, son jeu favori c'est
de retourner un article de foi sur un autre; ainsi, son argument initial, et
tout à fait absurde, est que ne pas engendrer, c'est tuer l'enfant manqué
(2511-2527). Ce sophisme lui permet de confronter le sixième commandement, «tu ne tueras point», et le dogme paulinien de la chasteté, de sorte
que les deux se neutralisent. La troisième partie de l'épisode (2576-2592)
est une péroraison manquée; car, au lieu de conclure, le démon fait un revirement idéologique sur ses protestations antérieures. Prenant de biais
l'affirmation de son disciple, il se lance dans une prétendue défense du
christianisme, avec une série de cinq questions, sous la forme sceptique
«Que sçavez-vous?»; pour finir par l'argument capital des apologètes, que
la religion chrétienne se veut une stultitia:

---

[13] Ce ne sont que les seules perspectives *dialogiques* du texte qui nous concernent
ici. Pour une appréciation plus générale des maints procédés adoptés par Cyrano, dans
le but de fragmenter et de décentrer la réception de ses discours, voir Patricia Harry:
«Comment créer des mondes imaginaires: Narration, dialectique et idéologie dans les
romans de Cyrano de Bergerac», dans: *La découverte de nouveaux mondes: Aventure et
voyages imaginaires au XVIIe siècle*. Actes du XXIIe Colloque du Centre Méridional de
Rencontres sur le XVIIe siècle (Gênes, 23-25 janvier 1992), éd. Cecilia Rizza, Université de Gênes/Fasano, Schéna, 1993, p. 243-251.

[14] Le nombre de parties que l'on compte dans cet épisode, dépend des critères rhétoriques dont on se sert. C'est l'argumentation tripartite, à la manière pyrrhonienne, que
nous voudrions faire ressortir ici. Pour ce faire, nous divisons selon la répartition des
discours; soit: 1. le démon de Socrate (2329-2501): cette partie contient quatre sections
distinctes; 2. le fils de l'hôte (2502-2575); 3. le démon de Socrate (2576-2592). Après
avoir entamé la discussion (2322-2323), le héros-voyageur ne parle plus, mais sa réaction d'interlocuteur est incorporée dans les discours qu'il est censé écouter.

Enfin que sçavés-vous si [Dieu] [...] n[...]'a point voulu [deffendre ce plaisir] [...] contre toutte apparence de raison, affin de recompenser justement ceux qui contre toutte apparence de raison se seront fiez en sa parolle? (2589-2592)

De fait, cette prétendue défense fidéiste nous semble ironique et louvoyant, car admettre l'irrationalité de la foi chrétienne ne fait que confirmer la conviction enracinée du fils de l'hôte.

L'épisode contre l'immortalité de l'âme, conçu en trois parties principales, lui aussi[15], fait suivre la thèse et l'antithèse d'une résolution de la controverse qui prend la question de biais. Cette fois, la conclusion n'a rien à faire avec le contexte chrétien du débat. Les arguments du fils de l'hôte dépendent tous de la prémisse que Dieu est censé etre juste, contention qui s'avère diamétralement opposée à la doctrine que seul l'homo sapiens est doté d'immortalité. La réponse du démon, défense des apologètes chrétiens bien connue du lecteur, à savoir que la justice humaine n'a rien en commun avec la justice divine, se révèle comme n'étant rien qu'un stade de préparation à l'énonciation de sa propre théorie matérialiste d'une metempsychose vitaliste, dont jouissent tous les êtres vivants. Autrement dit, nulle créature n'est dotée d'immortalité personnelle.

Le fils de L'hôte, donc, prend systématiquement le contre-pied de tout ce qui est orthodoxe. Ses méthodes d'argumenter, de triturer les idées, font toutes partie de la rhétorique sceptique traditionnelle: le raisonnement par l'absurde, le retournement d'un argument sur lui-même, l'attaque *ad hominem*, le paradoxe sophiste. Nihiliste, il est toujours contre; athée avéré, il sert d'exemple de l'exclu foucaultien, libertin dont la liberté d'expression est inextricablement liée aux croyances de ses ennemis. Par contre, le démon, lui, témoigne d'une souplesse d'esprit qui ne se laisse pas engager. De par sa formulation, son fidéisme est à la fois croyant et incrédule. Il opère dans une région entre le oui et le non; décentre la réception de l'épisode, et nous ouvre une troisième voie, ni pour, ni contre, mais autre. Comme le monde des ombres, ou bien comme l'écart qui anime la pointe, instable, toujours en mouvement, cette route se trace dans les interstices. En somme, le démon sert d'éxemple parfait de cette suspension de jugement prônée par les pyrrhoniens. Ne rien décider, ou bien, se tenir à l'écart, c'est là le *modus vivendi* qui assure cette liberté de conscience qui échappe à toute contrainte.

---

[15] 1. le fils de l'hôte (3511-3540); 2. le démon de Socrate (3551-3566); 3. le démon de Socrate (3567-3591): il n'y a pas de changement de locuteur cette fois, mais un changement abrupt de tactique, d'argument, et de style rhétorique. Il n'y a qu'une seule intervention du héros-voyageur, qui sert, à la fois, de rupture et de lien entre les deux premières parties (3541-3550).

Si Cyrano se conduit comme le fils de l'hôte - de tempérament atrabi-
laire, querelleux, vindicatif - il n'en est pas moins vrai qu'il ressemble, par
son ouverture d'esprit, à son démon de Socrate. Son ami, Lebret l'atteste:

> il [...] estendoit sa [haine pour la sujétion] [...] jusqu'aux choses qui
> lui sembloient contraindre les pensées et les opinions, dans lesquelles
> il vouloit estre aussi libre que dans les plus indiferentes actions[16·]

Tout se tient dans son œuvre. L'esthétique cyranienne mène à la morale cyranienne.

*
* *

Au soleil, pays de rêve où tout est possible, les habitants font l'expérience
quotidienne d'une liberté d'indifférence qui n'a rien à voir avec le libre arbitre[17]. Là, connaître, c'est être; l'adieu des Séléniens - «Songés à librement vivre» (3282-3283), veut dire: être libre, c'est se *sentir* être[18]. Là, la
nature peut tout, y inclus ce qui n'est pas naturel[19]. Là aussi, le paradigme
de la liberté est cette région entre l'être et le néant; mais, du même coup il
comprend ces deux extrêmes. Le démon nous le signale bien avant notre
arrivée dans ce territoire ensoleillé: Le grand œuvre des philosophes, nous
dit-il, œuvre composé par «un des plus forts esprits du soleil», décrit un
monde où la coïncidence des contraires est une réalité *physique*:

---

16 Préface, première édition de *La Lune* (*Histoire comique par Monsieur de Cyrano
Bergerac contenant les Estats et Empires de la Lune*, Paris, Ch. de Sercy, 1657), reproduite par Madeleine Alcover, éd. cit., p. 223. En outre, Lebret témoigne du scepticisme
de Cyrano *à son propre compte*: «Democrite et Pirron luy sembloient, après Socrate, les
plus raisonnables de l'antiquité, encore n'estoit-ce qu'à cause que le premier avoit mis
la vérité dans un lieu si obscur qu'il estoit impossible de la voir, et que Pirron avoit esté
si genereux qu'aucun des sçavans de son siècle n'avoit pû mettre ses sentimens en servitude; et si modeste qu'il n'avoit jamais voulu rien decider» (p. 224).

17 Nous nous permettons de résumer ici quelques-unes de nos assertions, faites dans
Patricia M. Harry: «The Concept of Freedom in the Works of Cyrano de Bergerac»,
dans: *Ouverture et dialogue, Mélanges offerts à Wolfgang Leiner à l'occasion de son
soixantième anniversaire*, éd. Ulrich Döring, Antiopy Lyroudias et Rainer Zaiser, Tübingen, Gunter Narr, 1988, p. 207-218.

18 C'est du moins le conseil que donnent les oiseaux à Dyrcona, condamné à mort:
«Hé! mon cher frère, que t'importe, pourvu que tu te sentes être?» (p. 292)

19 Par exemple, les métamorphoses ovidiennes, toutes miraculeuses mais naturelles,
suscitées par les fruits des arbres de Pylade et d'Oreste; dans l'épisode des «arbres
amans» (p. 301-314).

> Il prouve là dedans que touttes choses sont vrayes, et declare la façon d'unir phisicquement les veritéz de chaque contradictoire, comme par exemple que le blanc est noir et que le noir est blanc; qu'on peut estre et n'estre pas en mesme temps; qu'il peut y avoir une montagne sans valée; que le neant est quelque chose et que touttes les choses qui sont ne sont point. Mais remarqués qu'il prouve ces inouys paradoxes sans aucune raison captieuse ni sophistique. (3261-3270)

En somme, deux concepts de la liberté se confrontent: si l'univers de la créativité humaine, sans bornes, représente la face de la médaille, le scepticisme en est le revers. Car, dans l'univers de Cyrano, l'autre est la condition sine qua non de l'expression de son libertinage radical.

Biblio 17 – Suppléments aux *Papers on French Seventeenth Century Literature*

Harold Neemann
Piercing the Magic Veil
Toward a Theory of the *Conte*
Foreword by Jacques Barchilon

Biblio 17, Bd. 116, 1999, 188 Seiten, DM 48,–/ÖS 350,–/SFr 46,–
ISBN 3-8233-5528-7

This study investigates the *conte merveilleux* both as a 17th-century narrative genre and as a subject of 20th-century critical scholarship. The author's examination of the generic, sociocultural, historical, structural, narratological, semiotic, and psychological dimensions of fairy tales proposes a multidisciplinary approach to the genre. By showing how Perrault and his contemporaries constructed the genre of *conte merveilleux* and promoted the narratives to an object with far-reaching ramifications for centuries to come, he argues that the tales are largely predicated on the concept of *conte* defined in late 17th-century France. After carefully working his way through the many paradoxes involved in the production and reception of the *contes*, Neemann concludes that things have since come full circle in that, just as Perrault and his fellow 17th-century *conteurs* and *conteuses* experimented with a new genre, their tales have become an object of experimentation for theoretical scholarship in the twentieth century.

 Gunter Narr Verlag Tübingen
Postf. 2567 · D-72015 Tübingen · Fax (0 70 71) 7 52 88
Internet: http://www.narr.de · E-Mail: narr-francke@t-online.de

Biblio 17 – Suppléments aux *Papers on French Seventeenth Century Literature*

Regine Reynolds-Cornell
Fiction and Reality in the *Mémoires* of the Notorious Anne-Marguerite Petit Du Noyer

Biblio 17, Bd. 115, 1999, 151 Seiten, DM 48,–/ÖS 350,–/SFr 46,–
ISBN 3-8233-5527-9

It is rather difficult to form a neutral opinion of Anne-Marguerite Petit Du Noyer. From her native Nîmes in a Huguenot family, to Geneva, London, Paris, most of Europe and her final exile in The Hague, the amazing life of unique woman born during the reign of Louis XIV could easily become the subject of a film if not of a soap opera. The truth of the matter is that after reading her works and more particularly what she wrote about herself and those around her, one either admires her or dislikes her. During her career as a *woman journalist* she acquired a wide readership and an increasing number of enemies. Because it is sometimes nearly impossible to sort facts from fiction in her own *Mémoires* and in what others wrote about her, she remains, to some extent, an enigma. Like all painters of self-portraits, whether or not she was aware that she looked at herself in a warped mirror, and whether or not we find it convincing, Mme Du Noyer probably believed that the image she presented was real. Our task as readers is to reconcile this image with the other, less pleasant, that insidiously appears and grows through her work, and to prevent it from stealing the limelight from the *prima donna,* Anne-Marguerite Petit Du Noyer herself.

 Gunter Narr Verlag Tübingen

Postf. 2567 · D-72015 Tübingen · Fax (0 70 71) 7 52 88
Internet: http://www.narr.de · E-Mail: narr-francke@t-online.de